MIT BESTER EMPFEHLUNG

medianet

Inside Your Business. Today.

VORWORTE

GENUSS REGION ÖSTERREICH

SPEZIALTHEMA: SCHINKEN, SPECK, BRATEN

Der pure Fruchtgenuss
Pago Johannisbeere
FINEST FRUIT
PREMIUM
SELECTION
Seit 1888 kommt bei Pago nichts anderes als pure Frucht in die grüne Flasche: 100% Früchte ohne künstliche Zusätze. Denn nur pur schmeckt man die unverfälschte Natur. So können Sie heute aus über 35 Sorten das perfekte Geschmackserlebnis wählen.
Wie wäre es jetzt mit einem Pago Schwarze Johannisbeere? Kaum eine andere Beere ist von Natur aus wertvoller: Ein gesunder Wellness-Cocktail, besonders reich an Vitamin C.
Pago
Pago
RIBES NERO - JOHANNISBEERE
www.pago.at
Pago. Pure Paradise.

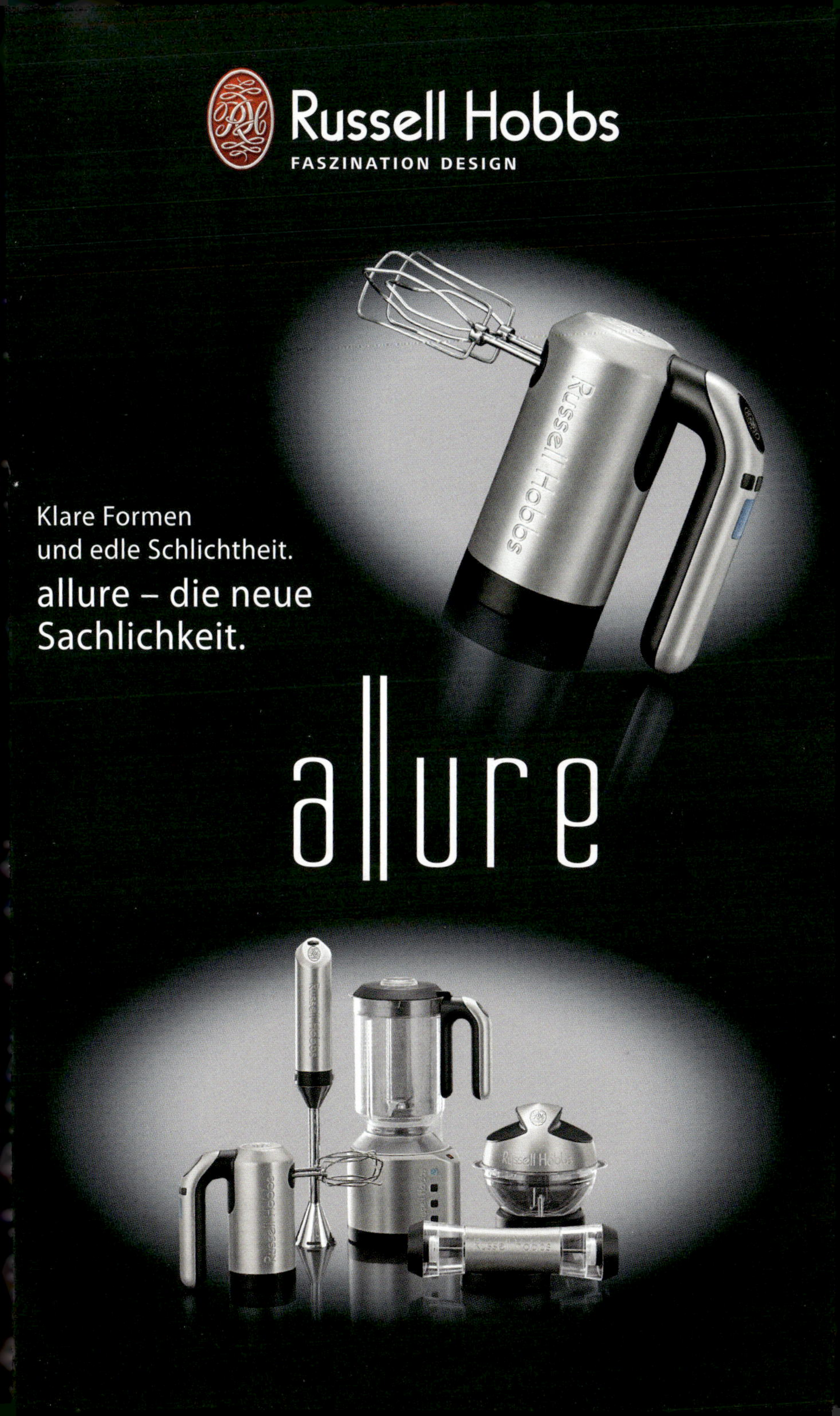
Russell Hobbs
FASZINATION DESIGN
Klare Formen
und edle Schlichtheit.
allure – die neue
Sachlichkeit.
allure

DER HERAUSGEBER

LIEBE GENIESSERINNEN, LIEBE GENIESSER!

ABERMALS MÖCHTEN WIR SIE VERFÜHREN – verführen in die Welt des Genusses. Der Genuss Guide 2012 ist die achte Ausgabe unseres Führers durch die Genusswelt im österreichischen Lebensmittelhandel. Sie finden hier die besten 1.000 Geschäfte aus den Empfehlungen unserer 60 Testerinnen und Tester. Wir sind davon überzeugt, für jeden Genießer wieder wertvolle Tipps und Anregungen in voller Blüte aufgelistet zu haben.

Lassen Sie uns an dieser Stelle – im wahrsten Sinne des Wortes – über den Tellerrand schauen. Genuss kennt keine Grenzen. Genuss ist etwas höchst Persönliches und extrem positiv besetzt. Betrachtet man jedoch die aktuelle mediale Berichterstattung über Krisen und wirtschaftspolitische Ratlosigkeit, ist es höchste Zeit, sich auf die wahren Stützen der Wirtschaft zu besinnen. Lassen wir uns nicht vom Krankjammern anstecken. Das Genuss-Thema bietet hier selbstverständlich alle Möglichkeiten. Und es sind die Produzenten – von der Landwirtschaft über die österreichische Klein- und Mittelbetriebsstruktur bis zum Handel – die zu den Speerspitzen einer der reichsten Volkswirtschaften der Welt zählen. Die Besten der Besten finden im folgenden Listing die ihnen gebührende Würdigung. Österreich im Besonderen, aber auch die EU, steht wirtschaftlich besser da, als uns die täglichen Schlagzeilen mitteilen wollen. Es ist höchste Zeit, mit den herausragenden Leistungen unserer Unternehmen, dem politischen Unvermögen Positives zu verkaufen, entgegen zu wirken. Heute, hier und jetzt, unter dem Motto des Genusses!

Im Vorjahr konnten Sie – unter dem Genuss-Schwerpunktthema Käse – viele praktische und genussvolle Anregungen nachlesen. Der Erfolg war so überwältigend, dass wir diese Idee eines Jahresthemas auch heuer weiter fortsetzen möchten. Dies mit einer Warengruppe und einem Sortiment, bei dem schon bei der Ankündigung das Genusserlebnis am Gaumen spürbar wird ... Schinken-, Speck- und Bratenspezialitäten...! Darin konnten österreichische Produktinnovationen in den letzten Jahren viele Auszeichnungen erobern. Im In-und Ausland gab es Medaillen in Gold, Silber und Bronze, und die Sieger haben sich mittlerweile im Angebot der Feinkostabteilungen des Handels einen nicht mehr wegzudenkenden Platz erobert.
Lokale Köstlichkeiten aus den Genuss Regionen und zum Teil kleinen Gebieten sind hier genauso erwähnenswert, wie hochwertige Spezialitäten bekannter österreichischer Markenartikelhersteller. Hier ist auch für die Zukunft ein erfolgreicher Siegeszug in die Genusswelt weit über die Grenzen Österreichs zu erwarten.

Mit dem Genuss Guide 2012 wollen wir aber nicht nur Sie als Kunden und Genießer einladen, dieses Paradies der Genüsse wieder neu zu entdecken – nein, wir möchten an dieser Stelle allen engagierten Mitarbeitern in den Geschäften und Supermärkten für ihr tagtägliches Bemühen um unsere Genussvielfalt unser Kompliment aussprechen und sie in ihrem beispielhaften Tun bestärken.
Dafür wollen wir ihnen an dieser Stelle herzlich Danke sagen.

Wir möchten uns auch bei all jenen Partnern bedanken, die uns unterstützt haben, den Genuss Guide 2012 wieder zu dem zu machen, wovon wir immer wieder mit ungetrübtem Optimismus geträumt haben: Ein Werk, welches Ihnen viel Spaß und lukullische Inspirationen beim Genießen schenkt!

Willy Lehmann   Fritz Stifsohn

NIKI BERLAKOVICH

DI Niki Berlakovich
Landwirtschaftsminister

REGIONAL GENIESSEN HAT ZUKUNFT

ÖSTERREICH HAT VIEL ZU BIETEN: Intakte Natur, vielfältige Kultur und gutes Essen. Schmecken, Riechen, Hören und Fühlen werden bei den kulinarischen Veranstaltungen, Ausflügen und Urlauben der Genuss Regionen zum Erlebnis. Dabei kann man Österreich wortwörtlich mit allen Sinnen genießen.

Kennen Sie das Pielachtaler Dirndl? Den Schlierbacher Käse, den Marchfeldspargel oder den Waldviertler Karpfen? Sie alle haben etwas gemeinsam. Sie sind Spezialitäten aus der GENUSS REGION ÖSTERREICH. Das ist eine Auszeichnung für Regionen mit einem Leitprodukt, das für die Region charakteristisch ist. Gäste der Genuss Regionen erhalten die Spezialitäten in der Gastronomie, aber natürlich auch am Bauernhof oder im Lebensmittelhandel der jeweiligen Region. Der Genuss Guide ist Orientierungshilfe für KonsumentInnen beim Einkauf und zeigt, wo Produkte aus der GENUSS REGION ÖSTERREICH erhältlich sind.
Die Initiative GENUSS REGION ÖSTERREICH ist mittlerweile zum Inbegriff für traditionelle regionale Spezialitäten und attraktive, zukunftsorientierte Regionen geworden. Die GENUSS REGION ÖSTERREICH ist eine starke Marke mit einer klaren Botschaft: Kulturlandschaft und die darin produzierten Lebensmittel bilden eine Einheit und prägen den Charakter ihrer Region. Die Auszeichnung trägt wesentlich dazu bei, die Leistungen der Bäuerinnen und Bauern, der verarbeitenden Betriebe bzw. der Lebensmittelmanufakturen und der Gastronomie sichtbar zu machen.

In der GENUSS REGION ÖSTERREICH gibt es eine breite Palette an Produkten – von Gemüse, Obst über Fleisch, Fisch, Käse, Kräuter, Honig bis hin zu Säften oder Moste. Verstärkte Kooperationen mit dem Tourismus, der Gastronomie und dem Lebensmittelhandel werden in den nächsten Jahren im Zentrum der Aktivitäten der GENUSS REGION ÖSTERREICH stehen. In vielen Geschäften können Sie dieses reichhaltige Angebot regional und überregional beziehen. Der Genuss Guide hilft Ihnen, kulinarische Köstlichkeiten in Ihrer näheren Umgebung zu finden.

Zusätzlich zum Handel spielt auch die lokale Gastronomie eine wichtige Rolle. Bei den zu den vier Jahreszeiten stattfindenden GenussWochen stehen die kulinarischen Besonderheiten der jeweiligen Saison im Mittelpunkt. Die nach traditionellen Methoden und Rezepten verarbeiteten Genuss Regions-Produkte werden von den WirtInnen zu regionalen Schmankerln veredelt. Die GenussWochen sind Höhepunkte in der Zusammenarbeit der GENUSS REGION ÖSTERREICH mit Genuss Wirten, welche besonders regionale Spezialitäten und herkunftsgesicherte Produkte in den Blickpunkt rücken.

ICH LADE SIE EIN: Entdecken Sie den Feinkostladen Österreich und seine unverwechselbare Kulturlandschaft. Informationen zu den einzelnen Regionen und zu den Veranstaltungen der GENUSS REGION ÖSTERREICH finden Sie unter www.genuss-region.at.

MARGARETA REICHSTHALER

Margareta Reichsthaler
Obfrau GENUSS REGION ÖSTERREICH

GENUSS REGION ÖSTERREICH: LASSEN SIE SICH VERWÖHNEN

„Österreich ist ein Land für GenießerInnen – sozusagen eine Schatzkammer für all jene, die sich von unseren Regionen und deren einzigartigen Produkten verwöhnen lassen möchten.

SCHÄTZE WOLLEN ABER AUCH ENTDECKT WERDEN und dafür ist der Genuss-Guide sozusagen die richtige „Schatzkarte“. Derzeit gibt es in Österreich 110 Genuss Regionen – jede davon mit ihrem eigenen Charakter, ihrem eigenen Charme. Diese unverwechselbaren und abwechslungsreichen Regionen bedeuten nicht nur Genuss, sondern auch Identität und Zugehörigkeit. Gemeinsam haben sie jedoch eines: Die BesucherInnen sollen sich wohlfühlen! In diesem Guide sind die besten heimischen Destinationen beschrieben – und natürlich auch die dazugehörigen Genuss Regionen.

Ich wünsche Ihnen viel Spaß mit dem Guide und beim Entdecken der schönsten Orte Österreichs. Denn eines ist sicher: Nirgendwo lässt es sich so schön genießen wie in unseren Genuss Regionen.“

Weitere Informationen finden Sie im Internet unter
www.genuss-region.at
www.facebook.com/GENUSS.REGION.OESTERREICH

KARL STOSS

Dr. Karl Stoss
Generaldirektor
Casinos Austria AG

LASSEN SIE ES SICH SCHMECKEN!

ÖSTERREICHS KÜCHE IST WELTWEIT BEKANNT UND BELIEBT. Österreichische Mehlspeisen wie etwa die Sachertorte werden bis nach Tokio verschickt. Schweinsbraten, Tafelspitz, Kaiserschmarren sind Namen von Köstlichkeiten, die, mit Unterschiedlicher Akzentuierungen weit über die Grenzen unseres Landes hinaus geschätzt sind. Neben diesen Klassikern der österreichischen Küche wartet jedes österreichische Bundesland mit auch eigenen lokalen Spezialitäten auf, mit feinsten Köstlichkeiten für jeden erdenklichen Anlass: vom Fleisch und Wurst über Brot und Gemüse bis hin zu Wein und Spirituosen – überall gibt es tolle Leitbetriebe mit hervorragenden Qualitätsprodukten.

Casinos Austria ist diese hochklassige Gastronomie seit jeher ein Anliegen, dem unter anderem durch die Verleihung von Preisen wie der Goldenen Roulette Kugel oder der Goldenen Traube Rechnung getragen wird. Casinos Austria ist zudem aber auch immer darum bemüht, in seinen zwölf Casinos das Beste der regionalen Köstlichkeiten zu servieren. Mit dem Klassiker „Dinner & Casino" und seinen Variationen wird dem Genuss beim Essen eben soviel Raum gegeben wie der Freude am Spiel. Den Casinobesuch mit einem kulinarischen Verwöhn-Programm zu beginnen, gehört zu einem perfekten Abend fast schon dazu. Und Casinos Austria legt Wert darauf, dass nur die besten Zutaten verarbeitet werden – und zwar von Topleuten aus der Gastronomie. Nicht ganz zufällig sind unsere Küchenchefs mit insgesamt fünf Hauben dekoriert.

Das perfekte Gericht beginnt natürlich bei den besten und frischesten Zutaten. Wo Sie die erlesensten Genusswaren bekommen, erfahren Sie im neuen Genuss Guide 2012, der auch dieses Jahr wieder in ausgewählten Casinos auf Tour geht. Dann können Sie vor Ort die besten Waren des Landes verkosten. Im Genuss Guide kann jeder noch weiterschmökern und sich seine persönliche Genussliste zusammenstellen. Den einen oder anderen Leckerbissen werden Sie auch auf den Tellern im Casino wieder finden.
Ich wünsche Ihnen viel Freude beim Genießen.

GENUSS REGION ÖSTERREICH

Regional genießen

www.genuss-region.at

VORARLBERG

1 Ländle Apfel
2 Bregenzerwälder Alp- und Bergkäse
3 Ländle Kalb
4 Ländle Alpschwein
5 Großwalsertaler Bergkäse
6 Jagdberger Heumilchkäse
7 Montafoner Sura Kees
A Kleinwalsertaler Wild und Rind*

TIROL

8 Paznauner Almkäse
9 Stanzer Zwetschke
10 Oberländer Apfel
11 Oberinntaler Erdäpfel
12 Nordtiroler Gemüse
13 Nordtiroler Grauvieh Almochs
14 Alpbachtaler Heumilchkäse
15 Wildschönauer Krautingerrübe
16 Osttiroler Berglamm
17 Osttiroler Kartoffel

SALZBURG

18 Walser Gemüse
19 Flachgauer Heumilchkäse
20 Salzkammergut Reinanken
21 Tennengauer Almkäse
22 Tennengauer Berglamm
23 Bramberger Obstsaft
24 Pinzgauer Bierkäse
25 Pinzgauer Kitz
26 Pinzgauer Rind
27 Lungauer Eachtling
B Pongauer Wild*

OBERÖSTERREICH

28 Innviertler Surspeck
29 Sauwald Erdäpfel
30 HansBergLand Hopfen
31 Mühlviertler Bergkräuter
32 Mühlviertler Alm Weidegans
33 Leondinger Grünspargel
34 Eferdinger Landl Gemüse
35 Linz Land Apfel-Birnensaft
36 Buchkirchner-Schartner Edelobst
37 Nationalpark Kalkalpen Obstsäfte
38 Mattigtal Forelle
39 Hausruck Birn-Apfel-Most
40 Schlierbacher Käse/Geflügel
41 Nationalpark Kalkalpen Bio-Rind
42 Salzkammergut Käse
C Schlägler Bioroggen*

KÄRNTEN

43 Mölltal – Glockner Lamm
44 Nockberge Almrind
45 Metnitztaler Wild
46 Gurktaler Luftgeselchter Speck
47 Görtschitztaler Milch
48 Mittelkärntner Blondvieh
49 Lavanttaler Apfelwein
50 Gailtaler Almkäse g.U./Speck g.g.A.
51 Kärntna Låxn
52 Rosentaler Carnica Honig
53 Jauntaler Salami
54 Jauntaler Hadn

STEIERMARK

55 Ausseerland Seesaibling
56 Gesäuse Wild
57 Hochschwab Wild
58 Pöllauer Hirschbirne
59 Oststeirischer Apfel
60 Weizer Berglamm
61 Murtaler Steirerkäs
62 Weststeirisches Turopoljeschwein
63 Steirisches Kürbiskernöl g.g.A.
64 Grazer Krauthäuptel
65 Steirisches Teichland – Karpfen
66 Steirischer Vulkanland Schinken
67 Steirischer Kren g.g.A.
68 Südoststeirische Käferbohne
D Murbodner Erdäpfel*
E Ennstaler Steirerkäs*
F Ennstal Lamm*

NIEDERÖSTERREICH

69 Waldviertler Erdäpfel
70 Waldviertler Karpfen
71 Retzer Land Kürbis
72 Weinviertler Erdäpfel
73 Weinviertler Getreide
74 Laaer Zwiebel
75 Weinviertler Wild
76 Waldviertler Graumohn g.U.
77 Wachauer Marille g.U.
78 Wagramer Nuss
79 Traisentaler Fruchtsäfte

hat Zukunft.

lebensministerium.at

NIEDERÖSTERREICH

80 Tullnerfelder Kraut
81 Tullnerfelder Schwein
82 Weinviertler Schwein
83 Waldviertler Weiderind
84 Ybbstal Forelle
85 Mostviertler Mostbirn
86 Pielachtaler Dirndl
87 Mostviertler Schofkas
88 Alpenvorland Rind
89 Lilienfelder-Voralpen Wild
90 Schneebergland Jungrind
91 Bucklige Welt Apfelmost
92 Schneebergland Schwein
93 Wiesenwienerwald Elsbeere
94 Wienerwald Weiderind
95 Marchfeldspargel g.g.A.
96 Marchfeld Gemüse

NIEDERÖSTERREICH

G Dunkelsteiner Hagebutte*
H Mostviertler Biohanf*
I Traisentaler Hofkas*

WIEN

97 Wiener Gemüse

BURGENLAND

98 Kittseer Marille
99 Neusiedlersee Fische

BURGENLAND

100 Pannonisches Mangalitzaschwein
101 Leithaberger Edelkirsche
102 Seewinkler Gemüse
103 Nationalpark Neusiedlersee-Seewinkel Steppenrind
104 Wiesener Ananas Erdbeeren
105 Mittelburgenländische Kaesten und Nuss
106 Mittelburgenland Dinkel
107 Südburgenländische Kräuter
108 Zickentaler Moorochse
109 Südburgenländischer Apfel
110 Südburgenländische Weidegans

*) Kandidat

MIT UNTERSTÜTZUNG VON BUND, LÄNDERN UND EUROPÄISCHER UNION

Europäischer Landwirtschaftsfonds für die Entwicklung des ländlichen Raums: Hier investiert Europa in die ländlichen Gebiete.

LE 07-13
Entwicklung für den Ländlichen Raum

lebensministerium.at

REGIONALITÄT, AUTHENTIZITÄT, SAISONALITÄT, QUALITÄT UND UNVERFÄLSCHTER GESCHMACK

DIE ÖSTERREICHISCHEN GENUSS REGIONEN bieten herausragenden Genuss vom Bodensee bis zum Neusiedlersee. Weite Ebenen und exponierte Berghänge, milde Täler und karge Höhenzüge, fruchtbare Böden, Flüsse und Seen – wie kaum ein anderes Land ist Österreich geprägt von verschiedenen Kulturlandschaften und bringt eine Vielzahl von einzigartigen kulinarischen Spezialitäten hervor.

In den österreichischen Genuss Regionen stehen die Herkunft und Ursprünglichkeit dieser einzigartigen Produkte an erster Stelle. Die Leitprodukte der einzelnen Genuss Regionen, die traditionell in den Regionen beheimatet sind, sollen durch die GENUSS REGION ÖSTERREICH sichtbar und erlebbar gemacht werden. Die GRM GenussRegionen Marketing GmbH als starker Partner der österreichischen Genuss Regionen zeigt sich für die Planung, Entwicklung und Durchführung von nationalen und internationalen Projekten verantwortlich. Sie ist Management- und Servicestelle der Genuss Regionen Österreichs. Die GENUSS REGION ÖSTERREICH steht für die Kooperation zwischen regionaler Landwirtschaft, Gastronomie, Tourismus, Handel und Gewerbe. Ihr Ziel ist es, die ländlichen Regionen Österreichs und ihre typischen kulinarischen Spezialitäten zu stärken und Regionalität, Authentizität und Saisonalität zu ihrem verdienten Platz zu verhelfen.

110 GENUSS REGIONEN finden sich mittlerweile auf der GenussLandkarte Österreichs, welche eine einzigartige Vielfalt an typischen regionalen Spezialitäten wie etwa das Waldviertler Weiderind, die südoststeirische Käferbohne oder den Tennengauer Almkäse bieten. Von Vorarlberg bis ins Burgenland erstrecken sich die österreichischen Genuss Regionen in ihrer ganzen Einzigartigkeit und sind aus der kulinarischen Landkarte Österreichs nicht mehr wegzudenken. Die Genuss Regionen begeistern die Menschen für Österreich und seine Spezialitäten und kommen der Sehnsucht vieler nach Lebensmitteln mit Authentizität und klarer regionaler Herkunft nach. Jeder und jede einzelne soll als Gast in den Genuss Regionen die landschaftlichen Besonderheiten und die in den Regionen fest verwurzelten Spezialitäten erleben und genießen können. Mensch, Region und Produkt bilden eine Einheit und sind mit ihrer Geschichte verknüpft. Wie gut die kulinarische Schatzkammer Österreich mit Spezialitäten bestückt ist, zeigen die vielfältigen Angebote der Genuss Partner Handel eindrucksvoll auf.

DIE GENUSS REGIONEN LIEFERN geschmacklich unverfälschte Besonderheiten – von vorzüglichen Käse- und Milchprodukten über aromatischem Obst und Gemüse spezieller Sorten bis zu Fleisch- und Fleischprodukten und pikanten Spezialitäten von Tieren selten gewordener Rassen, von Fischen aus kristallklarem Gebirgswasser oder Teichen bis zum sonnengereiften Getreide der Täler und Ebenen lassen sich Produkte der österreichischen Genuss Regionen bei den Genuss Partnern Handel finden. Zahlreiche Feinkostläden, Spezialitäten- und Lebensmittelhändler sind stolz darauf, die Auszeichnung Genuss Partner Handel der GENUSS REGION ÖSTERREICH tragen zu dürfen. Sie machen dadurch sichtbar und erlebbar, was ihnen wichtig ist: herausragende regionale Produkte von höchster Qualität. Die Genuss Partner Handel stärken das Zusammenspiel zwischen der Landwirtschaft und dem Handel und bringen die unzähligen kulinarischen Schätze der Genuss Regionen aus ganz Österreich in die Einkaufsregale in Ihrer Nähe. Genuss Partner Handel haben sich der Regionalität, Saisonalität und Authentizität verschrieben, besitzen ein regionales Qualitätsprofil mit einem

Sortiment aus den Genuss Regionen, das herkunftssichere Produkte garantiert. Die Partner betonen damit ihre Verbundenheit zu Region und Heimat. Die Genuss Partner Handel unter www.genuss-region-produkte.at sind in diesem Guide mit einer extra Kennzeichnung zu finden, damit regionaler Genuss den Stellenwert erhält, den er sich verdient.

REGIONALITÄT WIRD AUCH BEI DEN GENUSS WIRTEN großgeschrieben: Entdecken Sie einen der über 1.300 Genuss Wirte! Die Gastronomie, die als kulinarisches Schaufenster unseres Landes viel zur Qualität österreichischer Lebensmittel beiträgt, ist einer der stärksten Partner der GENUSS REGION ÖSTERREICH. Die Genuss Wirte leben täglich die Philosophie der Regionalität und der österreichischen Gastfreundschaft und zeigen dabei kreativ das Zusammenspiel von traditionellen Produkten und heimischer Kochkunst. Viermal pro Jahr wird darüber hinaus mit den GenussWochen ein Höhepunkt gesetzt, zu dem die GenussWochen-Wirte Sie mit saisonalen Besonderheiten verwöhnen. Verpassen Sie nicht die bevorstehenden GenussWochen. Ob Sie sich für einen zarten Braten vom Metnitztaler Wild mit mittelburgenländischen Kaesten und einem kräftigen Schluck Most aus der Mostviertler Mostbirn entscheiden oder sich lieber Süßes aus oststeirischen Äpfeln auf der Zunge zergehen lassen, bei den Genuss Wirten können Sie die Fülle des Herbstes in den Genuss Regionen mit allen Sinnen erleben! Nähere Informationen dazu finden Sie auf www.genusswochen.at, und mit den Genuss Wirten als Points of Interest in ihrem Navi kommen Sie ab jetzt noch zielsicherer zum kulinarischen Genuss. Einfach gratis downloaden: www.garmin.at.

MAN MUSS NICHT IN FERNE LÄNDER REISEN, um kulinarische Abenteuer zu erleben – regionale Spezialitäten lassen sich besonders gut in der reichen Kulturlandschaft Österreichs genießen! Der kulinarische Tourismus ist für die Genuss Regionen ein wichtiges Thema, denn gut essen und trinken sind neben der eindrucksvollen Natur wichtige Qualitäten der österreichischen Genuss Regionen. Die besten, innovativsten und genussreichsten Tourismuspackages können Sie durch den Tourismuspreis „GenussZiel des Jahres" kennenlernen. Vom Tagesausflug zur abenteuerlichen „Sauwald-Genuss-Safari" bis zum Entspannungsurlaub im Naturpark Pöllauer Tal ist für jeden Geschmack etwas dabei. Mit den liebevoll zusammengestellten GenussPaketen aus den Regionen lässt sich eine kulinarische Reise auch bequem von zu Hause aus antreten. In diesen Paketen finden sich erstklassige Produkte aus den Genuss Regionen, die sich als „Botschafter des guten Geschmacks" auch als Geschenk ganz hervorragend eignen. Innovative Genuss Regionen bieten einzigartige Genuss-Pakete an, die vollgefüllt mit Spezialitäten rund um das Leitprodukt ganz einfach zu Ihnen nach Hause kommen.

AB NOVEMBER KÖNNEN SIE im Genuss Regions-Shop unter www.genuss-region-shop.at ganz einfach per Mausklick die Produktvielfalt nach Hause bestellen. Von lieblich bis herb, von zart bis kernig und von süß bis salzig – die GENUSS REGION ÖSTERREICH steht für die Vielfalt der kulinarischen Schatzkammer Europas, und die Produkte der Genuss Regionen zählen zu den wertvollsten Kostbarkeiten. Diese Schätze zu-

gänglich zu machen und Menschen für die regionalen Produkte der Genuss Regionen zu begeistern, das soll durch den Genuss Guide erreicht werden, damit Sie den perfekten österreichischen Genuss erleben! Nehmen Sie sich Zeit zum Genießen! Kosten Sie sich durch die kulinarische Vielfalt und entdecken Sie die köstlichen Schätze der GENUSS REGION ÖSTERREICH.

Weitere Informationen finden Sie im Internet unter
www.genuss-region.at
www.facebook.com/GENUSS.REGION.OESTERREICH
www.genuss-region-produkte.at

HOFSTÄDTER
BESTE FLEISCH- & WURSTWAREN
HOFSTÄDTER
„Die was zu 100 % aus österreichischem Fleisch sind.“
Eine Exklusiv-Marke für BILLA und MERKUR

SCHIN
KEN
SPECK
BRATEN

JA, ES DARF EIN BISSERL MEHR SEIN!
SCHINKEN, BRATEN UND SPECK SIND IMMER EIN GENUSS

DIE „BESTEN“ STÜCKE der heimischen Feinkosttheken haben vieles gemeinsam. Höchste Fleischqualität und ehrliches Handwerk sind die Basis. Dann wird gesalzen, gepökelt, gekocht, geräuchert, luftgetrocknet, geselcht... Das Ergebnis bringt Genießer regelmäßig zum Schwärmen. Für Abwechslung und Geschmacksvielfalt ist mit Speck, Braten und Schinken wahrlich gesorgt.

Die Reise durch die Schinken- und Specklandschaft führt in die heimischen Genussregionen, zu Fleischereibetrieben, zu Produzenten, die mit Leib und Seele Fleischwaren herstellen. Rotbraune Räucherfarbe mit gleichmäßiger Oberfläche, gleichmäßige, im Anschnitt rote Pökelfarbe, möglichst weißer Speck, ohne Trocken- und Räucherrand; schnittfeste Konsistenz, kräftig, doch gleichzeitig mürb im Biss, typischer Pökelgeschmack mit nussiger Speckkomponente, zarte Gewürznoten, saftig, vollfleischig...
Die Beschreibung alleine macht Lust auf Kostproben, auf hauchdünne Schinken- und Speckscheiben, auf Speckwürfel, Bratenstücke und eben immer noch ein bisschen mehr.

Andrea Knura
Ernährungswissenschaftlerin und Journalistin

LASSEN SIE SICH VERFÜHREN!

Genießen Sie die Vielfalt heimischer Fleisch- und Wurstwaren. Lassen Sie sich überraschen von einer unglaublichen Produkt- und Geschmacksvielfalt. Lassen Sie sich verführen und den Genuss auf der Zunge zergehen.

REGIONALE ENTDECKUNGSREISE
DIE GENUSS REGIONEN BIETEN RUND UM SPECK UND SCHINKEN EINE KÖSTLICHE VIELFALT

RÄUCHERN UND TROCKNEN sind die ältesten Methoden der Haltbarmachung von Fleisch. Die regionalen Feinheiten, angepasst an Klima und Lebensumstände der Menschen, wurden von Generation zu Generation überliefert. Noch heute wird nach alten Rezepturen, jedoch vielfach mit modernen Methoden, Speck und Schinken erzeugt. Dass viele Spezialitäten nicht in Vergessenheit geraten, sondern einen besonderen Stellenwert in den heimischen Genusslandschaften erhalten haben, ist auch durch die Arbeit der GENUSS REGION ÖSTERREICH gelungen.
Die Regionen schaffen mit ihrer Landwirtschaft und ihren kulinarischen Angeboten unverwechselbare Marken. Mit der Initiative GENUSS REGION ÖSTERREICH wird gezielt die Bedeutung regionaler Spezialitäten hervorgehoben und damit einen Beitrag für attraktive und zukunftsorientierte Regionen geleistet.

IN GANZ ÖSTERREICH finden Genießer auf der Suche nach Schinken- und Speckspezialitäten unter dem Genuss Region Logo eine einzigartige Vielfalt von Rind, Schwein sowie Wild. Speck ist nicht nur ein Lebensmittel, sondern vielmehr Kulturgut. Daher ist es kaum verwunderlich, dass es viele Speck-Genuss Regionen gibt. In Kärnten findet man bereits zwei mit ganz unterschiedlicher Herstellungsart, wenn es um die geschmackvollen Seiten geht.
Charakteristisch für den EU-geschützten Gailtaler Speck g.g.A. sind seine rote Farbe und das schneeweiße Fett. Der Gailtaler Speck weist einen mildsalzigen, gut ausgeprägten Pökel-, Räucher- und Fleischgeschmack auf, der leicht würzig ist. Er ist fest in der Konsistenz, zart im Biss und zergeht mürb auf der Zunge.
Der Gurktaler Luftgeselchte Speck wird mit trockenem Salz, Pfeffer und Gewürzen eingerieben. Je nach Stärke des Fleisches liegen die Stücke bis zu 12 Wochen in der Salz-Würzmischung. Danach werden die Fleischteile in geeigneten Räumlichkeiten bis zu 6 Monate getrocknet. Je länger der Speck an der Luft hängt, desto fester und kerniger wird er.
In der Weststeiermark bieten die Partner der Genuss Region Weststeirisches Turopoljeschwein einen Speck an, der geschmackvoll und zart ist und eine dicke Fettschicht hat. Das Fleisch der Turopoljeschweine hat eine dunkelrote Farbe auf Grund des langsamen Wachstums und der natürlichen Bewegung im Freien.
Die Produzenten der Genuss Region Steirischer Vulkanland Schinken haben sich dem Geschmack und der kompromisslosen Genussqualität verschrieben. Dafür wurde eine spezielle Fütterung entwickelt, die das Heranwachsen gesunder, stattlicher Schweine garantiert. So entstehen aus besten Rohstoffen hochwertige Spezialitäten wie luftgetrocknete Schinken, Karreespeck oder edle Würste – überwiegend nach traditionellen Rezepten mit einem Schuss zeitgemäßer Inspiration. Die lange Reife gibt den Produkten ihren natürlichen Geschmack. Das Ergebnis sind schmackhafte Spezialitäten aus einer traditionsreichen Region für Genießer.
Im Oberösterreichischen Innviertel gibt es einen Speck von schneeweißer Farbe. In der Genuss Region Innviertler Surspeck hat das Einsuren von Schweinespeck eine lange Tradition, und Surspeck gilt quasi als Urprodukt des Landstriches. Stressreduzierung und tiergerechte Aufzucht werden im Innviertel großgeschrieben. Die Schweine werden ausschließlich auf Stroh gehalten, gefüttert wird mit Milch und Getreide – fast immer aus hauseigener Produktion.
Die Aufzucht und Haltung des Pannonischen Mangalitza Schweines ist das Ergebnis traditionellen Wissens um die Zucht und extensiver Viehhaltung im pannonischen Gebiet Burgenland. Das Fleisch dieses fettreichen Schweinetyps weist eine dunkle Farbe auf und ist besonders saftig. Es ist leicht fettmarmoriert und eignet sich besonders für die Speckherstellung und für die Schmalzproduktion.

SPEZIELL WENN ES UM SCHINKEN GEHT, denkt man in erster Linie an Schweinefleisch – um noch genauer zu sein, an die Hinterkeule des Schweines. Umso erstaunter wird der Genießer sein, wenn ein saftiger Rinderschinken verkostet wird. Vom Niederösterreichischen Waldviertler Weiderind über die Burgenländischen Zickentaler Moorochsen bis über das Pinzgauer Rind und das Mittelkärntner Blondvieh. Sie alle liefern die Basis für feinste Rindersaftschinken mit regionaler Prägung. Naturbelassen und mild gewürzt kommt bei diesen edlen Produkten der volle Geschmack des Rindfleischs zur Geltung. Die Herkunft ist entscheidend, denn die Tiere leben angepasst an Klima und Landschaft.

In den letzten Jahren besinnt man sich der Qualität des Fleisches von Rindern aus der Weidehaltung. Tiere, die auf der Weide gehalten werden, wachsen langsamer und sind aus diesem Grund für die Erzeugung von Qualitätsfleischprodukten sehr geeignet. So entstand im Waldviertel die Genuss Region Waldviertler Weiderind mit vielen Spezialitäten aus der Veredelung des Fleisches.

Das Geheimnis ist der besonders hohe Anteil an intramuskulären Fetteinlagerungen, die das Fleisch so unvergleichlich geschmackvoll und saftig machen. Außerdem ist ein Rassenmerkmal dieser bodenständigen Rasse der eher längere und gedrungene Wuchs, was einen etwas höheren Anteil an Gustostückerln zulässt. Ein Rindersaftschinken vom Mittelkärntner Blondvieh ist wahrlich ein Genuss.

Das Pinzgauer Rind ist ein auf Milch und Fleisch gezüchtetes Zweinutzungsrind und zählt zu den europäischen Höhenviehrassen. Die Stammheimat liegt rund um den Großglockner, wobei sich der Name dieser Rinderrasse von der Region „Pinzgau“ ableitet. Das Fleisch der Pinzgauer Rinder zeichnet sich durch besondere Zartheit aus, ist feinfasrig und weist eine ansprechende Marmorierung auf. Eine Spezialität ist der in Apfeltrester gepökelte Pinzgauer Rinderspeck. Aus bestem Fleisch der Pinzgauer Rinder entsteht die Köstlichkeit durch Räucherung mit Buchen- und anderen Hartholzspänen sowie Wacholdersträuchern. Die Veredelung mit Apfeltrester ergänzt den zarten Rauchgeschmack des Rinderspecks.

Rund um das Naturschutzgebiet „Auwiesen Zickenbachtal“ hat sich im südlichen Burgenland eine Genuss Region entwickelt. Im Mittelpunkt des kulinarischen Angebotes steht der „Zickentaler Moorochse“.

Rinder der Rassen Galloway und Angus beweiden die Randzonen und tragen zum nachhaltigen Schutz des größten Niedermoores des pannonischen Raumes bei. Der „Moorochse“ wächst ab dem 4. bis 6. Lebensmonat auf den ungedüngten Weiden rund um das Moor auf. 24 Monate braucht er bis zur Genussreife. Die Tiere fressen ausschließlich saftiges Gras und duftendes Heu der naturbelassenen Wiesen und verbringen Sommer und Winter im Freien. Das langsame Wachstum sichert ein feinfaseriges Fleisch. Kräuter und seltene Pflanzen verfeinern den Geschmack, und durch die zarte, rein weiße Fettmarmorierung wird der Schinken besonders saftig.

WILD AUF SCHINKEN. Wildrohschinken zählt unter Kennern zu den echten Delikatessen. Wiesen mit einer hohen Vielfalt an Kräutern und Gräsern geben dem Wildfleisch einen würzigen Geschmack. Die stressfreie Erlegung, die Reifung und Zubereitung sind wichtige Indikatoren für die hohe Qualität. Zum Thema Wild sind in Österreich einige Genuss Regionen entstanden, wie in Niederösterreich das Lilienfelder-Voralpen Wild mit Produkten wie dem Wildkalb-Rohschinken oder in Kärnten das Metnitztaler Wild. Der Wildkalbrohschinken ist zart in der Konsistenz und mild im Geschmack. Das typische Wildaroma steht klar im Vordergrund.

www.handltyrol.at
HANDL Tyrol
Wennst das Original suchst.
Werde Tyroler!
Bei Handl Tyrol wird die echte Tiroler Speckkultur mit Leidenschaft gepflegt. Nur hier gibt es die besten 5 Speckspezialitäten als Original Tiroler Speck g.g.A. Und zwar so, wie sie sein sollen: von Hand gemacht, mild über Buchenholz geräuchert und in Tiroler Bergluft getrocknet. Soviel Liebe zur Qualität verdient sogar ein AMA-Gütesiegel – die höchste Auszeichnung für beste österreichische Fleischqualität.
Dein Speckmeister
Geprüfte Qualität AMA GÜTESIEGEL AUSTRIA
Original Tiroler Spezialitäten seit 1902
· Von Hand gemacht
· Über Buchenholz geräuchert
· Bergluftgetrocknet
Offizieller Partner des Alpenvereins zur Erhaltung der Wege und Hütten
ŒAV
Wege ins Freie.

BRATEN FÜR AUFSCHNEIDER – MILD-WÜRZIG MIT FEINEM BRATGESCHMACK, ABGERUNDET DURCH ERLESENE GEWÜRZE, MÜRB UND SAFTIG IM BISS.

GESCHMACKVOLLE TRADITION. Bereits das Wort lässt uns ins Schwärmen geraten, denn meist wird es mit Sonn- und Festtagen, mit genussvollen Stunden mit der Familie und Freunden wörtlich in Verbindung gebracht. Wenn ausgesuchtes Fleisch als Braten ins Rohr geschoben wird, dann muss es ein großes Stück sein. Ab ein Kilo aufwärts wird empfohlen, denn größere Mengen lassen sich leichter auf den Punkt garen. Neben der Auswahl des richtigen Fleischteiles ist natürlich die Zubereitungsart ein Qualitätskriterium. Würzung, Temperatur, Garzeit ... Viele Faktoren spielen eine Rolle, um aus einem schlichten Braten einen Festtagsschmaus zu machen.
Ein üppiges Stück hat natürlich den Vorteil, dass immer etwas übrig bleibt. Und auf dieses „Übriggebliebene" hoffen viele, die den Braten als Aufschnitt besonders schätzen. Für alle „Kaltbratenfreunde" haben die heimischen Feinkostabteilungen einiges zu bieten, das mit Fug und Recht in die Kategorie Festtagsbraten gehoben werden muss.

AUF DIE PLATTE FERTIG LOS. Es gibt an der Küche vorbei einen einfacheren Weg, zu besten Bratenstücken für die Aufschnittplatte zu kommen. Dieser führt direkt in die Feinkostabteilungen heimischer Lebensmittelhändler sowie Fleischerfachgeschäfte. Die Auswahl ist ein kulinarischer Querschnitt durch die österreichische Küche. Krusten-, Kümmel- oder Salzburger Braten sowie Scherzl, Kümmelkarree, Edelbratschinken und Wiener Karree Duett. Der Bratenspezialist Wiesbauer lässt dabei keine Wünsche offen und bietet Bratenköstlichkeiten im Ganzen oder fein aufgeschnitten in bester Qualität. Das vor knapp 80 Jahren von Franz Wiesbauer gegründete Wursterzeuger-Unternehmen zählt zu den bedeutendsten Betrieben der Branche und ist auch der größte Dauerwursthersteller in Österreich. Innovation und Tradition gehen bei der Wiesbauer Produktentwicklung Hand in Hand. Alt bewährte Rezepte der Haushalts- sowie Gastronomieküche werden auf höchstem technischen Niveau umgesetzt. Das Ergebnis kann sich schmecken lassen. Ein kleines Beispiel, um Sie auf den Bratengeschmack zu bringen, ist der Salzburger Braten: Delikate, saftige Schinkenfülle mit großen Fleischstücken in Kombination mit mild gepökeltem Bauchfleisch ergeben einen einzigartigen Bratengeschmack und eine resche Kruste.

STELZ'N IN FORM GEBRACHT. Eine mehrfach ausgezeichnete Innovation von Wiesbauer ist die Wiener Braten Stelze. In einem handwerklich aufwändigen Verfahren wird eine nach einem speziellen Rezept gewürzte, mürb gebratene Schweinsstelze, wie man sie in vielen Gaststätten bestellen kann, in einem eigens entwickelten und patentierten Verfahren ausgelöst, in eine attraktive Form gebracht und in Scheiben geschnitten. 2009 wurde die „Wiener Prater Stelze" zum Produkt-Champion gewählt. Diese Spezialität, die in Deutschland unter dem Markennamen „Brat Hax'n" angeboten wird, wurde in unserem Nachbarland von einer Fachjury zur „Besten Innovation" beim Fleisch-Star Marketingpreis 2010 gekürt.
Beste Fleischqualität, ein hohes Maß an Fingerspitzengefühl bei der Würzung und Zubereitung sowie das perfekte technische „Koch-Know-how" machen die Bratenspezialitäten zu einem echten Genuss, der sowohl warm als auch kalt den Gaumen erfreut.
Wilhelm Busch würde sagen: „Wer einen guten Braten macht, hat auch ein gutes Herz."

KommR Dir. Karl Schmiedbauer
Vorsitzender des Aufsichtsrates
der Wiesbauer Holding AG

RICHTIGE LAGERUNG

Beste Bratenqualität muss richtig gelagert werden, damit der Genuss garantiert ist. Bei einer Lagerung im Kühlschrank bei einer Temperatur zwischen +2 °C bis +7 °C beläuft sich die Mindesthaltbarkeit auf 19 Tage.
Bei einer kurzfristigen Lagerung von 1 bis 3 Tagen würde ich ein einfaches, leichtes Einschlagen in Pergamentpapier oder Alufolie empfehlen, damit das Produkt besser „atmen" kann! Sollte ein gebratenes Produkt längere Zeit aufbewahrt werden, würde ich doch zu einer Hartschale (Tupperware) greifen, so dass der Braten nicht so schnell austrocknen kann.
Nachdem Sie das Bratenstück bzw. die Scheiben aus dem Kühlschrank geholt haben, sollten Sie es einige Minuten rasten lassen. So kann sich der feine Fleisch- und Bratengeschmack am besten entfalten.

Elitewürstel!
TRÜNKEL
WIENER WURSTSPEZIALITÄTEN
1905
unschlagbar
knackig: Trünkels
köstliche Sacherwürstel
Eine Klasse für sich!
Mit Gold prämiert*
Jnser Wettbewerbs-Sieger hat Format. Und was für eines!
xtralang, knackig frisch und köstlich im Geschmack –
mmer leicht zu erkennen an seiner Goldmedaille.
as sind Elitewürstel! Überzeugen Sie sich
elbst in einer Trünkel-Filiale in Ihrer Nähe.
Die mit der
GOLD
MEDAILLE
Mehrfach mit Gold ausgezeichnet in Österreich und Deutschland.
rünkel, 15 mal in Ihrer Nähe:
1., Schottengasse 9
1., Fußgängerpassage Schottentor
7., Neubaugasse 48–50
., Alserbachstraße/Grundlgasse
0.,Reumannplatz 11
10.,Viktor-Adler-Markt 41+42
10.,Quellenstraße 117
16.,Thaliastraße 101
16.,Koppstraße 68
16.,Bahnhof Ottakring, Kiosk 3
17.,EKZ Elterleinplatz 12
18.,Gersthof, Am Platzl 2
21.,Shopping Center Nord, Top 11
21.,Franz-Jonas-Platz 4
2500 Baden, Waltersdorferstraße 55
www.truenkel.at

HANDL TYROL

TIROL VON SEINER BESTEN SEITE.

ZUM ECHTEN TIROLER SPECK FÜHRT AN HANDL TYROL KEIN WEG VORBEI. DAS GEHEIMNIS DER SPECKMEISTER: DORT SIND GRUNDEHRLICHE ZUTATEN UND VIEL, VIEL HANDARBEIT.

Speck ist der Inbegriff der Tiroler Tradition und Lebensart. Doch damit der echte Tiroler Speck g.g.A. genussvoll auf den Tisch kommen kann, braucht es viel Wissen und die Liebe zur traditionellen Herstellung. Dabei scheint es, die Speckerzeugung sei eigentlich eine relativ simple Angelegenheit: Man nimmt ein Stück Fleisch, würzt es und hängt es schließlich in den Rauch, wo es allmählich zu Speck heranreift – fertig.

ABER SO EINFACH IST ES NATÜRLICH NICHT. Das beginnt schon bei der Auswahl des Fleisches nach den strengen AMA Kriterien: Von österreichischer Herkunft soll es sein und schön durchzogen, weder zu feucht noch zu trocken. Und dann das Würzen: Mit alleinigem Einsalzen begnügen sich die Speckmeister bei HANDL TYROL natürlich nicht. Nach alten Rezepten des Urgroßvaters Karl C. Handl werden alle Specksorten mit ausgesuchten, natürlichen Gewürzen und ohne Zusatz von Geschmacksverstärkern oder Aromen verfeinert. Denn bei Qualität, Handarbeit und Herkunftskontrolle werden keine Kompromisse gemacht. Das milde Räuchern über Buchenholz und die sorgsame Reifung in kristallklarer Tiroler Bergluft sorgen für den unverwechselbaren Geschmack der Original Tiroler Speckspezialitäten. HANDL TYROL verbindet damit auf einzigartige Weise höchste Produktqualität mit Tiroler Lebensart.

GESCHÜTZTE GEOGRAFISCHE ANGABE – TIROLER SPECK G.G.A. Die geschützte geografische Angabe (g.g.A.) für Tiroler Speck garantiert die Richtigkeit der geografischen Herkunft genauso wie die Einhaltung festgelegter Herstellungsschritte über den gesamten Erzeugungsprozess. Nur HANDL TYORL stellt heute noch alle fünf Original Tiroler Specksorten g.g.A. her.
Die HANDL TYROL Specke g.g.A. unterscheiden sich durch zwei Kriterien voneinander. Einerseits, welches natürlich gewachsene Stück vom Schwein verwendet wird und andererseits, wie lange der Speck gereift ist. Allen gemein ist, dass sie über Buchenholz mild geräuchert und in kristallklarer Tiroler Bergluft getrocknet werden.

TIROLER SPECK G.G.A. SCHINKENSPECK. Der Klassiker ist seit Jahrhunderten der Inbegriff der Tiroler Speckkultur. Reifezeit: ca. 22 bis 24 Wochen.

TIROLER SPECK G.G.A. KAREESPECK. Der Feine ist seit jeher der mildeste Tiroler Speck g.g.A. Reifezeit: 10 bis 12 Wochen.

TIROLER SPECK G.G.A. BAUCHSPECK. Diese herzhaft-rustikale Spezialität wird in der Tiroler Küche gerne verwendet. Reifezeit: 8 bis 10 Wochen.

TIROLER SPECK G.G.A. SCHOPFSPECK. Diese fein durchzogene und ausgewogen würzige Delikatesse ist ein echter Geheimtipp. Reifezeit: 10 bis 12 Wochen.

TIROLER SPECK G.G.A. SCHULTERSPECK. Der Deftige ist bei Speckliebhabern für seinen würzigen Geschmack beliebt. Reifezeit: 10 bis 12 Wochen.

Neben den klassisch geräucherten Speckprodukten gibt es mit „Bergluft" auch eine Produktlinie für alle, die den Geschmack Tirols lieben, aber auf das Rauchige gerne verzichten möchten. Das einzigartige Klima der Tiroler Berge bietet die idealen Voraussetzungen für die Herstellung von luftgetrockneten Spezialitäten wie Bergluft Schinken und Bergluft leichtes Karree sowie Bergluft Stangerln. Die Milde der Tiroler Bergluft, verbunden mit der Kraft der Natur, verleiht den Original Tiroler Speckspezialitäten ihren ehrlichen Geschmack.

HANDL TYROL

SCHEIBEN, STIFTERL, WÜRFEL ODER AM STÜCK?

Wie man Speck richtig schneidet, darüber gehen in Tirol die Meinungen auseinander. Doch bei einem sind sich alle einig: Ob in hauchdünnen Scheiben, gestiftelt oder am Stück – auf den Tisch kommt nur ein waschechter Tiroler.

HAUCHDÜNNE SCHEIBE. Dünn aufgeschnitten entwickelt der echte Tiroler Speck g.g.A. seinen einzigartigen Geschmack besonders gut am Gaumen. Die feinen Nuancen der verschiedenen Specksorten wie Schinken-, Bauch-, Karree-, Schopf- und Schulterspeck kommen ausgezeichnet zur Geltung.

STIFTERLN. In Tirol isst man Speck – vor allem, wenn man ihn selbst zu Hause schneidet – gerne auch fein gestiftelt. Das Schneiden in circa 2 x 2 mm starke Stifterln ist ideal, wenn man keine professionelle Schneidemaschine hat oder wenn man einfach „mehr Biss“ beim Genießen schätzt.

WÜRFEL. Gewürfelt wird Tiroler Speck g.g.A. hauptsächlich zum Zubereiten der typischen Tiroler Hausmannskost. In echte Tiroler Speckknödel zum Beispiel gehört klein gewürfelter Bauchspeck.

AM STÜCK. Wer sich auf Anhieb nicht entscheiden mag, stellt einfach ein Schneidbrett mit einem zünftigen Stück Speck darauf auf den Tisch. So kann jeder seine eigene, original Tiroler Schneidetechnik entwickeln.

bulthaup
center spittelberg
QUALITÄT bleibt bestehen, wenn der Preis längst vergessen ist
Sir Henry Royce
Walter Reisinger
Siebensterngasse 1
1070 Wien
Tel. +43 (0) 1 523 95 31
www.spittelberg.bulthaup.at

SPECK IST NICHT GLEICH SPECK
WELCHE SORTE HÄTTEN SIE DENN GERNE?

SPECK IN DER FEINKOSTABTEILUNG ist ein Genuss bereits für das Auge. Viele verschiedene Varianten – angeblich soll es in Österreich so viele Specksorten wie Dörfer geben – stellen uns jedoch gleich vor die erste Entscheidung. Soll der Speck eher mild und luftgetrocknet sein oder doch würzig mit feinem Raucharoma? Wenn Sie diese Frage für sich geklärt haben, dann geht es weiter zu den fünf Sorten: Schinken-, Karree-, Bauch-, Schopf- und Schulterspeck stehen zur Auswahl. Entscheiden können Sie sich aufgrund der Optik. Die beste Wahl treffen Sie aber sicherlich, wenn Sie eine kleine Verkostung machen und sich durch die Varianten probieren.

Ein gute Feinkostabteilung zeichnet sich auch dadurch aus, dass Gustieren und Verkosten selbstverständlich sind. Selbst Experten, also Verkäufer und Produzenten, sind der Meinung, dass der Konsument viel zu wenig auf die Produkte eingeht. Oftmals sind es nur Nuancen, die den feinen Unterschied ausmachen.

Wie es zu diesen Unterschieden kommt, wissen nur die Produzenten, die sich aber gerne hinter die Kulissen schauen lassen. Das letzte Tüpfchen zum Geschmack ist jedoch immer ein gut gehütetes Geheimnis. Neben dem verwendeten Fleisch ist die Gewürzmischung zur Trockenpökelung der erste Schritt in Richtung besonderer Geschmack. Der nächste Schritt ist das Räuchern. Wie lange, wie viel Frischluft und welches Holz wird verwendet? Das sind die entscheidenden Kriterien. Verwendet werden vielfach Hölzer, vorzugsweise Buche in Form von Holzmehl oder Spänen. Aber auch Tanne, Fichte, Esche kommen zum Einsatz, und manche schwören auf Wacholderzweige als Beigabe. Der Rauch von harzarmen Holz darf nicht wärmer als 20 °C sein. Das klassische Schwarzgeräucherte, das von vielen Bauern selbst hergestellt wurde, war stark gepökelt und intensiv geräuchert, um es lange haltbar zu machen. Das ist heute jedoch nicht mehr entscheidend. Neben der Haltbarmachung hat das Räuchern den Zweck, Farbe, Geruch, Geschmack und Biss positiv zu beeinflussen. Danach reifen die Seiten in besonderen Räumen, die ständig auf Feuchtigkeit und Temperatur kontrolliert werden, für mehrere Wochen und Monate. Neben dem Räuchern gibt es auch die Variante der Lufttrocknung. Bei normaler Lufttemperatur in Reiferäumen und ohne zusätzliche Wärmezufuhr wird dem Fleisch rund 40% des Wassers entzogen. Dadurch bleibt der Speck haltbar, der Geschmack bleibt nicht nur unverfälscht erhalten, sondern wird durch die konzentrierte Form noch verstärkt. Auch in der Küche ist Speck ein unverzichtbarer Geschmacksträger. Die typische Hausmannskost in Österreich kennt viele Gerichte, die ohne Speck sicherlich nur halb so gut schmecken würden.

BEIN ODER NICHT BEIN – DAS IST BERECHTIGT DIE FRAGE. SCHINKEN HAT ABER IN JEDEM FALL VIELE SAFTIGE SCHEIBEN

DAS WICHTIGSTE GLEICH ZUERST: Das begehrte Stück stammt aus der Hinterkeule des Schweins. Das Fleisch ist rosa, saftig und ohne grobe Fasern. Wer auf Echtheit setzt, sollte darauf achten, dass der Schinken bzw. Kochschinken eine Schwarte hat. Variiert die Farbintensität einer Schinkenscheibe, ist das ein Indiz für die Natürlichkeit des Stücks, sind der Ursprung doch verschiedene Muskeln des Schweins – je dunkler die Fasern des Endprodukts, desto mehr Bewegung hat das Tier gehabt. Je leichter das dünn geschnittene Schinkenblatt zerfällt, desto natürlicher ist das Produkt. Schinkenblätter, die sich wie ein Kaugummi ziehen lassen, sind ein Indiz für den Einsatz von Bindemittel und einen hohen Wasseranteil. Dieser sollte maximal 10 Prozent betragen. Für wahre Schinkenliebhaber ist es selbstverständlich, Kochschinken im Ganzen zu kaufen und sich feine Scheibchen je nach Gusto herunterzuschneiden. Kochschinken wird umgangssprachlich auch als Beinschinken bezeichnet, wobei „Bein“ ein Synonym für Knochen ist. Es gibt Beinschinken (also konkret sind das die meisten), die nicht nur ohne Bein angeboten, sondern auch ohne Bein verarbeitet werden. Beinfreier Beinschinken wird – zumindest bei den österreichischen Herstellern – manuell zerlegt. Sie werden dann geputzt, die besten Teile wie Schale und Fricandeau kommen in den Injektor, der die Lake mittels feinster Nadeln ins Fleisch bringt. Anschließend sind die Massiertrommeln am Zug, in denen die Schinkenstücke nach speziell ausgearbeiteten Programmen bewegt und gedreht werden. Dadurch verbinden sich Eiweiß und Lake und das Stück wird vom Fleisch zum Schinken. In weiterer Folge wird geräuchert, gekocht und aus den einzelnen Stücken wieder ein ganzer Schinken gemacht – eine Presse in Keulenform, mit oder ohne zurechtgeschnittener und passend applizierter Schwarte, bringt den Schinken schließlich in Form. Die Auswahl an Schinken lässt keine Wünsche offen. Von Senf- und Kräuter- über Honigkruste- bis Marille- oder Spargelschinken. Für jeden Geschmack gibt es den passenden Schinken. Der Beinschinken in seiner heutigen Form ist ein geschmackvolles Produkt aus der K.u.k.-Monarchie und Ursprung vieler weltberühmter Kochschinken wie dem Prager Schinken. Und dann gibt's noch …

Hammerfleisch: Dieser geselchte Rohschinken wird in aufwändiger Handarbeit aus den Hammen, dem Schlögel des Schweins, hergestellt. Die Hammen, die für die Herstellung des Loipersbacher Hammerfleischs ausgewählt werden, müssen einem hohen Qualitätsstandard entsprechen.

Winzerrohschinken: Ein knochengereifter „Prosciutto aus dem Steirischen Weinland“ vom getreidegefütterten Edelschwein, mindestens 24 Monate gereift, mit Meersalz und Zucker gewürzt und luftgetrocknet.

Johann-Rohschinken: „Johann“-Schinken wird nach einem speziellen, seit Generationen in der Familie Rauch überlieferten Rezept produziert. Johann-Schweinefleisch erfüllt die höchsten Ansprüche der tier- und artgerechten Haltung, wie auch den Wunsch des Konsumenten nach bester Fleischqualität.

Die Freilandhaltung und die spezielle Fütterung garantieren zartes, feinfaseriges Fleisch, einen weißen Speckrand und ein feines Aroma.

Eine besondere Delikatesse ist **Mangalitzabeinschinken**, der aus den Keulen von burgenländischen Mangalitzaschweinen stammt. Da das Schwein das ganze Jahr über im Freien verbringt und einen Großteil der Nahrung selbst sucht, ist sein Fleisch besonders aromatisch. Die großzügige Fettschicht, die das Fleisch umgibt, macht die Schinken saftig und geschmackvoll.

Parmaschinken, italienisch **Prosciutto di Parma**, ist ein luftgetrockneter Schinken aus der Provinz Parma nordwestlich von Bologna. Er hat einen mild-würzigen

Geschmack, ist von rosaroter Farbe mit feiner Fettmaserung, die Konsistenz ist mürbe. Ursprungsort des Parmaschinkens ist Langhirano am Fluss Parma, in dem auch heute ein Großteil der Schinken produziert wird.

Prosciutto Crudo Salato ist ein salziger, für Mittel- und Süditalien, und insbesondere die Toskana, typischer Rohschinken. Er schmeckt kräftig und sehr würzig. Er unterscheidet sich von den in Norditalien hergestellen Schinken insofern, als dass das heißere Klima der Toskana die Verwendung von mehr Salz beim Reifen erfordert.

Lardo ist ein besonders gereifter, fetter Speck der italienischen Küche. Die bekanntesten Sorten kommen aus dem Aostatal und aus Colonnata in der Toscana.

Für **Lardo** wird Rückenspeck von Landschweinen verwendet, und davon nur der feste, obere Teil direkt unter der Schwarte. Die Herstellung variiert regional, aber üblicherweise wird der Speck in große rechteckige Stücke geschnitten, mit Gewürzen wie Lorbeer, Pfeffer, Salbei ... gewürzt, in Salzlake eingelegt, übereinandergeschichtet und beschwert für drei bis sechs Monate in Tröge aus speziellen Sorten des Carrara-Marmors reifen gelassen.

Die Aufzählung aller Schinken und Rohschinkenspezialitäten würde den Seitenrahmen sprengen. Am Besten, Sie verschaffen sich in der Feinkostabteilung selbst einen geschmackvollen Überblick.

Rudolf Berger
Fleischwaren Berger

KOCHSCHINKEN HAT IMMER SAISON!

Die Freude am Genießen ist wertvoller Bestandteil eines guten Lebens. Die vielen hochwertigen Schinkenkreationen sind Ausdruck dieser Lebenseinstellung, und so hat sich die Nachfrage kontinuierlich gesteigert. Für einen Qualitätsschinken wird bestes mageres Schweineschlögelfleisch verwendet, welches unter Zugabe von Salz und Gewürzen mild gepökelt, schonend massiert und anschließend je nach Schinkentyp leicht bis herzhaft geräuchert oder knusprig gebraten wird. Beim qualitativ hochwertigen Kochschinken handelt es sich um ein Monoprodukt, so dass kann auch der Laie die gewachsene Fleischstruktur sehr gut erkennen kann. Da nachhaltiges Wirtschaften gerade in der Lebensmittelbranche immer mehr in den Fokus rückt, greift man beim Rohstoff für Schinken verstärkt auf heimische Ware zurück. Doch auch bei den Produktionsstandards geht man aktuell neue Wege und besinnt sich auf die „neue Natürlichkeit" der Kochschinken, indem man auf Zusätze wie Geschmacksverstärker, Farbstoffe und Aromen gänzlich verzichtet. So erhält man erstklassigen Schinkengenuss, der auch dem ernährungswissenschaftlichen Blick standhält. Hochwertiges Eiweiß, geringer Fettgehalt, Vitamine und Spurenelemente machen Kochschinken zum wertvollen Kraftstoff im Rahmen einer ausgewogenen Lebensweise.

100% ÖSTERREICH, 100% HOFSTÄDTER!

Ob bestes Schweine- oder Rindfleisch, milde oder herzhafte Schinkenvariationen, delikate Salami- und Rohwurstspezialitäten, würziger Speck oder feine Putenwurst: Wer Hofstädter genießt, kann von der Qualität überzeugt sein. Schließlich werden alle Qualitätsprodukte ausschließlich aus Österreich bezogen.

Das gesamte Hofstädter Frischfleisch-Sortiment sowie das Wurstsortiment stammen ausschließlich von Tieren, die in Österreich geboren, gefüttert, gehalten und geschlachtet wurden.

Die Fleisch- und Wurstwaren müssen so keine langen Wege zurücklegen – und das schmeckt man auch.

Zudem sind alle Hofstädter Wurstwaren mit dem AMA-Gütesiegel ausgezeichnet. Die Aufzucht der Tiere, aber auch die Schlachtung und Zerlegung erfolgen unter strengsten hygienischen Bedingungen und werden mit größter Sorgfalt ausgeführt. Dabei erfüllen wir nicht nur die Vorgaben des Gesetzgebers, sondern sind sogar strenger – der Qualität und unseren Kunden zuliebe.

HOFSTÄDTER

HOFSTÄDTER, EINE EXKLUSIV-MARKE FÜR BILLA UND MERKUR.

WACHAUERBURGER MIT DIRNDLMAYONNAISE

500 g Bauerngeselchtes
Salz, Pfefferkörner, Lorbeerblatt
Öl zum Braten
4 Wachauer
Blattsalat, fein geschnitten
1 Zwiebel, fein geschnitten

FÜR DIE DIRNDLMAYONNAISE

1 Eigelb
1 TL Englischer Senf
Schuss Essig
150 ml Sonnenblumenöl
Salz, Pfeffer
2 EL Dirndlchutney

ZUBEREITUNG

Das Bauerngeselchte legt man mit den Gewürzen in kochendes Wasser und lässt es sehr langsam nicht zu weich kochen (zu stark wallendes Wasser würde das Fleisch austrocknen). Nach 2/3 der Kochzeit soll das Fleisch in der Flüssigkeit nur mehr ziehen.

Aus den Zutaten Ei, Senf, Essig, Öl die Mayonnaise schlagen. Die Mayonnaise sollte am Ende dick und cremig sein, anschließend mit Chutney vermischen und mit Salz und Pfeffer abschmecken. Mit Frischhaltefolie abdecken und kalt stellen.

Vom Geselchten 4 gleich große Scheiben schneiden.
Pfanne erhitzen, mit Öl einfetten. Das Geselchte von jeder Seite 1 bis 2 Minuten scharf anbraten.

Wachauer aufschneiden und die Schnittflächen grillen. Unterteile mit Salat und Zwiebel belegen, Geselchtes und Dirndlmayonnaise zugeben. Oberteile aufsetzen und mit einen Holzspieß fixieren.

Rezept für 4 Personen.

MAKI VON HAMMERFLEISCH UND WEISSEN LEITHABERG KÜRBIS AN APFELKREN

250 g Hammerfleisch
20 g Schalotten
40 g Weißer Kürbis
30 g Essiggurke
1 TL Englischer Senf
Chili, Salz
1 Spritzer Zitronensaft
2 Blatt Gelatine

FÜR DEN APFELKREN

1 Apfel
Kren
Salz
1 Spritzer Zitronensaft

ZUBEREITUNG

Schalotten, Weißer Kürbis und Essiggurke in kleine Würfel schneiden und vermengen, mit Salz, Englischem Senf und Chili abschmecken.

Die Gelatine einweichen, anschließend erwärmen bis sie sich verflüssigt, und unter die Kürbismasse mischen.

Hammerfleisch dünn aufschneiden und auf eine mit Klarsichtfolie belegte Bambusmatte legen.

Einen Streifen der Kürbismasse (ca. 2 cm breit und 0,5 cm hoch) auf den Anfang des Hammerfleisches streichen, so dass noch ein Streifen vom Hammerfleisch freibleibt, um es gut rollen zu können. Eventuell mit etwas zerlassener Gelatine verkleben.
Apfel und Kren fein reiben und mit etwas Zitronensaft und Salz abschmecken.

Hammerfleisch-Röllchen in ca. 2 cm große Stücke schneiden und mit Apfelkren auf einem Teller anrichten.

Rezept für 4 Personen.

MAKI VON HAMMELFLEISCH

ZILLERTALER SCHINKENSPECK AUF 3 ARTEN

FÜR DIE MELONE

200 g Schinkenspeckscheiben
1 Wassermelone

FÜR DIE SUPPE

100 g Schinkenspeckschwarte und Abschnitte
500 ml fertige Rindssuppe
100 ml Obers
2 St. Schalotten
50 g Butter

FÜR DIE KRAPFEN

200 g Roggenmehl
200 g Weizenmehl
2 Dotter
250 ml Obers
Meersalz
100 g Kartoffeln, mehlig
50 g Schinkenspeckwürfel
Petersil, Salz, Pfeffer, Kümmel

ZUBEREITUNG

Melone in Spalten schneiden und mit dem Speck servieren.

Suppe: Rindssuppe mit Schwarte einmal aufkochen und ca. 30 Minuten ziehen lassen, passieren. Schalotte schälen und in Würfel schneiden. Butter in einem Topf erhitzen und die Schalottenwürfel darin glasig angehen lassen. Mit der Specksuppe und Obers aufgießen, einmal aufkochen, ca. 10 Minuten köcheln lassen, fein mixen und abschmecken.

Krapfen: Dotter mit Obers vermischen und mit dem Mehl rasch zu einem Teig verkneten.
Vor der Weiterverarbeitung muss der Teig ca. 2 Stunden kühl gestellt werden.
Kartoffeln weich dämpfen und pressen. Speckwürfel in einer Pfanne ohne Öl leicht anrösten. Das Fett, das sich gebildet hat, abschütten. Die Speckwürfel mit gehackter Petersilie in die Kartoffel einarbeiten, mit Salz, Pfeffer und Kümmel würzen. Den Krapfenteig ca. 1 cm dick ausrollen, Kreise ausstechen, die Kartoffelmasse in die Mitte setzen und zu einem Krapfen zusammenlegen. In heißem Fett goldgelb herausbacken und auf einem Küchenpapier abtropfen.

Rezept für 4 Personen.

AVOCADO MIT SCHAFSKÄSE & KOCHSCHINKEN AUF BLATTSALATEN

4 Stück Avocado
100 g Schafskäse
20 g Polenta
12 Blatt Kochschinken
1 Häuptelsalat
100 g Vogerlsalat
Cocktailtomaten
Frisch geriebener Kren
Kresse

ZUBEREITUNG

Avocado schälen, halbieren, entkernen, mit Schafskäse füllen, in Polenta wälzen, in einer Pfanne anbraten und anschließend ins vorgeheizte Backrohrohr geben. (160 ° ca. 10 min)

Häuptelsalat mit Vogerlsalat mischen, mit Essig Öl Dressing marinieren.

Salat anrichten, Schinken in Butter schwenken und mit Avocado zum Salat geben.
Frischen Kren darüberreiben und mit Kresse ausgarnieren.

Rezept für 4 Personen.

DIE BESTEN SCHINKEN-GESCHÄFTE DES LANDES

LUST AUF FARBE

SAFTIGES OBST UND KNACKIGES GEMÜSE SIND VIEL MEHR ALS EIN AUGENSCHMAUS.

OBST IST DIE GESÜNDESTE ALLER NASCHEREIEN. Wirklich schmecken wird sie allerdings nur, wenn sie frisch und richtig reif ist. Bei einer intensiven Farbe und einem aromatischer Duft sollten Sie ruhig zugreifen. Auch wenn's ab und zu schwerfällt, länger zu warten; kaufen Sie Obst bevorzugt zur Haupterntezeit. Dann ist es besonders aromatisch und frisch. Ware aus der Region hat zudem keine langen Transportwege hinter sich und ist deshalb ebenfalls frischer. Das gleiche gilt natürlich für Gemüse.

DAS GUTE WÄCHST SO NAH. Österreich verfügt über eine traditionell gewachsene und klein strukturierte Landwirtschaft, die mit hohen Qualitätsstandards arbeitet. Ob Paradeiser und Paprika aus dem Burgenland, Äpfel aus der Steiermark, Spargel aus dem Marchfeld oder der Eachtling aus dem Lungau – mit kulinarischen Schätzen aus Ihrer Region liegen Sie fast immer richtig.
Wenn Sie schließlich vor dem Gemüseregal stehen, überlegen Sie gut, wieviel Sie wirklich brauchen. Vor allem während der warmen Jahreszeit sollte möglichst nur der Tagesbedarf eingekauft und bis zur Verarbeitung kühl gelagert werden. Nur ein Beispiel: Salat verliert schon nach drei bis vier Tagen bis zu 90 Prozent seiner Vitamine.
Setzen Sie Obst und Gemüse nie zu lange der direkten Sonneneinstrahlung aus, da sonst wertvolle lichtempfindliche Nährstoffe und Vitamine verloren gehen. Die gesunden Alleskönner fühlen sich an einem kühlen, dunklen Ort oder im Gemüsefach im Kühlschrank am wohlsten. Obst und Gemüse sollten in einem Frischhaltebeutel oder lose in eine Schüssel gelegt und mit Frischhaltefolie zugedeckt im Kühlschrank lagern. Besonders das Gemüse ist dabei vor dem Austrocknen zu bewahren. Einige Gemüsearten sind allerdings kälteempfindlich: z.B. Erdäpfel, Gurken, Paradeiser, Paprika, Kürbis oder Zucchini. Diese Gemüse sollten daher nicht im Kühlschrank aufbewahrt werden, sondern gut verpackt an einem kühlen, dunklen Ort lagern. Zwiebel und Knoblauch gehören nicht in den Kühlschrank. Sie stören den Geschmack anderer Lebensmittel. Auch ohne Kühlung halten sie in trockener, dunkler Umgebung.

KALTE DUSCHE. Um beim Waschen von Obst und Gemüse möglichst wenig Vitamine und Mineralstoffe zu verlieren, sollte man es nicht unter fließendem Wasser, sondern kurz in stehendem, möglichst kaltem Wasser säubern. Obst und Gemüse darf nicht im Wasser liegen gelassen werden (außer Endiviensalat, hier entzieht das Wasser die Bitterstoffe), da auch hier sehr viele wasserlösliche Nährstoffe einfach ausgeschwemmt werden.
Zum Reinbeißen. Kaltes Obst schmeckt nicht! Da Obst erst bei Zimmertemperatur sein volles Aroma entfaltet, sollte es mindestens 20 Minuten vor dem Verzehr aus dem Kühlschrank genommen werden.

MEHRWERT AUS DEM BACKOFEN

BROT IST GESCHMACKVOLLE VIELFALT, RELIGIÖSES SYMBOL UND AUSDRUCK DER GASTFREUNDSCHAFT

MIT VIEL GESCHMACK UND KREATIVITÄT wird hierzulande das Handwerk der Backkunst betrieben. Bereits der Duft, den frisches Gebäck verströmt, ist einzigartig und verspricht Köstliches. Einheitsbrei gehört dabei längst der Vergangenheit an. Bei der Auswahl der Getreidesorten und Zutaten werden die Bäcker immer innovativer oder sie greifen wieder auf alte, überlieferte Rezepturen und Getreidesorten wie Emmer oder Einkorn zurück.
Ohne Teiglockerungsmittel wäre unser Brot ein flacher Fladen. Das Teiglockerungsmittel bewirkt durch die Säuerung und Gärung das gewünschte „Aufgehen" und die damit verbundene Lockerung des Teiges. Natursauerteig wird seit Jahrhunderten zum Aufgehen der roggenhaltigen Teige verwendet. Ein guter Natursauerteig verleiht dem Brot einen herzhaften, würzig-kräftigen Geschmack. Er macht das Brot saftig und hält es länger frisch.

Beim jüdischen Passahfest wird noch heute ungesäuertes Brot gegessen, das ohne Hefe und ohne Sauerteig gebacken ist. Dieses Matzen genannte Brot aßen die Nomaden einst auf ihren Wanderungen durch die Wüste. Auch die Juden führten es als Wegzehrung bei ihrem Auszug aus Ägypten mit.
Brot ist aber auch ein Begriff der Gastfreundlichkeit, ist Leben. Ein russisches Sprichwort lautet: „Brot ist für alles ein Haupt". In den russischen Familien ist Brot den ganzen Tag auf dem Tisch. Ohne Brot gibt es kein Frühstück, kein Mittagessen, kein Abendessen: Zum Frühstück und Abendessen isst man gern Weißbrot, zum Mittagessen Roggenbrot. „Chleb da Soll" also Brot und Salz, so begrüßt man schon seit Jahrhunderten in Russland die Leute, die am Tisch sitzen. „Brot und Salz" bedeutet im Russischen Bewirtung und Gastfreundlichkeit. Es gibt auch das zusammengesetzte Wort chlebosolstwo, das aus den Wörtern Brot und Salz besteht und Gastfreundlichkeit heißt.
Getreide ist ein geschmackvoller und durch seine Inhaltsstoffe hochwertiger Begleiter durch den Tag. Jedes Korn für sich ist klein und unscheinbar, birgt in sich aber eine enorme Kraft. Eine Kraft, die es täglich an uns weitergibt.

AUFBEWAHRUNG Brot gehört nicht in den Kühlschrank, denn dort wird es schnell altbacken und trocken, da ihm im Kühlschrank die Feuchtigkeit entzogen wird.
Bei Zimmertemperatur jedoch droht – vor allem im Sommer – Schimmelgefahr. Brot kommt mit rundum keimfreier Kruste aus dem Ofen! Bei der Herstellung von Brot und Gebäck werden immer seltener Konservierungsstoffe verwendet. Über 95 Prozent kommen heute „ohne" in die Bäckereien und Regale. Das bedeutet allerdings: Regelmäßige Schimmelvorbeugung ist im Haushalt unverzichtbar. Die Entwicklung von Schimmelpilzen wird von Wärme und Luftfeuchtigkeit begünstigt, deshalb Brot nicht luftdicht verpacken!
Der ideale Aufbewahrungsort ist trocken und sauber, um die 18 °C – bestens geeignet sind dafür Brotkästen aus Holz bzw. Steinguttöpfe.
Das Wichtigste zum Schimmelschutz ist die sorgfältige Reinigung des Brotbehälters daheim. Alte Brotreste und Krümel sollten alle 2 – 3 Tage entfernen werden, denn sie begünstigen zusammen mit Feuchtigkeit die Entstehung von Schimmel. Den Vorratsbehälter wischt man mit Essigwasser aus, um Schimmelbildung zu vermeiden.

INSPIRATION FÜR ALLE SINNE
ODER: WAS WÄRE DIE KÜCHE OHNE KRÄUTER?

ES IST ERSTAUNLICH, dass ein kleines Blatt unsere Sinne so derartig betören kann. Der feine Duft der Minze weckt unseren Geruchssinn, kitzelt die Nase, die sofort mehr möchte, mehr von dieser frischen Würze. Ihr einzigartiger Geschmack umschmeichelt den Gaumen, lässt die Phantasie abheben: Welch lukullische Freuden man mit diesem Kraut genießen könnte?! Kräuter sind etwas ganz Besonderes. Sie geben Speisen nicht nur das typische Aroma, das besondere Etwas, sondern haben durch ihre Inhaltsstoffe eine heilende Wirkung.

EINKAUF ... VOM RICHTIGEN ZEITPUNKT. Morgenstund hat Gold im Mund. Dieses Sprichwort gilt auch für den Einkauf von Kräutern am Markt, wenn man die Kräuter ganz frisch haben möchte. Die Stengel sollten fest, die Blätter weder angewelkt sein noch dunkle Druckstellen zeigen. Zur Aufbewahrung die Kräuter im Frischhaltebeutel in das Gemüsefach des Kühlschranks legen. Kräuter mit langen, festen Stielen in ein Wasserglas stellen, locker mit Haushaltsfolie umhüllen und in den Kühlschrank stellen. Die Industrie hält für die unterschiedlichen Verbraucherwünsche ein großes Kräutersortiment bereit. Tiefgefrorene Kräuter sowie Mischungen sind die beste Alternative zu frischer Ware. Farbe und Aroma bleiben bestens erhalten, ebenso wie Vitamine und Mineralstoffe. Wenn frische nicht zu bekommen sind, dann kann man auch auf das enorme Angebot an getrockneten Kräutern zurückgreifen. Achten Sie jedoch bei getrockneten Kräutern auf das Ablaufdatum, denn auch getrocknete Kräuter sind nicht unbegrenzt haltbar, und verlieren vor allem mit der Zeit auch das Aroma. Ganze Blätter verlieren ihre Würzkraft nicht so schnell wie bereits zerkleinerte Trockenware, sie sind deshalb beim Einkauf den groben, gerebelten oder geschnittenen Kräutern vorzuziehen. Achten Sie auf die Farbe: Auch getrocknete Kräuter sollten eine kräftige Farbe haben und dunkel, trocken und möglichst kühl aufbewahrt werden.

WENN SIE KRÄUTER SELBST HALTBAR MACHEN WOLLEN, versuchen Sie es einmal mit Einlegen in Öl, Essig oder Salz. Dafür werden die frischen Kräuter fein geschnitten oder püriert, fest in weithalsige Flaschen oder Einmachgläser gefüllt und mit klarem Essig oder feinem Öl übergossen – die Kräuter sollten daumenbreit bedeckt sein. Beim Öl sollten Sie darauf achten, eine Sorte zu verwenden, die nicht so schnell „ranzig" schmeckt. Ein gutes Olivenöl beispielsweise bietet sich an. Das Öl nimmt den Geschmack der Kräuter an, und man kann es ebenso wie die Kräuter selbst zum Würzen verwenden.

Taufrische Kräuter erhalten ihr Aroma, Inhaltsstoffe und Farbe besonders gut, wenn man sie einfriert. Kräuter kurz waschen, trocken schleudern, zum Trocknen auf Küchenpapier auslegen, und dann in die gewünschte Form bringen, also zerpflücken, fein schneiden oder im Mixer pürieren. Einfrieren kann man die Kräuter dann entweder einzeln oder gemischt. Sie können aber auch Kräuter-Eiswürfel machen. Die Verwendung tiefgefrorener Kräuter ist einfach, sie müssen nicht auftauen und können direkt den Speisen zugegeben werden. Der Vorrat sollte – wie auch bei eingelegten Kräutern – nur saisonweise angelegt werden.

Trocknen ist zur Haltbarmachung von Kräutern sehr beliebt. Das Problem ist allerdings, dass nicht alle Kräuter gleich gut geeignet sind, weil einige ihr Aroma dabei fast vollständig verlieren. Zum Selbsttrocknen zu empfehlen sind u.a. Basilikum, Beifuß, Bohnenkraut, Dill, Lavendel, Salbei und Majoran. Am einfachsten ist es, zum Trocknen die natürliche Sonnenwärme zu nutzen. Legen Sie die Kräuter aber nicht direkt in die Sonne, denn das helle Licht entzieht den Blättern die ätherischen Öle und bleicht die Blätter aus.

Das Aroma getrockneter Kräuter lässt sich auch ganz leicht wieder aktivieren: Je nach Bedarf in Wein oder Wasser quellen lassen oder ganz kurz sparsam mit Wasser besprühen und in die Mikrowelle geben.

KULINARISCHE ENTDECKUNGSREISE

Vielleicht würden wir ohne die Entdeckung der Gewürze noch immer meinen, die Erde sei eine Scheibe. Möglicherweise wäre ohne Kräuter auch niemand auf die Idee gekommen „functional food" zu entwickeln, denn die Pflanzen verbanden von jeher Genuss und Wirkung. Kräuter und Gewürze können nicht nur mit ihrer stellenweise kuriosen Geschichte aufwarten, sondern tragen auch zu einem der schönsten Dinge bei, die das Leben bietet: dem Genuss. Essen ist viel mehr als eine physiologische Notwendigkeit. Essen duftet, Essen schmeckt, Essen macht Spaß.

Wissen, wo unser Essen herkommt – wissen, wer dafür gesorgt hat – das bringt Freude, Wertschätzung und Dankbarkeit. Unsere Bio-Bauern haben Freude beim Anbau von Tee- und Gewürzkräutern. Wir schätzen diese vielen kleinen Handgriffe sehr und machen daraus ein Feuerwerk an Genüssen für Auge und Gaumen.

Mein Tipp:

Eine besonders sinnliche Angelegenheit ist das Essen, wenn es optisch und geschmacklich durch eine Gewürz-Blüten-Mischungen zu etwas ganz Besonderem wird: wenn raffinierte Gewürze auf aromatische, bunte Blüten treffen.

Und: Der richtige Tee zum Essen!

Tee ist durch seine komplexe Komposition aus herben, süßen und fruchtigen Geschmacksnuancen mit Wein zu vergleichen, der – wenn er zur Speise passt – das Geschmackserlebnis intensiviert und den Genuss dadurch vervielfacht. Zum Beispiel passt ein zitroniger Erfrischungstee hervorragend zu allen Fischspezialitäten.

SONNEN
Schen
dir ein
Lächel

VOM WEIN GELERNT
BIERIMPORTE HABEN DIE NEUE BIERKULTUR BEFLÜGELT

Bierbrauer haben sich in den vergangenen Jahrzehnten gerne auf den Spruch „Bier braucht Heimat" zurückgezogen. Das war ein Slogan des Deutschen Brauerbunds, der auch hierzulande mit Vergnügen aufgegriffen wurde: Wenn die Leute sich daran hielten, das lokale Bier zu trinken, dann hätten die Brauereien ein sicheres Geschäft. Und brauchten im Übrigen kaum zu investieren.
So aber funktioniert die Welt schon lange nicht mehr. Beim Wein ist das Mitte der achtziger Jahre klar geworden: Damals waren die älteren Winzer in Verruf geraten, weil einige von ihnen gepanscht hatten. Die Konsumenten waren verunsichert – und entdeckten, dass auch im Ausland recht anständige Weine gekeltert werden. Plötzlich standen in den Regalen der Supermärkte nicht mehr nur die heimischen Grünen Veltliner, sondern allerhand Weine aus Kalifornien und Spanien, aus Frankreich und sogar aus dem damals noch wegen seiner Apartheidpolitik verfemten Südafrika.

KONKURRENZ BELEBT DAS GESCHÄFT. Also haben junge Winzer gezeigt, was sie können – heute gibt es eine Auswahl an österreichischem Wein wie nie zuvor. Und beim Bier? Da hat man sich ebenfalls darauf verlassen, dass die Biertrinker konservativ sind und genau das Bier trinken werden, das ihnen eben serviert wird. Aber das beschreibt den Markt ungenau: Tatsächlich gibt es in Österreich hunderttausende Biertrinker, die mit dem Angebot seit Jahren zufrieden sind. Diese Leute brauchen auch keine neuen Biere. Aber es gibt die neuen Biertrinker, die eben nicht nur das lokale Bier kennengelernt haben. Menschen, die Reisen machen. Menschen, deren Geschmackshorizont nicht beim Märzenbier oder allenfalls beim Weizenbier endet, sondern die belgisches Tripel, deutsches Alt, englisches Bitter und amerikanisches IPA lieben. Und Menschen, die einmal ein Bier wollen, das kräftiger als das heimische Märzen schmeckt – und ein andermal eines, das eben weniger intensiv schmeckt: Internationale Lagerbiere wie das Corona Extra haben ja als leicht alkoholisches Erfrischungsgetränk durchaus ihre Berechtigung, auch wenn ihr Geschmack weniger komplex ist als der anderer Biere.

DER TÜRÖFFNER WAR ZWEIFELLOS DAS GUINNESS. In Irish Pubs lernten junge Österreicher, wie viel Spaß es machen kann, für ein paar Stunden in eine andere Bierkultur einzutauchen. Nach und nach kamen andere Importe dazu: Samichlaus aus der Schweiz, Heineken aus den Niederlanden – zwei völlig unterschiedliche Biere, die aber mehr gemeinsam haben, als man auf den ersten Blick vermuten würde. Sie weichen vom üblichen Aromaspektrum ab; sie genießen international einen hervorragenden Ruf; sie können entsprechend zu einem Premium-Preis verkauft werden. Und schließlich werden sie inzwischen beide in Österreich gebraut.
Klar, dass sich die österreichischen Brauer – ähnlich wie ein Vierteljahrhundert davor die jungen Winzer – herausgefordert gefühlt haben. Kann man nicht auch in Österreich all die tollen internationalen Bierstile brauen? Ist nicht Österreich (frei von den unsinnigen Beschränkungen des deutschen Reinheitsgebots) prädestiniert, besondere Biere aus besonderen Zutaten zu brauen? Na klar! Wer es extrem mag, kann sogar ein mit Tannenwipfeln gebrautes Bier bekommen. Und wer ein Stout mag, wird eine Handvoll Brauereien in Österreich finden, die diesen irischen Stil brauen. In der Steiermark gibt es die kleine Brauerei Herzog, die regelmäßig ein IPA braut. Klosterbier belgischen Stils gibt es aus dem Mühlviertel, mit Wermut gewürztes Bier aus Salzburg, fränkisches Rauchbier aus Wien. Die Brauer haben ihre Lektion gelernt – zum Wohle der neuen Biergenießer.

VOM WEIN GELERNT, MIT WEIN GEBRAUT

Am erfolgreichsten vom Weinmarketing gelernt hat der aus dem Weinviertel stammende Braumeister Reinhold Barta: Jahrelang war er durch die Welt gezogen, hatte in Irland Stout gebraut, sich in Bayern mit Weizenbier befasst, in Wien eine Gasthausbrauerei geleitet und sich bei Stiegl in Salzburg um die Biervielfalt verdient gemacht. Im (ehemaligen) Gusswerk am Salzburger Stadtrand braut Barta nun eine breite Palette von Bieren – von den Standardsorten Edelguss und Weizenguss über Rauchbiere bis zum Kräuterbier „Horny Betty", das als „der geilste Bock aller Zeiten" beschrieben wird, weil die Kräuter eine aphrodisierende Wirkung haben sollen. Bartas jüngste Spezialiät ist allerdings das Cerevinum. Der Name kommt von der Getreidegöttin Ceres, die auch für die lateinische Bierbezeichnung „Cerevisia" Pate gestanden hat. Nun also ist diese Göttin mit dem Wein vermählt. Beim Cerevinum handelt es sich um ein obergäriges Bier, das gemeinsam mit Zweigelt-Traubensaft aus dem Biohof Meinklang in Pamhagen vergoren wird. Das Ergebnis ist ein leicht pinkfarbenes, stark moussierendes Bier mit hefig-fruchtigem Aroma, einem spritzig-säuerlichen Antrunk und einem vollmundigen, aber keineswegs süssen Mundgefühl. Im Rachenraum entwickeln sich dann immer stärkere weintypische Aromen, eine zarte Bittere im Nachtrunk erinnert aber daran, dass es sich hier um ein Bier oder wenigstens um einen Hybrid aus Bier und Wein handelt.

KAUFEN SIE, KAUFEN SIE!

DER LEBENSMITTELHANDEL IST VIELSEITIG. WIR HABEN SOWOHL DIE AUS- ALS AUCH DIE QUAL DER WAHL.

WENN ES UM DEN EINKAUF VON LEBENSMITTELN GEHT, mutieren wir Konsumenten zu hybriden Wesen. Wir kaufen längst nicht mehr nur im Supermarkt ein, sondern gehen auch mal zum Diskonter. Zwei Welten prallen hier aufeinander. Zum einen bieten die Super- und Hypermärkte modernes Einkaufserlebnis nach allen Regeln der Verkaufskunst. Das Licht zeigt die Ware von ihrer besten Seite, der Regalplatz ist nach vielen strategischen sowie monetären Gesichtspunkten genau berechnet. Hier finden Kunden alles, was sie sich wünschen, in einer einmaligen Genusswelt. Solche Feinkostläden der Superlative sind für uns Konsumenten bereits selbstverständlich.

Wir wechseln die Szene. Der Ort ist ein Diskonter. Eine große Verkaufsfläche, viele ungeschmückte Regale, Schachteln mit Waren darauf, Holzpaletten mit Obst und Gemüse, ein großes Warenangebot, jedoch in Sortenauswahl und Vielfalt lässt es zu wünschen übrig. Zugegeben, das Einkaufsvergnügen bleibt etwas auf der Strecke, zweckmäßig und mit absolut hervorragendem Preis-Leistungs-Verhältnis wird hier gearbeitet. Die Qualität der Produkte hat jedoch mittlerweile bereits viele Diskontverweigerer absolut überzeugt. Und je mehr verkauft wird, desto frischer ist die Ware. Ein einfaches und sehr effektives Verkaufsgeheimnis.

Abermals ein Szenenwechsel: Ein kleiner Nahversorger in einer Ortschaft. Auch hier ist die Auswahl nicht das entscheidende Kriterium. Service, Kundennähe, Kommunikation werden mit den Grundnahrungsmitteln mitgeliefert.

Und schließlich sind es noch die kleinen Metzgereien, Bäcker und Märkte bzw. Wochenmärkte, die das Angebot an Einkaufsmöglichkeiten geschmackvoll abrunden. Die großen Handelsketten setzen in Punkto Innovationen immer neue Standards. Wir werden verwöhnt mit Kundenkarten, speziellen Angeboten für Mitglieder, mit tollen Monatsmagazinen inklusive Rezepten und und und. Transparent und offen wird über die Herkunft der Lebensmittel ebenso Auskunft gegeben wie über die Inhaltsstoffe. Was lange Zeit „geheim" war, ist längst ein offenes Buch. Das Warenangebot im Frischebereich ist unglaublich. Alleine die Obst- und Gemüseabteilung lässt die Augen der Genießer glänzen. Die bunte Vielfalt aus aller Welt bekommt mehr und mehr Rückendeckung von heimischen Sorten. Regional und saisonal ist das Schlagwort. Wir Konsumenten geben uns aber nicht mit nur einer Sorte eines Gemüses zufrieden. Nein, viele unterschiedliche Sorten müssen im Regal liegen, verschieden in Form, Farbe und Geschmack. Selbst Frischfisch ist im Supermarkt zum Standard geworden. Frische Waren aus heimischen sowie internationalen Gewässern, MSC-zertifiziert, damit wir Konsumenten die Sicherheit eines geregelten Fischfangs haben und mit gutem Gewissen einkaufen können. Vertrauen ist beim Einkauf entscheidend. Wir müssen uns nur noch entscheiden, was wir gerne hätten und lassen uns auch gerne Zubereitungstipps geben.

Die Feinkostabteilung ist das Herzstück jedes Supermarktes. Hier werden geschmackvolle Wurst-, Schinken-, Speck- und andere Fleischwaren neben feinstem Fleisch und einer unglaublichen Käseauswahl angeboten. Alle, die Wert darauf legen, dass ihre Lebensmittel umweltschonend und tierschutzgerecht produziert werden, und die auch Produkte aus ihrer Region bevorzugt kaufen wollen, sollten sich vor dem nächsten Einkauf erkundigen. Das gesamte Warenangebot der Supermärkte bis ins Detail zu beschreiben würde unseren Seitenrahmen sprengen. Sie als Genießer entscheiden über das Angebot in den Märkten, denn schließlich kommt nur Ware in die Regale, die auch von Ihnen gekauft wird.

www.adeg.at
www.billa.at
www.hofer.at
www.interspar.at
www.lidl.at
www.merkurmarkt .at
www.m-preis.at
www.nahundfrisch.at
www.penny.at
www.spar.at
www.sutterluety.at
www.zielpunkt.at

LEBENSMITTELHANDEL

VON FEINKOST BIS DISKONT

KR Marcus Wörle, Obmann des Gremiums des Lebensmittelhandels in der WK Tirol

Mag. Matthias Pöschl, Geschäftsführer des Gremiums des Lebensmittelhandels in der WK Tirol

GENUSS VON REGIONALEN LEBENSMITTELN HOCH IM KURS

Gerade in Zeiten, in denen Lebensmittel von mäßiger Qualität oft über tausende Kilometer hin zu den Konsumenten transportiert werden, gewinnt das Bewusstsein für Regionalität, Gesundheit und maßvollen Genuss wieder mehr an Bedeutung bei den Konsumenten. Im Gremium des Lebensmittelhandels in der Wirtschaftskammer Tirol wird mit vielen Aktivitäten schon lange höchstes Augenmerk auf regionale Produkte gelegt. Die Zukunftstrends im Lebensmittelhandel sieht Gremialobmann Marcus Wörle noch mehr in der Regionalität, in noch höherem Gesundheitsbewusstsein, kürzeren Lieferwegen und auch im Bio-Segment. „Tiroler Lebensmittel und Bioprodukte haben für die Konsumenten einen hohen Stellenwert und sie sind auch bereit, einen höheren Preis für höchste Qualität dafür zu bezahlen. So habe ich das Glück, frischen Speck und Hauswürste von regionalen Anbietern in meinem Geschäft in Tarrenz zu verkaufen, und die Kunden schätzen dies sehr“, ist der engagierte Fachmann vom Erfolg regionaler Produkte im Lebensmitteleinzelhandel überzeugt.

Das Bewusstsein für qualitativ hochwertige Lebensmittel scheint beim Konsumenten wieder im Steigen begriffen zu sein. „Wir sind bestrebt, einen wertvollen Beitrag in der Vermarktung von heimischen Produkten über den Handel zu leisten. Auch heuer setzen wir hier wieder gemeinsam mit unserem Partner, der Agrarmarketing Tirol, einen Schwerpunkt“, freut sich auch Mag. Matthias Pöschl, Geschäftsführer des Gremiums Lebensmittelhandel, über die äußerst gute Zusammenarbeit mit der Agrarmarketing Tirol.

Schlumberger
seit 1842
MÉTHODE TRADITIONNELLE
Schlumberger
Schlumberger
SEIT 1842
JAHRGANG
VINTAGE
ÖSTERREICHS JAHRGANGS-BESTER.
SIGNIERT MIT DEM KELLEREIPUNKT.
SEIT 1842
Schlumberger
Sparkling
BRUT
MÉTHODE TRADITIONNELLE
www.schlumberger.at

ZEICHENERKLÄRUNG
LESEN SIE HIER, WAS DIE ICONS IN DEN FOLGENDEN LISTINGS BEDEUTEN

KÄSE*
Bei Käse legt man Wert auf Vielfalt, Sauberkeit und Beratung. Kriterien der Auszeichnung sind weiters: Produkte aus der Region, Dekoration, Auswahl, Präsentation.

WURST & SCHINKEN*
Das Geschäft ist in der Umgebung bekannt für seine Wurst- und Schinken-Theke. Kriterien der Auszeichnung sind: Produkte aus der Region, Dekoration, Auswahl, Präsentation und Kompetenz des Personals.

FLEISCH*
Frischfleisch von heimischen Bauernhöfen, Biofleisch, regionale Stärke – das sind die wesentlichen Kriterien für dieses Symbol. Dazu kommt die Ideenvielfalt, was man aus Fleisch alles zubereiten kann.

FISCH*
Diese Geschäfte wissen, wie es richtig gemacht wird. Die Kühlkette darf nicht unterbrochen werden, der Fisch muss stets frisch sein und bedarf einer besonderen Behandlung.

OBST & GEMÜSE*
Die Obst- und Gemüse-Abteilung ist das Aushängeschild. Man legt Wert auf Sauberkeit, Vielfalt und vor allem Frische. Neben exotischen Früchten haben wir dem Angebot an regionalem Obst und Gemüse besonderes Augenmerk geschenkt.

BROT & GEBÄCK*
Brot- und Gebäckspezialitäten sind eine Besonderheit: Auch wenn es nur eine besondere Sorte gab, war uns das eine Auszeichnung wert. Schwerpunkte: Bauernbrot, traditionelle Backwaren, ausländische Spezialitäten in höchster Qualität.

KONDITOREI UND KONFEKT*
Wer dieses Symbol trägt, hält das Brauchtum traditioneller, heimischer Süßwaren hoch. Denn: Es gehört viel Herz dazu, Süßes nach bekannten und auch alten Rezepten wiederaufleben zu lassen.

WEIN*
Hier zählt nicht unbedingt die Größe der Weinabteilung, sondern vielmehr die Qualität der angebotenen Weine und die Beratung.

SPIRITUOSEN*
Die hochqualitative Verarbeitung von Obst steht bei dieser Bezeichnung im Mittelpunkt. Wer diese Produkte in seinem Geschäft anbietet, weiß, was wirklich gut ist.

(BIO) **BIO***
Abseits der Eigenmarken der Handelsketten (Ja! Natürlich, Natur pur usw.) werden Bioprodukte von Bauern aus der Region angeboten. Leicht zu finden bei Wurst und Käse und im Frischfleischbereich sowie selbstverständlich auch bei Brot und Gebäck.

FREUNDLICHE BEDIENUNG*
Stets bemüht um den Kunden, das ist das oberste Gebot. Mit Freundlichkeit erreicht man im Lebensmittelhandel mehr. Kommen Erfahrung und Kompetenz dazu, dann loben wir mit Smiley.

erso-S 1,33 dVVT-i Life; Unverbindlicher, nicht kartellierter Richtpreis inkl. MwSt. und NoVA. (ausstattungsabhängig). Alle angegebenen Richtpreise sind Preisempfehlungen
er 01.03.2011. Symbolfoto. Normverbrauch Modellpalette: 4,3 – 5,5 l/100 km, 1,4D-4D: 4,3 l/100 km (kombiniert), CO_2-Emission: 113 – 127 g/km (kombiniert)

WAS IST WAS

IMBISS*
Um den schnellen Hunger zu stillen, reicht ein warmer Snack am Stehbuffet. Allerdings ist wichtig: Die Angebote müssen frisch sein und gut schmecken. Das ist die Voraussetzung, um mit diesem Icon ausgezeichnet zu werden.

! **BESONDERES ANGEBOT***
Warengruppen wie Tee, Kaffee, Essig, Öl und Antipasti sind heute oftmals eine Selbstverständlichkeit. Die Produkte aber so auszuwählen, dass sie von bester Qualität sind, verdient unsere Anerkennung.

*Rot gedruckte Icons bedeuten, dass das Geschäft in dieser Kategorie wirklich hervorragend ist.

Betriebe, die mit diesem Logo gekennzeichnet sind, führen Produkte aus der GENUSS REGION ÖSTERREICH.

FRUCHTSAFTINNOVATION MADE BY PAGO: PAGO BROMBEERE LIMITED EDITION FÜR DEN WINTER

Pago ist der Anbieter für Fruchtsaftspezialitäten – und das stellt das Traditionsunternehmen mit der neuen Sorte Pago Brombeere Limited Edition wieder unter Beweis. Ab September gibt es die neue Fruchtsaftspezialität in der Gastronomie und im Handel, aber nur für eine begrenzte Zeit: nämlich bis März 2012. Die Pago Brombeere Limited Edition komplettiert das „Fit durch den Winter"-Trio von Pago, zu dem auch Pago Cranberry und Pago Johannisbeere gehören.

Für die Pago Brombeere Limited Edition hat Pago die wohlschmeckendsten Brombeeren ausgewählt, die es gibt: „Mora de Castilla" heißt die Beere, die in der zentral- und südamerikanischen Bergwelt auf mehr als 2.000 Meter Seehöhe ihren kraftvollen und natürlichen Geschmack entwickelt, der im Winter 2011/12 den Fruchtsaftgenießern in ganz Österreich angeboten wird. Die Beere ist ungefähr doppelt so groß wie europäische Brombeeren und neben dem intensiven Fruchtaroma verfügt sie auch über wertvolle Vitamine und Polyphenole, denen eine antioxidative Wirkung nachgesagt wird.
Pago Brombeere Limited Edition gibt es in der Gastronomie in der klassischen Pago 0,2 l-Flasche und im Lebensmittelhandel gibt es die Fruchtsaftspezialität in der 0,75 l-Flasche zum Mitnehmen und zu Hause genießen. Die Markteinführung des neuen Produktes wird mit Printschaltungen und eigenen Radiospots begleitet. In der Gastronomie kommt Pago Brombeere zusätzlich mit rund 100.000 Tischaufstellern „auf den Tisch" und auf der Salzburger Gastronomiemesse im Herbst wird der Fokus auf der neuen Limited Edition liegen.

Mit der Pago Brombeere Limited Edition belebt Pago den Fruchtsaftmarkt wieder mit einem neuen Geschmackserlebnis. „Wir sind überzeugt, mit dieser intensiv-aromatischen Fruchtkombination ein ideales Wintergetränk kreiert zu haben, das die Fruchtsaft¬liebhaber begeistern wird", ist Pago Österreich Marketingleiterin Renate Pölderl stolz auf die Fruchtsaftinnovation.

SINCE 1888 Pago PREMIUM FRUIT

BURGEN-
LAND

GENUSS REGION ÖSTERREICH

Burgenland

BURGENLÄNDISCHE GENUSS REGIONEN

1 Kittseer Marille
2 Neusiedlersee Fische
3 Pannonisches Mangalitzaschwein
4 Leithaberger Edelkirsche
5 Seewinkler Gemüse
6 Nationalpark Neusiedlersee-Seewinkel Steppenrind
7 Wiesener Ananas Erdbeeren
8 Mittelburgenländische Kaesten und Nuss
9 Mittelburgenland Dinkel
10 Südburgenländische Kräuter
11 Zickentaler Moorochse
12 Südburgenländischer Apfel
13 Südburgenländische Weidegans

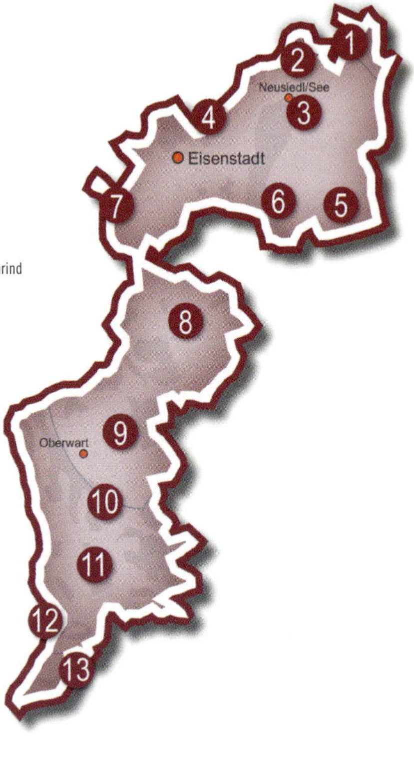

BLINK
berraschend süß: Cherrytomaten von Zeiler.
www.tomaten.at

DIE 15 BESTEN GENUSS-LÄDEN BURGENLANDS

DIE BESTEN

Markus Hergovits Nah&Frisch

Weingut Pannonia Migsich

Genussquelle Rosalia

ANTAU

MARKUS HERGOVITS NAH&FRISCH

7041 Antau, Untere Hauptstraße 17
TEL 0 26 87/621 38
MAIL feinkost-hergovits@aon.at
WEB www.nahundfrisch.at

Sehr ansprechender, und direkt am Radweg R1 und B13 gelegener Nah&Frisch-Markt, in dem der Chef seine Kunden selbst und herzlich berät. Ofenfrisches und herrlich duftendes Gebäck gibt es aus der eigenen Backstation, regionale Brotspezialitäten werden von Bäckern aus der Umgebung zugeliefert, auch Speck gibt es von regionalen Fleischern. Das Bio-Sortiment ist umfangreich und zieht sich durch praktisch alle Warengruppen, auch die Genussregionen sind stark vertreten, unter anderem mit Marchfelder Gemüse, Marchfeldspargel, Waldviertler Erdäpfel oder Fleisch vom Tullnerfelder Schwein. In seinem Element ist Herr Hergovits aber auch dann, wenn es um das Weinangebot geht: Freundlich und mit großem Fachwissen berät er seine Kunden.

WEINGUT PANNONIA MIGSICH

7041 Antau, Kleine Zeile 66
TEL 0 26 87/622 53-0
MAIL office@migsich.at
WEB www.migsich.at

Die vielfach prämierten, naturnah angebauten Spitzenweine werden in einzigartiger, sehenswerter Architektur (Dach in Form eines Weinblattes) und sehr warmer und heimeliger Innenatmosphäre präsentiert. Über den Antauer Blaufränkisch soll schon Goethe ins Schwärmen gekommen sein: „Wie roter Champagner schmeckt der Antauer Blaufränkisch." Goethe ist übrigens auch der Namensgeber für das große Sortiment an Rotweinen. Neben dem breiten Angebot an erlesenen Weinen findet man auch eine umfangreiche Auswahl an Weinaccessoires wie exklusive Weinkühler, Karaffen oder Gläser, aber auch Feinheiten wie Schokolade mit Weinfüllung, Traubenkernöl, Traubensaft, Edelbrände von Habeler mit der Wiesener Ananas Erdbeere aus der Genussregion, Honige, Wein-Seifen und Weinparfum. Die kompetente Mannschaft berät den Weingenießer freundlich und perfekt.

BAD SAUERBRUNN

GENUSSQUELLE ROSALIA

7202 Bad Sauerbrunn, Schulstrasse 14
TEL 0 26 25/20 270
MAIL kontakt@die-quelle.at
WEB www.die-quelle.at

Sehenswerte neue Greißlerei, in der sich bei bester Präsentation wirklich für jeden Geschmack das Richtige findet. Die breite Palette an Genussprodukten reicht vom Hammerfleisch oder Rohschinken vom Tschürtz und den „Ab Hof"-Verführungen der Familie Nussbaumer wie den scharfen Wurstspezialitäten oder dem guten alten, hausgemachten Grammelschmalz bis zu feinsten Nudeln von Werkovits und hervorragendem und zu 100% burgenländisch-biologischem Kürbiskernöl. Knusprige Vollkornspezialitäten gibt es von der Bäckerei Gradwohl, Schokovariationen von der Konditorei Harrer, und mit den Erdbeeren der Genussregion Wiesener Ananas Erdbeeren oder Kittseer Marille hergestellte süße und herrlich duftende Köstlichkeiten verführen zum Genuss. Aber auch Fruchtsäfte und Fruchtaufstriche werden angeboten, und mit einer eigenen Kaffeemischung kann man hier ebenfalls aufwarten.

BADERSDORF

ALOISIA'S MEHLSPEIS & KAFFEESTUB'N

7512 Badersdorf, Untere Dorfstrasse 29
TEL 0 33 66/773 69
WEB www.aloisia.at

Aloisia Bischof hat sich zum Ziel gesetzt, die burgenländische Tradition der Hochzeitsmehlspeisen zu bewahren. In ihrem Unternehmen werden wie in alten Zeiten, mit hochwertigen, natürlichen und frischen, überwiegend aus der unmittelbaren Region stammenden Rohstoffen Torten und hochzeitliche Mehlspeisen, die vom Brautpaar nach der Hochzeit an Freunde und Nachbarn verteilt werden, hergestellt. Aber auch traditionelle Mehlspeisen wie Kleingebäck, Schnitten (darunter Kardinal-, Esterhazy-, Joghurt- oder Trüffelschnitten), Lebkuchen oder burgenländische Schmankerl verführen in der sehr einladenden und gemütlichen Kaffeestub'n zum Genuss, insgesamt kann man aus über 60 verschiedenen hausgemachten Sorten wählen. Selbstverständlich gibt

Lendl´s Backstube

Genussquelle Rosemarie Strohmayer

Bauernladen Eisenstadt

es auch Süßes in Bio-Qualität, im Bauernkastl werden darüber hinaus edle Brände, Honige, Nudeln, Essige, Öle und Schokoladen, aber auch feine Marmeladen aus eigener Produktion angeboten.

!

BILDEIN

LENDL'S BACKSTUBE

7521 Bildein, Hauptstraße 132
TEL 0 33 23/29 15
MAIL lendls@gmx.at
WEB www.lendls.at

In der kleinen und sehr gemütlichen Backstube in Bildein werden von Erich Lendl und seinem Team aus ausgewählten Zutaten aus der Region köstliche Mehlspeisen aller Gattungen zubereitet: Von der traditionellen Hochzeitsmehlspeise bis zu Dekor- und kunstvoll gestalteten Hochzeitstorten. Vor Ostern und in der Adventszeit gibt es übrigens seit heuer eine Tortenausstellung. Seine Liebe aber gehört dem Lebkuchen: So hat er mit dem „Original Pinkataler Lebkuchen" eine eigene und mittlerweile prämierte Gattung kreiert, die mit Uhudlermarmelade, Nuss- oder Kürbiskernfülle zum Genuss verführt. Auch der Bildeiner Lebkuchen mit Nougatfülle ist eine Eigenkreation des Konditormeisters. In der angeschlossenen Konditorei steht ständig ein großes und köstliches Sortiment an Mehlspeisen zur Auswahl (übrigens auch am Sonntag von 10.00 bis 20.00 Uhr). Der Meister gibt hier sein Wissen übrigens nicht nur in Back- und Modellierkursen weiter, auch die Ausbildung im Betrieb funktioniert: Der aktuelle Lehrling hat den Lehrlingswettbewerb gewonnen und vertritt das Burgenland beim Österreich-Bewerb. Die freundliche Bedienung komplettiert den sehr guten Gesamteindruck.

BREITENBRUN

GENUSSQUELLE ROSEMARIE STROHMAYER

7091 Breitenbrunn, Prangerstraße 49
TEL 0 26 83/52 02
MAIL office@genussquelle.at
WEB www.genussquelle.at

Das sehr gemütliche Geschäft glänzt mit einer großen Auswahl an feinsten kulinarischen Köstlichkeiten aus den burgenländischen Genussregionen. Die Palette der Verführungen reicht von der Kittseer Marille über Südburgenländische Äpfel bis zu den Südburgenländischen Kräutern und dem Pannonischen Mangalitzaschwein (mit hervorragendem Schinken und Speck), die Kirsch-Innovationen mit der Leithaberger Edelkirsche aus der Genussregion wurden bereits prämiert. Wurst- und Schinken (darunter Kirschbrandwürstel oder Kirschschinken, ebenfalls mit der Leithaberger Edelkirsche) stammen aus der Fleischerei Sandhofer, beim Fleischangebot wird auf regionale Lieferanten vertraut. Darüber hinaus wird eine feine Auswahl an regionalen Weinen angeboten. Kirschessig gibt es ebenso wie pannonischen Safran, aber auch Edelbrände, Liköre, Marmeladen oder Teigwaren werden angeboten. Die Chefin kann bei fast allen Genussfragen weiterhelfen und berät sehr kompetent und charmant. Geöffnet: im Winter nur Fr. und Sa., im Sommer durchgehend von 9.00 bis 18.00 Uhr.

!

EISENSTADT

BAUERNLADEN EISENSTADT

7000 Eisenstadt, Mattersburgerstraße/
Parkplatz XXXLutz
TEL 0664/40 27 713
WEB www.neubauer4you.com

Der kleine, urige Bauernladen glänzt mit einem abermals erweiterten Angebot an Spezialitäten aus den Genussregionen des Burgenlands. Die Palette reicht vom Obst wie Kittseer Marille, Wiesener Ananas Erdbeeren, Südburgenländischer Apfel über Seewinkler Gemüse und Südburgenländische Kräuter bis hin zu Weidegans, dem Pannonischen Mangalitzaschwein, dem Zickentaler Moorochsen – von dem es hier hervorragenden Schinken gibt – oder den Neusiedlersee Fischen, übrigens auch geräuchert. Darüber hinaus gibt es eine sehr gute Auswahl von bäuerlichen Schmankerln aus der Region, aber auch Fruchtsäfte von Pankl oder Nudeln von Werkovits. Nach wie vor ein Genuss!

!

Spar-Gourmet Eisenstadt

Stefan Ihm

FLEISCHEREI HERMANN SANDHOFER

7000 Eisenstadt, Beim alten Stadttor 6
TEL 0 26 82/626 95,
WEB www.sandhofer-wurst.at
FILIALEN Pfarrgasse 5, 7000 Eisenstadt
Türkenstrasse 1, 7083 Purbach

Genießer kommen in der hellen, modernen und innovativen Fleischerei sicher auf ihre Rechnung: Das umfangreiche Sortiment an hochwertigen Schinken- und Wurstspezialitäten (darunter Köstlichkeiten wie Debreziner oder Spezialitäten der Genussregion Leithaberger Edelkirsche wie Kirschschinken, Kirschbrandwürstel oder die hervorragende Leberstreichwurst mit Kirschen) stammt zum größten Teil aus der eigenen Produktion, und auch frisches Fleisch wird in großer Vielfalt und bester Qualität angeboten. Die Biopalette ist umfangreich, und für den kleinen Hunger gibt es ein breites Angebot an ausgezeichneten Imbissen aus eigener Produktion. Das Personal berät freundlich und kompetent und hilft gern bei der Speisenzusammenstellung oder auch mit Rezepten.

!

SPAR-GOURMET

7000 Eisenstadt, Hauptstraße 13
TEL 0 26 82/639 40
WEB www.spar.at

Der Spar-Gourmet in Eisenstadt ist ein feinkostorientierter Markt mit einem überragenden Angebot an hochwertigen Lebensmittelspezialitäten. Wenn man das Besondere sucht, dann wird man hier sicher fündig: An der Käsetheke wird bei hervorragender Beratung eine große Auswahl an Spezialitäten aus dem In- und Ausland (wie z.B. Stilton, Jacobean und Sagederby, aber auch die Genussregionen sind unter anderem mit Murtaler Steirerkäs vertreten) angeboten, und auch bei Wurst und Schinken besticht die breite Produktpalette mit zahlreichen Biovarianten. An der Fischtheke gibt es sehr appetitlich angerichtete Frischware. Eines der Highlights des Marktes ist die Obst-und Gemüse-Abteilung: eine tolle Auswahl von Produkten aus aller Welt in perfekter Qualität und Frische, auch hier mit Vertretern der Genussregionen wie Marchfeldspargel oder Wiesener Ananas Erdbeere. Das herrlich duftende Brot und Gebäck wird frisch von regionalen Anbietern geliefert, und in der Weinabteilung lacht das Herz des Genießers: Eine breite Palette an Exquisitem aus Österreich, Frankreich, Spanien oder Chile wird hier geboten.

!

STEFAN IHM

7000 Eisenstadt, Jacob-Rauschenfels-Gasse 8A/11
TEL 0650/891 72 85
MAIL stefan.ihm@aon.at

Der neue Bio-Laden in Eisenstadt überzeugt mit einem sehr reichhaltigen Angebot. Superfrisches Obst und Gemüse in großer Auswahl kommt aus dem eigenen Anbau (im Sommer wird nach telefonischer Vereinbarung auch direkt auf dem eigenen Feld verkauft). Auch die Käse-Auswahl ist sehr gut, darüber hinaus werden zahlreiche andere Lebensmittel, die aus der biologischen Landwirtschaft bzw. von bekannten Bio-Marken (z.B. Sonnentor) kommen, angeboten, darunter Nudeln, Gewürze und Kräuter ebenso wie Säfte, Aufstriche, Tee und Honig, aber auch verführerische Schokoladen. Und nicht zuletzt wegen der sehr freundlichen und kompetenten Beratung zahlt es sich aus, hier vorbeizuschauen.

!

VOLLKORNBÄCKEREI CLEMENS WALDHERR

7000 Eisenstadt, Kleinhöfleiner Hauptstraße 39
TEL 0 26 82/610 08-0
MAIL office@vollkornbaeckerei-waldherr.at
WEB www.vollkornbaeckerei-waldherr.at

Der kleine und handwerklich orientierte Betrieb stellt Brot und Gebäck im heimeligen, liebevoll renovierten Winzerhaus streng nach den Richtlinien der Vollwerternährung her. Die Bäckerei zählt zu den Top-Adressen, wenn es um echte Vollkornprodukte geht. Das feine Gebäcksortiment – darunter Spezialitäten wie Kamutsemmel, Hildegardbrot oder Dinkelkipferl – wird sehr geschmackvoll präsentiert. Das kompetente und sehr freundliche Personal erklärt gern die Besonderheiten der jeweiligen Produkte (die übrigens ausschließlich in Bioqualität hergestellt werden). Für Zöliakie-Patienten gibt es glutenfreies Gebäck, und auf Bestellung werden Brot und Gebäck abgestimmt auf individuelle Allergien zubereitet. Aber auch Genießer von Süßem werden hier

Weingut Rudolf Kaiser

Brennerei & Wellnesshotel Lagler

fündig: Marillenkuchen gibt es ebenso wie Kastanienschnitten oder vegane Muffins. Vervollständigt wird das Angebot mit Bio-Marmeladen, Tees, Nudeln oder Schokoladen.
!

EISENSTADT-KLEINHÖFLEIN

WEINGUT FAMILIE RUDOLF KAISER

7000 Eisenstadt-Kleinhöflein, Hauptstraße 70
TEL 0 26 82/671 00
MAIL wein@weingut-kaiser.at
WEB www.weingut-kaiser.at

Im Weingut der Familie Rudolf Kaiser hat man sich entschlossen, die Weine nach biologischen Richtlinien zu kultivieren und vinifizieren. Aber nicht nur die hervorragenden Weine, sondern auch das tolle Ambiente und die angenehme Atmosphäre machen den Besuch hier zu einem Genuss der besonderen Art. Degustationen finden im sehenswerten historischen Weinkeller des ehemaligen Esterházy-Gutshofes statt. Angeboten werden hervorragende und vielfach prämierte Rotweine der Sorten Blaufränkisch, Cabernet Sauvignon oder Pinot noir sowie exzellente Weißweine wie Pinot blanc oder Pinot gris, aber auch ein Chardonnay Leithaberg DAC. In diesem Weingut wurden erstmals in Österreich Barrique-Weine in Kastanienfässern ausgebaut, mit der Umstellung auf Bio finden sich jetzt auch Bio-Traubensäfte im Programm.
!

FRAUENKIRCHEN

BIO-HOFLADEN ROMMER

7132 Frauenkirchen, Kirchenplatz 11
TEL 0 21 72/24 96
MAIL info@biohofladen-rommer.at
WEB www.biohofladen-rommer.at

Im Bio-Hofladen der Familie Rommer – der übrigens während der Erntezeit ohne Personal auskommt, indem man dann auch bei der Bezahlung auf die Ehrlichkeit der Kunden setzt – findet man praktisch alles, was das Burgenland an Bio-Genussprodukten hergibt: vom eigenen Feld kommen frisches Gemüse je nach Saison, Kartoffel sowie Speise- und Zierkürbisse, darüber hinaus werden aber auch frische Eier, Honig, Schafkäse, Tee, Kürbiskernöl, Marmeladen oder Säfte (Apfel-, Trauben-, Hollunder oder Mischsäfte) sowie verschiedene Gewürze, Kräuter und edle Spirituosen angeboten. Natürlich stammen alle angebotenen Produkte aus biologischem Anbau, und sollte man sich neue Zubereitungsideen holen wollen, liegen dafür auch Rezeptfolder im Laden auf.
!

KOHFIDISCH

GEBHARD BAUMANN NAH&FRISCH

7512 Kohfidisch, Untere Hauptstraße 31
TEL 0 33 66/772 17
MAIL gebhard.baumann@aon.at
WEB www.nahundfrisch.at

Ein Familienbetrieb, der sich durch das umfangreiche und toll präsentierte Sortiment sowie durch die freundliche und kompetente Bedienung auszeichnet. Obst und Gemüse (übrigens auch mit feinen Frucht- und Obstsäften) wie auch die Käsetheke wissen mit zahlreichen Genussprodukten zu überzeugen. Der Feinkostbereich glänzt mit einer sehr guten Auswahl an Spezialitäten. Ofenwarmes und duftendes Gebäck verführt ebenso zum Genuss wie Mehlspeisen oder Torten, die es auf Bestellung gibt. Hervorzuheben sind auch die vielen regionalen Spezialitäten, die gern verkostet werden können, die zahlreichen Bio-Produkte sowie das Angebot an Fair-Trade Produkten. Das Service ist hervorragend, nicht zuletzt auch deshalb wurde der Chef bereits „Kaufmann des Jahres“ und mit dem „Goldenen Regal“ ausgezeichnet. Abgerundet wird das Komplettangebot mit einer feinen Palette an Imbissen sowie einem eigenen Partyservice.
!

KUKMIRN

BRENNEREI & WELLNESSHOTEL LAGLER

7543 Kukmirn, Hotelgasse 1
TEL 0 33 28/320 03
MAIL info@lagler.cc
WEB www.lagler.cc

Ein wahres Paradies für Genießer von Hochprozentigem bietet sich in der Brennerei & Wellnesshotel Lagler.

Der Tschürtz Dein Dorffleischhauer

Destillerei Schnaps & Essig Braunschmidt

Über 40 Sorten von Qualitätsbränden, Likören und pannonischem Whisky laden zum Gustieren ein, für jeden Gaumen findet sich hier die passende Geschmacksrichtung. Mit regionalen Produkten werden aber auch vom Küchenteam kulinarische Kunstwerke zusammengestellt, und mit viel Liebe zum Detail werden die Gaumen der Besucher in tollem Ambiente verwöhnt. Die Chefin berät persönlich, freundlich und kompetent. Bei einer Führung durch die Brennerei mit anschließender Verkostung der prämierten Destillate kann man dem Alltagsstress entfliehen. Entspannen, genießen und sich wohlfühlen, das ist hier die Devise.

LOIPERSBACH

DER TSCHÜRTZ DEIN DORFFLEISCHHAUER

7022 Loipersbach, Herrengasse 27
TEL 0 26 86/72 35
MAIL office@der-tschuertz.com
WEB www.der-tschuertz.com

Dem Genusssuchenden bietet die herausragende Fleischerei eine breite Palette an feinsten Spezialitäten, teilweise auch in Bio-Qualität sowie aus der Genussregion Pannonisches Mangalitzaschwein. Darunter zum Beispiel das Bistecca all Fiorentina, das 30 Tage lang am Knochen reift, das Loipersbacher Hammerfleisch (geräucherter, luftgetrockneter Schinken) oder der sehr empfehlenswerte hauseigene Prosciutto. Den Parmesan zum Schinken gibt es jetzt direkt aus Italien. Jahrelanges Bemühen um höchste Qualität der Blutwurst wurde mit WM-Gold belohnt. Die besonders lockere und leichte Blunzen überzeugte die französischen Gourmets bei der Blutwurst-Weltmeisterschaft der Bruderschaft der Blutwurstritter. Das Angebot an Rohschinken und Rohwurst ist hervorragend, und nicht von ungefähr greifen auch Kunden wie das Sacher oder der Taubenkogel auf Genussprodukte aus dem Hause Tschürtz zurück. Aber auch eine feine Auswahl an Obst und Gemüse wird angeboten, darunter zum Beispiel die Wiesener Ananas Erdbeeren aus der Genussregion. Dass das Personal mit Freundlichkeit und kompetenter Bedienung überzeugt, das versteht sich da eigentlich schon fast von selbst.

MÖNCHHOF

DESTILLERIE SCHNAPS & ESSIG BRAUNSCHMIDT

7123 Mönchhof, Obere Kreuzjoch 35
TEL 0 21 73/215 02
WEB www.schnapsundessig.at

In der Destillerie und Essigbrauerei in Mönchhof erwartet den Genusssuchenden ein außergewöhnliches Geschmacks- und Dufterlebnis. Ausschließlich Früchte aus der Region werden im modernen und dennoch sehr gemütlichen Betrieb zu hochwertigen, edlen – und vielfach prämierten – Destillaten und Essigen verarbeitet. Im sehenswerten und einladenden Verkostungsraum werden unter anderem feinste Marillen-, Ringlotten-, Mispel- oder Muskatbrände zur Degustation gereicht. Auf keinen Fall sollte man es verabsäumen, die innovativen und ebenfalls bereits mehrfach ausgezeichneten Essigkreationen wie Zwetschken-Balsam-Essig, Quitten-Balsam-Essig, Sämling-Eiswein-Essig, den Hollunderessig oder den Paradeis-Essig zu probieren. Das Ehepaar Braunschmidt berät die Kunden gern persönlich und charmant, hilft mit Rezepthinweisen und glänzt dabei auch mit umfassendem Detailwissen zur Destillerie und zur Essigerzeugung.

Landmarkt Steurer und Sohn

Gradwohl Oberpullendorf

NEUFELD

LANDMARKT STEURER UND SOHN

2491 Neufeld, Eisenstädter Straße 18
TEL 0 26 24/527 44
WEB www.steurerundsohn.at

Das moderne und mit viel Liebe geführte Geschäft überzeugt mit einem umfangreichen Sortiment in praktisch allen Genussbereichen. Das beginnt bei Obst und Gemüse und zieht sich durch den gesamten Feinkostbereich mit italienischen und griechischen Spezialitäten, Fischdelikatessen, Schinken aus Parma oder San Daniele, Katenschinken, Wurzelspeck, Gewürz- und Knoblauchspeck, aber auch einem guten Käseangebot oder der überragenden Wein-, Bier- und Spirituosenauswahl. Knuspriges Brot und Gebäck wird von lokalen Bäckereien geliefert, und von praktisch allen Produktgruppen gibt es ein reichhaltiges Bio-Angebot. Auch zahlreiche Produkte aus den Genussregionen kann man hier finden. Für den kleinen Hunger gibt es warme und kalte Imbisse. Das Personal berät freundlich und fachkundig und geht gern auf Kundenwünsche ein.

!

NEUSIEDL AM SEE

BÄCKEREI NAGLREITER

7100 Neusiedl am See, Wiener Straße 66
TEL 0 21 67/36 00
WEB www.naglreiter.com

Im sehr einladenden, modernen, hellen und freundlichen Gebäude wird nach wie vor auf Bewährtes gesetzt und die Angebotspalette wurde abermals erweitert. Inzwischen verführen über 50 verschiedene Brotsorten – vom Bauern- über Vollkorn- bis zum Pusztabrot – zum Genuss, nach wie vor werden alle ausschließlich unter Verwendung von selbst bereitetem Natursauerteig und mit hochwertigen Rohstoffen aus dem Seewinkel hergestellt. Es gibt ein breites Angebot an frischem, duftendem Spezialgebäck (natürlich auch in Bio-Qualität und übrigens auch für Allergiker; Spezialisten im Personal beraten gerne), und auch Naschkatzen werden im Erlebnisgastronomiebetrieb fündig: von der klassischen Sachertorte über die Esterházytorte bis zur feinen Panamatorte – die Auswahl ist hervorragend, auch warme Speisen werden geboten. Für Neugierige spannend: den Bäckern kann man bei der Erzeugung der Konditoreiwaren über die Schulter schauen.

BIO

OBERPULLENDORF

GRADWOHL – BIO VOLLWERT BÄCKEREI

7350 Oberpullendorf, Hauptstraße 5
TEL 0 26 12/431 01
MAIL office@gradwohl.info
WEB www.gradwohl.info

Sie können die hochwertigen Spezialitäten von Gradwohl zwar jetzt auch im Online-Shop bestellen, aber wenn Sie den Duft von frischem und knusprigem Brot und Gebäck in Hülle und Fülle erleben wollen, dann sollten Sie die Filiale in Oberpullendorf persönlich besuchen. Angeboten wird eine Vielzahl von feinsten, mit regionalen Rohstoffen in Handarbeit hergestellten und liebevoll präsentierten Brotsorten, darunter Spezialitäten wie das Krustenbrot, das Karotten-Nuss-Brot oder das Fitnessbrot. Kleine Stehtische laden zum Genuss der knusprigen Spezialitäten vor Ort ein. Neben verschiedenen Backwaren für Allergiker gibt es jetzt auch eigene Schokolade. Torten und Kuchen gibt es auf Bestellung, und den kleinen Hunger zwischendurch kann man hier mit Snacks, frisch gepressten Säften, herrlich duftendem Kaffee oder Kakao stillen. Das hilfsbereite und sehr freundliche Personal weiß auch bei Allergien und Unverträglichkeiten hervorragend zu beraten und rundet den durchweg positiven Eindruck ab.

BIO !

OBERWART

FLEISCHHAUER HATWAGNER

7400 Oberwart, Wiener Straße 19
TEL 0 33 52/323 18
MAIL office@fleischerei-hatwagner.net

Filiale der Genussfleischerei Hatwagner, die in modernem Ambiente eine sehr breite Fleisch- und Wurstpalette bietet. Die Produkte – darunter eine Vielzahl von regionalen Spezialitäten und Schmankerln wie dem Zickentaler Moorochsen aus der Genussregion, der Kesseldürren, dem feinen Schinken wie dem Gewürzschinken oder auch die verschiedenen Sorten Leberkäse – werden ansprechend präsentiert. Das Frischfleisch

Helmut Schwarz Berufsfischer

Bischof Nudeln

Flelischerei Martin Karlo

in höchster Qualität kommt ausschließlich von bäuerlichen Betrieben aus dem Burgenland. Für den kleinen Hunger gibt es eine heiße Theke, an der täglich eine feine Auswahl an hauseigenen Imbissen geboten wird. Darüber hinaus werden hier Produkte der Südburgenländischen Paradiesbetriebe angeboten, wie Nudeln, Marmeladen oder Öle. Das gesamte Personal berät freundlich und kompetent und macht den Einkauf hier zu einem Genuss.
!

OGGAU

HELMUT SCHWARZ BERUFSFISCHER

7063 Oggau, Seegasse 26
TEL 0664/382 74 78
MAIL helmut-betty@bnet.at

GENUSS REGION ÖSTERREICH Mit einem Angebot in perfekter Frische und mit kompetenter Beratung glänzt die Fischerei Schwarz. In der Palette finden sich Frischfisch und Räucherfisch aus der Genussregion Neusiedlersee Fische, die Auswahl reicht von Wels über Zander und Hecht bis zum Karpfen, aber auch Aal kann man hier kaufen. Das Angebot variiert je nach Saison, sollten Sie also einen bestimmten Fisch suchen, ist es ratsam, vorher telefonisch abzuklären, was gerade gefangen wurde. Geöffnet freitags von 9 bis 11 Uhr.

OLLERSDORF

BISCHOF NUDELN

7533 Ollersdorf, Bundesstr. 1
TEL 0 33 26/522 80
MAIL bischof-nudeln@gmx.at
WEB www.bischof-nudeln.at

Qualität und Einfallsreichtum sind das Fundament des Familienbetriebes, der ein umfangreiches und hochwertiges Sortiment an Spezialteigwaren aus eigener Produktion anbietet. Insgesamt mehr als 40 verschiedene Sorten – von Knoblauchnudeln bis zu Rotweinnudeln, auch in Bioqualität – werden in der Manufaktur in erstklassiger Genussqualität hergestellt und perfekt präsentiert. Auf Wunsch kann man hier auch die Produktion besichtigen. Unbedingt probieren sollte man die Dinkel- und Kürbisbandnudeln, aber auch die Chilinudeln oder Schokoladenudeln zeugen von Innovation und Geschmack. Im Angebot finden sich darüber hinaus Spezialitäten aus der Region wie Weine und Spirituosen, Dinkel- und Vollkornprodukte in Bio-Qualität, Honig oder Marmelade. Das Personal berät fachkundig und freundlich und hilft darüber hinaus auch gern mit Rezepten aus.
BIO !

PAMHAGEN

FLEISCHEREI MARTIN KARLO

7152 Pamhagen, Rosengasse 1
TEL 0 21 74/21 26,
MAIL fleischerei.karlo@aon.at
WEB www.fleischerei-karlo.at

GENUSS REGION ÖSTERREICH Eine sehr empfehlenswerte Adresse für Fleischliebhaber. Der Nationalpark-Partnerbetrieb zeichnet sich durch eine breite Palette an außergewöhnlichen Spezialitäten – die übrigens alle in Bio-Qualität angeboten werden – aus. Bei Wurst und Schinken findet man Feines vom Mangalitza-Schwein aus der Genussregion ebenso wie vom Wasserbüffel, und auch den bekannten, kalt geräucherten und luftgetrockneten Nationalparkschinken gibt es nach wie vor. Frischfleisch wird in bester Qualität unter anderem vom Steppenrind aus der Genussregion Nationalpark Neusiedlersee-Seewinkel angeboten. Ein kleines Feinkostsortiment mit Pasta, Gewürzen und verschiedenen Aufstrichen sowie eine Palette an Imbissen rundet das Angebot ab. Die beiden sehr sympathischen Besitzer beraten samt Team überaus freundlich und kompetent, auf Wunsch erhält man auch nützliche Kochtipps von Profis.
BIO !

SEEWINKLER EIER TEIGWAREN

7152 Pamhagen, Hauptstr. 53
TEL 0 21 74/21 46
MAIL office@seewinkler-eierteigwaren.at
WEB www.seewinkler-eierteigwaren.at

GENUSS REGION ÖSTERREICH Im kleinen, aber feinen Geschäft in dem sehr gepflegten Bauernhaus erwarten den Genießer mehr als 60 feine Nudelspezialitäten, die fast ausschließlich in Bioqualität angeboten werden. Unter

Domaine Pöttelsdorf

Wein & Prosciutto Hans Bauer

Verwendung von hochwertigen, regionalen Rohstoffen werden in Handarbeit burgenländische Festtagsnudeln oder Osternudeln, aber auch Bärlauch- oder Tintenfischnudeln, Safran-, Dinkel- und Vollkornnudeln sowie cholesterinarme oder glutenfreie Nudelprodukte hergestellt. Auch Spezialprodukte für Personen mit Lebensmittelunverträglichkeiten finden sich im Programm. Den Einkauf zu einem Vergnügen macht aber nicht nur die riesige Auswahl an hausgemachten Teigwaren, sondern auch die sehr freundliche und kompetente Chefin, die gerne mit Zubereitungstipps oder Rezepten aushilft.
BIO ☺ !

PÖTTELSDORF

DOMAINE PÖTTELSDORF

7023 Pöttelsdorf, Kellerweg 15
TEL 0 26 26/52 00
MAIL office@w-d-p.at
WEB www.w-d-p.at

„Gebt mir die besten Trauben und ich mache Euch den besten Wein!" Unter diesem Leitsatz von Kellermeister Rainer Kurz wird in der Domaine Pöttelsdorf umweltschonender, naturnaher Weinbau betrieben. Die Weine der Domaine Pöttelsdorf sind terroirbezogen, der Schwerpunkt liegt auf der bodenständigen Sorte Blaufränkisch. In der gut sortierten Vinothek des Hauses werden hochwertige Qualitätsweine in allen Preisklassen, exklusive Weingeschenke, aber auch Großflaschen und Accessoires rund um den Wein angeboten. Interessante Einblicke ins Barriquelager und in den alten Fasskeller machen den Einkauf in der Vinothek zum Erlebnis. Außer dem eigenen Weinsortiment führt man hier auch Weine vom Winzerkollegen der Vinum Rosalia, vervollständigt wird das Angebot mit Weinlikör, Essigen oder hervorragendem, kaltgepresstem Traubenkernöl.
☺ !

WEIN & PROSCIUTTO HANS BAUER

7023 Pöttelsdorf, Bachzeile 24
TEL 0 26 26/501 23
MAIL bauer@wein-prosciutto.at
WEB www.wein-prosciutto.at

Im alten und liebevoll restaurierten Keller des traditionellen Bauernhauses findet man den intimen und heimeligen Rahmen für Präsentationen und Degustationen. Dort wird auch der mittlerweile weit über die Grenzen hinaus bekannte Wulka Prosciutto zur Verkostung gereicht, der Genießer ins Schwärmen kommen läßt. Hans Bauer erzählt gerne und begeistert von der Entstehung des ersten im Burgenland hergestellten Prosciutto. Und mit den Spezialitäten wie dem 34 Monate luftgetrockneten Wulka Prosciutto Reserve, dem mindestens 18 Monate getrockneten Wulka Prosciutto oder dem feinen Mangalitzaspeck aus der Genussregion kann man auch gleich die hervorragenden Weine des Hauses wie den Two Blue, die Red Diva oder den Bluefrank verkosten …
☺ !

PÖTTSCHING

DESTILLERIE OBSTHOF PANKL

7033 Pöttsching, Hauptstr. 52
TEL 0 26 31/21 03
MAIL office@pankl-destillerie.at
WEB www.pankl-destillerie.at

„Im Hofladen der Destillerie Pankl wird Einkaufen zum Genuss. Wer sich mit frischem Obst, feinen Fruchtsäften oder edlen Destillaten eindecken will, der ist hier an der richtigen Adresse. Zu den Spezialitäten zählen neben den vielfach prämierten Destillaten aus alten, bodenständigen Apfel- und Birnensorten wie Kronprinz, Maschanzker, Ontarioapfel oder Winterforellenbirne auch Fruchtsäfte in höchster Qualität, die nur durch Erhitzen und ohne Zuckerzusatz haltbar gemacht werden. Unbedingt probieren sollte man den Kürbisbrand. Aber auch feine Marmeladen, Gelees mit und ohne Alkohol, Apfelessig und hervorragendes Obst der Saison aus eigenem Anbau lassen Genießerherzen höher schlagen, und für Süße gibt es jetzt auch Trinkschokoladen mit „Schuss".
☺ !

FLEISCHEREI UND FEINKOST FRANZ WALLNER

7033 Pöttsching, Hauptstr. 24
TEL 0 26 31/22 03
MAIL office@wallnerfleisch.at
WEB www.wallnerfleisch.at

Fleischerei und Feinkost Franz Wallner

Fleischerei Hermann Sandhofer

Im hellen und freundlichen Geschäft stehen fast 100 perfekt dargebotene und hausgemachte Wurst- und Schinkenspezialitäten zu Auswahl, mit Highlights wie dem Pöttschinger Prosciutto, der Schinkencreme oder der Speckwurst. Das frische Fleisch stamm ausschließlich aus der eigenen Produktion, darüber hinaus werden verschiedene Aufstriche, aber auch Sauerkraut oder saure Rüben, angeboten. Das freundliche und kompetente Personal gibt dazu gern Zubereitungstipps. Verschiedene Mittagsmenüs stillen den Hunger zwischendurch, und für Naschkatzen gibt es Mehlspeisen aus dem eigenen Backofen. Der hauseigene Catering- und Partyservice kann auch für Grillevents gebucht werden.
!

PURBACH

FLEISCHEREI HERMANN SANDHOFER

7083 Purbach, Türkenstraße 1
TEL 0 26 83/55 91
MAIL sandhofer-wurst@purbach.at

GENUSS REGION ÖSTERREICH In dieser Purbacher Fleischerei wird die ganze Vielfalt der Genussregion „Leithaberger Edelkirsche" sichtbar. Als Mitinitiator der Genussregion macht sich Hermann Sandhofer nicht zuletzt mit einem riesigen Angebot an speziellen Kirschenprodukten einen Namen. Das feine Sortiment bei Wurst und Schinken enthält Spezialitäten wie Kirschbrandwürstel, Kirschschinken oder Leberstreichwürste mit Kirschen. Die Auswahl bei frischem Fleisch – das es auch in Bioqualität gibt und zum großen Teil aus der Region stammt – ist ebenfalls sehr groß. Das Personal hilft gern und freundlich und berät auch bei der Menüzusammenstellung.

RUST

WEIN & REGIONALES BEATE & RICHARD TRIEBAUMER

7071 Rust, Rathausplatz 4
TEL 0 26 85/204 38
MAIL office@triebaumerrichard.at
WEB www.triebaumerrichard.at

Das Angebot dieses besonderen Geschäfts am Rathausplatz von Rust kann sich wahrlich sehen und schmecken lassen. Wein und Regionales werden hier besonders köstlich präsentiert. Man findet in allen Warengruppen Besonderheiten, bei den Spirituosen zum Beispiel einen Vanille-Nusslikör oder einen Hagebuttenbrand, beim Pikanten Dörrzwetschken-Oliven-Schmalz oder Paprika-Limetten-Schmalz, bei Wurst unter anderem Spezialitäten vom Mangalitza-Schwein, aber auch vom Wildschwein oder vom Hirsch. Feinste Fruchnektare werden hier ebenso angeboten wie Marmeladen oder außergewöhnliche Kompotte, und natürlich gibt´s auch edles Kürbiskernöl. Unglaublich gut!
!

STEGERSBACH

TRUMMER FRUCHTSÄFTE

7551 Stegersbach, Wiener Straße 63
TEL 0 33 26/541 49
MAIL office@fruchtsaft-trummer.at
WEB www.fruchtsaft-trummer.at

GENUSS REGION ÖSTERREICH Genuss pur aus der Natur lautet die Devise bei Trummer. Pro Jahr werden hier 1.000 Tonnen feinstes Obst aus der Region zu hervorragenden Genuss-Produkten, teilweise auch in Bioqualität, verarbeitet. Alle verarbeiteten Apfelsorten – darunter viele alte Sorten – stammen aus der Genussregion Südburgenländischer Apfel. Angeboten werden aber nicht nur mehr als 20 Sorten von Direktsäften wie Apfel oder

Schafzucht Hautzinger

Gradwohl Weppersdorf

Obstgarten Familie Gustav Koch

Birne, sondern auch regionale Feinheiten wie der Uhudlertraubensaft oder Bigala und Bigalasekt, ein großes Sortiment an Weinen und Edelbränden, die auch im Geschäft verkostet werden können, aber auch Fruchtnektare, Essigvariationen, Kürbiskernöl, Apfelwein, Marmeladen und weitere regionale Spezialitäten, über die das Personal gern und sehr kompetent Auskunft gibt.

TADTEN

SCHAFZUCHT HAUTZINGER

7162 Tadten, Jägerweg 15
TEL 0 21 76/26 93
MAIL office@schafzucht-hautzinger.at
WEB www.schafzucht-hautzinger.at

In diesem Familienbetrieb spürt man die langjährige Erfahrung, das fachliche Wissen, aber auch die Liebe zu den Tieren. Im hellen und sehr freundlichen Verkaufsraum der Schafzucht Hautzinger findet man praktisch alle Genussprodukte rund ums Schaf. Angeboten wird nicht nur eine große Auswahl an feinstem Schafkäse – darunter geräucherter Schafkäse oder Weichkäse – sondern auch Joghurt, Topfen und Frischkäse. Daneben findet man aber auch hervorragende und nach traditionellen Rezepten hergestelltE Wurst- und Schinkenspezialitäten oder frisches Lammfleisch in allen Variationen. Die hohe Qualität der Fleischprodukte wird durch die eigene Hausschlachtung gewährleistet. Und auch wer Schafwollprodukte sucht, wird hier fündig: Warme Decken und Socken gibt's ebenso wie Handschuhe und Felle. Das Personal berät kompetent und freundlich und gibt auch gerne einen Einblick in die Schafzucht und in die Herstellung der einzelnen Produkte.

WEPPERSDORF

GRADWOHL – BIO VOLLWERT BÄCKEREI

7331 Weppersdorf, Hauptstraße 40
TEL 0 26 18/271 79
MAIL office@gradwohl.info
WEB www.gradwohl.info

Sie können die hochwertigen Spezialitäten von Gradwohl zwar jetzt auch im Online-Shop bestellen, aber wenn Sie den Duft von frischem und knusprigem Brot und Gebäck in Hülle und Fülle erleben wollen, dann sollten Sie die Stammbäckerei der Familie Gradwohl in Weppersdorf persönlich besuchen. Angeboten wird eine Vielzahl von feinsten, mit regionalen Rohstoffen in Handarbeit hergestellten und liebevoll präsentierten Brotsorten, darunter Spezialitäten wie das Krustenbrot, das Karotten-Nuss-Brot oder das Fitnessbrot. Kleine Stehtische laden zum Genuss der knusprigen Spezialitäten vor Ort ein. Neben verschiedenen Backwaren für Allergiker gibt es jetzt auch eigene Schokolade. Torten und Kuchen gibt es auf Bestellung. Das hilfsbereite und sehr freundliche Personal weiß auch bei Allergien und Unverträglichkeiten hervorragend zu beraten und rundet den durchweg positiven Eindruck ab.

WIESEN

OBSTGARTEN FAMILIE GUSTAV KOCH

7203 Wiesen, Forchtenauerstrasse 4
TEL 0650/80 88 99 0
MAIL erdbeer@obstgartenkoch.at
WEB www.obstgartenkoch.at

GENUSS REGION ÖSTERREICH Im gemütlichen Genussladen des Obsthofes findet man eine reiche Auswahl an frischem und knackigem Obst und Gemüse in bester Qualität aus eigenem Anbau. Die Palette beim Obst reicht von Äpfeln wie Idared, Jonagold und Rubinette über süße Erdbeeren aus der Genussregion Wiesener Ananas Erdbeeren, Kirschen, Himbeeren, Brombeeren, Marillen, Zwetschken und Birnen bis zu Weintrauben; auch herrliche Fruchtsäfte und Nektare oder prämierte Marmeladen werden angeboten. Die frischen Früchte werden hier aber auch zu Weinen und edlen Bränden verarbeitet. Von November bis März gibt es darüber hinaus Bauernspeck und Hausbrot. Das hervorragende Sortiment und die freundliche, tolle Beratung machen den Besuch hier zu einem echten Genuss.

Rechnitzer Marillenfest

EISENSTADT

BIOMARKT
WO Hauptplatz
WANN Di 8.00 bis 14.00 Uhr

WOCHENMARKT
WO Hauptplatz
WANN Fr 7.00 bis 12.00 Uhr

MATTERSBURG

WOCHENMARKT
WO Veranstaltungsplatz/Zentrum
WANN Fr 8.00 bis 12.00 Uhr

NEUSIEDL

BAUERNMARKT
WO vor dem Rathaus
WANN März bis Mitte November, jeden Fr 10.00 bis 15.00 Uhr

NEUHAUS/KLAUSENBACH

NEUHAUSER MOSTKIRTAG
WO Freibad und Hauptschule
WANN am letzten So im September

PÖTTSCHING

FISCHZUCHT PREISSEGGER
WO Wr. Neustädter Straße 111
WANN Fr, Sa tagsüber, So, Fei geschlossen

RECHNITZ

RECHNITZER MARILLENFEST
WO Mühlbachgasse
WANN Fr/Sa 9.–10. Juli 2010

KÄRN
TEN

GENUSS REGION ÖSTERREICH
Kärnten

KÄRNTNER GENUSS REGIONEN

1 Mölltal – Glockner Lamm
2 Nockberge Almrind
3 Metnitztaler Wild
4 Gurktaler Luftgeselchter Speck
5 Görtschitztaler Milch
6 Mittelkärntner Blondvieh
7 Lavanttaler Apfelwein
8 Gailtaler Almkäse g.U., Gailtaler Speck g.g.A.
9 Kärntna Låxn
10 Rosentaler Carnica Honig
11 Jauntaler Salami
12 Jauntaler Hadn

DIE 15 BESTEN GENUSS-LÄDEN KÄRNTENS

DIE BESTEN

Bioladen Mallhof

Kur-Konditorei Hutter

BAD KLEINKIRCHHEIM

BÄCKEREI WEISSENSTEINER

9546 Bad Kleinkirchheim, Dorfstraße 58
TEL 0 42 40/219 0

365 Tage durchgehend werden die Kunden in der Bäckerei Weissensteiner mit täglich nach hauseigenen Rezepten frisch produziertem Brot und Gebäck verwöhnt. Der Handwerksbetrieb verwendet ausschließlich heimische Rohstoffe und ist die einzige Bäckerei Kärntens, die statt Salz reine Sole aus dem Salzkammergut verwendet! Sole ist unraffiniert und enthält 84 wichtige Spurenelemente und Mineralien. Das Genussangebot reicht vom Holzofenbrot, Patergasser oder Arriacher Landbrot, Mittelpunktbrot oder Falkertbrot bis zu zahlreichen Kleingebäcksorten, hausgemachten Kuchen und Torten. Im „Backodrom" in Spittal/Drau – der einzigen Drive-In-Bäckerei Kärntens – kann man sogar vom Auto aus einkaufen, und das an 7 Tagen in der Woche. Kleine warme und kalte Snacks, Getränke und bester Kaffe, auch als Coffe-to-go, runden das breite Sortiment ab.

BIOLADEN MALLHOF

9546 Bad Kleinkirchheim, Dorfstraße 29
TEL 0 42 40/83 32
WEB www.mallhof.at

Es ist die Wertschätzung, die das Mallhof-Team jedem Tier und jedem Rohstoff entgegenbringt, die das Besondere bei diesem Bioladen ausmacht. Keine Chemie am Feld oder im Stall, keine Gentechnik und artgerechte Tierhaltung sind hier eine Selbstverständlichkeit. Im neu gestalteten Verkaufsraum bietet das engagierte Team ein rundes Produktsortiment an Biolebensmitteln für den täglichen Bedarf. Neu ist, dass Sie hier auch Frischfleisch vom Angus-Jungrind erhalten. Das Käsesortiment umfasst unter anderem Camembert, Glundner sowie Weichkäse mit frischen Kräutern. Neben den frischen Köstlichkeiten aus der Mallhof-Biomolkerei und feinsten Speck- und Wurstspezialitäten bietet der Bioladen auch Brot und Getreideprodukte, Tee und Säfte, Weine und Schnäpse, Speiseöle und Essig sowie Honig und Marmelade. Das Mallhof-Team ist übrigens jeden Freitag von 10 bis 17 Uhr beim Biobauernmarkt am Hans-Gasser-Platz in Villach!

KUR-KONDITOREI HUTTER

9546 Bad Kleinkirchheim, Bacherweg 1
TEL 0 42 40/454
MAIL cafe@konditorei-hutter.at
WEB www.konditorei-hutter.at

An dieser Vitrine kommt keine Naschkatze vorbei! Rund 50 verschiedene Torten – unter anderem die Franz-Klammer-Torte – und ebenso viele Mehlspeisen in unzähligen Variationen, Köstlichkeiten aus Marzipan und rund 25 Sorten Pralinen sind nur einige Beispiele für die Vielfalt, die hier geboten wird. Auszeichnungen wie die Goldene Kaffeebohne oder das Goldene Teeblatt zeugen nicht nur von der vorbildhaften Produktqualität, sondern auch von der besonderen Kaffeehaustradition und dem gemütlichen Flair, auf das man sich hier freuen darf. Neben den Kuchen und Torten kann man auch Suppen, Nudelgerichte und eine kleine, aber feine Auswahl an warmen Gerichten genießen. Und als süßen Abschluss kann man sich auch eine hauseigene handgeschöpfte Schokolade gönnen.

!

BERG/DRAUTAL

Adeg Pirker

Bäckerei Schieder

Kärntnermilch

ADEG PIRKER

9771 Berg/Drautal, Berg 117
TEL 0 47 12/682-0
MAIL adeg.pirker@gmx.at
WEB www.adeg.at

Genussvolles Einkaufen in heller, freundlicher Atmosphäre, das bietet dieser Adeg-Markt in Berg. Deftige Kärntner Spezialitäten wie Speck, Rohwurst oder Hauswürstl produziert der Inhaber selbst. Besonderen Wert legt man außerdem auf Genussprodukte von Bauern aus der Region sowie auf eine bestens präsentierte und immer frische Obst- und Gemüseauswahl. Eine kleine, aber feine Palette an Frischfisch mit Lachsforelle, Forelle und Saibling wird immer am Ende der Woche angeboten. Aus den Genussregionen findet man Rosentaler Carnica Honig ebenso wie Waldviertler Erdäpfel. Das Personal ist auffallend freundlich, berät umfassend und kompetent.

BODENSDORF

BÄCKEREI SCHIEDER

9551 Bodensdorf, Lobisserweg 1
TEL 0 42 43/28 38
WEB www.schieder.at

Unter den mehr als 20 verschiedenen Brotsorten finden Genießer hier besondere Spezialitäten wie Hanfbrot und Hanfkuchen, zahlreiche Biobrotsorten, den Laugenring mit Käse oder das Bärenbrot. All diese Leckereien kann man im kleinen Café entspannt genießen. Das überaus freundliche Personal umsorgt seine Gäste mit viel Charme. Frische Snacks und kleine warme Gerichte sorgen für eine genussvolle Mittagspause. Die süße Auswahl an hausgemachten Torten und Kuchen, Donuts in allen nur denkbaren Variationen, Krapfen und vieles mehr versüßen den Tag. Große Auswahl an Zotter-Schokoladen!

!

DELLACH IM GAILTAL

ST. DANIELER G'SCHÄFT

9635 Dellach im Gailtal, St. Daniel Nr. 53
TEL 0 47 18/88 57

„Der schmucke Greislerladen in St. Daniel wurde bereits als „Genuss-Partner-Handel" ausgezeichnet. Er bietet den Bauern aus der Umgebung eine Plattform, ihre Köstlichkeiten zu verkaufen. Von Getreide über Gailtaler Bienen-Honig, handgemachten Nudeln aus dem Gailtal, Säften, frischem Gemüse vom Kollmitzer in Würmlach und natürlich Wurst und Speck bis hin zu verschiedenen Sorten Biokäse und dem Gailtaler Almkäse (natürlich sind auch die Genussregionen mit Gailtaler Almkäse und Gailtaler Speck vertreten), Almschoten, Kofkäse-Bergkäse, Camembert und Ziegenkäse finden Feinschmecker eine feine Auswahl der besten Produzenten aus der Umgebung. Eine Besonderheit sind die Spirituosen aus der St. Danieler Edelbrennerei sowie die geräucherten Alpenforellen. Ergänzt wird das regionale Angebot unter anderem durch Sonnentor-Produkte, Talggen, Schokoladen von Zotter und Pichler aus Sillian, Gewürzen sowie Buchweizen aus der Genussregion Jauntaler Hadn."

!

FELDKIRCHEN

KARNERTA FLEISCHMARKT

9560 Feldkirchen, Ossiacher Straße 5
TEL 0 42 76/74 68

Die umfassende Auswahl an Frischfleisch sowie Kärntner Wurst- und Speckspezialitäten machen den Karnerta Fleischmarkt in Feldkirchen zu einem „Muss" für alle, die auf besondere Qualität setzen. Regionale Schmankerln wie die „Vier Berge Salami" dürfen dabei nicht fehlen. Im Frühling darf auch nicht auf die Osterteller vergessen werden, die eine Variation an besonderen Osterschinken enthalten. Bei Fragen steht Ihnen das sehr kompetente Personal gern mit Rat und Tat zur Seite.

KÄRNTNERMILCH

9560 Feldkirchen, Ossiacher Bundesstraße 5
TEL 0 42 76/21 41
WEB www.kaerntnermilch.at

Rund 50 Käsesorten aus der Region – darunter hauptsächlich Produkte aus dem eigenen Haus – machen die Auswahl hier nicht gerade leicht. Vom Drautaler über den Kärntner Rahmkäse, Tiroler Graukäse, Zillertaler, Glocknerkäse, Mölltaler Almkäse bis hin zum Kärntner

MPreis Feldkirchen

Stadtbäckerei Pietschnigg

Bachmann's

Jausenkäse oder dem Glundner reicht die Palette der Köstlichkeiten. Typisch Kärntnerisches wird auch beim Imbiss kredenzt. Die freundlichen und überaus kompetenten Mitarbeiter informieren gern über Herkunft, Produktion und Geschmack jedes einzelnen Produktes. Eine kleine, aber feine Auswahl an Weinen aus Österreich, Frankreich, Italien und Spanien sowie Essige und Öle ergänzen das Sortiment.

!

M-PREIS

9560 Feldkirchen, Dr. Arthur-Lemisch-Straße 8

TEL 05 03 21/87 90

MPreis steht für modern, aufgeschlossen und starke Vernetzung in der Region. In ansprechendem Ambiente genießt man im neuen MPreis in Feldkirchen ein breites Angebot an Kärntner und Tiroler Spezialitäten. Obst und Gemüse sind eine Oase des guten Geschmacks und der Frische. Die Feinkost bietet heimische wie internationale Gustostückerln, das Käseangebot ist mehr als umfangreich. Auch das Weinangebot überzeugt und ist übersichtlich und mit profundem Wissen um die erlesenen Tropfen sortiert. Ein breites Angebot an Bioprodukten von regionalen Bauern rundet das Sortiment ab. MPreis bietet darüber hinaus exklusiv die Tiroler Marke „Bio vom Berg", für die über 600 Biobauern aus Tirol im Einsatz sind. Kein stressiger Einkauf, sondern Genuss ist hier gefragt, und den kann man auch bei Kaffee, Snacks und Imbissen im niveauvoll gestalteten Bistro Baguette haben und dabei gemütlich entspannen. Die Bedienung ist, wie bei MPreis gewohnt, freundlich und kompetent.

!

GMÜND

STADTBÄCKEREI PIETSCHNIGG

9853 Gmünd, Hauptplatz 3

TEL 0 47 32/21 86

WEB www.pietschnigg.at

Das Erfolgsgeheimnis dieses Traditionsbetriebes liegt in der Verwendung natürlicher Rohstoffe und der Weitergabe altbewährter Handarbeit von Generation zu Generation. Gleichzeitig hat die Bäckerei schon immer die Zeichen der Zeit erkannt und darauf reagiert. So bietet das Team auch für Kunden, die eine spezielle Diät halten müssen – egal ob lactose- oder glutenfrei – eigenes Gebäck. Trotz des relativ kleinen Raums wird ein großes Angebot an Spezialbroten präsentiert. Dazu gehören das cholesterinbewusste Omegabrot, Bauernkrustenbrot, Bibelbrot mit Mohn, Dinkelbaunzerln, Wurzelbrot nach altem Hausrezept – alle aus natürlichem Sauerteig hergestellt. Spezialität des Hauses ist der Pietschnigg Brezen. Bei guter Witterung wird das bekannte Stadtbrot im Holzofen vor dem Geschäft gebacken. Wer wenig Zeit hat, die Köstlichkeiten vor Ort zu genießen, kann sie gemeinsam mit einem Coffee-to -go für unterwegs mitnehmen.

!

HEILIGENBLUT

KAUFHÄUSL AM DORFPLATZ

9844 Heiligenblut, Hof 3

TEL 0 48 24/22 56-43

MAIL topofaustria@pichlers.at

WEB www.topofaustria.at

Wer auf der Suche nach den besten Produkten aus der Region ist, der wird hier mit Sicherheit fündig. Neben dem hervorragenden Mölltaler Almkäse oder dem Tauernalm-Biokäse findet man an der Feinkosttheke auch verführerischen Schinkenspeck, Hirsch- und Glocknersalami. Natürlich gibt es auch eine eigene Vinothek, und bei den Spirituosen kommt man ins Staunen: Murmeltiermilch, Gemsenschluckerl, Edelweiß-Hochgebirgskräuterlikör gehören hier ebenso zum Sortiment wie der Glocknerschnaps. Zum süßen Abschluss gibt es Bio-Schokolade. Das Personal berät freundlich und mit hoher Sachkenntnis. An zwei Stehtischen kann man kleine Imbisse wie z.B. das Skifahrerfrühstück genießen, und sollte man mal keine Zeit haben: Es gibt jetzt auch Coffee-to-go von Segafredo. Touristen werden auch an der Auswahl an typisch österreichischen Souvenirs ihre Freude haben.

HERMAGOR

BACHMANN'S

9620 Hermagor, Obervellach 33

TEL 0 42 82/20 69

WEB www.biolachs.at

Fercher´s Feinkost

Kaffee Konditorei Semmelrock

Mit Leidenschaft und Hingabe werden beim Bachmann Köstlichkeiten rund um den Biolachs produziert. Das Edelprodukt mit Austria-Bio-Garantie hat längst nicht nur Feinschmecker in Österreich überzeugt. Selbst in Dubai oder Moskau ist der köstliche Biolachs aus Irland, der in der „Gailtaler Selch" mit eigener Holzmischung und Kranewitten nach alter Tradition geräuchert wird, zu haben. Probieren können Sie unter anderem die Lachsterrine, das Räucherlachs-Mousse, die Lachsroulade oder das Lachstatar. Im hauseigenen Shop „Lachs & Friends" werden neben Biolachs auch Spezialitäten der österreichischen Feinkostszene angeboten. Dazu gehören unter anderem Chutneys von Fink, Köstlichkeiten aus Trausners Genusswerkstatt, edle Tropfen von Pfau und viele andere mehr. Daneben gibt es Produkte aus den Genuss-Regionen Kärntens, wie den Gailtaler Almkäse oder Gailtaler Speck und natürlich den Lachswein, passend zum köstlichen Lachsangebot.

!

FERCHER'S FEINKOST

9620 Hermagor, Bahnhofstraße 5
TEL 0 42 82/21 29

Mit handgemachter Qualität, auf die man sich verlassen kann, hat sich Fercher's Feinkost längst als erste Adresse für regionale Spezialitäten etabliert. Die bewährten und seit Generationen überlieferten Herstellungs- und Veredelungstechniken machen die Köstlichkeiten zu etwas ganz Besonderem. In der Verarbeitung wird auf nicht naturnahe, künstliche Zusatzstoffe verzichtet, der Selchprozess geschieht nach wie vor händisch nach alter Tradition. Überzeugen können Sie sich davon unter anderem beim Speck sowie Schinken und Fleisch vom Kärntner Markenschwein, Biofleisch von Lamm, Rind und Kalb sowie Wildspezialitäten. Umrahmt wird die erstklassige Fleisch- und Wurstqualität von Spezialitäten wie Gailtaler Almkäse, Drautaler, Gailtaler Nudeln, Gailtaler Waldhonig oder naturtrübem Olivenöl aus der Toskana. Eine Top-Adresse für Catering (typische Gailtaler Produkte) und für einen ausgezeichneten Mittagsimbiss.

BIO !

KAFFEE KONDITOREI SEMMELROCK CONFISERIE

9620 Hermagor, Gasserplatz 6
TEL 0 42 82/22 43
MAIL konditor-semmelrock@aon.at

Hier trifft traditionelle Handarbeit auf Innovationsgeist und Ideenreichtum. Erich Semmelrock lässt sich immer neue Genussvariationen einfallen und sorgt mit seinen Mehlspeisen, Kuchen und Torten für tolle Geschmackserlebnisse. Unbedingt probieren sollten Sie die neuen Gailtaler Früchtelebkuchen oder die Lebkuchen-Sticks mit Schokoladenüberzug. Das langjährige Stammpersonal sorgt für ein familiäres Ambiente, in dem sich jeder sofort willkommen fühlt. Die riesige Auswahl an hausgemachtem Konfekt – die neueste Kreation ist Banane – und handgeschöpfter Schokolade kann man auch individuell als kleines Geschenk verpacken lassen. Den kleinen Hunger zwischendurch stillen Sie am besten mit den geschmackvoll angerichteten Kleinigkeiten aus dem Hause Semmelrock. Unser Tipp: Im Sommer unbedingt das hausgemachte Eis probieren und gemütlich auf der Terrasse genießen!

!

KLAGENFURT

BÄCKEREI TAUMBERGER

9020 Klagenfurt, Fleischmarkt 7
TEL 0 46 3/513 471
MAIL office@taumberger.co.at
WEB www.taumberger.co.at

Hier versteht man sich noch auf die traditionelle Kunst des Backens, man verwendet Getreide aus biologischem Anbau und Mehl aus der Region. Jedes Kipferl und jeder Laib Brot ist ein Unikat, hergestellt in Handarbeit. Die Bäckerei Taumberger vereint edles Design, qualitativ hochwertige Produkte und eine umfassende Auswahl. Insgesamt gibt es rund 160 verschiedene Sorten Brot und Gebäck. Spezialitäten sind der Taumberger Laib in verschiedenen Größen, ein würziges Mischbrot oder die besonders saftigen Käsestangerln. Für Allergiker wird auch Roggen- oder Dinkelmehl verarbeitet, auch Gebäck ohne Hefe ist zu haben. Zusätzlich gibt es süße Versuchungen in allen Variationen wie kleine Mamorküchlein, Knusper-Kipferl, Croissants, Linzerradl aus Hadnmehl, Apfelkuchen und zahlreiche weitere

Bingo – Bio am Kardinalplatz

Biomarket – Der Bio Supermarkt

Fleischerei Plautz

Leckereien, die man auch im gemütlichen Sitzbereich genießen kann. Besonders hervorzuheben: Das Taumberger-Team ist überaus freundlich, kompetent und hilfsbereit.

BINGO – BIO AM KARDINALPLATZ

9020 Klagenfurt, Kardinalplatz 6
TEL 06 64/381 78 80
MAIL walter@bingobio.at

Nachhaltigkeit und Regionalität wird hier groß geschrieben, das Motto lautet „global denken – regional handeln". Damit bietet „Bingo-Bio am Kardinalplatz" Bioeinkaufsvergnügen in seiner ganzen Vielfalt. Die ehemaligen Geschäftsräume von Fruhmann Delikatessen wurden wiederbelebt, umgestaltet und um das Geschäftslokal nebenan auf ca. 300m^2 erweitert. Das Sortiment besteht ausschließlich aus Bioprodukten und reicht von herrlich präsentiertem, frischem Obst und Gemüse über heimischen Fisch wie Lachsforelle, Saibling und Biokarpfen sowie Sonnentor-Produkten bis zu hausgemachten Kärntner Nudeln, feinen Tees und Kaffees. Auch wer auf besondere Qualität bei Wurst und Fleisch Wert legt, sollte unbedingt hier einkaufen. Angeboten wird Biofleisch aus bäuerlichen Betrieben der Region, aber auch Schinkenspeck, Salami oder Bauchspeck, Feines vom Lamm findet sich ebenfalls im Sortiment. Beim Käse findet man Schafbutterkäse, Brie oder Gouda, aber auch Spezialitäten wie Val Torrino oder Pecorino Pedredu. Natürlich stammen auch die angebotenen Spirituosen wie Weichsel- und Zirbenschnaps oder der Nusslikör aus Bio-Betrieben. Freundliches, junges Team.

BIOMARKET – DER BIO SUPERMARKT

9020 Klagenfurt, Feldkirchnerstrasse 88
MAIL officeklagenfurt@biomarket.at

Österreichs größter Biokomplettanbieter gibt Ihnen in jeder Warengruppe die Sicherheit, mit gutem Gewissen reinste Bioqualität zu kaufen. Besonders hervorzuheben ist die große Auswahl an Käse. Schaf- und Ziegenkäse, Kürbiskernkäse, Gorgonzola, Parmesan, Brie, Bärlauchkäse, Gouda und vieles mehr ist zu finden. Bei Wurst und Schinken reicht die Auswahl von Schinkenspeck über Bio-Saftschinken bis zu Lammsalami und Bio-Hauswürstel. Die perfekt präsentierte Obst- und Gemüseabteilung hält unter anderem Süßkartoffeln, verschiedene Apfelsorten, gelbe Rüben, Schwarzwurzel usw. bereit. Hervorzuheben ist auch die tolle Auswahl an asiatischen Produkten, offenen Antipasti, Olivenölen oder Gewürzen. Natürlich gibt es hier aber auch Nudeln, Kaffee oder Schokolade zu kaufen. Außerdem gibt es Bio fürs Baby und auch für Sushi-Liebhaber. Die nette Bedienung und die schöne Präsentation der Produkte machen schnell zum Wiederholungstäter in Sachen Großeinkauf.

DELIKATESSEN JÄGER

9020 Klagenfurt, Radetzkystraße 40
TEL 0 46 3/573 54

Nehmen Sie sich Zeit und lassen Sie sich von den perfekt präsentierten Delikatessen, vom kompetenten Personal und der familiären Atmosphäre inspirieren. Besonders für seine Auswahl an vorwiegend österreichischen Weinen ist das Geschäft bekannt, natürlich können Sie hier auch Weine aus Kärnten kaufen. Das Käseangebot lässt kaum Wünsche offen. Wer auf der Suche nach exquisiten Produkten ist, wird hier fündig. Von Sicher in Tainach gibt es den bekannten Saiblingskaviar, Fleisch in Bio-Qualität kommt frisch aus dem Gurktal, auch Obst und Gemüse wird je nach Saison frisch und knackig in Kärnten bezogen, die Nudeln kommen aus der Norischen Nudelwerkstatt. Es gibt Bio-Lachs vom Bachmann, feine Antipasti und Aufstriche, Kürbis-, Apfel- oder Zucchinischmalz, aber auch Bio-Säfte, Spezialöle und -essige. Neben Wildspezialitäten ist vor allem auf die eigens entwickelte Marke „Fürstenstein" zu achten, von der es bereits Kärntner Reindling und Zotter-Schokolade gibt.

FLEISCHEREI PLAUTZ

9020 Klagenfurt, 10. Oktoberstraße 10
TEL 0 46 3/568 31

Klein, aber fein. So präsentiert sich die bekannte Fleischerei in der Klagenfurter Innenstadt Her-

Konditorei Hutter

Reformhaus Christine Uran

kunft und Handarbeit sind bei Plautz entscheidende Qualitätskriterien. Bei der Herkunft legt der Fleischer aus Überzeugung und Leidenschaft besonderen Wert auf Fleisch aus dem Umland, darunter auch Fleisch aus der Genussregion Mittelkärntner Blondvieh. Das Wurstangebot ist hausgemacht, umfangreich und geschmackvoll. Ein besonderes Highlight ist der Rindersaftschinken sowie der Metnitztaler luftgetrocknete Speck. Bei Käse gibt es eine kleine, feine Auswahl. Der Imbissbereich bietet köstliche Abwechsslung wie Rouladen oder Gulasch, die man auch mitnehmen kann. Einfach ein Genuss!

KONDITOREI HUTTER

9020 Klagenfurt, Alter Platz 11
TEL 0463 507710
WEB www.konditorei-hutter.at

Das Hutter ist zum einen das wohl wienerischste Kaffeehaus in Kärnten und zum anderen eine Institution. Wer in Klagenfurt war, ohne der berühmten Kaffeekonditorei einen Besuch abgestattet zu haben, hat etwas versäumt. Zum Beispiel die Franz-Klammer-Torte, eine Himbeer-Nuss-Torte, die sich der Skistar im Hutter in Bad Kleinkirchheim immer servieren ließ, wenn er nach einem Abfahrtssieg im Café Hutter Entspannung suchte. Spezialitäten des Hauses sind die Lindwurmkugeln, Klagenfurt-Törtchen, handgeschöpfte Pralinen, aber auch ein großes Angebot an Torten und Diabetikerware. Der 7. Himmel für Naschkatzen!

LA PASTA

9020 Klagenfurt, Getreidegasse 9
TEL 0 46 3/546 49
WEB www.lapasta.at

Mit seiner schlichten, aber eleganten mediterranen Atmosphäre und den vielen italienischen Spezialitäten vermittelt La Pasta südliche Lebenslust. Die zahlreichen vegetarischen Gerichte machen den Verzicht auf Fleisch hier ganz einfach. Gegrilltes Gemüse, Gemüselasagne, Quiche und natürlich unterschiedlichste Pastasorten aus hausgemachten Teigwaren sind genau das Richtige für die schnelle Mittagspause. Wer dem Fleisch nicht abgeneigt ist, und zum Beispiel ein Vitello Tonnato oder ein Roastbeef bestellt, kann sicher sein, dass es von Bauern aus Kärnten bezogen worden ist. Zum Selberkochen finden sich viele Nudelspezialitäten aus eigener Produktion. Das Beste aus Italien hat das Team auch bei der Vielzahl an Balsamico-Essigen und Olivenölen, Sugos und Pestos sowie bei einer exquisiten Auswahl an Nudeln und Weinen zusammengetragen.

NATUR & REFORM RAUTH

9020 Klagenfurt, Pfarrplatz 5
TEL 0 46 3/50 26 49

Dieses Naturkostgeschäft ist eine Fundgrube für bewusste Genießer österreichischer Spezialitäten. Obst und Gemüse kommen vorwiegend aus Bioanbau. Wer sein Gemüse lieber gartenfrisch aus eigenem Anbau genießen will, hat die Möglichkeit, hier hunderte Sorten von Biosamen, darunter auch Wildsamen, zu kaufen. Das Getreide wird täglich frisch gemahlen. Für Allergiker gibt es eine ganze Reihe von speziellen Produkten. Das Feinkostangebot mit frischem Brot und Backwaren, Käse-Spezialitäten, Wein, Spirituosen sowie Naturkosmetik rundet das Sortiment perfekt ab.

REFORMHAUS CHRISTINE URAN

9020 Klagenfurt, Renngasse 1
TEL 0 46 3/573 58

Wer bewusst einkaufen und trotzdem nicht auf Vielfalt verzichten will, ist hier genau richtig. Das umfangreiche Biosortiment reicht von Nudeln (Hirse, Dinkel, Buchweizen, auch Vollkornnudeln) über Saucen und Pestos, Gewürze, Müslispezialitäten und Süßwaren bis hin zu Marmeladen, Tees und Honig. Das Vollkornmehl kann nach individuellen Geschmacksvorlieben frisch gemahlen werden. Spezielle Diätprodukte, glutenfreie Produkte, Babynahrung, Kaffee, Knabbereien, Säfte, Oliven-, Kürbiskern- und Sonnenblumenöle, Leinöl, Biokosmetika, Sojawaren und allerlei köstliche pflanzliche Aufstriche runden die breite Produktpalette ab. Die Beratung ist freundlich und kompetent.

Yomi´s

Kastner Fleischerei

WALTER GASSER

9020 Klagenfurt, Benediktinerplatz 1 + 18
TEL 0 46 3/50 27 00
MAIL gasserw@essig-oele.at

Hier sind Kaufleute am Werk, die offensichtlich ihre Leidenschaft zum Beruf machen konnten. Mit viel Wissen und Liebe zu jedem Produkt gibt das Team gerne Einblick in die Vielfalt der Köstlichkeiten, die geboten werden. Weiße und schwarze Trüffel aus dem Piemont, Trüffelöl und -senf sowie Trüffelhonig, 32 verschiedene Sorten an Ölen, 28 Sorten Essig, 48 Sorten zertifizierte Schnäpse machen diesen Marktstand zu einem Treffpunkt für anspruchsvolle Genießer. Hinzu kommen eine große Auswahl an Pilzen, selbst gemachten Marmeladen in den ausgefallensten Sorten, eine breite Palette an Südfrüchten, Antipasti sowie Säfte. Regionalität spielt vor allem bei den Spirituosen eine große Rolle. Auf Wunsch gibt es frisch gepresste Fruchtsäfte. Überhaupt ist die Obst- und Gemüseauswahl top!

YOMI'S

9020 Klagenfurt, Karfreitstraße 22
TEL 0 463 / 55 827

Ein kleines, aber feines Fachgeschäft, das ein sehr breites Spektrum an Weinen bietet. Großes Augenmerk legt das Team auf Weine aus Österreich. Aber auch edle Tropfen aus Spanien, Italien, Kalifornien oder Frankreich dürfen nicht fehlen. Regionale Köstlichkeiten findet man bei den Spirituosen, darunter auch ausgefallene Sorten wie Spargelschnaps. Das kompetente und freundliche Team gibt gerne Tipps, wenn Sie auf der Suche nach etwas Außergewöhnlichem sind. Exquisite Süßwaren, eine Vielzahl an offenen Tees und Kaffee, italienische Antipasti, Essig und Öl runden das tolle Angebot ab. Die kleine Bar, in der man die Weine, den Champagner oder die Spirituosen gleich vor Ort ausprobieren kann, ist ein gemütlicher Treffpunkt.

KÖTSCHACH-MAUTHEN

KASTNER FLEISCHEREI

9640 Kötschach-Mauthen 286
TEL 0 47 15/323 oder 0664/131 55 23
MAIL kastner@fleischer.at

Wer beim Kastner kauft, weiß, dass garantiert Naturprodukte aus Kärnten auf den Tisch kommen. Das gesamte Fleisch im Sortiment bezieht das Team von ausgewählten Bauern aus der Region. Wurst und Schinken stammen ausschließlich aus eigener Produktion und wurden bereits mehrfach ausgezeichnet. Egal ob hervorragender Speck aus der Genussregion, Gailtaler Speck, Streichwurst, Schinkenspeck, Salami, Mettwurst oder geselchte Stelzn – höchste Qualität ist hier oberstes Gebot. Auf der Suche nach Biokalbfleisch, Lamm vom Plöckenpass oder Fleisch vom Almochsen wird kaum ein Weg an der Fleischerei vorbeiführen. Ergänzt wird das Sortiment durch ein kleines, aber immer frisches Sortiment an Obst und Gemüse von Bauern aus der Region bzw. aus Italien sowie eine feine Käseauswahl. Gailtaler Almkäse aus der Genussregion, Gailtaler Wald- oder Wildblütenhonig oder weißer Landmais – übrigens eine echte Rarität – dürfen ebenfalls nicht fehlen. Direkt im Geschäftslokal können Sie außerdem ein verlockendes Imbissangebot mit warmen Gerichten (faschierte Laibchen, Schopfbraten etc.) sowie frischen Salaten genießen. Neu im Sortiment ist das Loncium Bier aus Mauthen.

Kaufhaus Ertl

Anni Danler-Swatt

Bäckerei Mühle Wiegele

KAUFHAUS ERTL

9640 Kötschach-Mauthen 19
TEL 0 47 15/246
MAIL ertl@kaeseschokolade.at
WEB www.kaeseschokolade.at

Längst über die Grenzen Kärntens hinaus bekannt ist Herwig Ertl, der sich in Kötschach ein kleines Refugium der Genüsse geschaffen hat. Produkte aus der Region – darunter Speck von Gailtaler und Lesachtaler Bauern, Wurstwaren von Markus & Leo Salcher sowie Almkäse – spielen beim Sortiment ebenso eine wichtige Rolle wie Spezialitäten aus Italien. Für Fischliebhaber gibt es eingelegten Fisch vom Weissensee, zum Beispiel Seeforelle sowie Räucherforelle aus der Region. Beeindruckend ist auch das Wein- und Spirituosensortiment. Rund 160 Spitzenweine aus Österreich und Italien sowie Champagner und 70 Sorten Schnaps stehen zur Auswahl. Auch bei den Gewürzen finden Sie einzigartige Produkte, darunter pannonischen Safran. Herwig Ertl bedient selbst und lädt die Kunden wie selbstverständlich zur Verkostung von feinsten Olivenölen aus dem Alpen-Adria-Raum, eingelegten Spezialitäten von Fink's, Essig von Gölles oder den besten Fruchtsäften Österreichs, ein. Unser Tipp: Nehmen Sie sich genügend Zeit, und Sie werden in diesem Geschäft garantiert ganz neue Geschmackserlebnisse erkunden können. Neu: „Choco Shot" – die köstlichste Spritze Kärntens – gibt es exklusiv beim Ertl.

BIO !

MALTA

ANNI DANLER-SWATT

9854 Malta, Malta 53
TEL 0 47 33/203

Ein kleiner, feiner Nahversorger im Zentrum von Malta. Bereits in dritter Generation wird das Geschäft von Anni und Eva Danler-Swatt geführt. Mehr als nur Lebensmittel zu bieten ist ihr Anspruch. Im Feinkostbereich bieten sie neben einem Standardsortiment an Wurst und Käse – hier darf der Drautaler Käsekaiser nicht fehlen – auch Spezialitäten von Bauern wie geräucherte Gebirgsforelle oder echte Bauernbutter. Weitere regionale Produkte sind Honig, Talgg'n, Dinkelmehl sowie frisches Brot und Gebäck vom regionalen Bäcker. Das kleine Obst- und Gemüseangebot überzeugt durch Frische und ansprechende Präsentation. Angeboten werden aber auch verschiedene Tees (Kräuter- und Wohlfühltees, auch in Bioqualität), Bergkernsalz mit Rosenblüten, Brunnenkressesalz oder Bodenschätze von Sonnentor. Selbst ein kleines Café ist im Geschäft untergebracht. Im Sommer kann man den Kaffee und Kuchen gemütlich vor dem Geschäft genießen, verweilen und plaudern.

!

MARIA LUGGAU

LESACHTALER BAUERNLADEN

9655 Maria Luggau 15
TEL 0 47 16/484
MAIL lugger.mario@aon.at

Mit dem Prädikat „naturbelassen" punktet nicht nur das Lesachtal, sondern auch der urige Bauernladen in Maria Luggau, der ausschließlich Köstlichkeiten von Biobauern aus dem Tal im Sortiment führt. Dazu gehören Produkte vom Lesachtaler Lamm, Hirschsalami, Würstel vom Hochlandrind, Lesachtaler Speck, Schafskäse (frisch oder eingelegt) sowie Bergkäse. Im Tal der 100 Mühlen darf natürlich das Lesachtaler Bauernbrot nicht fehlen. Ein weiterer Schwerpunkt liegt auf exquisite Spirituosen in Form von Schnäpsen und Likören, die man anderswo wohl vergeblich sucht. Das Sortiment reicht von Apfel-, Birnen-, Kümmel-, Zirben- und Honigschnaps über die verschiedensten Liköre – etwa aus Ribiseln, Walnüssen, Trauben, Kümmel, Zwetschken, Minze, Heidelbeeren bis hin zu Honiglikör. Wer es lieber antialkoholisch mag, der kann sich eine der vielen Teesorten mitnehmen, die allesamt aus Lesachtaler Bergkräutern bestehen. Köstlich sind auch die frische Butter von Bauern aus der Umgebung, der echte Lesachtaler Bienenhonig sowie die hausgemachte Marmelade und Gelees wie Vogelbeere, Fruchtsalbei oder Hollunder. Geöffnet: 1. Mai bis Ende Oktober.

BIO !

NÖTSCH

BÄCKEREI MÜHLE WIEGELE

9611 Nötsch, Nötsch 39
TEL 0 42 56/21 48

In dieser Bäckerei wird noch nach alter Tradition Brot gebacken. Seit 1876 in Familienbesitz, ist dies gleich-

Buschenschank & Bauernladen Walter

Fleischerei Heitzmann

zeitig die letzte Gailtaler Mühle. An Spezialitäten werden unter anderem das Polentabrot, Müsliweckerl und natürlich das Gailtaler Weizenkeimbrot angeboten, auch „alte" Getreidesorten werden hier geschmackvoll verarbeitet. Auf Wunsch wird Gebäck speziell für Allergiker hergestellt. Weitere regionale Köstlichkeiten im Angebot sind gelbe und weiße Polenta, frisches Mehl aus der Mühle, Biotees und Gailtaler Bienenhonig, Topfen und Bioeier aus eigener Landwirtschaft. Übrigens: Schaumrollen sind hier noch handgemacht und schmecken nach Kindheit! Im Haus ist auch ein Museum, das unter anderem Ausstellungen von Künstlern des „Nötscher Kreises" zum Schwerpunkt hat.

OBERVELLACH

BUSCHENSCHANK & BAUERNLADEN HELMUT & KATHARINA WALTER

9821 Obervellach, Räuflach 6
TEL 0 47 82/20 28
WEB www.buschenschenke-walter.com

Egal ob frisch gebackenes Brot nach uraltem Rezept, luftgetrockneter Mölltaler Speck, Kärntner Hauswürstel, Rohwürste, Säfte, Most oder Schnaps – für Liebhaber der bodenständigen Mölltaler Genüsse und der Kärntner Jausenkultur ist der Bauernladen im idyllischen Räuflach längst kein Geheimtipp mehr. Beim Eintreten in die „Labn" fällt einem sofort das nostalgische Brotregal auf, in dem viele verschiedene Sorten hausgemachtes Brot präsentiert werden. Produkte der Region stehen im Vordergrund: Schmankerln wie Speck, Salami vom Wild aus dem Nationalpark Hohe Tauern, köstliche Bauernschinken sowie Honig. Streichwurst, Haussulze und Eier sowie Säfte stammen aus eigener Landwirtschaft. Auch bei den Käsespezialitäten setzt man auf Regionalität und Bio. Aus anderen Genussregionen gibt es unter anderem Bregenzer Alpkäse und oststeirisches Kernöl. An Obst finden Sie, was der eigene Garten je nach Saison hergibt. Ein Tipp sind auch die liebevoll gestalteten Geschenkkörbe, zum Beispiel die Mölltaler Brotschüssel, Weihnachtskörbe oder Osterkörbe.

SEEBODEN

FLEISCHEREI HEITZMANN

9871 Seeboden, Hauptstraße 76
TEL 0 47 62/811 46
MAIL aon.912790574@aon.at

„Natürlich, frisch, hausgemacht", so lautet das Motto von Heitzmann. Im modernen, hellen und sehr liebevoll dekorierten Geschäft werden dementsprechend auch Waren von höchster Qualität angeboten. Ein Schwerpunkt liegt dabei auf regionalen Spezialitäten. Dazu gehören der Nockalmschinken, die Seebodner oder die Millstätter Rohwurst ebenso wie Hirschschinken oder Lammsalami, auch zahlreiche Bio-Produkte finden sich im Programm. Umrahmt wird das Sortiment von hochwertigem Olivenöl, Kärntner Gebirgshonig und Spirituosen aus der Region. Beim Frischfleisch wird ausschließlich österreichische Qualität angeboten. Unbedingt probieren sollte man übrigens den Putenzopf! Die feinen Köstlichkeiten sowie Nudeln aller Art können gleich vor Ort genossen werden, für die schnelle Küche zu Hause gibt es Suppeneinlagen wie Knödel oder Milzschnitten zum Mitnehmen. Die Chefin berät gerne selbst und mit viel Sachwissen.

SPITTAL AN DER DRAU

Brunner's für Feinschmecker

Fleischerei Willi Koch

Hofladen der Spittaler Schlossbauern

SPITTAL AN DER DRAU

BRUNNER'S FÜR FEINSCHMECKER

9800 Spittal an der Drau, Hauptplatz 18
TEL 0 47 62/365 36

Das Kärntner Familienunternehmen bietet täglich frischen Genuss. Vieles wird selbst gemacht, zugekauft wird nur von Kärntner Bauern, die Brunner persönlich kennt. Bekannt geworden ist der Brunner vor allem, seit er sich auf die Produktion von Kärntner Nudeln in verschiedensten Geschmacksrichtungen spezialisiert hat. Die mit Fleisch, Steinpilzen, Spinat, Tomaten-Mozzarella gefüllten Teigtaschen gibt es gekocht oder ungekocht zum Mitnehmen. Drei Mittagmenüs und ein Dutzend hausgemachter Nudelvariationen machen das Geschäft zum beliebten Treffpunkt in der Mittagspause. Die feine Genussauswahl umfasst weiters hausgemachte Produkte wie Speck, Hirsch- bzw. Kärntnerwürstel, aber auch zahlreiche Bioprodukte. Hausgemachter Glundner Käse oder Tiroler Graukäse können direkt im Laden verkostet werden. Im Sommer lädt die kleine Terrasse zum Verweilen und Degustieren der Köstlichkeiten ein. Die Nähe zu Italien zeigt sich auch am Sortiment: Polenta, Teigwaren und Öle runden das Angebot ab. Viele Spezialitäten, auch aus den Genussregionen, kann man im Rahmen des Cateringangebotes genießen.

FLEISCHEREI WILLI KOCH

9800 Spittal an der Drau, Neuer Platz 5
TEL 0 47 62/22 81

Willi Koch ist ein Spittaler Unikat, das mit fachlicher Kompetenz und seinem unverwechselbaren Charme ein besonderes Einkaufserlebnis garantiert. Das Fleisch, das man hier kauft, kommt ausschließlich von Bauern aus der unmittelbaren Region, die Willi Koch allesamt persönlich kennt. Kein Wunder also, dass er mit dem Slogan „Auf Du & Du mit der Kuh" wirbt. Drei Fleischermeister sorgen für Produkte in Spitzenqualität und Abwechslung. Bei 85 verschiedenen Sorten Würsten, etlichen Sorten Leberkäse, der prämierten Leberstreichwurst und vielem mehr haben Sie allerdings die Qual der Wahl. Eine weitere Besonderheit sind die speziellen Produkte für Allergiker (z.B. für Zöliakie-Patienten). Ein kleines Käsesortiment sowie Imbisse für zwischendurch runden das Sortiment ab. Koch's Imbiss gibt es auch im Spitaler Stadtparkcenter sowie am Würstelstand im Park.

HOFLADEN DER SPITTALER SCHLOSSBAUERN

9800 Spittal an der Drau, St. Peter 19
TEL 0 47 62/589 73

Drei Bauern aus der Region haben in St. Peter gemeinsam eine kleine Genussoase geschaffen, die den klaren Schwerpunkt auf Bioprodukte legt. Viele Lebensmittel wie Topfen, Butter, Salami, Sulz, Schinken, Leberwurst, Speck ... kommen aus eigener Produktion der Bauern, weitere Warengruppen wie verschiedene Nudelsorten, Honig, Wein oder Tee werden von Produzenten aus der Umgebung zugekauft. Zu haben sind frisches Obst und Gemüse, Brot, Wein und Spirituosen, Marmeladen und selbst Gebackenes wie Dinkelposterzipfel, die man unbedingt probieren muss. Besonders hervorzuheben ist die tolle Käseauswahl sowie das Angebot an Genussregionsprodukten. Forellen aus dem eigenen Teich gibt es frisch oder geräuchert. Öffnungszeiten: Do, Fr 16.00 bis 19.30 Uhr.

KÄRNTNERMILCH / KARNERTA

9800 Spittal an der Drau, Villacher Straße 92
TEL 0 47 62/41 87

Dieses Geschäft ist der absolute Käse-Kaiser in der Region! Rund 100 verschiedene Käsesorten – sowohl aus Österreich als auch internationale Spezialitäten – lassen keine Wünsche offen. Das Sortiment von Kärntnermilch spielt hier natürlich eine Hauptrolle. Neue Sorten, auch von anderen Herstellern, können verkostet werden. Das Käseplatten-Service wird gerne für Partys oder Veranstaltungen in Anspruch genommen. Die Besonderheit ist jedoch, dass sich hier darüber hinaus eine außergewöhnliche Auswahl an Fleischprodukten, in erster Linie von Bauern aus Kärnten und der Steiermark, findet. Als sinnvolle Ergänzung zum Käse- und Fleischsortiment erhält man ausgewählte Weine, Obst und Gemüse-Basics sowie Öle und Essige. Ein Bio-Nudelsortiment sowie einige Bio-Käsesorten sind ebenso zu finden wie luftgetrockneter Speck oder Weinschinken. Brot und Ge-

Konditorei Lienbacher Confiserie

Obst & Gemüsewelt Brandner

bäck gibt's von der ersten „Drive-in"-Bäckerei in Weissensteiner. Absolut top: die hilfsbereiten Mitarbeiter!

KONDITOREI LIENBACHER CONFISERIE

9800 Spittal an der Drau, Schillerstraße 10

TEL 0 47 62/25 25

Echte Schleckermäulchen, die gerne dem süßen Genuss frönen, kommen in der Konditorei Lienbacher voll auf ihre Kosten. Eine gute Portion Kreativität und Herzlichkeit macht die besondere Atmosphäre aus. Schokoladen- und Pralinenliebhaber, die der industriellen Fertigproduktion überdrüssig sind, sind bei den Lienbachers an der richtigen Adresse. Hier wird die Tafelschokolade mit viel Liebe handgemacht. Sogar an Diabetiker hat das Team gedacht und produziert für sie eine eigene, handgeschöpfte Schokolade. Die passende Verpackung dazu wird in einzigartiger Weise von der Dame des Hauses gefertigt und dekoriert. Nette Geschenkideen für süße Genießer gehören ebenso zum fixen Sortiment wie frische Kuchen und Torten wie die ausgezeichnete Schoko-Vanille-Torte. Ein Angebot an Talern wie Porcia-Taler oder Wappentaler bereichern das süße Sortiment. Täglich stehen außerdem zwei Mittagsmenüs zur Auswahl. Das Team ist überaus freundlich und kompetent.

!

OBST & GEMÜSEWELT BRANDNER

9800 Spittal an der Drau, Bahnhofstraße 3

TEL 0 47 62/372 32

Ein kleines Obst- und Gemüseparadies befindet sich mitten in Spittal. Das bunte Angebot wird besonders geschmackvoll und übersichtlich präsentiert. Der Chef selbst kümmert sich um die empfindliche Ware, damit sie lange frisch bleibt. Neben dem konventionellen Angebot gibt es ein eigenes Bio-Regal. Hier finden sich viele saisonale Waren von Bauern aus der Region. Ein kleines Sortiment an Essig, Ölen, Nudeln sowie eingelegtem Gemüse und Schokoladen, die speziell für Klammsteiner hergestellt werden und besonders fruchtig und ausgefallen gefüllt sind, runden das vitaminreiche Sortiment perfekt ab. Für die Zukunft ist noch mehr Frische und ein Umbau geplant, um die Kunden besser verwöhnen zu können.

!

Fleischerei Smole

ST. MAREIN

MARZI FORELLEN

9431 St. Marein, Völking 4
TEL 0 43 52/811 65
MAIL marzi@utanet.at

Fischfreunde zieht es in St. Marein geradezu magisch in dieses Geschäft, angelockt vom herrlichen Fischduft und den vielen Schmankerln. Vom Saibling – auch dem Seesaibling – über Kärntner Laxn aus der Genussregion bis zum Biokarpfen ist das Angebot sowohl frisch als auch geräuchert erhältlich. Neben vielen verschiedenen Forellenarten gibt es auch Forellenkaviar und -aufstrich sowie Welsfilet in Essig und Zwiebel. Als besonderen Service bietet das Geschäft mit seinen Produkten ein spezielles Party-Catering an. Für alle, die sich weiterbilden wollen, gibt es auf den Fisch zugeschnittene Kochkurse, auch Ausflüge zu Fischverkostungen werden organisiert. Durch die Zugehörigkeit zu den Lavanttalern Qualitätsbauern werden auch deren Produkte angeboten. Dazu gehören Imkereiprodukte, verschiedene Öle (Kürbiskernöl) und Essigvariationen (Nelken-, Safran-, Himbeeressig usw.) und Spirituosen, aber auch Lavanttaler Apfelwein aus der gleichnamigen Genussregion.

ST. STEFAN

FLEISCHEREI SMOLE

9623 St. Stefan, St. Stefan 35
TEL 0 42 83/21 28

Das kleine Fleischerfachgeschäft wird seit über 50 Jahren von Familie Smole geführt. Smole ist in der Region ein Geheimtipp, wenn es um Qualität und echte Fleischerspezialitäten geht. So findet man hier noch verschiedene Selchwürste, Stelzen, Saumeisen und ein großes Angebot an Frischfleisch (aus eigener Schlachtung) und Aufschnitt aus eigener Erzeugung. Selbst den „Gailtaler Speck" gibt es hier – allerdings unter der Bezeichnung „Smole Speck". Wer es deftig mag, dem sei hier der würzige Salzspeck zu empfehlen. Die Chefin bedient selbst, ist sehr freundlich und bei der Beratung merkt man, dass sie dieses Handwerk kennt und lebt. Schön, dass es diese kleinen Fleischer noch gibt!

!

ST. VEIT AN DER GLAN

BAUERNLADEN

9300 St. Veit an der Glan, Villacher Str. 14
TEL 0664/657 53 35
MAIL office@vbd.at

Auch unter der neuen Leitung von Melitta Sottovia ist der Bauernladen eine Fundgrube für alle, die echte Schmankerln aus der Region zu schätzen wissen. Von Äpfeln aus dem Glantal über 15 verschiedene Käsesorten bis hin zu Blutwurst, Leberpasteten oder Salami aus dem Glantal finden Genießer hier eine reiche Auswahl. Räucherforellen aus Frauenstein, täglich frisch gebackenes Bauernbrot sowie Biogemüse runden das Angebot ab. Bäuerliche Anbieter aus der Region beliefern den Bauernladen darüber hinaus auch mit Essig, Honig, Marmeladen, Tees und sogar mit Seifen. Besonderheiten wie Leinöl, Ziehöl oder Leindotteröl finden sich hier ebenso wie spezielle, saisonale Produkte – vom Weihnachtsgebäck bis hin zu Adventkränzen. Tipp: selbst handgeschöpfte Schokoladen in exquisiten Sorten!

BIO !

ERSTE CAFÉ KONDITOREI HAHN, SCHÖFFMANN & RÖCK OG

9300 St. Veit an der Glan, Unterer Platz 19
TEL 0 42 12/20 55

Mit Begeisterung und jahrelanger Erfahrung zaubern die Mitarbeiter der Konditorei Hahn in St. Veit köstliche Torten und Kuchen, die täglich frisch hergestellt werden. Das Team verarbeitet vorzugsweise Zutaten aus der Region. Natürliche Rohstoffe und der Verzicht auf chemische Zusätze sind hier eine Selbstverständlichkeit. Die Haustorte ist eine Schokoladenmoussetorte mit Haselnusskrokant. Für besondere Anlässe – von der Hochzeitsfeier bis hin zur Taufe – können Sie sich die Köstlichkeiten aus dem Hause Hahn liefern lassen. Teefreunden werden bei einem Blick auf die Teekarte die Herzen höher schlagen. Nicht weniger als 30 verschiedene Sorten laden zum Probieren ein.

BIO !

Taupe Genussschmiede

Fleischerei Seiser

Spar-Markt Rogl

NATUR & REFORM, EWALD LEIKAM

9300 St. Veit an der Glan, Unterer Platz 15
TEL 0 42 12/69 54
Es duftet nach Tee, Gewürzen und frischem Brot. Das freundliche, helle Reformgeschäft überzeugt mit einem besonderen Angebot an „gesunden" Lebensmitteln, aber auch an Genuss. Käse gibt es in vielen milden bis würzigen Sorten, vom italienischen Bio-Mozzarella bis hin zum Vorarlberger Bergkäse. Bio Teigwaren, Sonnentor Tees, Müslis, Trockenfrüchte u.v.m. Das Personal ist freundlich und kompetent und lässt keine Wünsche offen.

TAUPE GENUSSSCHMIEDE

9300 St. Veit an der Glan, Unterer Platz 13 - 14
TEL 0 42 12/307 77
MAIL www.taupe-genussschmiede.at
Eine Konditorei, Café und Lebensmittelgeschäft: eine echte Genussschmiede. Das Angebot reicht von vielen köstlichen Brotsorten – hier kann man in der Schaubäckerei noch zusehen, wie Brot gebacken wird – über eine feine Auswahl an Kuchen, Keksen und Schokoladen. Mittwochs gibt es frisches Gebäck und saisonale Köstlichkeiten aus dem fahrenden Holzbackofen in der Fußgängerzone. Kaffee wird aus der eigenen Rösterei in 6 Mischungen oder 9 sortenreinen Varianten angeboten. Hausgemachte Marmeladen sowie eine eigene Essiglinie unterstreichen die Genuss-Kompetenz. Der Chef lebt das Thema Genuss und berät freundlich und kompetent.

STRASSBURG

FLEISCHEREI SEISER

9343 Straßburg, Hauptstrasse 13
TEL 0 42 66/22 25
MAIL office@fleischerei-seiser.at
Das komplette Angebot an Spezialitäten in der Fleischerei Seiser stammt aus der hauseigenen Schlachtung, für die Produktion wird ausschließlich Gurktaler Schweine- und Rindfleisch sowie Wildfleisch aus dem Hemmaland (aus freier Wildbahn) herangezogen und von Hand verarbeitet. Als Mitglied der Genussregionen „Gurktaler luftgeselchter Speck" sowie der Genussregion „Metnitztaler Wild" werden neben dem bekannten luftgetrockneten Speck Produkte wie Wildsalami, -würstl und -schinken angeboten. Fleischgenuss ist hier garantiert.

TREFFEN

SPAR-MARKT ROGL

9521 Treffen, Sparstraße 1
TEL 0 42 48/22 92
WEB www.spar.at
Beste Qualität und ein breites Angebot an heimischen wie auch italienischen Spezialitäten sind seit Jahren das Erfolgskonzept des Spar-Marktes in Treffen. Ossocollo, Prosciutto, Mortadella sowie feinste Käsesorten vom italienischen Nachbarn vertrösten Liebhaber der italienischen Lebens- und Genusskultur bis zum nächsten Urlaub. Die Feinkost bietet heimische und internationale Gustostückeln. Der Blickfang ist eine große Prosciuttomaschine – hier wird wirklich frisch aufgeschnitten. Die Fleischtheke bietet auch regionale Köstlichkeiten wie das Glockner Lamm sowie Wild. Frisch, übersichtlich sortiert und geschmackvoll präsentiert sich die Obst- und Gemüse-Abteilung, die auch im Winter mit Produkten von heimischen Bauern bestückt ist. Ein weiteres Highlight ist das Weinangebot, das erlesene Tropfen aus dem In- und Ausland bereithält. Ein breites Angebot an Bioprodukten von heimischen Bauern rundet das Sortiment ab. Freitag und Samstag gibt es fangfrische Forellen. Die verschiedenen Menüs im Imbiss gibt es täglich!

VELDEN

FLEISCHEREI GORITSCHNIGG

9220 Velden, Casinoplatz 3 –5
TEL 04274/2035
MAIL info@goritschnigg.com
WEB www.goritschnigg.com
In der feinen Fleischerei am Casinoplatz in Velden setzt man voll auf Bio und Frische. Damit ist sie bis heute Anziehungspunkt für alle, die auf erlesene Qualität,

Frisches und Mehr – Axel Winkler

Regenbogen

Produkte aus der Region, hervorragende Auswahl und freundliche, kompetente Bedienung Wert legen. Alle angebotenen Wurst- und Fleischwaren stammen aus eigener Produktion. Die besondere Spezialität aber sind die nur bei Goritschnigg erhältlichen Bio-T-Bone-Steaks – die man auch im zum Betrieb gehörenden und sehr empfehlenswerten Goritschniggs Steakhaus genießen kann – fein abgelegen und hervorragend gereift.

!

MPREIS

9220 Velden, Villacher Straße 8

MPreis steht für modern, aufgeschlossen und starke Vernetzung in der Region. In ansprechendem Ambiente genießt man beim Einkauf beste Qualität und ein breites Angebot an Kärntner und Tiroler Spezialitäten. Obst und Gemüse sind eine Oase des guten Geschmacks und der Frische. Die Feinkost bietet heimische wie internationale Gustostückerln. Das Weinangebot ist groß, übersichtlich und mit profundem Wissen um die erlesenen Tropfen sortiert. Ein breites Angebot an Bioprodukten von regionalen Bauern rundet das Sortiment ab. MPreis bietet exklusiv die Tiroler Marke „Bio vom Berg", für die über 600 Biobauern aus Tirol im Einsatz sind. Kein stressiger Einkauf, sondern Genuss ist hier gefragt, und den kann man auch bei Kaffee, Snacks und Imbissen im niveauvoll gestalteten Bistro Baguette haben und dabei gemütlich entspannen. Die Bedienung ist, wie bei MPreis gewohnt, freundlich und kompetent.

VILLACH

FRISCHES UND MEHR - AXEL WINKLER

9500 Villach, Italienerstraße 14
TEL 0 42 42/23 05 93
MAIL axel.winkler@gmx.at

Ganze 200 verschiedene Obst- und Gemüsesorten, alle frisch vom Bauern, sorgen für qualitätsvollen und natürlichen Genuss. Das gesunde Vielerlei, zu dem unter anderem Nüsse oder Dörrobst aus der Toskana zählen, macht so richtig Lust aufs leichte Leben. Frische-Garantie, gute Beratung und die Möglichkeit, die Ware vor Ort zu verkosten, überzeugen auch die anspruchsvollsten Kunden. In der Bioecke finden sich je nach Saison Äpfel, Orangen, Kräuter, Nudeln und vieles mehr. Eine Besonderheit sind die 7 sortenreinen Apfelsäfte. Und natürlich gibt es trotz neuem Namen immer noch verschiedene Suppen, die auf leichte und gesunde Art den kleinen Hunger zwischendurch stillen. Eine feine Auswahl an Schokoladen sowie Ölen, Nudeln, Honig und Säften bereichern das Angebot.

!

ILGENFRITZ

9500 Villach, St.-Josef-Straße 35
TEL 0 42 42/325 26

Egal ob Gailtaler Speck, Glockner Lamm, Lavanttaler Apfelmost oder Gailtaler Almkäse – den Produkten der Kärntner Genuss-Regionen wird beim Ilgenfritz eine besondere Bühne geboten. Brot vom Bauern, Schnäpse und Säfte aus der Region sorgen für eine sinnvolle Ergänzung. Auch mit dem Thema „Bio" hat das Villacher Unternehmen bei den Konsumenten voll gepunktet. Mit dem BIO Schwein beispielsweise – eine Linie, für die eigens ausgewählte Bauern unter Vertrag genommen wurden – hat Ilgenfritz genau den Gusto von vielen Feinschmeckern getroffen. Köstliches aus der Selch ergänzt die umfassende Auswahl an Wurstwaren, Speck, Salami und Rohschinken. Eine Brottheke, eine kleine Auswahl an Milchprodukten, Getränke sowie Gewürze, Öle und andere Produkte rund ums Grillen gehören ebenfalls zum Sortiment.

!

REGENBOGEN NATURWAREN

9500 Villach, Dietrichsteingasse 3
TEL 042 42/210684

Natürlich und biologisch. Im Regenbogen finden Kunden von Bio-Ernährung über Gewürze bis hin zu Kosmetik ein breites Angebot. Frisches Obst und Gemüse, eine kleine Käseauswahl, Tee und Gewürze von Sonnentor sowie eine kleines Sortiment an erlesenen Weinen aus Europa, Chile und Brasilien. Süßes wie Schokoladen von Zotter und Vivani oder eine ausgezeichnete Hanf-Naturschokolade bereichern das Angebot.

!

Fruhmann Landgasthof & Fleischerei

Demeter Kulturkost

VÖLKERMARKT

SO SCHMECKT KÄRNTEN

9100 Völkermarkt, Watzelsdorf 4
TEL 0 42 32/894 66
MAIL office@biokult.at
WEB www.biokult.at

Exklusive Lebensmittel in attraktiven Verpackungen, mit denen Sie Ihre Lieben bei besonderen Gelegenheiten verwöhnen können, finden Sie in dem Geschäft „So schmeckt Kärnten". Die essbaren Werbegeschenke lassen die Herzen von Freunden der Kärntner Genusskultur höher schlagen. Im Geschäft in Völkermarkt finden sich aber auch Schokoladenträume, ausgewählte Weine und Spirituosen, rund 200 verschiedene Marmeladen – darunter Birnenmarmelade mit Waldhonig – echter Kärntner Bienenhonig sowie feinste französische Confiserie, die liebevoll per Hand verpackt wird.

WERNBERG

FRUHMANN LANDGASTHOF & FLEISCHEREI

9241 Wernberg, Triester Straße 1
TEL 0 42 52/22 21
MAIL office@fruhmann.at

Der Landgasthof und Spezialitätenladen Fruhmann ist ein Stück Heimat und Tradition. Regionale Spezialitäten und alte Fleischertradition stehen im Mittelpunkt. Daher dürfen hier die Produkte der Kärntner Genuss-Regionen auch nicht fehlen. Beispiele sind der Gailtaler Almkäse, das Glockner Lamm oder der Gailtaler Almkäse. Das Fleisch kommt von Bauernhöfen aus der Region und wird handwerklich verarbeitet. Die herrliche Auswahl an Wurst, Schinken und Fleisch wird ergänzt durch eine kleine Obst- und Gemüse-Abteilung, Forellen und Lachs (auf Bestellung), Brot vom Bauern, italienische Weine, Schnäpse vom heimischen Bauern sowie Milchprodukte, Nudeln, Essige und Öle. Unser Tipp: Besonders köstlich verarbeitet werden die erstklassigen Produkte im eigenen Landgasthof.

WOLFSBERG

DEMETER KULTURKOST ST. MARKUS

9400 Wolfsberg, Hoher Platz 5
TEL 0 43 52/371 88
WEB www.kulturkost-stmarkus.at

Der Firmenname ist neu, das Angebot gleichbleibend geschmackvoll. Das umfassende Biosortiment und eine große Auswahl an Produkten aus der Region überzeugen. Dazu gehören Demeter Lebensmittel, frisches Brot und Gebäck von der Hofbäckerei, Rohmilch, Wurst- und Käseprodukte sowie Obst und Gemüse vom Biobauern. Biofleisch, zum Beispiel Rind, gibt es auf Bestellung. Das Biosortiment umfasst darüber hinaus Wein, ein kleines Sortiment an Marmeladen, Tee, Öle sowie Essig. Eine kleine Sitzecke im Geschäft lädt zum Verweilen und Gustieren ein. Die Mitarbeiter sind ausgesprochen freundlich.

DIREKTVERMARKTER LEOPOLD DORNIG

9400 Wolfsberg, Hermann-Fischer-Straße 2
TEL 0664/542 39 24
MAIL l.dornig@gmx.at

Gutes vom Bauernhof wird in diesem Geschäft der Familie Dornig liebevoll präsentiert. Die Fleischprodukte werden aus dem eigenen Bauernhof in Jakling aus eigenen Beständen hergestellt. Das Sortiment umfasst Frischfleisch vom Schwein, Frischwürste, Selchwaren, Kärntner Speck, Salami sowie Trockenwürste. In der Genussecke finden Sie darüber hinaus allerlei Köstlichkeiten aus der Region, darunter kalt gepresste Öle, Nudeln, Schnäpse, Most, Bauernbutter, Käse, Topfen sowie täglich frisch gebackenes Brot. Neu im Sortiment sind Weine aus Österreich, Tee von Sonnentor, Schokolade von Zotter und Marmeladen aus Trausners Genusswerkstatt.

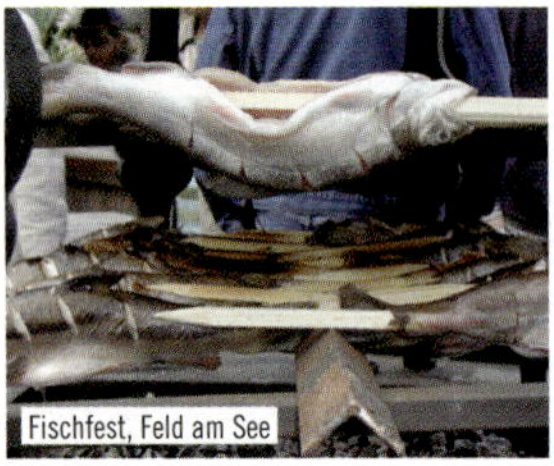

Fischfest, Feld am See

FELD AM SEE

FISCHFEST

WO Am Kirchenplatz
WANN im August 2012, genauer Termin wird noch bekannt gegeben
INFO www.fischfest.at

FELDKIRCHEN

WOCHENMARKT

WO Am Hauptplatz
WANN Sa von 8.00 bis 13.00 Uhr

KLAGENFURT

BIO-BAUERNMARKT

WO Kaufmanngasse/Benediktinerplatz
WANN Fr von 7.00 bis 13.00 Uhr

KÖTSCHACH-MAUTHEN

KÄSEFESTIVAL

WO Rund ums Rathaus
WANN 25. und 26. September 2010
INFO www.kaese-festival.at

ST. VEIT AN DER GLAN

BAUERNMARKT

WO Hauptplatz
WANN Sa vormittag

VÖLKERMARKT

WOCHENMARKT

WO Unterer Hauptplatz
WANN Fr 9.00 bis 14.00 Uhr
INFO Stadtgemeinde Völkermarkt
TEL 0 42 32/25 71

SPRESSO – TASTE THE NEW ITALIAN SENSATION!

Die Marke spresso ist in Italien seit Jahren ein Begriff, speziell im Bereich der hochwertigen Kaffeeröstung für den Gastronomie- und Privatkundenbereich.
2008 entschied man sich, mit der weltberühmten italienischen Kaffeekultur, verbunden mit einzigartigem Lifestyle, in mehreren Schritten zunächst Österreich und Europa zu erobern, um über die Grenzen Italiens hinaus einen unvergleichlichen Kaffeegenuss zu bieten.
Die enge Zusammenarbeit mit einer der traditionellsten Röstereien in der Region Veneto und die Verarbeitung des aus Kolumbien und Brasilien gelieferten Rohproduktes versprechen Kaffeegenuss auf höchstem Niveau.

An oberster Stelle stehen die Erhaltung des hohen Qualitätsstandards und die ständige Weiterentwicklung in Bezug auf Individualität und Trends.
Wer sich also nicht den vorhandenen Vertriebswegen unterordnen oder anpassen will, kann es natürlich auf seine ganz eigene Art und Weise versuchen. Dies benötigt eine ordentliche Portion Kreativität und Mut!
So würde auch einer firmeneigenen Spezialröstung in einer individuellen Verpackung nichts im Wege stehen!
Die Produktpalette reicht von der Gastronomieröstung „aroma selezione“ bis hin zur Privatabfüllung „grande crema“!
Trinke Sie Ihren spresso: als starken Espresso, als Espresso Doppio, mit Milch als klassischen Braunen, als Cappuccino, als Caffè Latte oder verspielt als Latte Art!
Genießen Sie ein völlig neues Geschmackserlebnis!

Besuchen Sie uns auf unserer Homepage www.spresso.at

spresso®

WWW.SPRESSO.AT

NIEDER ÖSTER REICH

GENUSS REGION ÖSTERREICH

Niederösterreich

NIEDERÖSTERREICHISCHE GENUSS REGIONEN

1 Waldviertler Erdäpfel
2 Waldviertler Karpfen
3 Retzer Land Kürbis
4 Weinviertler Erdäpfel
5 Weinviertler Getreide
6 Laaer Zwiebel
7 Weinviertler Wild
8 Waldviertler Graumohn g.U.
9 Wachauer Marille g.U.
10 Wagramer Nuss
11 Traisentaler Fruchtsäfte
12 Tullnerfelder Kraut
13 Tullnerfelder Schwein
14 Weinviertler Schwein
15 Waldviertler Weiderind
16 Ybbstal Forelle
17 Mostviertler Mostbirn
18 Pielachtaler Dirndl
19 Mostviertler Schofkas
20 Alpenvorland Rind
21 Lilienfelder-Voralpen Wild
22 Schneebergland Jungrind
23 Bucklige Welt Apfelmost
24 Schneebergland Schwein
25 Wiesenwienerwald Elsbeere
26 Wienerwald Weiderind
27 Marchfeldspargel g.g.A.
28 Marchfeld Gemüse

Schafkäsebällchen
mit Mohn - Marille
oder Preiselbeeren
Neu
Schafkäsebällchen
auf Preiselbeeren
Alle Leidenschaft dem feinen Geschmack
Schafkäsebällchen
mit Mohn - Marille
Alle Leidenschaft dem feinen Geschmack
DIE KÄSEMACHER
www.kaesemacher.at
Alle Leidenschaft
dem feinen Geschmack
DIE KÄSEMACHER Milch- und KäsevertriebsgmbH, Europastrasse 5, 3902 Vitis, AUSTRIA
Tel.: 0043(0)2841 80045, e-mail: office@kaesemacher.at

DIE 15 BESTEN GENUSS-LÄDEN NIEDERÖSTERREICHS

DIE BESTEN

BÄCKEREI AUBRUNNER	3500 Krems	Seite 132
BIO-FIEDLER	2700 Wr.Neustadt	Seite 156
KONDITOREI FERSTL	2700 Wr.Neustadt	Seite 156
HOFLADEN GATTERER	3200 Obergrafendorf	Seite 143
BÄCKEREI HARTNER	3340 Waidhofen/Ybbs	Seite 155
FLEISCHHAUEREI HAUSENBERGER	2331 Vösendorf	Seite 154
WEINVIERTLER FLEISCHEREI HOFMANN	2020 Hollabrunn	Seite 129
KIENNAST NAH & FRISCH	3571 Gars am Kamp	Seite 124
MOST & KOST	3300 Amstetten	Seite 120
WEIN.HANDLUNG NOITZ	3500 Krems	Seite 135
EUROSPAR PRAUCHNER	3360 Pöchlarn	Seite 145
FEINKOST REITHOFER	3170 Hainfeld	Seite 128
FLEISCHERHANDWERK SEIDL	2620 Neunkirchen	Seite 143
FLEISCHEREI STEINER-BERNSCHERER	2601 Sollenau	Seite 148
FISCH UND FEINKOST SVOBODA	3400 Klosterneuburg	Seite 131

Bauernladen Lindenhof

Ellegast GmbH

ABSDORF

GOTTFRIED KNELL NAH&FRISCH

3462 Absdorf, Hauptplatz 10
TEL 0 22 78/22 68-0
MAIL knell.absdorf@aon.at

GENUSS REGION ÖSTERREICH Dieser Kaufmann bietet mit seinem „Echt aus Niederösterreich"-Sortiment Genuss mit regionalem Schwerpunkt. Die geschmackvoll gestaltete Frischeabteilung überzeugt mit vielen Produkten aus der Region wie Biorohmilch oder Joghurt aus dem Glas ebenso wie mit einem großen Angebot an österreichischen Käsespezialitäten. Prosciutto, Putenspezialitäten, exotische Früchte, frisches und knuspriges Brot und Gebäck, aber auch edle Weine aus der Region. Das große Biosortiment aus Überzeugung sowie die Spezialitäten aus den Genussregionen (darunter Weinviertler Schwein, Wiener Gemüse oder Waldviertler Erdäpfel) runden das Angebot perfekt ab. Als besondere Dienstleistung werden die Einkäufe auch nach Hause geliefert.

BIO

AMSTETTEN

BAUERNLADEN LINDENHOF

3300 Amstetten, Eggersdorferstraße 67
TEL 0 74 72/281 37
MAIL danner.partner@comteam.at

Das Beste aus dem Mostviertel wird hier in der gemütlichen Atmosphäre des sehr einladend gestalteten Bauernladens präsentiert. Zu finden sind unter anderem frisches, saisonales Obst und Gemüse, Säfte von heimischen Produzenten sowie Käse aus der Region, darunter Mostviertler Schofkas aus der Genussregion, aber auch Spezialitäten aus Vorarlberg. Auch das Fleisch und Wurstangebot ist geschmackvoll: Jausenwurst, Karree, Bauchspeck, für die schnelle Küche auch Fleischlaibchen, Bauern-, Sur-, Schweinsbraten. Zum Genuss verführen aber auch frisches Bauernbrot, Mehlspeisen, Kuchen und Kekse von den bäuerlichen Betrieben der Region, Nudeln, Sauergemüse, Gewürze, Tees, Essige, Öle, Marmeladen, Fruchtsäfte, Kletzencocktail, Dirndllikör oder Zirbenschnaps. Die Mitarbeiter präsentieren die Produkte charmant und mit viel Einsatz.

BIO !

ELLEGAST GMBH

3300 Amstetten, Rathausstraße 6
TEL 0 74 72/627 31
MAIL office@ellegast.at
WEB www.ellegast.at

Ellegast ist der Feinschmeckertreff in Amstetten! Obst und Gemüse sind frisch und werden ansprechend präsentiert, rund 80 Sorten Wurst und Schinken aus eigener Erzeugung – darunter prämierter Mostviertler Bauchspeck, aber auch 10 Sorten Schinken – zeugen vom Ideenreichtum und der Liebe zu den Produkten, die hier geboten werden. Spezialitäten vom Lamm oder vom Wild gibt's beim frischen Fleisch. Unter den 60 Käsesorten finden sich unter anderem zahlreiche Schaf-, Ziegen- und Vorarlberger Bergkäse sowie hausgemachte Aufstriche. Selbstverständlich werden auch Produkte aus den Genussregionen wie Mostviertler Schofkas oder Mostviertler Birnmost angeboten. Selbst zubereitet sind hier die zahlreichen verführerischen Mehlspeisen und die breite Genusspalette an Halbfertig- und Fertiggerichten sowie das Mittagsmenü und die kleinen Imbisse wie Sandwiches oder Jausenweckerln. Die Mitarbeiter sind sehr zuvorkommend und hilfsbereit!

!

LIEGLHOF

3300 Amstetten, Gschirm 55
TEL 0 74 72/654 25
MAIL karl@lieglhof.com
WEB www.lieglhof.com

GENUSS REGION ÖSTERREICH Von wegen Saftladen! Allein die mehr als zehn verschiedenen Sorten an Naturfruchtsäften, darunter Apfel-Karotten-Saft, Apfel-Quitten-Saft oder der Birnen-Johannisbeer-Saft zeigen, dass hier echte Liebhaber am Werk sind. Im Jahr 1988 begann die Familie Zarl mit der Herstellung von Fruchtsäften, die durch kurzes, schonendes Erhitzen ohne Zusatz von Konservierungsmitteln haltbar gemacht werden. In der Genussregion Mostviertler Birnmost dürfen aber auch köstliche Variationen vom Most (wie Birnenmischlingsmost, Speckbirnenmost oder der Hot-Spicy-Cider, ein Glühmost) nicht fehlen. Im sehenswerten und neu gestalteten Verkaufsraum werden darüber hinaus Bauernbrot, Nussbrot, Vollkornweckerln, Mehlspeisen, Schafkäse, Eier, hausgemachte Nudeln und Honig angeboten.

!

AMSTETTEN

Most & Kost

Mostbauernhof Distelberger

Obstparadies Seppelbauer

MOST & KOST

3300 Amstetten, Waidhofnerstraße 1
TEL 0 74 72/255 72
MAIL mostkost@mostland.at
WEB www.mostland.at

Unter dem Motto „"Daheim im Mostviertel"" wird hier ein wirklich überragendes Angebot an Spezialitäten aus der Region perfekt präsentiert. Einer der Schwerpunkte liegt dabei auf den hervorragenden Spirituosen und Säften aus der Umgebung, aber auch auf dem Most – insgesamt zehn verschiedene Sorten aus dem Mostviertel werden angeboten. Aus den Genussregionen verführt aber nicht nur der Most, sondern auch Pielachtaler Dirndl, Mostviertler Schofkas oder Waldviertler Mohn zum Genuss. Bei der Wurst gibt es Spezialitäten wie Hirschwurst, Straußenwurst, Karreespeck, Hammerfleisch oder Wildleberkäse. Sie finden hier aber auch Blunzn, Schopfbraten, geräucherte Forellen, frisches Obst, Brot, Mehlspeisen, Bioprodukte wie Teigwaren, Tees, Aufstriche und verschiedene Dinkelprodukte, aber auch rund zehn Sorten Wein aus dem Mostviertel. Darüber hinaus feine Käse wie Rauchkuchl-, Dorf- oder Ziegenkäse, Mostkäse, Bergtilsiter sowie Spezialitäten vom Käsemacher. Die Beratung ist nicht nur charmant, sondern kann auch mit viel Wissenswertem über die zahlreichen Spezialitäten aufwarten.

MOSTBAUERNHOF DISTELBERGER

3300 Amstetten, Gigerreith 39
TEL 0 74 79/73 34
MAIL info@distelberger.at
WEB www.distelberger.at

Tradition und Innovation erleben und genießen kann man im Mostbauernhof. Die Palette der Versuchungen aus der Genussregion Mostviertler Mostbirn reicht vom ganz milden, süßlichen Obstwein, von der Schweizer Wasserbirne bis zum trockenen, reschen Apfelmost oder Grün-Pichlbirnen-Most – insgesamt 12 verschiedene Mostsorten (ausschließlich reinsortig) werden angeboten. Aber auch 26 Edelbrände und Liköre sowie Birnensekt und Schaumweine verführen zum Genuss. Im Sortiment finden sich darüber hinaus Schokoladen mit Fruchtzutaten, Fruchtriegel, Chutneys, Marmeladen, Dörrobst, Essig, Apfel- und Birnensenf sowie hervorragende Fruchtsäfte. Kalte Schmankerln können gleich beim eigenen Heurigen verkostet werden. Tipp: Hier gibts auch Mostkäse. Und auch die Beratung ist ausgezeichnet!

OBSTPARADIES SEPPELBAUER

3300 Amstetten, Pittersberg 12
TEL 0 74 72/646 60
MAIL seppelbauer@direkt.at
WEB www.seppelbauer.at

Der Seppelbauer ist nicht nur als Mostbaron und Produzent edler Tropfen weithin bekannt. Im Herzen des Mostviertels finden Sie auch eine große Auswahl an Spezialitäten wie Frischobst (z.B. Heidelbeeren, Äpfel) und eine eigene Mostothek mit sortenreinen Mostspezialitäten (hergestellt mit Früchten aus der Genussregion Mostviertler Mostbirn, reinsortige Birnenmoste, aber auch Birnenmostcuvée und Apfelmoste, im Barriquefass gelagert). Unter Verwendung des Obstes vom eigenen Hof werden feine Edelbrände hergestellt, auch Liköre, Frizzante, Cidre, kalt gepresste Öle und saisonal Schafkäse (aus der Genussregion Mostviertler Schofkas) werden angeboten. Vervollständigt wird die umfangreiche Palette mit Dörrobst, Essigen, Nusslikör-Schokolade oder Honig. Hervorragende Beratung durch den Mostbaron!

TEE SCHNABEL

3300 Amstetten, Rathausstraße 7
TEL 0 74 72/647 66
MAIL info@teeschnabel.at
WEB www.teeschnabel.at

Lassen Sie sich verzaubern – riechen, schmecken und verkosten Sie sowohl neue als auch bekannte Teesorten. Angeboten werden insgesamt ca. 180 Feinheiten. Grün- und Schwarzteespezialitäten findet man ebenso im Sortiment wie Kräuter- oder Früchtetees, Bambustee oder Rooibos. Natürlich gibt's hier auch Tee in Bio-Qualität. Überhaupt ist man bestrebt, Feinheiten aus den besten Anbaugebieten der Welt, aber auch aus der Region, zu führen. Dazu gibt es verschiedene Öle, Nudeln, eine hervorragende Auswahl an Pralinen und schokolierten

Badener Hauervinothek

Nüssen, Schokolade, Trockenfrüchte, Rosen- und Preiselbeerlikör, Grappas, aber auch Kräuter und Senf. Sehr gute Beratung.

BADEN

BACKHAUS ANNAMÜHLE

2500 Baden, Heiligenkreuzergasse 3–5
TEL 0 22 52/485 02 od. 435 00
WEB www.backhaus-annamuehle.at
FILIALEN 2540 Bad Vöslau, Florastraße 2 und Hochstraße 27
2500 Baden, Erzherzog-Wilhelm-Ring 49
2500 Baden, Wimmergasse 23, Leesdorf
2500 Baden, Schlossgasse 36 Tel.: 0 22 52/25 26 87 (auch So + Fei. geöffnet)

Natürliche Backzutaten stehen hier im Vordergrund, Brot wird ausschließlich mit Natursauerteig hergestellt. Dadurch erhält es einen natürlichen Eigengeschmack. Das Angebot an frischen Backwaren (von Badener Kipferln bis Maroniroulade und Schaumrolle) ist vielfältig und lädt zum Verweilen mit Kaffee ein. Je nach Saison finden sich auch süße Köstlichkeiten wie Faschingskrapfen oder Faschingsmarzipanfiguren, und zum Valentinstag sind auch kleine Törtchen erhältlich. Es gibt eine große Auswahl an verschiedenen Tees, die sowohl beim Frühstück, beim Snack zwischendurch oder nach dem Mittagessen genossen werden können. Sehr freundliches Personal.

BADENER HAUERVINOTHEK

2500 Baden, Brusattipl. 2
TEL 0 22 52/456 40
MAIL badener.hauervinothek@aon.at
WEB www.hauervinothek.at

Die Badener Hauervinothek versteht sich seit nunmehr 15 Jahren als Informations- und Verkaufsstelle für Badener Qualitäts- und Prädikatsweine. Die Beratung direkt vom Winzer hilft bei der Auswahl aus über 100 Weinsorten und Bränden, die hier angeboten werden. Die Präsentation der Weine und Edelbrände aus der Region ist vorbildlich und die Beratung ist perfekt. Im Sortiment finden sich aber auch Weintraubenmarmelade, Grappa-, Eiswein- und Tresterbrandschokolade. Ein erlesener Genuss! Öffnungszeiten: täglich 10.00 bis 12.30 und 15.30 bis 18.30 Uhr.

!

GABI BRAUCHLS ALPENLACHS

2500 Baden, Am Grünen Markt
TEL 0699/13 2816 01
MAIL gabibrauchl@alpenlachs.at
WEB www.alpenlachs-baden.at
FILIALE Alpenlachs und noch mehr, Eugeng. 8 in Baden

Alpenlachs hat Zuwachs: Ein neuer Shop mit einer breiten Produktpalette von Biofleisch bis Käse, von Essig und Öl bis Sekt & Co., von Bio-Frischfleisch bis Rohschinken und Wurzelspeck. Natürlich gibt es auch das bewährte Sortiment wie frischen Alpenlachs im Ganzen oder filettiert und viele Fischspezialitäten aus biologischer Zucht. Angeboten wird aber auch vorzügliches Alpensushi, Alpenlachs in Gin gebeizt mit selbstgemachter Senf/Honigsauce, Lachstatar, Lachsterrine, Pastete vom Räucherlachs oder Lachsleberparfait. Die Mitarbeiter sind sehr freundlich und charmant. Öffnungszeiten: Fr. 15.00 bis 18.00 und Sa 9.00 bis 13.00 Uhr.

!

SPAR GOURMET

2500 Baden, Rathausgasse 1
TEL 0 22 52/240 08
WEB www.spar.at

Auf gewohnt hohem Spar-Niveau macht dieses Gourmet Geschäft seinem Namen alle Ehre. Neben dem Standardsortiment werden auch Produkte aus den heimischen Genussregionen (wie Waldviertler Erdäpfel, Steirisches Kürbiskernöl oder Dirndlsaft) angeboten. An der appetitlich gestalteten Feinkosttheke findet man ein breites Angebot an hochwertigen Spezialitäten, bei Brot und Gebäck gibt es nicht nur knuspriges Gebäck, sondern auch ofenfrisches Biovollkornbrot. Die Wein- und Spirituosenabteilung ist – wie meist bei Spar Gourmet – ein Highlight des Geschäfts, in der auch spezielle Weinpräsentationen abgehalten werden. Zum süßen Abschluss verführen Zotter-Schokoladen. Das Personal ist freundlich und hilfsbereit.

!

Fleisch- und Wurstwaren Pepperl Hoppel

Presolly

BERNDORF

FLEISCH- UND WURSTWAREN PEPPERL HOPPEL

2560 Berndorf, Leobersdorfer Strasse 3
TEL 0 26 72/823 06

Der mehrfache Grillstaats- und Vize-Europameister weiß nicht nur, wie man Fleisch zubereitet sondern auch geschmackvoll verarbeitet. Das Angebot an Wurst- und Schinkenprodukten ist umfangreich, Schinkenspeck, Bauernspeck und luftgetrocknetes Rindfleisch finden sich im Programm, Sonderwünsche erfüllt man gerne auf Bestellung. Der Chef berät hier selber, freundlich und kompetent, und der hauseigene Partyservice lässt auch Ihre nächste Grillparty garantiert gelingen!

BIEDERMANNSDORF

PRESOLLY GMBH

2362 Biedermannsdorf, Ortsstraße 73
TEL 0 22 36/711 47
FAX 0 22 36/711 477
MAIL erpre73@hotmail.com

Ein Sortiment für Feinschmecker: vom Ei (aus Bodenhaltung) bis zum Hühnerfleisch, aber auch Enten-, Gänse- und Rindfleisch wird angeboten, Hauskaninchen gibt es auf Bestellung, im Herbst auch Hirsch, Reh und Feldhasen von der Eigenjagd. Aber auch frisches Obst und Gemüse gibt es hier genauso wie Olivenöl, Sauergemüse in Gläsern, steirische Kürbiskerne oder diverse Salate.

BIO !

BRUCK AN DER LEITHA

BÄCKEREI NAGLREITER

2460 Bruck an der Leitha, Hauptplatz 20
TEL 0 21 62/671 11
MAIL office@naglreiter.com
WEB www.naglreiter.com

In der hellen und freundlichen Bäckerei Naglreiter, die übrigens auch Qualitätspartner der Niederösterreichischen Landesausstellung 2011 ist, wird Wert auf Frische, Qualität und beste Zutaten (natürlich auch in Bioqualität) gelegt. Das Brotangebot – mit Spezialitäten wie dem Hüttenbrot, dem Kraftlackl oder dem klassischen Bauernbrot, aber auch kalorienreduziertem Brot mit vielen Ballaststoffen – ist mehr als umfangreich. Für die Herstellung wird Korn aus dem Seewinkel, das übrigens auch in der Seewinkelmühle vermahlen wird, verwendet. Die Torten und Pralinen werden nicht nur sehr appetitlich präsentiert, sondern schmecken auch ausgezeichnet. Angeboten wird darüber hinaus aber auch ein eigenes Sortiment für Diabetiker, Zöliakieprodukte gibt es ebenso wie Diätspezialitäten.

BIO

BRUNN AM GEBIRGE

CONFISERIE MANFRED WIEGAND

2345 Brunn am Gebirge, Leopold-Gattringer-Straße 17
TEL 0 22 36/37 95 96
FAX 0 22 36/37 95 59
WEB www.confiserie-wiegand.at

Manfred Wiegand hat die Liebe zur Schokolade zu seinem Beruf gemacht. Der Chocolatier verarbeitet edelste Rohstoffe zu einer unglaublichen Vielfalt an Köstlichkeiten – und zwar alles in reiner Handarbeit! Wer das Besondere sucht, wird hier sicher fündig: Kandierte Orangenscheiben umhüllt mit belgischer Schokolade gibt es ebenso wie feinste Florentiner in verschiedenen Größen und Schokoladesorten oder Venezianisches Buttergebäck. Die Pralinenauswahl reicht von Apfel-Calvados und Rahm-Karamell über Sekt-Orange, Williamsbirne, Waldhimbeere, Chili oder Bratapfel bis zu Zwetschke. In der Schau-Confiserie können Sie dem Chocolatier bei seiner süßen Arbeit zusehen. Auch Diabetiker können hier ohne schlechtes Gewissen genießen, es gibt eigene Diabetikerware. Montag ist Ruhetag.

DIENDORF AM KAMP

DIENDORFER HOFKÄSEREI

3492 Diendorf am Kamp, Diendorf 2
TEL 0 27 35/52 76
WEB www.bufala-connection.at

Die Diendorfer Hofkäserei ist vor allem für den hervorragenden Büffelmozzarella bekannt. Inhaber Robert Paget nennt eine Büffelherde und auch Ziegen sein Eigen. Er produziert feinste Milchprodukte und frisches Fleisch

Mozza&Jazz „Genuss am Gutshof"

Barbara Böhmer Nah&Frisch

Domäne Wachau – Vinothek

ganz nach biologischen Richtlinien: Büffelmozzarella, Büffelcamembert, Frischkäse (von Mai bis September), Ziegenkäse, diverse Produkte aus Rohmilch, aber auch – in geringen Mengen – Büffel- und Ziegenfleisch. Öffnungszeiten: Freitag und Samstag 10.00 bis 18.00 Uhr.

MOZZA&JAZZ „GENUSS AM GUTSHOF"

3492 Diendorf am Kamp, Kirchenweg 6
TEL 0650/731 08 43
WEB www.mozzaundjazz.at

Renaissance der Greißlerkultur, Feinkost vom Feinsten, sehenswert. Die Produktpalette ist vielfältig, großteils biologisch, regional und aus hauseigener Produktion, aber auch auf internationale Köstlichkeiten wird großer Wert gelegt. Der berühmte Bio-Büffelmozzarella sowie Bio-Ziegenkäse der Diendorfer Hofkäserei lockt viele in das kleine Geschäft. Aber auch süßer Genuss wird hier selbst hergestellt – von handgeschöpften Schokoladen bis zu selbst gebackenen Kuchen. Außergewöhnliche Delikatessen in einem außergewöhnlichen Ambiente. Geöffnet: Freitag und Samstag 10.00 bis 18.00 Uhr.

DÜRNSTEIN

BARBARA BÖHMER NAH&FRISCH

3601 Dürnstein Nr. 132
TEL 0 27 11/805 40

Dieser Nah&Frisch ist der perfekte Nahversorger. Produkte aus der Region finden hier ein besonderes Forum, Wachauer Weine, verschiedene Marillenprodukte aus der Genussregion, Marmeladen, Konfekt und Obstbrände gehören ebenso zum Sortiment wie eine reiche Auswahl an geschmackvollen Käse- und Wurstsorten. Auch wenn viel zu tun ist hat die Chefin immer Zeit für die besonderen Wünsche ihrer Kunden und berät gerne freundlich und kompetent.

CAFÉ & KONDITOREI 1. WACHAUER SCHOKOLADEN-MANUFAKTUR

3601 Dürnstein, Hauptstrasse 18
TEL 0 27 11/80 571

Hier vergisst man schnell den Alltag: die herrlichen Düfte des Sortiments aus feinen Schokoladen, erlesenen Kaffeeröstungen, selbst gemachten Marmeladen, Likören und Schnäpsen, feinen Ölen und an natürlichen Essenzen reicher Kosmetik liegen in der Luft. Ein Angebot nicht nur für die Feinschmeckernase, sondern ein wunderbares Erlebnis für alle Sinne. Mit größter Sorgfalt werden hier edle Schokoladen und Pralinen mit mannigfaltigen Spezialfüllungen hergestellt. Kaffeegenuss kommt aus der eigenen Rösterei, und die zahlreichen Spirituosensorten runden das Angebot „geistreich" ab.

DOMÄNE WACHAU – VINOTHEK

3601 Dürnstein 107
TEL 0 27 11/371-0
MAIL office@domaene-wachau.at
WEB www.domaene-wachau.at

In der modern gestalteten Vinothek finden Genießer das gesamte Angebot der Weine und Spirituosen der im Herzen der Wachau gelegenen Domäne Wachau, die mittlerweile als eines der besten Weißweingüter Österreichs gilt. Von Steinfedern über Federspiele bis hin zu grandiosen Smaragden kann man hier alle Wachauer Topweine verkosten und kaufen. Darüber hinaus findet

Wachauer Backstube

Wieser Café & Shop Dürnstein

Bäckerei Kurkonditorei Ehrenberger

man aber auch Interessantes zu Weinbau, Kultur und Tradition der Region, aber auch regionale Spezialitäten wie Wachauer Marillenmarmelade, Riesling-Traubengelee oder handgeschöpfte Veltlinerbrand-Schokolade. Auch Weinkaraffen und Gläser werden angeboten.
Geöffnet: April bis Oktober: Mo–Sa von 10.00 bis 18.00 Uhr, So 10.00 bis 16.00 Uhr.
November bis März: Mo–Fr von 10.00 bis 17.00 Uhr.

ELFIS TURMGWÖLB

3601 Dürnstein 16
TEL 0 27 32/849 87
Im historischen Dürnsteiner Befestigungsturm befindet sich dieses kleine, aber sehr reizvolle Spezialitätengeschäft. Das Angebot umfasst eine hervorragende Auswahl an außergewöhnlichen und geschmackvollen Marmeladen und Kompotten, natürlich auch mit Marillen aus der Genussregion. Edelbrände und Liköre mit dem Geschmack der Wachau verlocken ebenfalls zum Genuss. Geöffnet von Ende März bis Oktober, auch Sonntags!

WACHAUER BACKSTUBE

3601 Dürnstein 21
TEL 0 27 11/224-0
Aus dieser Backstube kommen nicht nur hervorragende Brot- und Gebäckspezialitäten, sondern auch die bekannten „Wachauer Laberln", die in der Top-Gastronomie in ganz Österreich als besondere Spezialität kredenzt werden. Die Mehlspeisen aus der eigenen Konditorei, darunter die Wachauer Torte, sind Naschkatzen ebenfalls längst ein Begriff. Auch Marillenmarmelade – natürlich ebenfalls mit Marillen aus der Genussregion Wachauer Marille hergestellt –hauseigener Wein und edle Brände werden hier verkauft.

WIESER CAFÉ & SHOP DÜRNSTEIN

3601 Dürnstein, Altstadt 39
TEL 0 27 11/805 44
MAIL info@wieser-wachau.at
WEB www.wieser-wachau.at
Die Kombination aus modernem Café und stylischem Verkaufsraum lädt gegenüber vom Hotel Schloss Dürnstein ein, sich in Ruhe köstliche Geschmackserlebnisse zu suchen. Diese findet man unter anderem bei den mehr als 40 verschiedenen Edelbränden und zahlreichen Weinspezialitäten. Aber auch Schokoladefeinheiten aus eigener Produktion, Gelees, Chutneys, ausgefallene Marmeladen, Marillensäfte und -nektar (mit Marillen aus der Genussregion), Kaffee oder Rum findet man hier, wie auch Naturkosmetikprodukte auf Marillenbasis.
!

GARS AM KAMP

BÄCKEREI KURKONDITOREI EHRENBERGER

3571 Gars am Kamp, Dreifaltigkeitsplatz 55
TEL 0 29 85/22 41
MAIL ehrenberger@baecker.at
WEB www.ehrenberger.baecker.at
Die Konditorei ist nicht nur die Heimat des Original Waldviertler Mohnzuzlers und der Waldviertler Mohnzuzlertorte (die natürlich mit hochwertigem Mohn aus der Genussregion hergestellt werden), zum Genuss verführen hier auch die Garser Kurtorte, die Kartoffel-Nuss-Torte, der Maroni-, Franziska-Nussstollen oder der Garser Taler. Für Diabetiker gibt es ebenfalls eine feine Auswahl, auch Mehlspeisen in Bio-Qualität werden vom sehr freundlichen Personal angeboten. Mit Konditorware in höchster Qualität und Kreativität hat sich die Traditionsbäckerei längst einen Namen gemacht. Aber auch viele köstliche Brot- und Gebäcksorten sowie eine bunte Auswahl an Biogebäck sind hier erhältlich. Im angeschlossenen Restaurant kann man auch gleich bodenständige Hausmannskost, leckere Mehlspeisen, Waldviertler Schmankerln mit Mohn oder hausgemachte Eisspezialitäten genießen.
BIO

KIENNAST NAH&FRISCH

3571 Gars am Kamp, Hauptplatz 7
TEL 0 29 85/23 41-271
MAIL supermarkt@kiennast.at
WEB www.kiennast.at

Fleischerei Wild

Bäckerei & Konditorei Pilz

Vinothegg

Dem Thema Kulinarik wird hier ein ganz besonderes Forum geboten. Spezialitäten aus den Genussregionen wie Waldviertler Erdäpfel oder die Wachauer Marillen findet man ebenso wie eine eigene Bioecke. Frisches Obst und Gemüse gibt es in großer Vielfalt und in perfekter Präsentation, knuspriges Brot und Gebäck wird von insgesamt sieben regionalen Bäckern angeboten. Wurst und Schinken locken mit Babenberger Schinken, Holzofenschinken oder Kamptaler Bio-Schinken. Auch der Käse wird geschmackvoll offeriert: Im Angebot sind internationale Sorten und heimische Spezialitäten wie Dachsteiner, Affineur, Andreas Hofer, St. Severin, Almkönig oder Rebella. Für Fischliebhaber gibt es von Donnerstag bis Samstag Waldviertler Karpfen, Forellen und Saiblinge.

!

GAWEINSTAL

FLEISCHEREI WILD

2191 Gaweinstal, Bischof-Schneider-Straße 5
TEL 0 25 74/22 40
MAIL fleischerei.wild@inode.at

Ein überragendes Angebot an feinem Frischfleisch in bester Qualität und natürlich aus der Region zeichnet diesen Familienbetrieb aus. Der echte Weinviertler stammt aus der Fleischhauerei Wild und ist ein herrlicher Bauchspeck. Man findet hier aber auch frische Salate oder eingelegtes Gemüse. Das Personal ist überaus freundlich und kompetent und hilft gern mit Zubereitungstipps aus. Für den kleinen Hunger zwischendurch gibt es täglich frische Mittagsmenüs.

GMÜND

BÄCKEREI & KONDITOREI PILZ

3950 Gmünd, Stadtplatz 16
TEL 0 28 52/523 85
MAIL baecker-pilz@wvnet.at

Bereits der erste Blick beeindruckt: Die Mehlspeisen werden hier so gekonnt präsentiert, dass man nur schwer widerstehen kann. Sollte man auch nicht, denn die original Waldviertler Mohnzelten, Mohntorte und -kuchen, die Gmündner Jubiläumstorte oder die Gmünder Kipferln sind eine kleine Sünde wert! Probieren können Sie diese direkt vor Ort im hauseigenen Kaffeehaus. Geschmack hat hier Herkunft, denn das verarbeitete Getreide kommt nur aus Österreich. Die Auswahl an Brot und Gebäck ist hervorragend. Zu finden sind unter anderem das Waldviertler Spezialbrot, Dinkel-, Ähren- oder Walnussbrot. Sehr gute und freundliche Beratung.

GRAFENEGG

VINOTHEGG – VINOTHEK IM SCHLOSS GRAFENEGG

3485 Grafenegg 10
TEL 0 27 35/399 39
MAIL info@vinothegg.at
WEB www.vinothegg.at

Diese Winzer schenken Ihnen richtig ein! In der modernen Design-Vinothek in Grafenegg präsentierten 33 Weinbaubetriebe die vinophilen Highlights einer bevorzugten Region. Die Optik der Vinothek ist lebendig und genussfreudig. Herzstück der Weinpräsentation ist die rundum verlaufende Kühlrinne, in der alle Weine zur Verkostung bereitstehen. Hier kann man nach Belieben gustieren und vergleichen; die persönliche, fachliche Beratung rundet das Angebot perfekt ab. Für Gruppen gibt es kommentierte Weinverkostungen.

GROSS-ENZERSDORF

CAFÉ KONDITOREI MÜLLER & GARTNER

2301 Groß-Enzersdorf, Kirchenplatz 23
TEL 0 22 49/23 10
WEB www.muellergartner.at
FILIALEN Wiener Strasse 12a, 2301 Groß-Enzersdorf
Rathausstrasse 18, 2301 Groß Enzersdorf

Nicht nur architektonisch eine sehenswerte Konditorei. Man legt hier noch großen Wert auf Handarbeit, gibt den Teigen (für die Brote werden ausschließlich selbst gezüchtete Natursauerteige verwendet) Zeit zum Reifen, vermeidet künstliche Zusatzstoffe und industrielle Vormischungen und setzt auf regionale und naturbelassene Rohstoffe. Damit ist Genuss garantiert. Das Angebot an Torten (sehr zu empfehlen ist die Landhaustorte, eine Nussmasse gefüllt mit einer Milchschokolade-Creme), Kuchen und Mehlspeisen ist verführerisch.

Café Konditorei Müller & Gartner

Biohof Broschek

Beim Brot gibt es Spezialitäten wie das Rebstöckl, ein knuspriges, dunkles Weizengebäck mit Sesam, Leinsamen und Sonnenblumenkernen oder Ciabatta, für das der Teig 24h ruhen durfte. Und sollten Sie mal in den Genuss kommen, den Wiener Opernball zu besuchen: die dort servierten Handsemmel kommen ebenfalls von Müller & Gartner.

GROSS SIEGHARTS

RIEDERICH NAH&FRISCH

3812 Groß Siegharts, Hauptplatz 8–10
TEL 0 28 47/23 57
WEB www.nahundfrisch.at

Ein kleiner Nahversorger, der großen Genuss verspricht. Der Feinkostbereich ist das Herzstück des Geschäfts: hervorragendes Käseangebot und eine breite Palette an Aufstrichen und Salaten. Frischfleisch von Schwein, Rind und auch Huhn kommen aus dem Waldviertel, eine feine Palette an Genussregionsspezialitäten wie Marchfeldspargel oder Schlierbacher Käse wird ebenfalls angeboten. Hervorzuheben ist auch die große Auswahl bei frischem Fisch, der dienstags geliefert wird: Lachs und Kabeljau gibt es ebenso wie Wels, Forelle oder Karpfen. Laufend frisches Gebäck und freundliche Beratung.

GROSS WEIKERSDORF

ERNST KNELL NAH&FRISCH

3701 Groß Weikersdorf, Hauptplatz 4
TEL 0 29 55/702 02

Freundlicher Markt mit einer breiten Palette an Käsespezialitäten, guter Wurst und feinem Schinken. Frischer Fisch wird jeden Donnerstag und Freitag angeboten. Knackiges und ansprechend präsentiertes Obst und Gemüse gibt es aus der Region, aber auch an exotischen Genüssen fehlt es nicht. Knuspriges Brot und Gebäck wird von zwei Bäckereien angeliefert. Die eigene Aufbackstation bringt frisches Gebäck bis in den späten Nachmittag. Das Angebot an Produkten aus den Genussregionen wird kontinuierlich erweitert und enthält mittlerweile unter anderem auch Weinviertler Getreide. Ein umfassendes Weinangebot sowie das freundliche und hilfsbereite Personal runden den guten Eindruck ab.

GRUB

MELKTALER HOFKÄSEREI ENNER

3281 Grub, Grub 6
TEL 0 74 83/410
WEB www.enner.at

Ein biologischer Schaf- und Rinderzuchtbetrieb im Mostviertel mit eigener Hofkäserei. Seit 1988 wird die Milch von Schafen und Kühen in der eigenen Käserei zu hochwertigem Schafmischkäse und Milchprodukten verarbeitet. Melktaler Schafmilchkäse und reiner Schafkäse aus der Genussregion Mostviertler Schofkas, aber auch Schafjoghurt und Fruchtjoghurt, Topfen, köstliche Aufstriche und gereifter Käse aus Kuhmilch. Lamm-, Rind- und Kalbfleisch werden hier ebenfalls direkt vermarktet.

GUMPOLDSKIRCHEN

BÄCKEREI EDER

2352 Gumpoldskirchen, Wiener Straße 35
TEL 0 22 52/621 13
MAIL office@baeckerei-eder.at
WEB www.baeckerei-eder.at
FILIALE 2362 Biedermannsdorf, Ortsstraße 27

Feines und knuspriges Brot und Gebäck, das findet man in der Bäckerei Eder. Die Genusspalette reicht von mit Natursauerteig hergestellten Brotspezialitäten in großer Auswahl über reines Roggen- oder Dinkelbrot und -gebäck für Allergiker bis hin zu Vollkornbrot und Snacks für zwischendurch. Gebacken wird mit belebendem Grander-Wasser, auch feine, auf Wunsch individuell gestaltete Mehlspeisen und Torten gibt es auf Bestellung. Das Café Punschkrapferl mit seiner gemütlichen Atmosphäre ergänzt das Angebot. Für große und kleine Feste wird Agape und Catering angeboten.

GUNTRAMSDORF

BIOHOF BROSCHEK

2353 Guntramsdorf, Hauptstraße 43
TEL 0 22 36/520 09
WEB www.biohofladen-broschek.at

Biohof Aichberger

Destillerie Georg Hiebl – Die Schnapsidee

Hansbauer

Einen genussvollen Warenkorb mit über 1.000 Artikeln – alle garantiert aus biologischem Anbau – bietet der Biohof Broschek. Die Auswahl reicht von Milch und Käse (darunter zahlreiche Spezialitäten wie Schlierbacher Käse aus der Genussregion, Mostviertler Schafbrimsen, Kolasser Korb-, Basilikum-, Bauern-, Planggerkäse) über Joghurt, Sojaprodukte, Obst und Gemüse (auch hier sind die Genussregionen vertreten, unter anderem mit den Waldviertler Erdäpfeln, den Pielachtaler Dirndln oder der Pöllauer Hirschbirne), Gewürzen und köstlichen Mehlspeisen bis hin zu Fleisch und Wurstwaren. Getreide aus biologischem Anbau, Teigwaren aus eigener Produktion sowie Fair-Trade-Produkte aus aller Welt können Sie ebenfalls mit gutem Gewissen hier einkaufen. Für den süßen Genuss gibt es Torten und Kuchen sowie ein schönes Sortiment an Zotter-Schokoladen. Und sollten Sie Ihrer Haut natürlich Gutes tun wollen: Bio-Kosmetik gibt es hier ebenfalls. Öffnungszeiten: Di und Fr 8.00 bis 18.00 Uhr, Sa 8.00 bis 13.00 Uhr.
BIO !

HAAG

BIOHOF AICHBERGER

3350 Haag, Radhof 25
TEL 0 74 34/422 82
MAIL lah@gmx.at

Der Biohof Aichberger überzeugt Genießer mit einer umwerfenden Auswahl an Biolebensmitteln aus eigener Produktion bei herzlicher und umfangreicher Beratung. In der Palette finden sich gschmackige Wurstwaren wie Dauer-, Brat-, Schinken- oder Paprikawurst, Leber- und Hascheeknödel, Speck, Stelzen, Ripperl, Blunzen, Bio-Geselchtes, Saumeisen, Roggen- und Dinkelbrot ebenso wie rund 45 Sorten an Schnäpsen und Likören (Nusslikör!), aber auch Getreide. Aus Äpfeln und Birnen wird sowohl Most als auch Saft hergestellt.
BIO !

DESTILLERIE GEORG HIEBL – DIE SCHNAPSIDEE

3350 Haag, Reichhub 36
TEL 0 74 34/421 14
MAIL schnaps@die-schnapsidee.at
WEB www.dieschnapsidee.at

Mitten im Mostviertel entstehen im 300 Jahre alten Vierkanthof aus vorwiegend regionalen Rohstoffen Edelbrände und Liköre in höchster Qualität. Das Sortiment umfasst rund 100 verschiedene (Bio-) Brände und Liköre. Mit Paprika, Tomate, Roter Rübe, Karotte oder Spargel hat hier auch das Gemüse Einzug in die Brennerei gehalten und bietet außergewöhnliche Gaumenkitzel. Zu den kreativen Destillerieprodukten zählen weiters Apfel-Ingwer-, Kakao-, Lemongras-, Zimt-Rosmarin- oder Schoko-Chili-Likör, Brot- und Bierbrände oder der Cuesta Abejorro – der erste Rum aus dem Hause Hiebl. Aber auch Mostviertler Whisky und Mostviertler Wodka verführen hier zum Genuss. Um den Edelbränden das richtige Outfit zu geben, bietet die Destillerie eine Vielzahl an originellen Verpackungen und Geschenkideen. Der Chef berät selbst, sehr freundlich und kompetent.
BIO

HANSBAUER

3350 Haag, Krottendorf 7
TEL 0 74 34/447 02
MAIL hiebhans@aon.at
WEB www.hansbauer.at

Auf Most wurde beim Hansbauer schon immer großer Wert gelegt, auch heute noch geht es hier in erster Linie um hochwertigen Most und Edelbrände in geschmackvollen Formen. Dafür werden die Äpfel und Birnen aus Streuobstbeständen der Genussregion Mostviertler Mostbirn händisch geerntet, traditionell verarbeitet und zu außergewöhnlichen Tropfen veredelt. Angeboten werden Mostspezialitäten wie Mostbaron, Dorschbirne, Speck- oder Blutbirne, aber auch Frizzante oder Cidre, fruchtige Apfel- und Birnensäfte (auch Mischsäfte) sowie Essig und Birnenbalsamico. Aber der Hof hat noch mehr zu bieten. Rinder und Schweine werden am Hof gehalten und verarbeitet. Auch das Bauernbrot und die Mehlspeisen wie Bauernkrapfen, Mostschober und Topfenschnitten werden nach alten Rezepten selbst hergestellt. Im eigenen Heurigen erlebt man als Gast das Mostviertel.
!

Café Konditorei Hinterleitner

METZ-MOSTVIERTLER KÜRBISHOF

3350 Haag, Heimberg 2
TEL 0664/520 93 93
MAIL kuerbishof@metz-haag.at
WEB www.metz-haag.at

Kürbisse in über 100 verschiedenen Sorten, davon 11 Speisekürbisvarianten werden hier vom eigenen Hof angeboten: von klassischen Speise- und Zierkürbissen über verschiedene Kürbiskernprodukte wie geröstete oder gesalzene Kürbiskerne, Kürbiskerne mit Wasabi oder Schoko-Kürbiskerne bis hin zu feinem Pesto, exquisitem Kürbiskernöl und selbst gepresstem Rapsöl. Neu im Programm sind Karfoffeln.

!

HAINBURG

BÄCKEREI KARL GSPANDL

2410 Hainburg, Hauptplatz 18
TEL 0 21 65/621 66

Nicht nur wegen der abermals erweiterten Palette an Bio-Produkten ist diese Bäckerei ein echtes Genussgeschäft. Kenner wissen: Die Striezel sind die Spezialität des Hauses, aber auch die Pinzen, die es zur Osterzeit gibt, verführen zum Probieren. Für die Herstellung der köstlichen Brote – darunter wirklich hervorragendes Kürbiskernbrot – und des Gebäcks werden regionale Produkte sowie Biozutaten verwendet. Besondere Delikatessen für Allergiker sind hier ebenfalls längst selbstverständlich. Das Personal berät kompetent und sehr freundlich. Hier kauft man gut und gern ein und kommt auch sicher wieder.

BIO

HAINFELD

CAFÉ KONDITOREI HINTERLEITNER

3170 Hainfeld, Hauptstraße 2
TEL 0 27 64/24 95

Genuss pur! Alles, was Sie hier sehen und schmecken, kommt aus eigener Produktion. Und seien Sie gewiss – das Hinterleitner-Team versteht sein Handwerk! Köstlich sind vor allem die Torten und Pralinen aus eigener Erzeugung, Kekse, Kuchen und sonstige Mehlspeisen. Torten werden auch auf Bestellung produziert, dabei können die Zutaten und Dekoration nach Lust und Laune ausgewählt werden. Besonders beliebt im Winter sind Lebkuchen und Früchtebrot. Mittwochs ist Vollkornweckerltag und freitags gibt es köstliches Weißgebäck. Sonntag und Montag Ruhetag.

FEINKOST REITHOFER

3170 Hainfeld, Hauptstraße 44
TEL 0 27 64/24 40-0
WEB www.reithofer.info

GENUSS REGION ÖSTERREICH Auch nach dem Umbau ein Feinkostgeschäft, wie man es sich wünscht. Die Wursttheke lässt mit einer tollen Schinkenauswahl keine Wünsche offen. Die Auswahl reicht vom Heidekaten-Schinken bis zum Prager-Schinken. Aber auch Lardo aus Italien verführt zum Genuss, genauso wie Ochsenleberkäse oder Tiroler Speck. Schmecken lassen kann sich außerdem die Käseauswahl mit besonderen Spezialitäten wie Kürbiskern- und Trüffelbrie, Bosina oder österreichischen Schafskäsen. Auch Produkte aus den Genussregionen (z.B. aus der Genussregion Tullnerfelder Schwein) werden angeboten. Am Marktstand wird eine sehr schöne Obst- und Gemüseauswahl präsentiert. Fische wie Karpfen, Alpenlachs, Biolachs aus Schottland oder Bio-Saibling aus Türnitz gehören hier zum Standardprogramm. Die wirkliche Leidenschaft gilt aber den erlesenen Tropfen, nicht umsonst ist das Geschäft für seine sensationelle Weinauswahl bekannt. Im angeschlossenen Lokal sind köstliche Imbisse erhältlich. Das Personal überzeugt mit Fachwissen und zuvorkommender Bedienung. Neu im Programm sind Schokoladen und Trinkschokoladen aus eigener Erzeugung.

BIO !

FLEISCHEREI FRIEDRICH FINK

3170 Hainfeld, Hauptstraße 10
TEL 0 27 64/23 49

Eine kleine Fleischerei, die durch besondere Qualität und ein geschmackvolles Angebot überzeugt. Das Beste zuerst: Die Spezialschinken sowie Würste sind ein echter Genuss, allein der Hirschschinken ist ein Gedicht! In der Palette an verführerischen Produkten finden sich darüber hinaus feiner Wildschweinschinken, edle Wildschwein-Rohwurst oder luftgetrocknetes Rindfleisch,

Pöllmann Nah&Frisch

Rudolf Macho Nah&Frisch

Weinviertler Fleischerei Hofmann

aber auch herrliche Pasteten, Gulasch, Beuschl, Presswurst, köstliche Grammel- und Fleischknödel. Die Beratung ist nicht nur fachlich kompetent, sondern auch sehr freundlich.

HÖFLEIN

PÖLLMANN NAH&FRISCH

2465 Höflein, Vohburgerstraße 19
TEL 0 21 62/627 27
MAIL gerold.poellmann@aon.at

„Echt aus Niederösterreich" wird hier geschmackvoll angeboten: Der Kaufmann hat einige wirkliche Gustostückerln in seinem Geschäft, vor allem, was Käse, Wurst und Schinken aus der Region betrifft. Das Angebot an Brot und Gebäck ist überragend, auch aus den Genussregionen finden sich zahlreiche Spezialitäten wie Schlierbacher Käse, Wiener Gemüse oder Waldviertler Erdäpfel. Das Weinsortiment besticht durch eine sehr gute Auswahl an erlesenen Tropfen bekannter örtlicher Winzer. Dass hier echte Genussspezialisten am Werk sind, das merkt man aber auch an der Professionalität des Personals sowie an der Qualität des ebenfalls angebotenen Partyservice.

HOHENEICH

RUDOLF MACHO NAH&FRISCH

3945 Hoheneich, Marktplatz 86
TEL 0 28 52/541 48

Der kleine Familienbetrieb ist ein Feinkostladen der besonderen Art und mit sehr freundlicher Beratung. Rudolf Macho legt als Wein- und Käsesommelier größten Wert auf die Qualität der Produkte: davon zeugen allein die 400 Weinsorten aus aller Welt. Bei Käse bringt es das Geschäft auf ca. 150 Sorten (auf Vorbestellung auf 800 Sorten), wobei einige selbst affiniert sind. Hier findet man in fast allen Warengruppen Besonderes, bei Wurst und Schinken zum Beispiel Culatello, Lardo, Lonzo, Lomo, Bresaola oder Iberico Serrano. Vieles gibt es natürlich auch in Bio-Qualität. Bei den hausgemachte Marmeladen bietet man Sorten wie Erdbeeren mit Pfeffer oder Heidelbeeren mit Thymian. Einmal wöchentlich gibt es frische Austern. Auf Produkte aus den Genussregionen wie Waldviertler Karpfen, Waldviertler Mohn oder Wachauer Marille wird besonders hingewiesen. Tipp: Rudolf Macho führt Interessierte gern bei Seminaren in seine Wein- & Käsewelt ein.

!

HOLLABRUNN

WEINVIERTLER FLEISCHEREI HOFMANN

2020 Hollabrunn, Sparkassegasse 26–28
TEL 0 29 52/21 63
MAIL info@weinviertler-Fleischerei.at
WEB www.weinviertler-Fleischerei.at

Seit über 100 Jahren ist die Fleischerei Hofmann die erste Adresse für typische Weinviertler Fleischspezialitäten. Hochwertiges Frischfleisch von Rind, Schwein (unter anderem aus der Genussregion Weinviertler Schwein) und Huhn kommt aus der Region und wird auch in Bio-Qualität angeboten. Mit der besten Kranzl-Extra weit und breit konnte man schon früher die Weinviertler begeistern; im Programm finden sich aber auch Veltliner Schinken, Wildschweinschinken, Weinviertler Landgeselchtes, Blunzn, Weinviertler Prosciutto (für den man übrigens bereits ausgezeichnet wurde), Veltliner Würstel, Fleischschmalz oder Selchfleischaufstrich, aber auch sehr gute Weißwürste. Die kleine Auswahl an Käsefeinheiten weiß ebenfalls zu gefallen, mittwochs gibt es darüber hinaus frischen Fisch. Retzer Land Kürbis aus der Genussregion vervollständigt das Angebot.

!

HORN

BAUERNGSCHÄFTL

3580 Horn, Prager Straße 5/2, Passage
TEL 0 29 82/205 62

Der Bio-Spezialist in Horn! Im freundlichen Geschäft werden zahlreiche Genussprodukte von bäuerlichen Betrieben aus der Region angeboten, die übersichtliche und geschmackvolle Warenpräsentation lädt zum Gustieren ein. Das breit gefächerte Biosortiment reicht von frischem Fisch, Fleisch, Wurst und Schinken über ein sehr gutes Angebot bei Obst und Gemüse, Brot und Gebäck und hausgemachten Mehlspeisen bis hin

Teichwirtschaft Jaidhof

Bäckerei Dacho

zu feinen Käsesorten aus der Region. Die Genussregionen sind dabei mit Waldviertler Erdäpfel, Karpfen und Mohn vertreten. Aber auch Spezialitäten wie eingelegter Kürbis-Eierlikör, Frischkäse, gefüllte Feigen-Aprikosen und Datteln, Räßkäse und Honigbier bekommt man hier. Aufmerksame, nette Beratung. Neu im Angebot ist Waldviertler Bio-Milch.

BIO ☺

IRNFRITZ

ZOTTER RUDOLF NAH&FRISCH

3754 Irnfritz, Bahnstrasse 5
TEL 0 29 86/62 26
MAIL office@kaufhaus-zotter.at
WEB www.kaufhaus-zotter.at

Der prämierte Nahversorger weiß mit einem umfangreichen Angebot zu gefallen, vom klassischen Standardsortiment bis hin zu Spezialitäten in den einzelnen Frischebereichen. Obst und Gemüse sind frisch und werden sehr appetitlich präsentiert. Auch Ausgefallenes wie Papaya, Ingwer oder Physalis finden sich im Angebot. Bei Wurst und Schinken hat man die Qual der Wahl zwischen fast 80 verschiedenen Sorten, von der klassischen Extra bis hin zu feinen Schinken, Pasteten und Aufstrichen. Brot und Gebäck wird von zwei regionalen Bäckereien zugeliefert, ebenso die Mehlspeisen. Im Bio-Bereich wird das klassische Nah-und-Frisch Sortiment angeboten, das von Brot und Gebäck bis zu Obst und Gemüse reicht, und auch aus den Genussregionen finden sich Spezialitäten wie Wachauer Marille, Waldviertler Erdäpfel oder Waldviertler Karpfen. Das Team um Rudolf Zotter berät freundlich und mit viel Elan.

BIO ☺ !

JAIDHOF

TEICHWIRTSCHAFT JAIDHOF

3542 Jaidhof 3
TEL 0664/175 53 02 oder 0 27 16/80 620
WEB www.biokarpfen.at

GENUSS REGION ÖSTERREICH Fische aus dem eigenen Teich, hauptsächlich mit heimischem Getreide aus Bioanbau gefüttert: Das findet man in der Teichwirtschaft Jaidhof. Angeboten wird hochwertiger Karpfen in Bio-Qualität aus der Genussregion Waldviertler Karpfen, sowohl frisch als auch küchenfertig portioniert oder filetiert. Das Fleisch des Waldviertler Karpfen ist bekanntermaßen besonders fest und fettarm. Aber auch Schleien und Zander finden sich im Sortiment, und das ganze Jahr über gibt es grätenfreie Filets.

BIO

JUDENAU

PFIEL AB-HOF-VERKAUF

3441 Judenau, Wienerwaldstraße 19
TEL 0 22 74/79 04
WEB www.pfiel-abhof.at

GENUSS REGION ÖSTERREICH Ausgezeichneter Ab-Hof-Verkauf mit zahlreichen Spezialitäten bei Käse, Wurst und Schinken (z.B. prämierter Fragnerschinken) sowie Geselchtem. Das angebotene Schweinefleisch stammt aus eigener Produktion. Jeden Freitagabend gibt es frische Stelzen. Obst und Gemüse kommt in bester Qualität aus der Umgebung, das Kraut aus der Genussregion Tullnerfelder Kraut, die Weine und Schnäpse stammen von regionalen Herstellern. Darüber hinaus werden allerlei bäuerliche Spezialitäten wie Mohnöl oder Straußeneierlikör angeboten.

KLOSTERNEUBURG

BÄCKEREI DACHO

3400 Klosterneuburg, Stadtplatz 35
TEL 0 22 43/327 30
MAIL office@dacho.at
WEB www.dacho.at

Die kleine, feine Bäckerei produziert ausschließlich mit regionalen Rohstoffen und stellt damit in traditioneller Handarbeit hochwertiges Brot und Gebäck her. Die Auswahl des mit Natursauerteig hergestellten Brotes reicht vom frischen Vollkorn- und Weidlinger Hauerbrot bis zum Körnerbrot, aber auch die zahlreichen herrlichen Mehlspeisen verführen zum Genuss. Das Angebot variiert je nach Saison. So gibt es zur Faschingszeit etwa Marillen-, Eierlikör-, Nougat- und Vanillekrapfen. Ein echter Genuss, nicht zuletzt auch wegen des herzlichen Personals.

☺

Fisch und Feinkost Svoboda

BÄCKEREI HOLLANDER

3400 Klosterneuburg, Stadtplatz 29
TEL 0 22 43/325 17
MAIL info@hollander.at
WEB www.hollander.at

In der kleinen Bäckerei am Stadtplatz wird die Backtradition seit über 100 Jahren hochgehalten. In der breiten Palette an frischem Brot und Gebäck finden sich Brotsorten wie Dinkel-, Fenchel- oder Hausbrot. Neu im Programm sind Topfenbällchen mit verschiedenen Füllungen wie Nougat oder Vanille. Auf Bestellung werden auch Torten kreativ gestaltet. Wer sich selbst als „Zuckerbäcker" versuchen möchte, bekommt hier alle notwendigen Utensilien zum Torten-Selbermachen. Ein einladendes Geschäft, im Sommer kann man die Spezialitäten des Hauses jetzt auch im Schanigarten vor der Bäckerei genießen. Sehr freundliche und kompetente Bedienung.

FISCH UND FEINKOST SVOBODA

3400 Klosterneuburg, Weidlingerstraße 36a
TEL 0 22 43/250 15
MAIL service@fisch-svoboda.at
WEB www.fisch-svoboda.at

Nicht nur frische Fischspezialitäten aus aller Welt, sondern auch kompetentes Fachwissen, freundliche Beratung und besten Service bietet das am Weidlingerbach gelegene Fischgeschäft. Man achtet auf Nachhaltigkeit, der Schwerpunkt liegt auf Bio-Fisch aus Österreich und auf Fischen, die nicht auf der Liste der artengefährdeten Fische stehen. Die Auswahl reicht von Biolachs über Mariazeller Wildsaibling und Attersee-Saibling bis zu Reinanken und Bachforellen. Die Präsentation der Fische, Salate und Antipasti verführt zum Kosten, die Qualität ist herrlich. Im Imbissbereich kann man neben Fisch oder Shrimps im Kartoffelnest auch Pastagerichte oder eine Fischsuppe genießen. Tipps: Lobsteröl, Austernsauce, Flusskrebssalat, Shrimpssalat mit Spargel, frische Jakobsmuscheln, Sandelholzlachs, warm geräucherter Lachs, Gebirgslachs aus dem Hochschwabgebiet.

BIO

FLEISCHHAUEREI FEILER

3400 Klosterneuburg, Weidlingerstraße 6
TEL 0 22 43/327 94

In diesem Fleischfachgeschäft weiß man, wie man Lust auf Geschmack macht. Seit jeher legt man Wert auf Handwerkstradition sowie beste Qualität. Neben einem kleinen Käsesortiment steht heimisches Fleisch im Mittelpunkt: Wurst und hochwertiger Schinken – darunter sehr guter Beinschinken – werden noch traditionell erzeugt, im Imbiss kann man unter anderem Kümmelbraten, Fleischlaberln oder Schnitzel gleich verkosten. Und nicht nur die Fleischprodukte sind hier hausgemacht: aus eigener Erzeugung kommen auch die süßen Verführungen wie die Marmeladetaschen.

FLEISCHHAUEREI RUDOLF BERGER GMBH

3400 Klosterneuburg, Stadtplatz 29
TEL 0 22 43/328 20

Beste Qualität mit stark regionalem Charakter, das findet man in diesem Fleischerfachgeschäft am Stadtplatz: hochwertiges Frischfleisch, natürlich auch in Bio-Qualität. In der breiten Palette an Wurst und Schinken finden sich zahlreiche Spezialitäten wie saisonal Bärlauch-, Käsegratin- oder Spargelschinken. Das kleine, aber feine Angebot an frischem Fisch mit Kavalierlachs, Alpenlachs oder Räucherlachsfilet stammt aus der Region Schneebergland, der Karpfen aus der Genussregion im Waldviertel. Aus den Genussregionen kommt auch das Tullnerfeld Schwein, das Tullnerfeld Kraut (für die Salate) oder die Traisentaler Fruchtsäfte. Und natürlich hat man hier auch an die schnelle Küche gedacht: es gibt Schweins- und Rindsrouladen, Gnocchi, Schupfnudel oder den Fächerbraten – ein Schweinsbraten mit Käse oder Pflaumen gefüllt. Einmal pro Woche verführen auch frische Grammel- und Fleischknödel zum Genuss. Ein kleines Sortiment an Essigen, Ölen und Senf rundet das Angebot ab.

BIO !

Bäckerei Aubrunner

Bäckerei Hager

Café Konditorei Hagmann

KORNEUBURG

WEINVIERTLER FLEISCHEREI HOFMANN

2100 Korneuburg, Hauptplatz 13
TEL 0 22 62/721 04
WEB www.weinviertler-fleischerer.at

GENUSS REGION ÖSTERREICH Seit über 100 Jahren ist die Fleischerei Hofmann die erste Adresse für typische Weinviertler Fleischspezialitäten in Top-Qualität. Das Frischfleisch vom Rind, Schwein und Huhn kommt aus der Region, hergestellt werden damit Veltliner Schinken, Landgeselchtes, Blunzn, Kürbiskernhauswürstel, Prosciutto, Veltliner Würstel, Fleischschmalz oder Selchfleischaufstrich, Presssack, Weißwürste oder auch hervorragender Wildschweinschinken – und mit der besten Kranzl-Extra weit und breit konnte man schon früher die Weinviertler begeistern. Dass das Geschäft aber mehr als eine Fleischerei ist, beweist die hervorragende Auswahl an Käse (darunter Grieskirchner Butterkäse oder Almkönig), Biogetreide, Säften und Bio-Marmeladen und auch die kleine, aber sehr feine Weinpalette weiß mit Top-Produkten zu überzeugen.

KREMS

BÄCKEREI AUBRUNNER

3500 Krems, Ringstraße 67
TEL 0 27 32/845 00
WEB www.baeckerei-aubrunner.at

Die Bäckerei-Konditorei Aubrunner setzt aus Tradition auf Qualität und eine auf den Kunden abgestimmte Produktvielfalt. Das umfangreiche Sortiment bietet für jeden Geschmack etwas. Der Bioschwerpunkt – mit Biobroten auf Kamut- oder Dinkelbasis – sorgt hier für rege Frequenz. Dazu kommen feine Marillenmarmelade aus eigener Erzeugung und ein umfassendes Mehlspeisenprogramm, das ebenfalls zahlreiche Bioleckereien enthält. Ein besonderes Service ist das Angebot an Festtagstorten, die für jeden Anlass und individuell nach Wunsch gebacken werden. Die Mitarbeiter sind freundlich, kompetent und beraten gern.

BÄCKEREI HAGER

3500 Krems, Untere Landstraße 6
TEL 0 27 32/722 12
WEB www.hager.co.at

Unter dem Motto „Frische ist Ährensache" verwöhnt die Bäckerei Hager in insgesamt acht Filialen zahlreiche Stammkunden. Die sprichwörtlich warmen Semmeln sind hier wirklich frisch, ebenso wie das gesamte Sortiment von rund 130 Spezialitäten. Durch ein spezielles Backverfahren und die Verwendung von Sauerteig sind Brot und Gebäck besonders bekömmlich. Diverse Gerichte sorgen für Abwechslung bei der kleinen Mahlzeit zwischendurch. Die Mitarbeiter informieren Sie gern und ausführlich über das spannende Warenangebot.

BÄCKEREI WEBER

3500 Krems, Hohensteinstrasse 72
TEL 0 27 32/824 24
WEB www.weber.baecker.at

In der bereits 1938 gegründeten und inzwischen in vierter Generation geführten Bäckerei Weber wird Tradition gelebt. Die Palette an Brot und Gebäck ist täglich frisch und duftet herrlich. Die Auswahl reicht von Spezialbroten aus Natursauerteig wie Vollkorn- oder Nussbrot bis zu Spezialitäten wie Foccacino. Bei Naschkatzen ist besonders die Kardinaltorte begehrt, aber auch Strudel, Pinzen, Krapfen, Plundergebäck und Kipferln sind wahre Gaumenfreuden. Eine freundliche Bäckerei, die als Nahversorger neben den klassischen Bäckereiprodukten eine feine Käseauswahl, Wachauer Schinken, verschiedene Salamisorten, Tiroler Landspeck, Fruchtsäfte, aber auch Marillenmarmelade und Obstbrand aus eigener Produktion im Angebot hat.

CAFÉ KONDITOREI HAGMANN

3500 Krems, Untere Landstraße 8
TEL 0 27 32/831 64
WEB www.hagmann.co.at

Seit 1836 werden in dieser stilvollen Konditorei Naschkatzen mit der „Original Wachauer Schokolade" zum süßen Genuss verführt. Die Füllung mit regionalen Weinen und Bränden hat ebenfalls Tradition. Besonders

Evi-Naturkost

Fleischerei Jacob Ellinger

verlockend sind die vielen Mehlspeisen, bei denen sich die Konditormeister vom Thema „Marille" – natürlich aus der Genussregion – hat inspirieren lassen, aber auch der Wachauer Lebkuchen, der hier noch nach alter Tradition mit Marille, Birne, Apfel, Mohn, Zwetschke, Kletzen oder Powidl kombiniert wird. Die süßen Köstlichkeiten können im Kaffeehaus auf zwei Ebenen genossen werden, auch kleine Imbisse werden angeboten.

CAFÉ KONDITOREI RAIMITZ

3500 Krems, Bahnhofplatz 12
TEL 0 27 32/824 55

Die große und sehr gemütliche Cafe-Konditorei am Bahnhofplatz ist bekannt für die hervorragenden Mehlspeisen, die ausschließlich aus eigener Erzeugung stammen. Genießer werden hier aber auch mit hausgemachten Pralinen, Eis- und Kaffeespezialitäten sowie einer großen Auswahl an Imbissen verwöhnt. Frische ist oberstes Gebot, daher wird auch am Sonntag gebacken. Österreichs Genussregionen sind durch die Wachauer Marillenprodukte vertreten.

EVI-NATURKOST

3500 Krems, Utzstraße 5
TEL 0 27 32/854 73
MAIL evikrems@evinaturkost.at

Ein reiner Naturkostladen, der mit einem mehr als hervorragenden Angebot bei bester Beratung glänzt. Angeboten werden mehr als 50 Sorten Brot und Gebäck, Schaf- und Ziegenkäse, bei Wurst und Schinken Spezialitäten vom Turopolje-Freilandschwein ebenso wie Büffelsalami oder Lammwurst. Waldviertler Karpfen gibt es auf Bestellung, aber auch Marmelade, Gewürze, Tee, Marchfelder Spargel und Waldviertler Mohn aus den Genussregionen, Gemüse aus Bioanbau sowie Produkte aus der Waldviertler Teichwirtschaft kann man hier finden. Die breite Palette an gesunden Köstlichkeiten macht dieses Geschäft mit Abstand zum führenden Biogeschäft in Krems. Neu: Der Imbissbereich wurde vergrößert und bietet damit mehr Platz und Angebot. Es gibt vegetarische, meist sogar vegane Mittagsmenüs sowie Salate, Schnitzel oder Laibchen.

BIO

FLEISCHEREI JACOB ELLINGER

3500 Krems, Obere Landstraße 23
TEL 0 27 32/827 64

Die Fleischerei Ellinger überzeugt nach wie vor mit einem überragenden Angebot, mit bester Qualität und

Kremser Bauernladen

Sonnentor

absoluter Frische – Fleischtiger finden hier alles, was das Herz begehrt. Zu den Spezialitäten zählen zahlreiche Schinken- und Speckdelikatessen, Würste und Pasteten, die noch nach traditionellen Rezepturen hergestellt werden. Im angeschlossenen Imbissbereich kann man frühstücken, mittags zwischen unterschiedlichen Menüs wählen oder das Jausenangebot in Anspruch nehmen. Heißes zum Mitnehmen gibt es natürlich auch. Das Personal berät freundlich und hilft auch gern mit Zubereitungstipps aus.
!

FRISCHE PASTA

3500 Krems, Pfarrplatz
TEL 0676/605 41 45
MAIL dohub@aon.at

Doris Wasserburger verleiht dem Kremser Wochenmarkt nicht nur mit ihrem Charme, sondern auch mit den angebotenen Delikatessen echt italienisches Flair: Die Pastaspezialitäten werden ganz nach italienischem Vorbild aus Hartweizengries und frischen Eiern hergestellt. Auch der Kreativität bei der Füllung der Ravioli und Tortellini scheinen keine Grenzen gesetzt: Die Variationen reichen von Lauch-Speck über Kürbis bis zu Gorgonzola. Frische Pasta hat sich damit zu einer der Attraktionen am Kremser Wochenmarkt entwickelt. Immer freitags und samstags von 8.00 bis 12.00 Uhr.
!

GEMÜSELADEN KÖCHER

3500 Krems, Pfarrplatz
TEL 0 27 32/822 42

Ein kleines Obst- und Gemüseparadies, das mit Frische und perfekter Präsentation glänzt. Saisonal kommt der größte Teil des hochwertigen Obst- und Gemüseangebotes aus eigenem Anbau. Auch Biogemüse, zahlreiche Kräuter und Gewürze, Eingelegtes, verschiedene Säfte und eine kleine Auswahl an Ölen und Essigen kann man hier kaufen.
BIO !

KREMSER BAUERNLADEN

3500 Krems, Untere Landstraße 52
TEL 0699/18 12 11 51
WEB www.schmankerl-laden.at

GENUSS REGION ÖSTERREICH Hier wird Wert auf Qualität und Geschmack gelegt: Auf 70 m² werden in einem der schönen alten Kremser Stadtzentrumshäuser von Kleinsterzeugern hausgemachte Genussprodukte – viele davon in Bio-Qualität – wie Käse, Wurst, Marmeladen, Chutneys, Marillensenf (mit Marillen aus der Genussregion), Wachauer Weine von Top-Winzern, Spirituosen, Mohnprodukte, handgefüllte Marillenbrand-Edelschokoladen, Kürbiskernöle, Birnen- und Apfelmost, handgemachte Teigwaren wie Steinpilznudeln oder Marillennudeln, aber auch Sirupe und Fruchtnektare verkauft – vom Produzenten direkt zum Konsumenten. Die hochwertigen Produkte – oft prämiert, viele aus Demeter- und Biohöfen – sind auch von Tierschutzorganisationen kontrolliert. „Lieber verkaufe ich weniger, aber beste Qualität!", so das Motto. Die Genussregionen sind unter anderem mit der Mostviertler Mostbirn vertreten.
BIO !

NORDSEE

3500 Krems, Obere Landstraße 20
TEL 0 27 32/820 45
WEB www.nordsee.at

Umfangreiche Auswahl und perfekte Präsentation kennzeichnen die Filiale von Nordsee in Krems. Neben frischem Fisch, Austern und Garnelen gehört hier auch Fisch aus dem Räucherofen oder vom Grill zum Standardprogramm. Waldviertler Karpfen, Antipasti und spezielle Öle ergänzen das Sortiment. Wer wissen will, wie man Fisch richtig zubereitet, kann sein Lieblingsfischrezept auch gleich im angeschlossenen Nordsee-Restaurant kosten – egal ob Thunfisch, Lachsfilet, Tintenfisch oder Riesengarnelen – die Köche hier wissen, wie man Fisch richtig zubereitet.

SONNENTOR

3500 Krems, Schwedengasse 2
TEL 0 27 32/708 80
WEB www.sonnentor.at

Taste & Beauty Krems

Wachauer Privatdestillerie Hellerschmid

Wein.Handlung Noitz

Hier lacht die Sonne als Markenzeichen des Unternehmens! Man bekommt im Shop sofort Gusto auf die zahlreichen Waldviertler Biospezialitäten. Die vielfältige kulinarische Angebotspalette wird in bäuerlichem Ambiente liebevoll präsentiert, ganz so, als ob die Zeit ein wenig stehen geblieben wäre. Zum Sortiment zählen mehr als 200 Biotees, Biogewürze, Kräuter, Schokoladen, Kekse, Müsliriegel, Marmeladen sowie ein kleines Programm an frischen Biomehlspeisen. Das überaus freundliche und sehr gut geschulte Personal hilft immer gerne bei Fragen zu den vielen Teesorten, Gewürzen oder den anderen Köstlichkeiten.

SPECKSTUBE HANDL-TYROL

3500 Krems, Wiener Straße 96–102 (Bühl-Center)
TEL 0 27 32/727 32
WEB www.handltyrol.at

Das kleine Spezialgeschäft für Speck-Spezialitäten verströmt den würzigen Geruch von Räucherware und bietet eine riesige Auswahl. Spezielle Specksorten werden auch gern zur Verkostung angeboten. Originelle Geschenke rund um den Speck sind ein tolles Präsent zum Mitnehmen. Eine kleine Auswahl an Imbissen, Spirituosen und Wein rundet das Sortiment ab. Genuss auf „Tyrolerisch".

TASTE&BEAUTY

3500 Krems, Obere Landstraße 30
TEL 0 27 32/706 91
MAIL shop.krems@tasteandbeauty.at
WEB www.tasteandbeauty.at

Schnell vergisst man beim Betreten des Shops den Alltag. Vielfältigste Düfte eines Sortiments aus feinen Schokoladen und Pralinen aus eigener Produktion, erlesenen Kaffeeröstungen, selbst gemachten Marmeladen (unter anderem mit Marillen aus der Genussregion Wachauer Marille), Likören und Schäpsen, feinen Ölen und an natürlichen Essenzen reicher Kosmetik liegen in der Luft. Ein Angebot nicht nur für die Feinschmeckernase, sondern ein wunderbares Erlebnis für die Haut und alle Sinne. Ein Schwerpunkt liegt auf dem großen Styx Naturkosmetik-Angebot. Modern und anspruchsvoll ausgestattet, bietet das Geschäft Genuss pur. Auch die Beratung überzeugt mit Kompetenz und Freundlichkeit.

WACHAUER PRIVATDESTILLERIE HELLERSCHMID

3500 Krems, Schmidgasse 1
TEL 0 27 32/762 57
WEB www.hellerschmid.com

Aufbauend auf alten, überlieferten Rezepturen stellt der Betrieb nach traditionellen Verfahren köstliche Destillate und Liköre aus der edlen Marille der Genussregion her. Die Früchte stammen teilweise aus eigenem Anbau oder von Lieferanten, die die Familie bereits seit Generationen mit Obst beliefern. Der Schutz und die Erhaltung der Umwelt sind wichtig, daher werden sogar die Kerne der Marillen wiederverwertet. Sie finden als Füllmaterial für Geschenkverpackungen oder auch als Werbematerial eine sinnvolle, endgültige Verwendung. Im schönen und sehenswerten Geschäft am Steinertor findet man aber auch Weine aus der Region, Fruchtsirupe, Pralinen, Kaffee, Tee sowie diverse Mohn- und Marillenprodukte (wie die hervorragende Marillen-Schokoladen-Marmelade). Unbedingt kosten sollten Sie die Spezialität des Hauses, die „B'soffene Marille".

WEIN.HANDLUNG NOITZ

3500 Krems, Undstraße 6
TEL 0 27 32/707 04
WEB www.wein-handlung.at

Hier findet man nicht nur alle großen Winzer aus der Wachau, sondern auch zahlreiche interessante Weine aus den verschiedensten Weinbauregionen der Welt. Alle angebotenen Weine sind persönlich verkostet und ausgewählt und werden direkt bei den Winzern eingekauft bzw. importiert. Wer höchste Qualitätsansprüche hat, kann sich also auf die Auswahl in der Wein.Handlung Noitz freuen. Sie ist nicht nur die größte, sondern auch die bestsortierte Vinothek der Stadt. Ein feines Sortiment an kaltgepressten Ölen und fruchtigen Marmeladen rundet das Angebot ab.

Winkler-Langgartner

Langenloiser Eingelegtes & Eingemachtes

Loisium

WINKLER-LANGGARTNER QUALITÄTSFLEISCHWAREN

3500 Krems, Untere Landstraße 54
TEL 0 27 32/824 19
MAIL info@winkler-langgartner.at
WEB www.winkler-langgartner.at

Die eigene Wursterzeugung ist das Spezialgebiet dieses gediegenen Innenstadt-Fleischerfachgeschäfts, dabei sind Regionalität und das Wissen um die Herkunft das Qualitätskriterium. Das Rindfleisch – auch in Bio-Qualität – wird ausschließlich von Bauern aus dem Waldviertel eingekauft, und auch das Lammfleisch und das Wild kommen aus dieser Region. Das Schweinefleisch kommt aus Niederösterreich. Sehr beliebt sind der Prosciutto-Schinken (Wachauer Landschinken) sowie Halbfertiggerichte und Fertiggerichte für die schnelle Küche.

BIO ☺ !

LAA/THAYA

KARL PFENNIGBAUER

2136 Laa/Thaya, Stadtpl. 3 und Staatsbahnstr. 24–26
TEL 0 25 22/84 0 91
WEB www.fleischerei-pfennigbauer.at

Das Biorind, das Sie bei Karl Pfennigbauer kaufen können, ist eine Besonderheit, die unter der Dachmarke BOA (Best of Austria) erfolgreich vermarktet wird. Neben Biorindfleisch vom Weinviertler Weiderind sowie Bioschweinefleisch aus der Region erhalten Sie hier auch Laaer Thermenschinken, Honigwurst, Pfefferspeck sowie Bauernspeck oder Wild speziell zur Jagdsaison. Ein kleines Sortiment an regionalen Weinen, Essigen, Ölen und eingelegtem Gemüse runden das Sortiment ab. Das Team ist kompetent und überaus freundlich.

BIO !

LANGENLOIS

LANGENLOISER EINGELEGTES & EINGEMACHTES

3550 Langenlois, Hinter Anger 11
TEL 06 64/736 83 480
MAIL andrea.gillinger@aon.at
WEB www.langenloiser.at

Eingelegtes & Eingemachtes von Andrea Gillinger sind wahre Spezialtäten in besonderen Geschmacksvarianten. Die Schwester des bekannten Winzers Fred Loimer bringt mit ihren Produkten den Geschmack des Gartens ins Glas: selbst angebaut, selbst eingelegt. Obst- und Gemüsespezialitäten, aber auch Besonderheiten wie Paradeiser-Chili-Dip, Kürbis- und Marillen-Chutney sowie Chutney aus grünen Paradeisern aus dem eigenen Garten werden im Glas angeboten. Das Geschmackserlebnis ist unglaublich. Sogar Zucchini-Ingwer-Dip und Rosenblütengelee gibt es. Die Produkte sind ganz natürlich ein Genuss, ohne chemische Konservierungsmittel.

BIO ☺ !

LOISIUM

3550 Langenlois, Loisium Allee 1
TEL 0 27 34/322 40-0
WEB www.loisium.at

Das Loisium ist das Ausflugsziel für Weininteressierte. Entdecken Sie den niederösterreichischen Wein auf eine einzigartige Weise mit allen fünf Sinnen. Hier können Sie alles und noch viel mehr rund um den Wein berühren, sehen, erleben, verkosten und gemeinsam mit Spezialitäten wie Essig, Tees, Chutneys sowie Wein- und Küchenliteratur mit nach Hause nehmen.

☺ !

Gut Dornau

Bäckerei Smetacek

LEOBERSDORF

GUT DORNAU

2544 Leobersdorf, Leobersdorf
TEL 0 22 56/626 66 erreichbar tägl. von 7.20 bis 12.30 Uhr
WEB www.gutdornau.at

Das Gut bietet von Aal bis Zander, vom erlesenen Speisefisch über Besatzfische aus eigener Teichhaltung bis hin zur Edelnuss aus den eigenen Plantagen reine Naturprodukte von bester Qualität! Je nach Saison gibt es Karpfen, Hecht, Wels, Saibling, Forelle und Lachsforelle, und auch geräucherte Fische werden angeboten. Geöffnet jeden Freitag von 8.00 bis 12.00 Uhr.

SUSI'S MÜHLENLADEN

2544 Leobersdorf, Dornau 3
TEL 0664/860 15 37
WEB www.muehlsteinstube.at

Ein mit dem „Goldenen Merkur" ausgezeichnetes Geschäft. Frisches Dinkelbrot aus der eigenen Produktion, Pralinen, Kekse, Fruchtschnitten. Getreidesorten, Teigwaren, Flocken, Müsli, Öle wie Walnuss-, Raps-, Traubenkernöl. Biotees und Marmeladen. Dornauer Mehlspeisen wie Cremeschnitten, Kardinalschnitten, Malakofftorte, Schokotorte, Brandteigkrapferl, Mozartschnitten gibt es auch auf Bestellung. Die Chefin ist sehr kompetent und nett. An besonderen Wochenenden Fischgrill mit Fischen vom Gut Dornau. Neu im Sortiment: Obst und Gemüse aus der Region. Geöffnet Mi.–Fr. 8.00 bis 12.00 Uhr und von 15.00 bis 18.00 Uhr.
!

LILIENFELD

FLEISCHEREI HERBERT ILLMEYER

3180 Lilienfeld, Babenbergerstraße 23
TEL 0 27 62/524 77

Eine Fleischerei, wie sie sein sollte! In dem kleinen, aber sehr gut geführten Geschäft legt man auf Qualität und Regionalität besonderen Wert: Tiere aus der Umgebung werden hier noch selbst geschlachtet und verarbeitet. Die Spezialitäten aus der eigenen Produktion – etwa Debreziner, Käsekrainer, Leberwurst, fünf verschiedene Leberkäse oder Presswurst – sind ebenso gefragt wie das Geselchte und Spezialitäten aus Innereien wie Leberknödel und Maisen. Für den kleinen oder auch großen Hunger zwischendurch gibt es hausgemachte Köstlichkeiten – natürlich deftig. Geöffnet: Mo-Fr 7.00 bis 12.00 Uhr, Di-Do. 15.30 bis 18.00 Uhr, Fr 15.00 bis 18.00 Uhr und Sa 7.00 bis 11.00 Uhr.

LITSCHAU

BÄCKEREI KARL SMETACEK

3874 Litschau, Stadtplatz 68
TEL 0 28 65/297
MAIL office.smetacek@aon.at

Die Bäckerei verführt mit einem tollen Angebot an ofenfrischem und knusprigem Brot und Gebäck zum Genuss. Man setzt auf Regionalität und verwendet in der Produktion hochwertiges Getreide aus dem Umland, aber auch Mohn und Kartoffeln aus den Genussregionen. Hergestellt werden damit Spezialitäten wie Dinkelvollkornbrot, Roggenvollkornbrot, Dinkelmalzbrot, Dinkelspitz oder der Krustenlaib. Aber auch Mangerl mit Salz und Mohn bestreut findet man, ebenso wie Joghurtriegel, Kürbiskernweckerl, Mohnzelten, Diabetiker Teegebäck, die Waldviertler Vollkornmohntorte oder die hausgemachten süßen Golfbälle. Im Sommer sorgt darüber hinaus original italienisches Eis für genussvolle Abkühlung. Das Personal berät herzlich und kompetent.

MARIA ENZERSDORF

KOLM – „DIE BÄCKEREI"

2346 Maria Enzersdorf, Südstadtzentrum 12E
TEL 0 22 36/86 64 11
WEB www.kolm-diebaeckerei.at

Die seit 2004 geführte Niederlassung von Kolm-Die Bäckerei in der Südstadt ist ein modernes Pendant zum Geschäft in Mödling. 1902 wurde im Gewölbe des Mödlinger Bäckereibetriebes zum ersten Mal Brot gebacken, seit 1960 ist das Unternehmen in Familienbesitz. Hier wird täglich frisch gebacken und das mit österreichischem Getreide. Die Teigverarbeitung wird nach alter Backtradition noch größtenteils von Hand durchgeführt, die Teiglinge werden bei ruhiger Hitze auf Steinplatten gebacken. Die große Palette an frischem, hochwertigem Traditionsgebäck bietet für jeden Geschmack etwas –

Käsehütte Stix

Likör- und Edelbranderzeugung Schüller

Prenner Beerenkultur

unter 150 verschiedenen Produkten kann der Kunde wählen. Die beliebtesten Produkte sind das „Mödlinger Kipferl“ und das „Speckstangerl“. Verlockend sind auch die vielen frischen Mehlspeisen und, exklusiv in der Südstadt, die handgeschöpften Berger-Schokoladen.

RADATZ

2344 Maria Enzersdorf, Südstadt Zentrum 1/15
TEL 0 22 36/480 68
WEB www.radatz.at
Diese Radatz-Filiale zeichnet sich vor allem durch eine hervorragende Auswahl an Wurst- und Schinkenspezialitäten in bester Qualität und Präsentation aus. In der Produktpalette finden sich aber auch feine Käsedelikatessen wie Cravanzina oder Dolce Cremoso, ofenfrisches Brot und Gebäck sowie Convenience-Produkte in großer Auswahl mit einem Schwerpunkt auf echten Delikatessen. Donnerstags bis samstags wird Fisch angeboten, die Auswahl reicht von Kabeljau und Zander über Saibling und Lachs bis zum Waldland-Karpfen. Eine kleine Auswahl an hausgemachten Nudeln, Babette‘s Gewürzen, Spirituosen und Wein wird ebenfalls angeboten. Eine ausgewählte Palette an süßen Verführungen mit Schokoladen von Zotter oder Dirndlsirup und -marmelade aus der Genussregion Pielachtaler Dirndl rundet das Programm ab.
!

MARIA TAFERL

KÄSEHÜTTE STIX

3642 Maria Taferl, Wimm 6
TEL 0 74 13/61 80
MAIL kaesehuette@utanet.at
WEB www.kaesehuette.at
GENUSS REGION ÖSTERREICH Herkunft und Qualität sind hier oberstes Gebot. Sie finden ein großes Angebot an frischen Lebensmitteln aus Kleinkäsereien und von landwirtschaftlichen Direktvermarktern: über 70 Bauern sowie bäuerliche Gemeinschaften, Kleinkäsereien, Kleingewerbe, Biomühlen. Angeboten werden feinste Spezialitäten aus der Genussregion Tennengauer Almkäse, Schaf-, Ziegen- und Kuhmilchkäse, Dorfkäse, Rässkäse aber auch Würste, Saumeisen, Selchwaren, ofenfrisches Brot und Gebäck, Schokolade, Weine, Schnäpse, Tees, Mohn und noch vieles mehr.
BIO

LIKÖR- UND EDELBRANDERZEUGUNG SCHÜLLER

3672 Maria Taferl, Hauptstraße 5
TEL 0 74 13/303
MAIL office@brennerei-schueller.at
WEB www.brennerei-schueller.at
Konditorei und Spirituosenhandlung, die direkt neben der Basilika beheimatet ist. Seit 1755 erzeugt man hier Likör und Schnaps, aber auch Marmeladen (Holler, Kriecherl, Dirndl, Heidelbeeren) oder der berühmte „Maria Taferl Magen-Kraftbitter“ werden hier gemacht. Es wird nur heimisches, vollreifes Obst und Beeren ohne jegliche Zusätze verwendet. Die große Auswahl an exquisiten Destillaten kann natürlich auch vor Ort verkostet werden.
!

MARKGRAFNEUSIEDL

PRENNER BEERENKULTUR

2282 Markgrafneusiedl, Altes Dorf 43
TEL 0 22 48/22 23
MAIL office@prenner.at
WEB www.prenner.at
Der Spezialist für Beerenobst und dessen Verarbeitung und Veredelung. An frischen Früchten gibt es von Juni bis September Himbeeren, Brombeeren, Heidelbeeren, Stachelbeeren und Ribisel, aber auch Kirschen, Weichseln, Marillen oder Zwetschken. Mit äußerster Sorgfalt werden aus den möglichst naturbelassenen und frischen Beeren köstliche Marmeladen, Sirupe, Fruchtessige, Dessertweine, Liköre und natürlich edle Destillate gezaubert. Jedes Glas Marmelade und jede Flasche wird hier noch vom ersten bis zum letzten Arbeitsgang von Hand gefertigt, äußerste Sorgfalt bei der Verarbeitung steht im Mittelpunkt. Legendär ist der Himbeersekt! Tipp: Hier gibt es auch Blumen!
!

Haubi´s Backstube

Mostviertler Landbäckerei Neubacher

Wieser Café & Shop Melk

MAUER

ELLEGAST GMBH

3362 Mauer, Hauptstraße 40
TEL 0 74 75/545 20

Hier überzeugt ein umfassendes Delikatessenangebot: Die große Produktpalette bei Käse – beachtlich auch bei Ziegen- und Frischkäse – und Wurst ist vom Feinsten. Auch im Frischfleischbereich gibt es spezielle Warenangebote, unter anderem an vorbereiteten Gerichten wie Kraut- und Rindsrouladen oder gefüllte Hühnerbrüstchen. Genuss versprechen auch die zahlreichen Antipasti, knuspriges Biobrot und -gebäck, Spezialöle und -essige.

MELK

HAUBI'S BACKSTUBE

3390 Melk, Wiener Straße 85
TEL 0 27 52/548 84
WEB www.haubis.at

Bei Haubi's setzt man auf hochwertige Rohstoffe aus Österreich und auf schonende Verarbeitungstechnologien. Das Brot wird hier mit naturreinem Sauerteig erzeugt, das garantiert nicht nur besten Geschmack, sondern auch lange Haltbarkeit. In der Genussbackstube in Melk wird ein mehr als umfangreiches Angebot an frischem Brot und Gebäck präsentiert, die Auswahl reicht vom 4-Jahreszeiten-Weckerl, Bierweckerl und Kartoffelbrot über Putenspitz und Bio Einkornbrot bis zu Bio-Salzstangerl, -Sonnenlaibchen und Mehrkornspitz. Auch bei den Mehlspeisen gibt es auch außergewöhnliche Kreationen wie Minischaumrollen, Nussstrudel, Linzeraugen oder Kletzenbrot. Außergewöhnlich freundliche Beratung! Neu: Imbiss von Brot über Pizza bis zu süßen Mehlspeisen.

MOSTVIERTLER LANDBÄCKEREI NEUBACHER

3390 Melk, Hauptstraße 11
TEL 0 27 52/513 13
MAIL info@neubacher.cc
WEB www.neubacher.cc

Seit 140 Jahren verwöhnt die Familie Neubacher ihre Kunden mit Brot und Gebäck der besonderen Art. „In der Region, aus der Region, von der Region, für die Region" lautet das Motto des Betriebs. Das Sortiment umfasst derzeit etwa 35 Sorten Brot (darunter Spezialitäten wie Dinkel-Hafer-Brot, Omega3-Brot, Toscana-, Nuss-, Kartoffel- oder Dinkelsprossenbrot) und ebenso viele Sorten Gebäck (wie die Keimkraft-Semmel oder das Kürbisweckerl), vieles davon in Bio-Qualität. Zahlreiche der feinen Mehlspeisen werden noch heute nach „Omas Rezepten" hergestellt. Im Sommer gibt es Eisspezialitäten aus der eigenen Produktion. Geschmack hat hier einfach Tradition.

SCHMANKERLFLEISCHER SDRAULE

3390 Melk, Hauptstraße 2
TEL 0 27 52/524 47
MAIL sdraule@melker.net
WEB www.sdraule.at

Familienbetrieb, der sich durch beste Qualität, Herkunft und das Wissen um die Wünsche der Kunden auszeichnet: Frisches Schweine-, Rind- und Kalbfleisch stammen ebenso wie das Lammfleisch aus dem Most- und Waldviertel, bei Wurst und Schinken gibt es unter anderem 6 Sorten Schinken aus der eigenen Produktion, aber auch köstliches Geselchtes, Wachauer Bauernmaisen, Roastbeef, Rahmbeuschl oder Sulzen. Donnerstags gibt es neun verschiedene frische Fischsorten. Im Convenience-Bereich gibt es täglich frische Wurst-, Speck-, Grammel- und Fleischknödel, die Imbissstube lockt mit Lachsforellenfilet, Salonbeuschl oder Rehbraten mit Knödel. Spezialessige wie Hirschbirnen- oder Johannisbeeressig, Öle, Mayonnaise, Aufstriche, Antipasti sowie Käse von Kuh, Schaf und Ziegen runden das Angebot ab.
!

WIESER CAFÉ & SHOP

3390 Melk, Hauptstrasse 13
TEL 0 27 15/25 44
MAIL info@wieser-online.at
WEB www.wieser-wachau.at

Die Tradition des Handgemachten, kombiniert mit höchstem Qualitätsanspruch und innovativen Ideen,

Fleischerei Wild

's Gsunde Körberl Bioladen Kromer

zeichnet das Sortiment von Wieser aus. Im edlen Verkaufsraum finden Sie eine Vielfalt an Hochprozentigem und Weinen aus der Wachau, im Mittelpunkt stehen die Genussregion und die Marille (es gibt unter anderem geröstete Marillenkerne, Marillennektar, aber auch Kosmetik auf Marillenbasis). Versüßt wird der Besuch im Shop mit mehr als 15 verschiedenen handgeschöpften Schokoladen, köstlicher Trinkschokolade oder gepfefferter Birnenmarmelade aus eigener Produktion. Honig, Chutneys und selbst gerösteter Kaffee finden sich ebenfalls im Sortiment. Im angeschlossenen Café kann man feinste hausgemachte Kuchen genießen.

MISTELBACH

FLEISCHEREI WILD

2130 Mistelbach, Hauptplatz 25
TEL 0 25 72/352 40
MAIL fleischerei.wild@inode.at

Wer regionale Qualität kaufen will, der ist hier genau richtig! Hochwertiges frisches Fleisch wird von den bäuerlichen Betrieben aus der Umgebung bezogen, das Angebot an Wurst- und Schinkenspezialitäten lässt keine Wünsche offen. Aber auch ein zusätzliches Sortiment an Essigen, Ölen und eingelegtem Gemüse, eine hervorragende Imbisspalette sowie die überaus freundliche Bedienung sorgen in diesem Geschäft für Genuss.

'S GSUNDE KÖRBERL BIOLADEN KROMER

2130 Mistelbach, Bahnstraße 29
TEL 0 25 72/46 04
MAIL martin.kromer@aon.at
WEB www.bioladen-kromer.at

Im Bioladen Kromer hat man es sich zur Aufgabe gemacht, eine größtmögliche Auswahl an Bioprodukten in bester Qualität bereitzustellen. Angeboten werden alle Arten von biologischen Lebensmitteln, beginnend beim frischen und perfekt präsentierten Obst und Gemüse, das übrigens in der Region auch als Biokisterl per Hauszustellung geliefert wird. Die Auswahl an Käsespezialitäten überzeugt, genauso wie die feine Palette an frischem Fleisch. Bei Wurst und Schinken findet man zahlreiche Feinheiten wie Bio-Speck oder –Schinken aus der Region. Frisches Brot und Gebäck wird von Bäckern aus der Umgebung geliefert, das Korn aus der Genussregion Weinviertler Getreide. Und auch an die Bedürfnisse von Allergikern hat man hier gedacht, es finden sich zahlreiche entsprechende Spezialprodukte. Falls man sich äußerlich etwas Gutes tun möchte: Naturkosmetik kann man hier ebenfalls kaufen. Freundlich, kompetent, ein echtes Genussgeschäft!

MÖDLING

CAFÉ KONDITOREI UNGERSBÄCK

2340 Mödling, Gabrielerstraße 14
TEL 0 22 36/467 22
MAIL office@ungersbaeck.at
WEB www.ungersbaeck.at

Süßen und hausgemachten Genuss in Form von Kuchen, Torten und Mehlspeisen gibt es hier in himmlischer Vielfalt. Zu den Spezialitäten des Hauses zählen die nach Meinung vieler besten Krapfen weit und breit mit verschiedenen Füllungen (wie Marille, Erdbeer, Schoko, Vanille, Apfel-Zimt oder Powidl), der Topfenstrudel sowie die herrlichen Obsttorten. Neu im Angebot sind Macarons, Mandelmakronen in verschiedenen Geschmacksrichtungen wie Erdbeer oder Pistazie. Das köstliche Brot stammt ebenfalls aus eigener Erzeugung. Für den kleinen Hunger zwischendurch gibt es Herzhaftes wie Suppentöpfe, Salate, kleine Fleischgerichte oder Süßes wie Kaiserschmarren, Milchrahmstrudel und Palatschinken. Öffnungszeiten: Mo.–Fr. 6.00 bis 18.00 Uhr, Sa. 6.00 bis 17.00 Uhr.

FERNBEDIENUNG

2340 Mödling, Bahnhofplatz 1/1
TEL 0 22 36/442 33
MAIL essen@fernbedienung.at
WEB www.fernbedienung.at

Als Spezialist für Delikatessen speziell aus dem Friaul bietet die Fernbedienung ein ausgesuchtes Sortiment für italienischen Essgenuss und Lebensstil: Von ausgesuchten Wurst-, Fleisch- und Käsesorten über ganze Rohschinken, Antipasti und eine breite Auswahl an

Kolm – Die Bäckerei

Lebzelterei H. Rachenzentner

Teigwaren, Espressi und Grappa bis hin zu Cantucci und Tiramisu finden Sie hier alles, was der Gaumen begehrt. Wer die Fernbedienung besucht, sollte unbedingt das traumhafte Imbissangebot nutzen. Bei Carpaccio vom Bresaola mit Parmigiano, beim Meeresfrüchtesalat aus Ligurien oder beim Büffelmozzarella mit Rucola kommt man ins Schwärmen. Und auch Weinliebhaber werden hier nichts vermissen, die Auswahl an edlen Tropfen nicht nur aus dem Süden ist eine der Besten der Stadt.
!

KARL UND HERTA STIX

2340 Mödling, Freiheitsplatz
TEL 0 74 13/61 80
MAIL kaesehuette@utanet.at
WEB www.kaesehuette.at

Geschmack in uriger Atmosphäre. Ein breites Angebot an delikaten bäuerlichen Lebensmitteln verführt hier zum Genuss. Highlight ist natürlich der Käse, darunter zahlreiche Produkte aus den Genussregionen, aber auch Berg- und Schafkäse natur, mild, geräuchert und mit Kräutern. Dazu gibt es ein fantastisches Nussbrot, Dinkeltascherln, Bauernbrot aus der Region, hervorragende Apfel- und Topfenstrudel sowie Waldviertler Mohntascherln (natürlich mit Mohn aus der Genussregion Waldviertler Mohn). Stöbern zahlt sich außerdem in der reich bestückten Vinothek aus. Exzellente Weine und eine breite Palette an Schnäpsen und Edelbränden, aber auch Most- und Fruchtsafterzeugnisse stehen zur Auswahl. Achtung: Nur freitags geöffnet!

KOLM – DIE BÄCKEREI

2340 Mödling, Hauptstraße 62
TEL 0 22 36/224 16-0
WEB www.kolm-diebaeckerei.at

1902 wurde im Gewölbe des Bäckereibetriebes zum ersten Mal Brot gebacken und seit 1960 befindet sich Kolm-die Bäckerei in Familienbesitz. Hier wird täglich frisch gebacken, und das mit österreichischem Getreide. Die Teigverarbeitung wird nach alter Backtradition noch größtenteils von Hand durchgeführt, die Teiglinge werden bei ruhiger Hitze auf Steinplatten gebacken. Innovation und Tradition prägen Stil und Geschmack. „Große Vielfalt in kleiner Stückzahl" – das macht wohl die Exklusivität der beliebten Bäckerei aus. Die große Palette an frischem, hochwertigen Traditionsgebäck bietet für jeden Geschmack etwas – unter 150 verschiedenen Produkten kann der Kunde wählen. Die beliebtesten sind das „Mödlinger Kipferl" und das „Speckstangerl".

LEBZELTEREI H. RACHENZENTNER

2340 Mödling, Herzoggasse 4
TEL 0664/314 85 00
MAIL moedlingerlebkuchen@chello.at

Ein wahres Genussgeschäft, in dem man Stück für Stück süße und genussversprechende Handarbeit findet. Der Traditions- und Meisterbetrieb, der auf eine über 300jährige Geschichte zurückblicken kann, ist bekannt für seine sensationellen Lebkuchen und Lebkuchentörtchen, gefüllt mit verschiedenen Marzipansorten wie Kirsch, Orange, Preiselbeer und viele andere. Dazu gibt es verschiedene Sorten Met, Honig und Geschenkideen. Die Auswahl wird ständig innovativ erweitert und saisonal angepasst. Das Personal berät freundlich und mit großem Fachwissen.

NIKOLOV NIKOLAI OBST- UND GEMÜSEHANDEL

2340 Mödling, Elisabethstraße 12
TEL 0 22 36/477 09

Willkommen im Frischeparadies. Die Auswahl an Obst und Gemüse – natürlich auch in Bio-Qualität – erfüllt höchste Erwartungen, selbst ausgefallene Sorten wie schwarze Tomaten, Maniok, Kräutersaitlinge, Süß- oder Trüffelkartoffeln gibt es hier. Sonderwünsche werden gern erfüllt. Im Programm finden sich aber auch Nüsse in allen Formen und Größen, auch in Schokolade getunkt oder edle Fruchtsäfte. Genusstipp: Ein „gesunder" Geschenkkorb, der auch mit Säften, Marmelade und mit Schokolade überzogenen Früchten aus dem kleinen, aber feinen Sortiment gefüllt wird.
BIO

Harreither Mühle

Der Weinfinder

TEELADEN

2340 Mödling, Herzoggasse 4
TEL 0 22 36/472 01
MAIL office@teeladen
WEB www.teeladen.at

Der herrliche Duft von zahlreichen Teesorten strömt dem Genießer schon beim Betreten des Geschäfts in die Nase - mehr als 150 verschiedene Spezialitäten machen den Teeladen zu einem echten Paradies für Teeliebhaber. Sehr gern gekauft wird der Gute-Laune-Tee mit Ananas, Papaya, Erdbeerstückchen und Rosenblättern. Zu Weihnachten gibt es zusätzlich diverse Fruchtaufstriche, Schokoladen und Marzipan. Darüber hinaus findet man hier bei hervorragender Beratung auch allerlei Nützliches, um den Tee zu Hause in vollen Zügen genießen zu können, darunter Teekannen und -tassen.

NEUHOFEN/YBBS

ALTERNATIVE ÖLERZEUGUNG IM MOSTVIERTEL

3364 Neuhofen/Ybbs, Hömbach 16
TEL 0 74 75/540 72
MAIL rapsoel.braunshofer@gmx.at
WEB www.aöm.at

Kaltgepresst ist hier das Motto. Der Schwerpunkt liegt auf Rapsöl, für das nur ausgesuchte Rapssorten aus österreichischem Anbau verarbeitet und garantiert keine genmanipulierte Saat verwendet wird. Darüber hinaus gibt es hier aber nicht nur die besten naturbelassenen Öle wie Lein-, Distel-, Kürbiskern-, Sonnenblumen-, Mohn-, Hanf- oder Rapsöl, sondern man findet auch den Geschmack der Region in einem kleinen, aber feinen Sortiment: 10 verschiedene Edelbrände, Dirndllikör, Bioessig, -eier, -roggen, Kürbiskerne, Tee, Honig, Kräuter, Nudeln, Most…

HARREITHER MÜHLE

3364 Neuhofen/Ybbs, Staudenmühle 1
TEL 0 74 74/338
MAIL harreither-muehle@aon.at

In der ursprünglich aus dem Jahre 1435 stammenden Mühle wird das Müllerhandwerk neu belebt. Ausschließlich Getreide aus Niederösterreich wird hier auf dem neuesten technischen Stand gemahlen: Weizen, Roggen und Dinkel. Außerdem haben Sie die Möglichkeit, Getreide reinigen zu lassen, um es für Ihre Hausmühle zu verwenden. Der neue und nochmals vergrößerte Verkaufsraum bietet eine perfekte Bühne für das Sortiment: naturbelassenes Getreide wie Hirse oder Buchweizen, Mehle (auch in Bio-Qualität), Samen, Kerne, Brotbackmischungen, Müslimischungen, Backerbsen, Teigwaren, Tees, Öle und Salze. Für Naschkatzen werden Kekse, Waffeln und getrocknete Früchte angeboten.

REIKERSDORFER'S PRESSHAUS-HEURIGER & SPEZIALITÄTEN

3364 Neuhofen/Ybbs, Greinöd 1
TEL 0 74 75/564 81
MAIL mosti@aon.at
WEB www.mosti.at

Auf einem der typischen Hügel des Mostviertels liegt der Bauernhof mit Hofladen und Mostheurigem. Die zahlreichen hochwertigen Köstlichkeiten aus der eigenen Produktion kann man im alten Presshausheurigen oder auf der Terrasse genießen. Im Mittelpunkt steht die Birne, die zu Most aus der Genussregion Mostviertler Birnmost, Pralinen, Riegeln, Dörrobst und Säften (wie dem prämierten Rotbichlbirnsaft) veredelt wird. Dabei werden alte Sorten wie die Speck- oder die Mostviertler Rotbichlbirne verarbeitet. Aber auch Essig aus Himbeere, Bärlauch-Nuss oder Apfelhonig, Schnäpse (Apfel, Birn, Zwetschke, Birz'l- oder Kriecherlbrand), Bauernbrot, Deftiges wie Geselchtes und Speck und pikanter Schafkäse in verschiedenen Geschmacksvarianten werden angeboten. Der schöne Verkaufsraum und die freundliche Beratung durch die engagierten und qualitätsorientierten Mostbauern verführen zum genussvollen Einkauf.

NEUNKIRCHEN

DER WEINFINDER

2620 Neunkirchen, Fabriksgasse 10-12
TEL 0650/505 19 75
WEB www.der-weinfinder.at

Fleischerhandwerk Seidl

Waldland Vermarktungsgesellschaft

In dieser Vinothek der etwas anderen Art findet man nicht nur zahlreiche internationale Feinheiten aus Italien, Spanien, Frankreich oder der neuen Welt, sondern natürlich auch Erlesenes aus der Region. Auf Bio wird dabei besonders großer Wert gelegt. Dank kompetenter Beratung fällt die Entscheidung trotz der enormen Auswahl hier nicht schwer. Grappas und Schnäpse, eingelegte Beeren, Säfte, Essige und Öle sowie Nudeln und Pesto aus der der Region Neunkirchen machen das Angebot komplett. Geöffnet Mi.–Fr. 10.00 bis 12.00 und 15.00 bis 18.00 Uhr, Sa. 10.00 bis 13.00 Uhr.

BIO !

EUROSPAR STEINBERGER

2620 Neunkirchen, Krinningergasse 10
TEL 0 26 35/626 45-0
WEB www.steinberger-online.at

In Summe ein Einkaufserlebnis, wie man es sich nur wünschen kann. Ein kleiner Café-Bereich gleich am Eingang mit ofenfrischer Bruschetta und Frühstücksangeboten macht Appetit auf mehr. Die Käsetheke überzeugt mit einer großen Auswahl an heimischen sowie internationalen Spezialitäten wie Biobergkäse, Chorherrenkäse oder Almkönig, auch die Wursttheke verführt zum Genuss. Der Obst- und Gemüse-Bereich mit eigener Biotheke bietet nicht nur ein sehr gutes Standardsortiment, sondern auch Spezialitäten aus den Genussregionen wie Marchfelder Spargel, Marchfelder Gemüse oder Wiesener Ananas Erdbeeren. Man sieht sofort, dass Frische hier oberstes Gebot ist. Schleckermäulchen können bei offenen Pralinen, Zotter-Schokolade, Schneetrüffeln, Moccatörtchen und vielem mehr kräftig zulangen. Das Personal berät freundlich und mit viel Fachwissen.

BIO !

FLEISCHERHANDWERK SEIDL

2620 Neunkirchen, Wiener Straße 1
TEL 0 26 35/686 87
WEB www.seidl-fleischerhandwerk.at

Hochwertige, geschmackvolle und bekömmliche Fleisch- und Wurstspezialitäten aus dem Schneeberg-Land, hergestellt nach handwerklicher Tradition. Das findet man bei Seidl-Fleischerhandwerk. Feinschmecker werden hier mit zahlreichen Feinheiten aus der Genussregion Schneebergland Schwein in Versuchung geführt. Schwarzataler Schinkenspeck findet sich ebenso im Programm wie Honigschinken oder – saisonal – Hirsch- und Wildschweinschinken und natürlich auch die Spezialität des Hauses, der Adlitzgrabner Schluchtenspeck. Neben der hervorragenden Wurstauswahl gibt es aber auch feines Frischfleisch, eine sehr gute Käseauswahl (mit Vorarlberger Bergkäse, Rocchetta, Pecorino mit Pistazien...), herrliche Imbisse, hausgemachte Aufstriche, Nudeln, Edelbrände und Liköre und auch frisches Brot und Gebäck aus der ebenfalls im Geschäft situierten Bäckerei.

OBER-GRAFENDORF

HOFLADEN GATTERER

3200 Ober-Grafendorf, Marktgasse 25
TEL 0 27 47/24 48
MAIL office@gatterer-abhof.at
WEB www.gatterer-abhof.at

Unter dem Motto „Gutes vom Bauernhof" wird in diesem Hofladen eine umfangreiche Palette an Genussprodukten angeboten. Frisches Fleisch kommt aus der hauseigenen Schlachtung, Geselchtes und Schinkenspezialitäten werden ebenso angeboten wie Surfleisch, Speck, Blutwurst, Haus- und Bratwürste oder Leberaufstrich und Leberwurst. Delikate Schaf- und Ziegenprodukte kann man ebenso finden. Das frische Fleisch, Obst, Brot und Gebäck gibt es auch in Bio-Qualität. Zahlreiche prämierte Mostspezialitäten und Fruchtsäfte, aber auch feine Destillate wie der weltberühmten Dirndlschnaps – natürlich mit Dirndln aus der Genussregion Pielachtaler Dirndl – verführen zum Genuss. Die freundliche und ausführliche Beratung gibt es hier als Draufgabe!

BIO !

OBERWALTENREITH

WALDLAND VERMARKTUNGSGESELLSCHAFT

3533 Oberwaltenreith 10
TEL 0 28 26/74 43 0
MAIL hof@waldland.at
WEB www.waldland.at

Edeldestillerie Josef V. Farthofer

Waldviertler Mohnhof

Oberstes Prinzip von Waldland ist es, ausschließlich „Produkte mit Lebenslauf" auf den Markt zu bringen. Eine große Auswahl an feinen Delikatessen wird hier geboten: Die Genussregion Waldviertler Karpfen ist ebenso vertreten wie Forellen aus dem Waldviertel (frisch oder geräuchert), viele Käsespezialitäten wie Mohn- oder Schafselchkäse von regionalen Käsebauern. Und mehr als überzeugend ist auch die Palette bei Wurst und Schinken: Von Gänse- und Lammschinken über Geselchtes, Gemüse- und Hendlsulz, Waldviertler Knödel, Grammelknödel bis hin zu Waldlandente und Entenroller reicht die Auswahl. Liköre und Edelbrände aus dem Waldviertel kann man hier ebenso kaufen wie Mohntorten, -strudel und -zelten (natürlich mit Mohn aus der Genussregion Waldviertler Mohn), Waldlandschokolade sowie Essige und Öle.

ÖHLING

EDELDESTILLERIE JOSEF V. FARTHOFER

3362 Öhling, Öhling 35
TEL 0676/358 56 44
MAIL office@edelschnaps.at
WEB www.edelschnaps.at

Im traditionsreichen und sehenswerten Kellerhaus aus dem Jahre 1874 lässt der Mostello-Erfinder Farthofer hinter die Kulissen der Most-Produktion schauen. Mostello ist ein Birnendessertwein, der ähnlich wie Portwein oder Sherry hergestellt wird. Der Familienbetrieb ist aber auch auf die Herstellung von hochwertigen und vielfach prämierten Destillaten spezialisiert, für die nur die besten Früchte aus den sonnigsten Ecken Österreichs Verwendung finden. Im umfangreichen und perfekt präsentierten Sortiment finden sich biologische Edelbrände (darunter auch Bio-Gin) und Liköre ebenso wie Essige, Moste oder Fruchtsäfte, eine feine Palette an Mostviertler Genussspezialitäten wie Apfelchips und Marmeladen sowie Bioschokoladen und -eierlikör geben zusätzlich Geschmack. In der Erlebniswelt erfährt man bei überragender Beratung alles über die Geschichte des Mostes und seine Veredelung zum Mostello.

OTTENSCHLAG

WALDVIERTLER MOHNHOF

3631 Ottenschlag, Haiden 11
TEL 0 28 72/74 49
MAIL mohnhof@wvnet.at
WEB www.mohnhof.at

Aus Liebe zum Mohn wurde hier ein Haus des Mohns errichtet, in dem ein Shop und ein liebevoll eingerichtetes Museum untergebracht sind. Im Verkaufsraum werden Mohn aus der Genussregion Waldviertler Mohn, verschiedene Mohnöle, Mohnbrand, -pesto, -schokolade und sogar Mohnkochbücher und Mohnkosmetik angeboten. Die Produkte rund um den Mohn sind teils in Bio-Qualität erhältlich und wurden auch schon mit zahlreichen Preisen ausgezeichnet. Der Chef erklärt auf Wunsch jedes Produkt freundlich und mit besonderer Hingabe.

PERCHTOLDSDORF

ESSENTIEL

2380 Perchtoldsdorf, Brunnergasse 1–9
TEL 01/865 57 11
MAIL dalik@essentiel.at
WEB www.essentiel.at

Dem Liebhaber der französischen Lebens- und Genussphilosophie bietet Essentiel hervorragende französische Spezialitäten, die auch im Bistro und Restaurant im Vordergrund stehen. Man findet bis zu 80 französische Käsesorten, darunter Feinheiten wie Poligny Saint Pierre, Ziegenpyramide oder Ziegenfrischkäse mit Trüffel, mit Zimt oder Ingwer. Trüffel und Wurstwaren aus Frankreich fehlen ebenso wenig wie Fleisch in Bio-Qualität, Fisch aus Wildfang oder aus kontrollierten Aquakulturen. Und natürlich gibt es eine feine Auswahl an edlen französischen Weinen und exquisiten Champagnern. Öffnungszeiten: Di.-Do. 17.00 bis 24.00 Uhr, Fr.-Sa. 11.00 bis 24.00 Uhr.

Eurospar Prauchner

Nöbauer Konditorei

NATURSTUBE

2380 Perchtoldsdorf, Wiener Gasse 30
TEL 01/865 60 83
MAIL office@naturstube.at
WEB www.naturstube.at

Die hier angebotenen Genussprodukte stammen von Bauernhöfen aus dem Wald-, Mühl- und Mostviertel, viele davon in Bio-Qualität; einer der Schwerpunkte liegt auf dem Käse. Angeboten werden unter anderem Mostviertler Schofkas aus der Genussregion, Waldviertler Schafkäse, Mostviertler Frischkäse, Schafbrimsen, Edelziege, Ziegenbutter und -camembert, aber auch Schafbrie. Das Wald- und Mühlviertel ist auch Herkunft des feinen Wurstangebots. Außerdem erhältlich sind Milch aus Lembach im Mühlviertel, Joghurt aus dem Mostviertel, Tofu, Soja, frisches Obst und Gemüse je nach Saison, Spezialöle, Teigwaren und Aufstriche, verschiedene Fair-Trade Produkte, aber auch Kosmetikprodukte oder Schafwollpantoffel.

!

OBST & GEMÜSE RICHARD FEHRINGER

2380 Perchtoldsdorf, Marktplatz 18
TEL 0676/373 59 54
MAIL richie rich@aon.at

Ein Marktstand mit bester, genussvoller Präsentation und der Auswahl eines Riesengeschäfts: Angeboten werden Käse aus Vorarlberg und Oberösterreich, Schinkenspeck, Bauernspeck, Hosenträgerspeck, Feuerwurzen, geselchter Schopfbraten oder Blut- und Presswürste, frischen Fisch gibt es auf Bestellung. Die riesige Auswahl an Obst und Gemüse einerseits vom Gärtner oder auch auf Sonderbestellung, überzeugt. Verschiedene Liköre, Eier, Spezialöle und Essige, Marmeladen und Fruchtsäfte runden das Programm ab, und für die äusserliche Anwendung gibt es steirische Naturseife.

!

PÖCHLARN

EUROSPAR PRAUCHNER

3360 Pöchlarn, Mankerstraße 13
TEL 0 27 57/40 05-0
MAIL filiale.poechlarn@prauchner.at
WEB www.prauchner.at

Nicht einfach ein Supermarkt, sondern ein moderner „Tempel" der Genüsse. Die Feinkostabteilung verführt mit einem besonders umfangreichen Käseangebot. Über 100 Sorten aus aller Welt reihen sich hier an heimische Käse z.B. vom Plangger, der Biokäserei aus Tirol, und Käsekaisern wie dem St. Serverin, Dachsteiner oder Bergkäse aus Vorarlberg. Bei Wurst und Schinken werden Spezialitäten wie Mostschinken, Prauchnerschinken, Schwarzwälder Rohschinken oder Prosciutto di Parma perfekt präsentiert, besonders zu erwähnen sind auch die herrlichen Imbisse sowie das tolle Obst- und Gemüseangebot. Regionale Produkte werden stark gefördert, aus den Genussregionen gibt es Mostviertler Birnenmost und Mostviertler Schofkas. Bio-Produkte findet man nicht nur bei Brot und Gebäck, sondern unter anderem auch beim Frischfleisch. Die Mitarbeiter beraten freundlich und engagiert.

!

REICHENAU

NÖBAUER KONDITOREI/BÄCKEREI

2651 Reichenau, Schlosspl. 6
TEL 0 26 66/536 13
MAIL baeckerei@konditorei-noebauer.at
WEB www.konditorei-noebauer.at

Naschkatzen werden sich wie im siebten Himmel fühlen: große Auswahl an feinen Torten (für alle Anlässe) wie k.u.k.- oder Haustorte, hervorragende Kuchen, aber auch Reichenauer Taler oder Kulturküsschen, Dinkelbäckerei sowie im Sommer Eis aus eigener Erzeugung. Und auch bei Brot und Gebäck findet man praktisch alles, was das Herz begehrt: vom Oliven- über das Kürbiskernbrot bis zum Bärlauchweckerl. Auch kleine Imbisse und Speisen werden geboten.

RETZ

BAUERNLADEN RETZER LAND

2070 Retz, Kremser Straße 2
TEL 0 29 42/200 93

Jeder Artikel trägt hier den Vermerk des Produzenten – die regionale Herkunft der Waren, die Sie hier kaufen, ist also garantiert. Die Vermarktungsgesellschaft von regionalen Bauern bietet u.a. zahlreiche Käse-, Wurst- und

Whisky-Erlebniswelt

Fleischspezialitäten (z.B. Lammwurst, Retzer Schinken, Honigschinken, Kräuter- oder Knoblauchspeck), ein saisonales Obst- und Gemüseangebot, echtes, knuspriges Bauernbrot, eine tolle Auswahl an Weinen aus dem Weinviertel, Spirituosen und Liköre, Mohnprodukte sowie frische Karpfen und Forellen. Hausgemachte Mehlspeisen, handgerührte Marmeladen wie Vogelbeere-Apfel und Kompotte sowie ein reichhaltiges Biosortiment – auch mit Teigwaren – runden das Angebot ab.

WEINVIERTLER FLEISCHEREI HOFMANN

2070 Retz, Hauptplatz 32
TEL 0 29 42/280 88
WEB www.weinviertel-fleischerei.at

Höchste Qualität aus der Region hat hier Priorität. Die Vielfältigkeit des Angebots an Fleisch und Wurstwaren überzeugt auch anspruchsvolle Genießer. Frischfleisch gibt es unter anderem vom Tullnerfeld Schwein aus der Genussregion, auf Bestellung auch vom Wild. Bei Wurst und Schinken verführt eine große Auswahl an Delikatessen, die überwiegend selbst hergestellt werden, auch zahlreiche hausgemachte Aufstriche finden sich im Angebot. Verschiedene warme Speisen und Tagesteller laden dazu ein, die Küche zu Hause mal kalt zu lassen. Ein kleines Weinangebot regionaler Winzer macht den Genuss perfekt.

ROGGENREITH

WHISKY-ERLEBNISWELT

3664 Roggenreith, Roggenreith 3
TEL 0 28 74/74 96
WEB www.whiskyerlebniswelt.at

Die erste Whiskybrennerei in Österreich hat einiges zu bieten. Im modernisierten Shop werden fünf verschiedene Sorten vom edlen Waldviertler Whisky, aber auch Waldviertler Wodka, Gin und Mohnkorn sowie verschiedene Edelbrände und Liköre (Nuss, Schoko-Mohn, Hollunder, Heidelbeere) angeboten. Im eigenen Whisky-Café gibt es nicht nur Kaffee- und Mehlspeisen-Spezialitäten mit Whisky, sondern auch ein Whisky-Frühstück. Produkte wie Whiskymarmelade, - krapfen- und -kaffee, Waldviertler Mohn aus der Genussregion, Graumohnöl und handgeschöpfte Schokoladen runden das Angebot ab. Führungen sind täglich möglich, in der Schaubrennerei sieht man die Whiskyproduktion vom Feld bis ins Glas.

SCHLOSS ROSENAU

GERHARD WEISSENHOFER

3924 Schloss Rosenau 7
TEL 0 28 22/584 94
WEB www.heuriger-meierhof.at

Genusseinkauf ist hier garantiert. Aus Schweinefleisch und Waldviertler Weiderind werden nach alter Tradition Wurst- und Schinkenspezialitäten, Waldviertler Geselchtes, Saumeisen, Haussulz, Blutwurst, Stelzen, Ripperln, Knödel mit Füllung und Grammeln hergestellt. Saisonal wird das Angebot durch Wild erweitert, auch Wurstspezialitäten vom Wild sowie Wildpasteten werden hergestellt. Dazu wird ein erlesenes Wein- (der Hausherr ist Sommelier) und Spirituosensortiment angeboten, und auch Waldviertler Kartoffel aus der Genussregion findet man hier. Einfach Schmankerln aus dem Waldviertel genießen und bei einer Filmvorführung die Entstehung der Produkte kennenlernen.

SCHÖNBERG

WALTER HENGSBERGER NAH&FRISCH

3562 Schönberg, Kamptalstraße 12
TEL 027 33/82 29

Nahversorgung auf 250 m² Verkaufsfläche mit sehr viel Charme und Geschmack. Geboten werden ein attraktives Sortiment und umfangreiche Serviceleistungen. Neben dem Grundsortiment setzt man auf Regionalität und Herkunft aus Genussregionen: Spezialitäten, Weine aus der Region, Produkte „Echt aus Niederösterreich", ofenfrisches Gebäck, Getreide aus der Genussregion Weinviertler Getreide, hochwertiges Frischfleisch in Bedienung und verschiedene Angebote im Imbiss-Corner.

Pferdefleischhauer Rudolf Schuller

Radatz Schwechat

Klosterladen Stift Seitenstetten

SCHWECHAT

PFERDEFLEISCHHAUER RUDOLF SCHULLER

2320 Schwechat, Wienerstraße 19
TEL 01/707 08 12
Hier erhalten Sie Frischfleisch und küchenfertige Produkte in bester Qualität und in vielen verschiedenen Variationen, fast ausschließlich aus Pferdefleisch: unter anderem feinen Rohschinken vom Pferd, Leberkäse, Pasteten, Würste; vom Schwein gibt´s Knoblauch-, Puszta- oder Rauchspeck. Frisch zubereitete Speisen aus Pferdefleisch, unter anderem faschierte Laibchen oder Pferdegulasch können Sie im Imbissbereich genießen. Geschäftszeiten: Mo.–Fr. 7.00 bis 15.00 Uhr. Samstags geschlossen!

RADATZ

2320 Schwechat, Wiener Straße 12
TEL 01/707 35 34
WEB www.radatz.at
Ein Einkauf mit Genusserlebnis ist hier garantiert. Beim Käse liegt der Schwerpunkt auf Produkten aus Österreich, aber auch auf französischen und italienischen Spezialitäten. Auswahl, Frische und Präsentation bei Wurst und Schinken, mit Feinheiten wie Vulkanlandschinken aus der Genussregion, Lachsschinken, Schwarzwälder Schinken, Weinviertler Salami oder Trüffelsalami sowie beim frischen Fleisch sind überragend. Auf Regionalität und Saisonalität wird Wert gelegt: Es gibt Adventbraten vom Kalb, im Herbst Wildspezialitäten, und im Frühling gibt es Lamm oder auch Kitz auf Bestellung. In praktisch allen Bereichen werden auch Bio-Produkte angeboten. Für den Hunger zwischendurch stehen täglich drei verschiedene Menüs zur Auswahl. Eine kleine Auswahl an Staud's Marmeladen, Honig mit eingelegten Maroni, Steirischem Kürbiskernöl aus der Genussregion, Hausmachernudeln, Pesto, Sauergemüse sowie Zotter-Schokoladen rundet das umfangreiche Angebot ab.

SEITENSTETTEN

ELLEGAST GMBH

3353 Seitenstetten, Marktplatz 6
TEL 0 74 77/425 60
MAIL office@ellegast.at
WEB www.ellegast.at
Delikatessen, so weit das Auge reicht: Beim Käse findet man unter anderem Mostviertler Schofkas aus der Genussregion. Die Auswahl bei Wurst und Schinken ist mit 80 Sorten überragend, darunter Schinkenspeck, Karreespeck, pämierter Bauchspeck, aber auch besondere Streichwürste. Bei Frischfleisch gibt es eine breite Palette an Spezialitäten, darunter auch zahlreiche Gerichte wie Krautrouladen, gefüllte Hühnerbrüstchen, Rindsrouladen oder hausgemachte Leberknödel. Fisch gibt es donnerstags und freitags. Das sonstige Angebot verspricht puren Genuss: verschiedene Antipasti, knuspriges Biobrot und -gebäck, Nudeln, Kaffee, Staud's-Produkte, Essige und Öle, Schnäpse und Obstsäfte aus der Region.

KLOSTERLADEN STIFT SEITENSTETTEN

3353 Seitenstetten, Am Klosterberg
TEL 0 74 77/423 00
MAIL kultur@stift-seitenstetten.at

Fleischhauerei Rudolf Berger Sieghartskirchen

Fleischerei Steiner-Bernscherer

Genießen ist das Motto im Klosterladen. Angeboten werden wertvolle Garten- und Klosterprodukte, man weiß Gutes zu schätzen und auch in Szene zu setzen. Erlesene Weine von Stiften aus NÖ, Birnenschaumwein aus der Genussregion, Edelbrände, feine Klosterliköre (die klostereigenen Kräuter aus dem Hofgarten sind die Basis für die mehrfach ausgezeichneten Liköre wie Rosenblüten oder Kriecherl) und Brände, die in der klostereigenen Brennerei hergestellt werden sowie Obst aus dem eigenen Garten, aber auch Tees, Gewürze, Kräuter und Honig. Auch Lebkuchen, Schokoladen, Dörrzwetschken und Apfelchips findet man in dem feinen Klosterladen. Vervollständigt wird die umfangreiche Palette mit Kräutersalzen, Rosenblütenzucker oder einem Rosenblütendessertaufstrich.

!

SIEGHARTSKIRCHEN

FLEISCHHAUEREI RUDOLF BERGER

3443 Sieghartskirchen, Karl-Berger-Platz 1
TEL 0 22 74/468 94
MAIL office@berger-schinken.at

Ein Traditionsgeschäft mit ganz besonderem Flair! Der Name Berger steht für Qualität und Regionalität bei Fleisch, Wurst und Schinkenspezialitäten. Das Fleisch wird ausschließlich aus Österreich bezogen, eigene Vertragsbauern garantieren, dass die Tiere ohne gentechnisch veränderten Sojaschrot gefüttert werden. Wurst und Schinken gibt es hier in überragender Vielfalt, allein 52 (!) verschiedene Schinkenvariationen stehen zur Auswahl, darunter Colorado-, Pesto-, Römer-, Rosmarin- oder Weinherbstschinken, natürlich auch in Bio-Qualität. Frischen Fisch, wie den herrlichen Alpenlachs von der Fischzucht Brauchl, gibt es jeden Donnerstag, Freitag und Samstag. Aber auch Käse (Bio), Obst und Gemüse sind gut sortiert im Programm. Der große Restaurantbereich macht vor, welche Vielfalt an Gerichten aus den köstlichen Fleischsorten gezaubert werden kann.

!

SOLLENAU

FLEISCHEREI STEINER-BERNSCHERER

2601 Sollenau, Hauptplatz 15
TEL 0 26 28/472 49, 0664/846 49 84
MAIL steiner@fleischer.at
WEB www.steiner.fleischer.at

GENUSS REGION ÖSTERREICH Sehenswertes Geschäft, das 2009 zum schönsten Fleischerfachgeschäft gekürt wurde. Hier überzeugt aber nicht nur die Architektur: Die Fleischerei ist bekannt für ihre exquisiten Produkte. An der Wurst- und Schinkentheke verführen unter anderem Honig-, Party-, Pfeffer- und Tomaten-Basilikum-Schinken zum Genuss. Sehr zu empfehlen sind auch das Spanferkel und die Blutwurst. Und auch beim Frischfleisch ist die Auswahl groß: Schneebergland-Schwein aus der Genussregion, Lammsteak oder Broccolisteak, Rindfleisch in Bioqualität wird ebenfalls angeboten. Als Imbiss gibt's gekochtes Beuschl, Gulasch, Schnitzel oder Schweinsbraten. Verschiedene Suppenfonds und Spieße vervollständigen die Produktpalette. Die Beratung ist überaus freundlich und weiß über die einzelnen Produkte perfekt Bescheid.

Kastner Extra Nah&Frisch

Rosenfellner Mühle und Naturkost

Zur Steinernen Birne

SPITZ

KASTNER EXTRA NAH&FRISCH

3620 Spitz, Mittergasse 3a
TEL 0 27 13/29 70
WEB www.kastner.at

Nicht einfach Produkte, sondern Lebensmittel werden hier besonders geschmackvoll in Szene gesetzt. Eine 12 Meter lange Feinkostzeile bietet frisches Fleisch in großer Auswahl und bester Präsentation, aber auch eine tolle Palette an heimischen sowie internationalen Käse- und feinen Wurst- und Schinkenspezialitäten. Zahlreiche Bio-Produkte in bester Qualität, eine große Vielfalt an regionalen frischen Brot- und Gebäcksorten sowie Produkte aus den Genussregionen werten das Angebot auf. In der gut sortierten Weinabteilung findet der Genießer zahlreiche edle Tropfen aus der Wachau.

BIO ☺

OBSTHOF REISINGER

3620 Spitz, Mitterndorf am Jauerling 1
TEL 0 27 13/28 55
WEB www.obsthof-reisinger.at

Ausschließlich aus heimischem, frischem, vollreifem und handgeernteten Obst entstehen im Obsthof Reisinger mit Liebe, Begeisterung und langer Erfahrung einzigartige Obstsäfte, Nektare, Cidre, Edelbrände und Marmeladen. Auf naturnahe Verarbeitung wird dabei größter Wert gelegt, schonende Herstellungsverfahren garantieren außergewöhnliche (Bio-) Qualität. Die Haltbarkeit erfolgt dabei ausschließlich durch Pasteurisierung, dadurch bleiben Vitamine und Inhaltsstoffe erhalten!

BIO

ST. PETER/AU

ROSENFELLNER MÜHLE UND NATURKOST GMBH

3352 St. Peter/Au, An der Bahn 9
TEL 0 74 77/423 43
MAIL kontakt@rosenfellner.at
WEB www.rosenfellner.at

Qualität und Regionalität sind die Basis für den traditionellen Familienbetrieb. Verarbeitet wird hochwertiges, naturbelassenes und biologisches Getreide aus der Region, auf kurze Transportwege wird ebenso geachtet wie auf traditionelle Verarbeitung. Angeboten wird eine große Auswahl an Mehlen, Vollkornmehlen, Brotbackmischungen, Kuchenmischungen und Teigwaren, aber auch Tees, Öle, Gewürze, Fruchtaufstriche, Obstsäfte, feine Weine, Most oder Edelbrände aus biologischem Anbau. Für Naschkatzen gibt es ein breit gefächertes Sortiment an Dinkelkeksen, Schokoladen und Schokofrüchten, getrockneten Früchten oder glutenfreien Naschereien. Auch Knabbergebäck wie Hirsebällchen oder Maisstangerl werden angeboten. Die Mitarbeiter sind überaus hilfsbereit und freundlich und machen den Einkauf hier zu einem echten Vergnügen.

BIO ☺ !

ZUR STEINERNEN BIRNE

3352 St. Peter/Au, St. Johann 155
TEL 0 74 34/421 12
MAIL a.binder@steinernebirne.at
WEB www.steinernebirne.at

GENUSS REGION ÖSTERREICH Ab-Hof-Einkauf ist in diesem stilvollen Laden ein echter Genuss, sämtliche angebotenen Produkte werden selbst hergestellt. Die Genussregion Mostviertler Birnmost wird hier perfekt präsentiert. Das Sortiment umfasst 15 Mostsorten (von Jungspund über Amadeus und Speckbirne bis zur roten Pichlbirne oder Landbirne) und Birnenfrizzante (ausgezeichnet mit der goldenen Birne), aber auch Freilandeier, Beerenfrüchte, hausgemachte Mehlspeisen, Bauern- und Vollkornbrot sowie sechs Sorten Säfte werden angeboten. Bei den Bränden überzeugen Speckbirne und Himbeergeist, und von der hohen Qualität zeugen zahlreiche Auszeichnungen. Die vielen Köstlichkeiten können Sie natürlich auch direkt beim Hof-Mostheurigen „Zur Steinernen Birne“ genießen.

☺ !

ST. PÖLTEN

BÄCKEREI HAGER

3100 St. Pölten, Mühlweg 68
TEL 0 27 42/35 76 58
WEB www.hager.co.at
FILIALEN Rathausgasse 4, Josefstraße 52, EKZ Traisenpark,

Café Konditorei Pusch

Evi Naturkost

Kremser Gasse 6, Kremser Gasse 41, Wiener Straße 14, Zentrum am Schwaighof.
„Frische ist Ährensache". Nach diesem Motto wird in allen acht Filialen in St. Pölten höchste Qualität bei Brot und Gebäck geboten. Für den Genuss sorgen unter anderem besonders lange Teigführungen, die dafür sorgen, dass das Brot sein besonderes Aroma voll entfalten kann. Darüber hinaus steht bei vielen Produkte der Gesundheitsaspekt im Vordergrund, so kommen z.B. Sole statt Salz sowie energetisches Wasser zur Anwendung. Genuss und Geschmack sind damit garantiert, das Gleiche gilt natürlich auch für die Mehlspeisen wie den Apfelstrudel, die herrlichen Croissants, Nusskipferln und Mohnkronen sowie für die Torten und Pralinen.

CAFÉ KONDITOREI PUSCH

3100 St. Pölten, Domgasse 8
TEL 0 27 42/766 44
WEB www.cafe-pusch.at
Im Café Pusch wird nicht nur die k.u.k.-Backtradition fortgeführt und auf höchstem Niveau weiterentwickelt, hier gibt es auch ein neues süßes Wahrzeichen der Stadt: die original Sankt Pöltner Prandtauer-Torte. Ein Mehlspeistraum aus flaumigem Nussteig, pfiffiger Birnen-Zwetschken-Marmelade und extra zartem Schokoguss. Diesen neuen Fixstern am Mehlspeishimmel sollten Sie am besten gleich bei einer guten Schale Kaffee im Café Pusch probieren! Aber auch für den kleinen Hunger zwischendurch wird hier gesorgt, es gibt täglich ein Metabolic-Frühstück, mittags verschiedene Menüs sowie ein vegetarisches Wochenprogramm.

ERBER FLEISCH-IMBISS-WURST

3100 St. Pölten, Brunngasse 18
TEL 0 27 42/35 76 58
In diesem geschmackvollen Betrieb haben sich ein Fleischer und eine Köchin dem Genusshandwerk verschrieben. Die Palette an Delikatessen ist groß und reicht von sehr appetitlich präsentiertem Schweine-, Rinds- und Kalbsfleisch über Lammspezialitäten bis zu Leberkäse, Rohschinken oder feinen Pasteten. Frau Erber zaubert darüber hinaus täglich eine feine Auswahl an köstlichen Gerichten, die entweder gleich im Geschäft genossen werden können, oder aber auch für die schnelle Küche zu Hause perfekt sind.

EVI NATURKOST

3100 St. Pölten, Kremser Landstraße 2
TEL 0 27 42/35 20 92
In Sachen Bio ist dieses Geschäft die erste Adresse in der Landeshauptstadt! Das Angebot wird ständig erweitert und überzeugt mit frischem Obst und Gemüse, im Feinkostbereich unter anderem mit zahlreichen Spezialitäten aus Schaf-, Ziegen- und Kuhmilchkäse. Schaffleisch wird ebenso angeboten wie Bioprodukte aus den Genussregionen Waldviertel, der Wachau und dem Alpenvorland, aber auch Gewürze, Kräuter, Essige und Öle oder Nahrungsergänzungsmittel. Angeschlossen ist übrigens auch ein sehr empfehlenswertes Biorestaurant. Das Spezialgeschäft bietet neben gesunden Lebensmitteln aber auch eine Reihe von zusätzlichen Produkten wie Naturkosmetik, biologisches Tierfutter, Möbel und Bekleidung. Fragen Sie ruhig nach, die Beratung ist kompetent und charmant.
BIO !

Spar Gourmet St. Pölten

Taste & Beauty St. Pölten

SPAR GOURMET

3100 St. Pölten, Kremser Gasse 21
TEL 0 27 42/31 03 42

Der Spar Gourmet ist das führende Feinkostgeschäft in der Landeshauptstadt. Auswahl und Frische überzeugen auch anspruchsvolle Genießer, sowohl beim sehr gut sortierten Käsesortiment, das eine ganze Reihe regionaler Köstlichkeiten bereithält, als auch bei Wurst- und Schinken (übrigens mit feinen und sehr empfehlenswerten Pasteten) sowie beim Frischfleisch. Obst und Gemüse gefallen mit Frische, bester Präsentation und großer Auswahl. Das ebenfalls sehr gut sortierte Weinsortiment ist eine gelungene Melange aus regionalen und internationalen Spezialitäten, auch zahlreiche edle Spirituosen verführen bei sehr guter Beratung zum Genuss. Insgesamt stehen im Markt rund 1.300 Feinkost-Spezialitäten zur Wahl, ergänzt wird das Angebot mit dem bei Spar üblichen Supermarkt-Sortiment (natürlich auch mit der gesamten Palette an Spar Bio-Produkten) zur Abrundung eines umfassenden Einkaufs. Eine gelungene Kombination aus hervorragendem Angebot und Service.

BIO !

TASTE & BEAUTY

3100 St. Pölten, Wiener Straße 17
TEL 0 27 42/319 70
WEB www.tasteandbeauty.at

Ein Einkaufsgenuss, der Seele und Körper gleichermaßen berührt. Taste & Beauty ist die gekonnte Kombination von Naturkosmetik und Kulinarik. Hier findet man nicht nur eine große Auswahl an Naturkosmetikprodukten auf Marillenbasis (Marillenkeimöl), sondern auch edle handgeschöpfte Schokoladen und Konfekt, Weine aus der Wachau, Marillenfrizzante, geröstete Marillenkerne, Marillensenf, Marmeladen, Chutneys, Essige und Öle sowie eine feine Auswahl an Destillaten. Übrigens: Auch der angebotene Kaffee kommt hier aus der eigenen Röstung. Das Mitarbeiterteam berät freundlich und engagiert.

!

STATZENDORF

RUDOLF & GERLINDE HELL

3125 Statzendorf, Absdorf 10
TEL 0 27 86/25 11
WEB www.salat-sauerkraut.at

Hier wird sauer eingelegt – Rudolf Hell begann im Jahre 1992 mit der Herstellung und dem Verkauf von Sauerkraut. Heute sind rund zehn Produkte im Programm, darunter Sauerkraut roh oder gekocht, Sauerkrautsaft, Salzgurken, Krautsalat, Kartoffelsalat, Rohkostsalat, Rote Rüben Salat oder Selleriesalat. Bis zu 5 Mal pro Woche werden die Salat frisch hergestellt, auf chemische Konservierungsstoffe wird dabei bewusst verzichtet, man achtet auf Geschmack und Erhalt der natürlichen Wirkstoffe.

!

WINKLER-LANGGARTNER QUALITÄTSFLEISCHWAREN

3125 Statzendorf 40
TEL 0 27 86/23 46
WEB www.winkler-langgartner.at

Ein Fleischerfachgeschäft wie man es sich wünscht. Regionalität und das Wissen um die Herkunft der Zutaten sind ein Qualitätskriterium, die eigene Wursterzeugung ist hier noch selbstverständlich. Das Rindfleisch

Hauer Hauersdorf

Ideenbäckerei Geier

Bäckerei Kasses

wird ausschließlich von bäuerlichen Betrieben aus dem Waldviertel eingekauft, auch das Lammfleisch und das hervorragende Wild kommen aus dieser Region. Das Schweinefleisch kommt aus Niederösterreich. Nicht nur die Auswahl beim hochwertigen Frischfleisch weiß zu überzeugen, auch die Palette an Genussprodukten bei Wurst und Schinken kann sich sehen lassen. Sehr beliebt sind der Prosciutto-Schinken (Wachauer Landschinken), die feinen Pasteten (wie die Wildschweinpastete mit Preiselbeeren oder Pflaumen, die Wachau-Pastete mit Marillen, die Trüffelpastete oder die Maronipastete) sowie die Halbfertig- und Fertiggerichte für zu Hause.

STIFT ARDAGGER

HAUER HAUERSDORF

3300 Stift Ardagger, Hauersdorf 114
TEL 0 74 72/654 24
WEB www.hauerbrand.at

In gediegenem Ambiente und bei sehr freundlicher Beratung werden in diesem Gewölbe-Hofladen ausschließlich hochwertige Produkte angeboten, darunter fünf Sorten Most (auch aus Obst der Genussregion Mostviertler Mostbirn), etwa 25 Sorten an feinsten und fassgelagerten Edelbränden (wie Quitten-, Johannisbeer- oder Vogelbeerbrand) und Likören (wie Holler- oder Nusslikör, zu Weihnachten Kletzenbrotlikör), die natürlich auch im eigenen Verkostungskeller aus dem 14. Jahrhundert verkostet werden können. Bei Interesse kann die Entstehung der Pretiosen in der eigenen Schaubrennerei verfolgt werden. Weiters werden im Shop aber auch hausgemachte Marmeladen (wie Dirndl-Quitten), Chutneys wie Dirndl-, Apfel- oder Zwetschkenchutney, Fruchtsäfte, Birnen-Cider, Knabberobst, Schokoladen, Spezialessige und -öle angeboten.

STOCKERAU

FLEISCHEREI OSWALD THEURER

2000 Stockerau, Josef-Wolfik-Straße 20
TEL 0 22 66/627 76
MAIL theurer-fleisch@aon.at

Ein Fleischerfachgeschäft, wie man es sich wünscht. Die abermals erweiterte Auswahl an Wurst- und Schinkenspezialitäten verlockt ebenso zum Genuss wie das perfekt präsentierte Frischfleisch. Angeboten wird aber auch ein kleines Käsesortiment. Für den kleinen Hunger zwischendurch gibt es eine Auswahl an Mittagsmenüs. Das Personal berät freundlich und gibt auch gern Zubereitungstipps.

STRASSHOF

IDEENBÄCKEREI GEIER

2231 Strasshof, Hauptstrasse 207
TEL 0 22 87/23 31
WEB www.geier.at

Tradition und Innovation gehen in der seit 100 Jahren in Familienbesitz stehenden Bäckerei eine geschmackvolle Verbindung ein. Wie anno dazumal wird hier noch auf Regionalität geachtet, man bäckt mit hochwertigem Rohstoffen aus der Region und mit Getreide aus dem Marchfeld. Jedes Brot wird noch mit der Hand geformt und anschließend im Steinofen gebacken. In der Schaubäckerei können Kinder live miterleben, wie die Köstlichkeiten entstehen. In der Café-Konditorei darf man sich sonntags immer über ein erweitertes Frühstücksangebot freuen. Großer Indoor-Spielplatz, sehr ambitioniertes Personal!

THAYA

CAFE BÄCKEREI KASSES

3842 Thaya, Hauptstraße 11
TEL 0 28 42/526 57
WEB www.kasses.at

Der Traditionsbetrieb wird bereits in dritter Generation geführt, und seit jeher setzt man auf Handwerk, Geschmack und Qualität. Selbst Meinl am Graben bezieht das Brot und Gebäck von der Bäckerei Kasses. Die Auswahl ist riesig (insgesamt werden über 100 Sorten Brot und Gebäck geboten) und reicht von handgeformten Semmeln, Waldstaudenbrot, Vollkorn- und Leinsamenbrot bis zu hefefreiem Brot. Wer Brot lieber „geistig" mag, dem sei der Schwarzbrot Edelbrand empfohlen. Im Konditoreibereich werden neben zahlreichen exklu-

Bäckerei Hager, Tulln

Fleischhauerei Johann Schmölz

siven Feinbackwaren und handgeschöpfter Schokolade (Jasmin-Rose, Feige-Portwein oder Ingwer-Zimt) auch typische Waldviertler Spezialitäten angeboten, die selbstverständlich auch im angeschlossenen Kaffeehaus genossen werden können.

TRAISKIRCHEN

FLUSS-SEE-MEERESSPEZIALITÄTEN HEDWIG FAK

2514 Traiskirchen, J.-Foißnerstraße 1
TEL 0 22 52/567 39
Genuss aus Meer, Fluss und See! Neben einer großen Auswahl an täglich frischem Fisch gibt es hier auch die Möglichkeit, außergewöhnliche Meeresfrüchte zu bestellen. Das vielfältige Imbissangebot sorgt für immer neue Ideen und macht Lust zum Nachkochen. Unbedingt probieren: die Muscheln in pikanter Tomatensauce! Mittwochs und freitags liegt der Schwerpunkt auf Fisch aus Dänemark, Holland, Frankreich und Italien, dienstags, donnerstags und samstags vor allem auf inländischen Fischen (Karpfen, Forelle, Wels usw.). Lebende Fische und Schalentiere am Mittwoch und Freitag. Weiters im Sortiment: Miesmuscheln, Garnelen, Hummer und geräucherte Fische. Dazu passende Weine und Salate, Saucen und Standardfischkonserven runden das Angebot ab. Achtung: Montag ist Ruhetag!

TULLN

BÄCKEREI HAGER

3430 Tulln, Hauptplatz 8
TEL 0 22 72/646 04
Qualität und Frische zählen in dieser modernen, freundlichen und auch architektonisch interessanten Bäckerei. Das Geschäft punktet mit einem tollen Angebot an knusprigem und herrlich duftendem Brot und Gebäck, das durch spezielle Verfahren besonders bekömmlich gemacht wird. Die Rohstoffe kommen zum überwiegenden Teil aus Ostösterreich, der Roggen aus dem Waldviertel, der Weizen aus dem Mostviertel und dem Nordburgenland… Fast schon selbstverständlich, dass auch die Teige mit energetisiertem Wasser angerührt werden. Zu den Highlights des süßen Warenangebotes zählen die Topfen-Biomehlspeisen. Appetitliche Snacks verführen dazu, sich auch einmal eine etwas längere Pause zu gönnen. Auch Sonntags von 7.45 bis 11.30 Uhr geöffnet!

BAUERNLADEN TULLN

3430 Tulln, Frauentorgasse 9–13
TEL 0 22 72/665 67
Das Sortiment in diesem kleinen, aber feinen Bauernladen ist voll und ganz auf Bio ausgerichtet, schließlich war Stephan Teix der erste Biobauer im Ort. Die Auswahl bietet Biorohmilch oder -rahm, Biokäse, Fleisch vom Schwein, Lamm und Geflügel, Hauswürste, Speck aus eigener Produktion, aber auch Geselchtes, Blutwurst sowie ein saisonal ausgerichtetes Obst- und Gemüsesortiment. Spezialöle, Kräuter und Kräutertees, frische Brot und Teigwaren aus eigener Produktion sowie feine Marmeladen, Weine, Brände und Liköre in schönen Flaschen vervollständigen das umfangreiche Angebot.
BIO

FLEISCHHAUEREI JOHANN SCHMÖLZ

3430 Tulln, Hauptplatz 10
TEL 0 22 72/623 17-0
Alle Wurst- und Schinkenspezialitäten, die Sie in diesem Familienbetrieb finden, kommen ausschließlich aus der eigenen Produktion, das Fleisch dafür wird von Bauernhöfen aus der Umgebung bezogen. Zum Genuss verführen allein 8 Variationen von Schinken, darunter Honigkrusten- oder Krenschinken, aber auch Westfähler Rohschinken oder Rinderschinken. Besonders beliebt ist auch die Hartwurst aus dem Hause Schmölz sowie die bekannte, sehr scharfe Flohwurst. Die Fleischvitrine ist bestens sortiert und umfasst zahlreiche Angebote nicht nur in den Bereichen Rind und Schwein, sondern auch bei Wild, Lamm, Ente und Schaf. Fertiggerichte wie Beuschl, Knödel oder Leberkäse vervollständigen die breite Palette an Delikatessen. Die Bedienung ist beispielhaft und führt freundlich und kompetent durch das Angebot.

Fleischhauerei Rudolf Berger, Tulln

Fleischhauerei Hausenberger

FLEISCHHAUEREI RUDOLF BERGER GMBH

3430 Tulln, Hauptplatz 3
TEL 0 22 72/652 40
MAIL office@berger-schinken.at
WEB www.berger-schinken.at

Das bereits in vierter Generation geführte Familienunternehmen steht für Innovation, Tradition und Qualität. Bäuerliche Betriebe aus der Region liefern Kalb-, Rind-, Schweine- und Lammfleisch, das hier mit größter Sorgfalt für die Kunden aufbereitet wird. Das damit hergestellte Wurst- uns Schinkenangebot ist top, Spezialitäten wie der Colorado-Schinken, der Pesto-Schinken, der Rosmarin-Schinken oder der Römer-Schinken stechen hervor. Natürlich sind viele der Produkte auch in Bio-Qualität erhältlich. Ein hervorragendes Angebot an Convenience-Produkten hilft bei der schnellen Zubereitung zu Hause, ein überdurchschnittlich großes Käseangebot sowie exklusive Olivenöle und Antipasti runden das Angebot ab, und auch aus den Genussregionen finden sich Produkte. Im Imbissbereich sowie dem Kellerstüberl können Sie bei Hausmannskost – bis zu acht Menüs stehen zur Auswahl – zulangen. Frischfisch wie den feinen Alpenlachs aus der Region Schneeberg gibt's von Mittwoch bis Samstag, zum Thema Fisch werden hier auch Workshops angeboten!

NATURLADEN WEISS

3430 Tulln, Minoritenplatz 4–5
TEL 0 22 72/637 91

Was hier geboten wird, kann sich wirklich sehen lassen! Auf kleinstem Raum eröffnet sich hier dem Genusssuchenden ein kleines Paradies mit vielen Käsespezialitäten, Biospezialbroten, Bauernbroten aus dem Waldviertel, Vollwertkuchen und Strudel sowie ausgefallenen Ölen – unter anderem auch aus Leinsamen oder Distel. Aber auch Biofleisch und frisches Obst und Gemüse aus der Region wird angeboten. Der Chef berät seine Kunden kompetent und freundlich und nimmt sich gern die Zeit zum „Fachsimpeln".

TULLNER NASCHMARKT

3430 Tulln, Am Hauptplatz
TEL 0664/440 62 49
MAIL naschmarkt@tullner-naschmarkt.at
WEB www.tullner-naschmarkt.at

Der bereits seit 2002 bestehende Tullner Naschmarkt ist letztes Jahr auf den Tullner Hauptplatz übersiedelt. Etwa 20 ständige Mitglieder bieten hier ihre geschmackvollen und hochwertigen Produkte an, die Vielfalt ist groß: Frisches Obst und Gemüse aus der Region, Spargel, Trockenfrüchte, Nüsse, Kaffee, feine Käsespezialitäten, Eier, selbstgemachte Aufstriche, frisches und knuspriges Brot und Gebäck, aber auch Rindfleisch, Wein, Bier, Traubensaft, Obstsaft, Kräuter, Honigprodukte, Fleischwaren und frischer Fisch werden angeboten. Neben den Genussprodukten gibt es saisonal darüber hinaus zu Weihnachten beispielsweise stimmungsvolle Gestecke, zu Ostern Altersträuße. Geöffnet freitags von 9.00 bis 18.00 Uhr.

VÖSENDORF

FLEISCHHAUEREI HAUSENBERGER

2331 Vösendorf, Klausengasse 1
TEL 01/699 29 38
WEB www.hausenberger.com

In diesem bereits in dritter Generation geführten Familienbetrieb schreibt man Qualität seit jeher groß, alle Genussprodukte, die im Geschäft zu finden sind, stammen aus eigener Herstellung, die Tiere werden ausschließlich von Bauern in der Umgebung bezogen. Die lange Erfahrung und Tradition schmeckt man auch bei den herrlichen hausgemachten Würsten, dem hervorragenden Beinschinken, der Haussulz, dem Leberkäse, den gebratenen Stelzen und natürlich bei jedem Stück Fleisch. Sehr beliebt ist auch die warme Theke, an der es unter anderem verschiedene Braten, saftige Stelzen oder frischen Leberkäse gibt. Als süßer Abschluss werden hausgemachte Mehlspeisen angeboten. Die Familie bemüht sich besonders liebenswürdig um jeden einzelnen Kunden, berät gerne und mit viel Engagement.

Bäckerei Karl Piaty

Bäckerei Konditorei Hartner

Die Hoflieferanten

WAIDHOFEN/THAYA

WAIDHOFNER BAUERNLADEN

3830 Waidhofen/Thaya, Hans-Kudlich-Straße 2
TEL 0 28 42/202 48

GENUSS REGION ÖSTERREICH Im sehr gut sortierten Bauernladen fängt der Genuss aus der Region schon beim frischen Obst und Gemüse an: Spezielle Kartoffelsorten aus dem Waldviertel wie die Kipfler, aber auch Knoblauch und frisches Sauerkraut werden angeboten. Bei Käse findet man Spezialitäten von Schaf- und Ziege ebenso wie milden Schnittkäse mit Sonnenblumenkernen, Karotten, Mohn, Knoblauch oder Kümmel. Das Fleisch vom Rind, Huhn, der Gans oder der Pute kommt aus der Region, frischer Waldviertler Karpfen aus der Genussregion wird am Wochenende geliefert. Die Bauern der Umgebung sorgen außerdem für frisches, knuspriges Brot sowie für verführerische Kuchen und Torten, Edelbrände, Öle und Teigwaren, Antipasti, Säfte, Bioessig und Marmeladen. Auch Chutneys, Sugo, Zucchini-Sauce oder Gurken in Senf finden sich jetzt im Sortiment.

WAIDHOFEN/YBBS

BÄCKEREI KARL PIATY

3340 Waidhofen/Ybbs, Untere Stadt 39
TEL 0 74 42/531 10
MAIL karl@piaty.at
WEB www.piaty.at

Seit fast 100 Jahren wird im Traditionshaus gebacken. Man setzt auf hochwertige Zutaten aus der Region und handgemachte Qualität, so wird zum Beispiel das Vollkorngetreide nach wie vor selbst vermahlen. 50 Sorten Mehlspeisen, 30 Sorten Gebäck und zehn Sorten Brot zeugen von Kreativität und Ideenreichtum. Beim Brot werden Spezialitäten wie reines Roggen- und Dinkelbrot ohne Weizenmehl angeboten, auch reines Dinkel-Vollkornbrot findet sich im Programm. Die Salzstangerln werden hier handgemacht und fünfmal täglich frisch kredenzt. Beim selbst gemachten Eis werden unter anderem Zutaten aus der Region wie beispielsweise Biobirnensaft verarbeitet. Mostviertler Wein und eine kleine Auswahl an Schnäpsen und Likören runden das Angebot ab. Unser Tipp: Die Bäckerei ist ab 4.00 Uhr geöffnet!

BÄCKEREI KONDITOREI HARTNER

3340 Waidhofen/Ybbs, Hoher Markt 17 und Oberer Stadtplatz 14
TEL 0 74 42/521 72-0
WEB www.hartner.waidhofen.at

Naschkatzen werden der Vielfalt an köstlichen hausgemachten Mehlspeisen, feinsten Torten oder leckeren Konditor-Eissorten hier wohl kaum widerstehen können. Alle Brot- und Gebäckspezialitäten werden mit frischem Mehl aus der eigenen Mühle hergestellt, man verwendet ausschließlich Nat(ur)salz, und auch Zutaten wie Milch oder Eier werden im Ort bezogen, schließlich legt man großen Wert auf Nachhaltigkeit und Regionalität. Natürlich werden auch Produkte in Bio-Qualität hergestellt, wie Biodinkel-, Bioroggen-, Bioweizen- und Biokamutbrot. Zu den süßen Spezialitäten des Hauses gehören die Nusstorte (übrigens mehlfrei) und die Haustorte, feinste haus- und handgemachte Pralinen wie die Waidhofner Stadtchronik, die Waidhofner Lebkuchentaler oder die Waidhofner Stadttaler, aber auch die handgeschöpfte Schoklade verführt zum Genuss. Sonntags serviert das Hartner-Team einen reichhaltigen Brunch, der vom Frühstücksei bis zum Joghurt mit frischen Früchten keine Wünsche offen lässt.

DIE HOFLIEFERANTEN

3340 Waidhofen/Ybbs, Oberer Stadtplatz 9
TEL 0 74 42/548 94
MAIL office@diehoflieferanten.at
WEB www.diehoflieferanten.at

GENUSS REGION ÖSTERREICH Sehr einladender Feinkost-Hofladen, in dem Bio-Genuss für jeden Tag geboten wird. In der Frischezone finden Sie Obst und Gemüse aus der Region ebenso wie feinen Prosciutto, Bauernschinken oder Kufsteiner Rohschinken, aber auch Putenwurst oder frisches Lammfleisch und natürlich eine große Käseauswahl mit Spezialitäten wie Wildblumenkäse, Scheunen- oder Knoblauch-Basilikum-Käse. Die Genussregionen sind mit der Ybbstal Forelle vertreten. Weiters gibt es selbst gemachte Aufstriche, Mostviertler Brotspezialitäten und natürlich köstliches Gebäck (übrigens auch in laktose- oder glutenfreien Varianten). Vervollständigt wird die breite Palette an Bio-Genüssen mit österreichischen Weinen, Edelbränden aus der Region wie

Vinothek Steirerhimmel

Café Konditorei Heinz Ferstl

Kriecherl-Apfelbrand, Bohnapfel und Mostello, Fitnessweckerln für die Jause zwischendurch, Fruchtjoghurt, köstlichen Milchprodukten, Schokoladen, Schokopudding, hausgemachten Nudeln oder auch Außergewöhnlichem wie Ziegenmilch, Soja und Tofu. Mittagsmenüs – auch zum Mitnehmen – werden ebenfalls angeboten. Unser Tipp: die Babyabteilung mit gesunder Babynahrung für Ihre Kleinsten! Das Personal ist hilfsbereit und überaus kompetent.

VINOTHEK STEIRERHIMMEL

3340 Waidhofen/Ybbs, Hoher Markt 13
TEL 0 74 42/575 98
MAIL br.harald@gmx.at

GENUSS REGION ÖSTERREICH Dem Himmel ein Stück näher wähnt man sich in dieser Vinothek. 75 Prozent der Weine, die hier geboten werden, stammen aus Bio-Demeter-Betrieben. Aber auch wer köstliche Besonderheiten unter den Spirituosen sucht, wird hier fündig: Weinbrände, Tresterbrand und Kürbisschnaps gehören zum Standardprogramm. Außerdem gibt es Bio-Fruchtsäfte und -nektare, eingelegte Früchte, frische Aufstriche, hausgemachte Mehlspeisen, frisch gekochte Mittagsmenüs zum Mitnehmen und natürlich die Spezialität des Hauses: den Weinberg-Pfirsich-Saft! Die Genussregionen sind mit Alpbachtaler Heumilchkäse und der Ybbstal Forelle vertreten. Tipp: Slow Food und Klein-Kunst-Keller-Abende sowie Dirndlprodukte. Mehr als Genuss!

!

WIENER NEUSTADT

BIO-FIEDLER

2700 Wiener Neustadt, Pottendorfer Straße 37
TEL 0 26 22/271 71
WEB www.biofiedler.at

Den Genusssuchenden erwartet hier ein mehr als umfangreiches Sortiment ausschließlich in Bio-Qualität. Der frische Genuss beginnt schon bei der hervorragenden Auswahl an Obst und Gemüse. Im Feinkostbereich wird man zu Käse aus Österreich (Vorarlberger Bergkäse, Alpenperle, Alpenzeller), der Schweiz oder auch aus Sizilien verführt. Heimische und internationale Weine (darunter auch histaminfreier Wein), zahlreiche Demeter-Produkte, Fleisch, Fisch (frisch auf Bestellung, Alpenlachs) oder Wurst mit Spezialitäten wie Büffelsalami, Lammschinken, Parma- oder Nussschinken, Biosüßigkeiten wie Dinkelkekse oder gluten- und laktosefreie Mehlspeisen gehören hier zum Standard. Die Beratung ist ausgesprochen freundlich und kompetent. Einkaufen ist hier ein Genuss!

!

CAFÉ KONDITOREI HEINZ FERSTL

2700 Wiener Neustadt, Hauptplatz 8
TEL 0 26 22/223 52
MAIL office@konditorei-ferstl.at
WEB www.konditorei-ferstl.at

Mit fast 100jähriger Tradition weiß man in der Café-Konditorei Ferstl, was Naschkatzen wollen. Und hier findet wirklich jeder sein persönliches Genuss-Highlight. Glutenfreie Mehlspeisen und süße Versuchungen, bei denen auch Diabetiker schwach werden dürfen, werden ebenso angeboten wie Cremeschnitten, Esterhazyschnitten, Zwetschkenfleck oder herrliche Marillenkuchen, auch der Wiener Neustädter Taler, ein Konfekt mit Motiven aus Wiener Neustadt, will probiert werden. Wechselndes Mittagsangebot, unter anderem mit hausgemachten Suppen (Leberknödel, Gulaschsuppe…), Gnocchi, Teigwaren u.v.m. Unser Tipp: Zeit nehmen und genießen. Wer's nicht schafft, kann sich auch einen „Coffee to go" bestellen.

!

SPAR GOURMET

2700 Wiener Neustadt, Wiener Straße 14–16
TEL 0 26 22/221 29

Ein Einkaufstempel für Genießer. Obst und Gemüse überzeugen mit großer Auswahl und perfekter Präsentation, das Angebot an heimischen internationalen Käsesorten überzeugte bereits in den vergangenen Jahren, konnte aber wieder vor allem durch heimische Sorten gesteigert werden. Zahlreiche Sorten von Schafs- und Ziegenkäse lassen die Herzen von echten Gourmets höherschlagen, auch das Biosortiment wurde aufgestockt. An der Wursttheke finden sich Hirsch- und Wildschweinschinken ebenso wie luftgetrockneter Schinken vom iberischen schwarzen Schwein, aber auch kleine

Culto Moser Wurst

Lebzelterei Reschinsky

Lutz Bio-Hofladen

Schmankerln wie Roastbeef-Röllchen. Eines der Herzstücke ist die Wein- und Spirituosen-Abteilung, in der sich die Weine österreichischer Top-Winzer und Edelbrand-Hersteller ebenso finden wie Wein-Spezialitäten aus aller Welt. Die Abteilungen sind ausgesprochen gut betreut, das Personal freundlich und hilfsbereit.

WIESELBURG

CULTO MOSER WURST

3250 Wieselburg, Manker Straße 2–4
TEL 0 74 16/523 18-0
MAIL office@moserwurst.at
WEB www.culto.at

Hier lässt die Feinkosttheke sogar verwöhnte Genießer staunen. Mehr als 100 Wurstsorten, darunter die prämierte schwarze Pute, Mostschinken, Mostviertler Schulterspeck oder Hamburger Speck verführen dazu, beim Einkauf ruhig mal über die Stränge zu schlagen. Frisches Fleisch gibt es saisonal auch vom Lamm oder vom Wild. Bei Käse hat man die Qual der Wahl, angeboten wird eine feine Palette an hauptsächlich regionalen Sorten, natürlich auch in Bio-Qualität wie Bioschafkäse vom Bauernhof. Neben frischen, regionalen Produkten findet man hier aber auch zahlreiche internationale Spezialitäten wie italienische Pasta oder Produkte aus den Genussregionen wie den Mostviertler Schofkas. Als Imbiss werden täglich vier unterschiedliche Menüs – auch zum Mitnehmen - angeboten. Überzeugend ist auch die große Auswahl an Brot und Gebäck, das von regionalen Bäckern bzw. Bauern geliefert wird. Die Beratung ist top, in Summe ein wirklich außergewöhnliches Einkaufserlebnis!

LEBZELTEREI RESCHINSKY

3250 Wieselburg, Hauptplatz 14
TEL 0 74 16/524 74
WEB www.reschinsky.at

Höchste Qualität durch traditionelle Handarbeit – dieser Grundsatz wird hier schon seit 1888 hochgehalten. In der Lebzelterei Reschinsky wird wie eh und je der originale Honiglebkuchen aus dem Ötscherland gebacken, selbstverständlich ohne chemische Hilfsmittel. Hier machen aber nicht nur Lebkuchen Lust auf Genuss, sondern auch 20 verschiedene Torten und ebenso viele Pralinenvariationen. Unser Tipp: Probieren Sie die Scheibbser Kugel, hergestellt nach einem Geheimrezept aus dem 19. Jahrhundert! Im Sommer wird auch hausgemachtes Konditoreis angeboten.

LUTZ BIO-HOFLADEN

3250 Wieselburg, Gumprechtsfelden 4
TEL 0 74 16/588 88-23
MAIL office@bio-lutz.at
WEB www.bio-lutz.at

Bereits seit 1980 gibt es den Bio-Hofladen, in dem Lebensmittel vom eigenen Hof sowie von Biobauern aus der Region in bester Qualität angeboten werden. Es gibt nicht nur eine hervorragende Auswahl an frischem Obst und Gemüse (das übrigens ergänzt wird durch ein Frischeangebot biologischer Südfrüchte), sondern auch knuspriges Brot und Gebäck, feine Lamm- und Putenwurst oder 40 verschiedene Käsesorten von Kuh, Schaf (auch die Genussregion Mostviertler Schofkas ist vertreten) und Ziege. Freunde der italienischen Küche finden hier aber auch Pasta, Pesto, Sugos, Tomatenprodukte sowie Antipasti. Hausgemachte Mehlspeisen verführen ebenso zum Genuss wie Marmeladen, Mohnzelten, Most aus der Genussregion Mostviertler Birnmost, regionale Brände aus Zwetschke, Marille oder Kriacherln sowie Zirben- und Nussgeist. Tolle Beratung und ausgesprochen freundliche Mitarbeiter!

WOLKERSDORF

LUKI'S LADEN – DER BIOGREISSLER

2120 Wolkersdorf, Julius-Bittner-Platz 4
TEL 0 22 45/42 37
MAIL lukisladen@utanet.at

Biogenuss in höchster Qualität wird hier geboten: eine feine Auswahl an Brotsorten von Bäckereien aus der Umgebung, Ziegen- und Schafkäse, Biofleisch auf Bestellung, aber auch Weine und edle Spirituosen. Regionale Produkte haben Vorrang. „Bio ist unser Geschäft" lautet das Motto, und dem wird man nicht zuletzt auch mit einer breiten Palette an Waldviertler Biospeziali-

Zeillerner Mostg´wölb

Fleischerei Karl Höller

täten (u.a. auch Biomehlspeisen und -kuchen) mehr als nur gerecht. Unbedingt probieren muss man die verschiedenen Honigsorten wie Eukalyptus-, Orangenblüten- oder Frühjahrsblütenhonig.

BIO !

WÜRMLA

ELISABETH KRATSCHMAR NAH&FRISCH

3042 Würmla, Hauptstraße 9
TEL 0 22 75/85 18

GENUSS REGION ÖSTERREICH Dieser Nahversorger macht mit einem umfangreichen und geschmackvollen Angebot in allen Warengruppen seine Aufgabe perfekt. Die sehr gute Auswahl an Spezialitäten aus der Region bei Käse (hervorragend: Ziegen- und Schafkäse) und Wurst (sehr gutes Geselchtes) überzeugt im Feinkostbereich. Das Angebot an Frischfleisch wird saisonal von Wild und Lamm ergänzt. Frisches Brot und Gebäck gibt es hier natürlich den ganzen Tag über, für den süßen Hunger werden täglich frische Blechkuchen gebacken. Die Genussregionen sind unter anderem mit der Mostviertler Mostbirn vertreten.

ZEILLERN

ZEILLERNER MOSTG'WÖLB MOSTHEURIGER UND BAUERNLADEN

3311 Zeillern, Oberzeillern 126
TEL 0 74 72/677 06
MAIL office@mostgwoelb.at
WEB www.mostgwoelb.com

GENUSS REGION ÖSTERREICH Eine Oase für Mostliebhaber. Alte Wild- und Streuobstsorten aus der Genussregion Mostviertler Mostbirn veredeln die Pioniere der Mostkultur in bester bäuerlicher Tradition zu exquisiten Mosten, fruchtigen Säften und aromatischen Essigen (wie Birnenbalsam-, Apfel- oder Honigessig). Der kulinarische Bogen spannt sich darüber hinaus von Schafkäse aus der Genussregion Mostviertler Schofkas, hausgemachten Aufstrichen und Wurstspezialitäten wie Mostschinken, Lachsschinken im Mostteigmantel, Rindersaft- oder Spargelfiletschinken über diverse Bauernbrote und hausgemachte Mehlspeisen bis hin zu Eichen-, Apfel- und Birnholzfassgelagerten Edelbränden aus eigener Produktion. Aber auch Tees, Marmeladen, Sauergemüse oder Dörrobst wird angeboten. Für freundliche und kompetente Beratung sorgt hier der Chef selbst, der übrigens auch Mostsommelier ist. Deftige und süße Bauernspezialitäten können Sie direkt im Heurigen genießen.

BIO !

ZELLERNDORF

KARL SCHWAYER NAH&FRISCH

2051 Zellerndorf, Hauptstraße 272
TEL 0 29 45/22 12
MAIL karl.schwayer@aon.at

GENUSS REGION ÖSTERREICH Der Nahversorger ist vor allem für seine Liebe zu Käse & Wein bekannt. Als diplomierter Käsesommelier berät der Chef selbst bei der hervorragenden, sehr umfangreichen und teils mit dem Käsekaiser ausgezeichneten Auswahl. Auch beim breiten Weinangebot – darunter zahlreiche prämierte Spitzenweine auch aus dem eigenen Weingut, wird man ausgezeichnet bedient. Selbstverständlich kann man die Weine auch im neuen Degustationsraum verkosten. Hervorzuheben sind auch das sehr gute Antipasti-Angebot, bei Wurst und Schinken findet man Spezialitäten wie Wacholder-, Krusten-, Kren- und Winzerschinken, aus den Genussregionen Retzer Land Kürbis, Weinviertler Erdäpfel oder Laaer Zwiebel. Bio-Liebhaber wird auch die Auswahl an Bioprodukten in allen Bereichen überzeugen.

BIO

ZÖBERN

FLEISCHEREI KARL HÖLLER

2871 Zöbern, Kampichl 35
TEL 0 26 42/82 46
MAIL office@hoeller.at
WEB www.hoeller-fleischer.at

GENUSS REGION ÖSTERREICH Mit dem Qualitätssiegel ausgezeichneter Betrieb, der mit einem breiten und hochqualitativen Warenangebot punktet. Es werden fast ausschließlich Spezialitäten aus der eigenen Produktion angeboten, etwa feine Rohschinken oder Kochschinken, aber auch Sulzen und Pasteten. Ein Genusstipp ist der Mohnschinken. Das Frischfleisch (darunter auch Schneebergland Jungrind aus der Genussregion) stammt von bäuerlichen Familienbetrieben in der Region und wird

Der Zuckerbäcker

Fischerei Stift Zwettl

Kastner Extra Nah&Frisch

in der hauseigenen Schlachtung zerlegt. Die Käsetheke ist klein, aber gut sortiert, und dazu wird ein tolles Angebot an Weinen und Schnäpsen, etwa Kraxenberger Edelbrände, geboten. Sehr freundliche Bedienung.

ZWETTL

DER ZUCKERBÄCKER WOLFGANG FRÖSCHL

3910 Zwettl, Hamerlingstraße 11
TEL 0 28 22/524 29
MAIL zuckerbaecker@zwettlnet.at
WEB www.derzuckerbaecker.com

GENUSS REGION ÖSTERREICH Qualität und Regionalität sind Schwerpunkte in der Bäckerei Fröschl. Man verwendet ausschließlich hochwertige Grundprodukte. Eier, Mohn (aus der Genussregion Waldviertler Mohn) und Kümmel zum Beispiel werden bei Waldviertler Bauern eingekauft, auch das verarbeitete Mehl stammt ausschließlich aus Waldviertler Mühlen. Hergestellt wird damit eine riesige Auswahl an verführerisch duftenden Brot- und Gebäckspezialitäten wie Biokürbiskern- oder Sonnenblumenbrot aus Natursauerteig. Bei den Mehlspeisen gibt hier der Mohn den Ton an: Mohnzelten, -strudel, -torten oder -rouladen stehen auf der Karte. Verführt wird man auch zu Rapsherzen oder Dinkel-Honig-Weckerln. Ein kleines neues Angebot an Milch, Topfen und Joghurt von regionalen Bauern bereichert den Genusseinkauf. Die Beratung ist freundlich und sehr kompetent. Das gemütliche und vor kurzem vergrößerte Café lädt zum Bleiben und Genießen ein.

FISCHEREI STIFT ZWETTL

3910 Zwettl, Stift Zwettl 1
TEL 0 28 22/202 02 35
WEB www.stift-zwettl.at

GENUSS REGION ÖSTERREICH Mit rund 90 Hektar Wasserfläche zählt Stift Zwettl zu den größeren Teichwirten im Waldviertel. Hauptfisch ist der Karpfen aus der Genussregion Waldviertler Karpfen, der hier auch in der eigenen Warmwasserbrutanlage gezüchtet wird. Als Nebenfische werden aber auch Hechte, Zander, Schleien und Forellen gehalten. Im Stiftsladen werden die hochwertigen Fische frisch, filetiert, geräuchert oder auch zu köstlichen Spezialitäten wie Aufstrichen verarbeitet, angeboten. Die Bedienung ist freundlich, zuvorkommend und kennt sich in Sachen Fisch wirklich aus.

KASTNER EXTRA NAH&FRISCH

3910 Zwettl, Neuer Markt 18
TEL 0 28 22/525 72
WEB www.nahundfrisch.at

Hochwertige Produkte, überwiegend aus der Region, aber auch aus ganz Österreich, findet man in diesem Nah&Frisch-Markt in Zwettl. Die Käseauswahl überzeugt mit zahlreichen Spezialitäten aus Österreich, bei Wurst und Schinken findet man unter anderem Feines aus der Region wie z.B. Bauerngeselchtes. „Echt Niederösterreich"-Produkte – wie Fruchtsäfte, Honig, Öl, Kürbiskerne, Dinkel, Müsli oder Nudeln – wurden ins Sortiment aufgenommen, die Obst-, Gemüse- und Kräuterauswahl überzeugt mit Frische und ansprechender Präsentation. Natürlich gibt es auch eine breite Palette an Bio-Produkten in fast allen Warengruppen. Auch das Angebot an frischem Brot und Gebäck von Bäckern aus der Region weiß zu gefallen. Die sehr freundliche und nette Beratung vervollständigt den guten Eindruck.

SPAR GOURMET

3910 Zwettl, Landstraße 33
TEL 0 28 22/570 04
Genussvoll einkaufen ist hier garantiert. Das Sortiment verlockt mit Qualität und Vielfalt. Brot und Gebäck von heimischen Bäckern und vor allem die gelungene Präsentation an der Fleisch- und Wurst-Theke (z.B. mit fertigen Spießen, gefüllten Braten) sowie an der Käsetheke zählen bei Spar Gourmet zu den Highlights. Auch frischer Fisch wird angeboten, die Auswahl reicht von Lachs über Heilbutt bis zur Forelle. Obst und Gemüse verführen mit perfekter Präsentation und Frische, auch zahlreiche Exoten finden sich im Programm. Die Beratung ist hervorragend, und das gemütliche Café lädt mit allerlei Köstlichkeiten zu einer Pause ein.

UNTER'M HOLLERBUSCH FEINSTE BIOLOGISCHE NATURALIEN

3910 Zwettl, Landstraße 5
TEL 0 28 22/539 73
MAIL info@hollerbusch.at
WEB www.untermhollerbusch.at
Ein Muss für alle, die bewusst genießen wollen. Ein moderner Bio-Supermarkt, der das Besondere in einer großen Auswahl anbietet. Allein das Käsesortiment lässt Gourmets staunen – von Schafkäse aus dem Waldviertel bis zu Hildegardkäse und Biogouda findet man hier alles. Bei Wurst und Schinken findet man Spezialitäten wie Wurzelspeck, Paprika- und Knoblauchspeck, Lammwurst und Schinkenspezialitäten, Brot und Gebäck kommen frisch von Bäckern aus der Region. Bei Obst und Gemüse stechen neben der traumhaften Frische auch die saisonalen Schwerpunkte hervor. Eine tolle Auswahl an Gewürzen von Sonnentor, „Hildegard von Bingen"-Produkten, Kaffee, Tee, Mehlspeisen und kleinen Imbissen sowie die Beratung machen den Einkauf hier zum Erlebnis.

AMSTETTEN

BAUERNMARKT

WO Hauptplatz
WANN Donnerstag 6.00 bis 12.00 Uhr

BAUERNMARKT SCA

WO Waidhofnerstraße 1
WANN Freitag 14.00 bis 18.00 Uhr

GLOGGNITZ

WOCHENMARKT

WO Hauptplatz
WANN Freitag 14.00 bis 18.00 Uhr

GROSS-ENZERSDORF

FRISCHEMARKT

WO Hauptplatz
WANN Samstag 8.00 bis 12.00 Uhr

HAAG

BAUERNMARKT

WO Hauptplatz
WANN Jeden 2. Samstag 8.00 bis 11.00 Uhr

KIRCHBERG AM WAGRAM

KIRCHBERGER NASCHMARKT

WO Allee am Marktplatz
WANN Samstag 8.30 bis 12.30 Uhr von Mai bis Oktober

KREMS

BAUERNMARKT

WO Dreifaltigkeitsplatz
WANN Freitag von 7.00 bis 13.00 Uhr

JAUERLING

BAUERNMARKT JAUERLINGER BAUERN

WO 3643 Maria Laach/Jauerling
WANN Samstag 9.00 bis 15.00 Uhr

Wochenmarkt St. Pölten

LOOSDORF

BAUERNMARKT
WO Marktplatz
WANN Jeden 2. Samstag von März bis Dezember

LITSCHAU

BAUERNMARKT
WO Hauptplatz
WANN Samstag 9.00 bis 12.00 Uhr

PURGSTALL AN DER ERLAUF

BAUERNMARKT
WANN Freitag 14.00 bis 17.00 Uhr (Juli, August Sommerpause)

SCHEIBBS

BAUERNMARKT
WO Gamingerstraße
WANN Freitag 14.00 bis 16.00 Uhr (in den geraden Wochen)

SEITENSTETTEN

BAUERNMARKT
WO am Marktplatz
WANN Jeden 2. Donnerstag 8.00 bis 12.00 Uhr

SENFTENBERG-IMBACH

IMBACHER BAUERNMARKT
WO Klosterkeller Imbach
WANN Samstag 9.00 bis 12.00 Uhr

SIMONSFELD

BAUERNMARKT
WO Haus Nr. 42, Mitte März bis Ende Oktober:
WANN Samstag 9.00 bis 12.00 und 14.00 bis 18.00 Uhr, Sonntag 14.00 bis 18.00 Uhr;
November bis März: Samstag 9.00 bis 15.00 Uhr; Jänner geschlossen

ST. PÖLTEN

WOCHENMARKT
WO Domplatz
WANN Samstag 6.00 bis 13.00 Uhr

ST. VALENTIN

BAUERNMARKT
WO Hauptplatz
WANN Donnerstag 7.00 bis 11.00 Uhr

TRAISKIRCHEN

BAUERNMARKT
WO Hauptplatz
WANN Freitag 14.00 bis 18.00 Uhr, ab 1. März bis zum letzten Freitag im November

TULLN

TULLNER NASCHMARKT
WO Wienerstraße
WANN Freitag 9.00 bis 18.00 Uhr,
je nach Saison präsentieren hier in 4 Hütten 10 bis 20 Direktvermarkter ihre Spezialitäten

WIESELBURG

BAUERNMARKT
WO Am Messegelände, Halle 2
WANN jeden 2. Freitag 14.00 bis 17.00 Uhr

YBBS

BAUERNMARKT
WO Ybbs/Kematen Festhalle
WANN Donnerstag 8.00 bis 11.00 Uhr

OBER ÖSTER REICH

GENUSS REGION ÖSTERREICH

Kärnten

OBERÖSTERREICHISCHE GENUSS REGIONEN

1 Innviertler Surspeck
2 Sauwald Erdäpfel
3 HansBergLand Hopfen
4 Mühlviertler Bergkräuter
5 Mühlviertler Alm Weidegans
6 Leondinger Grünspargel
7 Eferdinger Landl Gemüse
8 Linz Land Apfel-Birnensaft
9 Buchkirchner-Schartner Edelobst
10 Nationalpark Kalkalpen Obstsäfte
11 Mattigtal Forelle
12 Hausruck Birn-Apfel-Most
13 Schlierbacher Käse, Schlierbacher Geflügel
14 Nationalpark Kalkalpen Bio-Rind
15 Salzkammergut Käse

DIE BESTEN 15 GENUSS-LÄDEN OBERÖSTERREICHS

DIE BESTEN

FLEISCHHAUEREI BADEGRUBER	4923 Lohnsburg	Seite 190
CAFÉ-KONDITOREI EIBENSTEINER	4780 Schärding	Seite 198
ESSIG'S	4020 Linz	Seite 186
HÜTTHALER	4690 Schwanenstadt	Seite 200
KÄSEGLOCKE	4020 Linz	Seite 187
LACKINGER FLEISCH UND WURST	4020 Linz	Seite 188
FLEISCHEREI WALTER LEIBETSEDER	4150 Rohrbach	Seite 197
FLEISCHHAUEREI LETTNER	4950 Altheim	Seite 168
DER LOHNSBURGER BÄCKER	4923 Lohnsburg	Seite 190
MAISLINGER VOLLWERTBÄCKEREI	4820 Bad Ischl	Seite 171
CONDITOREI MAYER	4673 Gaspoldshofen	Seite 177
OBSTHOF SCHIEFERMÜLLER	4611 Buchkirchen	Seite 191
SCHLEMMEREI FEINSTES AUS ÖSTERREICH	4020 Linz	Seite 189
KONDITOREI ZAUNER	4820 Bad Ischl	Seite 170
FLEISCHWAREN ZELLINGER	4400 Steyr	Seite 176

Bauernhofladen Alkoven

Bräuer Mühlviertler Backspezialitäten

Fleischerei Traunmüller

ALKOVEN

BÄCKEREI KONDITOREI CAFÉ ROLAND FURTHMAYR

4072 Alkoven, Kirchenstraße 8
TEL 0 72 74/63 19
MAIL furthmayr@baecker.at
WEB www.furthmayr.baecker.at

Mit einem sehr guten Angebot an hausgemachtem Brot und Gebäck überzeugt diese sehr einladende Bäckerei. Regionalität wird hier großgeschrieben, man verwendet überwiegend Mehle aus der Region. Damit werden unter anderem der knusprige „Kraftlackl", ein Roggen-Dinkel-Malzbrot, aber auch 6 verschiedene Vollkorn- und hervorragende Natursauerteigbrote hergestellt. Unser Tipp ist das herrlich flaumige Butter-Plundergebäck wie das Mozartcroissant mit Marzipan-Nougatfüllung. Für süße Verführung sorgen aber auch eine Vielzahl an Torten oder die flaumigen Kardinalschnitten. Darüber hinaus werden aber auch Nudeln, Kaffee oder Milchprodukte angeboten. Das Personal berät freundlich und gibt auf Wunsch viele Informationen zu den einzelnen Produkten.
!

BAUERNHOFLADEN

4072 Alkoven, Gstocket 35
TEL 0 72 74/63 35
MAIL martin.schmid@a1.net
WEB www.bauernhofladen-alkoven.at

Der neu gestaltete und sehr stilvolle Bauernladen macht Lust auf den Einkauf. Insgesamt werden von den charmanten und sehr freundlichen Bauern über 150 verschiedene Lebensmittel und Schmankerln angeboten, die alle entweder hausgemacht sind oder von Bauernhöfen aus der Region stammen. Das verführerische Obst und Gemüse kommt aus den Genussregionen Eferdinger Landl Gemüse und Buchkirchner-Schartner Edelobst, beim Käse findet man regionale Spezialitäten vom Schaf ebenso wie von der Ziege, natürlich auch in Bioqualität. Bauerngeselchtes oder Speck werden angeboten, es gibt Haschee- oder Leberknödel und frisches Fleisch vom Lamm oder Kitz. Das knusprige Bauern- und Vollkornbrot wird selbst gebacken, die frischen Mehlspeisen verführen mit herrlichem Duft, und auch eine regionale Auswahl an Säften, Ölen, Essigen, Marmeladen, edlen Bränden, Nudeln, Tees, Milchprodukten, Bioprodukten wie Topfen, Butter, Joghurt und Eier wird angeboten.
!

ALTENBERG

BRÄUER MÜHLVIERTLER BACKSPEZIALITÄTEN

4203 Altenberg, Raiffeisenweg 2
TEL 0 72 30/709 50
MAIL m.braeuer@braeuer.at
WEB www.troadbaecker.at

Mühlviertler Backspezialitäten sind der köstliche Schwerpunkt dieser kleinen, aber sehr feinen Bäckerei, in der noch nach alter Tradition handwerklich, aber mit höchster Kompetenz, gearbeitet wird. Mit Natursauerteigführung und viel Liebe entstehen Köstlichkeiten wie das Steinofen-Brot. Ein Imbissbereich und das freundliche Personal runden den guten Gesamteindruck ab.
!

FLEISCHEREI TRAUNMÜLLER

4203 Altenberg, Schmiedgasse 2
TEL 0 72 30/72 24
MAIL fleischerei@traunmueller.cc

Ab Hof-Verkauf Familie Jenichl

Fleischhauerei Lettner

Anton Stranzinger Fleischhauerei

Eine Fleischerei, wie man sie sich wünscht. Hier wird noch nach alter Handwerkstradition gearbeitet, man punktet mit Regionalität, Frische und Geschmack. Johannes Traunmüller achtet bei der Herkunft und Auswahl der Tiere auf beste Qualität, geschlachtet wird selbst. Die große Palette an verführerischen Wurstwaren und Schinken ist ausschließlich hausgemacht. Im Imbissbereich findet man viele Schmankerln wie Kesselheiße, Bauchfleisch oder drei verschiedene Leberkäsesorten. Ein Angebot von Produkten der regionalen Bauernhöfe sowie Teigwaren und Olivenöl ergänzen das Sortiment. Man kauft hier genussvoll ein und kommt auch wegen der freundlichen Bedienung gerne wieder.

ZIEGENHOF ECKERSTORFER

4203 Altenberg, Pargfried 3
TEL 0 72 30/74 81

Besser geht es eigentlich nicht: Im blitzsauberen Verkaufsraum des kleinen Spezialgeschäfts werden die zahlreichen Käsespezialitäten aus der eigenen Produktion perfekt präsentiert. Dem Genießer wird jede erdenkliche Art von Ziegenkäse und Ziegenprodukten geboten: Milch, Yoghurt, Frischkäse, Weich- und Hartkäse, Schnittkäse, in Kräutern gewälzt oder mit Kräutern in Öl eingelegt, Heukäse... Und man schmeckt, dass die Produkte von Gerti Eckerstorfer mit viel Liebe, Leidenschaft und Hingabe hergestellt werden. Eine echte Empfehlung! Aber Achtung: Zwischen November und Februar ist der Laden geschlossen, denn im Winter brauchen die Ziegen ihre Milch selbst.

ALTHEIM

AB HOF-VERKAUF FAMILIE JENICHL

4950 Altheim, Wagham 1
TEL 0676/905 60 80

Alles vom Schwein gibt's im Hofladen der Familie Jenichl. Die Palette reicht vom hervorragenden Rohschinken über Innviertler Surspeck aus der gleichnamigen Genussregion bis zu pikantem Leberkäse, aber auch frisches Schweinefleisch wird angeboten (natürlich alles aus der hofeigenen Produktion). Bauernsulz, Blut- und Leberwurst sowie verschiedene Brände gibt es auch in Bio-Qualität. Und an die schnelle Küche hat man ebenso gedacht: Speck-, Grammel- oder Leberknödel gibt's zum Mitnehmen. Daneben werden – übrigens bei sehr freundlicher Beratung – feine Liköre angeboten, Boskoop-Most, verführerische selbstgemache Marmeladen wie Brombeer, Rhabarber-Erdbeer, Holler oder Pfirsich, aber auch eingelegte Spezialitäten.

FLEISCHHAUEREI LETTNER

4950 Altheim, Bahnhofstraße 1
TEL 0 77 23/422 41
MAIL s.lettner@utanet.at
WEB www.lettner.fleischer.at

Hochwertige, vielfach prämierte Fleisch- und Wurstspezialitäten in bester Qualität verführen in diesem Fachgeschäft zum Genuss. Über 140 verschiedene Produkte werden angeboten, die geschmackvolle Stärke liegt im Frischwurstbereich. Ob feine Schinkenspezialitäten wie Bärlauch-, Pfeffer-, Kräuter- oder Saunaschinken, die beliebten Altheimer Dauerwürste, Bauerngeselchtes, Innviertler Surspeck aus der gleichnamigen Genussregion oder ein köstliches Aufschnittsortiment – die Palette ist riesig und zahlreiche Produkte werden auch in Bio-Qualität angeboten. Verführerische Sulzen findet man ebenso wie feine Streichwürste, donnerstags gibt es darüber hinaus frischen und geräucherten Fisch. Die Beratung ist freundlich und kompetent, und dann darf's auch ruhig mal ein bisschen mehr sein.

ANTON STRANZINGER FLEISCHHAUEREI

4950 Altheim, Stadtplatz 16
TEL 0 77 23/42 33 30

Ein geschmackvolles Fleischerfachgeschäft, das mit Qualität und Geschmack durch Herkunft und bestes Fleischerhandwerk überzeugt. Neben Fleisch- und Wurstwaren – mit Spezialitäten aus der Genussregion Innviertler Surspeck – wird auch ein kleines Angebot an Käse geboten. Im Convenience-Bereich gibt es Leberknödel, Beuschel oder Gulasch. Als süßes Dessert kann es eine Zotter-Schokolade sein. Die freundliche, kompetente Bedienung berät gerne und lädt zum Gustieren ein.

Bäckerei Cafe Weinhäupl

Bäckerei Buchegger Andorf

BÄCKEREI CAFE WEINHÄUPL

4950 Altheim, Stadtplatz 32
TEL 0 77 23/422 86

Tradition, Liebe und Leidenschaft für die Backwaren sind das Fundament für die bereits seit 1604 bestehende und mittlerweile in 16. Generation geführte Bäckerei am Stadtplatz. Alle angebotenen Produkte werden ausschließlich selbst hergestellt, die hochwertigen Rohstoffe werden in Bio-Qualität bezogen, gebacken wird mit Grander-Wasser. Nach traditionellen Rezepten wird hier nicht nur die Riesenauswahl an immer frischem Brot und Gebäck sowie an herrlich duftenden Mehlspeisen hergestellt, sondern auch die feine Palette an Nudeln. Probieren sollte man die Innviertler Zelten aus Roggen-Mischteig, außerdem gibt es hier das beste Früchtebrot – auch der Meinl am Graben hat sich davon überzeugt und es in sein Programm aufgenommen. Das freundliche Personal berät und bedient gerne und mit viel Fachwissen.

BIO !

ANDORF

BÄCKEREI BUCHEGGER

4770 Andorf, Hauptstr. 30
TEL 0 77 66/20 29
MAIL office@baeckerei-buchegger.at
WEB www.baeckerei-buchegger.at

Mit geschultem Bäckerhandwerk und aus den besten Rohstoffen der Region werden hier Backwaren auf höchstem Niveau hergestellt. Den Genießer erwarten rund 30 Sorten feines und ofenfrisches Brot (darunter Roggenbrot, Dinkelvollkornbrot, Holzhackerbrot, Kneipp-Brot, 5-Elemente-Brot) und Gebäck (Kartoffelweckerl...). Produziert wird ausschließlich mit Granderwasser und unter Verwendung von Natursauerteig. Für Bioliebhaber wird auch Biobrot und Biogebäck angeboten, und auch Naschkatzen werden sich zwischen Bienenstich, Buchegger-Krapfen, Plundergebäck, Topfenschnitten und 15 verschiedenen Torten wohlfühlen. Sehr kompetente Bedienung.

BIO !

ANSFELDEN

BAUERN-LADEN

4052 Ansfelden, Himmelreichstraße 8
TEL 0 72 29/780 91
MAIL office@bauernladen-ansfelden.at
WEB www.bauernladen-ansfelden.at

GENUSS REGION ÖSTERREICH Eine wirklich umwerfende Auswahl an Genüssen der Region wird in diesem feinen Bauernladen bei bester Beratung angeboten. Obst und Gemüse werden in besonderer Frische präsentiert (die Genussregionen sind unter anderem mit Linz Land Apfel-Birnensaft vertreten). Neben ausgesuchten Käsespezialitäten (großteils in Bio-Qualität) gibt es auch selbstgemachte Aufstriche und Bauerntopfen. Die große Palette an Fleisch (darunter auch Lamm und je nach Saison Wild) und Wurstspezialitäten überzeugt mit bester Qualität. Frischen Fisch kann man hier ebenso kaufen wie knuspriges und duftendes Brot und Gebäck, und für die süße Versuchung sorgen Krapfen oder Fruchtschnitten je nach Saison. Auch eine kleine Auswahl an Wein und Spirituosen sowie Nudeln und Schokoladen kann man finden, und natürlich wird in allen Sortimenten auch eine breite Palette an Bioprodukten geboten.

BIO !

ASPACH

ASPACHER STUBE

5252 Aspach, Marktplatz 8
TEL 0 77 55/77 91
MAIL office@aspacher-stube.at
WEB www.aspacher-stube.at

Hier wird das bodenständige und ehrliche Sortiment von den Produzenten selbst verkauft, und die können auch die Geschichten zu den einzelnen Spezialitäten erzählen. Der kulinarische Genuss steht dabei im Vordergrund: Frischfleisch vom Schwein, Frisch- und Hartwurst, Leberknödel oder Sulz gibt's ebenso wie hervorragenden Innviertler Surspeck oder Geselchtes – auch Forellen. Aber auch Butter, Eier, Bauernbrot, Obst und Gemüse, Bauernhofeis, Schnäpse, Liköre, Most, Fruchtsäfte, Kräuter, Dörrobst, kaltgepresste Öle oder Holzofenbrot werden angeboten. Und natürlich dürfen die Innviertler Festtagsspezialitäten wie Kiachln, Krapfen, Affn oder Pofesen nicht fehlen.

!

Fleischwaren Zellinger

Pürstinger Konditorei

Konditorei Zauner

AUROLZMÜNSTER

LANDMETZGEREI HABLE

4971 Aurolzmünster, Marktplatz 8
TEL 0 77 52/83 04 30
MAIL hable@landmetzgerei.at
WEB www.landmetzgerei.at

Sehr einladende und freundliche Landmetzgerei, in der den Genießer eine hervorragende Auswahl an feinsten Fleisch- und Grillspezialitäten in perfekter Präsentation erwartet. Bei Wurst und Schinken reicht die Palette von der Wildschweinsalami über Pastrami und Lammrohschinken bis zu Karreespeck aus dem Fleisch vom Mangalitzaschwein aus eigener Haltung. Natürlich werden auch Spezialitäten vom Wild angeboten, und Käseliebhaber werden hier ebenfalls mit Sicherheit fündig. Mittwochs gibt es zusätzlich frischen Fisch, und darüber hinaus werden auch verschiedene Spezialessige, Öle sowie Antipasti dargeboten.

BAD HALL

FLEISCHWAREN ZELLINGER

4540 Bad Hall, Hauptplatz 18
TEL 0 72 58/35 19
MAIL office@zellinger.at
WEB www.zellinger.at

Als echter Gourmettempel präsentiert sich dieses Fleischwarengeschäft. Man erfüllt dem Kunden fast jeden Wunsch, selbst auf knifflige Fragen gibt es eine Antwort. Angeboten werden Käse aller Art (darunter auch Schafkäsespezialitäten, Bio-Ziegenkäse, italienische sowie französische Feinheiten). Bei Wurst und Schinken findet man eine fabelhafte Auswahl an Produkten aus eigener Erzeugung, darunter hervorragenden Bratschinken oder original Beinschinken, luftgetrocknete Spezialitäten vom Rind, aber auch eine Vielzahl an fettreduzierten Köstlichkeiten. Das Frischfleisch wird perfekt präsentiert, das Personal ist freundlich und hilft gerne mit Zubereitungstipps aus.

PÜRSTINGER KONDITOREI

4540 Bad Hall, Hauptplatz 11
TEL 0 72 58/49 90
MAIL karl.puerstinger@gmx.at

Das süße Herz von Bad Hall: Seit 75 Jahren ist diese Konditorei bekannt für beste, hausgemachte Mehlspeisen. Im Sommer wird man vom freundlichen Personal mit hausgemachtem Eis aus verschiedenen Früchten im Schanigarten verwöhnt. Spezialitäten wie die Bad Haller Torte und die Bad Haller Taler, aber auch Diabetikermehlspeisen sind ebenso bekannt wie der Lebkuchen, den es hier das ganze Jahr über gibt, und der nach wie vor nach alten und überlieferten Rezepten hergestellt wird.

BAD ISCHL

ISCHLER LEBKUCHEN

4820 Bad Ischl, Schulgasse 1
TEL 0 61 32/23 63 41
WEB www.ischler-lebkuchen.at

Wussten Sie, dass der Elisenlebkuchen nur für Kaiserin Sisi erfunden wurde, damit sie wieder lächeln kann? Und genau diesen Lebkuchen bekommen Sie hier. Aber nicht nur diesen, sondern auch edle Lebkuchenschokolade, feine Lebkuchentorte mit Nougat und Kirschfülle… Ein wahres Paradies für Lebkuchenfreunde, mit einem wirklich tollen Sortiment. Nach alten, überlieferten Rezepten und ohne Konservierungsstoffe gebacken, über die Jahre verfeinert. Übrigens seit dem Vorjahr auch Testsieger des „Konsument". Angeboten werden darüber hinaus glutenfreie Lebkuchen, Diabetikerlebkuchen, Lebkuchenpralinen, Met, Honig oder Schokolade.

KONDITOREI ZAUNER

4820 Bad Ischl, Pfarrgasse 7
TEL 0 61 32/23 31 00
MAIL info@zauner.at
WEB www.zauner.at

Der traditionelle österreichische Qualitätsbetrieb und ehemaliger k.u.k.-Hoflieferant ist eine Genuss-Institution im Salzkammergut und lockt mit ganz speziellem Flair und einem überragenden Angebot an hochwerti-

Fleischerei Hochreiter

gen süßen Verführungen. Bekannt sind der Zauner-Stollen, der Zwetschkenfleck oder auch die Ischler Oblaten; insgesamt aber werden über 250 verschiedene Tortenspezialitäten wie die Oblatentorte, die Linzer Torte oder die Nougatchocolat angeboten. Umwerfend ist auch die Palette an noblen und in traditioneller Handarbeit hergestellten Pralinen, die Wahl zwischen 60 verschiedenen Sorten fällt schwer. Süßer Genuss ist hier in jedem Fall garantiert.

MAISLINGER VOLLWERTBÄCKEREI

4820 Bad Ischl, Auböckpl. 11
TEL 0 61 32/237 28
MAIL office@baeckerei-maislinger.at
WEB www.baeckerei-maislinger.at
FILIALEN Grazerstraße 50, Brennerstraße, Rettenbach

Die Ernährung ist die Grundlage unseres Lebens. Deshalb gibt es bei Maislinger nur natürliche Rohstoffe, möglichst aus der Region, keine chemischen Zusatzstoffe, keine Fertigmischungen, aber eine möglichst schonende Verarbeitung. Knusprige Spezialitäten auf Sauerteigbasis sind das Roggen-, Dinkel- und Kamutbrot oder als süße Variante Dinkelkräcker. Selbst das Wasser für die Brotherstellung verfügt über eine energetisierende Wirkung, die natürlichen Produkte werden daher auch von Leistungssportlern zur Fitness-Optimierung genutzt. Im Angebot finden sich aber auch Bio-Tee und Bio-Kaffee, Bio-Teigwaren und Müsli, Spezialöle und -essige. Das Personal berät freundlich und mit viel Fachwissen.

BIO !

BAD LEONFELDEN

FLEISCHEREI HOCHREITER

4190 Bad Leonfelden, Kommunestraße 1
TEL 0 72 13/63 28
MAIL office@hochreiter.cc
WEB www.hochreiter.cc

Moderne und sehr innovative Fleischerei mit angeschlossener Imbissstube, ein wahrer „Geheimtipp" – besonders wegen der herrlichen Auswahl an Salamispezialitäten, Speck (darunter Wilschwein- und Putenspeck) und Sulzen. Ein Teil der Produkte wird in Bioqualität angeboten, und für die schnelle Küche gibt's verschiedene Convenience-Spezialitäten wie Mühlviertler Knödel. Eine kleine Palette an Produkten aus der Region sowie hausgemachte Marmeladen runden das Angebot perfekt ab.

!

HEHENBERGER'S MARKTSTUBE

4190 Bad Leonfelden, Linzer Straße 2
TEL 0 72 13/81 22
MAIL admin@hehenberger-speck.at
WEB www.hehenberger-speck.at

Ein sehr gemütlicher kleiner Laden, der liebevoll ausgesuchte Spezialitäten und Schmankerln aus der Region führt. Es gibt exzellenten, nach altem Rezept hausgemachten Mühlviertler Bauernspeck ebenso wie regionale Käsefeinheiten, Honig, hausgemachte Marmeladen und Kompotte, Teigwaren oder edle Brände. Auch die Auswahl an regionalen Ölspezialitäten – mit Distel-, Mohn-, Kürbiskern- und Leinöl – verführt zum Genuss. Für den süßen Abschluss werden Schokoladespezialitäten (auch aus Schafmilch) und für das persönlich Wohlbefinden feine Naturpflegeprodukte angeboten. Kompetente und sehr freundliche Beratung.

!

BAD ZELL

BIO BÄCKEREI STÖCHER

4283 Bad Zell, Marktplatz 2
TEL 0 72 63/72 28
MAIL badzell@stoecher.at
WEB www.stoecher.at

Die sehr freundliche, einladende Biobäckerei lässt praktisch kaum Genusswünsche offen. Das Gebäck kommt täglich frisch aus der Backstube, man findet Bio-Zeller-Brot ebenso wie Bio-Zeller-Weckerl. Eine Empfehlung wert ist auch das Bio-Karottenbrot. Aber auch die süße Abteilung weiß zu gefallen: Zum Genuss verführt eine große Auswahl an Torten – darunter die Linzer Torte ebenso wie die Bad Zeller Torte – ebenso wie feinste Kuchen, Strudel oder Plunder- und Linzer Gebäck. Und sogar die Pralinen stammen aus der eigenen Erzeugung. Sehr freundliche Bedienung.

Kastner Ziegenkäse

Kletzl Fleischwaren

HEDWIGS GARTL

4283 Bad Zell, Brawinkel 26
TEL 0 72 63/62 91
MAIL office@hedwigsgartl.at
WEB www.hedwigsgartl.at

Köstlichkeiten aus der Region findet man in diesem sehr netten Geschäft, in dem ausschließlich Bioprodukte verkauft werden. Die Auswahl an Schafkäsespezialitäten, edlen Schnäpsen, Likören, Getreiden, Tee- und Gewürzspezialitäten aus dem Mühlviertel und Honig heimischer Imker ist hervorragend. Abgerundet wird die Palette mit Hausgemachtem wie die vielen feinen Marmeladen, Kräuterpasten, Chutneys, den Kräuternudeln, Dinkelspelz- und Kräuterkissen zur Entspannung sowie den köstlichen und nach 4 Elementen produzierten Kräutersäften. Produkte aus dem fairen Handel ergänzen das Sortiment, das Wissen um die Kräuterkunde und der Erfahrungsschatz aus der Bio-Küche fließen bei der Bedienung mit ein.

BIO !

BAUMGARTENBERG

KASTNER ZIEGENKÄSE

4342 Baumgartenberg, Schneckenreitstal 9
TEL 0 72 69/71 92
MAIL kastner@bio-produkte.at
WEB www.bio-produkte.at

Biohof im Machland, auf dem eine breite Palette an feinsten Ziegenspezialitäten, die übrigens ausschließlich in Bioqualität hergestellt werden, angeboten wird. Die Auswahl reicht von Ziegencamembert über Ziegenschnitt- und Ziegenweichkäse bis zu Ziegenbällchen in Öl. Auch frischer Topfen wird angeboten, darüber hinaus gibt es aber auch verschiedene Bioprodukte vom Schaf sowie von März bis Mai Kitzfleisch.

BRAUNAU

KLETZL FLEISCHWAREN

5280 Braunau, Linzer Straße 2
TEL 0 77 22/657 70

Helles und sehr freundliches Fleischwarenfachgeschäft in Braunau. Zur Philosophie gehört es seit Generationen, ausschließlich bestes Qualitätsfleisch aus der heimischen Region zu verarbeiten und die Beziehung zu den regionalen Landwirten zu pflegen. Die Auswahl an Fleisch- und Wurstprodukten ist hervorragend, natürlich ist auch hier der Innviertler Surspeck die lokale Spezialität, aber auch die Palette an feinen Schinken überzeugt. Zum Genuss der vielen regionalen Spezialitäten verführt auch das Käseangebot sowie der Imbissbereich, in dem täglich verschiedene Menüs, aber auch Currywurst angeboten werden. Darüber hinaus gibt es ein feines Sortiment mit hausgemachten Nudeln (auch in Bio-Qualität) und Gewürzen aus dem Innviertel.

BIO !

BREITENSCHÜTZING

GEMÜSEHOFLADEN NIEDERMAIER

4691 Breitenschützing, Schlatt 12
TEL 0664/455 25 08
MAIL niedermaier@aon.at
WEB www.gemuese-kuerbis-hof.at

Ein Hofladen, der Vitaminhungrige mit einem riesigen Angebot überzeugt. Saisonal werden bis zu 60 (!) verschiedene Gemüsesorten angeboten, von Melanzani über Karotten und Tomaten bis zu violetten Kartoffeln und Wasser-/Zuckermelonen. Bei den Kräutern findet man unter anderem zehn verschiedene Sorten an Basilikum. Weiters gibt es Frischkäse, Teigwaren, Kürbismarmelade, Kürbiskernöl, frisch gepresste Obst- und Gemüsesäfte, Most, Tees, Apfelchips, bunte Nudeln, Honig sowie Marmelade aus Quitten und Preiselbeeren. Öffnungszeiten: Mo., Di., Fr. 9 – 13 Uhr, Do. 17 – 19 Uhr oder nach Vereinbarung.

!

GRAUSGRUBER LAMMSPEZIALITÄTEN

4691 Breitenschützing, Hinterschützing 6
TEL 0 76 73/29 10

Hier spielt das Lamm die Hauptrolle. Die Produktpalette reicht vom hochwertigen, frischen Junglammfleisch über verschiedenste Schäferwürste bis zu feinem Schäferschinken und hervorragender Rohsalami mit Wildkräutern. Dazu gibt es Kräuter für das Lamm. Die Bedienung ist freundlich und berät gerne.

Biohof Silber

Obsthof Schiefermüller

Schosser

BUCHKIRCHEN

BÄCKEREI KLEMENS AIGNER

4611 Buchkirchen, Hauptstraße 3
TEL 0 72 42/280 09
MAIL aigner.klemens@utanet.at
WEB www.aigner.baecker.at

Seit 1920 wird hier gebacken, Regionalität wird groß geschrieben (die verwendeten Mehle kommen aus Oberösterreich) und noch heute wahrt man die Tradition des Handwerks. Neben den klassischen Broten liegt der Schwerpunkt vor allem auf Vollkorn- und Dinkelprodukten: Dinkelspitz, Dinkelvollkornbrot, Roggenvollkornbrot, Purpurbrot, Kraftlackel, Krustenbrot, aber auch feine Mehlspeisen auf dieser Basis. Süß verführt wird man mit allerlei Plundergebäck, Keksen, süßen Krapfen und Donuts oder Zuckerkipferln. Auch eine kleine Käseauswahl wird angeboten. Äpfel gibt's aus der Genussregion, hausgemachte Nudeln aus dem Mühlviertel, aber auch Kaffee und Tee. Für den kleinen Hunger zwischendurch helfen Frankfurter im Semmelteig, belegte Weckerln und andere Köstlichkeiten.

!

BIOHOF SILBER

4611 Buchkirchen, Welser Straße 2
TEL 0 72 42/28 081
MAIL biohof-silber@aon.at

Auf dem Biohof der Familie Silber tummeln sich in intakter Natur nicht nur Gänse, sondern auch Hühner, Schweine, schottisch Hochlandrinder und Puten. Im neuen und sehr geschmackvollen Hofladen wird eine feine Palette an Bioprodukten aus eigener Erzeugung angeboten. Neben Gemüse aus der Genussregion Eferdinger Landl Gemüse wie Kartoffeln, roten Rüben, Tomaten oder saisonal auch Paprika gibt's auf Bestellung frisches Fleisch vom Hochlandrind, vom Schwein, von der Ente, der Pute oder der Gans – natürlich alles in Bioqualität. Darüber hinaus werden aber auch Nudeln, Eier, Säfte, Öle, Essige, Kräuter und verschiedene Dinkel- und Getreideprodukte angeboten. Hier wird Einkaufen bei toller Beratung zum Genuss.

BIO !

OBSTHOF SCHIEFERMÜLLER

4611 Buchkirchen, Spengenedter Straße 31
TEL 0 72 42/280 38
MAIL office@obsthofschiefermueller.at
WEB www.obsthofschiefermueller.at

GENUSS REGION ÖSTERREICH Im wunderschön eingerichteten Hofladen des Obsthofes der Familie Schiefermüller werden nicht nur über 20 verschiedene Apfelsorten, sondern auch Birnen, Weichseln, Zwetschken, Kirschen und Quitten – vieles davon aus der Genussregion Buchkirchner-Schartner Edelobst – perfekt präsentiert. Die Früchte aus eigener Erzeugung werden am Hof aber auch zu Säften wie dem prämierten Apfelsaft, Apfel-Holundersaft, Apfel-Karotten-Saft oder Apfel-Ribisel-Saft, Most, exquisiten Edelbränden wie Apfelbrand, Williamsbrand, Weichselbrand, Vogelbeerbrand oder Hagebuttenbrand, Likören, Dörrobst, Apfelessig oder Quittenessig veredelt. Angeboten werden darüber hinaus Honig, hauchdünne (Schoko-) Apfelchips, edles Kürbiskernöl oder Holundersirup.

!

SCHOSSER

4611 Buchkirchen, Haidingerstraße 20
TEL 0 72 42/280 26
MAIL office@schosser.com
WEB www.schosser.com

GENUSS REGION ÖSTERREICH Die Produkte des Heidelbeergartens von Schosser werden nicht nur frisch verkauft (wie Heidelbeeren – übrigens auch in Bioqualität und natürlich aus der Genussregion Buchkirchner-Schartner Edelobst), sondern auch zu herausragenden Bränden verarbeitet. Im sehr einladenden Verkaufsraum werden die vielfach ausgezeichneten Produkte höchster Destillierkunst perfekt präsentiert, die Palette an exquisiten (und auch fassgelagerten) Bränden und Likören – insgesamt stehen über 50 zur Auswahl – reicht von Brombeere über schwarze Johannisbeere und Bio-Heidelbeere bis zu alter Zwetschke, altem Apfel, Holunder und Traubenkirsch-Brand. Man wird kompetent und freundlich beraten und genussvoll durch das umfangreiche und hochprozentige Sortiment geführt. Für den süßen Abschluss wird feine Heidelbeerschokolade angeboten. Hier ist der Besuch ein Muss!

BIO !

Fleischerei Zehetner

Bäckerei Café Schmidler

Café Konditorei Weltzer

DIETACH

FLEISCHEREI ZEHETNER

4407 Dietach, Winklingerstraße 8
TEL 0 72 52/382 54
MAIL siegfried.zehetner@zehetner-fleischer.at
WEB www.zehetner-fleischer.at

Die erste Drive-in Fleischerei Österreichs. Das Geschäft in Dietach punktet vor allem mit der sehr hohen Qualität der angebotenen Produkte. Wurst-, Schinken- und Speckspezialitäten werden im EU-zertifizierten Betrieb in Dietach nur aus Fleisch der Region produziert, auch zahlreiche Bio-Feinheiten werden angeboten. Daneben setzt man aber auch auf Convenience, zum Genuss verführen hier Putenspieße, Kaspressknödel, Schweinsbraten, Speck, Gourmetplatten oder bereits marinierte Hüftsteaks. Vervollständigt wird die Palette an regionalen Feinheiten mit frischem Bauernbrot, Nudeln, Eiern oder Honigen. Die Gourmetfleischerei ist darüber hinaus aber auch Caterer (unter anderem wird Spanferkelgrillen angeboten), für den Hunger zwischendurch gibt es appetitliche Mittagsmenüs.

!

EBERSTALZELL

BÄCKEREI CAFÉ SCHMIDLER

4652 Eberstalzell, Hauptstraße 5
TEL 0 72 41/55 74
MAIL schmidler.ah@utanet.at
WEB www.schmidler.at

Helle und sehr freundliche Bäckerei, in der nach der Philopsophie „Nur wer Gutes reintut, bekommt Gutes raus" ausschließlich besten Zutaten fürs Brot verwendet werden. Das gesamte Backwarensortiment wird mit Naturvollsalz und Natursauerteig produziert: Zur Auswahl stehen 15 Brotsorten, darunter reines Dinkel-Roggenbrot, Bio-Vollkornbrot, Purpurbrot, Mandelbrot, Walnussbrot oder Karotten-Kürbisbrot, 15 bis 20 Gebäcksorten (auch frisch gefüllte Weckerl nach Wahl), nach alten Originalrezepten gefertigte Mehlspeisen sowie Plundergebäck oder FastenbeugerIn, aber auch Müsli, Dinkelreis, Knödelbrot, Brösel, Nudel, Kaffee oder Tee. Qualität, Frische und Kreativität werden hier groß geschrieben. Das überaus freundliche Personal rundet den sehr guten Eindruck ab.

BIO !

EFERDING

CAFÉ KONDITOREI WELTZER

4070 Eferding, Stadtplatz 25
TEL 0 72 72/25 67
MAIL cafe@weltzer.at
WEB www.weltzer.at

Köstliche Gaumenfreuden in gemütlicher Atmosphäre bietet die Café Konditorei Welzer am Stadtplatz. Naschkatzen werden hier mit einer feinen Auswahl an herrlich duftenden Torten und Mehlspeisen (die übrigens mit aus der Region stammenden Zutaten hergestellt werden). Zum Genuss verführt darunter auch die Spezialität des Hauses, die Bananenbombe. Aber auch die große Palette an Pralinen weiß zu gefallen, im Sommer gibt es über 60 Sorten an hausgemachtem Konditoreis. Das Personal bedient freundlich und aufmerksam.

ELISABETH SCHÖLNBERGER

4070 Eferding, Wackersbach 16
TEL 0 72 72/46 13
MAIL e.schoelnberger@gmx.at

Genießer werden in diesem kleinen Geschäft mit Sicherheit fündig. Neben hochwertigem Schweinefleisch (Ente und Gans gibt's auf Vorbestellung) und prämiertem Speck werden rund 30 exquisite und ebenfalls mehrfach prämierte Edelbrände und Liköre angeboten; aber auch hausgemachtes, knuspriges und verführerisch duftendes Bauern-, Roggen- und Vollkornbrot, frisches Gebäck, prämierte hausgemachte Marmeladen, darunter „Ein scharfes Dirndl", eine Dirndl-Marmelade mit Chili oder Quittengelee. Alle Produkte stammen vom eigenen Hof, Qualität und Authentizität stehen an oberster Stelle. Die Chefin berät sehr freundlich und zuvorkommend und macht nicht zuletzt auch damit den Einkauf zu einem wahren Genuss.

JUNGMAIER FLEISCH- UND WURSTWAREN

4070 Eferding, Stadtplatz 18
TEL 0 72 72/41 55
MAIL service@jungmaier.at
WEB www.jungmaier.at

Spargel und Gemüsehof Josef Berner

Wurschtgwölb Grundner

„Klein, aber oho!“ ist das Motto der Fleischerei Jungmaier. Und tatsächlich ist er nicht nur Metzger mit Herz, sondern auch Nahversorger. Im herrlich nach frischem Speck duftenden Geschäft gibt's neben delikaten Käse- und Schinkenspezialitäten (wie Knoblauch-, Pfeffer-, Kaiser-, Maroni- oder Backofenschinken) über 80 Sorten Wurst, darunter Spezialitäten wie Omas Vergossenes (in Fett eingegossenes Surbratl), mit Buchenholz geräucherten Bauernspeck oder auch gekochtes Geselchtes. Das Frischfleisch stammt ausschließlich aus der Region, auch Lammfleisch wird angeboten, und zu Ostern gibt's Kitz. Vom sehr freundlichen Personal werden täglich wechselnde Mittagsmenüs angeboten, und verschiedene hausgemachte Aufstriche und Knödel, eine feine Auswahl an österreichischem Käse wie St. Severin oder Salzburger Almkönig, frischem Obst und Gemüse aus den Genussregionen, Brot von Eferdinger Bauern, Eier, Milchprodukte und Salate runden das Angebot ab. Freitags und samstags gibt es darüber hinaus frischen Fisch.

SPARGEL UND GEMÜSEHOF JOSEF BERNER

4070 Eferding, Pupping 17
TEL 0 72 72/22 07
WEB www.bernerpupping.at

Der Gemüsebauer aus Pupping kultiviert das Edelgemüse Spargel unter anderem im ungeheizten Gewächshaus und kann damit Spargelliebhabern bereits ab Mitte März im eigenen Hofladen frischen Spargel anbieten. Daneben werden bis zu 40 Sorten Gemüse vom eigenen Hof wie z.B. Eferdinger Landl Genussregions-Erdäpfel, Chinakohl oder Lauch angeboten, und zur Begleitung gibt es frisches Bauernbrot aus dem Ort und Weine aus der Wachau, aber auch hausgemachte Nudeln oder Marmeladen. Weiters im Angebot: Salatpflanzen, Tomaten, Pfefferoni oder Kürbiskernöl. Die Beratung ist freundlich und kompetent.

WURSCHTGWÖLB GRUNDNER

4070 Eferding, Schmiedstraße 22
TEL 0 72 72/22 57
MAIL info@grundner.com
WEB www.grundner.at

Sehr appetitlich präsentiert wird in dieser Genuss-Oase ein umfangreiches Angebot an Wurst- und Schinkenspezialitäten, darunter Feinheiten wie die „Grundner Pariser“, italienischer Prosciutto, Arlberger Schinkenspeck oder der Andreas-Hofer-Schinken. Das frische Rind-, Kalb- oder Schweinefleisch wird von regionalen Betrieben angeliefert, auf Bestellung gibt's Lamm, Kitz oder Wild, freitags werden Forellenfilets aus der Steiermark angeboten. Zum Genuss verführen auch Gemüse aus der Genussregion Eferdinger Landl Gemüse, österreichische und internationale Käsespezialitäten, hervorragende hausgemachte Aufstriche wie der Thunfischaufstrich, oder die selbst hergestellten Nudeln. Vollständig machen die Angebotspalette Spezialessige und -öle, verschiedene italienische Sugospezialitäten und Pestosorten, knuspriges Brot und Gebäck, Fruchtsäfte, Wachauer Edelbrände oder österreichische Weine.

EGGELSBERG

FLEISCHEREI LINDLBAUER

5142 Eggelsberg, Marktplatz 17
TEL 0 77 48/22 09-0
MAIL office@lindlbauer.co.at
WEB www.lindlbauer.co.at

Bauernladen Freistadt

Lubinger der Zuckerbäcker

In dieser Fleischerei findet man Fleisch und Wurst von bekannt guter Qualität und in besonders geschmackvollen Kreationen. Die große Auswahl an schmackhaften und feinen Genüssen wird sehr ansprechend präsentiert, darunter sehr guter hausgemachter Schinken sowie viele Spezialwürste wie die scharfen Hausbeisser oder die doppelt geselchten Krainer, aber auch etwas Käse. Das Angebot an frischem, hochwertigem Fleisch stammt von Betrieben aus der Region, frisches Brot und Gebäck – auch in Bio-Qualität – von Ibmer Bäckern. Aber auch für die schnelle Küche wird hier etwas geboten, es gibt Kaspressknödel und -laibchen ebenso wie hausgemachte Gulaschsuppe oder Salate.

ENNS

FLEISCHEREI REISINGER

4470 Enns, Hauptplatz 17
TEL 0 72 23/823 46

Reisinger macht Lust auf Genuss: hervorragende Auswahl, beste Qualität und höchster Geschmack bei mehr als 30 Sorten Wurst, aber auch beim hochwertigen Frischfleisch, darunter viele feine Spezialitäten vom Wild. Das küchenfertige Angebot reicht vom Braten über Semmel-, Haschee-, Grammel- und Kartoffelknödel bis zum Gulasch; auch das Gebäck zur Begleitung kann man hier kaufen. Im Imbissbereich wird Deftiges wie Stelzen, Hendlhaxen und Schweinsbraten angeboten.

ZEILLINGER

4470 Enns, Linzer Straße 1
TEL 0 72 23/860 79
MAIL office@zellinger.at
WEB www.zellinger.at

Rund 650 verschiedene Produkte in höchster Qualität finden sich in der herausragenden Angebotspalette bei Zeilinger, die Regionalität steht dabei im Vordergrund. Es gibt eine hervorragende Palette an Käsespezialitäten, bei Wurst und Schinken reicht die Auswahl von feinster Bauernsalami und edlem Beinschinken über luftgetrocknete Spezialitäten vom Rind und vom Schwein bis zur Rauchkäsewurst. Das frische Fleisch kommt ausschließlich aus der Region, und auch im Imbissbereich wird sehr viel Wert auf die Herkunft der Zutaten und auf die Verwendung alter Rezepturen gelegt. Gewürze, Sauergemüse sowie frische Salate, ein kleines Weinangebot sowie Edelschokolade von Zotter machen das umfangreiche Angebot komplett.

FREISTADT

BAUERNLADEN

4240 Freistadt, Hauptplatz 13
TEL 0 79 42/722 87
MAIL bauernladen.freistadt@direkt.at

Genuss am Ursprung ist hier wörtlich zu nehmen. Der Bauernladen bietet hauptsächlich Regionales wie Schaf- oder Ziegenkäse, Speck, Putenschinken, Obst und Gemüse mit Herkunftsangabe, Convenience-Produkte wie Leberknödel oder Frischfleisch von Ziege, Lamm, Schwein und Rind. Brot und Gebäck werden von mehr als fünf Bäckern aus der Region geliefert. Für Naschkatzen gibt es herrlich duftende und frische Mehlspeisen und Krapfen. Nicht fehlen dürfen hier natürlich Most und Schnaps. Honig, Gewürze, Nudeln, Getreide- und Milchprodukte machen das Angebot „vollwertig". Das geschmackvolle Sortiment wird auch als Catering, Buffet oder Plattenservice angeboten.

LUBINGER DER ZUCKERBÄCKER

4240 Freistadt, Hauptplatz 10
TEL 0 79 42/726 86
MAIL info@lubinger.at
WEB www.lubinger.at

Das Zuckerbäcker-Lebzelterhaus am mittelalterlichen Hauptplatz ist vor allem für seine süßen Köstlichkeiten bekannt. Naschkatzen werden hier mit feinsten hausgemachten Mehlspeisen und Torten (von der fruchtigen Erdbeer-Joghurt-Torte bis zur klassischen Wachauer Torte, natürlich täglich frisch aus der Backstube), exquisiten Lebkuchenspezialitäten aus der eigenen Lebzelterei oder handgefertigten Pralinen in Versuchung geführt. Das reichhaltige Angebot lässt Genießer-Herzen höher schlagen. Im Sommer gibt's auch erfrischende Eisspezialitäten aus eigener Erzeugung.

Conditorei Mayer

GALLNEUKIRCHEN

FLEISCHMANUFAKTUR RIEPL

4210 Gallneukirchen, Dienergasse 5
TEL 0 72 35/660 22-0
MAIL office@antonriepl.at
WEB www.antonriepl.at

Ausschließlich Produkte aus der Umgebung, die jederzeit dem strengen Blick und dem sensiblen Gaumen von Anton Riepl bestehen können, werden in diesem sehr modernen Betrieb zum Verkauf angeboten. An der Käsetheke findet man neben Spezialitäten aus Frankreich unter anderem auch Topfen vom Bauernhof. Die Auswahl an delikaten Würsten, feinen Schinken und frischem Fleisch (alles natürlich ausschließlich aus der hauseigenen Schlachtung) ist hervorragend. Die Besonderheit hier ist das Mozartrind. Darüber hinaus gibt's eine feine Palette an Pasteten, Saisongemüse, Nudeln, und Sonnentor-Gewürzen.

GASPOLTSHOFEN

CONDITOREI MAYER

4673 Gaspoltshofen, Hauptstrasse 41
TEL 0 77 35/68 40
MAIL mayerrobert@aon.at

Vor mittlerweile 60 Jahren wurde die Conditorei in Gaspoltshofen gegründet, seither locken die zahlreichen süßen Köstlichkeiten Genießer aus nah und fern ins Hausruckviertel und nach Wels. 2004 wurde die Conditorei von Jacobs und Gault Millau zur besten Kaffeekonditorei Oberösterreichs gekürt. Im Angebot findet sich eine breite Auswahl an hausgemachten Mehlspeisen, darunter an die 50 verschiedene Torten (mit der Spezialität des Hauses, der „Pepi Mayer-Torte"), aber auch Cremeschnitten, Lebkuchen, handgeschöpfte Schokoladen wie die Landlbirnschokolade oder ebenfalls hausgemachtes Eis und Teegebäck. Man legt großen Wert auf Regionalität, Mehl und Eier werden im Ort bezogen, die verarbeiteten Früchte kommen ebenfalls zum Teil aus der Region.

GEINBERG

NUDELPRODUKTION NÖBAUER

4943 Geinberg, Moosham 19
TEL 0 77 23/424 43

Insgesamt werden über 111 verschiedene Nudelsorten angeboten, von Kräuternudeln (mit Knoblauch, Tintenfisch, Chili oder Bärlauch) über süße Nudeln (mit Honig oder Kakao) bis zu Paella-Hörnchen oder Vollkornnudeln. Die Nudeln werden traditionell italienisch aus Hartweizengrieß hergestellt, und für die Produktion werden ausschließlich frisch aufgeschlagene Eier verwendet, kein Trockenei oder Eipulver. Für Cholesterinbewusste gibt's auch Nudeln ohne Ei. Ein wahres Paradies für Pastaliebhaber!

BIO !

GMUNDEN

LAMUHR

4810 Gmunden, Linzerstr. 142
TEL 0 76 12/77 193

GENUSS REGION ÖSTERREICH

LaMuhr steht für ein einzigartiges kulinarisches Angebot: Cateringunternehmen, Weinhandel und Würstelstand. Damit bietet LaMuhr für jeden Geschmack das Richtige, vom Imbiss bis zum Spezialitätenbuffet mit ausgewählten Weinen. An der Verkostungsbar wird man bei der Weinauswahl perfekt und kompetent beraten, auch Bio-Weine werden angeboten. Die hauseigene LaMuhr-Genusslinie wurde abermals mit regionalen Produkten und Spezialitäten ausgebaut. Auf ein geschmackvolles Käseangebot (mit Delikatessen aus der Genussregion Salzkammergut Käse) wird dabei ebenso besonderer Wert gelegt wie auf die besten Schinkenspezialitäten aus aller Welt. Darüber hinaus kann man hier bei der Auswahl von Fleur de sel, Pestos oder Chutneys im Genuss schwelgen. Langjährige Erfahrung, Kompetenz und Beratung wird hier geschmackvoll gelebt.

BIO !

Ensers Fischspezialitäten

Frau Holle Naturprodukte

NASCHMARKT AM GRABEN

4810 Gmunden, Am Graben 15
TEL 0 76 12/62 124

Ausgewählte Schmankerln und hausgemachte Köstlichkeiten erwarten den Geniesser in diesem Feinkostgeschäft. Käsespezialitäten aus der Region wie Ziegen- und Schafkäse vom Traunsee oder Heukäse findet man ebenso wie zahlreiche italienische, und neuerdings auch französische Käsesorten. Daneben gibt's aber auch eine feine Palette an Wurst und Schinken sowie Produkte aus den Genussregionen. Selbst gemachte Terrinen, Aufstriche und Pasteten verführen zum Genuss, aber auch eingelegtes Gemüse, Fruchtessige und -sirupe, Bio-Limonaden, Kaffee, verschiedene Antipasti oder Sugi, und im Bio-Eck gibt's Tee und herrlich duftende Gewürze. Auch die Palette an frischem und knusprigem Brot und Gebäck überzeugt. Für den süßen Abschluss kann man zwischen verschiedenen hausgemachten Süßspeisen wählen.

BIO !

GRIESKIRCHEN

ENSERS FISCHSPEZIALITÄTEN

4710 Grieskirchen, Paschallern 3
TEL 0664/536 32 84
MAIL hubert.enser@gmail.com
WEB www.anglerinfo.at

Ausschließlich in Bio-Qualität werden die Fische bei Hubert Enser angeboten. In der Palette der angebotenen Fischspezialitäten findet man immer frische Karpfen aus dem eigenen Teich (natürlich auch als Filet) ebenso wie frische und geräucherte Forellen, aber auch herrliche Forellenterrinen. Im hauseigenen Teich kann man auf Wunsch auch selber fischen, der Hausherr berät freundlich und gerne und steht mit Tipps und Tricks zur Seite.

BIO

FLEISCH UND WURSTWAREN JOSEF ENGLMAIER

4710 Grieskirchen, Mühlbachgasse 1
TEL 0 72 48/683 95

Qualität ist das Motto der sehr guten Fleischerei, die mit einer umfangreichen Produktpalette glänzt. Angeboten wird eine feine Auswahl an Obst und Gemüse aus der Region (auch Sauwald Erdäpfel aus der Genussregion finden sich im Sortiment), die Käsepalette weiß mit nationalen und internationalen Spezialitäten zu überzeugen. Wurst und Schinken (darunter 12 verschiedene Schinkensorten wie Zitronella-Schinken mit Zitronen-Pfeffer oder Honigkrustenschinken, aber auch Schwarzer Wurzelspeck) in bester Qualität stammen aus der eigenen Produktion, ebenso wie die angebotenen Aufstriche. Das Frischfleisch wird sehr ansprechend präsentiert, verschiedene Convenience- und Grillprodukte kann man ebenso finden wie hausgemachte Nudeln. Sehr gut ist die Auswahl an frischem Fisch (sowohl Süß- als auch Salzwasserfische!). Das Gebäck kommt ofenwarm von den Grieskirchner Bäckereien. Und nicht zuletzt die hervorragende Beratung macht den Einkauf hier zum Genuss.

!

FRAU HOLLE NATURPRODUKTE

4710 Grieskirchen, Mühlbachgasse 3
TEL 0 72 48/611 55
MAIL frauholle@speed.at

Im frisch renovierten Verkaufsraum von Frau Holle findet man ein umfangreiches Angebot an Bio-Produkten. Bei bester Beratung erfährt man viel über Bio-Lebensmittel, über ihre Besonderheiten und über die Herkunft der Waren. Angeboten wird frisches und verführerisches Obst und Gemüse in Bioqualität ebenso wie feine Käsespezialitäten (Rohmilch-, Ziegenfrisch-, Berg-, Kochkäse, geräucherter Mozarella, Scamorza) aus dem In- und Ausland (auch Biotopfen), und auch die Auswahl bei Wurst und Schinken sowie beim Frischfleisch überzeugt. Daneben gibt es knuspriges Brot und Gebäck vom Mauracher Hof, Biofreilandeier, feine Aufstriche, frisch gepresste Säfte, Tee oder fair gehandelten Kaffee, einmal in der Woche frischen Bio-Fisch. Auch Süßes wie eine große Auswahl an Zotter-Schokoladen oder Mehlspeisen wird angeboten, und für Weinliebhaber

Grieskirchner Brotstube Nimmervoll

Konditorei Café Haslberger

Riethalerhof Ernst und Birgit Mielacher

gibt's Bioweine. Täglich gibt es frisch gekochte Menüs, zum Genießen lädt auch das Salatbuffet ein.

!

GRIESKIRCHNER BROTSTUBE NIMMERVOLL

4710 Grieskirchen, Mühlbachgasse 5
TEL 0 72 48/626 77

Die Auswahl ist hier wahrlich riesig, es duftet hervorragend nach frischem Brot und Gebäck, aber auch nach herrlichen Mehlspeisen. Als Mitglied der „Troadbäcker" wird ausschließlich Mehl aus der Region für die Herstellung der hochwertigen Produkt verwendet – überhaupt stammen alle Zutaten zu 100 Prozent aus Oberösterreich. Die Bäckerei gilt als Spezialist für Vorteige, vier bis fünf davon werden pro Teig verwendet, zum Beispiel für das Bauernbrot – ein Roggenbrot, das mit Natursauerteig produziert wird. Aber auch Brotspezialitäten in Bioqualität, etwa das Dinkel- und Roggenvollkornbrot, werden hier hergestellt. Ständig werden neue und innovative Sorten kreiert (zum Beispiel Käse-Mohn-Stangerl, Dinkelbrot, Kekse und Mehlspeisen), aber auch Spezialitäten für die Fastenzeit. Und auch beim Kaffee achtet man auf die Region: Der sortenreine Hochlandkaffee wird in einer kleinen Rösterei in Freistadt zugekauft. Genuss und Qualität sind hier garantiert.

!

KONDITOREI – CAFÉ HASLBERGER

4710 Grieskirchen, Rossmarkt 24
TEL 0 72 48/625 63
MAIL office@haslberger.at
WEB www.haslberger.at

Regionalität wird in diesem Paradies für Naschkatzen groß geschrieben, die Zutaten für die süßen Köstlichkeiten werden soweit wie möglich in der Region und ab Hof eingekauft. Das beachtliche Angebot umfasst bis zu 100 verschiedene und verführerische Mehlspeisen (darunter zum Beispiel die Grieskirchner Torte, die Maronitorte oder die Walnuss-Marzipan-Torte) und lässt praktisch keine Wünsche offen. Auch edle Schokoladen werden selbst hergestellt, teilweise unter Verwendung von Biomilch. Darüber hinaus gibt es noch eine breite Palette an exquisiten, hausgemachten Trüffeln und Pralinen, neu darunter ist die Grieskirchner Kugel.

!

GUNSKIRCHEN

CHRISTINE & WALDEMAR BRANDLMAYR

4623 Gunskirchen, Vornholz 3
TEL 0 72 46/89 58
MAIL brandlmayr.waldemar@aon.at

Frisches Obst aus den eigenen Obstgärten bildet die Grundlage für die Herstellung der naturbelassenen Säfte der Familie Brandlmayr. Neben den überragenden Fruchtsäften – darunter Apfelsaft, naturtrüber Apfelsaft, 5 Apfel-Mischsäfte, aber auch Birnensaft – wird im Hofladen sehr guter Most und Birnensekt angeboten, und natürlich gibt es herrliche Edelbrände wie Apfel-, Marillen-, Williams-, Zwetschken-, Kirsch-, Speckbirnen- oder Vogelbeerbrand und Liköre wie Weichsel-, Himbeer-, Waldbeer- oder Nusslikör. Übrigens: Äpfel kann man hier auch selber pflücken!

!

RIETHALERHOF ERNST UND BIRGIT MIELACHER

4623 Gunskirchen, Riethal 4
TEL 0 72 46/63 24
MAIL info@riethalerhof.at
WEB www.riethalerhof.at

Am Riethalerhof wird die bäuerliche Tradition eines qualitätsbewussten und naturnahen Obstbaus fortgeführt. Aus ausgesuchten, unbehandelten und vollreifen Früchten werden unter anderem 100 Prozent reine Fruchtsäfte hergestellt wie naturtrüber Apfel- oder Birnensaft, aber auch Mischsäfte wie Apfel-Johannisbeer-Saft oder Apfel-Karotten-Saft. Im wunderschön eingerichteten Verkaufsraum werden auch prämierte Moste wie Jung- oder Speckbirnenmost sowie der ebenfalls aus sortenreinem Speckbirnenmost hergestellte Birnenschaumwein angeboten. Nicht zuletzt sollte sich der Genießer für die edlen und vielfach ausgezeichneten Fruchtdestillate Zeit nehmen: Mehr als 25 Sorten stehen zur Auswahl, vom Kernobst bis zum Stein- oder Beerenobst. Die fruchtigen, intensiv schmeckenden Liköre sollte man sich ebenfalls nicht entgehen lassen!

!

Bio-Schafskäserei Ortner

Honeder Naturbackstube

Bäckerei & Konditorei Moser

GUTAU

MÜHLVIERTLER BIO-SCHAFKÄSE

BIO-SCHAFKÄSEREI ORTNER
4293 Gutau, Marreith 15
Tel: 0 79 46/68 74 0
Mail: ortner.karl@bio-schafkaese.at
Web: www.bio-schafkaese.at

BIO-SCHAFKÄSEREI ORTNER

4293 Gutau, Marreith 15
TEL 0 79 46/687 40
MAIL ortner.karl@bio-schafkaese.at
WEB www.bio-schafkaese.at

Käse und Wurst, ausschließlich vom Schaf und zu 100 Prozent biologisch: Die riesige Auswahl reicht vom Frischkäse, Feta, Camembert und Gouda bis zu Primus, Kräuter- und Pfefferlaibchen. Schafwurst, Rohwurst, Luftgetrocknetes und Bratwürste gibt es ebenso wie saisonal frisches Lammfleisch, und als Zusatzsortiment werden Most – natürlich bio – Säfte und Schafmilch angeboten. Die freundliche, kompetente Beratung sowie die hochwertigen Produkte vom eigenen Hof machen Lust auf Genuss. Geöffnet jeweils Freitag nachmittags und Samstag vormittags.

HAGENBERG

HONEDER NATURBACKSTUBE

4232 Hagenberg, Hauptstraße 92
TEL 0 72 36/205 30
MAIL honeder@baecker.at
WEB www.naturbackstube.at

In dieser Backstube gilt das Reinheitsgebot. Das bedeutet höchste Qualitätsansprüche bei den Rohstoffen, ausgesuchte Lieferanten aus der Region z.B. Verwendung von Biodinkel und Bioroggen von der Mühlviertler Alm, Gewürze aus dem oberen Mühlviertel, Verwendung von Butter. Daraus werden hier dann außergewöhnliche Spezialitäten gezaubert wie Biodinkel-Thymian- oder Koriander-Brot, Landzopf, Dinkel Ciabatta, Nusscracker und Müsliriegel.

HAIBACH/LINZ

BIOLADEN WEISSHÄUPL

4083 Haibach/Linz, Oberhub 9
TEL 0 72 79/84 88
MAIL weiszhaeupl@aon.at

Über 16 Sorten an hausgemachten Nudeln in Bioqualität machen die Auswahl im Bioladen der Familie Weißhäupl schwer. Vollkorn- oder Knoblauchnudeln verführen ebenso zum Genuss wie Curry-Nudeln oder verschiedene bunte Nudeln. Angeboten werden aber auch Eier oder feiner Eierlikör aus eigener Produktion, Kräutertee, Bioapfelsaft, Getreide oder Gewürze, Kürbiskern-, Mohn- oder Olivenöl, und auch Lammfleisch gibt es auf Bestellung.

HARTKIRCHEN

BÄCKEREI & KONDITOREI MOSER

4081 Hartkirchen, Schaunbergstrasse 2
TEL 0 72 73/63 71
MAIL baeckerei.moser@aon.at

Beste Zutaten aus der Region sowie natürlicher Sauerteig sind in diesem handwerklich orientierten Bäckerei- und Konditoreibetrieb die Basis für den Genuss. Beim frischen und sehr einladend präsentierten Brot findet man Spezialitäten wie Bio-Vollkorn-Rustikalbrot, Bio-Vollkorn-Dinkelbrot, Feigen-Nuss-Brot, Dinkel-Roggenbrot oder Senfbrot, aber auch Toskana-Olivenbrot (das man übrigens unbedingt probieren sollte), und auch beim knusprigen und täglich frischen Gebäck fällt die Wahl schwer. Für Naschkatzen gibt's 20 verschiedene Torten, süße Verführungen wie Mohn-, Schokolade- oder Paradieskrapfen, aber auch spezielle Diabetikermehlspeisen. Darüber hinaus werden Milchprodukte, Käse,

Hof-Laden Haiss

Schmankerl Hofladen

Vinothek Peperino

Schokoladen, täglich frisches „Bircher-Müsli" mit angesetztem Getreide, verschiedene Fair-Trade Produkte und natürlich verführerisch duftender Kaffee angeboten. Das Personal berät freundlich und mit viel Fachwissen.

HOF-LADEN HAISS

4081 Hartkirchen, Karling 37
TEL 0 72 73/62 80
MAIL hofladen@haiss.at
WEB www.haiss.at

Ein stilvoll eingerichteter Hofladen mit einer großen Auswahl an Produkten: feine Käsespezialitäten (darunter auch Ziegenkäse, Biokäse aus Kuhmilch, Camembert, Hofkäse, vieles in Bio-Qualität). Bei Wurst und Schinken gibt's Rindersaftschinken, mit Buchenholz geräucherten Bauernspeck oder verführerische Aufstriche. Aus den Genussregionen findet man Eferdinger Gemüse oder Schartner Edelobst. Das saisonale Frischgemüse (darunter auch blaue Erdäpfel) kommt direkt vom Hof, darüber hinaus werden aber auch knuspriges Bauern- und Vollkornbrot, Getreide, feine Mehlspeisen, Schokoladen, oberösterreichische Weine aus Eferding, Schnäpse aus der Region, Apfelringe und Apfelmüsli, Milchprodukte, Eier, Kräuter, Salz, Nudeln und viele verschiedene Öle, Natur- und Kräutersalze angeboten. Freundliche und kompetente Beratung machen den Einkauf zum Erlebnis, man erfährt viel über die Region und die Herkunft der Produkte.

SCHMANKERL HOFLADEN

4081 Hartkirchen, Karling 36
TEL 0 72 73/64 79

Alles, was man für eine gute Jause braucht, wird hier bei freundlicher und sehr kompetenter Beratung angeboten. Die Genusspalette reicht vom saisonalen und perfekt präsentiertem Gemüse (das erntefrisch direkt vom Hof kommt, auch aus der Genussregion Eferdinger Gemüse) über exquisite Ziegenkäsespezialitäten aus der Region bis zum hervorragenden Frischfleisch von ausschließlich mit eigenem Getreide gefütterten Schweinen und dem umfangreichen, aus eigener Produktion stammenden Wurstangebot: Jausenwurst, Käsekrainer, Hartwurst, Bratwurst, Sulz und Blutwurst und – natürlich – hervorragender Bauernspeck. Dann gibt's noch Surfleisch, Leberknödel und Beuschel, aber auch Verhackertes aus der eigenen Produktion. Abgerundet wird das Angebot mit knusprigem und prämiertem (Vollkorn-) Bauernbrot aus dem Ort, süßen Bauernkrapfen, verschiedenen Edelbränden und Likören, Säften, hausgemachter Marmelade, Nudeln oder Eiern. Ein Hofladen, wo Qualität und bester Geschmack zu Hause sind.

VINOTHEK PEPERINO

4081 Hartkirchen, Rathen 20
TEL 0 72 73/695 25
MAIL Vinothek@peperino.at
WEB www.peperino.at

Nach dem Motto „Nimm Dir Zeit und genieße" eröffnet sich dem Feinschmecker im sehr einladenden und gemütlichen Gewölbekeller eine eigene Welt der Weine. Ungefähr 5.000 Flaschen aus fast 500 verschiedenen Sorten warten darauf, verkostet zu werden. Der Schwerpunkt liegt dabei klar auf Spezialitäten aus Italien, aber auch die österreichische Auswahl ist sehr gut sortiert und zahlreiche Raritäten verführen zum Genuss. Auch Weine aus biologisch-dynamischem Anbau werden angeboten. Zusätzlich gibt es eine feine Auswahl an Grappa, hervorragenden italienischen Prosciutto, Pasta, knuspriges italienisches Brot, aber auch Sugo, Pesto, feine Antipasti, eingelegten Thunfisch, Essige und Öle, Trüffelhonig oder Trüffelbutter, Panforte, Torrone, und als Abschluss, einen herrlich duftenden Espresso aus einer 40 Jahre alten Faema. Ein echter Tipp, nicht zuletzt auch wegen der sehr freundlichen und überaus kompetenten Beratung.

ZIEGENHOF RUPERT BAUMANN

4081 Hartkirchen, Würting 6
TEL 0 72 73/81 81
MAIL baumann.rupert@aon.at

In der sehr einladenden Hofkäserei der Familie Baumann findet man eine feine Auswahl an cremigen

Kreuzhuber Lebensmittel Feinkost

Ziegenmilchkäsespezialitäten. Angeboten werden zirka 25 Sorten – von Frischkäse (übrigens jetzt auch mit Chili) über Weichkäse bis hin zum Ziegenschnittkäse, aber auch Ziengenkochkäse oder Ziegentopfen. Das ebenfalls angebotene Kitzfleisch ist ein echter Genuss, genauso wie die Ziegenkrainer oder die angebotenen Dauerwürste. Ziegenmilch und Ziegenjoghurt, Nudeln (auch in Bio-Qualität), Tees, verschiedene Kräuter sowie Honiglikör vervollständigen das Programm. Die vorbildlich freundliche und kompetente Beratung rundet den sehr guten Eindruck ab.
BIO !

HIRSCHBACH

BERGKRÄUTERGENOSSENSCHAFT

4192 Hirschbach, Thierberg 1
TEL 0 79 48/87 02
MAIL office@bergkraeuter.at
WEB www.bergkraeuter.at

GENUSS REGION ÖSTERREICH Feinste Bergkräuter der Genussregion Mühlviertler Bergkräuter, in bester Qualität auf kleinen Feldern zwischen 500 und 800 Meter Seehöhe gewachsen, werden hier kreativ und geschmackvoll angeboten: Von Kräutermischungen und -tees bis zu Gewürzen, Rohrzucker mit Blüten, Kräuterbädern und -kissen sowie verschiedenen Spezial-Essigen und Kräuterschokoladen reicht das Sortiment.
BIO !

HOFKIRCHEN

JAGERBAUER FISCHSPEZIALITÄTEN

4491 Hofkirchen, Kiebach 6
TEL 0 72 25/73 40
MAIL fische@jagerbauer.at
WEB www.jagerbauer.at

Das Sortiment des bereits zweifach prämierten Fischkaisers zeichnet sich durch absolute Frische und hohe Produktqualität aus. Angeboten wird heimischer Fisch von A bis Z, darunter frische oder geräucherte Forellen, Lachsforellen, Saiblinge und Karpfen aus den eigenen Naturteichen oder auch – saisonal – Forellenkaviar. Aber auch Aufstriche (wie den hervorragenden Lachsforellen-Kren-Aufstrich) und Salate kann man hier kaufen, ebenso wie Räucherforellenknödel. Für die perfekte Begleitung wird ein feines Sortiment an Weinen angeboten. Freitags werden die Produkte übrigens auch am Linzer Hauptplatz verkauft, da gibt's dann auch frisches Brot im Programm.

HOHENZELL

KREUZHUBER LEBENSMITTEL FEINKOST

4921 Hohenzell, Hofmark 3
TEL 0 77 52/857 03
MAIL office@feinkost-kreuzhuber.at
WEB www.feinkost-kreuzhuber.at

Genussprodukte aus der Region in bester Qualität anzubieten, das ist das Motto von Feinkost Kreuzhuber. Obst und Gemüse sind frisch und knackig und werden perfekt präsentiert, die Feinkosttheke überzeugt mit sorgfältig ausgewählten Wurst-, Schinken- und Selchspezialitäten aus dem innviertler Raum, aber auch aus ganz Österreich. Cabanossi, Jausen- und Jagdwurst findet man hier, aber auch feinen Schinken- oder Bauchspeck; die Palette an Käsespezialitäten verführt ebenso zum Genuss. Auch frischen Fisch kann man hier kaufen. Brot und Gebäck kommen stündlich ofenfrisch und herrlich duftend aus der eigenen Backstation, aber auch von Meisterbäckern aus der Region. Und natürlich gibt es eine große Auswahl an Bio-Delikatessen, die von Dinkel-Nudeln über Kräuter und Käse bis zu Tee und Gewürzen reicht. Für den süßen Abschluss gibt's Zotter-Schokoladen. Das Personal berät überaus freundlich und hilfsbereit.
BIO !

KIRCHDORF

BIOBAUERNLADEN KREMSTAL

4560 Kirchdorf, Redtenbachplatz 7
TEL 0 75 82/521 09
MAIL bauernladen.kremstal@gmx.at

In diesem einladenden Bauernladen spürt man die Nähe zur Natur. Das Angebot an frischem und knackigem Obst – auch aus der Genussregion Eferdinger Obst – ist überwältigend, unter anderem werden auch verführerische, frisch gepresste Fruchtsäfte angeboten. An der Käsetheke reicht die Auswahl an Spezialitäten von Gouda mit Möhrensaft und Ziegenkäsecamembert

Café Konditorei Johannes Bachhalm

Café Konditorei Sturmberger

bis zu Käse mit Bockshornklee und 14 Monate gereiftem Bergkäse. An der Wursttheke gibt es feinste Biowürste oder Nationalpark Kalkalpen Bio-Rind aus der Genussregion ebenso wie Biofisch aus Aquakulturen. Darüber hinaus werden Süßkartoffeln, Mangold, frische Ingwerwurzeln, Avocados, knuspriges Bauernbrot, edle Bioweine, Liköre, Olivenöl, Biomilchprodukte und Biogewürze, aber auch verschiedene Fair-Trade Produkte angeboten. Das Personal berät sehr freundlich und kompetent.
BIO !

CAFÉ KONDITOREI JOHANNES BACHHALM

4560 Kirchdorf, Hauptplatz 1
TEL 0 75 82/620 66
MAIL konditorei.bachhalm@aon.at
WEB www.bachhalm.at

GENUSS REGION ÖSTERREICH Bachhalm steht für süße Tradition – und das schon seit dem Jahr 1928. Unter Verwendung der hochwertigsten Rohstoffe wie Criollo Kakaobohnen, Biovollmilch, Butter, Honig und frische Früchte werden ständig neue und weltweit geschätzte Genuss-Spezialitäten kreiert wie z.B. die Mostrüffel, Linzerkugel, Weihrauchtrüffel und viele mehr. Angeboten werden aber auch hausgemachte Klassiker der Mehlspeiskunst (etwa über 50 verschiedene Torten, Schnitten und Kuchen) sowie eine breite Palette an feinsten handgeschöpften Schokoladen (darunter Rosen- und Veilchenschokolade, aber auch exotisches wie Schokolade mit Grammeln aus der Genussregion Innviertler Surspeck), handgerollten Trüffeln, Nougatstollen oder Konditorspeiseeis. Und sollten Sie den Chocolatiers bei der Arbeit über die Schulter schauen wollen: Auch Schokoladeseminare werden angeboten.

CAFÉ KONDITOREI STURMBERGER

4560 Kirchdorf, Simon-Redtenbacher-Platz 1
TEL 0 75 82/621 81
MAIL konditorei@sturmberger.com
WEB www.sturmberger.com

Freunde treffen, sich wohlfühlen, entspannen – die Café Konditorei Sturmberger garantiert Kaffeegenuss pur, egal ob mit Espresso, Caffè Latte oder dem einzigartigen „Latte Art“ Cappuccino. Aber auch feinste Tortenspezialitäten, handgeschöpfte Schokolade, handgefertigte Pralinen oder mit größter Sorgfalt nach italienischen Rezepten hergestelltes Eis werden angeboten. Die Konditorei wurde beim Trüffelwettbewerb 2010 insgesamt 6-mal mit Gold ausgezeichnet.

RAINER'S SCHAFSPEZIALITÄTEN

4560 Kirchdorf, Seebach 34
TEL 0 75 82/631 59

Kleiner Biobetrieb, in dem die hochwertige Milch der eigenen – und ausschließlich die Bergkräuter des Kremstales grasenden – Milchschafe auch gleich zu verführerischen Schafmilchspezialitäten verarbeitet wird. Unter anderem werden Camembert, Schafkäsegupferl, Schafkäsemozzarella, Schafgold (mit Chili oder geräuchert) oder Schafjoghurt angeboten, darüber hinaus kann man zwischen fünf verschiedenen Hirtenkäsen wählen. Auch Biolammfleisch aus eigener Erzeugung findet sich im Programm, als Erfrischung Traunviertler Feiermost. Der Chef bedient persönlich, sehr kompetent und freundlich.
BIO

KIRCHHEIM IM INNKREIS

„LAND LEBT AUF“ DIERMAIR

4932 Kirchheim im Innkreis, Alleenweg 2
TEL 0 77 55/209 16
MAIL diermair.kirchheit@pfeiffer.at

Der kleine Nahversorger bietet nicht nur alles für den täglichen Bedarf, sondern auch eine breite Auswahl an regionalen Produkten wie dem bio „Natürlich für uns“ Sortiment. Es gibt eine kleine, aber feine Käseauswahl (mit Spezialitäten aus den Genussregionen). Brot und Gebäck kommt frisch aus der eigenen Backstation, auch Konditorwaren werden angeboten. Wurst und Schinken werden appetitlich präsentiert, darüber hinaus gibt es aber auch Nudeln oder Convenience-Produkte wie Speckknödel. Der freundliche und helle Markt macht Einkaufen zum Genusserlebnis, die Bedienung berät kompetent und sehr hilfsbereit.

Fleisch – Wurst Martin Butz

LAMBACH

FLEISCH – WURST MARTIN BUTZ

4650 Lambach, Leitenstraße 17
TEL 0 72 45/88 61
MAIL office@butz.at
WEB www.butz.at

Hochwertige Wurst- und Fleischdelikatessen werden in diesem traditionellen Familienbetrieb nach überlieferten Rezepten und in echter Handwerkstradition hergestellt. Das Fleischfachgeschäft ist bekannt für geschmackvolle, vielfach prämierte und innovative Produkte wie Leber- und Rehleberpastete, Wildspezialitäten aus heimischer Jagd wie dem Hirschschinken, hausgemachte Aufstriche und Pfeffersäckchen. Bei Wurst und Schinken hat man die Qual der Wahl aus 150 verschiedenen Sorten, darunter Honig- oder Butterschinken ebenso wie Joghurtwurst, Schinkenspeck oder Hausruck Bauerngeselchtes. Das Frischfleisch kommt aus der Region, auch Gustino-Schweinefleisch wird angeboten. Man findet aber auch eine feine Auswahl an Käse (saisonal auch Schafkäse), Convenience-Schmankerl wie Haschee- oder Speckknödel, Edelbrände wie einen sechs Jahre im Eichenfass gelagerten Apfelbrand, frisches Obst und Gemüse aus der Genussregion Eferdinger Landl Gemüse oder hausgemachte Nudeln.

!

LAMBRECHTEN

GEWÜRZLADEN SCHNEIDERBAUER

4772 Lambrechten, Augental 7
TEL 0 77 65/358
MAIL office@innviertler-gewuerze.at
WEB www.innviertler-gewuerze.at

„Entdecke, was vor deiner Haustür wächst": Dieses Motto setzt das Gewürzgeschäft konsequent um. Die hohe Qualität der Produkte – die übrigens ausschließlich am Hof hergestellt werden oder zumindest aus der Region stammen – zieht sich durch alle Sortimente. Spezialitäten sind Gewürze und Gewürzmischungen (auch offen!) sowie Gewürzöle. Angeboten werden aber auch edle Liköre und exquisite Brände, feine Apfel- oder Karottensäfte, Honig, Getreide, Eingelegtes, verschiedene Marmeladen, Nudeln und Tees.

!

LEONDING

FINGERTÖRTCHEN

4060 Leonding, Stummerstraße 1
TEL 0 73 2/67 21 79
MAIL office@fingertoertchen.at
WEB www.fingertoertchen.at

Ein verführerisches Angebot an in Handarbeit hergestellten süßen und pikanten Versuchungen erwartet den Feinschmecker in diesem edlen und innovativen Geschäft. Die Spezialitäten gibt's hier im Miniformat, die Auswahl reicht von süßen Mohnküchlein über Sacherspitz und Noisettetorte bis zu Kiwi- oder Litschi-Feige-Küchlein. Aber auch die pikante Palette kann sich sehen, und vor allem schmecken lassen: Genießer können zwischen zahlreichen Varianten wie gefüllten Schinkenkipferln, Käsehörnchen mit Lachs oder Mini-Thunfisch-Brioche wählen. Ein spezielles glutenfreies Sortiment sowie 4 große schokoladige Torten erweitern das Angebot. Sehr freundliche, charmante Bedienung.

FLEISCHEREI JOSEF DERNTL

4060 Leonding, Alhartingerweg 1
TEL 0 73 2/67 73 00
MAIL leonding@fleischerei-derntl.at
WEB www.fleischerei-derntl.at

„Qualität ohne Kompromisse" ist die Philosophie, nach der in der Fleischerei Derntl gearbeitet wird. Ausschließlich Tiere aus der Region werden in der hauseigenen Schlachtung verarbeitet, und fast 100 Prozent der angebotenen Fleisch- und Wurstwaren stammen aus der eigenen Produktion. Neben einem reichlichen Sortiment an Fleisch (darunter auch Lamm und Geflügel) und Wurst (mit einer sehr guten Auswahl an Schinkenspezialitäten wie dem hochwertigen Beinschinken) gibt es auch viele küchenfertige Gerichte: Grammel-, Speckknödel, Stelzen, Ripperln, Nudeln aus bäuerlicher Produktion, Aufstriche ... Die Bedienung ist sehr freundlich und kompetent, das Angebot wird durch ein kleines Sortiment an Käse, Eiern, Säften, Most aus der Region sowie Gebäck und Teigwaren abgerundet.

NUSSBÖCKGUT

4060 Leonding, Gaumberg 6
TEL 0 73 2/67 85 66
WEB www.gruenspargel.at

Ein besonderer Hofladen. Hier wird auf Herkunft mit Geschmack viel Wert gelegt. Die Region ist eine echte Schatzkammer und liefert Leondinger Grünspargel aus der Genussregion frisch vom Feld, aber auch ein kleines Weinangebot wie Uhudler Frizzante sowie Spirituosen aus eigener Produktion wie Trester- oder Nussbrand. Der Juniorchef bedient selbst, freundlich und kompetent.

!

LIEBENAU

HONEDER NATURBACKSTUBE

2452 Liebenau, Markt 54
TEL 0 79 53/87 15
MAIL zentrale@honeder.cc

Aufgewachsen in ländlicher Umgebung, haben sich Reinhard und Helga Honeder das Empfinden und das Bewusstsein für unverfälschte Natur und gute Rohstoffe erhalten. Der „Mühlviertler Laib", das Herzstück beim Honeder, wird nach Holzofenart auf Steinplatten gebacken. Eine goldprämierte Spezialität ist der Bio Roggenlaib, den es auch in der großen 3 kg Variante gibt. Bei jedem Stück, das man aus der Naturbackstube Honeder genießt, schmeckt man das Echte und spürt die Vielzahl der natürlichen Rohstoffe. Mit Begeisterung berät des Honeder-Team über die Köstlichkeiten aus Backstube und Konditorei.

LINZ

JOHANNES AUSSERWÖGER TROCKENFRÜCHTE – OBST

4020 Linz, Südbahnhofmarkt
TEL 0 73 2/66 16 91

Eine einzigartige Produktpalette an Trockenfrüchten, Nüssen und Hülsenfrüchten in Topqualität wird hier angeboten. Die Auswahl ist riesig: drei Sorten Marillen, vier Sorten Datteln, Feigen, Sauerkirschen (viele davon auch in Bio-Qualität), aber auch kandierter Ingwer und verschiedene Schokofrüchte werden angeboten, ebenso wie mit Palmöl geröstete und mit Meersalz gesalzene Gemüsechips. Alle Produkte sind ungeschwefelt, und alle werden auch offen verkauft. Die Beratung ist top und glänzt mit außerordentlichem Fachwissen. Eine feine Auswahl an Gewürzen, Ölen und diversen Reissorten rundet das Sortiment ab.

!

BRANDL, MEISTER DES HANDGEBÄCKS

4020 Linz, Bismarckstraße 6
TEL 0 73 2/773 63 52
WEB www.meisterstrasse.at/handbaeckerei-brandl
FILIALE Landstrasse 48, 4020 Linz

In traditioneller Handfertigung hergestellte und hochwertige Backwaren werden in der modern gestalteten und trotzdem gemütlichen Bäckerei angeboten. Ausschließlich regionale Zutaten werden hier zu bestem Handgebäck in vielen Sorten und Varianten verarbeitet, ausnahmslos frisch und knusprig. So kennt jeder Linzer auch das „Brandl-Semmerl". Aber auch süße Brotsorten und spezielle Bäckereien wie die Osterpinze sind sehr zu empfehlen. Außergewöhnlich ist die gläserne Schaubäckerei, in der man sowohl vom Geschäft als auch von der Straße aus den Bäckern bei der Zubereitung der hervorragenden Produkte zusehen kann. Genussvolle Geschmackserlebnisse sind garantiert.

BÄCKEREI EICHLER KONDITOREI

4040 Linz, Leonfeldnerstraße 209
TEL 0732/25 46 64
WEB www.baeckerei-eichler.at
FILIALEN Leonfeldnerstrasse 133
Aubergstrasse 35
Leonfeldnerstrasse 73

Ein Familienbetrieb, in dem man sich einer langen Backtradition verpflichtet fühlt und nach wie vor hochwertige, geschmackvolle, natürliche, gesunde und handgemachte Spezialitäten herstellt. Alle Backwaren werden mit Natursauerteig in extralanger Gärung hergestellt – ohne Fertigbackmischungen oder Teiglinge. Zur Auswahl stehen zahlreiche, herrliche duftende Natursauerteig-, Vollkorn- oder Dinkelbrote, aber auch Vollkorngebäck oder Baguette. Und natürlich gibt es

Essig's

Ham & Luis, Alois Hörlsberger

auch ein breites Angebot für Naschkatzen mit Brioche-Kipferln, Germkuchen, Krapfen oder Butterkipferln. Besonders ans Herz gelegt sei diese Bäckerei aber auch allen Frühaufstehern: Das Bäckerfrühstück gibt es hier bereits ab 4.30 Uhr!

ESSIG'S

4020 Linz, Niederreithstrasse 35b
TEL 07 32/77 01 93
MAIL info@essigs.at
WEB www.essigs.at

Im nicht nur architektonisch sehenswerten Essig's kann man hervorragend speisen, aber auch – sofern man mal keine Zeit dafür findet – in der kleinen, aber feinen Edelgreißlerei Spezialitäten für zu Hause mitnehmen. Ob filetierter Fisch oder portioniertes Frischfleisch, Terrinen, Rinds-, Kalbs- oder Wildsaucen, Sugos, Suppen (z.B. Karotten-Ingwer-, Maroni-, Steinpilz- oder Kürbis-Curry-Suppe) oder frische Pasta – die Köstlichkeiten stammen fast ausschließlich aus eigener Produktion. Aus den Genussregionen kann man Eferdinger Gemüse ebenso finden wie Steirischen Vulkanland-Schinken oder Feinheiten vom Mangalitza-Schwein. Für den süßen Abschluss werden Kekse nach Saison und Edelschokoladen angeboten. Und auch der Weinkeller wird den Genusssuchenden mit so manchem edlen Tropfen in Versuchung führen. Weinverkostungen und –seminare werden ebenso angeboten wie Kochkurse für ambitionierte Hobbyköche.

HAM & LUIS, FLEISCH- UND WURSTSPEZIALITÄTEN ALOIS HÖRLSBERGER

4040 Linz, Strabergerstraße 5
TEL 0 73 2/73 12 45
MAIL office@ham-luis.at
WEB www.ham-luis.at
FILIALE Hartmayrgut 5, Tel.: 0 37 2/71 06 85

In dieser Fleischerei hat man sich ganz und gar dem Genuss verschrieben. Auf höchstem Qualitätsniveau, versteht sich. Und nur unter Verwendung der besten Zutaten. Wenn Sie also ein außergewöhnliches Angebot in bester Qualität suchen, dann sind sie hier richtig: Aus Südamerika werden zum Beispiel Steaks vom Angus Rind eingeflogen, aus Australien edles Lammfleisch. Bei Wurst und Schinken findet man Naturbeinschinken (gesalzen mit Natursalz) ebenso wie Sauna-, Press-, Rauch-, Karree- oder Rindersaftschinken. Aber auch Delikatessen aus ganz Österreich kann man hier erwerben, wie eine feine Auswahl an sehr guten Weinen, in Fässern gereiftem Balsamico-Essig, handgefertigte Pasta oder auch biologisch hergestellte Joghurts. Täglich warme Menüs und eine kleine Auswahl an Sauergemüse, Getränken und Gewürzen machen das Angebot vollständig. Die Beratung ist freundlich und kompetent.

HONEDER NATURBACKSTUBE

4020 Linz, Marktplatz 3
TEL 0732/60 15 06

Die Honeder Filiale gilt als 1. Adresse für Brot und Backwaren am Linzer Südbahnhof Markt. Feinschmecker finden hier traditionelle Roggenbrote, köstliche Biobrote, Weizengebäcke in ursprünglicher Form und Geschmack sowie regionale Spezialitäten wie Mühlviertler Laib, Mohnzelten und Anissemmeln. Hier bäckt man nach dem Reinheitsgebot und verwendet nur beste Rohstoffe von heimischen Produzenten, eigene Rezepturen und

Honeder Naturbackstube, Landstraße 37

Jindrak

Käseglocke

echten Natursauerteig. Die überaus charmante Bedienung gibt kompetente Erklärungen und bietet gerne Kostproben an.

HONEDER NATURBACKSTUBE

4020 Linz, Landstraße 37
TEL 0 73 2/24 24 02

Die Honeder Naturbackstube ist eine traditionelle Landbäckerei aus dem Mühlviertel. Hier gilt das Reinheitsgebot. Das bedeutet: Höchste Qualitätsansprüche bei den Rohstoffen, ausgesuchte Lieferanten aus der Region z.B. Biodinkel und Bioroggen von der Mühlviertler Alm, Gewürze aus dem oberen Mühlviertel, österreichisches Mehl, Butter und Eier. Aus besten Zutaten werden außergewöhnliche Spezialitäten gezaubert wie Biodinkel Korianderbrot, Dinkel Ciabatta, Mohnzelten und der goldprämierte Mühlviertler Laib u.v.m.

HONEDER NATURBACKSTUBE

4020 Linz, Pfarrplatz 19
TEL 07 32/24 24 01

Aufgewachsen in ländlicher Umgebung, haben sich Reinhard und Helga Honeder das Empfinden und das Bewusstsein für unverfälschte Natur und gute Rohstoffe erhalten. Bei jedem Stück, das man aus der Naturbackstube Honeder genießt, spürt man die Vielzahl an natürlichen Rohstoffen. Beim Brot findet man Spezialitäten wie den „Mühlviertler Laib", ein traditioneller, rustikaler Bauernbrotlaib, der noch nach Holzofenart auf Steinplatten gebacken wird. Daher auch der unverkennbare und einzigartige Geschmack. Zahlreiche Bio-Produkte in bester Qualität verführen ebenso zum Genuss, eine goldprämierte Spezialität darunter ist der Bio-Roggenlaib, den es auch in einer großen 3 kg Variante gibt. Unbedingt probieren sollte man auch die Mohnzelten! Mit Begeisterung berät das Honeder-Team über die vielen Köstlichkeiten aus Backstube und Konditorei.

JINDRAK

4020 Linz, Herrenstraße 22
TEL 0 73 2/77 92 58-0
MAIL jindrak@linzertorte.at
WEB www.linzertorte.at

Süßer Genuss ist in dieser sehr einladenden Konditorei, übrigens das Stammhaus von Jindrak, in dem bereits seit 1929 gebacken wird, garantiert. Noch heute wird hier und in den 6 Filialen nach traditionellen Rezepten gearbeitet, die Verwendung von Butter und Schlagobers ist selbstverständlich. Dass die angebotenen Produkte täglich frisch zubereitet werden, versteht sich da von selbst. Die Konditorei Leo Jindrak ist übrigens das Haus der „Original Linzer Torte". Jährlich entstehen hier über 90.000 Torten in vielen Größen, die zum Teil in die ganze Welt verschickt werden. Daneben werden im Geschäft aber auch feinste Pralinen und Edelschokoladen angeboten, und für den kleinen Hunger gibt es eine verführerische Imbisspalette.

!

KÄSEGLOCKE

4020 Linz, Südbahnhofmarkt 17
TEL 0 73 2/60 09 43
WEB www.kaeseglocke.at

GENUSS REGION ÖSTERREICH Die gesamte Geschmacksvielfalt des Naturproduktes Käse finden Genießer in diesem Genuss-Geschäft. Mehr als 300 Sorten – mit besonderem Schwerpunkt auf französische Spezialitäten – stehen zur Auswahl, im Sommer sind es durch das große Angebot an Frischkäsesorten noch mehr. Auch die Genussregionen sind mit einem breiten Angebot vertreten, darunter Schlierbacher Käse und Schlierbacher Geflügel. Eine geschmackvolle Auswahl an Wurst (darunter auch Prosciutto und Salami), Antipasti und Sauergemüse, frischer Pasta aus Italien, regionalem Brot (Maisbrot), hochwertigen Olivenölen und Balsamicos, aber auch Zwiebelkonfitüre oder Trüffelhonig rundet das Sortiment ab. Die Beratung ist freundlich und kompetent.

!

Non Solo Vino

Obstcorner Alois Röbl

LACKINGER FLEISCH UND WURST VON MEISTERHAND

4040 Linz, Hauptstraße 32
TEL 0 73 2/73 11 58
WEB www.fleischerei-lackinger.at

Wer Wert auf persönliche und freundliche Bedienung sowie auf Frische und Qualität legt, ist hier richtig. Die Fleischerei erzeugt Spezialitäten noch nach alten Rezepturen – 90 Prozent der Wurstwaren werden selbst hergestellt. Ausschließlich aus Österreich: Schweine, Kälber, Rinder und Lämmer aus artgerechter Aufzucht und kontrollierter Tierhaltung. Im frisch renovierten Geschäft werden feinste Sauna-, Wachholder- oder Kürbisschinken (auch in Bioqualität) ebenso wie italienische Spezialitäten wie Salami oder Cervelat angeboten, aber auch hausgemachte Aufstriche, Pasteten, Sulze, Spinat-, Kaspress-, Speck-, Haschee-, Leber- oder Grammelknödel sowie Milzschnitten. Für Liebhaber von Fisch gibt es Räucherforelle oder Räuchersaibling. Darüber hinaus verwöhnt Lackinger mittags mit einer feinen Menüauswahl. Genuss ist hier garantiert.

NOTHHAFT

4020 Linz, Promenade 11–13 (Arkade)
TEL 07 32/79 45 00
WEB www.nothhaft.at
FILIALEN Linz, Wienerstraße 41a
Pasching, PlusKaufstraße 7
Leonding, Edtstraße 14

Ein Familienbetrieb, der seit 100 Jahren hochwertige Produkte nach überlieferten Rezepturen herstellt. Die Erzeugnisse sind bekannt für Geschmack, Frische und Qualität, für die Produktion wird ausschließlich Frischfleisch aus Österreich verwendet. Zum Genuss verführen täglich frisches Beef Tatar (angeblich das Beste der Stadt), Bein- oder Linzer Schinken (verfeinert mit Pistazien und Marzipan), Schinkenspeck, feinste Kalbsleberstreichwurst, Sulzen oder knackige Frankfurter Würstel und Debreziner, um nur einige der Spezialitäten zu nennen. Wechselnde Mittagsmenüs (darunter auch ein Kindermenü) werden ebenso angeboten wie ein umfassender Catering Service. Das Personal berät freundlich und sehr engagiert.

NON SOLO VINO

4020 Linz, Bischofstraße 15
TEL 0 73 2/79 77 88
MAIL birgitmassimilla@yahoo.de

Für Liebhaber von italienischen Delikatessen bleibt in diesem Feinkostgeschäft kein Wunsch offen. Hier findet man nicht nur Formaggio (fast 50 Sorten aus ganz Italien) oder feinsten Rohschinken in Topqualität (z.B. herrlichen Rosmarinschinken), sondern selbstverständlich auch Brot (darunter eine sehr empfehlenswerte Focaccia mit Rosmarin), edlen Wein, Antipasti, täglich frische Mehlspeisen, exquisite Grappe, selbst gemachte Pasta, Olivenöl, Essig oder Kaffee. Die Lieferanten werden persönlich ausgewählt, beste Qualität ist damit garantiert. Täglich verlockt eine kleine Karte dazu, die Spezialitäten des Hauses gleich im kleinen Restaurant vor Ort zu probieren. Und ein wenig Urlaubsstimmung und mediterranes Lebensgefühl gibt's da dann auch gratis dazu. Mit dem Buffetservice kann man sich die Delikatessen jetzt auch für den Genuss zu Hause bestellen.

OBSTCORNER ALOIS RÖBL

4020 Linz, Marktplatz 19 / Südbahnhof
TEL 0 73 2/65 48 59

GENUSS REGION ÖSTERREICH

Der Obstcorner verführt mit einer abermals erweiterten und geschmackvoll präsentierten Auswahl an hochwertigem und frischem Obst und Gemüse, darunter viele Spezialitäten aus den Genussregionen Buchkirchner-Schartner Edelobst, Waldviertler Erdäpfel oder Leondinger Grünspargel, aber auch mit einem reichhaltigen Sortiment an exotischen Früchten in bester Qualität. Ein Teil der Produktpalette wird je nach Saison und Verfügbarkeit in Bioqualität angeboten. Auch das hervorragende Sortiment an Trockenfrüchten, die man hier übrigens auch ungezuckert kaufen kann, wird den Genießer überzeugen. Geschenkkörbe, gefüllt mit einer feinen Fruchtpalette, geschmackvollem Trüffelöl, duftenden Gewürzen und einem Sortiment an Nüssen bieten genussvolle Überraschungen.

!

Pro Kaufland

Schenki's Vinothek

Schlemmerei Feinstes aus Österreich

PRO KAUFLAND

4040 Linz, Lindengasse 16
TEL 0 73 2/73 64 01
MAIL office@pro-kaufland.at
WEB www.pro-kaufland.at

250 Sorten Käse warten in diesem modernen und übersichtlichen Einkaufscenter darauf, entdeckt zu werden. Wurstspezialitäten aus der eigenen Fleischerei verführen bei bester Präsentation nicht nur Wurstliebhaber zu mehr, beim Fleischangebot muss man sich entscheiden: Rind, Kalb, Schwein, oder soll es doch einmal Ente, Fasan, Wild oder Lamm sein? Auch Frischfisch gibt es hier in großer Auswahl, Obst und Gemüse warten frisch, knackig und bunt im Regal. Das Angebot an Bio-Produkten ist vorbildlich und zieht sich durch praktisch alle Warengruppen. Das ist aber noch nicht alles: Denn Sie finden hier auch 60 verschiedene Brotsorten von verschiedenen Bäckern sowie eine eigene Konditorei und mehr als 1.200 Weine. Überschäumend ist mit achtzig Sorten auch das Bierangebot. Ein echtes Genussgeschäft, übrigens auch mit zahlreichen Spezialitäten aus den Genussregionen!

BIO !

BÄCKEREI FRITZ RATH – K.U.K. HOFBÄCKEREI

4020 Linz, Pfarrgasse 17
TEL 0 73 2/78 41 10
MAIL k.u.k.hofbaeckerei@liwest.at
WEB www.kuk-hofbaeckerei.at

Absolut bezaubernde, kleine Bäckerei, die nicht nur der sehr beeindruckenden Fassade wegen einen Besuch wert ist. Genießer werden hier mit einer riesigen Auswahl an Brot und Gebäck verführt, darunter feinstes Roggenvollkornbrot oder Dinkelbuchweizenbrot. Aber auch Naschkatzen werden stil- und geschmackvoll mit Linzer Torte und -Augen, Mohnkuchen, Müsliriegel und anderen Köstlichkeiten aus der Kaiserzeit verwöhnt, die hier mit viel Liebe zur Backkunst aus frischen Zutaten hausgemacht werden. Daneben gibt es auch ein feines Sortiment mit Marmeladen, Honig oder Sirup. Die charmante Bedienung rundet den sehr guten Gesamteindruck ab.

!

SCHENKI'S VINOTHEK

4020 Linz, Taubenmarkt-Arkade Landstraße 12
TEL 0 73 2/79 54 44
WEB www.schenkenfelder.at

Schenkis Vinothek hat sich zu einem Treffpunkt der Weinkenner und Weinliebhaber in der Linzer Innenstadt entwickelt. Dem Genießer wird eine große Auswahl an heimischen und internationalen Spitzenweinen sowie ausgesuchten Bränden und edlen Spirituosen angeboten. Der Schwerpunkt liegt dabei auf erlesenen Produkten von heimischen Winzern, aber auch zahlreiche Spezialitäten aus Italien, Frankreich und Spanien finden sich im Sortiment. Für Biogenießer gibt es eine feine Palette an Bioweinen, auch die Auswahl an edlen Spirituosen weiß mit hochwertigen Genussprodukten zu gefallen. Selbstverständlich können Sie auch vor Ort und bei bester Beratung degustieren. Darüber hinaus gibt es ein hochwertiges Angebot an Essigen und Ölen wie Kürbiskern-, Trüffel- oder edles Olivenöl.

BIO !

SCHLEMMEREI – FEINSTES AUS ÖSTERREICH

4020 Linz, Betlehemstraße 1d
TEL 0 73 2/77 34 98
MAIL office@schlemmerei.at
WEB www.schlemmerei.at

GENUSS REGION ÖSTERREICH Hier wird man in geschmackvoller Atmosphäre mit kulinarischen Raritäten aus allen Ecken des Landes in Versuchung geführt. Schon die Käsetheke überzeugt mit zahlreichen ausgefallenen Spezialitäten wie mit Speck vom Mangalitzaschwein umwickelten Rotkulturkäse (unbedingt probieren!), Wollschweinkäse oder Bioparmesan. An der Wursttheke werden ebenfalls Produkte vom Mangalitzaschwein, aber auch vom Zickentaler Moorochsen oder vom Seewinkel Steppenrind aus den Genussregionen angeboten. Die Genussregionen sind aber auch mit Buchkirchner-Schartner Edelobst vertreten. Rohwürste und Salami, Reh- oder Gamsrohschinken oder Ziegenleberkäse finden sich ebenso in der umfangreichen Palette wie frisches Brot und Gebäck wie Blätterteigkipferln mit Wollschweinfülle von der Kremstaler Hofbäckerei oder auch erlesene Weine und Edelbrände sowie ein hervorragender Edelbitter-

Xocolat

Die Lohnsburger Bäckerei

Fleischhauerei Badegruber

schokoladekuchen. Selbst ein kleiner Imbiss, wie ein Salat im Sommer oder eine feine Suppe im Winter, ist hier ein wahrer Genuss.

WINKLER MARKT

4040 Linz, Altenbergerstraße 40
TEL 0 73 2/75 75 30-0
MAIL winkler@winklermarkt.at
WEB www.winklermarkt.at

GENUSS REGION ÖSTERREICH In diesem Supermarkt gibt es alles, was der Genießergaumen begehrt. Das große Angebot an frischem Obst und Gemüse in Top-Qualität wird hauptsächlich von oberösterreichischen Produzenten geliefert, auch Feinheiten wie Spargel aus der Genussregion Leondinger Grünspargel finden sich im Sortiment. Die Feinkost verführt mit regionalen, internationalen und saisonalen Spezialitäten. Käseliebhaber werden die vielen angebotenen Sorten von kleinen Hofkäsereien zu schätzen wissen, darunter auch den aromatischen Ziegenkäse sowie die Pakete „Genussland Österreich". Knuspriges und duftendes Brot und Gebäck wird von 22 Bäckern geliefert; auch eine sehr gute Auswahl an frischem Fisch wird geboten. Fair-Trade Produkte gibt es hier ebenso wie eine umfangreiche Palette an Bio-Spezialitäten und Feinheiten aus den Genussregionen. Das Personal berät freundlich und ist überaus hilfsbereit.

XOCOLAT

4020 Linz, Herrenstraße 5
TEL 0 73 2/77 09 89
WEB www.xocolat.at

Hochwertigste süße Verführungen in großer Auswahl und Vielfalt finden Naschkatzen in diesem exquisiten Schokoladenfachgeschäft. Angeboten werden aber nicht nur Schokoladen und Konfekt – teilweise aus der eigenen Produktion in Wien – sondern auch Fair-Trade Produkte, gefüllte Schokoladekompositionen sowie Köstlichkeiten mit Nougat oder Marzipan. Daneben gibt's aber auch Schokoladeaufstriche, Schokoladefondue oder Schokoladenlikör. Bioschokolade wird ebenso angeboten wie Eiswein, Portwein oder Rotwein aus Südafrika als Begleitung zu den süßen Versuchungen. Genussvolle Momente sind hier garantiert, auch wegen der sehr freundlichen und herzlichen Bedienung!

LOHNSBURG

DER LOHNSBURGER BÄCKER

4923 Lohnsburg, Kobernaußerstraße 104
TEL 0 77 54/24 07
MAIL s.krautgartner@lohnsburger.at
WEB www.lohnsburger.at

Den knusprigen Verführungen kann man hier nur schwer widerstehen: Die Palette reicht vom Original Innviertler Bauernbrot über das Dinkel- oder Roggenvollkornbrot bis zum dunklen Schwarzbrot, und auch die Auswahl an Gebäck kann sich sehen lassen. Frische Kaisersemmeln werden vom freundlichen Personal ebenso angeboten wie Schusterlaibchen oder Kornspitz, Dinkelweckerl, Chili-Knoblauch- sowie Vollkornstangerl und das Original Lohnsburger Knoblauchstangerl. Zur Vervollständigung der Angebotspalette gibt's eine feine Auswahl an Weinen, Kaffees und Tees. Aber auch Naschkatzen werden sich hier wohlfühlen: Herrliche Mehlspeisen, eine Vielzahl an Strudel- und Kuchenspezialitäten, Torten und Schnitten wollen probiert werden.

FLEISCHHAUEREI BADEGRUBER

4923 Lohnsburg, Kirchenplatz 100
TEL 0 77 54/21 28
MAIL badi.fritz@aon.at
WEB www.badegruber.fleischer.at

Erlesene, und vielfach prämierte Wurst- und Fleischschmankerln werden in der sehr einladenden Fleischhauerei Badegruber angeboten. Die Auswahl ist groß: Neben einer feinen Käsepalette (ca. 15 Sorten) gibt es Pfeffer- und Burgunderschinken, Lohnsburger Speck, Schwanthaler Speck, Surspeck, Blunzn, Waldbeißer, den Kobernaußer Speck, aber auch scharfen Jalapena-Leberkäse (mit Chili). Und auch an die schnelle Küche wurde gedacht: Es gibt hervorragende Innviertler Knödel, Bratknödel oder feine Leberknödel. Die Weinbegleitung zum Essen kann man hier ebenfalls kaufen, und auch Nudeln, Gewürze, Senf oder eingelegte Speziali-

Fleisch-Wurst Kriechbaum

Margit Roitner Apfelhof

täten werden angeboten. Das Personal berät freundlich und hilft auch mit Zubereitungstipps aus.

MATTIGHOFEN

FLEISCH-WURST KRIECHBAUM

5230 Mattighofen, Stadtplatz 32
TEL 0 77 42/58 222
MAIL office@fleischauerei-kriechbaum.at
WEB www.fleischhauerei-kriechbaum.at

Klassische handwerkliche Metzgerei, die als Familienbetrieb geführt wird und bei der die eigene Produktion aller verkauften Wurstwaren noch selbstverständlich ist. Mit viel Fachkenntnis und Erfahrung werden hier hochwertige Produkte hergestellt, das frische Fleisch – das auch in Bio-Qualität angeboten wird – kommt aus der hauseigenen Schlachtung. Die Angebotspalette bei Wurst und Schinken ist umfangreich. Herrlich duftende Wacholder-, Burgunder-, Puten- und Beinschinken findet man ebenso wie Innviertler Speck oder Bauerngeselchtes. Auch die Salami wird hier selbst gemacht, verschiedene Sulzen, Aufstriche, Gewürze und Teigwaren vervollständigen das Sortiment. Auch Beratung und Service überzeugen.
BIO !

MAUTHAUSEN

WEGSCHAIDER

4310 Mauthausen, Poschacherstrasse 1
TEL 07 32/640 034
WEB www.wegschaider.com

Qualität steht bei Wegschaider im Mittelpunkt. Mit Sorgfalt, Liebe zum Handwerk, bewährten Rezepturen und hochwertigen Zutaten aus der Region werden in der alteingesessenen Fleischerei Genussprodukte für Feinschmecker hergestellt. Neben der klassischen Palette an Wurstwaren, Speck und Schinken überrascht hier vor allem das umfangreiche Angebot an Hausmannskost und Convenience-Produkten, das von Haschee-, Grammel- und Speck- über Tiroler- und Spinatknödel bis zum Blunzen Gröst'l, Lebernetzbraten oder Schweinsmaisen reicht. Teigwaren, Sauergemüse oder Senf finden sich ebenfalls im Programm. Im Imbissbereich werden täglich frisch zubereitete Mittagsmenüs angeboten.
!

MISTELBACH/WELS

APFELINO OBSTHOF WALTER SCHIEFERMÜLLER

4613 Mistelbach/Wels, In der Haberfelden 1
TEL 0 72 42/282 21
MAIL kundenservice@apfelino.at
WEB www.apfelino.at

GENUSS REGION ÖSTERREICH Seit 1978 gibt es den Bio-zertifizierten Obstanbaubetrieb mitten im Genussland Oberösterreich. Man setzt auf Regionalität und Qualität statt Massenproduktion. Im Hofladen angeboten werden zwölf verschiedene Sorten Tafeläpfel aus der Genussregion Buchkirchner-Schartner Edelobst, die sich durch intensive Farbe und besten Geschmack auszeichnen. Die Äpfel werden zum Teil und mit großer Sorgfalt auch zu naturreinen Säften, fruchtigem Edelmost, aromatischem Apfelessig, knackigen Apfelchips (die übrigens per Hand mit edler Zartbitter-, Vollmilch- oder weißer Schokolade in bester österreichischer Confiserie-Qualität umhüllt werden) und zu „küchenfertigen" Apfelprodukten verarbeitet.
!

MARGIT ROITNER APFELHOF

4613 Mistelbach/Wels, Mistelbacherstraße 9
TEL 0 72 42/288 19
MAIL office@apfelhof-roitner.at
WEB www.apfelhof-roitner.at

GENUSS REGION ÖSTERREICH Familienbetrieb, der sich seit über 50 Jahren auf den Anbau von Äpfeln und Birnen in höchster Qualität spezialisiert hat. Im sehr freundlichen und herrlich duftenden Hofladen werden mehr als 20 verschiedene Sorten Äpfel und 7 Sorten Birnen aus der Genussregion Buchkirchner-Schartner Edelobst, aber auch Kartoffeln, angeboten. Die Äpfel werden am Hof zu hervorragenden und prämierten, direkt gepressten Säften verarbeitet; auch exquisite Apfel- und Birnenbrände kann man hier kaufen. Zusätzlich gibt es Honig, eine tolle Auswahl an Marmeladen (darunter z.B. schwarze Johannisbeere mit Rotwein oder Ribisel-Chili-Rosmarin-Marmelade) und süße Apfelchips.
!

Fleisch- und Wurstwaren Steininger

MONDSEE

BIOTREFF

5310 Mondsee, Herzog-Odilo-Straße 28
TEL 0 62 32/64 96
MAIL v.grabenhofer@gmx.at
WEB www.biotreff.at

Angeboten wird hier ein Biolebensmittel-Vollsortiment, das zum Genuss einlädt: nationale und internationale Käsespezialitäten, frisches und knackiges Obst und Gemüse, ein kleines Sortiment an Wurst und Schinken mit Feinheiten wie Rindersalami oder Putenschinken. Frisches und knuspriges Brot und Gebäck wird von den Bäckern der Region angeliefert, und auch edlen Nuss- oder Zwetschkenschnaps kann man hier finden. Wein gibt's nach Demeter, für den Vitaminschub zwischendurch sorgen frisch gepresste Säfte oder feine Bananenmilch. Darüber hinaus wird aber auch Spezialöl aus Marokko, Kaffee aus Uganda, Tee und Bioschokolade angeboten. Die Bedienung ist nicht nur freundlich, sondern auch sehr kompetent.

BIO !

MARKTMETZGEREI MONDSEE

5310 Mondsee, Marktplatz 6
TEL 0664/579 26 86

Nette Metzgerei mit einer breiten Produktpalette: Die Auswahl an der Käsetheke überzeugt, es gibt silofreien Rohmilchkäse ebenso wie Spezialitäten von der Ziege. Bei Wurst und Schinken wird neben Gamssalami auch Lardo vom Wollschwein, Paprika-Kürbisspeck, Beinschinken oder hervorragender Burgunderschinken angeboten. Neu im Programm ist der steirische Vulkanlandschinken aus der Genussregion. Das Frischfleisch gibt's in bester Qualität vom Rind, vom Schwein, vom Kalb, vom Wild oder von der Pute (auch in Bioqualität), alles stammt aus der Region. Auch die angebotenen Fische kommen fangfrisch aus den heimischen Seen, das knusprige Brot und Gebäck von den heimischen Bäckern. Darüber hinaus werden hausgemachte Salate und Pasteten, verschiedene Antipasti, Essige, Marmeladen und Chutneys angeboten.

!

MUNDERFING

SPATZENEGGER FRANZ

5222 Munderfing, Hauptstraße 100
TEL 0 77 44/62 45
MAIL office@spatzenegger.com
WEB www.spatzenegger.com

Feinstes Geflügel sowie Wildspezialitäten verführen hier zum Genuss. Das angebotene Wild stammt überwiegend aus der Region und wird im eigenen Betrieb zerlegt. Hirsch, Reh, Wildschwein oder Gämse werden ebenso angeboten wie Hase oder Wildgeflügel. Darüber hinaus gibt es aber auch eine breite Palette an Geflügelprodukten (auf Bestellung auch in Bioqualität), Käse, Nudeln oder Eier aus Freilandhaltung, aber auch den Wein zum Wild, Edelbrände oder feine Liköre.

MÜNZKIRCHEN

FLEISCH- UND WURSTWAREN STEININGER

4792 Münzkirchen, Hofmark 32
TEL 0 77 16/72 27
MAIL metzgereisteininger@hotmail.com
WEB www.metzgerei-steininger.at

Eine breite Palette an innovativen und ausgezeichneten Produkten wird in diesem Fachgeschäft angeboten. Das beginnt schon an der Käsetheke mit verschiedenen hausgemachten Aufstrichen und Käsespezialitäten (Vorarlberger Bergkäse, Schärdinger Käse). An der Wurst- und Schinkentheke findet man rund 40 Sorten feinster, selbst hergestellter Wurst, darunter Kürbiskernschinken oder Leberkäse ebenso wie Knacker, Blutwurst, Karee- oder Schinkenspeck, aber auch feine, magere Schinkencreme. Das Fleisch stammt aus der Region und kommt frisch aus der hauseigenen Schlachtung, auf Bestellung gibt's auch Wild oder Lamm. Darüber hinaus gibt es hausgemachte Kaspressknödel und Fleischstrudel, donnerstags auch die „Kesselheiße" für den kleinen Hunger zwischendurch. Knuspriges Brot und Gebäck vom örtlichen Bäcker wird ebenfalls angeboten. Es gibt verschiedene Sauergemüse und Gewürze, und auch frischen Fisch (ab Donnerstag) kann man hier kaufen. Sehr freundliche Bedienung.

Bäckerei-Konditorei Brandner

NEUZEUG

WINKLERGUT FAMILIE BURGI & JOSEF ROGL

4523 Neuzeug, Pachschallernstrasse 9
TEL 0 72 59/30 88
MAIL josef.rogl@aon.at
WEB www.rogl-speck.at

Bereits seit 1833 bewirtschaftet die Familie Rogl den Bauernhof. Man legt hier großen Wert auf Bewährtes und auf Genuss aus der Region, wohl auch weil man weiß, dass Essen viel mehr ist als nur Nahrung. Im kleinen und sehr heimeligen Geschäft werden ausschließlich aus eigenen Rohstoffen und nach überlieferten Rezepten erzeugte Spezialitäten wie der ausgezeichnete Rohschinken oder der Karrespeck, Kaminwurzen, Blunzen oder die hervorragende Haussulz angeboten. Aber auch Grammelschmalz, Verhackert, Rauchkuchl-, Speck- oder Leberknödel sowie Beuschel gibt es. Vervollständigt wird die umfangreiche Palette an Verführungen mit Nudeln, Schnäpsen, Sauerteigbroten oder Honig. Sympathische und sehr freundliche Beratung!

!

NIEDERNEUKIRCHEN

PEVNY

4491 Niederneukirchen, Ruprechtshofen 46
TEL 0 72 24/71 25
MAIL info@bio-pevny.at
WEB www.bio-pevny.at

Im sehr einladenden und heimeligen Hofladen des Biohofs Pevny wird eine breite Palette an hervorragenden Genussprodukten angeboten. Das beginnt bei einer tollen Auswahl an mehrfach prämiertem und ausschließlich mit eigenem Getreide hergestellten Biobrot, darunter Sonnenblumen-, Kürbiskern- oder Dinkelvollkornbrot nach Hildegard von Bingen, aber auch hervorragendem Biogemüse aus der ganzen Region. Verschiedene Nudelprodukte werden in Bioqualität angeboten, ebenso wie eine feine Palette an Bioweinen. Darüber hinaus gibt's aber auch Gewürze, exquisite Liköre und Brände aus der eigenen Abfindungsbrennerei oder feine Fruchtsäfte wie Apfel-, Birnen- oder Holunder-Melissen-Saft.

BIO

OBERWEIS-LAAKIRCHEN

WAGNERS WEINSHOP

4664 Oberweis-Laakirchen, Weinstrasse 31
TEL 0 76 13/44 04 41
WEB www.wagners-weinshop.com

Weine aus aller Welt für den puren Trinkgenuss findet man in Wagners Weinshop. Die Auswahl ist riesig, es gibt edle Tropfen aus Österreich und Deutschland, Frankreich, Italien, Spanien, Chile, Portugal, Argentinien, Australien, Neuseeland oder den USA. Natürlich werden auch Schaumweine, Süß- und Portweine oder Cherry angeboten. In Versuchung führen aber auch hochwertige Brände, Grappe, Cognac, Whisky und Gin. Weine aus bio-dynamischem Anbau finden sich ebenso im Programm wie Alimentari, darunter Pasta, edle Olivenöle, Sugo, Gewürze oder auch Meersalz. Für den süßen Abschluss gibt's Edelschokolade. Beraten wird man hier mit viel Kompetenz und Charme von diplomierten Sommeliers.

!

OSTERMIETHING

BÄCKEREI-KONDITOREI BRANDNER

5121 Ostermiething, Gewerbegebiet 1
TEL 0 62 78/793 85

Köstlich knusprig. Alle in perfekter Qualität angebotenen Brotsorten (darunter Kürbiskernbrot oder Walnußbrot ebenso wie Sonnenblumenbrot oder der Murtaler Laib, auch in Bioqualität) werden ohne Verwendung von Zusatzstoffen oder Fertigmischungen aus Natur-Sauerteig und mit Granderwasser hergestellt. Auch die Palette an frischem und knusprigem Gebäck kann mit Weizen- und Kukuruzweckerln, Sesam- und Mehrkornprodukten überzeugen. Und Liebhaber von Süßem werden die große Auswahl an feinen Torten, Schnitten und lockeren Kuchen zu schätzen wissen. Das Personal bedient freundlich und mit viel Fachwissen, auch Brotbackkurse werden angeboten.

BIO

Fleischhauerei Franz Schuster

Backhaus Casagrande

Bäckerei Frauendorfer

FLEISCHHAUEREI FRANZ SCHUSTER

5121 Ostermiething, Gewerbegebiet 1
TEL 0 62 78/62 14
MAIL office@fs-partyservice.at
WEB www.fs-partyservice.at

Die edle, sehr moderne Fleischhauerei besticht vor allem mit einer Riesenauswahl an der Wursttheke, darunter zahlreiche feinste Schinkenspezialitäten wie Sauna-, Bein- oder Landschinken, aber auch Streichwurst mit Kürbiskernen, Chili oder mit Honig-Sahne finden sich im Angebot. Das hervorragend präsentierte Frischfleisch in bester Qualität kommt ausschließlich von Lieferanten aus der Region. Frischer Fisch wird ebenso geboten wie Lachsbutter und hausgemachte Aufstriche, und auch die Käsepalette weiß mit Feinheiten zu gefallen. Im Imbissbereich stehen täglich mehrere Menüs zur Auswahl. Die Auswahl an Fertiggerichten wurde erweitert (unter anderem gibt's Gulaschsuppe, Beuschel oder Blunzengröstl). Die Bedienung ist freundlich und hilfsbereit, und für besondere Anlässe werden auch ein Partyservice sowie Geschenkartikel angeboten.

BIO !

OTTENSHEIM

BACKHAUS CASAGRANDE

4100 Ottensheim, Ledorergasse 14
TEL 0 72 34/824 38
MAIL brot@backhaus-casagrande.at
WEB www.backhaus-casagrande.at

Hier werden feinstes Brot und Gebäck und verführerische Mehlspeisen noch nach Großmutters Rezepten selbst hergestellt. Beim Brot reicht die hochwertige Auswahl vom Brennessel- über Finnen- bis zum Müslibrot, beim Gebäck gibt's Kümmelweckerl ebenso wie Kornschrotweckerl oder Laugenbrezen. Naschkatzen werden aber auch die feinen Brandteigkrapfen, Topfenschnitten, Schaumrollen, den saftigen Marillenkuchen oder den süßen Apfelstrudel zu schätzen wissen. Es wird übrigens ausschließlich mit Granderwasser und Meersalz gearbeitet. Auch die Nudeln werden hier selbst erzeugt. Die Liebe zum Handwerk schmeckt man ebenso wie die hochwertigen Zutaten.

BIO !

PASCHING

SURACE, SPEZIALITÄTEN AUS ITALIEN

4061 Pasching, Pluskaufstraße 7
TEL 0 72 29/613 53
MAIL office@surace.at
WEB www.surace.at

Den wahren Geschmack und Charme Italiens kann man in diesem Geschäft finden. Es werden ausschließlich Genussprodukte der Apenninenhalbinsel geboten, darunter feinster Trüffelkäse, Pecorino, Wildschweinwurst, Salami, Prosciutto di Parma und natürlich auch Prosciutto di San Daniele, Mortadella, Kapern oder Oliven. Auch wer Gebäck aus Italien sucht, wird hier fündig: Es gibt Ciabatta, Focaccia und Oivenbrot. Und, nicht verwunderlich: die riesige Weinauswahl (mehr als 150 von Italiens besten Tropfen), Pasta, Grappa, Aperol und natürlich Kaffee. Im kleinen Restaurant wird das Genussversprechen gleich eingelöst.

!

PENNEWANG

ZIEGENHOF LEEB

4624 Pennewang, Mitterfils 6
TEL 0 72 45/264 50
MAIL h.leitenmayr@mywave.at
WEB www.ziegenhof-leeb.at

Auf dem Ziegenhof der Famlie Leeb wird auf Frische und Kreativität gesetzt. Angeboten werden zahlreiche, aus naturbelassener Ziegenmilch hergestellte Köstlichkeiten, darunter 20 verschiedene Käsespezialitäten wie Frischkäse, Frischkäserouladen oder eingelegter Ziegenkäse ebenso wie Ziegengouda oder Frischkäseterrinen mit Lachs, aber auch frische Ziegenmilch, Molke, Joghurt oder Topfen. Darüber hinaus gibt es Ziegensalami und -cabanossi, saisonal auch frisches Kitzfleisch. Die Familie berät freundlich und mit viel Fachwissen.

!

PERG

BÄCKEREI FRAUENDORFER

4320 Perg, Linzer Straße 6
TEL 0 72 62/522 94
MAIL frauendorfer@perg.at

Pani – Der Bäcker

Strasser-Markt

Kleine Bäckerei mit einem sehr guten Angebot an frischem und knusprigem Brot und Gebäck. Traditionelle Backkunst zeigt sich hier in speziellen Sorten wie dem Franzlbrot, einem Vollkornbrot nach Geheimrezept. Ein Tipp: ab 16.00 Uhr wird als „Abendbrot" frisches Weißbrot gebacken. Und sollten Sie sich den Tag ein wenig versüßen wollen, dann seien Ihnen die selbst gemachten Mehlspeisen empfohlen. Angeschlossenes Nichtraucherkaffee mit sehr freundlicher Bedienung.

PANI – DER BÄCKER

4320 Perg, Herrenstraße 7
TEL 0 72 62/525 34
MAIL pani@baecker.at
WEB www.pani.baecker.at

Sehr feine und bodenständige Bäckerei/Konditorei, die mit einer Riesenauswahl zu besonderem Genuss verführt: Sehr zu empfehlen sind das Walnussbrot, das Leinsamenbrot, das Kletzenbrot oder die Bärlauchciabatta. Jeden Dienstag, Donnerstag und Freitag gibt es frischen Schaumspitz und andere frische Süßigkeiten wie Punschkrapfen, und auch die feinen Schnitten seien Leckermäulern wärmstens ans Herz gelegt. Je nach Saison werden auch frische Kekse angeboten.

STRASSER-MARKT

4320 Perg, Bahnhofstraße 16
TEL 0 72 62/525 78
MAIL info@strasser-markt.at
WEB www.strasser-markt.at

Nahversorger mit besonders freundlicher Atmosphäre und einem hochwertigen, erstklassig sortierten Produktangebot. Obst und Gemüse sind frisch, saisonal vorwiegend aus den Oberösterreichischen Genuss-Regionen und natürlich auch in Bio-Qualität zu haben. Die Auswahl an der Käsetheke besticht mit Vielfalt und Qualität. Bei Wurst und Schinken findet man regionale Feinheiten wie hausgemachten Speck ebenso wie eine erstklassige Auswahl an internationalen Spezialitäten, aber auch hausgemachte Convenience-Produkte wie Kaspressknödel, Leberknödel oder Rindsrouladen. Frischfleisch wird fast ausschließlich von regionalen Lieferanten zugekauft, Brot und Gebäck (auch in Bioqualität) kommen frisch von Betrieben aus der Region oder ofenwarm aus der eigenen Backstation. Vervollständigt wird die Produktpalette mit einem sehr guten Angebot an Weinen – auch von Top-Winzern – und Edelbränden. Insgesamt ein Nahversorger, wie man ihn sich nur wünschen kann!

PFAFFSTÄTT

JOHANN WINTER „MICHLBAUER"

5222 Pfaffstätt, Erlach 3
TEL 0 77 44/822 23
WEB www.michl-bauer.at

Sehr netter Hofladen, der mit einem hervorragenden Angebot an Fleisch- und Wurstspezialitäten zu überzeugen weiß. Alle Produkte stammen direkt vom Hof, produziert wird noch nach althergebrachter Weise, und Feinschmecker werden das zu schätzen wissen. Sehr empfehlenswert ist der hervorragende Rohschinken, darüber hinaus wird auch feinstes Innviertler Bauerngeselchtes oder Schinkenspeck angeboten. Das frische Schweinefleisch stammt aus der hofeigenen Schlachtung. Auch knuspriges Holzofenbrot und duftendes Gebäck kann man hier immer donnerstags, freitags und samstags kaufen.

PFARRKIRCHEN

HOCHLANDIMKER

4142 Pfarrkirchen, Altenhof 64
TEL 0676/526 40 80
MAIL office@diehochlandimker.at
WEB www.diehochlandimker.at

Ein Honigparadies auf kleinem Raum: Riesenauswahl an Honig und Honigprodukten (auch in Bioqualität) aller Art, von Spezialitäten wie Waldhonig, Hochlandhonig oder Propolis bis zu prämiertem Honigbier, Honigbrand, Honigwein, Honigessig, Honigsekt oder Honigessigschokolade.

Bäckerei Cafe Mayr

Billa Corso Ried

Die Greisslerei Sonja Fessl

PREGARTEN

FLEISCHEREI KARL FÜRST

4230 Pregarten, Tragweinerstraße 7
TEL 0 72 36/22 06
MAIL office@fleischerei-fuerst.at
WEB www.fleischerei-fuerst.at

Traditionsreicher Fleischerbetrieb, der bereits in der dritten Generation geführt wird. Angeboten werden Fleisch- und Wurstspezialitäten aus der Mühlviertler Region, darunter auch traditioneller Mühlviertler Knoblauchspeck. Bekannt ist auch die Spezialität des Hauses, der Fürstroller. Eine feine Auswahl an Käse findet sich ebenso im Programm wie frischer Fisch am Wochenende. Als Nahversorger werden aber auch knuspriges Brot und Gebäck, frische Salate, feine, hausgemachte Mehlspeisen, Teigwaren, Essig, Öl oder Süßwaren sowie Catering und Partyservice angeboten. Den kleinen Hunger kann man mit Mittagsmenüs an der heißen Theke stillen.

!

VINOTHEK MAYR

4230 Pregarten, Tragweinerstraße 30
TEL 0 72 36/22 36
MAIL office@friseurmayr.at

Hervorragende Vinothek, die sich durch eine besondere Auswahl an exzellenten Weinen (mit Schwerpunkt Österreich), exquisiten Grappas und Veltlinerbränden sowie eine sehr gute und freundliche Beratung auszeichnet. Die Weine und Brände werden hier auch glasweise verkauft. Angeboten werden weiters verschiedene Weingeschenke, edle Weingläser sowie Zubehör.

!

RIED/INNKREIS

BÄCKEREI CAFE MAYER

4910 Ried/Innkreis, Stelzhamerplatz 4
TEL 0 77 52/825 63
MAIL mayer@baecker.at
WEB www.mayer-baecker.at; www.troadbaecker.at

Die Adresse für den ernährungsbewussten Genießer: Mayer gehört zu den oberösterreichischen Troadbäckern, die nach traditionellen Rezepten und unter Verwendung von echtem Natursauerteig und Dampfl-Führungen backen. Auch die Mehle und Rohstoffe kommen zum größten Teil aus der Region. Das frische Brot und Gebäck – darunter Dinkelvollkornbrot, Makadamia-Nussbrot, Bauernbrot aus Natursauerteig oder auch eigenes Baguette – duftet verführerisch. Naschkatzen werden die hervorragenden Konditoreiprodukte – wie die Schwanthaler Torte, die edlen Pralinen, die Stelzhamer-Küsschen, aber auch die hervorragenden Krapfen – zu schätzen wissen. Gebacken wird hier übrigens ohne Transfette und ohne künstliche Emulgatoren. Viele Spezialitäten werden in Bio-Qualität angeboten, und für Allergiker werden auch Roggenbrote ohne Hefe hergestellt. Mittags gibt es vier Menüs zur Auswahl, die das Zertifikat „gesunde Küche" tragen.

BIO !

BILLA CORSO

4910 Ried/Innkreis, Stelzhammerplatz 5
TEL 0 77 52/702 75

Im vorbildlich geführten Billa Corso einzukaufen ist ein wahrer Genuss. Nicht nur die Feinkostabteilung mit einer geschmackvollen Auswahl an Käse (ca. 60 Sorten, darunter Rohmilchkäse, Camembert, aber auch Bio-Käse wie der Tilsiter), Wurst (mit einer großen Auswahl an Schinken- und Salami-Spezialitäten, aber auch Pasteten wie Entenleber- oder Wilschweinpastete) sowie Fleisch und Fisch – der saisonal auch frisch angeboten wird – ist überzeugend. Das knackige Obst und Gemüse sowie die unglaubliche Brotauswahl machen ebenfalls Lust auf mehr. Im umfangreichen Sortiment finden sich weiters eine Feigensauce und eine breite Palette an Spezialessigen und -ölen. Eine feine Weinauswahl sowie ein besonders umfangreiches Bio-Sortiment runden das Angebot ab.

BIO !

DIE GREISSLEREI SONJA FESSL

4910 Ried/Innkreis, Kirchengasse 7
TEL 0 77 43/83 16
MAIL info@weingreissler.at
WEB www.weingreissler.at

Zeit nehmen vom alltäglichen Stress – auch das gehört zum Service des Wein- und Genussladens. Weinkenner

Zöls Fisch-Wild-Geflügel

Fleischerei Walter Leibetseder

werden sich hier auf Anhieb wohlfühlen. Die Auswahl an edlen Tropfen ist hervorragend, die Beratung freundlich und kompetent. Neben vortrefflichen Weinen, die es hier natürlich auch in Bio-Qualität gibt, wird eine feine Palette an Feinkost aus Frankreich und Italien sowie Produkte aus der Südoststeiermark oder von Stekovic, dem Paradeiserkönig aus dem Burgenland, angeboten. Eine Kostprobe: Speck und Grammelaufstriche vom Wollschwein, Salamispezialitäten, Steirischer Vulkanland Schinken aus der Genussregion, Rollschinken, Verhackertes, Käferbohnenaufstrich, aber auch Gewürze, Essige, Öle oder edle Schokolade. Wirklich eine Greisslerei der besonderen Art!

EUROSPAR

4910 Ried/Innkreis, Goethestraße 10
TEL 0 77 52/717 12

Ein Supermarkt, der keine Wünsche offen lässt. Im Feinkostbereich überzeugt ein riesiges Sortiment mit rund 200 Käsespezialitäten (darunter Spezialitäten aus der Region, aber auch französische und italienische Verführungen sowie zahlreiche Bio-Varianten, wie Schaf- oder Ziegenkäse, Alm- und Hirtenkäse) sowie Wurst- und Schinkenspezialitäten, darunter auch laktose- und glutenfreie Produkte. Fisch gibt es frisch, zu besonderen Anlässen auch Meeresfrüchte. Das frische Obst und Gemüse wird sehr geschmackvoll präsentiert, die Weinauswahl ist - wie auch die Beratung - hervorragend. Einkaufen mit Genuss.

ZÖLS FISCH-WILD-GEFLÜGEL

4910 Ried/Innkreis, Bahnhofstraße 15
TEL 0 77 52/820 58
MAIL rudolf-zoels@aon.at

Ein sehenswertes Detailgeschäft, das den Gourmet mit einer sehr guten Palette an Wild- und Fischspezialitäten überrascht. Die Auswahl an Delikatessen reicht vom frischen Fisch (darunter natürlich Süßwasserfische wie Forellen, Reinanken, Lachse, Zander oder Karpfen, aber auch Edelfische wie Blue Marlin, Red Snapper, Papageienfisch oder Drachenkopf) über pikante Fischsalate, Flusskrebssalat, Meeresfruchtsalat, Heringkäse, feine Räucherspezialitäten, Terrinen, Aufstriche, Muscheln und Austern, Haus- und Edelbrände bis hin zu Gewürzen aus der Region. Daneben wird eine breite Palette an Wildspezialitäten angeboten. Wildschwein und Hirsch, Wildente und Wachtel, Trüffelsalami oder Wildschweinschinken verführen ebenso zum Genuss wie eine feine Auswahl an Käse, Pasta, verschiedenen Antipasti, Pesto, Chutneys, Essigen, Senf oder Süßem wie Trüffelhonig und italienische Schokolade.

ROHRBACH

FLEISCHEREI WALTER LEIBETSEDER

4150 Rohrbach, Stadtplatz 26
TEL 0 72 89/42 76
MAIL essenvombesten@aon.at
WEB www.essenvombesten.at

Fleischerei mit mittlerweile 50-jähriger Tradition, Regionalität wird seit jeher großgeschrieben. An der Käsetheke findet man ein kleines Sortiment an Schnittkäsen und hausgemachten Aufstrichen. Die breite Palette an Selch-, Schinken- und Wurstprodukten (darunter viele Schinkensorten wie Sauna-, Back- oder Honigschinken, über 50 Sorten Wurst, Wollschweinspeck) wird mit Ausnahme der Salami komplett selbst hergestellt. Im Sortiment findet man auch Biofleisch und Schinken von der Mühlviertler Alm Sonnberg. Rinds-, Kalbs- und Lammfleisch kommen aus dem Bezirk Rohrbach, weiters werden Gustino-Schweinefleisch und heimisches Geflügel angeboten. Frischen Fisch kann man hier ebenso kaufen, die Auswahl reicht von Forelle und Karpfen bis zu Lachs und Heilbutt. Täglich werden 2 Menüs in einer großen Imbissecke für den Hunger zwischendurch geboten. Für die schnelle Küche zu Hause gibt's Tiroler-, Speck- und Grammelknödel, Beuschel, Milzschnitten oder Gemüselaibchen.

ROTTENBACH

BÄCKEREI-CAFE HEFTBERGER

4681 Rottenbach 6
TEL 0 77 32/28 66
MAIL kaiser@semmel.cc
WEB www.semmel.cc

Mauracher Bio-Hofbäckerei

Bäckerei Buchegger Schärding

Traditionelle Bäckerei mit einem umwerfenden Angebot an frischen und knusprigen Brot- und Gebäckspezialitäten. Beim Brot reicht die Palette von Land-, Fitness-, Mailänder- und Dinkelbrot bis zum Kletzen- und Olivenbrot. Beim Gebäck verführen herrliche Baguettes, Bärlauchweckerl oder Mailänderweckerl. Für Biogenießer wird unter anderem Bio-Dinkel-Vollkornbrot angeboten. Liebhaber von Süßem können aus einer Vielzahl an klassischen Torten wählen. Auf Wunsch werden auch besondere Torten wie Anlass-, Hochzeits- oder Gagtorten hergestellt. Unter dem Motto „Land lebt auf" wird der Nahversorger im Ort mit frischem Brot beliefert.
!

SARLEINSBACH

MAURACHER BIO-HOFBÄCKEREI

4152 Sarleinsbach, Pogendorf 8
TEL 0 72 83/84 66-0
MAIL office@mauracherhof.at
WEB www.mauracherhof.at
FILIALE Feinschmeckerei, 4100 Rohrbach, Am Stadtplatz,

Bereits seit 1625 wird am Mauracher Hof in Sarleinsbach, mitten im Mühlviertel, Brot gebacken. Der Traditionsbetrieb stellte schon vor über 30 Jahren auf Bio um, das hochwertige Bio-Getreide aus der Region wird auf dem Mauracher Hof unmittelbar vor dem Backen direkt in die Teigschüssel gemahlen. So bleiben Vitamine, Mineral- und Ballaststoffe, also alle wertvollen Bestandteile des Korns inklusive Keimling, erhalten. Das Ergebnis ist Premiumqualität voller Vitalkraft und Geschmack. Die breite Palette an hervorragenden Natursauerteigbroten ist hefefrei, weizenfrei und lactosefrei. Im Sortiment finden sich außerdem knuspriges Gebäck und feinste Mehlspeisen, und auch wer an Glutenunverträglichkeit oder Zöliakie leidet, wird hier fündig: Unter den glutenfreien Backwaren aus Buchweizen finden sich Brot, Apfelkuchen, Florentiner, Nusszungen oder Kokosbusserl.

SCHÄRDING

BÄCKEREI BUCHEGGER

4780 Schärding, Oberer Stadtplatz 45
TEL 0 77 12/296 78
MAIL office@baeckerei-buchegger.at
WEB www.baeckerei-buchegger.at

Nur beste Zutaten aus der Region werden für die Herstellung der rund 30 Sorten von feinem und ofenfrischen Brot (darunter Roggenbrot, Dinkelvollkornbrot, Holzhackerbrot, Bauernbrot, Karottenbrot) und Gebäck (wie Kartoffelweckerl mit Sauwald-Erdäpfel aus der Genussregion, aber auch gluten- oder hefefreies Gebäck) verwendet. Produziert wird ausschließlich mit Granderwasser und unter Verwendung von Natursauerteig. Für Bioliebhaber wird Biobrot und Biogebäck angeboten, und auch Naschkatzen werden sich zwischen Buchteln, Bienenstich, Krapfen mit original Wachauer Marillenmarmelade, Topfenschnitten und hausgemachten Torten wohlfühlen. Und nicht zuletzt die sehr kompetente und freundliche Bedienung, die sich für jeden Kunden Zeit nimmt, macht Einkaufen hier zum Genuss.

CAFÉ-KONDITOREI EIBENSTEINER

4780 Schärding, Unterer Stadtplatz 14
TEL 0 77 12/20 69
MAIL office@eibensteiner-schaerding.at
WEB www.eibensteiner-schaerding.at

In der wunderschönen Konditorei wird eine breite Palette an süßen und verführerischen Köstlichkeiten angeboten. Das kleine Familienunternehmen bäckt traditionell nach überlieferten Rezepten, achtet auf Nachhaltigkeit und verwendet nur ausgewählte und hochwertige Rohstoffe aus der Region. Es gibt Lebzelter-Spezialitäten in allen Varianten, feinste Festtagstorten, eine Vielfalt an Pralinen und Konfekt (unter anderem die köstliche Lebkuchenpraline), aber auch Tee- und Plundergebäck. Im Sommer wird übrigens auch hervorragendes selbstgemachtes Eis mit Früchten aus der Region angeboten. Hier wird der Besuch zu einem unvergesslichen süßen Erlebnis.

Fleischhauer Moser

Fleisch-Wurst-Feinkost Feichtinger

Kronbergerhof

FLEISCHHAUER MOSER

4780 Schärding, Silberzeile 1
TEL 0 77 12/358 80
MAIL mosermetzger@aon.at
WEB www.moser-metzger.gemeindeausstellung.at

Geschmack wird hier selbst gemacht. Die überragende Auswahl an Wurst- und Fleischwaren stammt aus eigener Produktion. Angeboten werden rund 150 Sorten Wurst wie die Moser Hauswurst, der Grill-Pfefferschinken oder Bärlauch-, Bein- und Knoblauchschinken und Wurzelspeck, aber auch ein Karreespeck, der als der beste Oberösterreichs ausgezeichnet wurde. Beim Frischfleisch verführen Spezialitäten vom Lamm sowie Rindfleisch in Bioqualität. Im Convenience-Angebot finden sich Gulasch, Beuschel, Rindsrouladen oder Rinderbraten. An der Käsetheke glänzt eine feine Auswahl an regionalen Käsen wie Bio-Bergkäse, Bruder Meinrad. Darüber hinaus werden Nudeln, hausgemachte Aufstriche, Senf, Sauergemüse von Biobauern aus der Region, Brot und Gebäck aus der Region sowie verschiedene Schnäpse und Liköre angeboten. Sehr freundliches Personal.

!

FLEISCH-WURST-FEINKOST FEICHTINGER

4780 Schärding, Oberer Stadtplatz 45
TEL 0 77 12/68 83
MAIL office@feichtinger-wurst.at
WEB www.feichtinger-wurst.at

Die Genussfleischerei verführt nach wie vor zum Einkauf mit einem überragenden Angebot. An der Käsetheke gibt's eine kleine, aber feine Auswahl an Spezialitäten wie Schärdinger Käse oder Vorarlberger Heumilchkäse. Bei Wurst und Schinken – die übrigens ausschließlich aus eigener Produktion stammen – fällt die Wahl zwischen 100 verschiedenen Sorten schwer. Allein 10 verschiedene Schinkensorten – mit Spezialitäten wie dem Backschinken oder dem Spargelschinken – werden angeboten. Zum Genuss verführt aber auch über Buchenholz geräucherter Kareespeck oder Knoblauchspeck. Beim frischen Fleisch findet man Spezialitäten vom Kalb, Rind oder Schwein ebenso wie vom Lamm, Wild oder der Ente. Auch frischen Fisch kann man hier kaufen, und an die schnelle Küche wurde mit Kaspress-, Haschee-, Speck-, Grammel- und Leberknödel ebenso gedacht wie an den kleinen Hunger mit Lasagne, Gulasch, Roast-Beef oder Beuschel. Das Personal berät freundlich, gibt Zubereitungstipps und empfiehlt auch gerne den passenden Wein.

!

SCHARTEN

KRONBERGERHOF ING. GEORG ROITHMEIER

4612 Scharten, Kronberg 3
TEL 0 72 72/53 41
MAIL g.roithmeier@gmx.at

GENUSS REGION ÖSTERREICH Inmitten einer der schönsten und ältesten Obstgegenden Oberösterreichs steht der Kronbergerhof, und hier wird die gesamte Vielfalt der Genussregion Buchkirchner-Schartner Edelobst angeboten. Alle Produkte stammen ausschließlich aus eigener Produktion, und die Palette beim Frischobst ist mehr als umfangreich: zehn verschiedene Apfelsorten, Birnen, Kirschen, Zwetschken, aber auch getrocknete Apfelringe oder Quitten. Natürlich gibt es das Obst auch in Saftform (auch Mischsäfte wie Apfel-Quitte oder Apfel-Kirsche werden angeboten). Ein hervorragender Apfelmost sowie feiner Apfelessig findet sich in der breiten Palette der Produkte ebenso wie hausgemachte Marmelade. Und für die Genießer von „Hochgeistigem" werden die regionaltypischen Edeldestillate angeboten: Apfelbrand im Eichenfass, Williams-, Birnen- oder Marillenbrand, um nur einige zu nennen, aber auch Nuss-, Himbeer- oder Jostabeeren-Likör.

!

LEHNER'S BAUERNLEBERKÄSE

4612 Scharten, Herrenholz 7
TEL 0 72 72/53 18
MAIL info@bauernleberkaese.at
WEB www.bauernleberkaese.at

Über 150 Jahre alter, sehenswerter Hof – hier werden Genussprodukte in höchster Qualität hergestellt. Die gesamte Palette an Wurst und Schinken ist selbstgemacht, das frische Schweinefleisch stammt ausschließlich von Tieren vom Hof. An Spezialitäten werden feiner Bauernleberkäse (der täglich frisch produziert

Lehner's Bauernleberkäse

Bienenparadies Neubauer

wird, und für den der Hof auch bekannt ist), Bauerngeselchtes, Speck, Hauswürste, Blutwürste, aber auch Sur- und Bratfleisch angeboten. Natürlich gibt es hier auch frisches Schweinefleisch. Dazu: knuspriges Bauernbrot, Fruchtsäfte vom Kronbergerhof, Most aus der Region und Honig. Auf Vorbestellung gibt's auch kaltes oder warmes Buffet.
!

SCHLIERBACH

GENUSSZENTRUM STIFT SCHLIERBACH

4553 Schlierbach, Klosterstraße 1
TEL 0 75 82/83 01 31 80
MAIL info@stift-schlierbach.at
WEB www.stift-schlierbach.at

Hier dreht sich alles um das Genießen. Kulinarische Veranstaltungen, Kochshows mit österreichischen Spitzenköchen, Käsedegustationen. Auch zu Ausstellungen lädt das Genusszentrum im Stift. Hier kann man alle Schlierbacher Käsesorten kosten, kaufen und käsen. Ganz neu in der Heimat des Schlierbacher Käses ist die Möglichkeit, „selbst zu käsen" – vom Dreikäsehoch bis zum Käsemeister kann jeder selber einen Schlierbacher Käse herstellen – und mit einem Käsediplom in der Hand schmeckt die Käseverkostung noch besser.

SCHWANENSTADT

HÜTTHALER

4690 Schwanenstadt, Linzer Straße 1
TEL 0 76 73/22 30
MAIL office@huetthaler.at
WEB www.huetthaler.at

Qualität, die begeistert. Das Hütthaler Motto erkennt man bereits an der Feinkosttheke. Hier findet man eine große Palette an appetitlich präsentierten nationalen und internationalen Käsespezialitäten. Bei Wurst und Schinken – die übrigens auch in Bioqualität angeboten werden – ist die Auswahl überragend. Zehn verschiedene Schinkensorten (mit saisonalen Feinheiten wie dem Weinblattschinken im Herbst), insgesamt über 50 Wurstsorten, darunter auch die Puten-Attersee, das Produkt des Jahres 2009, machen die Wahl zur Qual. Beim Frischfleisch dominieren regionale Feinheiten, Lamm wird ebenso angeboten wie Wild, auch frischen Fisch kann man hier kaufen. Österreichische Weine, rund 30 verschiedene Käsesorten, Essige, Öle, Pasta, Antipasti, eingelegtes Gemüse, verschiedene Marmeladen und Edelschokoladen runden das Sortiment ab.
BIO !

SEEWALCHEN AM ATTERSEE

FISCHEREI ECKER

4863 Seewalchen am Attersee, Moos 17
TEL 0 76 62/24 87
MAIL fischerei.ecker@aon.at
WEB www.fischerei-ecker.at

GENUSS REGION ÖSTERREICH Feinschmecker werden hier mit lebenden, fangfrischen oder geräucherten Fischen in bester Qualität verwöhnt. Die Auswahl an Frischfisch reicht von der Reinanke – aus der Genussregion Salzkammergut Reinanke – über Maräne und Saibling, Hecht und Aal bis zu Regenbogenforelle, Bachsaibling oder Lachsforelle. Je nach Saison werden aber auch Karpfen, Schleie, Stör, Wels oder Huchen angeboten. Zweimal in der Woche gibt's frischen Meeresfisch, und natürlich werden auch hausgemachte Salate, Aufstriche, verschiedene Antipasti, frisches Brot und Gebäck und ausgesuchte Weine angeboten.
!

SIPBACHZELL

BIENENPARADIES NEUBAUER

4621 Sipbachzell, Zelldorf 7
TEL 0 72 40/85 01
MAIL bienenparadies@aon.at
WEB www.bienenparadies.com

Sehr heimeliger und verführerisch duftender Laden, in dem der Imker persönlich, freundlich und ausführlich berät. Zur Auswahl steht eine umfassende Palette an Bienen- und Honigprodukten, übrigens ausschließlich in Bioqualität: natürlich Honig (Wald-, Blüten-, Creme-, Backhonig), Honig mit Walnüssen, Met (auch Apfel- und Pfirsichmet), Propolis-Tropfen und -creme, Bärenfang, Brände und Liköre wie Honig-Nuss-Likör, Mehle aus der eigenen Mühle, Getreide wie Roggen, Sipbachzeller Urweizen, Einkorn oder Dinkel, aber auch Dinkel- und

Sauwald Erdäpfel

Schauer Most-Obstsäfte-Schnäpse

Einkornnudeln oder für Naschkatzen Honig-Nusslikör-Schokolade und Propolisschokolade.

ST. AEGIDI

SAUWALDERDÄPFEL

4725 St. Aegidi, Grübl 5
TEL 0 77 17/800 00
MAIL bestellung@sauwalderdaepfel.at
WEB www.sauwalderdaepfel.at

Die ganze Vielfalt der Genussregion Sauwald Erdäpfel findet man hier: Inzwischen bieten die zehn Bauern zehn verschiedene Sorten an schmackhaften Erdäpfeln in bester Qualität an: Natascha, Bellana, Mirage, Evita, Princess, Freya, Red Lady und Linzer Delikatess. Gekauft werden können die Erdäpfel unter anderem ab Hof beim jeweiligen Bauern, am Bauernmarkt oder in der Sauwalderdäpfel-Halle. Und auch die Liebhaber von Hochprozentigem werden hier fündig: Aus der Sorte Freya wird mit Urgesteinswasser verfeinerter, reiner Erdäpfel-Wodka hergestellt. Die Beratung ist hervorragend.

ST. LEONHARD

HONEDER NATURBACKSTUBE

4294 St. Leonhard, Bäckergasse 1
TEL 07952/82 10
MAIL zentrale@honeder.cc

Die Honeder Naturbackstube ist eine traditionelle Landbäckerei aus dem Mühlviertel. Hier gilt das Reinheitsgebot. Das bedeutet: höchste Qualitätsansprüche bei den Rohstoffen, ausgesuchte Lieferanten aus der Region, z.b. Biodinkel und Bioroggen von der Mühlviertler Alm, Gewürze aus dem oberen Mühlviertel, österreichisches Mehl, Butter und Eier. Aus besten Zutaten werden außergewöhnliche Spezialitäten gezaubert wie Biodinkel Korianderbrot, Dinkel Ciabatta, Mohnzelten, der goldprämierte Mühlviertler Laib u.v.m.

ST. MARIEN

BÄCKEREI ALFRED ZITTERL

4502 St. Marien, Stein 10
TEL 0 72 27/82 05
MAIL office@zitterl.at
WEB www.zitterl.at

Das bereits in dritter Generation geführte Familienunternehmen bietet ein umfassendes Sortiment an hochwertigen Backwaren in Spitzenqualität. Die Rohstoffe werden ausschließlich aus der unmittelbaren Region rund um St. Marien bezogen. Damit werden in handwerklicher Tradition Spezialitäten wie das Purpurbrot oder das echte Holzofenbrot – das noch in einem originalen Holzbackofen gebacken wird – hergestellt, aber auch geknetetes, gezogenes, geflochtenes oder gestaubtes Gebäck, das mit viel Geschick und handwerklichem Können an sechs Tagen in der Woche frisch gebacken wird. Ein täglich wechselndes Angebot an Mehlspeisen verführt ebenfalls zum Genuss.

ST. MARIENKIRCHEN

SCHAUER MOST-OBSTSÄFTE-SCHNÄPSE

4076 St. Marienkirchen, Holzwiesen 9
TEL 0 72 49/473 46
MAIL schauer@das-beste-aus-obst.at
WEB www.das-beste-aus-obst.at

Fruchtiges steht hier im Mittelpunkt. In dem bäuerlichen Familienbetrieb wird das Streu- und Speiseobst der Region – natürlich auch das Obst aus der Genussregion Hausruck Birn-Apfel-Most – mit großer Sorgfalt zu reinsortigen Mosten, aber auch zu Säften, Frizzante, Edelbränden und Likören verarbeitet und ab Hof verkauft. Die Palette reicht von Zapfen-, Apfel- und Birnenmost über Mischling- und Süßmost bis zu Fruchtsäften wie Apfel- oder Birnensaft, aber auch den prämierten Apfel-Karotten-Saft oder Apfel-Holunder-Saft. Und natürlich gibt's auch feinste Edelbrände wie Williamsbrand, Kriecherlbrand, Kirsch- und Zwetschkenbrand sowie Liköre wie Nuss- oder Himbeergeist. Eine süße Idee: Schokolade mit Most!

Naturschule St. Veit

Die Hoflieferanten

ST. VEIT

NATURSCHULE ST. VEIT

5273 St. Veit
TEL 0 77 23/60 18
MAIL georg.tiefenthaler@tele2.at
WEB www.st-veit-innkreis.at

In der Naturschule St. Veit werden außergewöhnliche Produkte ohne Konservierungsmittel angeboten, die aus Pflanzen und Früchten des schuleigenen Kräutergartens oder Heckenlehrpfades hergestellt werden. Im Angebot finden sich feine Pralinen aus Dörrfrüchten und Wildfruchtmarmelade, edle Liköre und Schnäpse sowie fruchtige Marmeladen aus Schlehe, Sanddorn und Wildheckenfrüchten. Auch Kräuterteemischungen, Kräutersalze, Petersil-, Bärlauch-, Maggikraut-Pesto, Rosengelee, verschiedene Chutneys und getrocknete Pilze werden angeboten. Unser Tipp: Die Naturschule bietet viele interessante Kurse an!

STEINERKIRCHEN

BÄCKEREI BAUMGARTNER

4652 Steinerkirchen, Am Süßenberg 1
TEL 0 72 41/22 28
MAIL baumi.beck@aon.at
WEB www.baumgartner-baeckerei.at

Eine große Auswahl an verführerischem Brot (darunter z.B. reines Roggen-Natur-Sauerteigbrot, hergestellt aus selbst gemahlenem Getreide, feines Früchtebrot, aber auch Bauernbrot, Dinkelbrot oder Dinkelsemmeln) wird in dieser Bäckerei angeboten, und die Palette an Gebäck – das übrigens teilweise auch glutenfrei angeboten wird – wird den Genießer ebenfalls überzeugen. Liebhaber von Süßem wird die feine Palette an Mehlspeisen gefallen, mit Spezialitäten wie Krapfen, Lebkuchen, Dinkelbusserl oder verschiedenem Plundergebäck. Darüber hinaus werden auch Müsli und Hirse angeboten, und für das Frühstück gibt's Cornflakes.

STEYR

DIE HOFLIEFERANTEN

4400 Steyr, Leopold-Werndl-Straße 25
TEL 0 72 52/523 73
MAIL office@diehoflieferanten.at
WEB www.diehoflieferanten.at

Ein Großteil der von den Hoflieferanten angebotenen Produkte kommt aus dem Mostviertel, und die Palette umfasst ausschließlich Bioprodukte in bester Qualität. Das beginnt schon an der Käsetheke: Die Auswahl an herrlich duftendem Käse ist hervorragend. Man findet Feines vom Schaf ebenso wie von der Ziege. Italienischer Scamorca, Schafgouda, Schafmolkerahmkäse und vieles mehr. Wurst und Schinken gibt's in Hülle und Fülle, darunter feinen Rohschinken und Speck (ohne Pökelsalz hergestellt) oder verschiedene Dauerwürste, und auch das zarte und saftige Fleisch wird Genießer überzeugen. Das erntefrische Gemüse kommt zu einem großen Teil aus dem Eferdinger Becken (natürlich auch aus der Genussregion), Obst wird in großer Vielfalt angeboten, und darüber hinaus gibt's knuspriges Brot, edle Bioweine und Essige, aber auch Bioteigwaren.

Fleischwaren Zellinger Steyr

J. und C. Niedermayer

Bauernladen Vöcklabruck

FLEISCHWAREN ZELLINGER

4400 Steyr, Enge Gasse 13
TEL 0 72 52/770 42
MAIL office@zellinger.at
WEB www.zellinger.at
FILIALEN 4400 Steyr, Rohrauerstraße 19, Tel.: 0 72 52/770 42
4400 Steyr, Arbeiterstraße 39, Tel.: 0 72 52/535 70
4400 Steyr, Johannesgasse 17, Tel.: 0 72 52/511 81
4400 Steyr, Konradstraße 2, Tel.: 0 72 52/730 68
4400 Steyr, Johann-Puch-Str. 23, Tel.: 0 72 52/867 78

Perfekte Qualität und genussvoller Einkauf sind garantiert. Käse, Wurst und Schinken – die Vielfalt überzeugt, es finden sich auch besondere Spezialitäten wie Gustino-Bratschinken, handgeschnittener Beinschinken oder die Knoblauchmantella: Die frische Rohwurstspezialität wird durch ein Spezialverfahren mit Knoblauch ummantelt, mit Buchenholz geräuchert und abgetrocknet. Aber auch feine Salamisorten, Bärlauchschinken oder Putenprodukte werden angeboten, und es gibt viele Wurst- und Schinkenprodukte mit einem reduzierten Fettanteil. Das Frischfleisch stammt ausschließlich aus Ober- und Niederösterreich und wird perfekt präsentiert, das kompetente Personal berät freundlich und mit viel Fachwissen. Das Käsesortiment stammt von kleinstrukturierten Betrieben in Österreich, Frankreich und Italien, Spezialitäten von Ziege und Schaf überwiegend aus der Region. Auch die Auswahl an Weinen von namhaften österreichischen Winzern und angeboten zu Ab-Hof Preisen, lässt keine Wünsche offen.

TABOR

4401 Steyr, Kasernengasse 1a
TEL 0 72 52/723 31

Das Sortiment ist genussversprechend umfangreich – und das auf allen Linien. Gut sortiert ist ein Pluspunkt, der andere heißt: Qualität, natürlich in allen Bereichen. Selbst bei Convenience-Produkten wie Speckknödeln, Stelzen, faschierten Laibchen legt man Wert auf die besten Zutaten. Das Angebot an Obst und Gemüse ist eine frische, fruchtige Vielfalt. Spezialitäten wie Waldviertler Krustenbrot und eine große Auswahl bei Wein und Spirituosen ziehen nicht nur die Leute aus der Umgebung an.

TAUFKIRCHEN

J. UND C. NIEDERMAYER

4775 Taufkirchen, Aichedt 2
TEL 0 77 19/77 81
MAIL info@cider.at
WEB www.cider.at

Genüsse rund um den Apfel werden hier ab Hof angeboten. Feinste, direkt gepresste Apfel- und Mischsäfte wie Apfel-Holunder-Saft, Apfel-Weichsel-Saft oder Apfel-Birnen-Saft in prämierter Qualität, aber auch Apfel-Cider, Moste oder Essige. Da am Hof auch Rinder und Kälber gehalten werden, wird auch frisches Rind- und Kalbfleisch in hervorragender Qualität angeboten. Die Beratung überzeugt mit Kompetenz und Freundlichkeit.

UNTERACH AM ATTERSEE

CHRISTIAN SCHEICHL FISCHEREI

4866 Unterach am Attersee, Jeritzastraße 90
TEL 0 76 65/83 36
MAIL scheichl@attersee.at

GENUSS REGION ÖSTERREICH In diesem Paradies für Liebhaber von frischem Fisch finden sich hochwertige Atterseefische, sowohl frisch als auch geräuchert. Angeboten werden Saibling, Reinanke (natürlich aus der Genussregion Salzkammergut Reinanken), Forelle oder Hecht. Zusätzlich zum frischen Fisch verführen aber auch selbst gemachte Spezialitäten wie eine feine Räucherfischterrine oder frische Aufstriche zum Genuss. Der Chef bedient persönlich: freundlich und kompetent!

VÖCKLABRUCK

BAUERNLADEN

4840 Vöcklabruck, Salzburger Straße 16
TEL 0 76 72/225 01

Ein kleiner, aber feiner Bio-Laden der Sonderklasse mit einer großen Auswahl. Besonderer Wert wird auf Regionalität und Qualität gelegt. An der Käsetheke findet man Biospezialitäten von Kuh, Schaf und Ziege, beim Frischfleisch hat man die Wahl zwischen Bioschweinefleisch und -Rindfleisch, aber auch Biolamm wird ange-

Käseeck

Teeparadies

boten. Es gibt eine breite Palette an Wurst und Schinken in Bioqualität, darunter auch Speckspezialitäten, die ohne Pökelsalz hergestellt werden. Biofisch (auf Bestellung) verführt ebenso zum Genuss wie Bio-Obst und -Gemüse. Brot und Gebäck aus Purpurweizen und Dinkel, selbst gemachte Strudel, Biowein aus Österreich, Schnäpse, Gewürze, Teigwaren, Getreide, Säfte, Tee und Kaffee runden das Angebot ab. Aus der eigenen Produktion gibt's feine Marmeladen und verschiedene Aufstriche.

BIO !

FLEISCH FEINKOST HÜTTHALER

4840 Vöcklabruck, Stadtplatz 36
TEL 0 76 72/260 32
MAIL office@huetthaler.at
WEB www.huetthaler.at

Aus Überzeugung werden hier nur natürliche Rohstoffe verwendet, die partnerschaftliche Beziehung zu den bodenständigen Bauern ist die Basis für ein ehrliches Produkt. Appetitlich angeboten werden in der Filiale in Vöcklabruck 40 Wurst- und Schinkensorten aus eigener Produktion und in gewohnt hoher Qualität, wie der Hausruckspeck, zahlreiche fettreduzierte Produkte wie die Puten-Attenseer mit nur 0,9% Fett, aber auch feine Sulzen. Frischfleisch gibt es nicht nur vom Rind (übrigens auch in Bio-Qualität) und Schwein, sondern auch vom Lamm oder Wild. Auch die Palette an Käsespezialitäten wird den Genießer überzeugen. Wein, Essige und Öle, eingelegtes Gemüse, Nudeln und Marmeladen runden das Sortiment ab.

BIO !

KÄSEECK

4840 Vöcklabruck, Stadtplatz 11
TEL 0 76 72/266 99
MAIL kaeseeck@aon.at
WEB www.members.aon.at/kaeseeck

Feinschmecker werden in diesem kleinen Spezialgeschäft mit großen Käsesorten aus Österreich, Frankreich und Italien zum Genuss verführt. Rund 130 Käsespezialitäten stehen zur Auswahl, darunter fein duftender Trüffelbrie ebenso wie Spezialitäten von der Ziege. Darüber hinaus werden aber auch verschiedene Antipasti, edler Prosciutto und Lardo, Trüffelsalami, Steirischer Vulkanlandschinken, naturbelassene Salamella oder Pasteten angeboten. Meeresfrüchte fehlen ebenso wenig wie hausgemachte Heringbutter oder Fischaufstriche. Das Brot kommt frisch von den Bäckern aus der Umgebung, es gibt Marmeladen, Pesto, offene Spezialessige und -öle (auch vom Fass), Grappa aus Italien, Edelbrände und Liköre aus der Region sowie eine exquisite Auswahl an Spitzenweinen.

!

TEEPARADIES

4840 Vöcklabruck, Hinterstadt 9
TEL 0660/349 19 75
MAIL teeparadies@flashnet.at
WEB www.teeparadies-streicher.at

Nicht nur dem Namen nach ein echtes Paradies für Teeliebhaber. Fast alle angebotenen Teesorten stammen aus kontrolliertem Anbau, insgesamt kann man zwischen fast 200 verschiedenen Spezialitäten wählen. Die Palette reicht von Flugtee, Weißem Tee, Rotbusch- bis zu Yoga- und Wellness-Tee. Darüber hinaus werden aber auch kandierte Ingwerstäbchen, edle Pralinen, Orangenpunsch und Biohonig angeboten. Auch Wachs-produkte wie Kerzen kann man hier erstehen. Die Bedienung ist freundlich und kompetent und verführt zu Genuss. Teezubehör und feine Teegeschenke runden das Angebot ab.

!

WARTBERG

HONEDER NATURBACKSTUBE

4224 Wartberg, Marktplatz 4
MAIL zentrale@honeder.cc

Die Honeder Naturbackstube ist eine traditionelle Landbäckerei aus dem Mühlviertel. Hier gilt das Reinheitsgebot. Das bedeutet: höchste Qualitätsansprüche bei den Rohstoffen, ausgesuchte Lieferanten aus der Region, z.B. Biodinkel und Bioroggen von der Mühlviertler Alm, Gewürze aus dem oberen Mühlviertel, österreichisches Mehl, Butter und Eier. Aus besten Zutaten werden außergewöhnliche Spezialitäten gezaubert, wie Biodinkel Korianderbrot, Dinkel Ciabatta, Mohnzelten, der goldprämierte Mühlviertler Laib u.v.m.

BIO

Ploberger Feinkost und Catering

Stöbich Bäckerei

Tea & More

WEITERSFELDEN

HONEDER NATURBACKSTUBE

4272 Weitersfelden, Markt 2
TEL 0 79 52/62 77
MAIL zentrale@honeder.cc
WEB www.naturbackstube.at

Aufgewachsen in ländlicher Umgebung, haben sich Reinhard und Helga Honeder das Empfinden und das Bewusstsein für unverfälschte Natur und gute Rohstoffe erhalten. Bei jedem Stück, das man aus der Naturbackstube Honeder genießt, spürt man die Vielzahl an natürlichen Rohstoffen. Beim Brot findet man Spezialitäten wie den „Mühlviertler Laib“, ein traditioneller, rustikaler Bauernbrotlaib, der noch nach Holzofenart auf Steinplatten gebacken wird. Daher auch der unverkennbare und einzigartige Geschmack. Zahlreiche Bio-Produkte in bester Qualität verführen ebenso zum Genuss, eine goldprämierte Spezialität darunter ist der Bio-Roggenlaib, den es auch in einer großen 3 kg Variante gibt. Unbedingt probieren sollte man auch die Mohnzelten! Mit Begeisterung berät das Honeder-Team über die vielen Köstlichkeiten aus Backstube und Konditorei.

WELS

PLOBERGER FEINKOST UND CATERING

4600 Wels, Kaiser-Josef-Platz 21
TEL 0 72 42/452 29
MAIL catering@ploberger.at
WEB www.ploberger.at

Der Naschmarkt samt zugehöriger Traditionsfleischerei am Kaiser-Josef-Platz fühlt sich dem Genuss verpflichtet. Es gibt eine kleine, feine Auswahl an Käsespezialitäten. Bei Wurst und Fleisch findet man bestes Roastbeef, Hirschkalbschinken oder verführerischen Beinschinken vom Bioschwein (natürlich alles aus eigener Produktion) ebenso wie hochqualitatives Biokalbfleisch, aber auch Huhn und Pute aus der Region. Die Frischfischpalette überzeugt mit Wildlachs oder delikatem Seeteufel, und in praktisch allen Warengruppen gibt es auch Bioangebote. Darüber hinaus gibt es ein wöchentlich wechselndes Menü für den großen und kleinen Hunger. Ploberger ist übrigens auch für sein exquisites Catering bekannt.
!

STÖBICH BÄCKEREI

4600 Wels, Grünbachplatz 11
TEL 0 72 42/553 15-0
MAIL office@stoebich-baeckerei.at
WEB www.stoebich-baeckerei.at

Naschkatzen finden in der sehr einladenden Bäckerei nicht nur 140 Sorten feinste Konditorwaren, darunter die sehr empfehlenswerte Indianertorte ebenso wie die Joghurt-Himbeer-Torte, sondern auch eine große Auswahl an verführerischen Pralinen. Eierlikör-Croissants werden ebenfalls angeboten wie ein herrliches Sortiment an frisch duftendem Brot und Gebäck. Die Palette reicht vom Roggen-Joghurt-Brot über das Krustenbrot bis zur Focaccia, und auch beim knusprigen Gebäck überzeugen Qualität und Vielfalt. Die Chefin bedient selbst, freundlich und sehr kompetent.
!

TEA & MORE

4600 Wels, Bahnhofstraße 30
TEL 0 72 42/353 55
MAIL teaandmore@aon.at
WEB www.teaandmore.at

Eine riesige Auswahl an feinsten Teespezialitäten findet man in dem kleinen und herrlich duftenden Teeladen. Die Qual der Wahl hat der Genießer zwischen mehr als 400 Sorten aus aller Welt, sowohl konventionell als auch in Bioqualität, auch saisonale Schwerpunkte werden gesetzt. Neben hochwertigen Kaffeesorten werden aber auch edle Schokoladen und exquisite Pralinen aus Belgien, Italien und Spanien angeboten. Die Liebe zu den Waren spürt man hier auch beim Personal, das sehr charmant und kompetent berät.
!

WELAS PARK

4600 Wels, Ginzkeystraße 27
TEL 0 72 42/45 22 92 22
MAIL office@welas.at
WEB www.welas.at

Ein hochwertiger Supermarkt mit einer breiten Genusspalette für den täglichen Bedarf. Appetitlich präsentiert, frisch und in großer Auswahl gibt es Obst und Gemüse. Die Feinkosttheke überzeugt mit einer her-

Welas Park

D'Brennerin Rosi Huber

vorragenden und nochmals vergrößerten Käseauswahl. Auch das Angebot an Wurst- (die übrigens großteils aus der eigenen Wursterei kommen) und Fleischspezialitäten ist gut, ofenwarmes und knuspriges Brot und Gebäck sowie feine Mehlspeisen kommen aus der ebenfalls hauseigenen Bäckerei. Das Bio-Sortiment ist umfangreich und bietet Spezialitäten in praktisch allen Warengruppen, vom Salat über Obst und Gemüse bis zu Brot, Fleisch und Käse. Mit Frische, Qualität und großer Auswahl punktet auch der Imbissbereich, der zahlreiche Sitzmöglichkeiten sowie einen großen SB-Bereich bietet.

BIO !

WEYREGG AM ATTERSEE

D'BRENNERIN ROSI HUBER

4852 Weyregg am Attersee, Seedorf 4
TEL 0676/663 62 80
MAIL rosi.huber@brennerin.at
WEB www.brennerin.at

Von Rosi Huber werden 100 Prozent reine Destillate ohne jegliche Zusätze in gewissenhafter Handarbeit hergestellt. Das Obst dafür stammt ausschließlich aus der Region. Die hervorragenden Brände und Liköre können vor Ort verkostet werden, und sie werden den Genusssuchenden mit Sicherheit überzeugen: Fast 20 verschiedene Sorten edler Brände, darunter auch Spezialitäten wie der Quitten-, Kirsch- oder Zirbenbrand, aber auch Waldbeer-, Nuss- oder Dörrzwetschkenlikör stehen zur Auswahl. Angeboten werden weiters Rotwein-Birnen-Gelee, verschiedene Marmeladen wie die Orangenmarmelade mit Nusslikör oder Mandarinenlikör.

!

SCHNAPSIDEE – MONIKA FREUDENTHALER

4580 Weyregg am Attersee, Hauptstraße 10
TEL 0 75 62/76 00
MAIL monika@schnaps-idee.at
WEB www.schnaps-idee.at

Außergewöhnliche Edelbrände in bester Qualität erwarten den Genusssuchenden in diesem Fachgeschäft in Windischgarsten: Eine große Vielfalt an edelsten Tropfen, darunter Champagner-, Marillen- oder Birnenbrand wird hier angeboten. Natürlich können die Feinheiten bei bester Beratung vor Ort verkostet werden. Darüber hinaus gibt es auch eine kleine, aber feine Weinauswahl sowie zahlreiche, kreative Präsent-Ideen rund um den Schnaps.

ZELL AN DER PRAM

DAS FRUCHTERLEBNIS

4755 Zell an der Pram, Spitzfeld 26
TEL 0 77 64/81 05
MAIL dasfruchterlebnis@gmx.at

Edles Obst aus der Region, das findet man bei Gerhard Reitinger. Die breite Palette an verführerischen Früchten reicht von Erdbeeren über Äpfel und Birnen bis zu Pfirsichen und Kirschen und stammt zum Teil vom eigenen Hof, zum Teil von Bauern aus der Region. Angeboten wird aber nicht nur frisches, getrocknetes und tiefgekühltes Obst, sondern auch herrliche Edelbrände von der Doppelzaunbirne oder vom roten Boskoop und Honige mit Früchten wie Dirndl-, Schlehen- oder Aroniabeeren-Honig. Die Beratung ist freundlich und kompetent, man kann hier viel über die Herkunft und Verarbeitung der Fruchtspezialitäten erfahren.

Bauernmarkt Bad Hall

Bauernmarkt Freistadt

AISTHOFEN

BAUERNMARKT
WO Bauernmarkthalle
WANN Samstag 8.00 bis 11.00 Uhr

ALTHEIM

BAUERNMARKT
WO Hauptplatz
WANN 1. Samstag im Monat
INFO Produkte von bäuerlichen Direktvermarktern

BAD HALL

BAUERNMARKT
WO Eduard-Bach-Straße
WANN Freitag 14.00 bis 16.00 Uhr

BAD ISCHL

BAUERNMARKT DER ISCHLER BAUERN
WO Bei der Trinkhalle Bad Ischl
WANN Jeden Freitag vom 27. 8. bis 24. 9. von 8.00 bis 12.00 Uhr
INFO Findet im Rahmen des Bauernherbstes Bad Ischl statt. Genuss-Tipp: Holzknechtnocka, Bauernkrapfen, geräucherter Fisch, hausgemachte Mehlspeisen, Würste etc.

BRAUNAU

BAUERNMARK
WO Messegelände
WANN Freitag 12.00 bis 16.00 Uhr

GRÜNMARKT
WO Stadtplatz
WANN Mittwoch 8.00 bis 13.00 Uhr
INFO Gemüse, Obst und Kräuter, Fleischspezialitäten, Brotspezialitäten und Spirituosen

EFERDING

WOCHEN- UND BAUERNMARKT
WO Stadtplatz
WANN Jeden ersten Freitag im Monat 14.00 bis 18.00 Uhr

ENNS

BAUERNMARKT
WO Hauptplatz
WANN Freitag 13.00 bis 17.00 Uhr

FREISTADT

BAUERNMARKT
WO Hauptplatz
WANN Samstag 8.00 bis 12.00 Uhr

GRIESKIRCHEN

BAUERNMARKT
WO Sparkassenplatz
WANN Samstag 8.00 bis 11.00 Uhr

HARTKIRCHEN

BAUERNMARKT
WO Neben Billa
WANN Jeden 1. u. 3. Samstag im Monat 8.00 bis 11.00 Uhr

KALLHAMM

BAUERNMARKT
WANN Jeden 1. Samstag im Monat 9.00 bis 12.00 Uhr
INFO Info-Tel.: 0 77 33/69 86

KIRCHDORF

FRISCHEMARKT
WO Auf der Fussgängerzone
WANN Freitag 9.00 bis 13.00 Uhr
INFO Schafkäsespezialitäten, Wurst und Schinken, Bauernbrot, selbst gemachte Kuchen

Bauernmarkt Salzkammergut Kleinreith

Stadtmarkt Hauptplatz Linz

KLEINREITH

BAUERNMARKT SALZKAMMERGUT
WO Lagerhaus
WANN Freitag 13.00 bis 17.00 Uhr

LEONDING

STADTMARKT LINZ
WO Buchbergstraße 25
WANN Dienstag 9.00 bis 13.00 Uhr, Freitag 9.00 bis 14.00 Uhr

LINZ

SÜDBAHNHOF MARKT
WO 4020 Linz, Südbahnhof
INFO Der Südbahnhofmarkt ist DER Markt in Linz, auf dem man alles erdenkliche Genussvolle erhält. Er besteht natürlich aus vielen, vielen Einzelgeschäften aus allen Branchen: Fleisch, Wurst, Obst, Gemüse, Brot, Speck, Fisch.

GRÜNMARKT URFAHR
WO Rudolfstraße
WANN Montag–Freitag 6.00 bis 18.00 Uhr, Samstag 6.00 bis 13.00 Uhr

LINZER BAUERNMARKT
WO Hauptplatz
WANN Freitags (Brot, Fleisch, Speck, Fisch Gemüse, Obst, Säfte und Most)

MARKT BINDERMICHL
WO Teuflstraße
WANN Montag–Samstag 6.00 bis 13.00 Uhr

MARKT DORNACH AUHOF
WO Zw. dem Volkshaus Dornach/Auhof und der Heiligen-Geist-Kirche
WANN Samstag 6.00 bis 13.00 Uhr

MARKT LONSTORFERPLATZ
WO Ecke Zeppenfeld-/Willemerstraße,
WANN Montag–Samstag 6.00 bis 13.00 Uhr

MARKT NEUE HEIMAT
WO Vogelfängerplatz
WANN Freitag u. Samstag 6.00 bis 13.00 Uhr

MARKT OED
WO Europastraße
WANN Samstag 6.00 bis 13.00 Uhr

MARKT SPALLERHOF
WO Glimpfingerstraße
WANN Freitag 13.00 bis 17.00 Uhr

MARKT WIENER STRASSE
WO Wiener Straße vor der Otto-Glöckel-Schule
WANN Dienstag 15.00 bis 18.00 Uhr

MARKTHALLE ALTSTADT
WO Markthalle in der Altstadt,
WANN Montag–Freitag 6.00 bis 18.00, Samstag 6.00 bis 13.00 Uhr

STADTMARKT HAUPTPLATZ
WO Hauptplatz
WANN Dienstag u. Freitag 9.00 bis 14.00 Uhr

SÜDBAHNHOFMARKT
WO Lustenauerstraße
WANN Mo.–Fr. 6.00 bis 18.00 Uhr, Sa. 6.00 bis 13.00 Uhr

MONDSEE

BAUERNMARKT
WANN Ende Mai – Oktober Samstag 8.00 bis 12.00 Uhr, sonst jeden 2. Samstag im Monat

NEUFELDEN

BAUERNMARKT
WO Adeg
WANN Jeden 1. Samstag im Monat 9.30 bis 11.00 Uhr

Bauernmarkt Rohrbach

Bauernmarkt Traun

OBERNBERG AM INN

BAUERNMARK
WO Marktplatz
WANN Ende März bis Ende November jeden 2. und 4. Samstag im Monat 9.00 bis 12.00 Uhr

PRAM

BAUERNMARKT PRAM
WO Furthmühle
WANN Samstag 9.00 bis 11.00 Uhr

RANDEGG

BAUERNMARKT
WO Parkplatz Steinecker
WANN Samstag 9.00 bis 12.00 Uhr

REGAU

BAUERNMARKT
WO Markthalle
WANN Freitag 16.00 bis 19.00 Uhr

RIED

BAUERNMARKT IN DER BAUERNMARKTHALLE
WO Messegelände
WANN Freitag 13.00 bis 16.30 Uhr

RIEDER BAUERNMARKT
WANN Freitag 12.00 bis 16.00 Uhr
INFO Fleisch, Käse, Wurst, Obst und Gemüse aus der Region, Brot, Gebäck, Kekse, Konfekt, Nudeln, Milch, Hendln, Topfen, Dinkelkaffee und Marmelade

RIEDER GRÜN- UND WOCHENMARKT
WO Stadtplatz Ried
WANN Dienstag 6.00 bis 12.00 Uhr
INFO Käse, Wurstspezialitäten, Fleisch, Backwaren

ROHRBACH

BAUERNMARKT
WO Rathaus/Stadtplatz
WANN Am 1. und 3. Samstag im Monat, 7.30 bis 11.00 Uhr

SCHÄRDING

BAUERNMARKT
WO Stadtplatz
WANN Samstag 8.00 bis 12.00 Uhr (1. u. 3. Sa. im Monat)

SCHLIERBACH

BAUERNMARKT
WO Bauernmarkthalle
WANN Jeden Samstag 8.00 bis 11.30 Uhr

SCHWANENSTADT

BAUERNMARKT
WO Sparkassenplatz
WANN Jeden Samstag 8.30 bis 12.00 Uhr

STEYR-STADT

BAUERNMARKT
WO Am Parkplatz bei der Bezirksbauernkammer
WANN Freitag 13.00 bis 16.00 Uhr, Sa. 8.00 bis 11.30 Uhr

THALHEIM

BAUERNMARKT
WO Gemeindeplatz
WANN Jeden 1. Samstag im Monat 9.00 bis 12.00 Uhr

TRAUN

BAUERNMARKT
WO In der Fußgängerzone Traun
WANN Freitag 13.00 bis 17.00 Uhr

WOCHENMARKT
WO Kirchenplatz
WANN Samstag 7.00 bis 12.00 Uhr

Frischemarkt am Stadtplatz Vöcklabruck

VÖCKLABRUCK

FRISCHEMARKT

WO Stadtplatz
WANN Samstag 6.00 bis 13.00 Uhr
INFO Fällt der Samstag auf einen gesetzlichen Feiertag, findet der Frischemarkt am vorhergehenden Werktag statt.

WELS

BAUERNMARKT

WO Am Messegelände vor dem Haus der Landwirtschaft,
WANN Freitag 14.00 bis 17.00 Uhr, außer während Messeveranstaltungen und an Feiertagen

ZELL AN DER PRAM

BAUERNMARKT

WO Am Gemeindeplatz
WANN Jeden 4. Samstag im Monat 8.00 bis 12.00 Uhr

nformations- und Orderplattform für das
leischerhandwerk in Österreich und Bayern.
Fleischer Forum
www.fleischerforum.at
ZEIT FÜR NEUE IDEEN
2 Messen 1 Ticket!
18.–20. MÄRZ 2012
MESSEZENTRUM SALZBURG
Eine Veranstaltung der
Reed Exhibitions® Messe Salzburg
www.facebook.com/gastmesse
e österreichische Frühjahrs-Fachmesse für Hoteliers,
stronomen und Gemeinschaftsverpfleger.
HOTEL UND GAST SALZBURG
www.hotel-gast.at

SALZ BURG

GENUSS REGION ÖSTERREICH
Salzburg

SALZBURGER GENUSS REGIONEN

1 Walser Gemüse
2 Flachgauer Heumilchkäse
3 Salzkammergut Reinanken
4 Tennengauer Almkäse
5 Tennengauer Berglamm
6 Bramberger Obstsaft
7 Pinzgauer Bierkäse
8 Pinzgauer Kitz
9 Pinzgauer Rind
10 Lungauer Eachtling

DIE 15 BESTEN GENUSS-LÄDEN SALZBURGS

DIE BESTEN

Dorfkäserei Pötzelsberger

Landmetzgerei Gmachl

ADNET

DORFKÄSEREI PÖTZELSBERGER

5421 Adnet, Waidach 27
TEL 0 62 45/832 28
MAIL info@biokas.at
WEB www.biokas.at

Fast alle Produkte in diesem netten und besonders für Käseliebhaber empfehlenswerten Geschäft stammen aus der eigenen Käserei oder Landwirtschaft oder aber aus der Region, also von Adneter Bauern. Hier lebt man die Bio-Philosophie. An der sehr umfangreichen Käsetheke gibt es Spezialitäten wie Heumilch- und Magdalenenkäse, Tennengauer Almkäse aus der Genussregion, Rauchkuchl-Kas, Alpenperle, aber auch Schaf- oder Ziegenkäse und fast alle Produkte werden in Bioqualität angeboten. Würziger Speck und frische Wurst stammen ebenfalls aus eigener Produktion. Freitags gibt es Hausspezialitäten wie Sulzen, Topfenaufstriche, regionale Feinheiten für die schnelle Küche wie Speck-, Leber- oder Kaspressknödel sowie frisches Gemüse je nach Saison.
Öffnungszeiten: Di./Do. 8.00 bis 12.00 Uhr, Mi. 8.00 bis 12.00 und 15.00 bis 18.00 Uhr, Fr. 7.30 bis 18.00 Uhr, Sa. 7.00 bis 11.00 Uhr, Mo. geschlossen.
BIO !

BRUCK AN DER GLOCKNERSTRASSE

MAXIMARKT BRUCK

5671 Bruck an der Glocknerstraße, Kapruner Straße 50
TEL 0 65 45/222 91-0
MAIL Gernot.wieser@maximarkt.at
WEB www.maximarkt.at

In diesem Geschäft fühlt sich der Genießer gut aufgehoben. Obst und Gemüse sind frisch und werden ansprechend präsentiert. An der Käsetheke gibt es Feines aus der Region wie würzigen Almkäse, aber auch viele internationale Spezialitäten. Bei Wurst und Schinken sowie beim Frischfleisch werden zahlreiche Spezialitäten aus der Region geboten, das sehr gute Sortiment an Frischfisch überzeugt ebenso. Brot und Gebäck kommt ofenwarm und duftend aus der eigenen Bäckerei, auch Torten werden angeboten. Abgerundet wird die insgesamt überzeugende Produktpalette mit einer sehr guten Auswahl an Bio-Produkten in praktisch allen Warengruppen und einer feinen Auswahl an Weinen und Spirituosen.
BIO !

ELIXHAUSEN

LANDMETZGEREI GMACHL

5161 Elixhausen, Dorfstraße 14
TEL 0 66 2/48 02 12-0
MAIL landmetzgerei@gmachl.com
WEB www.gmachl.com

Ein Genussschlaraffenland ist diese Landmetzgerei, in der nach erfolgtem Umbau alle Produkte jetzt noch schöner präsentiert werden. Fleisch und Wurst werden sowohl aus eigener Produktion als auch aus der Region angeboten, Auswahl und Qualität sind hervorragend, die Frische überzeugt. Der Genießer findet hier aber auch eine kleine Palette an feinen Käsespezialitäten, darunter Flachgauer Heumilchkäse aus der Genussregion, aber auch Drautaler, Dachsteiner oder Almkönig. Donnerstags bis samstags kann man frischen Fisch kaufen, und mittags werden verschiedene Menüs und Salate angeboten. Verschiedene Oliven- und Kernöle, Apfel- und Balsamicoessige und auch hausgemachte Marmeladen werden hier ebenso angeboten. Das hervorragend geschulte Personal berät sehr engagiert und freundlich.
!

EUGENDORF

NORBERT'S VITAMINBAR

5301 Eugendorf, Salzburger Straße 7
TEL 0 62 25/282 53

Liebhaber von frischem Obst und Gemüse, knackigen Salaten und frisch gepressten Säften können sich hier ihre tägliche Ration an Vitaminen holen. Eine Riesenauswahl an exotischen Früchten und Besonderheiten in bester Qualität, jeden Tag gibt es frische Salate und Suppen. Brot und Gebäck kommen aus der eigenen Bäckerei, und auch Mehlspeisen wie Muffins und Obstkuchen verführen zum Genuss. Unser Tipp: Unbedingt den Obstsalat probieren! Die Chefs bedienen selbst – mit viel Enthusiasmus und Freude.

Al Pescatore

Schroffenbrennerei

FAISTENAU

GRILL'S DORFMETZGEREI

5324 Faistenau, Dorfstrasse 2
TEL 0 62 28/70 68
WEB www.dorfmetzgerei.com

Die Dorfmetzgerei ist ein kleines Paradies für alle, die hervorragende Fleisch- und Wurstspezialitäten zu schätzen wissen. Es wird ausschließlich Fleisch in bester Qualität von Tieren aus der Region verarbeitet, hergestellt werden unter anderem auch Spezialitäten von Lamm und Kalb. Unser Tipp: das feine Milchkalbfleisch sowie der hervorragende Rindersaftschinken. Eine kleine Auswahl an Käseprodukten findet man ebenfalls, darunter den Flachgauer Heumilchkäse. Und für die schnelle Küche werden vorgewürzte Grillspezialitäten und hausgemachte Salate angeboten. Auch knackiges Walser Gemüse aus der Genussregion, frisches Brot und Gebäck, Distel-, Kürbiskern- oder Olivenöl sowie Spezialessige kann man hier kaufen. Das Personal berät freundlich und gerne.

BIO !

GOLLING

BÄCKEREI MAISLINGER

5440 Golling, Markt 82
TEL 0 62 44/43 63
MAIL Bio-brot-maislinger@gmx.at

In der Bäckerei Maislinger wird nicht nur gebacken, sondern auch das verwendete Biogetreide selbst gemahlen. Überhaupt hat „Bio" in der Produktion einen sehr hohen Stellenwert, so z.B. kann man Biogetreide hier auch gemahlen kaufen. Um die beste Qualität zu erzielen, werden in der Produktion Sauerteige und vor allem regionale Rohstoffe eingesetzt. Besonders empfehlenswert: Kamutbrot. Für Naschkatzen gibt es natürlich frische Kuchen (auch in Bio-Qualität) und die hervorragenden Schaumrollen, für die die Bäckerei bekannt ist.

BIO

DÖLLERER METZGEREI & FEINE KOST

5440 Golling, Am Marktplatz 56
TEL 0 62 44/422 00
MAIL office@doellerer.at
WEB www.doellerer.at

GENUSS REGION ÖSTERREICH Hervorragende Qualität aus der hauseigenen Fleischhauerei, dafür ist Döllerer bekannt: Von den gebrühten Kalbfleischwürsteln („Döllerer's Frische") über das Tauernlamm bis hin zu Hirsch- oder Lammschinken und feinsten Delikatessen vom Wildschwein reicht das umfangreiche Angebot. Aber auch frischer Saibling sowie geräucherter Fisch findet sich in der Genusspalette, und knuspriges Brot und Gebäck gibt es ebenso wie Käsespezialitäten aus der Genussregion (Tennengauer Almkäse) oder italienische Antipasti. Vervollständigt wird das Angebot mit feinen Imbissen und raffinierten süßen und pikanten Köstlichkeiten.

GRÖDIG

AL PESCATORE

5082 Grödig, Neue Heimatstraße 13
TEL 0 62 46/754 92
WEB www.alpescatore.at

Ein einzigartiges Einkaufserlebnis erwartet den Genießer in diesem kleinen, aber sehr gut sortierten Fachgeschäft. Auswahl, Qualität und Frische sind überragend, von Süßwasserfischen wie Forelle, Saibling oder Wels über Salzwasserfische wie Steinbutt und Seeteufel bis hin zu Schalen-, Krusten- und Weichtieren kann man hier alles an Genüssen finden. Kaviar wird ausschließlich aus eigener Erzeugung angeboten, und neben feinen Imbissen kann man auch den zum Fisch passenden Wein erstehen. Beide Chefs beraten persönlich, mit viel Engagement und Fachwissen. Unser Geschenktipp: Aus Fischhaut werden hier auch ausgefallene Dinge wie Geldbörserln, Gürtel und Schlüsselanhänger geboten.

SCHROFFENBRENNEREI

5083 Grödig, Gartenauer Straße 4
TEL 0 62 46/732 89
MAIL info@schroffen.com
WEB www.schroffen.com

Bäckere Rosenmayer

Brennerei Anton Vogl

Spar-Supermakrt Hallein

Der in Grödig beheimatete Traditionsbetrieb hat sich vor allem auf die Herstellung von exquisiten Enzianbränden und Edelprodukten auf Enzianbasis spezialisiert. Aber auch die Palette an selbst produzierten Edelbränden ist umfangreich und reicht von der sehr empfehlenswerten Zirbe über Heidelbeer, Zwetschke und Holunder bis zu Vogelbeer und dem sehr delikaten Honig-Enzian.

HALLEIN

BÄCKEREI ROSENMAYER

5400 Hallein, Unterer Markt 3
TEL 0 62 45/821 23
MAIL Baeckerei-rosenmayer@a1.net
WEB www.baeckerei-rosenmayer.at

Erstklassig sortierte und sehr einladende Gourmetbäckerei, in der vom charmanten und kompetenten Personal nicht nur verführerische Brot- und Gebäckspezialitäten wie z.B. Pain de Champagne angeboten werden. Wer Käsedelikatessen sucht, wird hier ebenso fündig wie der Wurstliebhaber (mit Feinheiten wie Prosciutto-, Trüffel- oder Barolo-Salami). Daneben gibt es ein tolles Antipasti-Angebot, Pasta und Pesto aus Italien, Fruchtessige aus Frankreich, aber auch eine kleine Auswahl an hervorragenden Weinen. Außerdem empfehlenswert: die Schokoladen aus eigener Erzeugung, aber auch die süßen Verführungen von Zotter, Hachez, Amedei, Les Cakes de Bertrand oder Rovira.

BRENNEREI ANTON VOGL

5400 Hallein, Davisstraße 13
TEL 0 62 45/806 21
MAIL office@guglhof.at
WEB www.guglhof.at

Lassen Sie sich von dem hochmodern eingerichteten Geschäft nicht täuschen: Die seit Generationen als Familienbetrieb geführte Edelobstbrennerei ist die älteste Destillerie in Salzburg. Mit viel Fingerspitzengefühl hergestellte, großartige Edelbrände wie zum Beispiel Holler-, Wildkirsch- und Vogelbeer-Brand oder im Eichenfass gereifte Brände wie der 10jährige Alte Zwetschkenbrand oder der 8jährige Alte Birnbrand berauschen den Gaumen. Geistreich neu sind Schlehen-, Quitten- sowie Muskattraubenbrand. Viele Auszeichnungen – zuletzt auch bei der Vinaria 2010 – zeugen von der hohen Qualität der Produkte, und nicht umsonst zählt der Guglhof bei Edelbrandgenießern zu den Topadressen. Und auch die Beratung ist Top: Chef und Junior beraten charmant und mit viel Fachwissen.

SPAR-SUPERMARKT

5400 Hallein, Salzachstraße 25
TEL 0 62 45/838 44
WEB www.spar.at

Der im Dezember 2008 eröffnete Spar-Supermarkt in Hallein ist ein wahres Einkaufsparadies. Freundlich, sauber, übersichtlich und vor allem mit einer Vielfalt an Angeboten lädt der moderne Markt zum Gustieren ein. Die große Auswahl an regionalen Produkten bei Obst und Gemüse (unter anderem aus der Genussregion Walser Gemüse), Frischfleisch, Wurst-, Käse- und Brotspezialitäten präsentieren sich dem Kunden appetitlich und genüsslich angerichtet. Die Palette an Bio-Produkten zieht sich – wie bei Spar üblich – durch alle Warengruppen. Die geschulten Mitarbeiter stehen den Kunden mit ihrem umfangreichen Fachwissen gerne zur Verfügung.
!

KUCHL

BIO-HOFKÄSEREI FÜRSTENHOF

5431 Kuchl, Fürstenweg 15
TEL 0 62 44/64 75
MAIL fam.rettenbacher@utanet.at
WEB www.fuerstenhof.co.at

Sehr einladender Bauernhof mit eigenem Biohofladen und Schaukäserei. Angeboten werden nicht nur ca. 30 verschiedene Sorten an Rohmilchkäse aus der eigenen Hofkäserei (aber auch Tennengauer Almkäse aus der Genussregion), sondern auch knuspriges und verführerisch duftendes Bauernbrot. Daneben gibt's ein kleines Sortiment an Tees und Kräutern aus dem eigenen Garten, Erdäpfel aus Eigenanbau und mit Früchten und Kräutern veredelte Apfelessige. Im Angebot finden sich aber auch Löwenzahngelee und eine Bio-Molke Kosmetik-Linie. Geöffnet: Mo.–Fr. 9.00 bis 17.00, Sa. 9.00 bis 12.00 Uhr.
BIO

Confiserie Berger

Das Leobacher

DÖLLERERS WEINHANDELSHAUS

5431 Kuchl, Kellau 160
TEL 0 62 44/205 67
MAIL weinhandel@doellerer.at

Ein echtes Eldorado für Weinliebhaber. Bei bester Betreuung und in tollem Ambiente wird am Brennhoflehen vor den Toren Gollings ein umfassendes und exquisites Weinsortiment geboten, das von Chateau Petrus, Chateau Cheval blanc, Scavino, Jermann, Rampolla und Emilio Moro bis zu Bestem der österreichischen Winzerelite reicht. Das fachkundige Team bietet eine umfassende Betreuung, zur Verkostung können auch feine mediterrane Antipasti genossen werden. Sehr empfehlenswert! Öffnungszeiten: Mo.–Mi. 9.30 bis 18.30 Uhr, Do.–Fr. 9.30 bis 23.00 Uhr, Sa. 9.30 bis 12.30 Uhr.

!

LOFER

CONFISERIE BERGER

5090 Lofer, Schokoladenweg 1
TEL 0 65 88/76 16
MAIL schokolade@confiserie-berger.at
WEB www.confiserie-berger.at
FILIALEN in Saalfelden, Salzburg, St. Johann und Wien

In dieser ursprünglich aus einem Zweimannbetrieb entstandenen Confiserie – die sich übrigens nicht von ungefähr als „Stätte der Verführung" bezeichnet – werden mit viel Liebe und Leidenschaft aus besten Zutaten und mit viel handwerklichem Geschick Edelpralinen und wahre süße Kunstwerke hergestellt. Als Rohstoffe kommen u.a. Grand-Cru-Schokoladen aus Ecuador und Coriollo-Kakao aus der Dominikanischen Republik zum Einsatz. Daraus zaubert man für Naschkatzen unwiderstehliche Kostbarkeiten wie Edel-Schokoladen mit Bio-Heublumen-, Pflaume-Piment-, Erdbeer-Pfeffer- oder Sauerkirsch-Koriander-Füllung. Riesige Auswahl an feinen Pralinen!

MATTSEE

CAFÈ KONDITOREI NEUHOFER

5163 Mattsee, Marktplatz 4
TEL 0 62 17/52 18
MAIL neuhofer@sbg.at

Nicht nur in der Region ist die direkt am Hauptplatz gelegene Konditorei-Bäckerei Neuhofer eine bekannte Adresse, sondern auch viele Salzburger fahren der hervorragenden Mehlspeisen wegen regelmäßig nach Mattsee. Die Auswahl ist groß, man findet von der Apfel-Topfen-Schnecke über die Williamsbirnen-Torte und die Esterhazyschnitte bis zu hausgemachtem Trüffelkonfekt alles, was das Herz begehrt, auch Diabetikermehlspeisen hat man im Sortiment. Die Palette bei Brot und Gebäck, das es auch in Bio-Qualität gibt, ist riesig und reicht vom Körndlsemmerl bis zum Maracujakipferl. Perfekt macht das süße Erlebnis das breite Angebot an hausgemachtem Eis (auch laktosefrei) und die freundliche Bedienung.

BIO !

DAS LEOBACHER

5163 Mattsee, Marktplatz 7
TEL 0 62 17/52 03
MAIL info@kapitelwirt.at
WEB www.dasleobacher.at

Ein wahres Genussparadies. Wurst und Schinken (darunter feiner Rindersaftschinken und Rohschinken) sind hausgemacht, das Fleisch dafür kommt aus der hauseigenen Schlachtung. Das Käsesortiment überzeugt mit Qualität und Präsentation, und jeden Freitag gibt es frischen Fisch wie Lachs, Forelle oder Zander. Die Vinothek ist ebenfalls einen Besuch wert: Der Schwerpunkt liegt auf österreichischen Pretiosen von Markowitsch bis Bründlmayer, sehr exklusive und hochpreisige Weine finden sich ebenfalls im Sortiment. Der engagierte Hausherr (übrigens diplomierter Wein- und Käsesommelier) berät gern und sehr kompetent. Und für den kleinen – oder auch großen – Hunger sei das angeschlossene Restaurant wärmstens empfohlen.

MAUTERNDORF

FLEISCHHAUEREI LANKMAYR

5570 Mauterndorf , Markt 1
TEL 0 64 72/72 66
MAIL Info@lankmayr.at
WEB www.lungauerspeck.at

Das kleine Spezialgeschäft im traditionsreichen Haus

Fleischhauerei Feuersinger

Kaffee Konditorei Pletzer

stellt seit 1949 Lungauer Spezialitäten her und bietet eine große Auswahl an Wurst- und Schinkenprodukten aus eigener Erzeugung. Daneben ist der Betrieb einer der führenden Speckhersteller im Salzburger Land. Die regionale Spezialität ist der Lungauer Speck, der geräuchert und luftgetrocknet seinen typischen feinen und über die Landesgrenzen hinaus bekannten Geschmack entwickelt. Im Geschäft angeboten wird aber auch ein ausgewähltes Sortiment an Käse, Spezialitäten wie Dinkel-Schafmilchjoghurt von regionalen Bauern kann man ebenfalls finden, und hausgemachte Suppenwürze sowie feine Edelbrände runden das Angebot geschmackvoll ab.

TRAUSNERS GENUSS WERKSTATT

5570 Mauterndorf 84
TEL 0 64 72/200 65
MAIL marmelade@genusswerkstatt.com
WEB www.genusswerkstatt.com

Alle angebotenen Produkte werden in der Genusswerkstatt von Hand und in Bio-Qualität hergestellt, der Schwerpunkt liegt auf dem Thema Marmelade. Nicht nur beste heimische Früchte wie etwa Himbeere mit Rhabarber, Apfel mit Mohn oder Himbeeren werden zu herausragenden Kreationen verarbeitet, sondern auch Exotisches wie Jackfruit, Maracuja, Banane und Ananas. Eingekocht wird noch am Kupferkessel und in kleinen Mengen, man hält den Fruchtanteil hoch und den Zuckeranteil niedrig. Süßer Genuss mit bestem Geschmack und außergewöhnlicher Qualität sind damit garantiert, auch bei den sehr empfehlenswerten Geleebonbons und beim seit kurzem erhältlichen Mandelkonfekt.

BIO !

MITTERSILL

FLEISCHHAUEREI FEUERSINGER

5730 Mittersill, Kirchgasse 5
TEL 0 65 62/62 55

Das kleine Geschäft überzeugt nicht nur mit einer hervorragenden Auswahl, sondern auch mit Frische und Qualität. Die Ware wird ansprechend präsentiert, die Palette reicht von feinsten regionalen Wurst- und Schinkenspezialitäten (klassischer Schinkenspeck ebenso wie hervorragender Pinzgauer Schinken, auch den prämierten Leberkäse sollte man unbedingt probieren) über zahlreiche Pinzgauer Frischfleischprodukte (Rind, Schwein, Lamm, aber auch Wild) bis zu einem umfangreichen Imbissangebot. Das engagierte und sehr freundliche Team berät gern und hilft auch mit Zubereitungstipps aus.

KAFFEE KONDITOREI PLETZER

5730 Mittersill, Lebzeltergasse 6
TEL 0 65 62/62 28
MAIL konditorei.pletzer@sbg.at

Mit dem Charme eines typisch österreichischen Kaffeehauses und mit einer sehr freundlichen und charmanten Bedienung verführt diese Konditorei zum Genuss der zahlreichen und frisch in der eigenen Backstube hergestellten Spezialitäten, darunter die Original Pinzgauer Zelten, die es mit Marzipan, Früchten oder Nüssen gibt oder die Mittersiller Schlosskuppel, eine feine und aus erlesenen Rohstoffen hergestellte Praline. Probieren sollten man auch die handgeschöpften, exklusiven „Tauerngipfel"-Schokoladen, die im Haus hergestellt werden,oder das ebenfalls hausgemachte Eis. Ein echtes Paradies für Naschkatzen.

MÜHLBACH AM HOCHKÖNIG

BÄCKEREI-CAFÉ-KONDITOREI BAUER

5505 Mühlbach am Hochkönig, Mühlbach 248
TEL 0 64 67/72 20
MAIL info@baeckerei-bauer.at
WEB www.baeckerei-bauer.at

GENUSS REGION ÖSTERREICH Genuss ist hier garantiert, schließlich blickt man auf über 100 Jahre Backtradition zurück. Bei der Herstellung der Spezialitäten vertraut man voll und ganz auf Bio: Mehl und Getreide stammen aus kontrolliertem Anbau aus der Genussregion Weinviertler Getreide, und als Basis für die über 40 verschiedenen Brotvarianten – darunter auch täglich frisches Holzofenbrot – dient biologischer Natursauerteig aus eigener Produktion. Daneben verführen über 100 verschiedene Sorten an handgemachten Konditoreiwaren,

Bäckerei Café Schroll/Schrollback

Metzgerei Rumpold

Pinzgauer Speckladen Schöppl

Torten und Pralinen sowie edlen handgeschöpften Schokoladen zum Genuss. Eine Empfehlung wert ist nicht zuletzt auch das nach traditionellen italienischen Rezepten selbst hergestellte Eis. Die Bedienung ist sehr freundlich und kompetent.

NEUKIRCHEN

BÄCKEREI CAFÉ SCHROLL / SCHROLLBACK

5741 Neukirchen, Markt 119
TEL 0 65 65/84 88
WEB www.schroll-back.at

Schon beim Betreten der sehr gut sortierten Bäckerei und Café fühlt man sich auf Anhieb wohl. Das Ambiente ist toll, das Angebot an frisch duftendem Brot und Gebäck ist überragend und reicht von Bauern- über Bio-, Urgetreide- und Früchtebrot bis zu Ciabatta und Lebkuchen. Daneben gibt es eine große Auswahl an sehr ansprechend dargebotenen und hausgemachten Torten und Feingebäck. Vitaminreiche Säfte gibt es unter anderem aus der Genussregion Bramberger Obstsaft. Für den kleinen Hunger wird auch eine Auswahl an Imbissen geboten, auch die Genussregion Pinzgauer Rind ist hier vertreten. Das komplette Verkaufsteam berät freundlich und mit sehr gutem Fachwissen.

METZGEREI RUMPOLD

5741 Neukirchen, Marktstraße 33
TEL 0 65 65/62 28
MAIL Fleischhauerei-rumpold@sbg.at
WEB www.fleischhauerei-rumpold.at

In dieser sehr einladenden Fleischhauerei im Zentrum von Neukirchen wird vor allem auf Qualität, Regionalität und hervorragende Beratung gesetzt. Das Fleisch stammt fast ausschließlich von Betrieben aus der Umgebung und wird in der eigenen Metzgerei zu erstklassigen Produkten verarbeitet, darunter Bauch-, Karree- oder Schlögelspeck, feine Schinken, aber auch Außergewöhnliches wie die Jalapena, eine Dauerwurst, gewürzt mit südamerikanischem Paprika. Frisches Fleisch in Bioqualität gibt's ebenso wie Pinzgauer Kitz und Rind aus der Genussregion Pinzgauer Rind, eine kleine Palette an verschiedenen Antipasti, frischen Salaten und eingelegtem Gemüse. Und wer seinen kleinen Hunger stillen möchte, der wird sicher an der großen Heiß-Imbisstheke fündig.

!

PINZGAUER SPECKLADEN SCHÖPPL

5741 Neukirchen, Marktstraße 38
TEL 0664/171 64 10
MAIL info@pinzgauer-speck.at
WEB www.pinzgauer-speck.at

Im kleinen, heimeligen und sehr einladenden Fachgeschäft werden ausschließlich Genussprodukte aus der eigenen Metzgerei sowie aus der Region angeboten. Vor allem Liebhaber von Speckspezialitäten werden hier fündig: Neben dem traditionellen Brüstl-, Schopf- und Schinkenspeck gibt's Wildschwein-, Lamm- oder Hirschspeck und seit kurzem auch den Original Pinzgauer Naturspeck, der nach einer überlieferten Rezeptur im Haus hergestellt wird. Sehr zu empfehlen ist der hausgemachte, in Apfeltrester gepökelte Rinderspeck. Die Genussregionen sind mit Pinzgauer Rind vertreten. Daneben gibt es eine kleine, aber feine Auswahl an Käsedelikatessen (darunter Frisch-, Selch-, Bergkäse, aber auch würziger Pinzgauer Bergkäse) sowie aus der Region stammende Edelspirituosen und ein kleines Bio-Sortiment. Frischfleisch gibt es auf Bestellung.

!

NIEDERNSILL

HÖLLWERTH BICHLBAUER

5722 Niedernsill, Bichlweg 6
TEL 0 65 48/88 94
MAIL oberbichl@sbg.at

Alle angebotenen Genussprodukte stammen hier aus der eigenen Produktion! Vor allem Liebhaber von regionalen Käsespezialitäten werden in diesem Biohof auf ihre Rechnung kommen: Es gibt feine Rohmilchkäse (auch in Kräuter eingelegt), Weich- und Pinzgauerkäse und hauseigene Schnittkäse in Bio-Qualität, und auf Bestellung kann man auch frische Hofbutter bekommen. Dazu gibt es herrliche Destillate aus der hofeigenen Brennerei, aber auch Schnäpse und Liköre von

Fleischereifachgeschäft Neumayr

regionalen Betrieben. Die Bedienung ist sehr freundlich und zuvorkommend.

BIO

SPARMARKT LEITNER

5722 Niedernsill, Steindorferstrasse 1

TEL 0 65 48/ 20 165

Der modern gestaltete Spar-Supermarkt in Niedernsill ist ein echter Genussmarkt, der mit einem Vollsortiment zum Einkauf einlädt. Im Mittelpunkt stehen auch regionale Produkte, an der Feinkosttheke findet man unter anderem Käsespezialitäten von Bauern aus der Region oder hausgemachten Karree- und Bauchspeck. Bio-Produkte werden in praktisch allen Warengruppen angeboten, im Herbst gibt's feines Bio-Lammfleisch. Auswahl und Frische überzeugen auch in der Obst- und Gemüse-Abteilung sowie bei Brot und Gebäck. Komplettiert wird das Einkaufserlebnis vom perfekt beratenden, freundlichen und sehr hilfsbereiten Personal.

BIO !

PIESENDORF

FLEISCHERFACHGESCHÄFT NEUMAYR

5721 Piesendorf, Loanergasse 45

TEL 0 65 49/72 02

GENUSS REGION ÖSTERREICH Hervorragendes Fleischerfachgeschäft, das mit einer breiten Palette an Genussprodukten zu überzeugen weiß. An der Wurst- und Schinken-Theke werden viele Spezialitäten der Region wie Hirsch-, Pfeffer- oder Knoblauchwurst appetitlich präsentiert, die Fleischauswahl ist ebenfalls überdurchschnittlich, auch Feinheiten aus der Genussregion Pinzgauer Rind finden sich im Programm. Bei Käse ist die Auswahl überraschend: Bregenzerwälder Biokäse, Pinzgauer Käse vom Bauern, eingelegte Frischkäse... Freunde des Grillens finden hier nicht nur das passende Fleisch, sondern auch eingelegtes Gemüse und Grillsaucen, und auch auf Convenience-Produkte hat man nicht vergessen: Es gibt Nudelauflauf, Gemüse- oder Fleischlasagne sowie hausgemachte Sulzen. Zubereitungstipps werden vom freundlichen Personal gerne gratis mitgeliefert.

BIO

TRAFLER NAH&FRISCH

5721 Piesendorf, Dorfstraße 17

TEL 0 65 49/72 19

Ein umfangreiches Produktsortiment bietet sich den Kunden im Nah&Frisch-Markt von Günter Trafler. Obst und Gemüse sind frisch und knackig und werden sehr ansprechend präsentiert, die Käsetheke besticht mit Spezialitäten wie Frischkäse in Olivenöl. Das Bio-Sortiment wird ständig erweitert und reicht mittlerweile in praktisch alle Warengruppen. Auch viele Spezialitäten aus der Region sind hier erhältlich. Eine Auswahl der feinsten regionalen Destillaten wird in der Spirituosenabteilung geboten, das Personal bedient freundlich und mit großem Detailwissen.

BIO

OBERKAMMERER BAUER

5721 Piesendorf, Walchen 66

TEL 0 65 49/83 06

MAIL m.voglreiter@sbg.at

WEB www.natuerlichauspiesendorf.at

Eine Gruppe von Piesendorfer Bauern geht einen gemeinsamen Vermarktungsweg: Unter dem Namen „Natürlich aus Piesendorf" bieten sie köstliche Bio-Produkte mit Herkunft. So wird beim Oberkammerer Bauer von Monika Voglreiter unter anderem auch eine der regionalen kulinarischen Besonderheiten, der sogenannte „Pinzgauer Reibkäse" oder auch „Schotten" angeboten. Hergestellt wird diese Spezialität (die sich auch dadurch auszeichnet, dass sie sich wie edler Parmesan reiben lässt) aus feinster Vollmilch, Kräutern, Essig und Salz, und verwendet wird sie vor allem für Pinzgauer Feinheiten wie Schottnocken, Schlutzkrapfen oder für die traditionelle Schottsuppe. Das sehr herzliche Personal berät gerne und freundlich.

BIO !

RADSTADT

FLEISCH & WURST LADINGER

5550 Radstadt, Stadtpl. 13

TEL 0 64 52/42 34

MAIL Ladinger-geschaeft@aon.at

Genießer sind in diesem edlen Geschäft am Stadtplatz mit Sicherheit gut aufgehoben. Die große Palette an

Feinkost Finstermann

Siegfried Herzog

frischen Fleisch- und Wurstspezialitäten – die überwiegend aus eigener Erzeugung stammen – wird sehr appetitlich präsentiert, Wilddelikatessen aus der Region fehlen dabei ebenso wenig wie Bauern-, Schinken- oder drei Monate gereifter Karreespeck (der übrigens ebenfalls aus eigener Produktion stammt). Aber auch eine kleine, feine Auswahl an regionalen Käsen verführt zum Genuss, und an bäuerlichen Produkten der Region werden verschiedene Schnäpse oder Honig angeboten. Die Chefin berät gerne und charmant.

SAALFELDEN

FEINKOST FINSTERMANN

5760 Saalfelden, Obsmarktstraße 1
TEL 0 65 82/723 10
MAIL Feinkost-finstermann@sbg.at

Herausragender Feinkostladen, in dem das Team um Eva und Elisabeth Finstermann charmant und kompetent berät. Beide sind diplomierte Käsesommeliers – dementsprechend liegt der Schwerpunkt bei feinstem Käse: Über 100 regionale und internationale Käsesorten verführen zum Genuss, darunter zahlreiche Schaf- und Ziegenkäsespezialitäten, Dachsteiner, Kracher Affineur, St. Severin, Pinzgauer... Bei Wurst und Schinken wird die Auswahl nicht leichter gemacht: von hervorragendem Vulcano-Schinken über Mortadella und italienischer Magersalami bis zu Prosciutto, Bresaola und Lachsschinken. Es gibt ein kleines Sortiment an knusprigem Bio-Brot und -Gebäck, und auch frisches Bio-Obst und -Gemüse von heimischen Produzenten findet sich im Angebot. Vervollständigt wird die umfangreichen Feinkostpalette unter anderem mit edlen Essigen und Ölen. Sehr empfehlenswert: die hausgemachten Kaspreßknödel.

BIO !

FLEISCHER BERND FÜRSTAUER

5760 Saalfelden, Ritzenseestraße 2
TEL 0 65 82/724 19, Mob. 0664/181 28 97
MAIL office@metzgerei-fuerstauer.at
WEB www.metzgerei-fuerstauer.at

Bereits in dritter Generation werden in dieser Genussfleischerei in handwerklicher Tradition und ausschließlich aus heimischen Rohstoffen feinste Spezialitäten in bester Qualität hergestellt. Das große Angebot an frischem Fleisch reicht von zahlreichen Köstlichkeiten von Lamm und Rind bis zu edlem Wild. Der Speck wird nach traditioneller Methode hergestellt, und es gibt eine breite Palette an vorzüglichen Aufschnittsorten, darunter Delikatessen wie wacholdergeräucherter Schinken oder getrocknetes Rinderfilet, auch feine Pasteten finden sich im Angebot. Unentschlossene dürfen die Spezialitäten übrigens gerne auch verkosten. Für die schnelle Küche gibt's fertige Leberknödel und Sulzen. Das Personal hilft gern und sehr freundlich mit Zubereitungstipps aus.

!

REFORMHAUS SCHREDER

5760 Saalfelden, Loferer Straße 46
TEL 0 65 82/736 91
MAIL Reformhaus.schreder@aon.at

Mit viel Herz und Engagement geführtes Geschäft, in dem eine breite Palette an Feinheiten geboten wird. An der Käsetheke findet man vor allem regionale Spezialitäten, echtes Vollkornbrot gibt es jeden Donnerstag frisch vom Biobäcker. Aber auch verschiedene Öle, Säfte, Gewürze oder vegetarische Feinkostprodukte werden angeboten, die Palette an Bioprodukten in allen Sortimenten ist umfangreich. Daneben findet man Feinheiten wie Schafmilchschokolade oder Exquisites von Zotter.

SIEGFRIED HERZOG

5760 Saalfelden, Breitenbergham 5
TEL 0664/200 63 83
MAIL s.herzog@sbg.at
WEB www.herzogschnaps.at

Qualitätsbewusstsein und größte Sorgfalt bei der Herstellung der edlen Produkte stehen für Siegfried Herzog im Vordergrund. Nicht zuletzt deshalb wird ausschließlich frisches, handverlesenes und saisongerechtes Obst (das zu einem großen Teil von regionalen Bauern angeliefert wird) für die Herstellung der herausragenden und vielfach prämierten Destillate – die von vielen zu den besten der Welt gezählt werden – verwendet. Neben den edlen Bränden werden in dem 400 Jahre alten Erbhof, in

Alte Vinothek

Azwanger Delikatessen

Bäckerei Funder

dem sich auch die Brennerei selbst befindet und in dem die Produkte unter sehr freundlicher und kompetenter Beratung selbstverständlich auch verkostet werden können, feine Liköre, Schokoladen und Fruchtaufstriche angeboten.

WEINKISTL GEORG FÜRSTAUER

5760 Saalfelden, Mittergasse 4a
TEL 0 65 82/713 23
MAIL weinkistl@weinkistl.at
WEB www.weinkistl.at

Die erlesene Auswahl von Spitzenweinen aus aller Welt macht den Einkauf in diesem außergewöhnlichen und doch sehr gemütlichen Fachgeschäft zu einem wahren Genuss. Vom Sauvignon Blanc aus der Steiermark bis zum Mouton Rothschild aus Bordeaux, vom Château Musar aus dem Libanon bis zum Penfolds Grange aus Australien und dem Chianti Classico aus Italien – hier wird der Weinliebhaber sicher fündig. Es werden aber auch edle Brände, Schnäpse und Spirituosen sowie alle Arten von Spezialolivenölen angeboten. Natürlich können die Weine auch vor Ort verkostet werden, und der Chef – natürlich Diplomsommelier – berät charmant und mit viel Fachwissen.

SALZBURG

ALTE VINOTHEK

5020 Salzburg, Untersbergstrasse 14
TEL 06 62/84 35 12
MAIL office@altevinothek.at
WEB www.altevinothek.at

Die mit viel Leidenschaft und Liebe zum Detail erneuerte Alte Vinothek bietet Genießern bei bester Beratung über 800 ausgesuchte Tropfen aus Österreich, Italien, Frankreich und Spanien. Aber nicht nur die hervorragenden Weine verführen zum Genuss, bei den Alimentari reicht die Auswahl von Klassikern wie Parmaschinken, Salami, Bresaola, Chorizzo oder Pata Negra über täglich ofenfrisch geliefertes Brot von der Bäckerei Rosenmayer aus Hallein bis zu perfekt gereiftem Käse von Waltmann. Vervollständigt wird die umfangreiche Genusspalette mit edlen Essigen, Ölen, Säften, Kaffee oder Tee. Hausgemachte Ravioli und Pesto aus der eigenen Nudelproduktion eignen sich perfekt für den schnellen Mittagstisch, im Verkostungsraum kann man Antipasti in Begleitung eines guten Tropfens aber auch sofort genießen.

AZWANGER DELIKATESSEN

5020 Salzburg, Getreidegasse 15
TEL 0 66 2/843 39 40
MAIL info@azwanger.at
WEB www.azwanger.at

In diesem 350 Jahre alten Traditionshaus in der Getreidegasse kommt der Gourmet ins Schwärmen. Neben herrlichen Delikatessen, feinen Weinen (von Jurtschitsch, Jamek und Salomon bis zu Bründlmayer, aber auch Weine aus Italien, Frankreich, Spanien) und außergewöhnlichen Destillaten wie Beluga- oder Oval-Wodka mit Vogelbeeren werden exquisite Champagner, Portweine, Whiskeys und Sherrys angeboten. Der Chef berät persönlich, freundlich und mit großer Kompetenz. Daneben findet der Genießer aber auch 6 bis 25 Jahre alten Balsamico, Spezialessige von Gölles, hochqualitatives Kernöl, Tee, Marmelade von Staud's oder eine große Honigauswahl, darunter auch Honig mit Himbeeren oder mit Kürbiskernen und Walnüssen. Zum Abschluss gibt's feinste Schokoladen von Zotter, Berg oder Hochleitner.

BÄCKEREI FUNDER

5020 Salzburg, Nonntaler Hauptstrasse 29
TEL 06 62/84 13 32

Die Beliebtheit der Getreideprodukte aus dem Hause Funder ist eigentlich kein Wunder: In der bereits 1957 gegründeten Bäckerei entstehen Brot, Gebäck, Kuchen und Kekse immer noch mit natürlichen Zutaten und nach alten Hausrezepturen. Nicht zuletzt für die Vielzahl an Jourgebäck ist die Bäckerei bekannt, in der großen Palette an Spezialitäten finden sich auch feines Früchtebrot, reines Vollkornbrot oder Roggenbrot, darüber hinaus kann man hier auch Kaffee oder Marmelade kaufen. Die ganze Familie arbeitet im Betrieb, man spürt die Begeisterung und Freude, mit der hier das Bäckerhandwerk ausgeübt wird.

Bäckerei Marion Kandler

Bäckerei Peter Pföss

Café Konditorei Ratzka

BÄCKEREI KONDITOREI MARION KANDLER

5020 Salzburg, Nonntaler Hauptstraße 92
TEL 0 66 2/82 00 21
MAIL baeckerei-kandler@aon.at
WEB www.baeckerei-kandler.com

Die sehr gemütliche, kleine Bäckerei ist unter anderem für die große Auswahl an Vollkornprodukten bekannt: Gebacken wird hier mit Granderwasser und natürlich ohne jeden chemischen Zusatz. Die Genusspalette reicht beim Brot von knusprigem Dinkel- und Walnussbrot bis zu Kartoffel-, Topfen-, Milch- und Metabolic-Brot. Genießer von Süßem werden hier ebenfalls nicht enttäuscht: Über Generationen weitergegebene Rezepte sorgen nach wie vor für wunderbare Rehrücken, duftende Strudel und wirklich hervorragenden Gugelhupf. Auch die Buchteln sollte man probiert haben. Angeboten werden aber auch hausgemachte Marmeladen, selbst gemachtes Joghurt, frisch gepresste Obstsäfte, Honig, Kaffee oder Tee. Die Chefin bedient selbst, sehr aufmerksam, engagiert und freundlich.

☺ !

BÄCKEREI PETER PFÖSS

5020 Salzburg, Griesgasse 21
TEL 06 62/62 34 71
WEB www.pfoess.com

Der Duft von backofenfrischem Brot und Gebäck strömt dem Genusssuchenden schon beim Betreten der hellen und einladenden Bäckerei entgegen. Hier wird noch mit reinem Natursauerteig gebacken, die gesamte Brotpalette – darunter Dinkel- und Roggenbrotspezialitäten – gibt es auch in Bio-Qualität. Beim Gebäck verführt eine breite Bio-, Laugen- und Vollkornauswahl, und an Feingebäck werden Plunder und Topfentascherl ebenso angeboten wie süße Schaumrollen, lockere Cremeschnitten oder der klassische Bienenstich.

BIO ☺

BASIC AUSTRIA – BIO FÜR ALLE

5020 Salzburg, Alpenstraße 75
TEL 0 66 2/626 21 10
MAIL Marktleiter202@basicbio.at
WEB www.basicbio.at

Einladend, hell und freundlich, so präsentiert sich der erste Basic-Biosupermarkt in Salzburg. Die Auswahl ist riesig und überzeugt auch anspruchsvollste Genießer. Von einer hervorragend sortierten Käsetheke mit fast 100 verschiedenen Bio-Produkten aus dem In- und Ausland (mit Spezialitäten von Ziege oder Schaf, Bio-Joghurt oder makrobiotische Labkäse) über sehr ansprechend präsentiertes Fleisch (darunter auch die Mühlviertler Alm-Weidegans aus der Genussregion) bis zum begehbaren Kühlregal für frisches und knackiges Obst und Gemüse oder der eigenen Bäckerei am Eingang mit einer umfangreichen Auswahl an knusprigem Brot und Gebäck: So soll ein Supermarkt aussehen. Das freundliche und kompetente Personal gibt's dann noch als Draufgabe.

BIO ☺ !

BORROMÄUS BIO-MARKT AM BORROMÄUS-PONT

5020 Salzburg, Gaisbergstrasse 20

Am Bio-Markt am Borromäus-Point wird bewussten Konsumenten seit 2004 eine große Auswahl an regionalen Feinheiten in Bio-Qualität geboten. Die Palette reicht von Frisch-, Schnitt- und Reifekäse über Milchprodukte wie Joghurts, Süß- und Sauerrahm oder Topfenaufstrichen bis zu Bio-Fleisch- und Wurstwaren sowie einer vielfältigen Auswahl an knusprigem und herrlich duftendem Brot- und Gebäck. Zum Genuss verführt aber auch frisches, knackiges und toll präsentiertes Obst und Gemüse. Die Verkäufer beraten freundlich und charmant. Der Bio-Markt hat jeden Freitag von 14h bis 18h geöffnet.

BIO ☺

CAFÉ KONDITOREI RATZKA

5020 Salzburg, Imbergstraße 45
TEL 0 66 2/64 00 24

Kleine, aber sehr feine Konditorei, die mit hervorragenden Mehlspeisen zum Genuss verführt. Die meisten Rezepte – so auch die für die himmlische Pariser-cremetorte oder den Mokka-Schlag-Krapfen – stammen noch vom Vater der heutigen Chefin Heidi Ratzka. Für die Herstellung der Produkte werden seit jeher fast ausschließlich heimische Rohstoffe in bester Qualität

Delitalessen

Demel Salzburg

Feinkost Reichl

verwendet. Legendär sind die Himbeer-Trüffel-Torte, die Rudolfs-Torte (die es übrigens ausschließlich am Samstag um 11.00 Uhr gibt), die Florentiner oder die Orangen-Trüffel-Torte. Samstags gibt es übrigens auch frische Cremeschnitten, unbedingt probiert haben sollte man auch die feinen Kaffee-Makron-Schnitten. Das Personal zeichnet sich durch Freundlichkeit und Kompetenz aus.

DELITALESSEN

5020 Salzburg, Imbergstraße 37
TEL 0 66 2/64 29 38

Hochwertige italienische Feinkost in ihrer ganzen Vielfalt wird hier perfekt präsentiert. Die Käsetheke glänzt mit einer großen Auswahl an verführerischen Spezialitäten aus dem Süden, darunter Peccorino, und auch bei Wurst und Schinken dominieren Angebote aus Italien wie hervorragender Schinken aus Parma und San Daniele (auch Vulcanoschinken aus der Genussregion), feiner Lardo oder aromatischer Südtiroler Speck. Saisonabhängig gibt es frisches, knackiges Obst und Gemüse oder Kräuter, teilweise auch in Bio-Qualität. Knuspriges, frisch duftendes Brot und Gebäck kommt aus der eigenen Bäckerei, und auf eine Auswahl an frischer Pasta und leckeren Antipasti muss man ebenfalls nicht verzichten. Auch das feine Angebot an delikaten Weinen und edlen Spirituosen stammt zu einem großen Teil von der Apennin-Halbinsel. Dass der Chef seine Kunden freundlich und kompetent berät, versteht sich schon fast von selbst.
!

DEMEL SALZBURG

5020 Salzburg, Mozartplatz 2
TEL 0 66 2/84 03 58
MAIL salzburg@demel.at
WEB www.demel.at

Nach wie vor ist der Demel eine der nobelsten und gleichzeitig gemütlichsten Adressen für Naschkatzen und solche, die es noch werden wollen. Wie schon vor 200 Jahren fertigen die Zuckerbäcker noch heute in Handarbeit die typischen Demel-Spezialitäten wie den Mozartzopf oder die Fächertorte, Cremeschnitten, feines Teegebäck oder hausgemachtes Konfekt. Auch Klassiker wie Katzenzungen, kandierte Veilchen, die Demeltorte und natürlich Demel's Sachertorte verführen zum Genuss, darüber hinaus gibt's hausgemachte Schokoladen mit Veilchen oder Rosen und Marmeladen. Die Präsentation der Produkte im Shop ist perfekt, allein schon die nostalgischen Verpackungen sind einen Besuch wert, und das sehr zuvorkommende und höfliche Personal komplettiert den exzellenten Eindruck.

DER MACHE FLEISCHHAUEREI JOHANN MACHE

5020 Salzburg, Moosstraße 94
TEL 0 66 2/83 00 11
WEB www.fleischerei-mache.at
FILIALE Kendlerstraße 126

Mit Ausnahme von Salami und Rohschinken werden alle angebotenen Produkte in der sehr einladenden Genussfleischerei selbst hergestellt, die Wurstauswahl in bester Qualität ist riesig und wird ständig mit Innovationen erweitert. Fleisch vom Rind, Lamm oder Schwein gibt es auch in bester Bioqualität. Für die rasche Küche werden unter anderem verschiedene feine Spieße oder gefüllte Hühnerbrüstchen angeboten. Donnerstags, freitags und samstags kann man hier frischen Fisch erwerben. Vervollständigt wird die Palette mit einer feinen Auswahl an Biobrot, verschiedenen Käsefeinheiten wie Schafkäse oder Ziegenröllchen (teilweise auch in Bio-Qualität), Nudeln, Honig, Kaffee und Marmeladen sowie einer gut sortierten, kleinen Gemüseabteilung. Das Personal berät zuvorkommend und freundlich.
!

FEINKOST REICHL

5020 Salzburg, Wiener-Philharmoniker-G. 3
TEL 0 66 2/84 27 53
WEB www.feinkost-reichl.at

Bis an die Decke voll mit Feinkost und erlesenen Lebensmitteln, dafür ist der alteingesessene und mit Leidenschaft geführte Delikatessenklassiker bekannt. Schmankerl findet man hier in allen Warengruppen: Trüffel-, Roquefort- oder Ziegenkäsespezialitäten, Büffelmozarella, Peccorino, Rocchetta oder Robiola an

Fisch Krieg

Fleischerei Erlach

Fleischhauer Stocker

der Käsetheke, Vulcano-, San-Daniele-, Trüffel-oder Wildschweinschinken genauso wie österreichischen Rohschinken. Italienische und französische Salami fehlen ebensowenig wie Gänseleberpastete oder weißer Trüffel. Es gibt geräucherte Forellen vom Attersee und hausgemachte frische Ravioli und Gnocchi. Die Auswahl an österreichischen Top-Weinen ist groß, Spirituosen gibt's unter anderem vom Guglhof, und natürlich kommen auch die Liebhaber von Süßem beim Genuss von belgischer Edel-Schokolade auf ihre Kosten. Gourmets werden hier von wahren Kennern herzlich und mit großer Kompetenz beraten.

FISCH KRIEG

5020 Salzburg, Ferdinand-Hanusch-Platz 4
TEL 0 66 2/84 37 32

Für Fischliebhaber ein wahres Paradies: Bei freundlicher, hilfsbereiter und sehr kompetenter Bedienung wird hier eine einmalige Fischauswahl in bester Qualität angeboten. Man findet die klassischen heimischen Süßwasserspeisefische wie Forelle oder Karpfen ebenso wie eine Vielzahl an Exoten, teilweise aus Wildfang. Selbstverständlich gibt es auch geräucherten Fisch und eine große Meeresfrüchtepalette, und daneben werden auch Fischbutter, -sulzen, -pasteten oder -terrinen angeboten. Salate, gegrillten, gebackenen und gebratenen Fisch gibt es auch als Imbiss, und nicht zuletzt die hervorragende Paella sollte man probiert haben.

FLEISCHEREI ERLACH

5020 Salzburg, Siegmund-Haffner-Gasse 8
TEL 0 66 2/84 33 55
MAIL erlach@sbg.at

In der Fleischerei Erlach, die übrigens Mitglied bei den Fleischermoral-Metzgereien Salzburgs ist, findet man eine sehr gute Auswahl an Spezialitäten vom Rind, Kalb, Lamm und Schwein. Die Produkte stammen ausschließlich aus artgerechter Tierhaltung. Auf Bestellung erhält man Fleisch vom Wild, die Palette an Wurst und Schinken ist groß und reicht von feinen Bein- und Kochschinken über verschiedene Salamispezialitäten, feine Leberwurst und Blunzen bis zu Tafelspitzsulz oder Gemüsesulz. Abgerundet wird das Angebot mit einer kleinen Käsetheke, und für den Genuss zu Hause gibt es unter anderem ein Menü zum Mitnehmen, selbst gemachte Salate und Aufstriche, eingelegtes Gemüse und Nudeln.

FLEISCHHAUER STOCKER

5020 Salzburg, Nonntaler Hauptstrasse 19
TEL 06 62/84 37 91

In diesem Fleischerbetrieb schreibt man Qualität seit jeher groß. Die Auswahl an Genussprodukten ist umfangreich und enthält zahlreiche Schinken und Wurstspezialitäten, darunter Beinschinken aus dem Lungau oder Prosciutto, aber auch hervorragenden Lungauer Speck. Beim Frischfleisch wird unter anderem Mattighofener Milchkalb oder Tauernlamm geboten, auch Frischfleisch in Bio-Qualität verführt zum Kauf. An der warmen Theke kann man den kleinen Hunger genussvoll stillen, die sehr flotten Mitarbeiter bedienen freundlich und aufmerksam.

FRANZ & REINHARD KRIEG

5020 Salzburg, Universitätsplatz (Grünmarkt)
TEL 06 64/102 28 66, 0 66 2/66 01 90

Feinsten Frischfisch in höchster Qualität, das findet man am Stand von Reinhard & Franz Krieg. Das abermals erweiterte Angebot an heimischen Fischen kommt entweder aus der eigenen Biozucht in Hallwang oder aus Wildfang in heimischen Seen, der Biolachs aus Irland, die Meeresfische wie Butterfisch stammen zum Teil ebenfalls aus Wildfang. Auch Fische in Sushi-Qualität werden angeboten wie Sashimi-Thunfisch, Wildlachs wird selbst geräuchert oder gebeizt – die Auswahl ist mehr als umfangreich. Jahreszeitenabhängig gibt es frische Schalentiere wie Vongole oder Jakobsmuscheln, und das ganze Jahr über eingelegte Meeresfrüchte sowie selbst gemachte Sülzchen, Pasteten und Aufstriche. Als Imbiss gibt es Fisch in allen Variationen und die beste Fischsuppe ever. Öffnungszeiten Universitätsplatz: Di., Mi., Fr. 8.00 bis 18.00 Uhr, Sa. 7.00 bis 13.00 Uhr Schranne: Do. 7.00 bis 12.30 Uhr.

Hans Walter Fleischer-Fachgeschäft

Kaslöchl

Kaspeter

HANS WALTER FLEISCHER-FACHGESCHÄFT

5023 Salzburg, Langmoosweg 1
TEL 0 66 2/66 18 35
MAIL info@hanswalter.at
WEB www.hanswalter.at

Ein Fleischer-Fachgeschäft, wie man es sich wünscht, und in dem der Chef noch selbst und freundlich bedient und berät. Angeboten wird eine überragende Auswahl an feinsten und zum Großteil selbst erzeugten Wurst- und Schinkenspezialitäten. Die Palette reicht von hervorragender Bosna über Blut- und Leberwurst bis zu exzellentem Beinschinken. An der Fleischtheke wird frisches Schwein-, Rind- und Kalbfleisch ebenso appetitlich präsentiert wie Rindsrouladen, Gulasch, Knödel oder Beuschel. Als Grillweltmeister hat man einen der Schwerpunkte natürlich auf das Thema Grillen gelegt, die Auswahl an entsprechenden Spezialitäten ist riesig. Für Freunde der Grillkunst werden auch Grillkurse angeboten. Und für den kleinen Hunger gibt's täglich zwei wechselnde Menüs (auch zum Mitnehmen).

KASLÖCHL

5020 Salzburg, Am Hagenauer Platz 2
TEL 0 66 2/84 41 00
MAIL office@kasloechl.at
WEB www.kasloechl.at

Seit mehr als 110 Jahren wird unter der ältesten und wohl auch charmantesten Käseadresse in Salzburg auf 8 m² Käse in seiner ganzen Vielfalt angeboten. Das Sortiment umfasst weit über 100 verschiedene Sorten, darunter von Bauern hergestellte Rohmilchkäse ebenso wie Biokäse. Hier findet der Käseliebhaber Spezialitäten wie Ziegen- oder Schafcamembert, Pecorino Sardo oder Blue Stilton (übrigens auch in Bio-Qualität), Trüffelbrie, und man wird von wahren Käsekennern sehr freundlich und fachkundig beraten. Die kleine, aber feine Auswahl an Wurst weiß ebenfalls mit Feinheiten wie Mangalitza-Salami, ital. Trüffelsalami oder Bio-Prosciutto zu überzeugen, daneben gibt es ein kleines Alimentari-Angebot mit eingelegtem Gemüse, hausgemachten Aufstrichen und Teigwaren wie Ruccola-, Pilz- oder Prosciutto-Ravioli, feinem Brot und Gebäck und edlem Balsamico in Demeter-Qualität. Neu sind die ausgewählten Kaffeespezialitäten, die es auch als Take-Away-Variante gibt.

BIO

KASPETER

5020 Salzburg, Franz-Josef-Straße 16B
TEL 0 66 2/87 96 40

Das Sortiment vom Kaspeter überzeugt mit 150 Sorten Käse wirklich jeden Käseliebhaber: Zum Genuss verführen Spezialitäten wie Trüffelbrie oder Büffelmozzarella, eine großen Auswahl an Schaf- und Ziegenkäse, aber auch offenes Joghurt oder frischer Topfen. Ein nettes Feinkostsortiment mit – natürlich passend zum Käse – Gelees, Chutneys (Feige, Aprikose, Birne) oder gefüllten Pflaumen findet sich ebenso wie frische Pasta, Balsamico, Trüffel- und Olivenöle oder auch Trüffelbutter. An der Wursttheke werden Delikatessen wie Trüffelsalami, Bresaola oder San-Daniele-Schinken, saisonal auch feine Pasteten angeboten. Darüber hinaus gibt es auch feine Ciabatta und knusprige Baguettes und für den Hunger zwischendurch kleine Imbisse. Das Personal beantwortet Fragen zu den einzelnen Produkten gerne und kompetent.

!

MAGAZIN

5020 Salzburg, Augustinergasse 13
TEL 0 66 2/84 15 84-0
MAIL office@magazin.co.at
WEB www.magazin.co.at

In der am und im Salzburger Mönchsberg gelegenen, einzigartigen Feinkostabteilung des Magazins findet sich ein umfangreiches, verführerisches Sortiment für den Genießer: Klassiker wie Parmaschinken, Salami, Bresaola oder Pata Negra, an der Käsetheke auch Parmigiano Reggiano, Pecorino oder Gorgonzola Dolce. Fonds, Saucen und Pesto sind hausgemacht, ebenso wie Tomaten- oder Weißbrot, und für Naschkatzen gibt es Pralinen aus Spanien oder Frankreich. Überragend ist die Vinothek mit mehr als 950 verschiedenen Weinen aus dem In- und Ausland und vielen exquisiten Spirituosen. Darüber hinaus findet man aber auch edle Essige und Öle aus Italien und Spanien, Pasta, Antipasti,

Magazin

Nina Allerberger Obst & Gemüsehandel

Nonnberger Erentrudishof

Chutneys, Marmeladen und vieles mehr. Unbedingt eine Empfehlung wert: das architektonisch interessante und unter anderem auch mit einem Michelin-Stern ausgezeichnete Restaurant. Falls Sie lieber selber kochen, können Sie sich aber auch bei einem der angebotenen Kochkurse weiterbilden lassen.

NINA ALLERBERGER OBST & GEMÜSEHANDEL AM GRÜNMARKT

5020 Salzburg, Universitätsplatz, am Grünmarkt
TEL 0664/357 12 21

Wunderschön sortierter Marktstand am Grünmarkt, an dem absolute Frische das oberste Gebot zu sein scheint. Die riesige Auswahl an hervorragendem Obst und Gemüse wird überwiegend von regionalen Lieferanten und einheimischen Bauern zugekauft, dementsprechend hoch ist auch die Qualität. Die Palette reicht von knackigem Obst und Gemüse in allen Variationen über fertig gemischte Salate und vorgeschnittenes Suppengemüse, eine große Auswahl an frischen Kräutern und Trockenfrüchten bis zu einem breiten Sortiment an Exoten. Zusätzlich werden Schmankerln wie Trüffelbutter und Trüffelnudeln, Essige und Öle oder hausgemachte Marmeladen angeboten, und auch süße Schokofrüchte verführen zum Genuss. Das Personal berät sehr freundlich und fachkundig, die Produkte kann man sich einmal wöchentlich in Salzburg auch nach Hause liefern lassen.

NONNBERGER ERENTRUDISHOF – BIO-HOFLADEN ERNST HOFER

5020 Salzburg, Morzgerstraße 40
TEL 0 66 2/82 28 58

Im heimeligen und einladenden Bioladen des Erentrudishofs werden ausschließlich Bioprodukte vom sehr freundlichen und kompetenten Personal angeboten. Die Palette reicht von einer umfangreichen Auswahl an hervorragenden Bio-Käsen regionaler Lieferanten (darunter zahlreiche Spezialitäten vom Schaf und von der Ziege) über ein komplettes und toll präsentiertes Wurst- und Fleischsortiment – darunter auch Spezialitäten wie Wild oder Tauernlamm – bis zu Fisch, den es donnerstags gibt. Neben frischem und knackigem Obst und Gemüse verführt duftendes Gebäck zum Genuss, und auch Nudel, Gewürze, Tee, Kaffee, Essig oder Spezialöle kann man hier in Bioqualität kaufen. Seit kurzem werden auch Bio-Produkte für die schnelle Küche angeboten wie verschiedene Pastasaucen, Knödel oder Aufstriche. Aus den Genussregionen finden sich Spezialitäten wie Heumilchkäse und die Reinanke.

PATISSERIE – KONDITOREI – CAFÉ FINGERLOS

5020 Salzburg, Franz-Josef-Straße 9
TEL 0 66 2/87 42 13

Verführt wird man im Café Fingerlos mit einer unglaublich großen Auswahl an feinster Patisserie. Die angebotenen Mehlspeisen werden unter Verwendung von edlen Rohstoffen hergestellt, die Palette an süßen Versuchungen reicht von der klassischen Linzer- bis zur Aloe-Vera-Torte, und für Diabetiker und Allergiker gibt es ein eigenes Programm. Probieren sollte man auch die wunderbaren Pralinen wie Champagner oder Kirsch Nougat oder die mit Edeldestillaten von Mathias Gasteiger gefüllten Variationen. Eine breite Palette an hochwertigem Brot und Gebäck, ein umfangreiches Frühstücksangebot und täglich wechselnde Mittagsme-

Pescheria Backi

Sporer Likör- und Punschmanufaktur

nüs vervollständigen das tolle Angebot. Das Personal ist aufmerksam, zuvorkommend und freundlich.

PESCHERIA BACKI

5020 Salzburg, Franz-Josef-Straße 16b
TEL 0 66 2/87 97 78
Liebhaber von Meeresspezialitäten sind in der Pescheria Backi gut aufgehoben: Das umfangreiche Angebot reicht von frischem und hochwertigem Fisch aus Italien, Frankreich oder Kroatien über Hummer und Garnelen bis zu verführerischen Austern. Es gibt eine breite Palette an Bio-Produkten (darunter auch Jakobsmuscheln, Garnelen oder Thunfisch), und auch den zum Fisch passenden Wein aus Kroatien kann man hier kaufen. Das Personal berät kompetent, freundlich und ausführlich, und sollte der Hunger wirklich schon sehr groß sein: Die Delikatessen werden auf Wunsch bereits im Geschäft zubereitet und können hier genossen oder aber mit nach Hause genommen werden.

BIO

SCHATZ-KONDITOREI

5020 Salzburg, Getreidegasse 3
TEL 0 66 2/84 27 92
Der besondere Charme der entzückenden, kleinen Konditorei geht nicht zuletzt von dem alten, aber sehr gepflegten hölzernen Geschäftsportal und dem heimeligen Mobiliar aus. Die Konditorei ist vor allem für ihre exquisiten Konditoreiprodukte bekannt und legendär, und die Palette an süßen Versuchungen in bester Qualität ist schon fast unüberschaubar: Papageno-, Orange-Trüffel-, Mango-, Kastanien- oder Zabaionetorte, Mohntorte, Topfentorte, Plunder, Krapfen, aber auch kandierte Veilchen oder Rosenblätter, Kirschröllchen und Baisers. Für die Herstellung werden vor allem regionale Rohstoffe verwendet, etwa Mehl aus der Salzachmühle oder Eier von Salzburger Bauernhöfen. Alle Produkte werden noch unter Verwendung von reiner Teebutter hergestellt, und auch das Personal zeigt, dass Süßes glücklich macht: Alle sind ausnehmend freundlich, bedienen aufmerksam und mit einem Lächeln auf den Lippen!

SEESTERN

5020 Salzburg, Neutorstraße 43
TEL 0 66 2/82 31 72
MAIL office@fischfachgeschaeft.at
WEB www.fischfachgeschaeft.at
Eine absolut empfehlenswerte Adresse für Fischliebhaber in Salzburg: Fangfrischer und zum Teil direkt gelieferter Fisch aus den besten Küstengebieten der Welt sowie heimische Fische aus Wildfang und ausgesuchter Aquakultur werden in diesem Fischfachgeschäft bei bester Beratung perfekt präsentiert. Die Meeresfische aus Wildfang stammen aus Ländern wie Dubai, Sri Lanka, den Arabischen Emiraten oder aus Neuseeland, an heimischen Fischen wird unter anderem Seesaibling, Zander, Karpfen oder Hecht geboten, teilweise auch in Bio-Qualität. Natürlich gibt es auch Gambas, Garnelen und Co. aus Wildfang sowie – jahreszeitenabhängig – Miesmuscheln, Vongole oder Jakobsmuscheln, und neben der Fischsuppe feinste hausgemachte Pasta in unzähligen Geschmacksrichtungen sowie handgefüllte Ravioli mit Seeteufel, Thun- oder Papageienfischfüllung.

BIO

SPORER LIKÖR- UND PUNSCHMANUFAKTUR

5020 Salzburg, Getreidegasse 39
TEL 0 66 2/845 43 10
MAIL office@sporer.at
WEB www.sporer.at
Seit über 100 Jahren ist das sehr charmante Gewölbe in der Getreidegasse in Familienhand, und diese Erfahrung zahlt sich aus. Die hausgemachten und nach alten Rezepten hergestellten Punsche (für deren Liebhaber es übrigens jetzt auch ein eigenes Kochbuch gibt), Liköre und Kräuterbitter sind in jedem Fall eine Empfehlung wert. Daneben werden Weine von über 50 österreichischen Winzern angeboten, darunter alle Topnamen wie Heinrich, Markowitsch, Triebaum, Prieler oder Hirtzberger ebenso wie Geheimtipps und Newcomer, auch in Bio-Qualität. In der großen Palette der Edelbrände finden sich alle bekannten Namen von b bis Holzapfel (übrigens jetzt auch in Bio-Qualität aus dem Hause Hochmair), und auch Whisky- und Rumliebhaber werden hier nicht enttäuscht. Der sehr herzliche und

Zellinger Feinkost vom Feinsten

Eurospar-Markt Seekirchen

kompetente Chef berät als Wein-Sommelier gern und ausführlich bei der Wahl.

WEIN & CO

5020 Salzburg, Alpenstraße 43
TEL 05 07 06/30 41
MAIL sal@weinco.at
WEB www.weinco.at

Über 2000 Weine, Spirituosen und Delikatessen findet man im Wein & Co in der Alpenstrasse, Auswahl und Beratung sind exzellent. Die Liste der feinen Weine aus Österreich reicht von Arachon über Bründlmayer und Sabathi bis zu Stadlmann und Zantho, und natürlich gibt es auch eine feine Auswahl an Bio-Weinen. Die internationalen Spezialitäten kommen unter anderem aus Frankreich, Italien, Portugal, Südafrika oder Chile. An der Bar können die aktuellsten Weine bei bester Beratung verkostet werden (alle Mitarbeiter sind entweder Diplom-Sommeliers oder Weinakademiker). Vervollständigt wird die Angebotspalette mit zum Wein passenden Gläsern und einer feinen Auswahl an Antipasti, Pasta, Pesto, Essigen, Ölen oder Kaffee.
!

ZELLINGER FEINKOST VOM FEINSTEN

5020 Salzburg, Mirabellplatz 6
TEL 06 62/87 45 25
WEB www.zellinger.at

Die Fleischhauerei Zellinger ist bekannt für höchste Qualität, die auch schon mehrfach international ausgezeichnet wurde. Eine breite Palette an Fleischspezialitäten, darunter das bekannte Tauernlamm, sowie eine große Auswahl an Biofleisch überzeugen Genusssuchende ebenso wie die über 100 verschiedenen Wurst- und Schinkenköstlichkeiten aus eigener Produktion wie gekochter Schinken, Prosciutto, Bauernsalami, Mailänder, Edelcervelat oder Gletscherwurst. Auch hausgemachte Fertiggerichte, Biosäfte, frische Salate oder Aufstriche finden sich im Angebot, und zum süßen Abschluss gibt es Schokolade von Zotter.

SEEKIRCHEN

BIOBAUERNMARKT

5201 Seekirchen, Rupertusplatz
TEL 0 62 12/71 28

Der Samstagvormittag stattfindende Biobauernmarkt in Seekirchen ist eine Empfehlung wert. Die Auswahl an Bio-Produkten ist überraschend vielfältig und wird immer wieder erweitert: Man findet zahlreiche Käsespezialitäten der Mattigtaler Hofkäserei, darunter Rotweinkäse oder Hanfkäse. Biorinderhauswürstel und Lammspezialitäten werden ebenso angeboten wie regionales Obst und Gemüse. Der Genießer kann aber auch zwischen einer breiten Palette an frischem Vollkornbrot und knusprigem Gebäck wählen. Vervollständigt wird das Angebot der Bauernmarktes mit einer breiten Palette an sonstigen Bioprodukten wie Honig, Tee, Kaffee, Obstsäften und Destillaten, Kräuter, Schokoladen oder auch verschiedenen Naturkosmetikprodukten.
!

EUROSPAR-MARKT

5201 Seekirchen, Hauptstr. 4
TEL 0 62 12/301 29
WEB www.spar.at

Der 1.600m² große Markt bietet eine hervorragende Auswahl in praktisch allen Warengruppen sowie eine überaus freundliche und sehr kompetente Beratung. Die großflächige Obst- und Gemüse-Abteilung bietet dem Genießer fast alles, was das Herz begehrt, darunter auch zahlreiche Exoten in bester Qualität. In der Feinkostabteilung finden Sie neben fast 140 verschiedenen nationalen und internationalen Käsespezialitäten auch knusprige Brot- und Backwaren. Zu den Besonderheiten dieses Marktes zählt auch das sehr gute Angebot an frischem Fisch, Meeresfrüchten, Muscheln und Krabben. Süßwasserfische wie Forellen, Regenbogenforellen, Zander aus kontrollierten Zuchtbetrieben und Gewässern benachbarter Regionen werden ebenfalls angeboten.
!

Konditorei Dallmann

FLEISCHHAUEREI POMMER & VINOTHEK VITIS VINIFERA

5201 Seekirchen, Hauptstr. 20
TEL 0 62 12/22 40
MAIL pommer@sbg.at
WEB www.wein-pommer.at

Mit einem herausragenden Angebot an hervorragendem Fleisch aus der hauseigenen Schlachtung sowie mit feinsten Wurst- und Schinkenspezialitäten – darunter auch saisonale Produkte wie Bärlauch-, Knoblauch- oder Osterschinken - weiß die feine Landfleischerei in Seekirchen zu überzeugen. Die Käsetheke glänzt mit exquisiten Produkten aus Italien sowie französischem und österreichischem Rohmilchkäse, und auch Pasta und Risottoreis, Trüffelhonig, Trüffelöl und feine Pasteten werden angeboten. In der angeschlossenen edlen Vinothek findet der Genießer ausgesuchte Feinheiten aus Österreich (z.B. von Artner oder Kirnbauer), Italien, Spanien, Frankreich oder Portugal. Edelbrände von Nonnino, Jöbstl oder Donabaum werden ebenfalls angeboten. Das Personal berät gern und sehr kompetent.

!

KONDITOREI CAFÉ MOSER

5201 Seekirchen, Hauptstraße 50
TEL 0 62 12/22 67
MAIL office@konditorei-moser.at
WEB www.konditorei-moser.at

Ausschließlich heimische Rohstoffe bilden die Grundlage für die süßen Pretiosen, die von Martina Moser mit Leidenschaft, Kompetenz und Kreativität in dieser sehr hellen und gemütlichen Genussmanufaktur hergestellt werden. Von Profiteroles bis zur Bananentorte, von der Dinkelroulade bis zur feinen Cremeschnitte reicht das große Sortiment. Auch exquisite Pralinen (Trüffel, Bailey's, Kokos, Passionsfrucht, um nur einige zu nennen) dürfen da nicht fehlen. Für den kleinen Hunger gibt es Pasta mit hausgemachtem Pesto oder frische Pannini. Unbedingt eine Empfehlung wert ist das hervorragende Frühstücksangebot, das es nicht nur als Bio-Ausgabe, sondern für kleine Besucher auch als eigenes Kinderfrühstück gibt. Bio-Säfte finden sich neuerdings ebenfalls im Programm.

UNTERBÄCK BERTHOLD FORSTNER

5201 Seekirchen, Hauptstraße 18
TEL 0 62 12/75 00
MAIL forstner@unterbaeck.at
WEB www.unterbaeck.at

Die bereits seit 1670 bestehende Bäckerei überzeugt mit Engagement, Qualität und Tradition. Appetitlich präsentierte Spezialitäten wie das reine Vollkorn- oder Dinkelbrot, das Dampfgebäck oder die Gewürzfladen, aber auch die täglich frischen Krapfen oder Schaumrollen verführen zum Genuss. Die Auswahl ist riesig, die Qualität hervorragend, und nicht zuletzt das ausgesprochen freundliche und charmante Personal trägt dazu bei, dass man den Unterbäck immer wieder gern besucht. Man kümmert sich übrigens auch um den Genießer-Nachwuchs: Kinder können Brot und Kekse auf Wunsch hier gerne selber backen.

ST. GILGEN

KONDITOREI DALLMANN

5340 St. Gilgen, Mozartpl. 2a
TEL 0 62 27/22 08
MAIL office@dallmann.at
WEB www.dallmann.at

Genießer von Süßem finden bei Dallmann traditionelle Konditoreikunst auf höchstem Niveau. Feine Pralinen, Torten, Mehlspeisen und Schnitten sowie 20 Sorten verführerisches Speiseeis locken die Naschkatzen in diese bekannte Konditorei, die übrigens bereits seit 2007 ein Nichtraucherlokal ist. Darüber hinaus werden 25 Sorten an herrlich duftenden Lebkuchen angeboten, ebenso wie St. Gilgener Mozartkugeln, Schafbergkugeln oder Tafelschokolade aus eigener Erzeugung. Auch Mozarts Reisetorte bekommt man hier, und beim Mozartkugel-Seminar können Genießer ihre eigene Mozartkugel kreieren.

ST. JOHANN IM PONGAU

BIO-LADEN NATURKOST RENATE

5600 St. Johann im Pongau, Hauptstraße 21
TEL 0 64 12/72 35
MAIL bioladen.renate@aon.at
WEB www.renate-bioladen.at

Schöppl Nah&Frisch Speckdorf

Schrollback

Sehr ansprechendes Naturkostfachgeschäft mit einem umfangreichen Sortiment an Bioprodukten, freundliche und fachkundige Betreuung inklusive. Das Angebot reicht von Käsespezialitäten über frisches und knackiges Obst und Gemüse, Brot und Gebäck bis zu Wein und Spirituosen, Säfte gibt es auch aus der Genussregion Linz Land Apfel-Birnensaft. Darüber hinaus wird auch eine sehr gute Feinkostauswahl geboten, und auch wer Bioessig, -öl oder -schokolade sucht, wird hier fündig – ein genussvoller Einkauf ist garantiert.

THALGAU

SPAR-MARKT BRANDNER

5303 Thalgau, Fuschler Straße 7
TEL 0 62 35/72 07
MAIL spar.brandner@aon.at

Dieser helle und freundliche Spar-Markt verspricht ein genussvolles Einkaufserlebnis und bietet eine große Auswahl an sehr ansprechend präsentierten Produkten in fast allen Warengruppen. In der Feinkostvitrine finden sich fast 100 regionale (wie Flachgauer Heumilchkäse aus der Genussregion oder Pinzgauer Bierkäse) und internationale Käsespezialitäten, auch die Auswahl bei Wurst und Schinken sowie beim Frischfleisch überzeugt. Knackiges Obst und frisches Gemüse erwartet den Kunden schon am Marktstand vor dem Geschäft, das Angebot an knusprigem und verführerisch duftendem Brot und Gebäck wird von regionalen Bäckereien angeliefert. Wie bei Spar üblich gibt es auch das Spar Bio-Sortiment, das hier sogar bis zu Bio-Eiern reicht. Die beiden Besitzer sind herzlich um ihre Kunden bemüht und glänzen mit großer fachlicher Kompetenz.
!

WALD IM PINZGAU

SCHÖPPL NAH&FRISCH SPECKDORF

5742 Wald im Pinzgau, Vorderkrimml 70
TEL 0 65 64/745 05
MAIL info@pinzgauer-speck.at
WEB www.pinzgauer-speck.at

Feines Genussgeschäft, das mit Qualität, einzigartigem Ambiente und hervorragender Beratung überzeugt. Natürlich dominieren im „Speckdorf" – nomen est omen – hervorragende Speck- und Wurstspezialitäten aus der eigenen Metzgerei, die nach alter regionaler Tradition und mit überlieferten Rezepten hergestellt werden. Man findet aber auch feinen Lammschinken, Hirschwurst oder frisches Rindfleisch aus der Genussregion Pinzgauer Rind. An der Käsetheke wird eine Auswahl an Pinzgauer Käsedelikatessen („Söchkas") geboten, darunter auch würziger Almkäse. Am Wochenende gibt's frisches und knuspriges Bauernbrot, und auch die Spirituosenabteilung mit exquisiten Bränden aus der Region ist einen Besuch wert. Mein Tipp: Apfelschokolade! Muss man probiert haben.
!

SCHROLLBACK

5742 Wald im Pinzgau 124
TEL 0 65 65/84 88-0
WEB www.schroll-back.at

Der verführerische Duft von frischem, ofenwarmem Brot und Gebäck empfängt den Genießer schon beim Betreten dieses sehr netten Geschäfts. Hier ist alles hausgemacht! Die Auswahl an Brot und Gebäck ist riesig und reicht von Kürbis- über Kletzen- und Joggingbrot bis zum Sauerteigbrot. Auch zahlreiche Bioprodukte werden angeboten. Bei den Konditorwaren stechen vor allem das appetitliche Plundergebäck sowie der feine Lebkuchen

hervor. Freundlichkeit wird hier groß geschrieben, das Personal berät sehr zuvorkommend und fachlich kompetent.
(BIO) ☺ !

SPAR-MARKT VORDEREGGER

5742 Wald im Pinzgau 126
TEL 0 65 65/398 20
MAIL spar@vorderegger.com
WEB www.spar.at

Eine hervorragende Auswahl in praktisch allen Warensortimenten bietet der auch architektonisch interessante Spar-Martkt in Wald im Pinzgau. Im Feinkostbereich werden vor allem regionale Schmankerl präsentiert, bei Käse zum Beispiel Zillertaler Bergkäse oder Graukäse. Das Angebot bei Wurst und Schinken enthält neben feinem Parmaschinken auch Landjäger oder Bauernstangerl. Obst und Gemüse werden verführerisch präsentiert, und natürlich gibt es auch ein umfangreiches Biosortiment in fast allen Warengruppen. Brot und Gebäck kommen frisch und duftend aus der eigenen Backstation. Die Beratung erfolgt kompetent und freundlich, überhaupt hinterlässt das Personal einen sehr aufmerksamen Eindruck.
(BIO) ☺ !

WERFEN

FLEISCHHAUEREI OBAUER

5450 Werfen, Markt 36
TEL 0 64 68/52 24
MAIL fleischhauerei@obauer.at
WEB www.obauer.at
FILIALE in Wagrain, Markt 17

GENUSS REGION ÖSTERREICH Sehr einladendes und uriges Geschäft, das seit fast 100 Jahren in Familienbesitz ist und mit einem großen Sortiment an regionalen Genussprodukten (darunter zahlreiche Bioschmankerl) verführt. An der Käsetheke findet man Feinheiten wie den Radstädter Magerkäse. Die breite Auswahl an Fleisch- und Wurstspezialitäten in bester Qualität (feines Tauernlamm ebenso wie Werfener Schlossschinken – ein naturgereifter, ungeräucherter Schinken – oder Rohwurst vom Wild) stammt fast zur Gänze aus eigener Erzeugung, die Rohware dafür ausschließlich aus Österreich, zum Teil von Bauernhöfen der Umgebung, aber auch aus der Genussregion Pinzgauer Rind. Nudeln und Gemüse werden in sehr guter Qualität zugekauft, und auch eine feine Auswahl an exquisiten Destillaten aus der Region wird angeboten.
☺

ZELL AM SEE

FEINKOST LUMPI

5700 Zell am See, Seegasse 6
TEL 0 65 42/725 00
MAIL feinkost@lumpi.biz
WEB www.lumpi.biz

In dem kleinen, urigen Spezialitäten- und Feinkostgeschäft fühlt man sich auf Anhieb wohl. Angeboten werden regionale und internationale Käsespezialitäten ebenso wie eine feine Auswahl bester Speck-, Wurst- und Schinkenfeinheiten (z.B. Hirsch-, Reh- und Wildschweinrohschinken). Frisches Fleisch aus der Region gibt es auf Bestellung. Zum Genuss verführen aber auch frischer Fisch oder das nach traditionellen Rezepten vom Bauern hergestellte, knusprige Brot. Darüber hinaus gibt es über 400 Sorten an Tee, feinsten Honig, edle Schokolade und verführerische Marmelade. Das Personal ist sehr freundlich und berät charmant und kompetent.
(BIO) ☺ !

TRIDOR KAFFEERÖSTEREI

5700 Zell am See, Areitstraße 5
TEL 0 65 42/575 76
WEB www.kaffee-selber-mischen.at
FILIALEN Saalfelden, Mittergasse 4
St. Johann im Pongau, EK Stadtgallerie

Erstklassige Hochlandkaffees aus Zentralamerika und anderen Kaffeeanbauländern werden in der Kaffeerösterei Tridor durch Handröstung perfektioniert. Das Sortiment reicht von Brasil über Peruano in Bioqualität bis zu koffeinfreiem Columbia Blend. Das sehr freundliche und kompetente Personal erklärt gern die Vorzüge der einzelnen Sorten. In der neuen Schaurösterei wird nicht nur Fachpersonal der Gastronomie ausgebildet, sondern auch Schulen und Gruppen können sich hier über die Besonderheiten der Kaffeeröstung informieren. Mittlerweile werden auch mehr als 400 verschiedene Sorten an feinsten Tees angeboten, weiters gibt es Schokolade, Honig und verschiedene Marmeladen. Alle Spezialitäten kann man auch per Internet bestellen.
(BIO) ☺ !

ABTENAU

ABTENAUER BAUERNLADEN

WO Erlfeld 2
WANN Freitag 13.30 bis 16.00 Uhr

ALTENMARKT

BAUERNMARKT

WO Palfen 33
WANN in der Sommerzeit jeden Freitag 14.00 bis 17.30 Uhr, sonst Freitag 14.00 bis 17.00 Uhr

RADSTADT

WOCHENMARKT

WO Stadtplatz
WANN Freitag 7.00 bis 12.00 Uhr

SAALFELDEN

BAUERNMARKT

WO Rathausplatz
WANN April bis Oktober jeden Freitag 8.00 bis 12.00 Uhr

SALZBURG

BAUERNMARKT SALZBURG

WO Grünmarkt, Universitätsplatz
WANN Mo. bis Fr. 7.00 bis 19.00 Uhr, Sa. 6.00 bis 15.00 Uhr

BAUERNMARKT SALZBURG

WO Papagenoplatz
WANN Freitag 8.00 bis 13.00 Uhr

SALZBURG SCHRANNENMARKT

WO Rund um die Andräkirche
WANN Donnerstag 5.00 bis 13.00 Uhr (ist Donnerstag ein Feiertag, dann findet der Markt am Mittwoch statt)

WALS

BIOBAUERNMARKT KLESSHEIM

WO Kleßheim 9
WANN Samstag 7.30 bis 12.00 Uhr

WERFENWENG

WERFENWENGER BAUERNLADEN

WO Eulersberg 4
WANN Di., Mi., Fr., Sa. 9.00 bis 18.00 Uhr, So. 13.00 bis 18.00 Uhr, in der Zwischensaison Fr. bis So. geöffnet

MitarbeiterInnen der Firma Loidl im passenden Outfit

MEISTER SPECK IN DER LEDERHOSE

Schon seit Jahren setzt Loidl auf Tradition, nächstes Jahr feiert das steirische Unternehmen sogar sein 50jähriges Bestehen.
Nach dem Motto: „Meister Speck perfekt in Pose: er trägt dazu die Lederhose!" hat das Unternehmen nun eine neue, innovative Verpackung entwickelt, die sofort ins Auge springt. Der Loidl Speck wird nämlich in einem genialen Lederhosen-Karton verpackt! Ganz ohne Klebung wird die „Lederhose" durch eine Lasche am Latz verschlossen. Und der Speck ist darin garantiert ungekühlt haltbar. Diese Art der Verpackung wurde bereits als Patent eingereicht, ebenso die einzigartige Aufmachung. Die Innenseite der Kartonlederhose ist mit Sprüchen, Spielen und wertvollen Informationen zum Speck bedruckt. Die Lederhose ist zudem 100% recyclebar.

Den Lederhosen-Meister Speck können Sie in drei Sorten genießen:
Karreespeck, Hamburger Speck und Schinkenspeck. Alle Sorten zu je 80g sind natürlich mit dem AMA-Gütesiegel ausgezeichnet.

H. LOIDL WURSTPRODUKTIONS- UND VERTRIEBS GES.M.B.H. & CO KG
Murecker Straße 1, 8083 St. Stefan i. R **WEB** www.h-loidl.at

STEIER
MARK

GENUSS REGION ÖSTERREICH
Steiermark

STEIRISCHE GENUSS REGIONEN

1 Ausseerland Seesaibling
2 Gesäuse Wild
3 Hochschwab Wild
4 Pöllauer Hirschbirne
5 Oststeirischer Apfel
6 Weizer Berglamm
7 Murtaler Steirerkäs
8 Weststeirisches Turopoljeschwein
9 Steirisches Kürbiskernöl g.g.A.
10 Grazer Krauthäuptel
11 Steirisches Teichland – Karpfen
12 Steirischer Vulkanland Schinken
13 Steirischer Kren g.g.A.
14 Südoststeirische Käferbohne

GRAZ DIE GENUSS HAUPTSTADT
Die Genuss-Highlights 2012
Genuss Ball: 10. Februar 2012
Die Lange Tafel der Genuss Hauptstadt: 18. August 2012
Kulinarische Stadtrundgänge: Jänner – September 2012
nformationen & Buchungen
Graz Tourismus, T +43 316 8075 0, info@graztourismus.at
www.genusshauptstadt.at
GRAZ

DIE BESTEN GENUSS-LÄDEN DER STEIERMARK

DIE BESTEN

Fleischerei-Imbiss Hans Georg Aigner

Pechmann Feinste Fleisch- und Wurstwaren

Klapothek

ADMONT

METZGEREI ROBERT PFEILER

8911 Admont, Hall 545
TEL 0 36 13/32 25

GENUSS REGION ÖSTERREICH Kunden aus der ganzen Region lockt dieses Fleischerfachgeschäft an, in dem ausschließlich Produkte aus eigener Erzeugung angeboten werden. Im Fleischbereich gibt es neben dem Standardsortiment auch Saisonales (darunter feines Wild aus der Genussregion Gesäuse Wild). Zum Verweilen lädt die Imbissecke ein, wo Ripperln und Schnitzel gleich vor Ort genossen werden können. Zusätzlich im Angebot: Marmelade von Bauern aus der Region, regionale Weine sowie hausgemachte Nudeln.

AFLENZ

FLEISCHEREI-IMBISS HANS GEORG AIGNER

8623 Aflenz, Aflenz 49
TEL 0 38 61/23 53
MAIL office@fleischerei-aigner.at
WEB www.fleischerei-aigner.at
FILIALEN 8625 Turnau 7, Tel: 0 38 63/21 27

GENUSS REGION ÖSTERREICH Eine feine, sehr einladende und vor allem für ihre Wildspezialitäten bekannte Fleischerei, die durch beste Qualität und Frische überzeugt. Neben einem kleinen Käse- und Fischangebot findet man eine umfangreiche Palette an Wurst und Schinken, darunter nach traditionellen Verfahren im eigenen Haus hergestellte Edelprodukte wie Gamswurz'n, Gams- und Hirschschinken oder Hirschkrainer. Das hochwertige Frischfleisch wird von den bäuerlichen Betrieben aus der Umgebung angeliefert, das Wildfleisch stammt aus der Genussregion Hochschwab Wild. Frische Convenience-Produkte gibt es täglich, und auch das Imbissangebot überzeugt mit täglich frischen warmen und kalten Speisen sowie einem Mittagsmenü. Vervollständigt wird das Angebot mit feinem Steirischem Kürbiskernöl aus der Genussregion, verschiedenen Milchprodukten und Nudeln. Das Personal berät freundlich und mit viel Fachwissen.

!

ANGER

PECHMANN FEINSTE FLEISCH- & WURSTSPEZIALITÄTEN

8184 Anger, Anger 31
TEL 0 31 75/22 49
MAIL pechmann@nusurf.at

GENUSS REGION ÖSTERREICH Die Fleisch- und Wursttheke ist wahrlich beeindruckend. Pechmann legt Wert auf Qualität und Herkunft sowie auf traditionelle Handwerkskunst, auf Geschmacksverstärker wird ausnahmslos verzichtet. So entstehen feinste Wurstsorten wie die Angererwurst (Rohwurstspezialität) oder der Angerer Naturschinken. Lammwurst (hergestellt mit Rohware aus der Genussregion Weizer Berglamm) gibt es hier ebenso wie Knoblauch- oder Hexenspeck (scharf, mit Chili), Paprika-, Selch- oder Wollschweinspeck, aber auch Beinschinken oder geräucherten Schinken. Brot & Gebäck vom örtlichen Bäcker sind hier ebenfalls im Angebot wie Weine und hausgemachte Nudeln aus der Region, Obst und Gemüse sowie Getreide gibt es teilweise auch in Bio-Qualität, frischen Fisch jede Woche von Donnerstag bis Samstag. Und auch an die rasche Küche für Zuhause hat man gedacht, dafür gibt es verschiedene Suppeneinlagen, Lasagne, Cevapcici, Gulasch oder Lungenstrudel. Ein echtes Genuss-Geschäft mit freundlicher, kompetenter Bedienung!

!

ARNFELS

KLAPOTHEK

8454 Arnfels, Leutschacher Straße 37
TEL 0 34 55/66 44
MAIL klapothek@aon.at
WEB www.klapothek.at

GENUSS REGION ÖSTERREICH In dem urigen und gemütlichen kleinen Bauernladen bieten die beiden Chefinnen eine Vielzahl an ausgesuchten Genüssen aus Haus, Hof und Garten an. An der Käsetheke findet man feine Spezialitäten von Kuh, Schaf und Ziege, bei Wurst und Schinken Delikatessen wie Steirischen Vulkanland Schinken aus der Genussregion, Verhackerts oder Hauswürstel. Obst und Gemüse, ebenfalls mit Feinheiten aus den Genussregionen wie Südoststeirische Käferbohnen, kommen aus der Region, und frisches Bauernbrot findet man ebenso wie hausgemachte Mehlspeisen. Die Auswahl an Quali-

Metzgerei Schmeissl

Fleischerei Diechtl

tätsweinen und exquisiten Edelbränden aus der Südsteiermark ist groß, und auch Steirisches Kürbiskernöl (natürlich aus der Genussregion), Getreideprodukte, hausgemachte Nudeln, Honig oder Marmeladen sowie Biere aus der Hausbrauerei Leutschach werden angeboten. Und sollte man sich auch äusserlich etwas Gutes tun wollen: Naturkosmetik gibt es hier ebenso.

!

BAD AUSSEE

METZGEREI SCHMEISSL

8990 Bad Aussee, Bahnhofstraße 136
TEL 0 36 22/52 16 10
MAIL schmeissl@gmx.net
WEB www.schmeissl.com

Ein außergewöhnlicher Fleischerbetrieb, der nicht zuletzt mit der tollen Präsentation der Genussprodukte glänzt. Das in großer Vielfalt und herausragender Qualität angebotene frische Fleisch stammt aus der Region, bei Wurst und Schinken reicht die Auswahl von Serrano-Schinken über Speck vom Mangalitza- oder vom Turopolje-Schwein bis zum Ausseer Schinken. Praktisch alle Wurstsorten gibt es hier auch in Bioqualität. Für die schnelle Küche gibt es unter anderem Bio-Leberknödel oder Bio-Leberkäse. Aber auch Dinkelwurst und Verhackerts, Selchfleischaufstrich oder Grammelschmalz werden angeboten. Eine sehr breite Palette an Käse mit Spezialitäten aus Italien, Frankreich, der Schweiz und natürlich Österreich, darunter auch Feines von der Ziege oder vom Schaf, aber auch eine sehr gute Auswahl an frischem Obst und Gemüse, Schnäpsen (Lavendel, Melisse), Weinen und Säften, hausgemachten Nudeln, Zotter-Schokoladen, Spezialessigen, Fandler-Bioölen und Kernölen aus der Genussregion Steirisches Kürbiskernöl rundet das Sortiment ab. Der Chef berät hier selbst, freundlich und mit viel Fachwissen.

BIO !

BAD GAMS

FARMER RABENSTEINER

8524 Bad Gams, Furth 8
TEL 0 34 63/31 07
MAIL farmer-rabensteiner@kuerbiskernoel.at
WEB www.kuerbiskernoel.at

GENUSS REGION ÖSTERREICH Der Erlebnishof Farmer-Rabensteiner vulgo Graf in Bad Gams ist ein wahrer Genusshof rund um Kulinarik und ein prämierter steirischer Kernölbetrieb. 25 Bauern aus der Region verkaufen hier ihre Produkte. Das Angebot reicht von feinstem Steirischem Kürbiskernöl aus der Genussregion (vom eigenen Acker und aus eigener Presse) über Kürbiskernaufstrich, Kürbis-Orangenmarmeladen, Pesto, Knabberkerne, Schilcher, Quitten-, Zwetschken- und Waldheidelbeeressig bis hin zu den typischen Edelbränden und Likören der Region. Viele Geschenkideen und auch Kosmetikprodukte wie Kürbiskernölbad und -creme runden das Angebot ab.

!

BAD MITTERNDORF

FLEISCHEREI DIECHTL

8983 Bad Mitterndorf, Hauptstraße 31
TEL 0 36 23/23 21
MAIL fleischerei@diechtl.at
WEB www.diechtl.at

Ein herausragendes Fleischerfachgeschäft, das mit hervorragender Auswahl, hoher Qualität und freundlicher, kompetenter Beratung glänzt. Die vielen perfekt präsentierten Wurstsorten werden nach langjährig erprobten Rezepten hergestellt und wurden, wie der Beinschinken, schon oft ausgezeichnet. Vielfach prämiert wurden auch die verschiedenen Speckvariationen. Die große Auswahl an feinstem Fleisch in bester Qualität wird direkt von Bauern aus der Region bezogen, das hochwertige Lammfleisch stammt aus eigener Zucht und das Wild von Betrieben aus der Umgebung. Das gut sortierte Käsesortiment verführt ebenso zum Genuss wie der Fisch (aus eigener Zucht, darunter Ausseerland Seesaibling aus der Genussregion) und die edlen Spirituosen, die zum Teil ebenfalls aus eigener Produktion stammen. Diverse Nudeln, sauer eingelegtes Gemüse, Kernöl aus der Genussregion Steirisches Kürbiskernöl, Tees und Schokoladen runden das Sortiment ab.

!

Weinstock

Bergmann Feinkost

BERGHAUSEN

WEINSTOCK

8461 Berghausen, Ziereggasse 2
TEL 0 34 53/40 09
MAIL mehr@felix-weinstock.at
WEB www.felix-weinstock.at

Mitten in den südsteirischen Weingärten, direkt an der Grenze zu Slowenien, verwandelt Felix Weinstock in Handarbeit handverlesene, sonnengereifte Früchte in köstliche Spezialitäten: feiner, fassgereifter Aceto Balsamico von verschiedenen Obstsorten, hervorragende Fruchtessige in perfekter Qualität, edle Brände von Obst und Trauben, aber auch Liköre, Chutneys, Gelees und Senf. Und die hohe Qualität macht sich bezahlt: Dem Weinstock wurde von der Landeskammer das Qualitätssiegel verliehen. Ab-Hof-Verkauf täglich von 8.00 bis 12.00 und 14.00 bis 18.00 Uhr, telefonische Anmeldung empfohlen.

BIRKFELD

BÄCKEREI KONDITOREI SCHOKOLADEN ERICH FELBER

8190 Birkfeld, Oberer Markt 2
TEL 0 31 74/45 46
MAIL office@felber-schokoladen.at
WEB www.felber-schokoladen.at

Neben der Bäckerei, Café und Konditorei Felber ist die Schokoladen-Manufaktur der zweite Bereich des Familienbetriebes. Wie bei den Backwaren, wird auch bei der Schokoladenherstellung auf die Verbindung von Tradition und Moderne gesetzt. Im umfangreichen Sortiment finden sich kunstvoll handgefertigte Marzipanfiguren ebenso wie Torten für jeden Anlass oder feine Schokoladenspezialitäten, darunter die hauseigenen „Mit allen Sinnen"-Schokoladen mit Minze-Limette, Vanille oder Kaffee (die übrigens in Duftverpackungen verkauft werden, bei denen ein Duftstreifen auf der Packung den Inhalt verrät), aber auch Märchenschokoladen. Bei den Backwaren verwendet Felber nur Granderwasser und Natursalz, aus den Genussregionen findet sich im hauseigenen Kletzenbrot zum Beispiel die Pöllauer Hirschbirne. Natürlich geschmackvoll, ein echter Genuss.

BERGMANN FEINKOST

8190 Birkfeld, Kirchengasse 1
TEL 0 31 74/45 31

Das kleine Geschäft bietet große Spezialitäten und bleibt dabei der Region treu. Bei Obst und Gemüse findet man eine gute Auswahl heimischer Produkte bis hin zu frischem Sauerkraut und Salattellern, aus den Genussregionen gibt es Grazer Krauthäuptel, Südoststeirische Käferbohnen oder - saisonal - Kittseer Marillen. Käse kommt vorwiegend aus Österreich mit einem Bioschwerpunkt und einem Sortiment der Weizer Schafbauern. Steirische Spezialitäten sind auch bei Wurst und Schinken zu finden, darunter feiner Beinschinken, Wurzel-, Paprika- oder Schinkenspeck. Frisches Fleisch gibt es auf Bestellung von regionalen Lieferanten. Ganzjährig gibt es frische Bio-Kräuter und Bio-Getreide sowie Bio-Marmeladen, -Gelees und Steirische Kürbiskernöle aus der Genussregion vom Lukas-

Hans Harger Fleischerei

Spar Wolfgang Bauer

hof. Frische Mehlspeisen, gebacken von Bäuerinnen aus der Region, verführen zu süßem Genuss, steirische Weine und eine eigene Hausabfüllung der Marke Bergmann zu erlesenem, Schnäpse aus der Region zu geistigem Genuss. Das Einkaufen macht hier Spaß!

BRODERSDORF

MAIER'S BAUERNECKE

8200 Brodersdorf, Brodersdorfstrasse 80
TEL 0 31 17/24 96

In der heimeligen Bauernecke im Kaufhaus Edith Maier gibt es ein umfangreiches Angebot an Genüssen aus der Region. Bei Wurst und Schinken findet man Schwarzautaler Bauch- und Butterspeck, Karreespeck und Wurzelspeck der Familie Monschein, aber auch Selch- und Krainerwürstel, Schaf- und Ziegenkäse wird ebenso angeboten wie – auf Bestellung – frischer Fisch. Saisonales und regionales Obst und Gemüse wird sehr ansprechend präsentiert. Vervollständigt wird die Palette mit hausgemachten Nudeln, Fruchtaufstrichen, Honigen, Essigen und Ölen, Kleingebäck, Trockenfrüchten, Bio-Getreide und Edelschokoladen. Die Genussregionen sind unter anderem mit der Pöllauer Hirschbirne, der Südoststeirischen Käferbohne, Waldviertler Mohn und Grazer Krauthäuptel vertreten. Und nicht zuletzt sorgt die freundliche Chefin dafür, dass man gerne wiederkommt.

BRUCK/MUR

HANS HARGER FLEISCHEREI

8600 Bruck/Mur, Herzog-Ernst-Gasse 24
MAIL office@harger.at
WEB www.harger.at
FILIALE Oberdorfer Str. 5, Tel.: 0 38 62/519 34

Der Name Harger steht für Qualität und Regionalität. Die im Betrieb verarbeiteten Schweine, Rinder, Lämmer sowie das Wild wachsen auf den Weiden, Almen und in den Wäldern der Steiermark auf. Hochwertiges Frischfleisch gibt es vom Schwein, Rind, Kalb, Huhn und saisonal auch vom Wild bzw. Lamm. Im Feinkostbereich hat der Genuss-Fleischer mehr als 200 Sorten Wurst, Schinken, Speck, Geselchtes und Rauchfleisch im Sortiment. Zu den Highlights zählen Hargers Braune, eine Braunschweiger sowie die Cervelat, eine g'schmackige Rohwurst, deftig gereift. Aber auch Spezialitäten wie Manturo-Schweinefleisch oder Fleisch vom Turopoljeschwein werden angeboten, ebenso wie eine breite Palette an Bioprodukten. Alles in allem fühlt man sich in diesem Geschäft bestens aufgehoben.

SPAR WOLFGANG BAUER

8600 Bruck/Mur, Oberdorferstraße 26
TEL 0 38 62/52 1 54
MAIL wolfgang.bauer@sparmarkt.at
WEB www.spar.at

In diesem hellen und sehr freundlichen Spar Markt wird eine große Auswahl in allen Produktgruppen geboten. Im Feinkostbereich wird auf Frische, Vielfalt und Herkunft Wert gelegt, beim Käse findet man Spezialitäten aus den Genussregionen wie den Murtaler Steirerkäs. Das Angebot an Wurst und Schinken kommt von Krainer, das frische Brot und Gebäck vom Bäcker aus der Region. Obst und Gemüse werden sehr ansprechend präsentiert, auch Exoten werden hier angeboten, und wie bei Spar üblich, zieht sich die Bio-Palette durch praktisch alle Warengruppen. Das Angebot an erlesenen Tropfen und Spirituosen geht weit über den üblichen Standard hinaus. Abgerundet wird das Einkaufserlebnis durch das besonders freundliche und kompetente Personal, das sich für jeden Kunden Zeit nimmt. Und sollte man es doch mal eilig haben: Im Kaffee-Eck gibt es jetzt auch Coffee-to-go.

DEUTSCHLANDSBERG

FLEISCHEREI KOLLAR

8530 Deutschlandsberg, Hauptplatz 10
TEL 0 34 62/26 42
MAIL kollar.goebl@aon.at
WEB www.kollar-goebl.at

In dieser Fleischmanufaktur der besonderen Art werden Handwerk und Regionalität gelebt. Das Sortiment reicht von Schinken aus dem Fleisch getreidegefütterter Edelschweine bis zu erlesenem Wildschwein- und Rehschinken, auch Spezialitäten vom

Leopold's Ölkuchl

Loder

Vinofaktur

Lamm oder von Jungrindern finden sich im Angebot. Beim aromatischen Speck reicht die Auswahl von Paprika- über Knoblauch bis zu Pfefferspeck. Die Gewürzzusammenstellungen für die Genussprodukte basieren auf seit Generationen überlieferten Rezepten und machen die Produkte zu einem einzigartigen Geschmackserlebnis. In der Bauernecke findet man eine feine Käseauswahl, verschiedene Essige und Öle sowie Fruchtsäfte, Marmeladen und Gelees. Die Genussregionen sind unter anderem mit Steirischem Kürbiskernöl, und natürlich dem Steirischen Vulkanland Schinken, vertreten. Abgerundet wird die feine Palette an kulinarischen Versuchungen mit einem kleinen Weinangebot. Tipp: Genießen Sie einen „Kostteller" mit den Schinken- und Speckspezialitäten und dazu ein Glas Schilcher. Einfach ein Genuss!

!

LEOPOLD'S ÖLKUCHL

8530 Deutschlandsberg, Frauentaler Strasse 120
TEL 0 34 62/22 94
MAIL info@oelmuehleleopold.at
WEB www.oelmuehleleopold.at

GENUSS REGION ÖSTERREICH Nur ausgesuchte, vollreife steirische Kürbiskerne mit ihren spezifischen Geschmacks- und Inhaltsstoffen werden von Josef Leopold verarbeitet. Hergestellt wird damit ein qualitativ hochwertiges, von Gault-Millau prämiertes Kernöl aus der Genussregion Steirisches Kürbiskernöl. Aber auch steirisches Walnußöl und weitere Öle werden hier gepresst. Angeboten werden die Produkte allesamt in Leopold's Ölkuchl, dem urigen und sehenswerten Laden in der Leopoldmühle. Hier findet man aber nicht nur selbst Gepresstes, sondern auch süße und pikante Spezialitäten von bäuerlichen Qualitätsproduzenten aus der Steiermark, darunter 20 verschiedene Essigsorten, Marmeladen und Honige aus der Region, 40 unterschiedliche Geschmacksrichtungen an Kürbisknabberkernen aus eigener Erzeugung, Schilcher- und Kürbiskerntrüffel oder Kürbiskernschokolade. Überzeugen wird Genießer darüber hinaus das sehr gute Angebot an Weinen aus der Südsteiermark und an edlen Spirituosen, unter anderem von Gölles, Jöbstl, Hochstrasser und Krauss.

!

EGGERSDORF

LODER

8063 Eggersdorf, Hauptstraße 62
TEL 0 31 17/36 80
MAIL office@loder.co.at
WEB www.loder.co.at

GENUSS REGION ÖSTERREICH Nicht nur architektonisch ist dieses Geschäft eine Empfehlung wert. Geboten wird eine Vielzahl an Köstlichkeiten in allen Warengruppen, Qualität ist oberstes Gebot. Käsespezialitäten wie Wildbacher von der Bio-Hofkäserei Deutschmann, Bergkäse aus Vorarlberg sowie Arzberger Stollenkäse und Murtaler Steirerkäs aus der Genussregion, aber auch viele internationale Spezialitäten verführen zu mehr. Auch bei Wurst und Schinken findet man Feines aus den Genussregionen wie Steirischen Vulkanland Schinken oder Spezialitäten vom Weststeirischen Turopoljeschwein, und natürlich darf hier auch das Steirische Kürbiskernöl nicht fehlen. Hervorzuheben ist die großartige Obst-und-Gemüse-Abteilung mit zahlreichen Bio-Produkten. Selbst gemachte Konditorware (auch von Bauern der Region) wird ebenso angeboten wie eine Vielzahl an Zotter-Schokoladen. Die Vinothek mit dem großen Weinsortiment lässt das Herz jedes Weinkenners höher schlagen. Dazu die Freundlichkeit des Personals: Einkaufen in diesem Geschäft ist ein wahrer Genuss.

BIO !

EHRENHAUSEN-VOGAU

VINOFAKTUR

8461 Ehrenhausen-Vogau, An der Mur 13
TEL 0 34 53/40 6 77
MAIL shop@vinofaktur.at
WEB www.vinofaktur.at

In stylish-moderner Architektur kann man sich hier an 7 Tagen in der Woche von den Köstlichkeiten der Region zum Genuss verführen lassen. Die Auswahl reicht von einer feinen Palette an regionalen Käsen über verschiedenste Antipastispezialitäten von Stekovics oder den Köstlichkeiten vom Gewürzamt wie Gewürzsalz-Schokolade, Fleur de sel oder Orangenblättern bis hin zu Finks Delikatessen und vielem mehr. Für den kleinen Hunger gibt es nun auch köstliche Imbissangebote aus der Region. Selbstverständlich können die erlesensten Weine

Hasewend's Meisterfleischerei

Köhldorfer Kühl & Frisch

aus der Steiermark, dem Burgenland, Niederösterreichs und Sloweniens hier auch verkostet werden, Edelbrände von Gölles, Tinnauer oder Weutz werden ebenso angeboten wie exquisite Säfte vom Obsthof Dietrich. Und natürlich dürfen auch die Spezialitäten aus den Genussregionen wie Steirisches Kürbiskernöl, Steirischer Vulkanland Schinken oder die Südoststeirische Käferbohne hier nicht fehlen. In der neu errichteten und an die Vinofaktur anschließenden Vinofaktur Südsteirisches Genussregal können Genießer in die faszinierende Welt der Entstehung der regionstypischen Spitzenprodukte eintauchen. Das Personal berät freundlich und zuvorkommend und mit hoher Kompetenz.
!

EIBISWALD

EYBEL GMBH SPAR-MARKT

8552 Eibiswald, Aibl 72
TEL 0 34 66/423 18 0
MAIL info@eybel.at
WEB www.spar.at

Der über 800 m² große und moderne Markt strahlt eine angenehme Atmosphäre aus, das freundliche und kompetente Personal trägt entschieden dazu bei. Die außergewöhnliche Obst- und Gemüse-Abteilung des Marktes ist eine wahre Frischeinsel und bietet auch viele regionale Vitaminspender, darunter Genussregionsprodukte wie die Südoststeirische Käferbohne, den Steirischen Kren oder das Grazer Krauthäuptel. Die Wurst- und Schinken-Abteilung überzeugt nicht nur mit besonders ansprechender Präsentation, sondern auch mit fachmännischer Beratung und großem Angebot. Die umfangreichen Warenpalette wird u. a. durch eine große Bioecke, eine Backstube, eine umfangreiche Käsetheke und ein gutes Sortiment an Weinen abgerundet. Die schöne Imbissstube im Geschäft lädt zum Gustieren und Verweilen ein.
BIO !

HASEWEND´S MEISTERFLEISCHEREI

8552 Eibiswald 39
TEL 0 34 66/422 16
MAIL gasthof@hasewend.at
WEB www.hasewend.at

GENUSS REGION ÖSTERREICH Regionalität, das Wissen um die Herkunft sowie die hauseigene Schlachtung sind klare Qualitätszeichen dieser Meisterfleischerei. Spezialitäten sind das Kübelfleisch, die Sulmtaler Zelodec-Schinkenrohwurst sowie die viele traditionellen, hausgemachten Spezialitäten und steirischen Specksorten. Besonders delikat und daher unbedingt erwähnenswert: die feinen Schinken und der Diätspeck für Figurbewusste. Der Schilcher aus der Region wird zusätzlich als passender Wein angeboten. Die Bauernecke mit „Gutes vom Bauernhof"-Produkten rundet das Sortiment ab. Hier findet man unter anderem auch Steirisches Kürbiskernöl aus der Genussregion. Viele der angebotenen Feinheiten kann man auch im anliegenden und gemütlichen Gasthaus genießen.

FELDBACH

KÖHLDORFER KÜHL & FRISCH

8330 Feldbach, Lugitschstrasse 1
TEL 0 31 52/56 03
MAIL marketing@koehldorfer.at
WEB www.koehldorfer.at

GENUSS REGION ÖSTERREICH Im Einzelhandelsfachgeschäft von Köhldorfer in Feldbach werden neben zahlreichen Eskimo-Iglo Produkten auch frische und tiefgekühlte Fische in feiner Auswahl (wie Seeteufel, Wels, Saibling, Forelle, Lachs, Karpfen oder Heilbutt), eine umfangreiche Palette an verführerischen Käsespezialitäten aus Österreich und von regionalen Lieferanten, aber auch frisches Obst und Gemüse (unter anderem frisch gezogene Sprossen aus der Region z.B. Alfalfa oder Rettich), Pilze und feine Wurstspezialitäten wie Vulcano-Schinken angeboten. Die Genussregionen sind unter anderem mit dem Weizer Berglamm vertreten. Neu im Programm sind Gastro-Pizzen, Baguette und Ciabattas für den kleinen Hunger. Essige von Gölles finden sich ebenso wie Knabberkerne oder Honige aus der Region. Ein Imbissraum für kalte und warme Fischgerichte sowie Käsespezialitäten rundet das Angebot ab. Im Großraum Feldbach werden darüber hinaus auch kalte und warme Fisch- und Käse-Buffets angeboten. Sehr freundliches und hilfsbereites Personal.
!

Lugitsch Geflügel-Frisch-Markt

Vulcano Fleischwarenmanufaktur

Hofkäserei Deutschmann GBR

LUGITSCH GEFLÜGEL-FRISCH-MARKT

8330 Feldbach, Gniebing 52
TEL 0 31 52/24 24 36
MAIL steirerhuhn@h.lugitsch.at
WEB www.h.lugitsch.at

GENUSS REGION ÖSTERREICH Geflügel-Genuss für Feinschmecker! Der Frisch-Markt am Geflügelhof ist das Kompetenzzentrum für Geflügel in der Genussregion des Steirischen Vulkanlandes. Angeboten werden hier nicht nur Steirerhuhn in bester Qualität (und auch Bio), sondern auch Frischeier aus Boden-, Freiland- oder Biofreilandhaltung. Zahlreiche – darunter auch lactose- und glutenfreie – Putenspezialitäten wie Salami, Krakauer oder Extrawurst findet man bei Wurst und Schinken. Natürlich dürfen hier auch Feinheiten aus der Genussregion Steirischer Vulkanland Schinken wie Räucherspeck oder Trüffelfilet nicht fehlen. Getreide aus der eigenen Mühle wird ebenso angeboten wie eine große Auswahl an Gewürzen. Hervorragende Säfte und Nektare gibt es von Christandl, hausgemachte Nudeln von Bischof, Chutneys von Fink's, und auch auf das Steirische Kürbiskernöl aus der Genussregion muss man nicht verzichten. Umfangreiche Auswahl, beste Beratung, individuelle Betreuung und Frische werden hier groß geschrieben.

BIO !

VULCANO FLEISCHWARENMANUFAKTUR

8330 Feldbach, Auersbach 26
TEL 0 31 14/21 51
MAIL schinken@vulcano.at
WEB www.vulcano.at

In Auersbach haben sich drei Landwirte zusammengetan, um wertvolle und natürliche Genussmittel zu produzieren. Ziel war es, die Erfahrung und das Wissen in der artgerechten Schweinehaltung – mit viel Tageslicht, Ruheplätzen, Beschäftigungsmöglichkeiten, aber auch genügend Freiraum und Bewegung – in ein unverwechselbares und hochwertiges Produkt münden zu lassen. So entstand der mittlerweile weit über die Landesgrenzen hinaus bekannte Vulcano-Rohschinken. Im Verkaufsladen in Auersbach kann man sich bei Führungen und Verkostungen von der hohen Qualität der Produkte überzeugen – vom herrlichen Rohschinken über feinste Salami und Kürbiskernwurst bis hin zur Speckzwetscke oder dem Trüffelfilet. Außerdem werden noch Essig- und Ölspezialitäten, Fruchtsäfte, hausgemachte Chutneys, eingelegtes Gemüse, Edelbrände von Gölles oder Schokoladen von Zotter angeboten. Die Beratung ist freundlich und kompetent, gerne darf man auch in die Gehege und Reifekammern schauen. Fixpunkt im Jahr sind das Schinkenfest und der Kulinarische Herbst.

!

FOHNSDORF

EUROSPAR

8753 Fohnsdorf, Marktstraße 1
TEL 0 35 72/845 45
WEB www.spar.at

Die große Verkaufsfläche und das freundliche Ambiente garantieren ein Einkaufserlebnis. Das Warenangebot ist sehr vielseitig, so verwöhnt die Feinkostabteilung nicht nur mit regionalen Produkten wie dem Murtaler Steirerkäs aus der Genussregion, sondern auch mit Käsesorten aus ganz Europa. Das Wurst- und Schinken-Sortiment birgt einige Spezialitäten, saisonal etwa Hirschrohschinken oder Wildschweinsalami. Neben dem Standardsortiment an Fleisch (Lamm auf Bestellung) bietet der Markt während der Jagdsaison auch Wild an. Die Frischfisch-Theke überzeugt mit einem guten Angebot sowohl an heimischen als auch an Meeresfischen. Stets frisch und bestens bestückt ist die Obst- und Gemüse-Abteilung, hier findet man den Oststeirischen Apfel aus der Genussregion ebenso wie spanische Tomaten oder Paprika aus Israel und Kreta. Natürlich gibt es hier aber auch das Steirische Kürbiskernöl. Im Café, das auch im Markt beheimatet ist, kann man es sich bei einer großen Auswahl an Torten und Kuchen gut gehen lassen, und für den kleinen Hunger bietet der Imbiss kalte und warme Speisen.

BIO !

FRAUENTAL

HOFKÄSEREI DEUTSCHMANN GBR

8523 Frauental, Oberberglastraße 10
TEL 0 34 62/40 57
MAIL info@hofkaeserei-deutschmann.at
WEB www.hofkaeserei-deutschmann.at

Hier erwartet Sie ein kleines, aber feines Käseparadies.

Sorger Wurst- und Schinkenspezialitäten

Sonja's Genussladen

Die auf dem biologisch bewirtschafteten Bauernhof hergestellten Genussprodukte haben sorgfältig produzierten Rohmilchkäse als Basis. Zur vollkommenen Reife gelangen die Käseschmankerln im alten Kellergewölbe des Hofes. So sind der angebotene Fasslkäs, der steirische Kürbiskernkäse, der Rohmilchcamembert, der kräftige Schmelzkäse, der rote Brie und der Steirerschimmel von höchster Qualität; die Produkte können gerne auch verkostet werden. Darüber hinaus werden Bio-Brände von Gölles oder Bio-Weine vom Weinbau Beilschmidt und Weingut Jöbstl angeboten. Die fachkundige und sehr freundliche Beratung bestätigt den sehr guten Eindruck der Bio-Hofkäserei.

SCHILCHERLAND GENUSSHOF HAINZL-JAUK

8523 Frauental, Grazer Strasse 231
TEL 0 34 62/28 52
MAIL kontakt@hainzl-jauk.at
WEB www.schilcherlandgenusshof.at

GENUSS REGION ÖSTERREICH Mit viel Liebe und Hingabe hergestellte Schilcher, Edelbrände, Kernöle aus der Genussregion Steirisches Kürbiskernöl und Liköre – das ist das Erfolgsrezept des Frauentaler Weinguts Hainzl-Jauk. Um die zahlreichen Schilcher- und Kernölspezialitäten aus eigener Produktion in exklusivem Rahmen präsentieren zu können, wurde auf dem Weingut der neue „Schilcherlandgenusshof" geschaffen. Tradition und Moderne ist die feine Philosophie, die hinter der Erfolgsgeschichte steckt. Und das widerspiegelt sich im neu geschaffenen Verkaufs- und Präsentationsraum: Im „Genusshof" soll sich der Genießer wohlfühlen, sich rund um das Thema „Schilcher" – von der Rebe bis zum Wein und Destillat – informieren und mit Lust und Laune die Spezialitäten verkosten können. Neben den eigenen Weinen und Edelbränden steht die ganze kulinarische Vielfalt aus der Region in den Regalen: Verschiedene Essig- und Ölsorten, Brot- und Käsespezialitäten, hausgemachte Marmeladen, feine Apfel- und Traubensäfte sowie eine große Auswahl an Kräutern. Der „Genusshof" kann für feierliche Anlässe auch gemietet werden.

!

SORGER WURST UND SCHINKENSPEZIALITÄTEN

8523 Frauental, Grazerstraße 249
TEL 0 34 62/23 02
MAIL office@sorger.co.at
WEB www.sorger.co.at
NEUE FILIALE Deutschlandsberg, Hauptplatz 19

Hier erwartet Sie eine riesige Auswahl an genussvoll dargebotenem Frischfleisch, feinster Wurst und hervorragendem Schinken. Alle angebotenen Produkte stammen aus der eigenen Erzeugung, die Rohwaren dafür ausschließlich aus der Region. Der Geschmack reicht dabei von regional traditionell bis weltoffen innovativ. Die Beratung ist sehr, sehr freundlich und fachmännisch – so bekommt man neben bester Qualität auch feine Zubereitungstipps vom Personal. Und für den Hunger zwischendurch gibt es kalte und warme Speisen, natürlich frisch zubereitet und selbst gemacht!

FROHNLEITEN

SONJA'S GENUSSLADEN

8130 Frohnleiten, Hauptplatz 30
TEL 0699/18 13 41 35

GENUSS REGION ÖSTERREICH Mit der ersten Frühlingssonne übersiedelte Sonja Posch mit ihrem Geschäft und eröffnete „Sonja's

Eurospar Fürstenfeld

Familie Glieder

Genussladen" neu am Frohnleitner Hauptplatz Nr. 30. Im herrlichen Ambiente der Altstadt von Frohnleiten wird damit Genuss bei herzlicher Beratung erlebbar! Weg von den Massenprodukten, hin zu Bio-Lebensmitteln und zu kleinen, verlässlichen, persönlich bekannten Landwirten. Der Schwerpunkt liegt auf regionalen Produkten aus den steirischen Genussregionen. Steirisches Kürbiskernöl darf da natürlich ebenso wenig fehlen wie Spezialitäten aus den Genussregionen Oststeirischer Apfel (Edelbrände) oder Gesäuse Wild (herrliche Pasteten und Würste). In der Angebotspalette finden sich aber auch regionale Käsefeinheiten, Bio-Fleisch oder frischer Fisch aus der Weizklamm, Getreide, Milchprodukte, verschiedene Fair-Trade-Genüsse und verführerische hausgemachte Mehlspeisen, Spezialöle, Nudeln oder Schokoladen.

FÜRSTENFELD

EUROSPAR

8280 Fürstenfeld, Hauptstraße 32
TEL 0 33 82/557 44
WEB www.spar.at

Auf einer Verkaufsfläche von über 1.000 m² bietet der sehr freundliche und helle Markt ein breit gefächertes Warensortiment. Die Feinkostabteilung bietet zahlreiche, auch regionale, Spezialitäten. Bei Wurst und Schinken findet man beispielsweise Steirischen Vulkanland Schinken und Weizer Berglamm aus den Genussregionen, aber auch Fleischaufstriche, Schmalz, Verhacktes oder Würstel von bäuerlichen Betrieben aus der Umgebung. Wild sowie frischen Fisch gibt es auf Bestellung. Die Auswahl an heimischen und internationalen Käsesorten lässt kaum Wünsche offen, auch hier sind die Weizer Schafbauern mit Spezialitäten vertreten. Ein virtueller Weinberater hilft Ihnen, den passenden Tropfen in der großen Auswahl an internationalen und regionalen Weinen zu finden. Die Obst- und Gemüse-Abteilung bietet auch Exoten und Kräuter, und auch bei Brot und Gebäck bleiben so gut wie keine Wünsche offen.

!

GLEINSTÄTTEN

SPAR-MARKT NOBERT SPARI

8443 Gleinstätten, Pistorf 192
TEL 0 34 57/40 44 0
MAIL norbert.spari@sparmarkt.at

GENUSS REGION ÖSTERREICH Das Genuss-Geschäft überzeugt nicht nur durch den optischen Eindruck, sondern auch durch freundliches Ambiente und die perfekte Präsentation der Produkte. Service und Warenangebot gehen weit über ein Lebensmittelgeschäft hinaus. Auf 800 m² Verkaufsfläche findet der Kunde praktisch alles, was das Herz begehrt, beginnend mit einer sehr guten und vielfältigen Auswahl an Spezialitäten an der Feinkosttheke. Brot und Gebäck sind frisch und knusprig, Obst und Gemüse mit Feinheiten aus den Genussregionen, wie Steirischem Kren, Südoststeirischen Käferbohnen oder Grazer Krauthäuptel – sehr ansprechend präsentiert. Steirisches Kürbiskernöl aus der Genussregion darf hier natürlich ebensowenig fehlen wie regionale Feinheiten, die in der Bauernecke angeboten werden. Das Personal ist freundlich und sehr aufmerksam.

!

GLEISDORF

FAMILIE GLIEDER

8200 Gleisdorf, Labuch 18
TEL 0 31 12/33 19
MAIL gliederbrot@aon.at

Seit fast 40 Jahren wird im Familienbetrieb Brot in höchster Qualität gebacken, und immer schon hat Josefa Glieder im Brot nicht nur eine schmackhafte Speise, sondern im wahrsten Sinne des Wortes ein Lebensmittel gesehen. Die innovativen Kreationen, wie das Hügelland-Bauernbrot (mit Leinsamen, Kürbis- und Sonnenblumenkernen), Dinkelbrot, Leinsamenbrot, Nussbrot, Früchtebrot oder Kletzenbrot wurden vielfach prämiert. Mit dem Bauernbrot wurde man 2011 unter anderem Brotkaiser, und erst kürzlich wurde Josefa Glieder zur „Echt-Steirisch" Brot-Botschafterin ernannt. Angeboten werden hier aber nicht nur hervorragende Brotspezialitäten in großer Vielfalt, sondern auch Germmehlspeisen wie Krapfen und Strauben, und auch für die zahlreichen Wurst- und Schinkenfeinheiten aus eigener Produktion – wie Osterschinken, Bauchspeck

Hütter's Bauernschmankerln

Spar-Markt Fürpass

Alois Siegl Nah&Frisch

oder Selchwürste – wurde man bereits ausgezeichnet. Vervollständigt wird die umfangreiche Genusspalette mit Aufstrichen, Sulzen oder Breinwürsten. Die Genussregionen sind mit dem Oststeirischen Apfel vertreten. Die Familie Glieder aus Labuch bietet ihre Produkte Mittwoch Nachmittag und Samstag Vormittag auch am Gleisdorfer Bauernmarkt an.

GNAS

HÜTTER'S BAUERNSCHMANKERLN

8342 Gnas, Poppendorf 7
TEL 0 31 51/26 17
MAIL huetter@bauernschmankerl.at
WEB www.bauernschmankerl.at

Im Familienbetrieb wird Köstliches und Kostbares aus der eigenen Produktion oder direkt von bäuerlichen Betrieben aus der Umgebung angeboten. Feines vom Schwein – wie Karree, Schweinsfilet geräuchert, Pfeffer- und Kürbiskernfilet, Rohschinken, Stelze, Bauchspeck oder Ripperl, aber auch Haussalami, Selchwürstl oder Breinwurst (nur von Oktober bis April) kommt aus der eigenen Produktion, auch Verhackert, Leberaufstrich, Fleisch- oder Grammelaufstrich sowie Sulz wird angeboten. Hausgemachtes Kernöl findet sich ebenso in der Genusspalette wie Marmeladen (z.B. Weinbergpfirsich), hauseigene Säfte (z.B. Apfel oder Apfel-Hollunder) oder Germmehlspeisen; auch saisonale Spezialitäten wie Osterbrot kann man finden. Im Hofladen werden aber auch Wein und Schnäpse, Nudeln oder Paradeiskompositionen von einheimischen Bauern angeboten. Freitags beliefert man übrigens auch den Bauernmarkt in Bad Gleichenberg.

!

SPAR-MARKT FÜRPASS

8342 Gnas, Gnas 44
TEL 0 31 51/51 15
WEB www.spar.at

Im äußerst gepflegten Geschäft wird nach wie vor auf Genuss aus der Region gesetzt, 20 Betriebe aus der Umgebung beliefern den Markt mit landwirtschaftlichen Produkten in bester Qualität und Frische. Neben knackigem und ansprechend präsentiertem Obst und Gemüse aus der Region – darunter auch die Südoststeirische Käferbohne aus der Genussregion – gibt es knuspriges Gebäck sowie täglich frisches und herrlich duftendes Bauernbrot, aber auch Eier, feine hausgemachte Teigwaren und zahlreiche Milchprodukte in Bio-Qualität. Die Feinkost bietet echte Schmankerln wie Kräuter-Frischkäse, Krustenkönig-Leberkäse, hausgemachte Kürbisstreichwurst oder die Grazer Schlossbergwurst. Besonderheiten sind das Walnussöl und das Wok-Öl mit Knoblauch und Ingwer. Ein echter Geheimtipp ist der Honig aus dem Vulkanland. Vervollständigt wird die umfangreiche Palette mit einer feinen Auswahl an Nektaren, Mosten und Weinen. Und sollte man mehr über die Produkte wissen wollen: Der Chef und das Personal beraten freundlich und mit großem Fachwissen.

BIO !

GRATWEIN

ALOIS SIEGL NAH&FRISCH

8112 Gratwein, Bahnhofplatz 1
TEL 0 31 24/544 30
WEB www.nahundfrisch.at

Der Supermarkt empfängt den Kunden mit einer überragenden und geschmackvoll sortierten Obst- und Gemüse-Frischeinsel. Das Warenangebot ist beeindruckend, perfekt präsentiert und lässt auch bei Regionalität und „Bio" keinen Wunsch offen. Brot und Gebäck, ofenwarm aus der Backstube von regionalen Bäckern, wird auch in Spezialsorten angeboten. Neben einer Auswahl von rund 60 Käsesorten – darunter auch Murtaler Steirerkäs aus der Genussregion – sticht vor allem die gut sortierte Wursttheke mit einer hervorragenden Auswahl an Vulcano-Schinken heraus. Beim Fleisch wird man sehr kompetent und freundlich bedient. Essige und Öle (natürlich auch in Bio-Qualität) findet man hier ebenso wie Getreide, Trockenobst, Müsli oder Nudeln. Das Weinsortiment wird durch regionale Sorten bestimmt. Als besondere Dienstleistung gibt es Hauszustellung und einen Partyservice. Der Chef und seine Mitarbeiter beraten freundlich und sind sehr um das Wohl der Kunden bemüht.

BIO !

Albin Sorger „Zum Weinrebenbäcker"

Alles Käse Delikatessen

GRAZ

ALBIN SORGER „ZUM WEINREBENBÄCKER"

8020 Graz, Eggenberger Allee 36
TEL 0 31 6/58 61 25-30
MAIL office@sorgerbrot.at
WEB www.sorgerbrot.at

Schon beim Betreten der Bäckerei duftet es nach frischem Brot und Gebäck: Dem Genießer bietet sich hier eine breite Palette an Brotspezialitäten (z.B. Bergsteiger- oder Olivenbrot, Keimkraftbrote sowie Biodinkelbrot oder Marienbrot) und Feingebäck (wie hervorragende Croissants oder Plunder) in bester Qualität und selbstverständlich auch eine große Auswahl an Bioprodukten sowie laktosefreiem Brot und Gebäck. Zum Genuss verführen aber auch die vielen Mehlspeisen und Torten, und Kaffeeliebhaber schwören auf den im Haus gerösteten Kaffee. Genuss ist hier garantiert.

ALLES KÄSE DELIKATESSEN NUSSBAUMER

8010 Graz, Paradeisgasse 1
TEL 0 31 6/82 91 62
MAIL kaese@delikatessen-nussbaumer.at
WEB www.delikatessen-nussbaumer.at

Seit über 100 Jahren besteht das Genussgeschäft Nussbaumer und verführt noch heute mit k.u.k. Charme und besten Feinkostspezialitäten in fantastischer Auswahl: über 140 Käsesorten, darunter Delikatessen aus Frankreich wie Kuhmilchkäse mit Feigen oder Mont d' Or. Ein riesiges Angebot findet sich an Wurst und handgeschnittenem Beinschinken vom Mangalitzaschwein, 30 Monate gereiftem Pata Negra oder Porchetta mit Rosmarin, Lardo aus dem Aostatal, aber auch geräuchertem Lachs aus Alaska, Roastbeef und Münchner Weißwürste. Hausgemachtes Knabbergebäck, Antipasti und frische italienische Pasta finden sich ebenso wie Aufstriche, Pasteten aus Belgien, Trüffeln, Marmeladen, Zwiebelkuchen oder österreichische Chilikonfitüre oder Goji-Beeren, Fleur de Sel und Vanille aus Tahiti. Eine kleine Auswahl an exzellenten Weinen und exquisiten Bränden rundet das mehr als umfangreiche Sortiment ab.

!

BÄCKEREI HUBERT AUER

8010 Graz, Murgasse 12
TEL 0 31 6/68 14 58
MAIL office@hubert-auer.at
WEB www.hubert-auer.at

In der steirischen Qualitätsbäckerei in Graz macht schon alleine der herrliche Duft Appetit auf Brot und Gebäck. Auswahl gibt es hier reichlich, aus ausgesuchten Zutaten und in liebevoller Handarbeit entstehen hier Spezialitäten wie das Waldbauernbrot, das an Geschmack und Qualität schwer zu überbieten ist, aber auch saisonale Köstlichkeiten wie das weihnachtliche Kletzenbrot, die Faschingskrapfen, Ballini oder die Osterpinze. In harmonischem Ambiente bietet die Bäckerei auch eine kleine Kaffeestube mit Coffee-to-go an. Weitere GustostückerIn: verführerische Mehlspeisen in der Größe von Fingerfood, milch- und eifreie Brote und Weckerln, ein reines Roggenbrot mit Fenchel oder das Anisbrot, Naturbauer und Waldstaude sowie Weizengraham-Dinkel.

!

BÄCKEREI UND CAFÉ-KONDITOREI KOTZBECK-LOH

8010 Graz, Waltendorfer Hauptstraße 31
TEL 0 31 6/47 14 10
MAIL kotzbeck-loh@aon.at
WEB www.kotzbeck-loh.baecker.at

Schon beim Betreten der Bäckerei verführt der Duft von frisch gebackenem Brot und Gebäck zum Genuss. Über 100 verschiedene Sorten, die mehrmals täglich in bester Handwerksqualität hergestellt werden, werden angeboten. Die hochwertige Palette reicht vom vorzüglichen Hochland- über das Finnen- und Kürbiskernbrot bis zu Spezialbroten wie Meno Vital; auch zahlreiche Bio-Brote finden sich im umfangreichen Angebot. Die Auswahl beim Gebäck ist riesig, auch hier gibt es zahlreiche Bio-Varianten, und Liebhaber von süßen Mehlspeisköstlichkeiten werden in der (unter anderem auch vom Gault Millau) ausgezeichneten Konditorei bei einer Vielzahl von feinen Torten, Kuchen und Schnitten – auch für Diabetiker – die Qual der Wahl haben. Unbedingt erwähnt werden sollte auch das umfangreiche Frühstücksangebot sowie die 16 täglich frisch und

GRAZ

Belgische Chocolatrie

Färber

Confiserie Walter Heindl

nach traditionellen Rezepten hergestellten Eissorten. Das Personal ist außergewöhnlich freundlich und hilfsbereit.

!

BELGISCHE CHOCOLATRIE

8010 Graz, Färbergasse 3
TEL 0650/300 49 77
MAIL chocolatrie@gmx.at

Ein Schlaraffenland für alle Schleckermäuler. Das in seiner Art einzigartige, kleine, gemütliche Geschäft verführt mit ausschließlich feinsten hausgemachten belgischen Schokoladen (nach Originalrezepten wie Dolfin-Vollmilchschokolade mit Konacha, einem grünen Tee aus Japan) und exquisitem Konfekt wie Zeughaus- oder Schilcherpralinen. Mehr als 50 verschiedene Sorten werden angeboten, auch Fair-Trade-Produkte finden sich im Sortiment. Der Chef – natürlich ein Chocolatier, bedient sehr freundlich in weißen Baumwollhandschuhen, und erklärt gerne und mit Begeisterung die Besonderheiten seiner Kreationen. Man genießt vor Ort oder legt sich einen süßen Vorrat für zu Hause an.

!

BILLA CORSO

8010 Graz, Plüddemanngasse 98
TEL 0 31 6/48 10 55
WEB www.billa.at

Dieses Geschäft bietet ein Kulinarium der Extraklasse. Das Warenangebot ist hervorragend, schon beim Käse kann man eine kleine Genussreise durch die perfekt präsentierte europäische Käsewelt machen. Den passenden erlesenen Tropfen gibt es in der umfangreichen, aber sehr übersichtlich sortierten Weinabteilung. Obst und Gemüse gibt es frisch und in großer Auswahl. Brot und Gebäck sind ofenwarm und kommen aus der eigenen Backstation, beim Wurstsortiment findet man, wie fast in allen Warengruppen, auch Bio-Spezialitäten. Die Beratung ist kompetent und zuvorkommend und macht den Einkauf hier zu einem Genuss.

BIO !

CONFISERIE WALTER HEINDL

8010 Graz, Herrengasse 26
TEL 0 31 6/84 44 40
MAIL schokolademuseum@heindl.co.at
WEB www.heindl.co.at

Die kleine Confiserie betört Naschkatzen mit verführerischem Schokoladeduft und bietet hausgemachtes Süßes in allen Variationen. Bekannt sind vor allem die Likörkirschen und die Heindl Schokomaroni, die es nur in der Wintersaison gibt. Auch Diabetiker werden hier fündig. Pralinen mit feinster Trüffelmischung oder Marc de Champagne, Rohkostfrüchte, Mozartkugeln, Mozartlikör, Sissi-Veilchen, Schloss-Orth-Kugeln und vieles mehr – natürlich alles aus eigener Erzeugung. Herrliche Bonbonnieren werden gratis verpackt, und Kostproben sind hier selbstverständlich. Abgerundet wird das Sortiment mit ausgewählten regionalen Weinen. Das Personal berät charmant und nimmt sich viel Zeit für jeden Kunden. Eine ganz besondere Geschenkidee findet sich ganz bestimmt für jeden Geschmack.

!

FÄRBER

8010 Graz, Kaiser-Josef-Platz, Stand 34a
TEL 0 31 6/84 56 17

Nach wie vor wird dem Käseliebhaber an diesem Stand mitten am Platz eine schon fast unglaubliche Vielfalt an feinsten Milch- und Käsespezialitäten geboten. Beeindruckend ist das umfangreiche Sortiment: Holunder-, Ingwer-, Preiselbeer-, Ziegen- und Schafkäse, Schaftopfen (aus der Genussregion Weizer Berglamm), Bio-Murtaler-Käse bei Histaminunverträglichkeit, Käse gegen Osteoporose und Laktoseunverträglichkeit, Ziegenfrischkäse mit Knoblauch aus Pöllau, echter Parmesan, Frischkäse mit Kürbiskernen, Trüffelbrie, Biocamembert, Steirerschimmel- und Fasslkäse, Schafjoghurt mit echten Früchten, um nur einen Bruchteil aufzuzählen. 8 Monate gereiften Bergkäse gibt's frisch vom 40-kg-Laib. Überhaupt wird praktisch nur offene Ware angeboten, die Qualität ist hervorragend. Dazu gibt es Landbutter und Topfen, Roggenschrot- oder Weizer Bauernbrot. Die Chefin betreut die Kunden sehr freundlich und kompetent.

BIO !

Feinkostladen Hirz

Frankowitsch Delikatesse

FEINKOSTLADEN HIRZ

8010 Graz, Theodor-Körner-Straße 60
TEL 0 31 6/68 11 87
MAIL hubert.hirz@a1.net
WEB www.gutes.at

Das kleine Feinkostgeschäft mit der großen Auswahl, besonders an regionalen Spezialitäten und Produkten aus den Genuss-Regionen. An der Käsetheke werden Feinheiten wie der Bergwerksstollenkäse aus Passail, ein Rohmilchkäse, der in einem ehemaligen Silberbergwerksstollen in Arzberg zur Vollendung reift, angeboten. Fleisch und Fisch gibt es von regionalen Lieferanten auf Bestellung. Wer den dazupassenden Tropfen sucht, wird sicher in der sehr gut sortierten Weinabteilung fündig. Dort dominieren vor allem erlesene Sorten aus der Steiermark. In der Genuss- und Degustationsecke können Sie gern die eine oder andere Köstlichkeit probieren. Abgerundet wird die Warenvielfalt mit verschiedenen Bauernbroten und hausgemachten Backwaren, etlichen Essigvariationen sowie eingelegtem Sauergemüse, Honig, Quittenfruchtlikör und hausgemachter Marmelade, Steirischem Kürbiskernöl und Südoststeirischen Käferbohnen aus den Genussregionen. Auch das Angebot an Fair-Trade-Produkten wie Schokolade, Kaffee oder Kakao wächst beständig. Verführung pur, nicht zuletzt auch wegen der sehr freundlichen Beratung durch den Chef persönlich.

BIO !

FLEISCHEREI MOSSHAMMER & PARTNER

8010 Graz, Zinzendorfgasse 12
TEL 0 31 6/31 91 95
MAIL office@mosshammer.at
WEB www.mosshammer.at

Im sehr einladenden Geschäft sind Handarbeit und Qualitätsbewusstsein das Genussgeheimnis. Großer Wert wird auf die Herkunft der Rohstoffe gelegt, die alle aus der Steiermark kommen. Einer der Schwerpunkte liegt im Bereich Wild, die exzellente Auswahl an Wurst und Schinken – mit zahlreichen Angeboten aus den Genussregionen Steirischer Vulkanland Schinken und Weizer Berglamm – lockt ebenso wie das große Convenience-Angebot. Es gibt schmackhafte Gerichte wie Pasteten, Sulzen, hausgemachte Strudel, Leberkäse und Fleischlaibchen sowie täglich zwei Mittagsmenüs, eines davon ist sogar vegetarisch. Und auch echte heimische Spezialitäten in Sachen Hausmannskost wie Beuschel, Klachlsuppe oder Süßes wie Apfelnockerln, finden sich im Angebot. Biogemüse aus der Umgebung, verschiedene Gewürze und Kren aus der Genussregion Steirischer Kren macht das Sortiment vollständig. Das sehr freundliche und engagierte Personal rundet den durchwegs positiven Eindruck ab.

BIO !

FRANKOWITSCH DELIKATESSEN

8010 Graz, Stempfergasse 2
TEL 0 31 6/82 22 12
WEB www.frankowitsch.at

Brötchen essen bei Frankowitsch hat bereits Tradition und zählt in Graz zum Lebensgefühl! Es werden rund 60 verschiedene Sorten in überragender Frische angeboten sowie die besten Mignons (allein davon 26 Sorten). Hier findet der Feinschmecker, was das Herz begehrt. Spezialitäten aus den Genussregionen wie Steirischen Vulkanland Schinken oder Steirischen Kren, Schilcherland Schinken und Käseverführungen aus der ganzen Welt. Die Auswahl reicht von Rabbiola von Kuh, Ziege und Schaf bis zu Ziegenweichkäse mit Olivenöl und feinen Kräutern aus der Provence. Der Anteil an Bio-Produkten nimmt immer weiter zu. Die große Weinabteilung glänzt mit erlesenen Tropfen (insgesamt mit mehr als 800 Sorten), der Schwerpunkt liegt auf Produkten aus Österreich, aber auch Champagner und edle Spirituosen findet man hier. Kompetente, freundliche Beratung und das Wissen um die Herkunft der Zutaten sind ein Garant für Genuss.

BIO !

H & H TEE UND KAFFEE

8010 Graz, Hauptplatz 6
TEL 0 31 6/82 26 55
MAIL office@heissenberger.com
WEB www.heissenberger.com

Nur das Feinste vom Feinen mitten am Grazer Hauptplatz. Mehr als 400 Tee- und 50 Kaffeesorten werden hier angeboten. Das Geschäft zählt zu den führenden in Europa und ist auch als größter Biolieferant bekannt. Die Ware wird aus ausgewählten Anbaugebieten in aller

Hofbäckerei Edegger-Tax

Welt bezogen, auf Fair Trade wird dabei besonders geachtet. Ein Schmankerl sind die mit Schokolade überzogenen Kaffeebohnen aus Eigenproduktion, der Biotee aus Japan, ein Grüntee mit anregendem, frischem Aroma verführt ebenso wie die vielen Kräutertees. Passend zur Teatime werden verschiedene Marmeladen, wie die echte englische Orangemarmelade, angeboten. Infos zum Tee liefert das Personal kompetent und freundlich dazu.
BIO ☺ !

HOFBÄCKEREI EDEGGER-TAX

8010 Graz, Hofgasse 6
TEL 0 31 6/82 02 30
WEB www.hofbaeckerei.at
Der Name verpflichtet in der k.u.k. Hofbäckerei seit 1569. Seit jeher in Familienbesitz, kann man auf eine lange Tradition zurückblicken. Selbst Kaiser Franz Josef II. hat die Hetschepetsch-Bäckerei – dünne, knusprige Kekse mit Hagebuttenmark – genossen, und auch heute noch verführt man Naschkatzen in diesem Wohlfühlgeschäft mit Panthertatzen (Mandelmakronen mit Kürbiskernen aus der Genussregion bestreut), Kürbiskernölkipferl, Grazer Ecken, Sissi-Busserln, Schoko-Orangenplätzchen, Haselnussstangerl, Krapfen oder echten Kaiserdesserts. Für Brotliebhaber gibt es das Pur-Pur Brot mit Sonnenblumenkernen, Dinkelbrot oder steirisches Landbrot, auch glutenfreies Brot und glutenfreie Mehlspeisen werden angeboten. Die Palette an Kleingebäck ist herausragend, Torten gibt es auf Vorbestellung. Tipp: Der Kaiserschmarrn mit Zwetschkenröster ist ein Gedicht! Sehr freundliches Personal.
BIO ☺

HONIGPARADIES

8010 Graz, Hamerlinggasse 1
TEL 0 31 6/81 28 12
WEB www.honigparadies-graz.at
Schon beim Betreten des Geschäfts verführt der wunderbare Duft von Honig und Bienenwachs zum Genuss. Die Warenvielfalt ist beeindruckend: man findet Waldhonig, Kastanienhonig, Lindenhonig, Akazienhonig, Honig mit Walnüssen, Lavendelblüten, Zitronenblüten, Honig mit Gelee Royal, verschiedene Cremehonige mit Löwenzahn, um nur ein paar der Sorten zu nennen. Hier wird sehr viel Wert auf Qualität und Herkunft gelegt, die angebotenen Honige stammen allesamt aus der Steiermark, teilweise auch in Bio-Qualität. Gemahlene Blütenpollen werden ebenso angeboten wie edle Liköre, Paracelsusgeist, Honigmet aus Blüten- oder Waldhonig oder feinster Lebkuchen. Für die Gesundheit gibt es Propolis oder reines Gelee Royal, auch Honigseifen und kostbare Honigkosmetik finden sich im umfangreichen Programm.
BIO ☺ !

HUSSEL CONFISERIE

8041 Graz, Murpark, Ostbahnstrasse 3
TEL 03 16/48 34 85
WEB www.hussel.at
Liebhaber exklusiver Trüffel, Pralinen-, Schokoladen- und Gebäckspezialitäten werden im Bonbon- und Schokoladenladen mit besonders süßem Flair mit Sicherheit fündig. Für Naschkatzen gibt es neben feinen Schokoladen mit unterschiedlichem Kakaogehalt (auch in Bio-Qualität), Pralinen, Trüffeln, Bonbons und Gebäck bei Hussel auch frischen Fruchtgummi in zahlreichen Varianten – dem Geschmack sind hier keine Grenzen gesetzt. Ein wunderschönes und sehenswertes Spezialgeschäft, in dem sich auch das Personal noch viel Zeit für die Kunden nimmt und gerne und ausführlich berät.
☺ !

HÜTTER FLEISCHWAREN

8010 Graz, Franziskanergasse 1
TEL 0 31 6/83 98 33
MAIL office@fleischerei-huetter.at
WEB www.fleischerei-huetter.at
Schon 1923 als reine Pferdefleischhauerei gegründet, findet man im Familienbetrieb in der Innenstadt heute ein vielfältiges Angebot an Feinheiten: vom frischen und hochwertigen Rind- oder Schweinefleisch bis zu Lammfleisch (Huhn gibt es auf Bestellung), Wild vom steirischen Reh über Wildschwein bis zu Wachteln und natürlich auch jede Menge Wurst- und Schinkenspezialitäten wie hausgemachter Lamm-, Hirsch-, Pferderohschinken und -leberkäse. Feines gibt's auch vom Strauß (Straußenleberaufstrich oder luftgetrocknetes

Il Pastaio Feines aus Italien

Kager Lupita

Geselchtes vom Strauß), vom Haushasen oder vom Fasan. Daneben wird auch eine große Palette an täglich frisch zubereiteten Halbfertiggerichten geboten: Salate mit Kernöl und Zwiebel, verschiedene Suppen, Gulasch in allen Variationen oder feine Fonds. Und nicht zuletzt auch die kompetente Beratung macht den Einkauf hier zum Genuss.

!

IL PASTAIO FEINES AUS ITALIEN

8010 Graz, Schlögelgasse 3
TEL 0 31 6/83 52 04
MAIL office@il-pastaio.at
WEB www.il-pastaio.at

Das Schlaraffenland für Liebhaber italienischer Spezialitäten mitten in Graz. Die Produktpalette reicht von bestem Olivenöl mit Kräutern, schwarzen Oliven, Hühnerleber Toskano, Hirschcreme Crema Capriolo, Bel Paese, Taleggio, Carpaccio bis zu erstklassigen Antipasti wie gefüllten Sepiolini, Steinpilzen in Öl und Carpaccio aus Trüffeln. Es gibt täglich frische, hausgemachte Pasta (darunter auch die sehr empfehlenswerten Stelle al Tartuffo, Teigtaschen gefüllt mit schwarzem Trüffel oder Ravioli mit Bio-Rindfleisch) und Gnocchi nach Originalrezepten ebenso wie Käse (wie Pecorino oder Taleggio), edle Schinken, Wildschwein-Prosciutto und Trüffelsalami oder Trüffelpesto. In der Spirituosenabteilung gibt es den klassischen Grappa, und zum Probieren zwischendurch das eine oder andere Gläschen Rotwein oder Prosecco. Und das Ganze mit herzlicher und kompetenter Beratung.

!

JÜRGEN KOLLER SPAR

8010 Graz, Rechbauerstraße 38
TEL 0 31 6/82 99 38
WEB www.spar.at

Große Vielfalt auf kleinem Raum, das ist die Devise im Spar im 2. Bezirk von Graz. Der Schwerpunkt liegt eindeutig auf heimische Spezialitäten und Bio-Produkte, die es fast in allen Warengruppen gibt. Stark vertreten sind die Genussregionen mit Weizer Berglamm, Almenland Almochse oder Steirischem Vulkanland Schinken. Zudem besticht der Markt durch eine gute Auswahl an Käsefeinheiten wie Dachsteiner, Almkönig, St. Severin oder Rebella. Im Feinkostbereich locken Schmankerln wie die Salami dello Scudetto von Levoni, Schweinelende mit Rosmarin oder Bauerngeselchtes aus Hitzendorf, aber auch frische Forellen. Das Weinregal ist gut sortiert, vom Barolo aus dem Piemont bis zu zahlreichen Pretiosen aus der Steiermark. Die Obst- und Gemüse-Ecke überzeugt mit frische und toller Präsentation. Ein tägliches Menüangebot gibt es auch zum Mitnehmen. Das sehr freundliche und kompetente Personal steht jederzeit für die Beratung bereit.

!

KAGER LUPITA VLG. HÖLLERGRABENPROPST

8010 Graz, Kaiser-Josef-Platz, Stand 12a
TEL 0664/484 85 34
MAIL l.kager@gmx.at

Die hausgemachten Produkte aus dem alteingesessenen Familienbetrieb – vor 500 Jahren wurde der Bauernhof der Familie Kager erstmals urkundlich erwähnt – werden heute von der sehr freundlichen Chefin in einem liebevoll gestalteten Bauernstand am Kaiser-Josef-Platz angeboten. Darunter befinden sich zahlreiche Edelbrände aus eigenem Obstbau ebenso wie feine Fruchtsäfte und Liköre oder mit 21 Kräutern in Apfelmostbrand angesetzte Schwedenbitter. Je nach Saison gibt es frisches Obst, verführerische Fruchtaufstriche aus Waldheidelbeeren, Ringlotten, Quitten, Apfel-Hagebutte, Kirsch-Weichsel, Pfirsich oder Weintrauben sowie Brombeer-, Melissen- und Holundersirup. Im Herbst wird das Angebot noch um Schilcherspezialitäten wie den bekannten Schilchersturm oder Schilcheressig erweitert.

KASALM ERNST KOSCHUCH

8010 Graz, Kaiser-Josef-Platz, Stand 14
TEL 0 31 6/83 00 74
MAIL office@kasalm.at
WEB www.kasalm.at

Am sehr einladenden Stand am Marktplatz findet man an die 150 Käsedelikatessen aus ganz Europa, darunter zahlreiche Spezialitäten: Blauschimmelkäse wie den

Kasalm Ernst Koschuch

Roquefort, Ziegencamembert wie die Chevrette, Brie de Meaux und weißen Ziegenkäse aus der Normandie, Alpenkäse aus dem Bregenzerwald, echten holländischen Gouda oder italienischen Parmesan, Grana Padana oder auch einen exquisiten Pecorino mit Albatrüffeln. Fast 100 der angebotenen Sorten sind reine Biokäse. Vom sehr freundlichen und äusserst fachkundigen Chef kann man sich auch den richtigen Wein zum Käse empfehlen lassen (angeboten werden ausschließlich Weine aus Österreich, auch in Bio-Qualität) sowie die als Begleitung passenden Edeldestillate, und auch verschiedene Chutneys, Marmeladen, eingelegte Früchte, Essige, Olivenöle oder handgeschöpfte Schokolade kann man hier finden.

KAS-STUB'N

8010 Graz, Franziskanergasse 3
TEL 0 31 6/82 92 39

Kleines, aber feines Käse- und Schmankerlparadies mitten im Herzen von Graz, das mit einem sensationellen Angebot an hochwertigen Spezialitäten glänzt. An die 90 verschiedene Sorten erwarten den Käseliebhaber hier. Neben Kuhmilchprodukten wie Hügelkäse, Joghurt und Molke in Glasflaschen gibt es Blauschimmelkäse, echten Roquefort, Steirerschimmel als Blau- und Rotschimmelkäse, Innviertler Graukäse, aber auch Ziegenkäse aus Frankreich und Spanien oder – auf Vorbestellung – Bioziegenmilch sowie verschiedene Aufstriche und Bioolivenöl aus Griechenland. Beliefert wird das Geschäft zu einem großen Teil von Bauern, kleinen Hofkäsereien und Sennereien aus Österreich, fast alle Käse stammen aus biologischer Landwirtschaft. Jeden Freitag ist in der Kas-Stub'n Kärntner Nudeltag mit Kas-, Spinat-, Fleisch- und Kletzennudeln. Weitere Angebotshighlights: steirische Ziegensalami, Trüffel- und Wildschweinsalami, Büffelsalami, Selchwaren vom Pannonischen Mangalitza- und Weststeirischem Turopoljeschwein aus den Genussregionen, Kärntner Schinkenspeck, Steirisches Kürbiskernöl in Bioqualität, Marmeladen und Löwenzahnsirup. Auch die Spirituosenabteilung glänzt mit Edelbränden und Likören in Bioqualität. Sehr gute und freundliche Beratung.
!

KORNWAAGE

8010 Graz, Theodor-Körner-Straße 47
TEL 0 31 6/68 10 43
WEB www.kornwaage.at

Genießen mit gutem Gewissen und bei bester Beratung, so lautet die Devise in der Kornwaage. Angeboten werden ausschließlich Genussprodukte in Bio-Qualität. An der Käsetheke findet man steirischen Rohmilchkäse, Basilikum-Kuhgouda oder Schafparmesan aus Italien. Bei Wurst und Schinken verführen Ziegen-Jausenwürstel, Speck und Lardo vom Wollschwein ebenso wie herrliche Pasteten. Fleisch von Lamm, Rind, Gans und Huhn gibt es auf Bestellung, ebenso frischen Fisch. Natürlich sind auch Obst und Gemüse ausschließlich bio, und die Auswahl ist überwältigend: Von Avocado bis Ananas, von Zuckerhut bis Zwiebel ist alles da, auch alte Sorten werden angeboten. Biobrot und -gebäck wird von Bauern und kleinen Bäckereien aus der Region angeliefert, Biowein und -champagner finden sich ebenso wie Bio-Olivenöle oder Bio-Balsamico. „Fair Trade"-Produkte wie Kaffee, Kakao, Schokolade, Nüsse, Zucker, Tee und Getreide runden das Angebot ab. Zur äußeren Anwendung gibt es hier auch Bio-Kosmetik. Und: Man kann die Produkte auch im Online-Shop kaufen und sich über den Zustellservice nach Hause liefern lassen.
!

La Enoteca

Sauer Catering, Cafe & Feinkost

LA ENOTECA GUTTMANN - KAHR

8010 Graz, Sackstraße 14
TEL 0 31 6/81 54 44
MAIL office@laenoteca.at
WEB www.laenoteca.at

Das Geschäft in einem kleinen Hof am Fuße des Schlossbergs im ältesten Grazer Stadtteil ist schon länger ein Tipp. Das Ambiente strahlt einen Mix aus italienischem Flair und steirischer Gemütlichkeit aus. Die Auswahl der internationalen sowie österreichischen erlesenen Tropfen ist ebenso umfangreich wie jene der exquisiten Edelbrände. Kompetent beraten wird man dabei von der sehr charmanten Chefin. Die Vorliebe für besondere Essigspezialitäten zeigt das Angebot von edelsaurem Tramineressig von Primus Polz oder Apfelbalsamico von Pecoraro. Im Angebot finden sich auch echter Parmesan, italienischer Rohschinken, hausgemachte Nudeln und Teigtaschen (unbedingt probieren sollte man die gefüllten Ravioli mit Montasiokäse), Steirisches Kürbiskernöl aus der Genussregion sowie frisches Gemüse und Suppen aus eigener Erzeugung. In der Niederlassung in der Glacisstrasse findet man darüber hinaus eine große Auswahl an feiner Pasta, gebackenen Melanzani oder Zucchini, entweder zum Mitnehmen oder zum Genuss vor Ort.

!

MEISLMICHL

8010 Graz, Heinrichstrasse 8
TEL 06 64/220 9 151
MAIL office@meislmichl.at
WEB www.meislmichl.at

Im kleinen, feinen Laden des jungen steirischen Unternehmens werden neben eigenen Kreationen zahlreiche Köstlichkeiten aus der Steiermark und den angrenzenden Regionen angeboten. Die Auswahl reicht vom hochwertigen Schinken und Speck vom Turopoljeschwein aus der Genussregion über Schinken vom Mangalitzaschwein und Steirischem Vulkanland Schinken, feinstem Wollschweinleberaufstrich und Hirschbirnlebérkäse aus dem Pöllauer Tal bis zu biologischer Sennereibutter, Rohmilchkäse vom Deutschmann, Hartlieb-Ölen, Kürbiskern- und Speckpestos sowie verschiedenen Chutneys. Auch frisches Brot, hausgemachte Nudeln, Säfte vom Obsthof Kaufmann, Edelbrände aus der Region, Senf und Essig von Andreas Fischerauer sowie die herrlichsten eingelegten Gemüse von Erich Stekovics warten auf neue Besitzer; die Südoststeirische Käferbohne aus der Genussregion ist ebenfalls vertreten. Auf Bestellung gibt es übrigens auch frischen Fisch. Vorbeikommen lohnt sich, auch wegen des sehr freundlichen Personals, das gerne über die Philosophie des Geschäftes Auskunft gibt.

BIO

MET BRÄU DIE STEIRISCHE NATURKRAFT

8020 Graz, Citypark Einkaufszentrum
Lazarettgürtel 55
TEL 06 64/150 17 83

Ursprünglich von 3 Bauern gegründet, wird der Bauernladen heute von insgesamt 70 Bauern beliefert, die mit Stolz behaupten können, das beste und größte Sortiment eines Bauernladens in Österreich zu haben: Käse- und Wurstsorten wie steirischer Fasslkas, Hirschpastete, Steirischer Vulkanland Schinken aus der Genussregion, Feinheiten vom Sonnenschwein, Kartoffelwürste, Nudeln, Marmeladen, frisches Sauerkraut, Brot- und Gebäckspezialitäten (auch Bio) sowie zahlreiche Spirituosen findet man hier. Dazu gibt es Specknüsse – mit Nüssen oder Datteln gefüllte Speckröllchen. Eine Besonderheit ist sicherlich auch das naturtrübe Bier aus dem Heustadel. Die Weintheke ist reichlich bestückt, natürlich mit steirischen Weinen, und auch Süßes gibt es wie die Zirbenkugerln aus Schoko-Zirbenmasse, mit Honig und Zirbenschnaps gefüllt oder Zotter Schokoladen und Lollies. Fast alle steirischen Genussregionen sind hier vertreten, auch der Steirische Kren, das Steirische Kernöl oder die Pöllauer Hirschbirne. Für den Hunger zwischendurch gibt es eine Stehtheke mit köstlichen Gerichten, das Personal berät freundlich und mit viel Fachwissen. Genuss pur!

BIO !

SAUER CATERING, CAFE & FEINKOST

8042 Graz, Waltendorfer Hauptstraße 121
TEL 0 31 6/47 10 25
WEB www.sauer.co.at

Nach dem Motto „Unser Herz schlägt für die Steiermark" wird hier ein überragendes Angebot an

Uni-Eno

Vom Fass

hochwertigen regionalen Produkten aus fast allen steirischen Genussregionen wie Steirisches Kürbiskernöl, Gesäuse Wild, Pöllauer Hirschbirne, Almenland Almochse, Steirischer Vulkanland Schinken oder Südoststeirische Käferbohne angeboten. Die Käsetheke lockt mit einer sehr guten Auswahl an verführerischen Feinheiten. Spezialitäten aus dem Ausland werden bei Bedarf auch selbst importiert. Eine Backstation mit Steinofen verleiht dem Markt den Duft von frischem Gebäck. Obst und Gemüse überzeugen mit Frische und bester Präsentation. Die Weinabteilung und der Bereich der landwirtschaftlichen Direktvermarkter ist in dieser Dimension einzigartig, Bein- und Winzerschinken finden sich hier ebenso wie frisches Almochsenfleisch, und die kompetente und überaus freundliche Beratung macht den Einkauf zum Genusserlebnis. Das angeschlossene, sehr gemütliche Café in herrlicher Lage lädt mit Blick auf den Schöckl zum Verweilen und Gustieren ein.

BIO !

STADT-BAUERNLADEN MARIA BAUER

8010 Graz, Hamerlinggasse 3
TEL 03 16/80 50 12 60
MAIL office@stadtbauernladen.at
WEB www.stadtbauernladen.at

Unter dem Motto „Nimm Dir das Beste" werden im modernen und sehenswerten Stadtbauernladen verführerische Genussprodukte aus der Steiermark, darunter zahlreiche Bio-Produkte, präsentiert. Das hervorragende Angebot an ausgewählten Spezialitäten reicht beim Käse vom Bio-Brie von Deutschmann bis zum Konixberger Hexenkäse mit Bockshornklee, aber auch regionale Feinheiten von Bauern aus dem Umland finden sich. Wurst und Schinken kommen auch aus den Genussregionen Steirischer Vulkanland Schinken und Gesäuse Wild, zahlreiche Öl- (darunter feines Walnuß- oder Mohnöl und natürlich Steirisches Kürbiskernöl aus der Genussregion) und Essigspezialitäten (wie Williamsbirnenessig oder Paradeiserfruchtessig) werden ebenso angeboten wie Bio-Honig und -Marmeladen. Und auch die Weinabteilung kann mit Pretiosen von Tinnauer, Scheucher, Platzer oder Lang überzeugen. Bei den Edelbränden gibt es Spezialitäten von der Hirschbirne oder Vogelbeere. Frisches Obst aus der Steiermark wird ebenso angeboten wie Kletzenbirnen, Steirischer Kren, Vollkornkekse oder Kräutertees aus dem Schilcherland. Die Chefin berät hier persönlich, engagiert und äußerst freundlich.

BIO !

UNI-ENO

8010 Graz, Heinrichstrasse 51
TEL 0 31 6/38 14 10
MAIL uni-eno@chello.at
WEB www.uni-eno.at

Sollten Sie Lust auf Genuss aus dem Süden verspüren, dann sind sie hier mit Sicherheit richtig. Die Enoteca verführt mit Geschmack und Flair nach Italien und bietet Spezialitäten aus fast allen Regionen der Apenninhalbinsel: Käse wie Provolone (Kuhmilchkäse aus Norditalien), Trüffel- und Schafmilchkäse, Caciotta al tartufo, olive oder pepe. Die Feinkostabteilung ist beeindruckend: seien es gekochter oder roher Schinken, Vitello Tonnato, Salami aus Kalabrien, Wildschweinsalami, saure Sardinen, Oktopussalat, Calamari oder das frisch gebackene und knusprige Brot. Natürlich werden auch exklusive Weine aus Italien angeboten, an der nunmehr vergrößerten Theke kann man gerne den einen oder anderen erlesenen Tropfen verkosten oder eines der beiden Mittagsmenüs genießen. Catering und Geschenkservice runden das Angebot ab, und auch das Personal vereint italienische Lebensfreude mit Grazer Freundlichkeit.

!

VOM FASS

8010 Graz, Glockenspielplatz 7
TEL 0 31 6/71 96 96
MAIL vomfass.musil@aon.at
WEB www.vomfass.com

Ausgefallene Essigsorten, feine Öle (darunter Olivenöle aus Italien oder Spanien, Arganöl aus Marokko, aber auch Zedernnussöl aus Sibirien) und exklusive Weine und Brände in großer Auswahl und aus aller Welt werden in diesem Geschäft in Fässern oder Glasballons gelagert. Qualität steht im Fokus, auch das Personal zeichnet sich durch profundes Wissen und Freundlichkeit aus. Zu den steirischen Spezialitäten gehören der „Olivin" vom Weingut Winkler-Hermaden Schloss Kap-

Fleischerei Spanberger

Haagens´s Kulinarium

fenstein, Zirben- und Lärchenbrände, Kürbisknabberkerne oder Marmelade. Das Weinangebot bietet neben steirischen Tropfen von Winkler-Hermaden oder Polz auch Raritäten aus Frankreich, Italien und Spanien, und zahlreiche regionale Schmankerl vervollständigen die breite Genusspalette.
!

ZUM KOCHEN

8010 Graz, Theodor-Körner-Strasse 37
TEL 03 16/68 99 98
MAIL shopping@zumkochen.at
WEB www.zumkochen.at

Hübsches, kleines Geschäft, in dem Hobbyköche nicht nur Handwerkszeug und Schönes für den Tisch, sondern auch eine umfangreiche Palette an Gewürzen und Delikatem finden. Angeboten werden unter anderem 30 verschiedene Pfeffer, Pfeffergewächse und Pfeffermischungen aus Indien, China oder Australien, aber auch Schwarzes Salz, Fleur de Sel oder geräuchertes Salz, zahlreiche Gewürzmischungen, Senf, Fonds, Antipasti, Tapas, Spezialessige und Öle, Oliven, Risotti, Nudeln oder Couscous, und natürlich dürfen auch Trüffel-Feinheiten nicht fehlen. Fruchtaufstriche und Marmeladen findet man ebenso wie edle Schokoladen. Als besonderes Zuckerl werden hier auch Kochkurse angeboten. Die Chefin berät freundlich und mit viel Fachwissen und macht den Besuch zu einem Erlebnis.
!

GRÖBMING

FLEISCHEREI SPANBERGER

8962 Gröbming, Gröbming 234
TEL 0 36 85/223 75
MAIL spanberger@aon.at

Kunden aus der ganzen Region lockt dieses kleine und sehr nette Fleischerfachgeschäft an – vor allem auch wegen seiner feinen Imbissecke mit warmen und kalten Speisen. An Spezialitäten aus der Region findet man den Ennstaler Speck, den Paprika- sowie den Knoblauchspeck, den Almspeck und viele hausgemachte Wurstsorten. Im Fleischbereich wird neben dem Standardsortiment auch Saisonales, auf Bestellung auch verschiedene Bioprodukte und Selbstgemachtes wie Beuschl und Gulasch, angeboten. Sauergemüse, Rot- und Sauerkraut, Senf, Suppen und verschiedene Nudeln finden sich ebenfalls im Programm. Die Chefin persönlich beratet freundlich und kompetent.
!

GROSS HARTMANNSDORF

HAAGEN'S KULINARIUM

8264 Groß Hartmannsdorf, Groß Hartmannsdorf 121
TEL 0 33 86/85 55
MAIL info@haagens-kulinarium.at
WEB www.haagens-kulinarium.at

Hier gehört es zur Philosophie, von allem nur das Beste anzubieten. In der Palette finden sich zahlreiche Köstlichkeiten von ausgewählten Bauernhöfen aus der Region, schließlich ist man hier auch von der Qualität und Klasse einheimischer Produkte überzeugt. Beim Käse reicht das Angebot vom Frisch- und Schafskäse (auch in Bio) über Topfen und Naturjoghurt bis zu Käsebällchen. Bei Wurst und Schinken findet man Vulcano-Schinken ebenso wie Schweinsbraten, Hamburger, Paprikaspeck oder Straußenleberaufstrich. Auch Qualitätsweine aus der Südost-, Südwest- und Weststeiermark verführen zum Genuss, genauso wie die Feinkostspezialitäten vom Schirnhofer, die hausgemachten Mehlspeisen, die Delikatessen von Fink's oder

Burgl Markt – Der Bauernladen

Eurospar Hartberg

die herrlichen Fruchtsäfte. Spezialöle (wie hervorragendes Kürbiskernöl aus der Genussregion) und -essige, Kleingebäck, Nudeln aus der Region und Edelschokoladen von Zotter vervollständigen das umfangreiche Angebot. Das an das Geschäft angeschlossene Stüberl lädt zum Gustieren und Probieren der hochwertigen Produkte ein. Oder Sie lassen das Einkaufserlebnis bei einer Tasse Kaffee oder einem frisch gezapften Bier langsam ausklingen.

!

HARTBERG

BIO-SPHÄRE HARTBERG

8230 Hartberg, Am Ökopark 20
TEL 033 32/320 12
MAIL info@biospaere.at
WEB www.bio-sphaere.at

Mitten im Thermenland Oststeiermark gibt es diesen besonderen Bioladen. Die Betreiber sind in der Steiermark nicht unbekannt, sondern vielmehr seit 1979 im Einsatz für faire, biologisch angebaute Lebensmittel. Eine große Auswahl erwartet den Kunden in allen Warengruppen. Bei Käse finden sich Spezialitäten von der Ziege wie Ziegenmilchgouda ebenso wie Knoblauch-Basilikum-Gouda, geräucherter Mozarella, Schafmilch-Gouda oder -Roquefort. Frisches, hochwertiges Fleisch (von Lamm, Pute, Schwein und Huhn) wird ebenso angeboten wie Hamburger Speck oder geräucherter Rohschinken; frischen Fisch gibt es auf Bestellung. Darüber hinaus gibt es aber auch ein breites Angebot an Brot und Gebäck sowie an Mehlspeisen (darunter auch Vollkornmehlspeisen), Nudeln, Ölen, Gewürzen, Obst- und Gemüse. Ein Supermarkt ganz „bio". Natürlich ein Genuss!

!

BURGL MARKT - DER BAUERNLADEN

8230 Hartberg, Wienerstrasse 10
TEL 0 33 32/630 45
MAIL kochinderau@gmx.at

Im netten Bauernladen wird eine umfangreiche Palette an außergewöhnlichen Genussprodukten aus der eigenen Produktion sowie aus der Region geboten. Käse gibt es unter anderem von der Familie Schützenhofer, die Auswahl reicht von Frischkäse mit Kräutern über Weichkäse mit Pfeffer und Räucherkas bis zur Bauernbutter. Bei Wurst und Schinken fällt die Wahl schwer: gekochten Schinken gibt es ebenso wie Schinken-, Karree-, Bauch- oder Seitenspeck, luftgetrockneten Rohschinken, Osso Collo, Trüffelfilet, verschiedene Würste wie Knoblauchrohwurst, Selch- oder Kürbiskernwürstel, aber auch Verhackert, Rauchfleisch-Aufstrich, Leberaufstrich, Hirsch- oder Wildschweinpasteten. Aus den Genussregionen ist das Pannonische Mangalitzaschwein mit Kräuter-Lardo und Rohschinken vertreten, die Pöllauer Hirschbirne mit Hirschbirn-Essig. Knabberkerne und Kürbiskernöl aus eigener Herstellung gibt es natürlich ebenso wie hausgemachte Nudeln, Kekse und Mehlspeisen aus der Region, für die schnelle Küche Beuschl, Klachlsuppe oder Gulasch. Das hervorragende Angebot sowie die freundliche Bedienung laden hier zum Einkauf ein.

!

EUROSPAR

8230 Hartberg, Bahnhofstrasse 20
TEL 0 33 32/63 105
WEB www.spar.at

Einkaufen macht hier wirklich Spass. Das großzügig angelegte Geschäft ist einladend gestaltet, das Warenangebot wird sehr ansprechend präsentiert, „Frische" ist das zentrale Thema. Die Feinkostabteilung ist eine wahre Schatzkammer für Geniesser, man legt großen Wert auf regionale und saisonale Produkte. Bei Wurst und Schinken kann man aus über 30 verschiedenen Speck- und Schinkensorten wählen, darunter Karree-, Wurzel-, Bauch-, Schinken-, Selch- oder Jausenspeck, aber auch Lachsrohschinken findet sich im Programm. Wild, Kalb, Lamm und Fisch gibt es auf Bestellung. Für den passenden edlen Tropfen steht ein virtueller Weinberater zu Verfügung. Die Auszeichnung der Waren ist sehr übersichtlich, das Personal ist freundlich und kompetent. Wie bei Spar üblich, zieht sich auch das Bio-Angebot durch praktisch alle Warengruppen. Aus den Genussregionen finden sich Murtaler Steirerkäs, Pöllauer Hirschbirnen oder Weizer Berglamm.

!

Lagerhaus Wechselgau

JOSEF LEBENBAUER
8230 Hartberg, Ring 8
TEL 0 33 32/643 08
Ausschließlich „bio". In diesem Hofladen hat man ein geschmackvolles Angebot an Feinkost mit Herkunft. Neben Joghurt aus der Region (im Glas) gibt es sehr viele Käsesorten wie Frisch-, Weich-, Hart- oder Schafkäse. Das Obst- und Gemüseangebot ist heimisch und wird von den Jahreszeiten bestimmt; auch Salat- und Gemüsepflanzen finden sich im Programm. Hausgemachte Nudeln, Fruchtsäfte und Mostessig runden das Sortiment ab. Das Personal berät überaus freundlich und hilfsbereit.
BIO !

LAGERHAUS WECHSELGAU
8230 Hartberg, Weidenstrasse 7
TEL 0 33 32/60 72 38
GENUSS REGION ÖSTERREICH In der sehr gut sortierten und umfangreichen Bauernecke im Lagerhaus Wechselgau wird eine Vielzahl an Spezialitäten aus der Region liebevoll präsentiert. Die Auswahl beginnt mit zahlreichen Speck- und Wurst-Feinheiten der Familie Jeitler und Koch, darunter Karreespeck, Osso Collo oder Lardo, aber auch Selchwürste, Kaiserfleisch, Aufstriche und Pasteten finden sich im Angebot. Bei Käse findet man Kuhmilchprodukte ebenso wie Ziegenkäse oder Stutenmilch, frisches Brot kommt von drei Familien aus der Umgebung. Im Bio-Bereich findet man unter anderem hausgemachte Weizen- und Dinkelnudeln, Gewürzspezialitäten wie Blütensalz, aber auch saisonales Obst und Gemüse vom Biohof Lebenbauer. Die Genussregionen sind unter anderem mit der Pöllauer Hirschbirne (Hirschbirn-Essig vom Pöltl, Hirschbirn-Schaumwein, Hirschbirnbrand) und dem Steirischen Kürbiskernöl vertreten. Vervollständigt wird die Genusspalette mit einer großen Auswahl an Fandler-Ölspezialitäten, Germmehlspeisen, Kleingebäck und Honig von bäuerlichen Betrieben aus der Region, aber auch hausgemachten Marmeladen und Zotter-Edelschokoladen. Sehr freundliches, hilfsbereites Personal.
BIO !

HARTL BEI KAINDORF

HARTLER BAUERNLADEN
8224 Hartl bei Kaindorf, Fruturastrasse 1
TEL 0 33 34/418 00
MAIL office@frutura.at
WEB www.frutura.at
Im neu gestalteten und einladenden Bauernladen werden neben vielen traditionellen heimischen Käsesorten auch zahlreiche neue Kreationen von Ziege und Kuh angeboten. Bei Wurst und Schinken findet man Karree, Hamburger Speck, gekochten Schinken oder Bauerngeselchtes, aber auch hausgemachte Aufstriche und Selchwürste. Kräuter- und Früchtetees gibt es hier genauso wie Zuckerspezialitäten aus dem angrenzenden Thermenland (unter anderem Pfefferminzzucker oder Rosenzucker), aber auch Marmeladen, Honig, eingelegtes Gemüse, Fruchtsäfte und -sirupe, Bio-Schnäpse und -Liköre sowie Getreideprodukte aus einer Mühle in der Region. Die Genussregionen sind mit dem Oststeirischen Apfel (Säfte, Schokoladen, Apfel-Chili-Trüffel) und dem Steirischen Kürbiskernöl (Kürbiskernschokolade mit Himbeeren, Kürbiskerne in Nougatschokolade) vertreten. Einkaufen ist hier ein echter Genuss.
BIO !

HEILIGENKREUZ

ADEG KURZMANN
8081 Heiligenkreuz, Marktplatz 1
TEL 0 31 34/35 55
MAIL adeg.kurzmann@aon.at
GENUSS REGION ÖSTERREICH Außergewöhnlich schöner und einladender Frischemarkt, der sich nicht nur durch eine große, hervorragend sortierte und sehr ansprechende Obst- und Gemüseabteilung auszeichnet, sondern auch durch die umfangreiche Palette an stets frischem, knusprigem Brot und Gebäck aus dem eigenen Backshop. Das Angebot an der Feinkosttheke ist hervorragend, vor allem die Auswahl bei Wurst und Schinken weiß mit zahlreichen regionalen Spezialitäten wie dem Steirischen Vulkanland Schinken zu punkten. Aus den Genussregionen findet man darüber hinaus aber auch Steirisches Kürbiskernöl oder Steirischen Kren. Im Bio-Bereich gibt es das Adeg-Standardprogramm. Das Personal bedient überaus freundlich und zuvorkommend.
BIO !

Spar Sigrid Spath

Kaufhaus Dieter Baronigg

Rodler Nah&Frisch

HITZENDORF

SPAR SIGRID SPATH

8151 Hitzendorf, Hitzendorf 15
TEL 0 31 37/22 58
MAIL sigrid.spath@sparmarkt.at
WEB www.spar.at

Das tolle Sortiment macht den Einkauf hier zu einem echten Genuss. Die große und sehr gut sortierte Auswahl an Käse – darunter viele Spezialitäten aus der Region – wird appetitlich und übersichtlich präsentiert. Feines aus der Umgebung findet man auch beim frischen Obst und Gemüse sowie im Fleisch- bzw. Feinkostbereich, darunter Schinken und Speck von den „Gutes vom Bauernhof"-Betrieben. Darüber hinaus gibt es ein breites Sortiment an hausgemachten Nudeln, Getreide, sauer eingelegtem Gemüse, gekochten rote Rüben, Kräutertees, Säften, Nektaren, Schnäpsen, Essigen und Steirischen Kürbiskernspezialitäten, natürlich aus der Genussregion. Als besonderes Schmankerl gibt es auf Bestellung jeden ersten Samstag im Monat fangfrischen Fisch aus der Steiermark. Angeboten werden Forellen, Lachsforellen, Saiblinge und Karpfen. Das Personal ist ausgesprochen freundlich und hilfsbereit.

ILZS

KAUFHAUS DIETER BARONIGG

8262 Ilz , Ilz 3
TEL 0 33 85/261
MAIL kaufhaus@baronigg.at
WEB www.baronigg.at

GENUSS REGION ÖSTERREICH Das Angebot an genussversprechenden Spezialitäten auf kleinem Raum ist riesig. Die feine Käseauswahl überzeugt unter anderem mit Spezialitäten von der Blumauer Hofkäserei oder Schafskäse vom Biohof. Steirisches Genussregion Kürbiskernöl gibt es aus dem Ort, herrliche Nektare, Moste und Weine verführen zum Genuss. Frisches Brot und Gebäck liefern die Bäcker der Region, die Obst- und Gemüse-Ecke lockt mit heimischen Produkten in bester Qualität und darüber hinaus auch mit einer Vielzahl an Exoten. Aber auch das gute Frischfischangebot von Donnerstag bis Samstag lockt viele Genießer nach Ilz. Insgesamt ein sehr geschmackvoller und sympathischer Nahversorger.

KAINDORF

RODLER NAH&FRISCH

8224 Kaindorf, Kaindorf 8
TEL 0 33 34/22 91-0
MAIL office@rodler-markt.at

GENUSS REGION ÖSTERREICH Ein kleiner Nahversorger mit Einkaufsatmosphäre. Vor allem das geschmackvoll präsentierte und sehr gut sortierte Käsesortiment fällt auf: fast 50 Sorten an regionalen und internationalen Spezialitäten stehen zur Auswahl. Bei Wurst und Schinken findet man Feines wie Paprikaspeck, Holzfällerspeck oder Kaiserbratl, Obst und Gemüse sind frisch und werden ansprechend präsentiert, beim Wein setzt man auf Regionalität. In der Bauernecke werden diverse Fruchtsirupe, Fruchtaufstriche, verschiedene Kürbiskernprodukte, Schnäpse, Obst und Getreide sowie eine Reihe von Nudelspezialitäten, aber auch Schokoladen angeboten. Brot und Gebäck wird frisch von den Bauern aus der Umgebung geliefert, ebenso wie feine Mehlspeisen, Eier oder verschiedene Selchwaren. Das Angebot an Bio-Produkten wurde erweitert, die Genussregionen sind unter anderem mit der Pöllauer Hirschbirne und dem Oststeirischen Apfel vertreten.

KAPFENBERG

FLEISCHEREI HANS HARGER

8605 Kapfenberg, Wiener Straße 35a
TEL 0 38 62/278 85
MAIL office@harger.at
WEB www.harger.at

GENUSS REGION ÖSTERREICH Der Name Harger steht für Qualität und Regionalität. Die im Betrieb verarbeiteten Schweine, Rinder, Lämmer sowie das Wild wachsen auf den Weiden, Almen und in den Wäldern der Steiermark auf. Hochwertiges Frischfleisch gibt es vom Schwein, Rind, Kalb, Huhn und saisonal auch vom Wild bzw. Lamm. Im Feinkostbereich hat der Genuss-Fleischer ein umfangreiches Sortiment an Wurst, Schinken, Speck, Geselchtem und Rauchfleisch. Zu den Highlights zählen Hargers Braune, eine Braunschweiger, sowie die Cervelat, eine g'schmackige Rohwurst, deftig gereift. Aber auch Spezialitäten vom Weststeirischen Turopoljeschwein aus der Genussregion oder Manturo-Schweinefleisch wer-

Grasmugg – Das Bauerneck

den angeboten, ebenso wie eine breite Palette an Bioprodukten. Alles in allem fühlt man sich in diesem Geschäft bestens aufgehoben.

BIO

KINDBERG/AUMÜHL

SPAR FRANZ SPRUZINA

8652 Kindberg/Aumühl, Auweg 2
TEL 0 38 65/35 00
MAIL franz.spruzina@sparmarkt.at
WEB www.spar.at

Ein geschmackvoller Markt mit Qualitäts- und Regionalitätsbewusstsein. Im Frische- und Feinkostbereich wird auf Präsentation, Geschmack und Regionalität Wert gelegt. Bei Wurst und Schinken werden vor allem regionale Produkte angeboten, neben Steirischen Vulkanland Schinken aus der Genussregion kann man hier auch Schwarzwälder Rohschinken, Karree-, Honigkrustenoder Krenschinken finden, Obst, Gemüse und Kräuter sind frisch und werden übersichtlich präsentiert. Beim Käse gibt es ebenfalls Spezialitäten aus der Genussregion wie den Murtaler Steirerkäs. An der Brottheke hat man die Qual der Wahl bei 60 Sorten Brot und 70 Sorten Gebäck. Das besondere Fischangebot (von Dienstag bis Samstag) lässt kaum Wünsche offen. Abgerundet wird das Komplettangebot durch ein breites Sortiment von Bioprodukten in praktisch allen Warengruppen und durch eine Vielzahl von Spezialitäten wie Kernöl aus Birkfeld, Nudeln aus Pischelsdorf, Zotterschokoladen und vielem mehr. Insgesamt geht der Service im Markt weit über den eines üblichen Lebensmittelgeschäfts hinaus, auch das Personal ist außergewöhnlich freundlich und hilfsbereit.

BIO !

KIRCHBACH

GRASMUGG - DAS BAUERNECK

8082 Kirchbach, Kirchbach 24
TEL 0 31 16/22 14
MAIL office@grasmugg.at
WEB www.grasmugg.at

Im heimeligen Bauerneck bei Grasmugg wird eine breite Palette an steirischen Spezialitäten von mittlerweile 37 Direktvermarktern und Bio-Betrieben angeboten. Frisches Bauernbrot – das von drei Familien aus der Region geliefert wird – gibt es hier täglich, Bio-Vollkornbrot jeden Mittwoch. In der eigenen Mühle frisch gemahlenes Getreide vom Bio-Bauern wird ebenso angeboten wie hausgemachte Nudeln (auch Vollkorn- oder Kräuternudeln), Spezialessige und –öle, Kräutersalze, regionale Selchwaren (wie Karree, Rohschinken, Selchoder Rauchwurst), Gemüse, Honig, Käse (Frischkäse ebenso wie Bauerntopfen oder Käsebällchen), Bio-Kräutertee, frisches Obst und Säfte, bäuerliche Schnäpse, Sekt, Schokolade und natürlich Weine aus der Region. Zum Genuss verführen hier aber auch die zahlreichen, täglich frischen und hausgemachten Mehlspeisen wie Guglhupf, Rehrücken, Schnitten, Nußpotize, Krapfen (Fasching), Strizel (Allerheiligen) und Kleingebäck (Weihnachten). Sehr engagierte und kompetente Mitarbeiter.

BIO !

KNITTELFELD

EUROSPAR

8720 Knittelfeld, Schubertstraße 5
TEL 0 35 12/852 02
WEB www.spar.at

Wie im Eurospar üblich, bleiben hier praktisch keine Wünsche offen. Neben den Standards gibt es in jeder Warengruppe ausgesuchte Spezialitäten, wobei auf Herkunft und Regionalität großer Wert gelegt wird. Die Auswahl an heimischen sowie internationalen Käsesorten ist beachtlich, die Wurst- und Schinken-Abteilung bietet Köstlichkeiten aus dem In- und Ausland bei bester Präsentation. Auch das Fleischangebot bietet eine Riesenauswahl: von Schwein und Rind bis hin zu Wild und Lamm, Ente und Kaninchen, als Bioschmankerl wird unter anderem Almochsenfleisch angeboten. Freitags gibt es darüber hinaus ein sehr gutes Angebot an frischem Fisch. Bioprodukte gibt es sowohl bei Obst und Gemüse als auch bei Wurst und Fleisch, überhaupt ist das Sortiment bei Obst und Gemüse überdurchschnittlich groß. Eine Imbissecke bietet Herzhaftes für den Hunger zwischendurch, das Personal ist sehr freundlich und kompetent.

BIO !

KOBENZ · KÖFLACH · KUMBERG

Hofladen Herk

Steirischer Bauernladen Köflach

Loder Kumberg

KOBENZ

HOFLADEN HERK

8720 Kobenz, Raßnitz 7
TEL 0664/324 58 66
MAIL office@herk-eier.at
WEB www.herk-eier.at

Im modernisierten und erst Ende letzten Jahres neu eröffneten Hofladen steht Genießern auf 80 Quadratmeter eine Produktpalette aus mehr als einhundert steirischen Spezialitäten zur Verfügung – vom Murtaler Steirerkäs (aus der Genussregion) bis zum Seckauer Lebkuchen, von der Ursprungsmilch über Freilandeier von eigenen Hühnern, frisches Bauernbrot, ausgezeichnetes Geselchtes und Speck, hausgemachte Mehlspeisen, Nudeln und Bauerntopfen bis zu Marmeladen und Honig, Fruchtsäften oder Schnäpsen. Insgesamt wird der Hofladen von rund 40 regionalen Bauern und Gewerbetreibenden beliefert, eine Vielzahl der angebotenen Produkte stammt aus den Genussregionen. Das Personal gibt dazu gerne und kompetent Auskunft. Im Eingangsbereich versorgt ein Eier-Automat Kunden rund um die Uhr mit frischen Freilandeiern, aber auch frische Biomilch und Joghurt können 24 Stunden täglich über den Automaten bezogen werden.

SPAR

8720 Kobenz, Kobenz
TEL 0 35 12/710 96
WEB www.spar.at

Der architektonisch modern gehaltene, helle und freundliche Supermarkt präsentiert neben dem Standardsortiment auch zahlreiche besondere Gustostückerln: Dazu gehören etwa Schinken- und Käsespezialitäten (Rotwein Rebell) oder auch die Vielfalt an appetitlichen Convenience-Produkten in der Fleischabteilung. Frischen Fisch gibt es saisonbedingt, und in der ansprechenden Obst-und-Gemüse-Abteilung sind auch Exoten und Kräuter zu finden. Brot und Gebäck sind stets ofenfrisch und knusprig. Auch die Weinauswahl ist sehr vielseitig, übersichtlich präsentiert und mit internationalen und regionalen Sorten bestückt.

KÖFLACH

STEIRISCHER BAUERNLADEN I.D. KÖFLACHER PASSAGE

8580 Köflach, Rathausplatz 1
TEL 0664/142 01 58
WEB www.bauernladen-weixler.com

Schon seit Generationen werden die frischen, qualitativ hochwertigen und vor allem geschmackvollen Produkte der Familie Weixler ab Hof verkauft. Im Jahr 1999 wurde mit viel Liebe zur Idee und zur Region zusätzlich der sehr einladende Steirische Bauernladen eröffnet. Das angebotene Sortiment besteht ausschließlich aus Genussprodukten aus der eigenen Produktion sowie von etwa 20 bäuerlichen Betrieben aus der Region. Das hochwertige Fleisch, die nach überlieferten Rezepten hergestellten und perfekt präsentierten Wurst- und Selchprodukte sowie der Speck stammen vom eigenen Hof, genauso wie das frische Brot und die hausgemachten Mehlspeisen. Von den regionalen Bauern zugeliefert werden das edle Kernöl aus der Genussregion, hausgemachte Nudeln, eingelegte Spezialitäten, Käse (wie Schafskäse oder Vorarlberger Alpkäse), Bio-Tee, Knabberkerne, Schilcher, Schnäpse und Liköre, Freilandeier oder Marmeladen. Das umfangreiche Sortiment wird ständig erweitert, aus den Genussregionen kann man auch die Südoststeirische Käferbohne finden.

KUMBERG

LODER

8062 Kumberg, Am Platz 1
TEL 0 31 32/230 20
MAIL office@loder.co.at
WEB www.loder.co.at

Genuss pur: Regionalität und Frische in allen Warengruppen. In der Fleisch- und Wurst-Abteilung finden sich das gesamte Vulcano-Sortiment, Feinheiten vom Weststeirischen Turopoljeschwein, Köstlichkeiten wie Neusetzer (Wildschweinspeck in Basaltstein), aber auch Schinken- und Wurstspezialitäten von Betrieben aus der Umgebung. Regionale – wie der Murtaler Steirerkäs aus der Genussregion – sowie internationale Käsespezialitäten überzeugen. Obst und Gemüse verführen mit großer Auswahl, perfekter Frische und Präsentation

Coffeshop Michael Adanitsch

Frischehof Robier

Spar Siegwald Gschier

zum Genuss, der frische Fisch wie Saibling und Forelle stammt aus der Weizklamm. Georg Loder bezieht viele Weine ab Hof und bietet seinen Kunden ein außergewöhnlich breites Sortiment an. Im eigenen Verkosthaus für Käse und Wein wird beraten und degustiert. Natürlich gibt es auch Kernöl aus der Genussregion Steirisches Kürbiskernöl. Für die süße Verführung sorgt eine große Auswahl an Zotter-Schokoladen, und für Gesundheitsbewusste steht eine breite Palette an Bioprodukten bereit.

LEIBNITZ

COFFESHOP MICHAEL ADANITSCH

8430 Leibnitz, Hauptplatz 23
TEL 0 34 52/826 25

Mit besonderem Flair und Ambiente besticht der Coffeshop am Hauptplatz von Leibnitz. Das Geschäft bietet zahlreiche Spezialitäten und eine beeindruckende Auswahl an Rot- und Weißweinen von den renommiertesten Weingütern der Südoststeiermark. Überhaupt verfügt das Geschäft über eine vielseitige Produktpalette: Man findet Wein- und Mostessig, Veltiner Weinessig, weißen Pfirsichessig und zahlreiche Edelbrände. Auch süße Köstlichkeiten wie Zotter-Schokolade und Staud's Marmeladen lassen das Kundenherz gleich höher schlagen. Ein Stehcafé lädt zum Verweilen und Gustieren ein. Das Personal überzeugt mit Freundlichkeit und großer Kompetenz, insgesamt ist es ein sehr empfehlenswertes Geschäft.

FISCH-FACHGESCHÄFT FREIDORFER

8430 Leibnitz, Bahnhofstraße 8
TEL 0 34 52/828 67
MAIL j.freidorfer@aon.at

Für Fischliebhaber ist dieses gemütliche und gut sortierte Fachgeschäft ein Muss: eine große Auswahl feinster heimischer Fische in bester Qualität und Präsentation, darunter die klassischen Süßwasserspeisefische wie Forelle, Hecht, Karpfen oder Saibling, aber auch eine kleine Auswahl an Salzwasserfischen. Das Personal berät freundlich und hilft mit Zubereitungstipps, und in der gemütlichen Imbissecke werden täglich warme Fischgerichte und frische Fischsalate, aber auch Klassiker wie das Grillhendl angeboten.

FRISCHEHOF ROBIER

8430 Leibnitz, Im Lagerfeld 11
TEL 0 34 52/745 11 0
MAIL info@frischehof.at
WEB www.frischehof.at

Das sehenswerte Biogeschäft überzeugt mit einem umfangreichen Bio-Vollsortiment: zahlreiche regionale Spezialitäten aus der Südsteiermark, aber auch Naturkosmetik und Nahrungsmittelergänzung – Qualität steht hier an erster Stelle. Feinste Käsedelikatessen, erlesene Weine, würzige und verführerische Wurst- und Selchwaren, täglich in der eigenen Bäckerei frisch und knusprig gebackenes Brot und Gebäck. Obst und Gemüse stammen aus rein biologischem und teils eigenem Anbau und befinden sich in einem eigenen Abteil mit verglaster Wand, an Feinheiten findet man hier auch Südoststeirische Käferbohnen oder Steirischen Kren. Abgerundet wird das Sortiment durch verschiedene Ölspezialitäten wie Lein-, Sonnenblumen- oder Kürbiskernöl aus der Genussregion, Tee, Kaffee oder Honig. Einkaufen mit kompetenter und vor allem sehr persönlicher Beratung ist hier wirklich ein Genuss; verkosten kann man die Produkte gleich in der hauseigenen Gastro-Ecke.

SPAR SIEGWALD GSCHIER

8430 Leibnitz, Hauptpl. 28
TEL 0 34 52/825 06

GENUSS REGION ÖSTERREICH Der frisch renovierte und zentral gelegene Markt bietet ein umfassendes Warensortiment und zeichnet sich besonders durch den sehr gut sortierten Feinkostbereich aus. Großer Wert wird dabei auf den Käse gelegt, der sehr geschmackvoll und in überragender Vielfalt präsentiert wird. In der Bauernecke findet man hausgemachte Nudeln, Steirisches Kürbiskernöl aus der Genussregion, Kräutertees und Knabberkerne, aber auch Freilandeier oder gschmackige Selchwaren.Von Dienstag bis Freitag werden auch knuspriges Bauerngebäck und Brot angeboten. Obst und Gemüse gibt es frisch und knackig je nach Saison, mit Feinheiten wie Steirischem Kren oder Südoststeirischen Käferbohnen. Einmal in der Woche werden darüber hinaus Suppen vom Bauernhof angeboten. Zur Auswahl stehen unter anderem Magerlsuppe, Fleck- oder Beuschelsuppe. Die Weinauswahl ist umfangreich mit einem klaren

Kaufhaus Repolusk

Genussfleischerei Kranzelbinder

Hofkäserei Naglhofer

Schwerpunkt auf Produkte aus der Steiermark, die Beratung freundlich und kompetent.
!

LEUTSCHACH

KAUFHAUS REPOLUSK

8463 Leutschach, Leutschach
TEL 0 34 54/222
Sehr großzügig dimensionierter Lebensmittelmarkt, der nicht nur mit einer tollen Atmosphäre, sondern auch mit einer hervorragenden Auswahl in praktisch allen Genussbereichen zu überzeugen weiß. An der Käsetheke werden feine Spezialitäten bei bester Beratung perfekt präsentiert, die große Palette an Wurst und Schinken verführt ebenso zum Genuss wie die sehr gut sortierte Wein- und Spirituosenabteilung. Brot und Gebäck duften verführerisch, Obst und Gemüse punkten mit Genussregions-Spezialitäten wie Grazer Krauthäuptel, Steirischem Kren oder Südoststeirischer Käferbohne. Darüber hinaus werden in der Bauernecke zahlreiche regionale Feinheiten – darunter auch Steirisches Kürbiskernöl aus der Genussregion – angeboten. Das Mitarbeiterteam berät freundlich, kompetent und sehr zuvorkommend. Im angeschlossenen neuen Café gibt es jetzt auch Imbisse sowie täglich ein frisches Menü.
!

MARIA LANKOWITZ

GENUSSFLEISCHEREI KRANZELBINDER

8591 Maria Lankowitz, Hauptstrasse 175
TEL 0 31 44/27 22
WEB www.genussfleischerei.at
Dieses Geschäft nennt sich nicht umsonst Genussfleischerei: Man setzt auf Qualität mit Herkunft. Das merkt man sowohl bei den hochwertigen Spezialitäten bei Wurst und Schinken als auch beim Fleisch. Es finden sich Schmankerln wie Rindfleisch vom Stubalmochsen, frische Weißwürste oder eigener Prosciutto von Freilandschweinen. Salami, Schinken und Speck werden auch in Bioqualität verkauft. Vervollständigt wird das Angebot mit regionalen Teigwaren, Kürbiskernöl oder Teespezialitäten. Die Bedienung ist herzlich, zuvorkommend und vor allem kompetent. Einkauferlebnis pur. Mo–Do nur bis 13.00 Uhr geöffnet!

MARIAZELL

HOFKÄSEREI NAGLHOFER

8630 Mariazell, Halltal 15
TEL 0 38 82/45 33
MAIL naglhof@mariazell.at
WEB www.mariazeller-genuesse.at
In der kleinen Hofkäserei am Naglhof (der sich schon seit dem 16. Jahrhundert in Familienbesitz befindet) finden Genießer bei ausgezeichneter Beratung ein vielfältiges Angebot an Spezialitäten aus eigener Produktion, aber auch von Bauern aus der Region. Nicht nur Milch und Milchprodukte wie Käse – der in Kräuteröl eingelegte Frischkäse ist sündhaft gut – und Frischmilch oder ihre veredelten Varianten wie Joghurt, Molkegetränke und Butter gibt es hier, sondern auch feine Wildwürste und Speck (zu Weihnachten und zu Ostern), hausgemachte Nudeln und Marmeladen, Aufstriche wie den hervorragenden Himbeeraufstrich, Honig, selbst gebackene und ofenwarme Strudel, Kekse und Kipferl. Die feine Weinauswahl konzentriert sich auf Produkte aus der Steiermark und dem Burgenland, bei den Spirituosen findet man exquisite Edelbrände von Hirtner oder Kuntner, und auch das Steirische Kürbiskernöl aus der Genussregion fehlt hier nicht.
!

KAUFHAUS CAJ. ARZBERGER

8630 Mariazell, Am Hauptplatz 6
TEL 0 38 82/26 11
WEB www.arzberger.co.at
GENUSS REGION ÖSTERREICH Die Spezialität des Hauses ist der bereits seit 1883 in der eigenen Likörmanufaktur hergestellte und zuckerfreie Kräuterbitter. Auch der Magenlikör, dessen Mischung aus insgesamt 33 verschiedenen Kräutern besteht und der bereits den Pilgern in der Monarchie angeboten wurde, kommt aus der eigenen Produktion. Exquisites findet man beim Wein, darunter Spezialitäten von Igler, Goldenits, Polz, Wohlmuth oder Skoff. Darüber hinaus wird auch ein feines Sortiment an Edelessigen und -ölen (mit Mohn-, Sesam-, Raps-, Nuss-, Haselnuss- oder Macadamiaöl, aber auch Steirischem Kernöl aus der Genussregion), Honigen und Nüssen sowie Tees und Gewürzen von Sonnentor angeboten. Für den süßen Abschluss gibt es Edelschokolade von

Kaufhaus Caj. Arzberger

Pirker

Zotter. Kleine Imbisse und die exquisiten Liköre und Weine kann man übrigens auch in der hauseigenen Genuss-Bar zu sich nehmen.

PIRKER

8630 Mariazell, Grazer Straße 10
TEL 0 38 82/21 79
MAIL mariazell@pirker-lebkuchen.at
WEB www.mariazeller-lebkuchen.at
FILIALE 8630 Mariazell, Hauptplatz

Seit mehr als 300 Jahren wird der Mariazeller Honiglebkuchen gebacken. In der Familie Pirker hat sich das traditionelle Handwerk des Lebzeltens bis heute erhalten. Das heimelige Geschäft ist ein wahres Schlaraffenland für Naschkatzen: Angeboten werden Produkte der Konditorei und Lebzelterei und – der Zunft entsprechend – auch der Wachszieherei und der Brennerei. Besondere Aufmerksamkeit verdienen der Mariazeller Lebkuchen mit 80 unterschiedlichsten Variationen, darunter feines wie Trüffel-Lebkuchen oder Lebkuchen-Konfekt und eine Vielfalt an Mehlspeisen. Die dazugehörige Brennerei bietet eine riesige Auswahl an zum größten Teil selbst gemachten Likören, (Bio-) Edelbränden und Geisten, die allesamt bereits prämiert wurden. Aber auch verschiedene Honigsorten und diverse Essigvariationen wie Blütenhonig-Essig, Brombeere-Fruchtessig oder Schilcher Weinessig bereichern das Sortiment und werden prachtvoll präsentiert. Das Geschäft am Hauptplatz bietet einen wunderschönen Ausblick auf den Dom sowie in die Schaubäckerei. Das Personal ist stets um den Kunden bemüht und überaus freundlich.

QUESTER'S FEINE FISCHE

8630 Mariazell, Grazer Strasse 4
TEL 0664/88 67 72 93
MAIL office@questers.at
WEB www.questers.at

Mit viel Liebe zur Natur und mit großer Leidenschaft führt Alexander Quester die Fischzucht in Mariazell. Das kalte, sauerstoffreiche Wasser der Anlage, die händische Fütterung und ausreichender Platz bieten einzigartige Voraussetzungen für eine besonders gute Beschaffenheit des Fischfleisches. Der feine Eigengeschmack der Saiblinge und Forellen wird damit unverfälscht wiedergegeben, ausschließlich händische Verarbeitung garantiert höchste kulinarische Qualität. Angeboten werden (Bio-) Saiblinge, Forellen oder Huchen, entweder im Ganzen, küchenfertig hergerichtet, als zartes Filet, gebeizt oder geräuchert. Aber auch Kaviar gibt es hier, Fischwürstel, herrliches Räuchertatar oder Fischmousse und aus der Genussregion Hochschwab Wild Hirschschinken, Gamswurzen oder Hirschkrainer. Geöffnet Mi. und Do. 10.00 bis 18.00 Uhr, Fr. und Sa. 10.00 bis 20.00 Uhr, So. 10.00 bis 16.00 Uhr.

MOOSKIRCHEN

KIENZL & GSCHIER

8562 Mooskirchen, Oberer Markt 5
TEL 0 31 37/23 23
MAIL office@richtig-guat.at
WEB www.richtig-guat.at

GENUSS REGION ÖSTERREICH Durch die Verbindung von Kaufhaus und Catering findet man hier eine breite Auswahl an Genussprodukten. Vom frischen, knusprigen Frühstückssemmerl bis hin zum exklusiven 6-Gänge-Menü in den eigenen vier Wänden. Die Frischeinsel bietet Obst und Gemüse aus regionalem Anbau, täglich frisch gepress-

Meister-Feischerei Jörg Oberer

Spar Mandl

te Obstsäfte sowie eine Salatbar. Die Feinkostabteilung lockt mit nationalen und internationalen Schinken- und Wurstspezialitäten (auch vom Weststeirischen Turopoljeschwein aus der Genussregion findet sich Feines), hausgemachten Antipasti und Aufstrichen, frisches Brot dazu gibt es vom ortsansässigen Bäcker. Natürlich gibt es hier aber auch Steirisches Kürbiskernöl aus der Genussregion, in der Bauernecke regionale Schmankerl und Spezialitäten von umliegenden Bauernhöfen wie frisches Joghurt oder herzhafte Lammwürstel. Das Personal steht dem Kunden stets freundlich und kompetent zur Seite. Und sollte Sie beim Einkauf der Hunger überkommen: Es werden täglich zwei verschiedene Mittagsmenüs angeboten.

MURAU

SPAR

8850 Murau, Keltensiedlung 108
TEL 0 35 32/38 66
WEB www.spar.at

Im sehr schönen Markt wird man unweigerlich auf das große Käsesortiment, das vom Schlierbacher Käse aus der Genussregion über italienischem Treccione bis zum Bärlauchkäse reicht, aufmerksam. Sowohl in der Fleisch- als auch in der Wurstabteilung gibt es Spezialitäten, die man gern verkosten darf; auf Bestellung ist hier auch Lammfleisch erhältlich. Brot und Gebäck kommt herrlich duftend und frisch aus dem eigenen Backofen, angeboten werden zum Beispiel Brezen mit Sonnenblumenkernen und Haferflocken. Frisch erhält man auch Forellenfilets und Kabeljau, beim frischen und gut sortierten Obst und Gemüse sind die Genussregionen mit Südoststeirischen Käferbohnen, aber auch mit dem Steirischen Kürbiskernöl vertreten.

MURECK

MEISTER-FLEISCHEREI JÖRG OBERER

8480 Mureck, Hauptplatz 16
TEL 0 34 72/21 09
MAIL j.oberer@aon.at
WEB www.oberer-mureck.at

In der feinen Fleischerei, die bereits 1908 gegründet wurde und seither ein Familienbetrieb geblieben ist, werden wie in der guten alten Zeit noch alle angebotenen Fleisch-, Wurst- und Selchwaren ausschließlich selbst produziert und stammen bei Rind und Kalb auch aus der hauseigenen Schlachtung. Die Rinder, Kälber und Schweine werden von ausgesuchten bäuerlichen Betrieben aus der südsteirischen Region bezogen, damit ist hohe Qualität beim Frischfleisch garantiert. Das umfangreichen Angebot an Wurst und Schinken – mit vielen typischen steirischen Spezialitäten – wird sehr appetitlich präsentiert, auch Grammeln, Grammelfett oder steirisches Verhackert verführen zum Genuss. Vervollständigt wird die Paletten an Feinheiten mit Aufstrichen und Salaten, auch die sehr guten Imbisse für den Hunger zwischendurch überzeugen. Die Chefin bedient hier selbst, freundlich und mit viel Kompetenz.

OBDACH

SPAR MANDL

8742 Obdach, Hauptstrasse 37
TEL 0 35 78/40 81
MAIL brigitte.mandl@spar.at
WEB www.spar.at

GENUSS REGION ÖSTERREICH Der nach eigener Definition „etwas andere Supermarkt": Freundlich, sauber, übersichtlich und vor allem mit einer Vielfalt an Angeboten lädt der Spar-Markt zum Gustieren ein. Die feine Auswahl an Obst und Gemüse, das große Standardsortiment an Frischfleisch, Wurst-, Käse- und Brotspezialitäten präsentiert sich dem Kunden appetitlich und genüsslich angerichtet. In der Bauernecke wird eine Vielfalt an regionalen und steirischen Produkten angeboten wie Kürbiskernöl, Knabberkerne, Essige, Schäpse und Liköre, Säfte und Nektare, Aufstriche, aber auch Fleisch- und Selchwaren aus bäuerlicher Erzeugung. Die Genussregionen sind mit Murtaler Steirerkäs und der Wachauer Marille (Marillennektar und Marmelade) vertreten, die Palette an Bio-Produkten zieht sich – wie bei Spar üblich – durch alle Warengruppen. Die geschulten Mitarbeiter stehen den Kunden mit ihrem umfangreichen Fachwissen gerne zur Verfügung.

BIO !

Buchberger

Café Konditorei Ebner

PASSAIL

REISINGER EINKAUFSZENTRUM

8162 Passail
TEL 0 31 79/233 01
MAIL frischmarkt@reisinger.st
WEB www.reisinger.st

Durch die enge Zusammenarbeit mit den Bauern der Region wird der Einkauf im Reisinger Einkaufszentrum vor allem bei regionalen Spezialitäten zum Genuss. Im Feinkostbereich findet man Almenland-Stollenkäse (reift im ehemaligen Silberbergwerk), Schafselch- oder Kürbiskernkäse überzeugen den Gaumen ebenso wie der Vulcano-Lendbraten, Almenland- oder Kernöl-Schinken sowie viele Sorten an Geselchtem und Würsten von regionalen bäuerlichen Betrieben. Am Wochenende verwöhnt Reisinger mit einem großen Frischfischangebot. Das umfangreiche Sortiment an Brot und Gebäck mit Schrot-, Dinkel- und Kürbiskernbrot sowie Mehlspeisen werden von vier regionalen Bäckern frisch geliefert. Spezialessige von Gölles, Kürbiskernöl vom Lugitsch oder Fandler-Ölsorten kann man ebenso finden wie eine breite Palette an Bio-Produkten, auch beim frischen Obst und Gemüse. Weinliebhaber werden sowohl bei heimischen als auch bei internationalen Tropfen fündig, das Personal ist freudlich und kompetent. Tipp: die hauseigene Kaffeerösterei!

BIO !

PISCHELDORF

CLAUDIA'S KULINARIUM

8212 Pischeldorf, Hauptstraße 15
TEL 0 31 13/37 50

Feinkost vom Feinsten in heimeliger Atmosphäre. Claudia's Kulinarium bietet fast ausschließlich regionale sowie biologische Produkte. Das Sortiment an Käsespezialitäten ist umfangreich und wird sehr ansprechend präsentiert, Wurst und Schinken gibt es von bäuerlichen Betrieben aus der Region, die nach den Mondphasen schlachten. Das Angebot reicht vom Schopf über Karree und Knoblauchsalami bis zum Wurzelspeck und Hauswurzn. Frische, hausgemachte Aufstriche und Salate gibt es hier ebenso wie Kürbiskernpesto, hausgemachte Marmeladen, knuspriges Bauernbrot, Senf und Essig von ortsansässigen Produzenten, Nudelspezialitäten, Honig, feine Fruchtnektare oder Wein. Die Genussregionen sind mit der Pöllauer Hirschbirne oder dem Weizer Berglamm vertreten. Und nicht zuletzt rundet die perfekte Beratung den sehr guten Eindruck ab und macht den Einkauf zum Genuss.

BIO !

PÖLLAU

BUCHBERGER

8225 Pöllau, Pöllau 39
TEL 0 33 35/23 17
WEB www.buchberger.co.at
FILIALE 8230 Hartberg, Grazer Strasse 8

Über 120 hochwertige Fleisch- und Wurstspezialitäten sowie regionale Schmankerl werden in diesem einladenden und freundlichen Fleischerfachgeschäft angeboten. Alte, überlieferte Handwerkskunst wird hier im großen Stil gelebt. Die Rinder (die üblicherweise den Sommer auf der Alm verbringen), Kälber und Schweine stammen aus den Regionen um den Naturpark Pöllauertal und aus bäuerlichen Betrieben, die nicht weiter als 30 Kilometer von der Produktionsstätte entfernt sind. Das Sortiment an hochwertigem Fleisch, selbst produzierten Wurstsorten, traditionellem Geräuchertem wie dem Bauernschinken oder über Buchenholz geselchtem Fleisch, Rohpökelwaren sowie Schinkenspezialitäten (darunter Hirschbirnschinken mit Birnen aus der Genussregion Pöllauer Hirschbirne, Kürbiskern- oder Spanferkelschinken) lässt keine Wünsche offen, auch Bio-Ware wird angeboten. Das Personal berät freundlich und mit viel Kompetenz.

BIO

CAFÉ KONDITOREI EBNER

8225 Pöllau, Lamberggasse 31
TEL 0 33 35/23 50

Seit drei Generationen werden in dem Familienbetrieb nach alten Rezepten und aus echtem Bienenhonig, erlesenen Gewürzen, heimischen und exotischen Früchten, edlem Marzipan und feiner Schokolade, mit größter Sorgfalt und natürlich ohne chemische Zusatzstoffe Lebkuchenspezialitäten erzeugt. Darüber hinaus verführen hier aber auch täglich frisch zubereitete Mehlspeisen (wie die hervorragenden

Obsthof Retter

Pöllauer Bauernladen

Spar Gerlinde Landner

Waldbeertörtchen) sowie die selten gewordenen Konditorschaumrollen zum Genuss. Für Vollwert-Liebhaber und kalorienbewusste Genießer werden aus frisch gemahlenem Ur-Getreide Dinkel Früchtekuchen sowie als natürliche Aufbaumittel Nerven- und Energiekekse nach dem Rezept der Hl. Hildegard von Bingen angeboten. Konditoreis und Waffeln werden hier mit frischen Früchten hergestellt, und auch die Hirschbirntrüffel sollte man probiert haben.

!

OBSTHOF RETTER

8225 Pöllau, Pöllauberg 235
TEL 0 33 35/41 31
WEB www.obsthof-retter.at

GENUSS REGION ÖSTERREICH In der unverfälschten Gegend des Naturparks Pöllautal reifen am Obsthof Retter biologisch gezogene Früchte heran, Stück für Stück per Hand ausgelesen, um den naturbelassenen Edelbränden und Säften ihr unvergleichliches Aroma zu verleihen. Die Palette an sorgsam destilliertem Edelobst ist reich und begehrt: Die legendäre Pöllauer Hirschbirne aus der Genussregion, autochthone Äpfel, Kriecherl und Zwetschken, Waldhimbeeren, daneben Quitten und Marillen von höchster Güte haben längst ihre Liebhaber gefunden. Säfte wie Granatapfel oder Apfel-Holunder, Obstessige, steirische Weine, Knabberkürbiskerne sowie Kernöl runden das Sortiment ab.

BIO !

PÖLLAUER BAUERNLADEN

8225 Pöllau, Hauptplatz 2
TEL 0 33 35/45 50
MAIL bauernladen@gutes.at
WEB www.bauernladen.gutes.at

GENUSS REGION ÖSTERREICH Der Pöllauer Bauernladen präsentiert sich mit nochmals vergrößertem Angebot. Produkte von Bauern aus der Region, und natürlich die Pöllauer Hirschbirne aus der Genussregion in vielen Produkt-Varianten von Schinken bis Most, stehen im Mittelpunkt. Angeboten werden auch natürliche Milchprodukte von Kuh, Schaf und Ziege, Fleisch vom Bio-Rind und -Schwein (Frischfleisch vom Bio-Hochlandrind gibt es auf Bestellung), würzige und geschmackvolle Dauerwaren aus der Selchkammer wie Hauswürste (unter anderem auch vom Wild) oder Schinken, Schmalz, Kürbiskernverhackerts, Wildpasteten, knackiges Bioobst und -gemüse direkt vom Bauern und natürlich frisches Brot aus der Region, übrigens ausschließlich mit Sauerteig hergestellt und auch in Bio-Qualität. Neu im Programm sind Räucherforellen. Eine feine Auswahl an delikaten Weinen und Edelbränden, Pesto, Honig, Sirup, Marmeladen, Säften und handgeschöpften Schokoladen gibt es ebenso wie hausgemachte, verführerisch duftende Mehlspeisen.

BIO !

ZEIRINGER SPAR

8225 Pöllau, Schlofferreckstraße 556
TEL 0 33 35/48 03
WEB www.spar.at

Ein Einkaufsmarkt, wie man ihn sich nur wünschen kann. Feinkost vom Feinsten wird hier neben Alltäglichem geboten. Eine große Auswahl an Käse (darunter Feinheiten aus den Genussregionen wie Murtaler Steirerkäs oder Schafkäse von den Weizer Schafbauern, aber auch Schlierbacher Schloßkäse oder Zillertaler Heumilchkäse) mit Spezialitäten von regionalen Bauern, bei Wurst und Schinken Steirischer Vulkanland Schinken, Hirschbirnschinken und Feines vom Almland Almochsen, dazu viele heimische Brotsorten und italienische Spezialitäten versprechen kulinarische Genüsse. Wild- und Lammfleisch gibt es auf Bestellung, die Fischtheke ist von Mittwoch bis Samstag immer frisch bestückt. Der regionale Schwerpunkt zieht sich durch viele Bereiche, auch Bio-Produkte gibt es in fast allen Warengruppen. Das Personal hier ist besonders freundlich und kompetent.

BIO !

PREDING

SPAR GERLINDE LANDNER

8504 Preding 253
TEL 0 31 85/80 77
MAIL eh50094@sparmarkt.at

GENUSS REGION ÖSTERREICH Nach dem Umbau bietet der Spar auf nunmehr 800 m² Verkaufsfläche ein überragendes Angebot in hervorragender Qualität. Den ersten guten Ein-

Nah&Frisch Isabella Voit

druck erhält man schon an der Käsetheke: riesige Auswahl, beste Präsentation, freundliche und rasche Bedienung. Der gute Eindruck setzt sich auch in den anderen Warengruppen fort: Spezialitäten bei Wurst und Schinken und beim Fleisch (darunter feines Lamm oder Wild), Convenience-Produkte wie frisches Gulasch, Beuschel oder Flecksuppe findet man ebenso wie Frischfisch am Wochenende, knackiges Obst und Gemüse – mit vielen Exoten und in großer Auswahl – wird im begehbaren Kühlhaus perfekt präsentiert. Darüber hinaus gibt es ofenfrisches Brot und Gebäck aus der eigenen Backstation, eine umfangreiche Weinabteilung und ein tolles Biosortiment sowie Produkte aus bäuerlichen Betrieben der Region. Die Genussregionen sind unter anderem mit dem Steirischen Kürbiskernöl vertreten. In der ebenfalls neuen, kleinen Kaffeeecke kann man sich zwischendurch einen genussvollen Energieschub holen.
!

PUCH BEI WEIZ

NAH&FRISCH ISABELLA VOIT

8182 Puch bei Weiz, Puch 65
TEL 0 31 77/22 27

GENUSS REGION ÖSTERREICH Der kleine Nah&Frisch von Isabella Voit ist ein sehr sympathisches Geschäft der besonderen Art, und bietet bei sehr freundlicher Beratung viel Qualität und Geschmack. Die Auswahl an regionalen Produkten ist hervorragend, beginnend beim frischen Obst und Gemüse, das saisonal auch aus der Umgebung kommt und mit Feinheiten aus den Genussregionen wie dem Oststeirischen Apfel glänzt. Wurst und Schinken in bester Qualität kommen überwiegend von bäuerlichen Betrieben, mit Spezialitäten wie Pfeffer- oder Kümmelkarree, Schopf, Bauchspeck oder Hamburger. Vieles gibt es natürlich auch in Bio-Qualität, wie z.B. Nudeln aus dem Nachbarort. Das überragende Angebot an Honigprodukten (Wald-, Creme-, Kastanienhonig, aber auch Cremehonig mit Propolis, Honig mit Walnüssen, Met, Propolistropfen sowie Schokolade mit Honig) stammt aus dem eigenen Familienbetrieb. Darüber hinaus findet man hier aber auch Kernöl, Marmeladen, Fruchtsäfte, Most, Kräutertees aus dem Apfelland, frisches Brot und Gebäck, Wein oder Eier, einmal wöchentlich auch frische Hendl. Ein Nahversorger, wie man ihn sich nur wünschen kann!
!

RASSACH

BAUERNSPEZIALITÄTEN

8510 Rassach 29
TEL 0 34 63/24 65
MAIL lernpass@aon.at

In dem kleinen Geschäft gibt es ausschließlich Genussprodukte aus bäuerlicher Produktion. Das ganze Jahr über wird hier frisches, saisonales Obst verkauft wie Erdbeeren, Kirschen, Zwetschken oder Pfirsiche. Die Wurst- und Schinkenprodukte wie Kübelfleisch, Geselchtes und Trockenwürste wurden auch in diesem Jahr wieder mehrfach ausgezeichnet. Unbedingt probieren sollte man die gebratene Stelze sowie die Ripperln. In der Weihnachtszeit gibt es darüber hinaus auch Weihnachtsputen. Natürlich wird auch täglich frisches Bauernbrot angeboten, und die hausgemachten Teigwaren, Fruchtsäfte, Bienenhonige, Marmeladen und Edelbrände machen den Genuss perfekt!
!

RATTEN

DAMPFHOFER EINKAUFSZENTRUM

8673 Ratten, Kirchenviertel 84
TEL 0 31 73/23 06
MAIL treff.dampfhofer@aon.at

Genussvoll einkaufen in gemütlicher Atmosphäre. Das Einkaufszentrum bietet ein riesiges Sortiment an Köstlichkeiten. Regionalität und die Genussregionen (mit Spezialitäten wie Almenland Almochse, Steirischer Vulkanland Schinken oder Oststeirischen Apfel) stehen dabei im Mittelpunkt. Das beginnt in der ansprechenden Obst- und Gemüse-Abteilung, geht über in die Feinkost und bis hin zum Fleischangebot mit den Almenland-Spezialitäten. Brot und Gebäck kommen frisch aus der Backstation, aber auch traditionelles Bauernbrot findet sich im Angebot. Die Weinauswahl bleibt ebenfalls in der Steiermark, und auch bei Honig, Nudeln und Essig und dem Most-Angebot aus der Region fühlt man sich steirisch. Regionalität in höchster Genussform!
!

Schnapsbrennerei & Essigmanufaktur Gölles

Zotter Schokoladen Manufaktur

Fleisch-, Wurst- & Partyservice Passegger

RIEGERSBURG

SCHNAPSBRENNEREI & ESSIGMANUFAKTUR ALOIS GÖLLES

8333 Riegersburg, Stang 52
TEL 0 31 53/75 55
WEB www.goelles.at

Höchste Qualität ist der Anspruch von Alois Gölles bei seinen Produkten. So werden nur die besten Früchte, Weine und Biere für die Produktion verwendet. Verbunden mit moderner Technik und handwerklichem Geschick entsteht ein ganz besonderer Essig – Gaumenfreude pur. So wird auch der Schnaps mit besonderer Hingabe verarbeitet. Die Klaren, Fassgelagerten und Trebern werden bis zum endgültigen Verkauf zweimal gebrannt und in Glasballons oder in Eichenfässern gelagert.

ZOTTER SCHOKOLADEN MANUFAKTUR

8333 Riegersburg, Bergl 53
TEL 0 31 52/ 55 54
WEB www.zotter.at

Von Jung bis Alt verzaubert Schokolade die Menschen, betört die Sinne, bereichert die Seele und schafft Wohlempfinden. In der Schokoladenmanufaktur Zotter in Riegersburg werden unter der Regie von Josef Zotter Schokoladenkreationen in fast unerschöpflicher Sortenvielfalt hergestellt, natürlich in Bio- und Fair-Trade-Qualität. Zum Kultobjekt avancierte, handgeschöpfte Schokoladen, Basic-Kuvertüre, Trinkschokoladen, Balleros, Labookos, Mitzi Blue, Chocoshots, Biofekt und Lollytops zählen dazu. Durch das eigene Schokoladewerk ist es möglich, das Beste aus der Bohne herauszuholen. Die geführte Verkostungstour durch die Zotter-Schokoladewelt bietet Wissenswertes über Schokolade und viele kreativ inszenierte Naschstationen.

BIO

ROSENTAL

FLEISCH-, WURST- & PARTYSERVICE PASSEGGER

8582 Rosental, Hauptstraße 63
TEL 0 31 42/216 23
MAIL fleischerei@passegger.at
WEB www.passegger.at

Ein Fleischerfachgeschäft, wie es sein sollte. Das Sortiment ist geschmackvoll und mit Herkunft: Alle Rinder und Kälber werden ausschließlich von Bauern des Bezirks Voitsberg bezogen und im Betrieb geschlachtet. Das gesamte Wurstsortiment stammt aus eigener Erzeugung und basiert auf traditionellen Rezepten, die schon seit Generationen weitergegeben werden. Angeboten werden besondere Schmankerln wie Zimtschinken, Kürbiskernwurst und feine Pasteten, aber auch Fertiggerichte, wie z.B. Beuschel oder Gulasch. Gratis dazu bekommt man Tipps für die Zubereitung und auf Wunsch auch Kochrezepte. Abgerundet wird das Angebot mit einer feinen Auswahl an Käsespezialitäten, aber auch Steirisches Kürbiskernöl aus der Genussregion oder Schilcher kann man hier kaufen. Und für den kleinen Hunger gibt es verschiedene Imbisse.

SCHWANBERG

FLEISCHEREI RUPERT MAUTHNER

8541 Schwanberg, Hauptplatz 20
TEL 0 34 67/82 64
WEB www.mauthners.at

„Qualität ist Ehrensache", das ist seit jeher der Leitspruch des Betriebs. Ihr Fleisch bezieht die Fleischerei von sorgsam ausgewählten Bauern aus der Region, das angebotene Geflügel (wie etwa das bekannte Sulmtal-Hendl) stammt ebenfalls aus kontrollierten Betrieben. Bekannt sind die besonderen Selch- und Wurstwaren, Frisch- und Dauerwürste sowie die Schinken, die nach eigenen Rezepten hergestellt werden, und auch zahlreiche, typisch steirische Spezialitäten finden sich im Programm. Die Markenprodukte werden handwerklich naturgebeizt und über Buchenholz geräuchert. Auch eine kleine, feine Palette an Käse wird angeboten, hausgemachte Aufstriche gibt es ebenso wie verschiedene Kürbisprodukte und das klassische, Steirische Kürbiskernöl aus der Genussregion.

NAH&FRISCH BRAUCHART

8541 Schwanberg, Hauptplatz 20
TEL 0 34 67/82 14

Eine köstliche Auswahl an Käsespezialitäten, darunter viele regionale Schmankerln, lockt so manchen

Spar Potz Adolf

Genusssuchenden in diesen Nah&Frisch Markt. Aber auch das Wurst- und Schinkenangebot besticht durch Auswahl und Qualität, und die Imbisstheke im Geschäft lädt ein, verschiedene Spezialitäten gleich vor Ort zu verkosten. Regionalität wird auch bei Brot und Gebäck sowie bei Wein und Spirituosen großgeschrieben. Aus den Genussregionen gibt es unter anderem Steirisches Kürbiskernöl. Das Bioangebot wird mit Produkten von Bauern aus der Region zum Genusserlebnis, die große Reformabteilung lockt ebenfalls mit einer hervorragenden Auswahl an Bioprodukten.

!

SÖDING

ERICH FREIDL NAH&FRISCH

8561 Söding, Packerstraße 76
TEL 0 31 37/61 21
WEB www.nahundfrisch.at

Im Feinkostbereich dieses freundlichen und sehr hellen Nahversorgergeschäfts dominieren vor allem regionale Angebote. Die Obst- und Gemüseabteilung ist relativ klein, die präsentierten Produkte aber von hoher Qualität und stets frisch und knackig. Aus den Genussregionen findet man hier die Südoststeirische Käferbohne und das Grazer Krauthäuptel ebenso wie den Oststeirischen Apfel, und natürlich darf auch das Steirische Kürbiskernöl nicht fehlen. Die Käsetheke weiß ebenfalls mit Qualität und Auswahl zu überzeugen. Brot und Gebäck werden ofenfrisch angeboten, als zusätzlichen Kundenservice gibt es einen Platten- und Brötchenservice. Freitag ist Frischfischtag, Naschkatzen werden von selbst gemachten Topfen-, Nuss- und Schwarzwälder-Kirsch-Torten zum Genuss verführt. Erwähnt werden sollte auch die sehr gepflegte und gut sortierte Weinabteilung, in der dem Kunden das Personal freundlich und mit Rat und Tat zur Seite steht.

!

SPITAL/SEMMERING

SPAR POTZ ADOLF

8684 Spital/Semmering, Grautschenhof 35
TEL 0 38 52/24 45
WEB www.spar.at

Hier einzukaufen ist ein wahrer Genuss. Das Obst- und Gemüse-Regal besticht durch Frische, im Feinkostbereich wird man mit regionalen wie auch internationalen Spezialitäten verführt. Auch im Frischfleischbereich wartet man gewohnt gute Qualität auf. Bei Brot und Gebäck hat man eine große Auswahl. Spezialitäten wie Holzhackergrieß, Steirisches Kernöl aus Feldbach und Südoststeirische Käferbohnen aus den Genussregionen, Mostspezialitäten wie Hirschbirne oder Eisapfel runden das umfangreiche Sortiment ab, und wie bei Spar üblich, zieht sich das Angebot an Bio-Produkten praktisch durch das ganze Sortiment.

!

ST. LORENZEN

SPAR HUBERT TEUBENBACHER

8642 St. Lorenzen, Grenzstraße 11
TEL 0 38 64/23 59
MAIL hubert.teubenbacher@sparmarkt.at
WEB www.spar.at

Den ersten guten Eindruck erhält man schon an der Käsetheke: riesige Auswahl, freundliche und rasche Bedienung. Und der gute Eindruck setzt sich auch in allen anderen Warengruppen fort: frisches und toll präsentiertes Obst und Gemüse, eine große Auswahl bei Brot und Gebäck, eine umfangreiche Weinabteilung und stets kompetentes Personal. Hier spürt man Erfahrung, Begeisterung und Freude an der Dienstleistung. Auswahl und Präsentation lassen keine Wünsche offen und machen Appetit. Tipp: Das Hausgeselchte wird vom Chef selbst gemacht!

!

ST. MARTIN I. S.

SPAR-MARKT CHRISTINE PONGRATZ

8543 St. Martin i. S., Sulb 114
TEL 0 34 65/31 88
MAIL service-spar-pongratz@gmx.at
WEB www.spar.at

Dieser Supermarkt ist ein Paradies für den Genusssuchenden. Die Frischeabteilung überzeugt mit einer riesigen Auswahl in bester Qualität, das große Käse-, Wurst- und Schinkenangebot besticht vor allem durch seinen stark regionalen Charakter. Das Personal berät

Nah&Frisch Wechselberger

Extra Nah&Frisch Anna Tschuchnigg

gerne und mit umfassendem Sachwissen. Auch die Frischfleischtheke macht Appetit auf mehr. Das ofenfrische Brot und Gebäck aus der eigenen Backstation und von regionalen Bäckern verführt zum Genuss, wie auch die feine Auswahl an steirischen Weinen. Die Genussregionen sind ebenfalls vertreten, man findet Steirisches Kernöl ebenso wie den Oststeirischen Apfel. Darüber hinaus gibts das klassische Spar-Angebot mit zahlreichen Bio-Produkten in fast allen Warengruppen.

ST. STEFAN IM ROSENTAL

EUROSPAR RIEDL

8083 St. Stefan im Rosental, Gleichenberger Straße 1
TEL 0 31 16/810 11
WEB www.spar.at

GENUSS REGION ÖSTERREICH Die hervorragende Auswahl an feinsten Käsesorten ist nur eine der kulinarischen Verlockungen. Verführt wird man hier aber auch mit feinen Wurst- und Schinkensorten (darunter viele Puten- und Hendlspezialitäten, Aufstriche oder Würstel) und zahlreichen Fleisch- und Selchprodukten von Bauern aus der Region. Obst und Gemüse überzeugen mit Frische und großer Auswahl, knuspriges Brot kommt von Bäckern aus der Region, etwa das im Ort hergestellte Steinofenbrot. Milch und Joghurt kommen aus dem Ort, die Genussregionen sind mit Murtaler Steirerkäs, Weizer Berglamm und Steirischem Kürbiskernöl vertreten. Die Wein- und Spirituosenabteilung überzeugt mit überragender Vielfalt und Top-Auswahl und bietet zunehmend auch regionale Spezialitäten. Das Personal ist freundlich und kompetent und kann praktisch jede Frage zu den zahlreichen Produkten beantworten.
BIO !

ST. STEFAN OB LEOBEN

NAH&FRISCH WECHSELBERGER

8713 St. Stefan ob Leoben, Untere Dorfstraße 2
TEL 0 38 32/353 16
MAIL wechselberger.st-stefan@pfeiffer.at

Einkauf ist hier ein genussvolles Erlebnis. Die Feinkostabteilung bietet zahlreiche regionale Spezialitäten wie Murtaler Steirerkas aus der Genussregion, Fleisch mit der Auszeichnung „Gutes vom Bauernhof" oder Räucherfisch aus der Umgebung. Obst und Gemüse werden stets frisch und ansprechend präsentiert. Die Palette an Bio- und Genussregion-Produkten ist sehr umfangreich und enthält feinstes Kernöl ebenso wie Fruchtsäfte, hausgemachte Marmeladen oder eingelegtes Gemüse. Daneben werden aber auch Wein und Spirituosen angeboten.
BIO !

ST. STEFAN OB STAINZ

EXTRA NAH&FRISCH ANNA TSCHUCHNIGG

8511 St. Stefan ob Stainz 140
TEL 0 34 63/802 89
WEB www.nahundfrisch.at

Der nach der Renovierung zum schönsten Geschäft des Ortes avancierte Markt bietet neben einem guten Feinkostsortiment (Bärlauchkäse, Steirerkäse, Mettwurst usw.) ein breites Angebot an Bioprodukten sowie Feinkost aus der Region. Die Bauernecke offeriert Schnäpse, Wein, Nudeln, Marmelade und hausgemachte Säfte in hervorragender Qualität, die Genussregionen sind mit Steirischem Kürbiskernöl, Steirischem Kren, Grazer Krauthäuptel und Südoststeirischer Käferbohne vertreten. Genusssuchende werden hier in allen Bereichen genussvoll, kompetent und sehr persönlich beraten.
BIO !

RIBES-FRUCHTSAFT

8511 St. Stefan ob Stainz, Stainzerhof 11
TEL 0 34 63/802 70
MAIL ribes@aon.at
WEB www.ribes.at

Qualitativ hochwertiger Fruchtsaft, Fruchtnektar, Gelee und Essig wird aus schwarzen Johannisbeeren, die in biologischem Anbau heranreifen, hergestellt. Eine Besonderheit der angebotenen Produkte ist, dass die Ernte, das direkte Pressen der Beeren sowie das Abfüllen des Saftes innerhalb eines Tages erfolgen und alle Produkte ohne Geschmacksverstärker, Konservierungsstoffe oder künstliche Vitamine hergestellt werden. Der Ribes-Saft ist wegen seiner isotonischen Wirkung speziell Sportlern zu empfehlen. Öffnungszeiten: Do. und Fr. 8.00 bis 12.00 und 14.00 bis 18.00 Uhr.
BIO !

Bauer & Co.

Kaufhaus Fritz Hubmann

STAINZ

BAUER & CO.

8510 Stainz, Sauerbrunnerstrasse 4
TEL 0 34 63/20 114
MAIL bauerundco@aon.at
WEB www.bauerundco.at

In dem kleinen und urigen Bauernlanden findet man die Köstlichkeiten der Region. Landwirte aus der näheren Umgebung bieten hier ihre – überwiegend biologischen, zumindest aber naturnahen – Produkte an. Das saisonale Obst und Gemüse wird sehr ansprechend präsentiert, ist frisch und sehr gut sortiert. Aus den Genussregionen findet man hier unter anderem die Südoststeirische Käferbohne. Steirisches Kürbiskernöl fehlt ebenso wenig wie regionale Essigsorten, hausgemachte Teigwaren oder hochwertige Getreideprodukte. Im Reformbereich sind Produkte von Sonnentor und Rapunzel Naturkost vertreten, natürlich gibt es auch frisches und knuspriges Brot und Gebäck sowie Käse- und Wurstprodukte von bäuerlichen Betrieben, aber auch Räucherforellen aus der Fischzucht Leger in Wildbach. Abgerundet wird die feine Angebotspalette mit hausgemachten Marmeladen und einer kleinen Auswahl an Weinen und Spirituosen. Geöffnet Mi. bis Sa. 8.00 bis 12.00 Uhr, Do. und Fr. 15.00 bis 18.00 Uhr.

BIO !

KAUFHAUS FRITZ HUBMANN

8510 Stainz, Grazer Straße 1
TEL 0 34 63/21 06
MAIL lebensmittel@hubmann.st
WEB www.adeg.at

In diesem Kaufhaus findet man den Geschmack der Region. Neben dem gut sortierten Feinkostbereich mit Schmankerln wie Kürbiskernkäse, Rebella, St. Severin und Biokäse von der Hofkäserei Deutschmann sowie zahlreichen internationalen Spezialitäten, gibt es eine große Auswahl an frischem Obst und Gemüse, knusprigem Brot und Gebäck oder Wein. Almo-Rindfleisch von Schirnhofer ist ebenso erhältlich wie frischer Fisch aus der Region (Do. bis Sa.). Sehr geschmackvoll präsentiert wird auch das Sortiment an Produkten von Bauern aus der Umgebung wie hausgemachte Marmeladen, Likören und Fruchtsäften. Die Genussregionen sind mit Oststeirischem Apfel, Steirischem Kren, Südoststeirischer Käferbohne, Grazer Krauthäuptel, Steirischem Kürbiskernöl und Steirischem Vulkanland Schinken vertreten. Die feinen Torten werden hier noch selbst gebacken. Das Herz des Weinkenners freut sich über die gut sortierte Vinothek, und für den kleinen Hunger gibt es verschiedene Mittagsmenüs (auch zum Mitnehmen) sowie Convenience-Produkte aus der Hubmann-Küche. Erstklassige Beratung gibt es durch das freundliche und kompetente Personal.

BIO !

LUKASHOF GENUSSMANUFAKTUR

8510 Stainz, Grafendorf 11
TEL 0 34 63/39 50
MAIL shop@lukashof.com
WEB www.lukashof.com

In der Genussmanufaktur am Lukashof – der sich bereits seit dem 16. Jahrhundert in Familienbesitz befindet – werden in Handarbeit hochwertige Bio-Spezialitäten hergestellt. Aus heimischen, regionalen Rohstoffen aus kontrolliert biologischem Anbau entstehen hier z.B. verführerische Pestos mit Kürbiskernen, Wildkräutern oder mit frischem Ruccola und Kapuzinerkresse, Chutneys aus Weingartenpfirsichen, Wildzwetschken, Äpfeln oder Quitten, verschiedene außergewöhnliche Senfsorten wie Schilcher-Kren Senf, Bärlauchsenf oder Zwiebel-Koriander Senf, aber auch Pfeffer-Salbei Schmalz oder Apfel-Zwetschken Schmalz. Auch Gelees und Konfitüren – wie Zwetschke-Rum oder Hagebutten – werden hier hergestellt. Alle Produkte werden ausschließlich von Hand verarbeitet und abgefüllt. Für die Herstellung der Marmeladen und Gelees wird ausschließlich Rohrohrzucker und Apfel-Pektin verwendet, auf Konservierungsmittel und Zusatzstoffe wird komplett verzichtet, die Marmeladen und Chutneys werden wie in der guten alten Zeit noch am Holzfeuer gekocht. Vervollständigt wird die Genusspalette mit edlem Steirischem Genussregions-Kürbiskernöl aus eigener Produktion sowie mit Apfel-, Ribisel- oder Rosen-Gewürz-Essig.

BIO !

Pammer Spar-Markt

Bund

MESSNER KG

8510 Stainz, Hauptplatz 21
TEL 0 34 63/211 82 30
MAIL filiale@messner-wurst.at
WEB www.messner-wurst.at

In der Feinkostfiliale von Messner in Stainz findet der Wurst- und Schinkenliebhaber alles, was sein Herz höher schlagen lässt. Die Palette an ausschließlich mit besten Zutaten hergestellten Genussprodukten reicht von Würstel frisch aus der Selcherei bis zum ofenwarmen Schweinsbraten. Qualität und Auswahl überzeugen, die Präsentation im Geschäft zeugt von viel Sorgfalt, Liebe und Erfahrung. Hochwertiges frisches Fleisch gibt's vom Rind, Schwein oder Huhn, beim Schinken findet man feine Schilcher- und Saunaschinken, bei der Aufschnittwurst Krakauer, Beskiden – eine gebratene und über Buchenholz geräucherte Fleischwurst – oder Rosenkogler. Knoblauchwürstel, Landjäger und die Haussalami verführen ebenso zum Genuss wie das Hauswürstel, ein würziges Rohwürstel, hergestellt nach traditionellem Hausrezept, und ebenfalls über Buchenholz geräuchert. Natürlich dürfen hier auch die feine Kalbsleberstreichwurst, die Knoblauch- und die Röstzwiebelstreichwurst nicht fehlen, und für die schnelle Küche gibt es verschiedene Beilagen und Suppeneinlagen. Das frische und herrlich duftende Brot und Gebäck kommt aus dem Bäckereishop im Geschäft.

STALLHOFEN

PAMMER SPAR-MARKT

8152 Stallhofen, Marktplatz 1
TEL 0 31 42/22 1 61
MAIL pammer@sparmarkt.at
WEB www.spar.at

Der helle und freundliche Spar-Markt ist ein Vorzeigebetrieb, der zum Gustieren einlädt: Im Feinkostbereich wird auch auf regionale Spezialitäten aus der Umgebung und aus der Steiermark (aus den Genussregionen findet man unter anderem das Weststeirische Turopoljeschwein oder den Steirischen Vulkanland Schinken) sowie auf ein besonderes Schinkenangebot gesetzt, bei Käse verführt eine riesige Auswahl an Feinheiten aus dem In- und Ausland zum Genuss. Obst und Gemüse werden in großer Vielfalt und frisch und knackig am Marktplatz angeboten; auch hier findet sich Hochwertiges aus den Genussregionen wie Grazer Krauthäuptel, Südoststeirische Käferbohne oder Steirischer Kren. Brot und Gebäck kommt regelmäßig ofenwarm aus der Backstation, und auch die Weinabteilung weiß mit einer großen Auswahl und einem eigenen Wein-Terminal zu gefallen. Das Mitarbeiterteam ist fachlich kompetent, motiviert und freundlich. So genussvoll kann Einkauf sein!

BIO !

STRADEN

BUND

8345 Straden, Wieden 35
TEL 0 34 73/82 54 0
MAIL office@bund.at
WEB www.bund.at

Das überragende Sortiment eines 600 m² großen Supermarktes wartet hier auf die Kunden. Überzeugend sind neben dem sehr freundlichen und kompetenten Personal sowie der liebevollen Präsentation der Waren. Vor allem die Produktgruppen Obst und Gemüse mit dem Schwerpunkt steirische Äpfel und der Feinkostbereich, in dem hausgemachte Aufstriche aus Topfen oder Kürbiskernen ebenso angeboten werden wie eine umfangreiche Auswahl an Wurst- und Schinkenspezialitäten, darunter auch Steirischer Vulkanlandschinken aus der Genussregion. In der Weinabteilung findet man zahlreiche hochwertige Produkte aus der Steiermark, darüber hinaus werden Essigvariationen von Neumeister, aus den Genussregionen Steirische Kürbiskernöle, die Südoststeirische Käferbohne, Steirischer Kren oder Grazer Krauthäuptel, Spezialmehle oder frisches und knuspriges Brot und Gebäck aus der eigenen Backstation angeboten.

!

GREISSLEREI DE MERIN

8345 Straden, Straden 5
TEL 0 34 73/759 57

In der sehr engagiert geführten Greißlerei „De Merin" – einer Vereinigung von Landwirten, Winzern und genuss- und kulturorientierten Menschen der Pfarre Straden – werden die besten Erzeugnisse aus der Region

Hofladen Hirschmann

Weinhandl Mühle – Ölpresse – Mühlenladen

Johann Rauch

in idyllischem Rahmen angeboten. Neben edlen Weinen, Fruchtbränden und Likören finden Genussuchende hier jede Menge Erlesenes wie spezielle Aufstriche, Marmeladen, Säfte, Wurst, Grammeln, Ziegen- und Schafskäse, biologisches Getreide, Teig- und Backwaren, hochwertige Öle (natürlich auch Kürbiskernöl aus der Genussregion) und Essige oder eingelegtes Obst und Gemüse. Besucher haben die Möglichkeit, neben den Delikatessen und edlen Weinen, auch Gutscheine oder Geschenkkörbe zu erwerben. Produkte der Saison können auch vor Ort genossen werden.

☺ !

HOFLADEN HIRSCHMANN

8345 Straden, Muggendorf 4
TEL 0 34 73/83 48
MAIL office@hofladen-hirschmann.at
WEB www.hofladen-hirschmann.at

GENUSS REGION ÖSTERREICH Im Hofladen von Hirschmann kann man eintauchen in die Welt von Kürbissen, Bohnen (auch die Südoststeirische Käferbohne aus der Genussregion ist vertreten), Trauben, Kräutern und Gewürzen, Obst und Gemüse. Früchte und Feldfrüchte aus eigenem Anbau werden hier ohne Zusatz von Farb-, Geschmacks- oder Konservierungsmittel von Hand zu wahren Köstlichkeiten weiterverarbeitet. Die Leidenschaft gilt hier vor allem den hausgemachten Leichtmarmeladen. Es gibt mittlerweile mehr als 30 teilweise prämierte Sorten wie Himbeer mit weißer Schokolade, Himbeer mit Sekt, Holunder mit Apfel oder Birne, Holunder-Zwetschke oder Weichsel-Marille. Auch Fruchtgelees werden angeboten. Das hochwertige Steirische Kürbiskernöl aus der Genussregion gibt es das ganze Jahr über frisch aus eigener Pressung, aber auch geröstete und/oder gesalzene Kürbisknabberkerne, eingelegter Kürbis, feines Kürbiskernpesto oder Kürbiskernzwieback findet sich in der umfangreichen Palette. Die Qualitätsweine aus dem eigenen Weinbau, Liköre – wie Himbeer, Brombeer, Schwarzbeer oder Apfel-Zimt – und Edelbrände sowie eigene Schokoladekreationen vervollständigen das verführerische Angebot.

☺ !

WEINHANDL MÜHLE – ÖLPRESSE-MÜHLENLADEN

8345 Straden, Dirnbach 12
TEL 0 34 73/82 86
MAIL office@weinhandl-muehle.at
WEB www.weinhandl-muehle.at

Genussvolles aus der eigenen Mühle: Im sehenswerten und heimeligen Mühlenladen stehen selbst gemachte Teigwaren und Naturkostprodukte im Vordergrund. Von Müslisträußen, Trockenfrüchten und Knabbereien bis hin zu Schokonudeln erhält der Kunde eine Vielfalt an geschmackvollen Bioprodukten und gesunder Kost, einige Mehle und Grieße werden hier auch offen verkauft. Genießer und Stammkunden schätzen besonders das prämierte Steirische Kürbiskernöl aus eigener Ölpresse und auch das Biokernöl. Abgerundet wird das breit gefächerte Sortiment mit feinen Konfitüren und edlen Spirituosen, Essigen, glutenfreien Produkten oder Polenta. Freundlich und kompetent wird man hier durch den Einkauf begleitet.

BIO ☺ !

TRAUTMANNSDORF

JOHANN RAUCH GMBH

8343 Trautmannsdorf 6
TEL 0 31 59/23 76
MAIL office@johann-rauch.st
WEB www.johann-rauch.st

GENUSS REGION ÖSTERREICH Vater und Sohn produzieren hier gemeinsam mit 25 Mitarbeitern unter der Marke „Johann" Fleisch- und Wurstköstlichkeiten auf höchster Ebene. Als Rohstoff für die Genussprodukte verwendet der südoststeirische Familienbetrieb ausschließlich Fleisch von heimischen bäuerlichen Betrieben, wo Rinder, Schafe und Ziegen mindestens 200 Tage im Jahr auf der Weide verbringen und mit Gras und Heu aus den eigenen Betrieben gefüttert werden. Die Schinkenspezialitäten werden nach einem seit Generationen überlieferten Rezept hergestellt, handverlesene Schinken werden dafür mit Kräutern aus der Heimat, milden Gewürzen und Steinsalz eingerieben und reifen bis zu 4 Monate. Neben den „Johann"-Schinken verwöhnen aber auch Osso Collo, Hamburger, Karree, Schulter, grobe und feine Wurst sowie die Spezialität des Hauses, die „Johann"-Knusperstangerln und Schinken im Blätter-

Steirischer Bauernladen Voitsberg

Bioinsel Rosenberger

teig den Gaumen der Genusssuchenden. Die Genussregionen sind mit Weizer Berglamm und Steirischem Vulkanland Schinken vertreten. Die Beratung besticht mit Know-how, Engagement und Freundlichkeit.

VOITSBERG

STEIRISCHER BAUERNLADEN

8570 Voitsberg, Grazer Vorstadt 23, Blue Sky
TEL 0664/113 83 30
WEB www.bauernladen-weixler.at

Die frischen, qualitativ hochwertigen und vor allem geschmackvollen Produkte der Familie Weixler gibt es ab sofort nicht mehr nur in Köflach, sondern auch im Steirischen Bauernladen in Voitsberg. Das angebotene Sortiment besteht ausschließlich aus Genussprodukten aus der eigenen Produktion sowie von etwa 20 bäuerlichen Betrieben aus der Region. Das hochwertige Fleisch, die nach überlieferten Rezepten hergestellten und perfekt präsentierten Wurst- und Selchprodukte sowie der Speck stammen vom eigenen Hof, genauso wie das frische Brot und die hausgemachten Mehlspeisen. Von den regionalen Bauern zugeliefert werden das edle Kernöl aus der Genussregion, hausgemachte Nudeln, eingelegte Spezialitäten, Käse (wie Schafskäse oder Vorarlberger Alpkäse), Bio-Tee, Knabberkerne, Schilcher, Schnäpse und Liköre, Freilandeier oder Marmeladen. Das umfangreiche Sortiment wird ständig erweitert, aus den Genussregionen kann man auch die Südoststeirische Käferbohne finden.

WAGNA

F. KRAINER FLEISCH- UND WURSTWAREN

8435 Wagna, Marburgerstraße 91
TEL 0 34 52/82 19 00
MAIL office@krainer.co.at
WEB www.krainer.cc

Auf der Basis von regionalen Rohstoffen und unter Einbeziehung von traditionellen Veredelungsmethoden werden in diesem Fleischerfachgeschäft vielfach prämierte Qualitätsprodukte hergestellt. Die Auswahl reicht von Frisch- und Kochwürsten über Leberkäse bis hin zu Schinken- und Selchspezialitäten. Auch beim Frischfleisch setzt Krainer auf Herkunft und Qualität der Zutaten. Die abwechslungs- und umfangreiche Imbisspalette wird täglich frisch zubereitet, die Beratung ist freundlich und kompetent. Ein sehr empfehlenswertes Fachgeschäft, das wahren Genuss verspricht!

WEIZ

BIOINSEL ROSENBERGER

8160 Weiz, Hans-Sutter-Gasse 1
TEL 0 31 72/420 28
MAIL office@bioinsel.at
WEB www.bioinsel.at

Ein echter Feinkostladen, auch an der neuen Adresse zu einhundert Prozent Bio. Neben dem großen Käseangebot findet man im Wurst- und Schinkenbereich Spezialitäten aus der Region und aus ganz Europa. Die Palette reicht von Kräuterschi,nken über Mostbratl bis zu Hamburger und verschiedenen Labonca-Spezialitäten. Das Obst- und Gemüseangebot wird ganz im Biogedanken von der Jahreszeit geprägt, Brot und Gebäck stammen von regionalen Biobäckern, die sehr guten Bio-Mehlspeisen von Chance B, einem Gleisdorfer Sozialprojekt. Das Weinsortiment ist übersichtlich, mit Schwerpunkt auf die heimischen Tropfen. Und sollten Sie auch Ihrem Heim etwas Gutes tun wollen: Neben Bio-Kräutern gibt es auch Bio-Blumen wie Schnittblumen oder Topfpflanzen. Die Bioinsel Rosenberger ist durch ihre großes Fachwissen und ihre Begeisterung für gesunde und biologische Lebenseinstellung weit über die Grenzen ihrer Heimat hinaus bekannt. Ein genussvoller Einkauf in angenehmer Atmosphäre ist garantiert, auch Bio-Frühstück und Bio-Imbisse werden angeboten.

FEINKOST BLEYKOLM

8160 Weiz, Europa-Allee 10
TEL 0 31 72/23 81-0
MAIL feinkost@bleykolm.at

GENUSS REGION ÖSTERREICH Bekanntes Feinkostgeschäft in Weiz. Die sehr gute Auswahl an Delikatessen beginnt schon beim Käse mit Almenland Stollenkäse und Schafkäse aus der Genussregion Weizer Berglamm, bei Wurst und Schinken verführen ebenfalls Genussregions-Feinhei-

Schwindhackl Café, Konditorei

Weizer Schafbauern

ten wie Weststeirisches Turopoljeschwein oder Steirischer Vulkanland Schinken, aber auch Angerer Naturschinken sowie zahlreiche Roh- und Kochschinken. Wild gibt es hier ebenso wie frischen Fisch (Forellen, Karpfen, Zander aus der Weizklamm), Obst und Gemüse überzeugen mit guter Auswahl und Präsentation. Auch hier sind die Genussregionen vertreten, unter anderem mit Oststeirischem Apfel, Steirischem Kren, Grazer Krauthäuptel oder Südoststeirischer Käferbohne. Brot und Gebäck wird ofenfrisch von sieben Bäckern der Umgebung angeliefert, und Qualität wird auch beim Wein geboten, mit einem Schwerpunkt auf Delikatem aus der Steiermark und dem Burgenland. Die exquisiten Edelbrände stammen ebenfalls vorwiegend aus der Region, und natürlich gibt es eine breite Palette an Bioprodukten, unter anderem vom Lukashof. Abgerundet wird das Angebot mit Köstlichkeiten aus dem Glas wie Kaninchen in Hollundersauce, Wildpasteten, Hirschragout, aber auch Teigwaren, Säften und Marmeladen von Christandl oder Spezialölen. Erfrischend besonders!

BIO !

FLEISCHEREI PETER FEIERTAG

8160 Weiz, Dr.-Karl-Renner-Gasse 12
TEL 0 31 72/27 17
MAIL fleischerei@derfeiertag.at
WEB www.derfeiertag.at

GENUSS REGION ÖSTERREICH Artgerechte Haltung, Bio und Topqualität sind in dieser Fleischerei selbstverständlich. Der größte Teil des hochwertigen Fleischangebots stammt von Biobauernhöfen aus der Umgebung, von Weizer Schafbauern – von denen es hier übrigens auch sehr guten Käse gibt – aus der Genussregion Weizer Berglamm oder aus den Genussregionen Almenland Almochse und Weststeirisches Turopoljeschwein. Bei Wurst und Schinken findet man Speckspezialitäten vom Turopoljeschwein ebenso wie Kernölschinken, Rindersaftschinken, Bein- oder Saunaschinken, luftgetrockneten Schinken vom Turopoljeschwein, aber auch Feines vom Lamm- oder Wild. Frischer Fisch kommt aus der Weizklamm, aber auch Apfel-Zwetschken-Bio-Schmalz oder Zucchini-Knoblauch-Bio-Schmalz, hausgemachte Nudeln und Edelbrände aus der Region werden angeboten. Und wer direkt probieren möchte – all diese Köstlichkeiten und auch Gulasch, Beuschel und mehr können im angrenzenden Gasthaus verkostet werden. Tipp: Das Genuss-Kisterl mit feinsten Fleischerspezialitäten.

BIO !

SCHWINDHACKL CAFE, KONDITOREI

8160 Weiz, Klammstraße 5
TEL 0 31 72/24 86
MAIL schwindhackl @aon.at
WEB www.schwindhackl.at

Ganz im Zeichen von Slow Food setzt man hier auf regionale Zutaten und nimmt sich Zeit für die Herstellung süßer Köstlichkeiten, aber auch fürs Genießen. Die Café-Konditorei-Bäckerei kreiert eigene Torten, Kuchen und Trüffelspezialitäten, aber auch eigene Schokoladen wie die Weizer Apfel-Schokolade und hauseigene Edelschokoladen aus sortenreinen Kakaobohnen. Auch das knusprige und herrlich duftende Brot und Gebäck stammt aus eigener Produktion. Darüber hinaus besitzt das Geschäft eine eigene Gelateria, in der Eisfans Besonderheiten wie Schafmilcheis verkosten können. Hausgemachte Marmeladen werden ebenso angeboten wie Nudeln aus einer Mühle in der Region. Als besonderen Service bietet die Konditorei Online-Bestellung an, über die man im Internet zu seinen Genussmitteln kommt. Spezialität des Hauses: die mehrfach prämierten Weizer Apfeltrüffel.

WEIZER SCHAFBAUERN

8160 Weiz, Marburgerstr. 45
TEL 0 31 72/303 70
MAIL schafbauern@austro.net
WEB www.weizerschafbauern.at

GENUSS REGION ÖSTERREICH Beste Ernährung, artgerechte Haltung und richtige Sortenwahl von Fleisch- und Milchschafen bilden die wertvollen Grundlagen für die erstklassigen Produkte aus der Genussregion Weizer Berglamm, die hier angeboten werden – von Milchprodukten wie Schaf-(frisch)käse, Bellino-Stollenkäse, Knappenkäse und Joghurt aus Schafmilch bis zu Schafbrimsen, Molkedrinks oder Wurst- und Schinkenspezialitäten, wobei der Lammrohschinken unbedingt einmal probiert werden sollte. Lamm-Furter und Lamm-Leberkäse finden sich ebenso in der Palette wie frisches, hochwertiges

Genussbauernhof Hillebrand

Bauernmarkt Graz

Schafsfleisch. Direkt vom Bauern kommen hier aber auch das Bauernbrot (Fr. und Sa.) sowie die sehr guten Fruchtsäfte, Spirituosen oder Honige. Das freundliche Personal liefert einem gern nähere Informationen zu den Produkten, und so kann man getrost sagen, dass dieses Geschäft wirklich ein Muss für jeden Liebhaber von Schafprodukten bis hin zu Socken und Seifen ist.
!

ZETTLING

GENUSSBAUERNHOF HILLEBRAND

8141 Zettling, Bierbaum 43
TEL 0664/530 50 32
MAIL info@genussbauernhof.com
WEB www.genussbauernhof.com

Heimische Produkte in hochwertiger Qualität, persönlicher Kundenkontakt und die Möglichkeit, Einblick in die Faszination Landwirtschaft zu erhalten – das erwartet die Besucher auf dem ersten und mit viel Herz und Enthusiasmus geführten GenussBauernhof Österreichs in Zettling bei Graz. Mit dieser Idee sicherten sich Markus und Sandra Hillebrand auch den Innovationspreis der österreichischen Jungbauernschaft. Im Hofladen finden sich neben Produkten aus eigener Erzeugung, wie frischem Gemüse und Steirischem Kürbiskernöl (aus der Genussregion, wie auch das Grazer Krauthäuptel), auch Spezialitäten von landwirtschaftlichen Betrieben aus der Region, wie Käse (auch von der Ziege), hochwertiges Rind- und Schweinefleisch, Hühnerfleisch, Bauernbrot, hausgemachte Mehlspeisen und Marmeladen, Getreide aus eigenem Anbau sowie verschiedene Nudeln. Seinen Durst kann man hier mit Säften und Nektaren stillen, im Angebot finden sich aber auch Weine aus der Region sowie Edelbrände und Liköre. Kinder können sich am Spielplatz austoben und im Streichelzoo die Tiere hautnah erleben. Der Bauernhof soll übrigens noch weiter ausgebaut werden, neben einer Schauküche wird es hier auch bald einen Seminarraum und Ernährungsberatungen geben.
!

GRAZ

Die Grazer Märkte sind von 6.00 bis 13.00 Uhr geöffnet.

WO Andritz Hauptplatz
WANN Jeden Sa. (21. 3. bis 28. 11. auch Di. 12.00 bis 19.00 Uhr)

WO Eggenberg-Hofbauerplatz
WANN Jeden Mittwoch und Samstag

WO Geidorfplatz
WANN Jeden Mittwoch und Samstag

WO Gösting, Neben Interspar, Wiener Straße
WANN Jeden Samstag

WO Hasnerplatz
WANN Jeden Mittwoch und Samstag

WO Interkauf
WANN Jeden Mittwoch und Samstag

WO Kaiser-Josef-Platz
WANN Täglich von Montag bis Samstag

WO Lendplatz, Bauernmarkt
WANN Montag bis Samstag, bereits ab 5.00 Uhr geöffnet

WO Ostbahnhof
WANN Jeden Samstag

WO Pfarre Ragnitz, Ragnitzstraße 164
WANN Jeden Dienstag und Freitag

WO St. Peter Pfarrweg, ehemalige Eustacchiogründe
WANN Jeden Sa. (21. 3. bis 28. 11. auch Di. 14.00 bis 19.00 Uhr)

WO Strassgang, Sparfiliale, Strassganger Straße 129
WANN Jeden Samstag

WO Triestersiedlung, Pfarre St. Johannes
WANN Jeden Mittwoch und Samstag

WO Wetzelsdorf, Parkplatz Gasthaus Lindenwirt
WANN Jeden Sa. (15. 3. bis 29. 11. auch Mi. 14.00 bis 18.00 Uhr)

TIROL

REGIONAL GENIESSEN HAT ZUKUNFT

GENUSS REGION ÖSTERREICH
Tirol

TIROLER GENUSS REGIONEN

1 Paznauner Almkäse
2 Stanzer Zwetschke
3 Oberländer Apfel
4 Oberinntaler Erdäpfel
5 Nordtiroler Gemüse
6 Nordtiroler Grauvieh Almochs
7 Alpbachtaler Heumilchkäse
8 Wildschönauer Krautingerrübe
9 Osttiroler Berglamm
10 Osttiroler Kartoffel

SO SCHMECKT A LA CARTE — DAS PROBIER-ABO

EINE FLASCHE LAURENT-PERRIER BRUT UND ZWEI AUSGABEN VON A LA CARTE FÜR NUR € 25,–

1 + 2

Bestellen Sie Ihr **_A la Carte_-Probier-Abo** für nur € 25,–: Sie erhalten dafür zwei Ausgaben des *A la Carte*-Magazins und eine Flasche Laurent-Perrier Brut zugeschickt. E-Mail an: bestellen@alacarte.at oder Telefon: 01-740 77-866

Dieses Angebot gilt nur in Österreich bis 15. Dezember 2011 und solange der Vorrat an Champagner reicht. Druckfehler und Irrtum vorbehalten. Der Rechtsweg ist ausgeschlossen. Barablöse nicht möglich.

DIE 15 BESTEN GENUSS-LÄDEN TIROLS

DIE BESTEN

SPAR ALBRECHT	6100 Seefeld, Innsbruckerstrasse	Seite 313
BISCHOFER KÄSESPEZIALGESCHÄFT	6330 Kufstein	Seite 305
FALKNER ROBERT OBST UND GEMÜSE	6020 Innsbruck	Seite 296
BÄCKEREI HIRZINGER	6364 Brixen im Thale	Seite 290
HÖRTNAGL ANDRÄ	6020 Innsbruck	Seite 298
KAISERWINKL SENNSTUBE	6345 Kössen	Seite 304
KRÖSBACHER HELMUT METZGEREI	6166 Fulpmes	Seite 292
SPAR SUPERMARKT MAIR	6232 Münster	Seite 309
MAIRS BEERENGARTEN	6421 Rietz	Seite 311
MPREIS/KAUFHAUS TYROL	6020 Innsbruck, Maria-Theresienstr.	Seite 301
FEINKOST PEDEVILLA	6130 Schwaz	Seite 312
PFLUGER DER DORFMETZGER	6336 Thiersee	Seite 317
PREM METZGEREI	6134 Vomp	Seite 318
METZGEREI SINGER	6176 Völs	Seite 289
METZGEREI WIMPISSINGER	6321 Angath	Seite 289

MPreis

Metzgerei Wimpissinger

ABSAM

CAFE KONDITOREI MAYR

6067 Absam, Schindlstrasse 15
TEL 0 52 23/576 40
WEB www.konditoreimayr.at

Die Café-Konditorei in der Schindlstraße in Absam bietet ihren Gästen in modernem Ambiente und in traumhafter Lage alles, was das süße Herz begehrt. Naschkatzen werden von Konditormeister Toni Mayr mit feinsten Spezialitäten verwöhnt. Die Auswahl reicht vom Basilikataler und Stainergeige über feine Kuchen, Schnitten und Strudel bis zu den außergewöhnlichen (Hochzeits-)Torten, für die die Bäckerei bekannt ist. Für Diabetiker wird ebenfalls täglich ein kleines Sortiment kreiert, und für das hervorragende Eis zeichnet der Junior-Chef Gerhard verantwortlich. Aber auch für Kaffee-Genießer steht eine komplette Palette parat: Ob nun Cappuccino, Macciato oder Ristretto, das passende Getränk findet sich hier garantiert.

!

ALDRANS

LANDMETZGEREI PIEGGER KG

6071 Aldrans, Dorf 5 (im MPreis)
TEL 05 12/34 23 43

„Für die Region – von der Region" ist das Motto dieses Familienbetriebs. Wurst, Schinken, Speck, Fleisch gibt es hier in feinster Qualität von heimischen Produzenten, auch Spezialitäten aus den Genussregionen wie Nordtiroler Grauvieh Almochs finden sich im Programm. Auf eine stressfreie Schlachtung im eigenen Betrieb wird ganz besonderer Wert gelegt. Auch das Käseangebot und der frische Fisch sind sehr zu empfehlen. Das Personal ist freundlich, berät gern und schafft es charmant, auf die verschiedenen Spezialitäten wie Blutwurstkaspressknödel Gusto zu machen. Bio wird in dieser Landmetzgerei ebenfalls großgeschrieben und zieht sich durch das ganze Sortiment, das sehr liebevoll präsentiert wird. Hier kauft man gern ein!

BIO

MPREIS

6071 Aldrans, Dorf 5
TEL 05 12/39 06 40

In modernem Ambiente genießt man bei MPreis Einkauf in bester Qualität. Angeboten wird eine breite Palette an Tiroler Spezialitäten, zum Beispiel Tiroler Qualitätsfleisch Jungrind „Jahrling" und Bio-Kalbl. Das Angebot an Frischfleisch wurde auch in diesem Jahr wieder erweitert. Obst und Gemüse sind eine Oase des guten Geschmacks und der Frische. Die Feinkost bietet heimische wie internationale Gustostückerln, allein über 120 Käsesorten überzeugen. Das Weinangebot ist groß, übersichtlich und mit profundem Wissen um die erlesenen Tropfen sortiert. MPreis bietet exklusiv die Tiroler Marke „Bio vom Berg", ein breites Angebot an Bioprodukten von regionalen Bauern rundet das Sortiment ab. Auch die Genussregionen sind vertreten, man findet unter anderem Zillertaler Heumilchkäse, Nordtiroler Gemüse, Stanzer Zwetscke oder Marchfelder Spargel. Kein stressiger Einkauf, sondern Genuss ist hier gefragt, und den kann man auch bei Kaffee, Snacks und Imbissen im niveauvoll gestalteten Bistro Baguette haben. Die Bedienung ist freundlich und kompetent.

BIO

ANGATH

METZGEREI WIMPISSINGER

6321 Angath, Obere Dorfstrasse 8
TEL 0 53 32/74 307
WEB www.metzgerei-wimpissinger.at
FILIALEN Dorf 4, Reith im Alpbachtal

In der 1963 gegründeten Genussfleischerei Wimpissinger spielt die Verbundenheit mit der regionalen Landwirtschaft seit jeher eine große Rolle. Die Rinder werden ausschließlich von Bauern aus der Region bezogen, auch das Schweinefleisch stammt zu 100% aus Österreich. Hergestellt werden damit über 70 verschiedene, perfekt präsentierte und hochwertige Sorten an Fleisch- und Wurstwaren. Zum Gustieren laden Spezialitäten wie Nordtiroler Schinkenspeck, Kaminwurzn, Landjäger oder die St. Johanner, eine Frischwurst. Kundenservice wird hier groß geschrieben, das Personal berät freundlich und hilft auch mit Zubereitungstipps aus.

Bäckerei Hirzinger

Spar-Supermarkt Brixlegg

Kuenz Naturbrennerei

BREITENBACH

BÄCKEREI-KONDITOREI ERWIN MARGREITER

6252 Breitenbach, Dorf 102
TEL 0 53 38/88 56
MAIL baeckerei.margreiter@kundl.at

Brot, Gebäck und Konditoreiwaren werden im großzügig angelegten Verkaufsraum ansprechend präsentiert. Alle Produkte werden mit Granderwasser zubereitet. Durch das belebte Wasser ist der Teig geschmeidiger, das Brot und Gebäck wird feiner, saftiger und ist dadurch auch länger haltbar. Beim Einkauf der Zutaten wird streng auf österreichische Herkunft geachtet, es werden nur ausgewählte, hochwertige Rohstoffe verarbeitet. Die neueste Spezialität ist das cholesterinsenkende Brot Prima Vera, das es seit Jänner gibt. Dieses Brot und alle Klassiker wie das Burgherrenbrot, das Welser Bauernbrot, der Kornspitz-Landler, das Nussbrot, das Hausbrot oder der würzige Bauernlaib sind in allen Margreiter Filialen täglich frisch erhältlich. Sündhaft gut sind aber auch die Krapfen mit Vanille- oder Nougatfülle oder mit ausgezeichneter Marillenmarmelade. Aus der hauseigenen Konditorei kommen auch leckere Schnitten und Torten für jeden Anlass.

BRIXEN IM THALE

BÄCKEREI HIRZINGER

6364 Brixen im Thale, Dorstrasse 28
TEL 0 53 34/81 02
MAIL hirzinger@aon.at
WEB www.hirzinger.com
FILIALEN Dorfstrasse 96, Brixen im Thale
Kirchgasse 1, Kitzbühel
Bichlstrasse 9, Kitzbühel
Hauptstrasse 11, Kirchberg
Dorfstrasse 96, Erpfendorf

Im alteingesessenen Handwerksbetrieb wird das Hauptaugenmerk seit jeher auf Qualität gelegt. Die Backwaren werden nach wie vor mit alten, traditionellen Rezepturen und unter Verwendung von hochwertigen, ausschließlich natürlichen Rohstoffen hergestellt. Das frische und knusprige Angebot umfasst rund 150 herrlich duftende Brot- und Gebäcksorten, darunter Spezialitäten wie den Brixentaler Krustenlaib, das Tiroler Landbrot, aber auch Bio-Spezialitäten wie das Bio-Roggenbrot oder das Bio-Weizenbrot. Auch Innovationen wie das Bio-Dinkel-Knäckebrot finden sich im Angebot, und Naschkatzen werden bei den vielen süßen Versuchungen wie Krapfen, Früchteplunder, Croissants, Schaumrollen oder frischen Buchteln sicher ebenfalls fündig. Das Personal berät charmant und mit viel Fachwissen.

BIO

BRIXLEGG

SPAR-SUPERMARKT

6230 Brixlegg, Innsbrucker Straße 53
TEL 0 53 37/642 02
WEB www.spar.at

Der 2008 eröffnete Spar-Supermarkt in Brixlegg ist für die Kunden optimal zu erreichen, mit einem direkten Anschluss vom Kreisverkehr. Empfangen wird man von einer genussvoll eingerichteten Feinkostabteilung, einer Obst- und Gemüse-Abteilung und einem Bistro, in dem es herzhafte Snacks, Kaffee und auch frisch gepresste Säfte im Angebot gibt. Das Bistro hat auch an Sonn- und Feiertagen von 7.30 h bis 11.00 h geöffnet. Der Tag soll genussvoll beginnen, und es werden Kutscherweckerl, Sonnenblumenweckerl und auch ein Frühstück angeboten. Von frisch duftenden Kuchen bis hin zur traditionellen Tiroler Prügeltorte finden Sie eine große Auswahl an Spezialitäten.

BIO

DÖLSACH

KUENZ NATURBRENNEREI

9991 Dölsach, Gödnach 2
TEL 0 48 52/643 07
MAIL info@kuenz-schnaps.at
WEB www.kuenz-schnaps.at

Im absolut sehenswerten Hofladen des traditionellen und bereits seit 400 Jahren im Besitz der Familie Kuenz stehenden Erbhofes werden edelste und vielfach prämierte Brände und Liköre in tollem Ambiente angeboten. Die Auswahl reicht vom Pregler, einer alten Osttiroler Spezialität aus verschiedenen Äpfel- und Birnensorten über sortenreine Apfelbrände, Birnen-,

Plankensteiner Nah&Frisch

Fleischerei Horngacher

Marillen- oder Kirsch- bis zu Vogelbeer-, Enzian- und Zirbenbrand. Fruchtliköre wie Himbeer-, Preiselbeer- oder auch Marillenlikör sowie naturtrüber Apfelsaft, Osttiroler Kartoffel (aus der Genussregion) und Obst je nach Saison werden ebenfalls angeboten. Degustierfreunden bietet sich hier aber auch die Gelegenheit, die Kultur des Obstbrennens näher kennen zu lernen und einen Einblick in die aufwändige und nach alter Tradition erfolgende Herstellung der exquisiten Produkte zu gewinnen (Reisegruppen bitte anmelden). Im Hofladen werden darüber hinaus auch Spezialitäten vom Stadtmarkt Lienz oder der Initiative „Natur aus Osttirol" angeboten.

ELLMAU

BAUERNKÄSEREI WIDAUER

6352 Ellmau, Dorf 36
TEL 0 53 58/23 03
MAIL b.widauer@wilder-kaeser.at
WEB www.wilder-kaeser.at

Das Käseparadies in Ellmau. Täglich werden in der eigenen Käserei rund 700 Liter feinste Rohmilch zu herausragenden Käsespezialitäten verarbeitet, die Reifung erfolgt im Felsenkeller. Und die Qualität macht sich bezahlt: So kann man mit Wildem Kaiser, Alpenweichkäse und Bergcamembert auf verschiedene Auszeichnungen stolz sein. Freundlich und kompetent führt die Käsesommeliere durch das Angebot. Geschmacks- und Genusserlebnis pur!

ERL

BÄCKEREI KONDITOREI KURT MAIER

6343 Erl, Dorf 37
TEL 0 53 73/81 46
MAIL schuettelbrot@hotmail.com

In dieser kleinen, aber feinen Dorfbäckerei werden seit nunmehr fast einem Jahrhundert von der Familie Maier beste Backwaren, natürlich und mit Granderwasser, nach alten Rezepten im Steinofen gebacken. Ganz im Sinne eines dörflichen Nahversorgers werden in der Feinkostabteilung auch Produkte des täglichen Bedarfs, meist in Bio-Qualität, angeboten. Bevorzugt werden dabei Nahrungsmittel aus der Umgebung und aus den Genussregionen Österreichs, darunter Heumilchkäse, Butter, Milch und erlesene Säfte aus Direktpressung, aber auch Tees, Müslis, Getreide, Honig, selbst gemachte Nudel... Die große Auswahl an hochwertigen Lebensmitteln sowie die kompetente und freundliche Bedienung machen den Einkauf hier zu einem sinnlichen Erlebnis.

BIO

FEICHTEN

PLANKENSTEINER NAH&FRISCH

6524 Feichten, Kaunertal 136
TEL 0 54 75/423
MAIL info@sportplankensteiner.com
WEB www.sportplankensteiner.com

Klein, aber mit viel Charme und Genuss: Freundlich und kompetent wird hier ein Warenangebot offeriert, das praktisch keine Wünsche offen lässt. Regionales findet man an der Käsetheke wie Heumilch- oder Weinkäse, aber auch bei Wurst und Fleisch Spezialitäten vom Wild und eine feine Auswahl an Schinken. Zum Genuss verführt auch die Obst- und Gemüse-Insel, die mit Frische und ansprechender Präsentation lockt. Bei den Spirituosen werden unter anderem Edelbrände aus dem Oberinntal angeboten, auch die Auswahl an Weinen weiß zu überzeugen; das besondere Weinfachwissen rundet den Eindruck perfekt ab. Neue und innovative Genussprodukte finden immer wieder den Weg ins Programm, und hinter dem umfassenden Angebot spürt man das große persönliche Engagement aller Mitarbeiter.

BIO

FIEBERBRUNN

FLEISCHEREI HORNGACHER

6391 Fieberbrunn, Spielbergstraße 29
TEL 0 53 54/525 84
MAIL fleischerei@ktvpillersee.at

Handwerk und das Wissen um die Herkunft der Zutaten werden in diesem Familienbetrieb in Fieberbrunn großgeschrieben. Das breite Sortiment an Wurst, Schinken und Fleisch stammt fast durchwegs aus eigener Produktion. Heimische Qualität wie beispielsweise Lamm

Sparmarkt Alois Hofer

Otto Biedermann

ist bei den Kunden besonders gefragt, auch das Rindfleisch kommt vorwiegend von regionalen bäuerlichen Lieferanten. Wichtige Info für Allergiker: Alle Wurstprodukte sind allergenfrei und darüber hinaus auch glutamatfrei. Köstliche Wurstsalate und andere kleine Snacks können vor Ort verkostet werden. Auch Gewürze, fertige Suppen und Nudeln kann man hier kaufen. Die Atmosphäre des Geschäfts ist einladend und herzlich, die Kompetenz mehrerer Generationen macht sich bei der Beratung der Kunden bemerkbar. Qualität, die schmeckt!

!

SPARMARKT ALOIS HOFER

6391 Fieberbrunn, Niederlehen 7
TEL 0 53 54/563 88
MAIL alois.hofer@sparmarkt.at
WEB www.alois-hofer.at

Alois Hofer ist Kaufmann und Nahversorger von ganzem Herzen. Regionalität wird bei ihm auch im neuen und wunderschönen Spar-Vorzeigemarkt in Fieberbrunn groß geschrieben. So bietet die sehenswerte Feinkostabteilung Biokäsesorten der Sennerei Danzl aus der Genussregion Kaiserwinkl Heumilchkäse: Vom Bioschnittlauchkäse bis zum Bergkäse ein echter Genuss. An der Fleischtheke wird großer Wert auf Qualität und Nachhaltigkeit gelegt, es finden sich Spezialitäten wie Fleisch vom Limosin-Rind von der Jodl-Reisenbergalm oder feinstes Kalbsfleisch. Das frische und knusprige Brot wird von zwei eingesessenen Bäckereien aus der Region geliefert, die auf chemische Hilfsmittel und Fertigmischungen vollständig verzichten und die Rohstoffe für die Herstellung ausschließlich aus Österreich beziehen. Und auch beim Fisch wird auf Frische und Herkunft geachtet. Die Saiblinge, Forellen und Lachsforellen kommen innerhalb von nur einer Stunde aus dem Wasser des Naturteichs in die Frischetheke. Das Einkaufen ist hier ein echter Genuss!

BIO !

FULPMES

KRÖSBACHER HELMUT METZGEREI

6166 Fulpmes, Kirchenstraße 5
TEL 0 52 25/622 25
MAIL metzgerei.kroesbacher@gmx.at
WEB www.tirolermeistermetzger.com

Die Tiroler Meistermetzger fühlen sich in ihrer Heimat stark verwurzelt. In der sehr schönen Landmetzgerei Krösbacher ist bereits der Anblick der Vitrine ein Genuss, Auswahl und Frische der Produkte sind absolut überzeugend. Das Angebot an Wurst- und Schinkenköstlichkeiten aus eigener Produktion ist überdurchschnittlich gut, das Fleisch – mit Spezialitäten wie Wild und Lamm – kommt ausschließlich aus dem Stubaital und wird selbst geschlachtet, auch Nordtiroler Grauvieh Almochs aus der Genussregion wird angeboten. Feine Spirituosen aus dem Stubai und Spezialöle wie Bärlauchöl runden das genussvolle Angebot ab. Freitags – das ist auch der Tag für frisches Bauernbrot – und samstags wird Frischfisch angeboten. Partyservice! Unser Tipp: Das besondere Imbissangebot muss man probieren.

BIO

GRÄN

OTTO BIEDERMANN

6673 Grän, Seestraße 1
TEL 0 56 75/64 63
MAIL info@biedermann-kaese.com
WEB www.biedermann-kaese.com

Hier zählen Qualität und der gute Geschmack. Nicht nur der Tannheimer Bergkäse sowie viele andere Käsesorten (aus silofreier Milch) aus eigener Produktion und ein Sortiment von ca. 40 verschiedenen handelsüblichen Käsesorten machen Lust auf mehr. Auch ein feines Sortiment an regionalen Spezialitäten wie selbst gemachtes Joghurt, Bergbutter, Molke, Speck, Marmelade sowie Konfekt sind einfach verführerisch. Eine kleine Auswahl an Zotter-Schokoladen verlockt ebenso wie Wein von heimischen Topwinzern und Destillate von Edelbrennern. Man wird gern zum Verkosten und zum Kauf animiert.

BIO !

Gutes aus der Natur

HALL

DER BÄCKER RUETZ

6060 Hall, Sparkassengasse 1
TEL 0 52 23/548 28
WEB www.ruetz.at

In der Bäckerei Ruetz wird der Genusssuchende nicht nur mit der Aussicht auf den malerischen Haller Stadtplatz, sondern auch mit Frische und Qualität überrascht und verführt. Man findet eine große Auswahl an frischem, herrlich duftendem Brot und Gebäck wie dem Tiroler Bio-Roggenbrot, dem Bio-Sonnenherz, dem Ruetz-Sportbrot, Vinschgerln sowie verschiedene Blechkuchen. Produkte aus den Genussregionen finden sich ebenso wie sündhaft gute Krapfen mit Vanille- oder Eierlikörfüllung. Die breite Palette an Kleingebäcken wird stündlich frisch gebacken, und auch feines Frühstück wird hier angeboten.

!

EDDA GARBER

6060 Hall, Garbereck
TEL 0 52 23/579 82

Wer in Hall auf der Suche nach Genuss ist, der muss nur nach dem „Garber Eck" fragen. Die Straße wurde hochoffiziell von der Gemeinde so benannt, und das zu Recht, denn das Geschäft ist wirklich etwas Besonderes. Die Auswahl an Tiroler Schnittkäse und verschiedenen Schmankerln von heimischen Bauern, Tiroler Speck und geräucherten Würsten ist groß. Das hervorragende Obst und Gemüse (unter anderem aus der Genussregion Nordtiroler Gemüse) wird saisonal von Bauern bezogen und wirklich toll präsentiert. Das große Weinsortiment – unter anderem mit zahlreichen Pretiosen von burgenländischen Winzern – wird auch mit Falstaff-prämierten Topweinen aufgewertet. Wein kann man hier aber nicht nur bei fachmännischer und sehr freundlicher Beratung kaufen, sondern selbstverständlich auch verkosten oder telefonisch bestellen. Achten Sie auf die Öffnungszeiten: Montag bis Samstag 7.30 bis 12.00 Uhr.

!

GUTES AUS DER NATUR

6060 Hall, Eugenstrasse 12
TEL 0 52 23/204 02
WEB www.gutes-aus-der-natur.at

Nomen ist Omen. In diesem originellen Laden mit außergewöhnlichen Produkten schlägt das Herz des Feinschmeckers höher. Prämierte Käsespezialitäten aus der Region, Feinheiten aus den Genussregionen und Biokäse aus Heumilch, Holunder- oder Edelziegenkäse können ebenso verkostet werden wie aromatische karnische Würste und hervorragender Speck. Die Auswahl an Obst und „Süßem" ist zwar klein, aber überwiegend aus der Region und biologisch. Die Palette an Wein und Sekt wurde erweitert, es gibt Erlesenes von Umathum, Iby, Hartl oder Scheiblhofer, aber auch Arunda-Sekt und hervorragende Bioweine. Die Palette an edlen Spirituosen überzeugt auch anspruchsvollste Genießer. Eine wahre Gaumenfreude sind die Biomarmeladen in den Sorten Zwetschken-Holler, Maulbeere, Quitte-Traube, Erdbeer-Vanille oder Birne-Quitte. Besondere Ölsorten im Angebot: Graumohn-, Marillenkern- oder Hanföl. „Gutes aus der Natur" ist wahrlich ein Genussgeschäft, in dem man auch fachkundig und freundlich beraten wird.

!

Hopfgartner Bauernladen

HALLER BAUERNMARKT

6060 Hall , Oberer Stadtplatz
TEL 06 76/719 97 99
MAIL hildegard.posch@gmx.at
Seit 20 Jahren ist der Bauernmarkt am Oberen Stadtplatz in Hall wöchentlicher Treffpunkt für Ernährungsbewusste und Genießer regionaler Produkte. Angeboten werden Genussprodukte aus bäuerlichen Familienbetrieben, von knackigem Gemüse und Obst, frischen Milchprodukten, selbst gemachtem Brot oder Marmeladen bis hin zu Honig, Fisch-, Fleisch-, Speck- oder Wurtspezialitäten und Blumen – was auf den heimischen Feldern und Gärten wächst, kann beim Haller Bauernmarkt jeden Samstag von 9 bis 13 Uhr direkt verkostet und gekauft werden.
!

KONDITOREI KLAUS WEILER

6060 Hall, Oberer Stadtplatz 1 + 2
TEL 0 52 23/525 60
Die gemütliche Konditorei ist weit über die Stadtgrenzen von Hall hinaus bekannt. Gemälde des akademischen Malers Heinz Weiler, dem Bruder des Konditormeisters, geben dem Lokal eine künstlerische Note. Naschkatzen werden hier mit feinsten Torten, duftenden Kuchen, saftigen Fruchtschnitten und knusprigem Gebäck verführt, natürlich wird alles frisch und selbst gemacht. Der absolute Hit sind die Pralinen, die in einer beachtlichen Auswahl angeboten werden. Auch Macarons und Mandel-Schaumgebäck aus eigener Produktion finden sich im Programm. Auf jeden Fall probieren sollten Sie aber die hervorragenden Demelschnitten, denn der Chef hat bei Demel in Wien gelernt und gearbeitet.

METZGEREI JENS BECKER

6060 Hall, Wallpachgasse 10
TEL 0 52 23/542 94
Ein Fleischerfachgeschäft, wie man es sich wünscht. Wurst und Fleisch wird in großer Auswahl und bester (teilweise Bio-) Qualität perfekt präsentiert. Neben der geschmackvollen und umfangreichen Schinkenauswahl stechen auch die zahlreichen Convenience-Produkte wie Knödel, Spieße und Salate ins Auge. Beim Fleisch, das von bäuerlichen Betrieben aus der Region bezogen wird, dominieren Regionalität und Saison das Genusssortiment. Auch Produkte aus den Genussregionen wie Nordtiroler Grauvieh Almochs oder Osttiroler Berglamm finden sich im Programm. An der heißen Theke gibt's Deftiges: Stelzen, Schweineripperln oder auch ein Grillhendl. Die Beratung erfolgt überaus freundlich und fachkundig, man nimmt sich für jeden Kunden Zeit, und natürlich gibt das Personal auch gern Zubereitungstipps.

HOPFGARTEN

HOPFGARTNER BAUERNLADEN SALVENA PARKPLATZ

6361 Hopfgarten, Penningdörfl 17
TEL 0 53 35/34 51
MAIL rehaberhof@aon.at
WEB www.brixentaler-kochart.at
Alle Produkte, die im kleinen, aber feinen Bauernladen angeboten werden, stammen ausschließlich von heimischen Bauernhöfen. Ein Schwerpunkt liegt auf Speck- und Wurstwaren, die nach alten Rezepturen und unter Verwendung von besten regionalen Rohstoffen hergestellt werden. Frischfleisch gibt's von Rind, Schwein, Ziege, Lamm oder Huhn auf Vorbestellung, für Feinschmecker wird auch eine Auswahl an Ziegenprodukten angeboten. Die feine Käsepalette mit Berg- und Schnittkäse kommt von regionalen Almen, auch frische Almbutter verführt zum Genuss. Darüber hinaus gibt es Produkte für die schnelle Küche wie hervorragende Krapfen, Tiroler Knödel oder Fleischlaibchen. Abgerundet wird das Sortiment mit Nudeln, Gewürzen, Säften, Tees, Marmeladen, Honig und hochwertigen Destillaten. Das freundliche und kompetente Personal rundet den sehr guten Eindruck ab.
!

IMST

KONDITOREI REGENSBURGER

6460 Imst, Kramergasse 20
TEL 0 54 12/669 79
MAIL sweetline@cni.at
Hier erwarten Sie süße Erlebnisse: flaumige Kuchen,

'S Culinarium in der Altstadt

herrliche Torten, Marmeladen, Panettone mit Schokolade oder auch als fruchtige Variante, allerfeinstes Konfekt wie Latschenkieferzuckerln, Eis – und natürlich alles hausgemacht. Die große Sonnenterrasse lädt ein, sich die süßen Spezialitäten schmecken zu lassen. Für den Hunger auf Pikantes ist täglich ein anderes Menü im Angebot, natürlich frisch gekocht.

INNSBRUCK

'S CULINARIUM IN DER ALTSTADT

6020 Innsbruck, Pfarrgasse 1
TEL 0 51 2/57 49 03
Wein und Spirituosen sind in diesem Geschäft gelebte Leidenschaft. Das Angebot ist eine Wucht. Verkauft wird nur, was der Chef auch selbst trinken würde. Exklusive Weine, ausschließlich aus Österreich, spezielle Liköre, eine feine Auswahl an Cognacs und Armagnacs, edle Grappas, Edelbrände und Champagner bis hin zu feinstem Tiroler Kräutertee. Die Kunden schätzen hier aber nicht nur die hohe Produktqualität, sondern auch die hervorragende persönliche Beratung durch den Chef und das feine Ambiente.

ARKO

6020 Innsbruck, Herzog-Friedrich-Straße 33
TEL 0 51 2/58 22 40
In diesem schönen Altstadtgeschäft ist süßer Genuss garantiert. Das Angebot an handgefertigten, edlen Pralinen, Trüffeln mit verschiedenen Füllungen sowie Marzipanprodukten lässt die süßen Herzen höher schlagen. Hier stehen der Chef und die Chefin noch selbst im Geschäft, um die Kunden in allen Fragen kompetent und freundlich zu beraten. Neben dem Süßen – auch Kekse und Marmelade – gilt die Leidenschaft hier dem Kaffee, natürlich nur von bester Qualität und unter anderem auch aus biologischem Anbau.

BÄCKEREI KRÖLL

6020 Innsbruck, Riesengasse 9
TEL 0 51 2/58 80 74
In der sehr charmanten, kleinen Bäckerei kann man Backkunst in heimeliger Atmosphäre genießen: Die große Auswahl an frischen, knusprigen und hochwertigen Brot- und Gebäcksorten wird ausschließlich mit Grander-Wasser und nach der 5-Elemente-Lehre der TCM hergestellt. Bekannt ist die Bäckerei auch für die zahlreichen Strudel-Variationen, man lässt sich hier aber auch gerne zu süßem Gebäck wie den hervorragenden Mohntatzen oder den herrlichen Brezeln verführen. Die sehr freundliche Beratung rundet den Gesamteindruck perfekt ab.

BÄCKEREI LENER

6020 Innsbruck, Museumstraße 37a
TEL 0 51 2/58 40 63
MAIL lener@brotbuben.at
FILIALEN Museumstraße 10
Josef-Wilbergerstraße 19 (Fruchthof)
Fischnalerstraße 10 a
Hunoldstraße 3
Innrain 9
Leopoldstraße 9
Bei den „Brotbuben", wie die Feinbäckerei Lener auch genannt wird, werden über 100 Brotsorten angeboten. Gebacken wird nach dem Reinheitsgebot und mit na-

Edenhauser Vinothek

Falkner Obst und Gemüse

türlichen Zutaten und Keimkraftmehl. Spezielle Brotsorten wie das Doppelgebackene, diverse Körnerspezialitäten, reines Dinkel-Vollkornbrot, Top-Finger (ein helles Weizenbrot mit Kartoffel und frischem Topfen), Wurzelbrot und Olivetti mit Oliven sind ebenso beliebt wie Hauszelten, Stollen und Früchtebrot. Natürlich gibt es hier auch ein breites Angebot an Bio-Brot und -Gebäck, auf Transfettsäuren wird in der Produktion vollständig verzichtet. Krapfen werden hier noch händisch aus Butterteig gemacht. Die Beratung ist freundlich und kompetent, der Einkauf ein echter Genuss.
!

BÄCKEREI MOSCHEN KG

6020 Innsbruck, Schillerstraße 1
TEL 0 51 2/57 18 93
MAIL baeckereimoschen@aon.at
FILIALEN Bozner Platz 2, Pradlerstraße 34

Qualität und Backhandwerk werden hier geschmackvoll und seit 45 Jahren täglich aufs Neue gelebt. Der Chef bäckt selber und jeden Tag frisch, man setzt auf althergebrachte, verfeinerte Rezepturen und Rohstoffe von heimischen Lieferanten. Das Sortiment: Dinkelbrot, ein nach altem Rezept hergestelltes Sauerteigbrot, aber auch Kleingebäck sowie italienische Brotspezialitäten wie Ciabatta oder Südtiroler Vinschgerln. Jeden Donnerstag gibt es frischen Apfel-, Mohn-, Topfen- und Nusskranz. Je nach Saison wird man aber auch süß mit Apfel-, Rhabarber- oder Marillenstrudel verführt. Die freundliche, kompetente Beratung und die Kostproben erleichtern die Auswahl.
!

BUON GUSTO ITALIENISCHE SPEZIALITÄTEN

6020 Innsbruck, Andechstrasse 85 (Greif-Center)
TEL 06 99/10 86 90 77
MAIL buongusto@gmx.at
WEB www.buongusto.at

Das 2003 eröffnete Geschäft ist ein Geheimtipp für alle, die italienische Spezialitäten lieben. Angeboten wird ein ausgewähltes Genusssortiment, das großteils direkt von kleinen regionalen Produzenten in Italien bezogen wird. Man findet zum Beispiel Antipasti von Da Domenico aus Sizilien, aromatische Kräuter- oder Brennesselkäse, Sugos aus Südtirol, Rohschinken aus Bruneck, Bresaola, getrockneten, im Felsenkeller gereiften Rindersaftschinken, aber auch Südtiroler Schinkenspeck sowie Hirsch-, Gams- oder Lammwürste. Bei den Dolci gibt's Cantucci aus der Toskana, als perfekte Begleitung dazu Harrar-Kaffee aus Brixen. Vervollständigt wird das Sortiment mit hervorragenden Weinen aus Italien, Schüttelbrot und Vinschgerln, Pasta, Pesto, Olivenölen und Marillen-, Erdbeer- oder Birnenessigen, Balsamico, Polenta und Risotto, um nur einige zu nennen. Beraten wird man hier charmant und mit umfangreichem Fachwissen.

EDENHAUSER VINOTHEK

6020 Innsbruck, Museumstraße 38
TEL 0 51 2/56 74 11
MAIL info@edenhauser.at
WEB www.edenhauser.at

Ein Spezialgeschäft, das viele Besonderheiten bereithält: Cognac eines jeden Jahrgangs seit 1900, verschiedene Champagner, diverse Geburtstagsweine und alles, was das Herz an hochprozentigem begehrt. Aber auch ein Früh-Kölsch vom Fass oder den italienischen Espresso aus dem Piemont muss man probiert haben. Es gibt zudem eine große Auswahl an Spezial-Ölen und -Essigen, unter anderem feines Olivenöl aus Ligurien und der Toskana. Weiters finden sich im Angebot spezielle Teesorten, und alle Senfliebhaber kommen hier ebenfalls voll auf ihre Rechnnung. Freundlichkeit und Beratung sind hervorragend, genussvolles Einkaufen ist hier garantiert!
!

FALKNER ROBERT OBST UND GEMÜSE

6020 Innsbruck, Amraser-See-Straße 56a
TEL 0 51 2/32 55 10
WEB www.falkner-dez.at

So frisch kann Obst und Gemüse sein! Das herrliche Angebot verlockt zum Genuss, es macht richtig Spaß, in diesem Vitaminparadies einzukaufen! Den ganzen Sommer über bekommt man hier Erdbeeren und Gemüse aus eigenem Anbau. Besonderer Wert wird auf

Frank's Oliven

Fürbass Feinkostmeile

Fruchthof – Der Frische-Diskonter

Bioprodukte von regionalen Bauern sowie auf in- und ausländische Obst- und Gemüsesorten gelegt. Eine besondere Geschenkidee sind die liebevoll zusammengestellten Körbe, und für den schnellen Vitaminkick gibt's frisch gepresste Fruchtsäfte vom Powerdrink bis zur Vitaminbombe! Aus den Genussregionen gibt's die Stanzer Zwetschke, den Marchfelder Spargel oder Obersteirische Äpfel. Das sehr freundliche Personal berät gern und mit viel Fachwissen.

FISCH PEER

6020 Innsbruck, Josef-Wilberger-Straße 19 (Fruchthof)
TEL 0 51 2/20 02 33
WEB www.fisch-peer.at
FILIALE Herzog-Siegmund-Ufer 1–3 (Markthalle)

Peer ist in Innsbruck als Fischfachgeschäft mit Spitzenqualität bekannt. Zweimal pro Woche wird das Geschäft mit Frischfisch beliefert. Um die 90 Spezialitäten wie Red Snapper, Goldbrasse, Ährenfisch, Steinbutt, Seeigel, Vongole etc. werden angeboten. Als Gipfel des Genusses gelten Belon-Austern, aber auch Black-Tiger-Garnelen aus Wildfang. Die Beratung ist freundlich und beantwortet alle Fragen zum Thema Fisch. Fischsuppe, Fischfond und Lasagne gibt es jetzt auch zum Mitnehmen. In den Genuss der Köstlichkeiten aus See und Meer kommen Sie aber auch im Restaurant „Marktschiff". Hier werden traditionelle und exotische Fischgerichte serviert, gleichzeitig bekommt man wertvolle Tipps und Tricks zum Nachkochen und kann sich den passenden Wein zum Fisch empfehlen lassen.

FRANK'S OLIVEN – FRANK TRIEBERT

6020 Innsbruck, Herzog-Siegmund-Ufer 1–3 (Markthalle)
TEL 0664/320 55 37
MAIL franks.oliven@chello.at
FILIALE Josef-Wilberger-Straße 19 (Fruchthof)

Einzigartig! Ein Geschäft mit einer riesigen Auswahl an Oliven, Olivenölen, Essigen, Antipasti sowie einer umfangreichen Palette an Dips wie Limetten-, Pfefferoni-, Tomaten. Das Olivenfachgeschäft bietet auch verschiedene Bioolivensorten und -öle aus Italien, Spanien, Portugal und Griechenland an. Kostproben gefüllter, marinierter Oliven sowie verschiedene selbst gemachte Antipasti werden gern gereicht. Besonders ist auch das Angebot an Aufstrichen wie Dattelkäs, Preiselbeer-Tomatenpaste oder Humus. Das Motto des Inhabers Frank Triebert lautet: „Olivenöl gibt es überall zu kaufen, die kompetente Beratung dazu aber nicht!"

!

FRUCHTHOF – DER FRISCHE-DISKONTER

6020 Innsbruck, Josef-Wilberger-Straße 19
TEL 0 51 2/26 26 64

Der Fruchthof ist ein Spezialitätenmarkt, eigentlich der „Naschmarkt" in Tirol. Das Warenangebot reicht von feinen Käsesorten aus Italien (z.B. Pecorino Sardo) und Frankreich über Obst und Gemüse, frische Kräuter, Gewürze, verschiedene Salze wie Kristallsalz aus dem Himalaya, Fleur de Sel, Stein- oder Meersalz bis zu Oliven, Essigen, Ölen, Marmeladen und Tees aus aller Welt. Auch das Warenangebot aus den Genussregionen ist umfangreich und reicht von Ländle Apfel über Nordtiroler Gemüse bis zu Mühlviertler Bergkräuter, Waldviertler Mohn, Marchfelder Spargel und Kittseer Marille. Praktisch alle Produkte gibt es hier auch in Bio-Qualität, darunter Käsefeinheiten von "Bio vom Berg", Demeter-Spezialitäten oder erlesene Weine. Das „konventionelle" Weinregal bietet Tropfen aus aller Welt. Produkte der Metzgerei Hörtnagl, des Fischspezialitätengeschäftes Peer, der Bäckerei Lener und Frank's Oliven sowie Delikatessen wie Trüffeln aus dem Piemont und exklusive Whiskysorten runden das Genussangebot ab.

!

FÜRBASS FEINKOSTMEILE

6020 Innsbruck, Amraser-See-Straße 56a
TEL 0 51 2/32 55 13
MAIL p.wolfram@tirol.com

Auf der Suche nach Spezialitäten von Wild und Geflügel mit Herkunft wird man hier fündig. Das Fachgeschäft ist sehr gut sortiert und bietet ausschließlich Fleisch aus Österreich, vorzugsweise aus der Region, an. Biohendl und Weidegänse aus dem Waldviertel, Tiroler Lammfleisch sowie Feines vom Reh, Hirsch, Wildhase, Wildschwein, Fasan und Rebhuhn finden sich im An-

Haselwanter – Eva Peristi

Hörtnagl Andrä

gebot, aus den Genussregionen gibt es Südburgenländische und Mühlviertler Alm Weidegans. Die Beratung ist freundlich und kompetent. Sehr zu empfehlen: Das große Imbissangebot von hausgemachten Salaten, Stelzen, Backhendl und Fleischkäse bis hin zu Enten, die auf Bestellung gegrillt werden.

BIO

HANS VON STADL TIROLER MEISTERMETZGER

6020 Innsbruck, Pradler Straße 34
TEL 0 51 2/34 24 70
MAIL tmm-h.vonstadl@chello.at

Der Tiroler Meistermetzger bürgt für höchste Fleischqualität und bietet Köstlichkeiten wie den edlen hausgemachten Beinschinken, aber auch Spezialitäten aus den Genussregionen wie Osttiroler Berglamm, Gustino-Strohschwein, steirischer Almenland Almochse oder Mühlviertler Alm Weidegans. Ausgezeichnet sind auch die hausgemachten Fertiggerichte wie gebeizter und geräucherter Lachs, Gulaschsuppen, Knödel aller Art sowie die Grillplatten zum Mitnehmen. Biokäse von kleineren Käsereien, darunter auch Zillertaler Heumilchkäse aus der Genussregion, verschiedene Essigsorten wie Balsamico sowie kaltgepresste Öle wie Olivenöl aus Sardinien und Griechenland werden ebenso angeboten wie Antipasti, Edelbrände und frisches Brot; auch die Genussregion Nordtiroler Gemüse ist mit Spezialitäten vertreten. Einkaufen oder im Geschäft einen kleinen Imbiss nehmen – der Genuss ist garantiert. Und auch für das Auto ist neuerdings gesorgt: Im Hof des Hauses wurden Parkplätze für die Kunden geschaffen.

BIO

HASELWANTER – EVA PERISTI

6020 Innsbruck, Herzog-Siegmund-Ufer 1–3 (Markthalle)
TEL 0 51 2/58 60 61

Das kleine Käsefachgeschäft ist ein wahres Paradies und bietet über 100 in- und ausländische Käsesorten, eine besonders große Auswahl auch in Bioqualität. Aus den Genussregionen wird Kaiserwinkl Heumilchkäse sowie Bregenzerwälder Alp- und Bergkäse angeboten. Unglaublich gut: Burrata Mozzarella sowie Gorgonzola. Der angebotene Mostarda di frutta, verdura oder mele schmeckt ausgesprochen gut zu den Käsespezialitäten. Ein fachkundiges Personal hilft dabei kompetent, die geschmacklich richtige Entscheidung zu treffen. Kräuteressige oder weißer Balsamico finden sich ebenso im Programm wie Olivenöl, Honige und Kompotte, und für die schnelle Küche gibt's Spinat-Kartoffel Knödel mit Graukäsefüllung, Schlutzkrapfen oder als süße Variante Zwetschkenknödel. Ein Geschäft, das auch für ganz besondere Anlässe die passenden Gaumenfreuden anzubieten hat.

BIO !

HÖRTNAGL ANDRÄ

6020 Innsbruck, Burggraben 4–6
TEL 0 51 2/597 29
MAIL feinkost@hoertnagl.at
WEB www.hoertnagl.at

Seit mehr als 145 Jahren ist Hörtnagel in Tirol Synonym für Genuss. In der Feinkostvitrine reihen sich aromatische Käsesorten wie Biokorbkäse, Waldviertler Goaskas, getrüffelter Rohmilchkäse, Spezialitäten aus den Genussregionen und internationale Größen an Wurst- und Schinkenspezialitäten wie der ausgelöste Beinschinken sowie Rouladen und Pasteten aus eigener Produktion. Viele kommen aber zu Hörtnagel, allein um ein Gustostück vom Tiroler Grauviehalmochsen oder die Tiroler Edelweiße, die Weißwurst aus 100% Tiroler Zutaten zu kaufen. Eine Tiroler Spezialität wird auch bei Schokoladen angeboten: die Tiroler Edle in verschiedenen Sorten. Besonders geschmackvoll sind auch das Biosortiment an Obst und Gemüse, es gibt 40 verschiedene tellerfertig marinierte Gemüsesorten sowie Brot von heimischen Bauern. Das Weinangebot lässt keine Wünsche offen, es finden sich alle Top-Winzer Österreichs, und auch die vielen Rum- und Whiskyspezialitäten werden Genießer überzeugen. Die neue Frischfischabteilung ist klein, aber anspruchsvoll sortiert. Die Bedienung ist freundlich, kompetent, lädt zum Verkosten ein und hilft bei der schwierigen Aufgabe, sich in dieser Genusswelt entscheiden zu müssen.

BIO !

Hussel Confiserie

Invinum

Markthalle Innsbruck

HOUSE OF TEA & COFFEE

6020 Innsbruck, Kiebachgasse 2
TEL 0664/160 27 37
MAIL info@tea-coffee.at
WEB www.tea-coffe.at

Über 250 Teesorten (auch aus biologischem Anbau), erwarten den Genießer in diesem kleinen, aber besonders schönen Altstadt-Teefachgeschäft. Ein Vorgeschmack: japanischer Grüntee wie Shincha Wakana, Miyazaki, Kimigayo oder Galong, aber auch weißer chinesischer Tee wie Tai Pin Coi Kui. Darüber hinaus findet man hier alles, was man an Zubehör für die Zubereitung benötigt. Die Kaffeeauswahl ist ebenfalls entsprechend: 20 verschiedene Sorten von Sachers Wien bis zu italienischen Arabica-Espresso-Spezialitäten. Kompetent und freundlich wird man vom Chef selbst in die Welt des Tees eingeführt. Ein weiterer Grund, das Geschäft unbedingt zu besuchen, ist das große Angebot an ausgefallen Honigspezialitäten, belgischer Schokolade und Trinkschokolade, das das Sortiment versüßt.

BIO ☺ !

HUSSEL CONFISERIE

6020 Innsbruck, Museumstraße 38
TEL 0 51 2/56 74 95
WEB www.hussel.at

Ein echt süßes Fachgeschäft. Hier werden Liebhaber exklusiver Trüffel-, Pralinen- und Gebäckspezialitäten verwöhnt. Neben feinen Schokoladen, Pralinen, Trüffeln und Gebäck findet man bei Hussel auch frisches Fruchtgummi. Der völlig neue Schokogenuss enthält Stücke von rosa Pfeffer, Kaffeesplitter, Orangenstücke ... dem Geschmack sind hier keine Grenzen gesetzt. Alles in allem: Ein wunderschönes Spezialgeschäft, um sich selbst oder auch liebe Freunde zu beschenken.

☺

IL GUSTO DI VIESTI

6020 Innsbruck, Maria-Theresien-Straße 42
TEL 0699/12 03 33 31

Auch im neuen Geschäft dreht sich nach wie vor alles um italienische Spezialitäten. Rund 100 verschiedene hausgemachte Nudelsorten und das passende Saucen- und Pestoangebot geben nur einen kleinen Vorgeschmack auf das unglaubliche Sortiment. Im Feinkostbereich finden Sie Pecorino aus Sardinien, Caciocavallo aus Apulien, Mozzarella di Bufala neben Prosciutto di San Daniele, Lardo sowie Trüffel- und Wildschweinsalami. Das Antipasti-Angebot ist schlicht großartig – das Schwertfisch-Carpaccio muss man probiert haben – und wird täglich frisch zubereitet. Trüffel wird auf Wunsch bestellt. Folgen Sie den Empfehlungen des Chefs, der hier selbst hinter der Theke steht: Genuss ist garantiert!

☺ !

INVINUM

6020 Innsbruck, Innrain 1
TEL 05 12/57 55 45
MAIL office@invinum.com
WEB www.invinum.com

Eine kleine, aber besonders feine Vinothek und Weinbar in einem Geschäft, in dem die "Chefitäten" selbst stehen und mit viel Freundlichkeit und Fachwissen beraten. Im ursprünglichen Sinn des lateinischen Vinarius versteht man sich hier sowohl als Weinhändler als auch als ausschenkende Gaststube. Im Angebot findet man edle heimische Tropfen sowohl von jungen, aufstrebenden Weinbauern als auch von Topwinzern im Bioanbau, aber auch außergewöhnliche Destillate wie Veltliner- oder Chardonnaybrand. Zu den Weinen, die auch glasweise direkt verkostet werden können, und die übrigens monatlich wechseln, gibt es ein kleines Angebot an Snacks vom Vulcanoschinken oder Aufstrichbrote mit Grammelschmalz. Genuss in schönem Ambiente ist hier garantiert. Tipp: Jeden Monat gibt es eine Karte mit neuen Weinen im Angebot. Offen: Montag bis Samstag 11.00–24.00 Uhr, Sonntag 10.00–20.00 Uhr.

BIO ☺

MARKTHALLE INNSBRUCK

6020 Innsbruck, Herzog-Siegmund-Ufer 1–3
TEL 0 51 2/58 48 37
MAIL office@markthalle-innsbruck.at
WEB www.markthalle-innsbruck.at

Das Zauberwort heißt Vielfalt – ein Marktplatz für wirklich jeden Geschmack. Von Grundnahrungsmitteln bis zu erlesenen Spezialitäten. Wie an kaum einem anderen

INNSBRUCK

Martin Stauder Obst und Gemüse

Ort in Tirol treffen in der Markthalle regionale Köstlichkeiten auf internationale Delikatessen und Schmankerln aus ganz Österreich. Feinschmeckern wird in der Markthalle mit Sicherheit nicht langweilig. Dafür sorgen die vielen Anbieter und deren stetig wachsendes, variierendes Angebot. Gewürze aus aller Welt findet man ebenso wie Bergkräuter und handgemachte Nudel, Knödel oder Schlutzkrapfen, auch Käse, Fleisch- und Wurstprodukte, Brot und Gebäck oder Obst und Gemüse in Bio-Qualität. Aus den Genussregionen gibt es unter anderem Bregenzerwälder Alp- und Bergkäse, Nordtiroler Gemüse, Oberländer Apfel oder Nordtiroler Grauvieh Almochsen. Hier kann man aber auch Frühstücken wie am Bauernhof oder Wurst und Wonne genießen. Ein Muss für alle Liebhaber von Frankfurter, Weiß- oder Currywurst. Lustenauer Senf, Balsamico, Feigensirup oder roter Traubensaft runden das Angebot ab.
!

MARTIN STAUDER OBST UND GEMÜSE

6020 Innsbruck, Pradlerstraße 55
TEL 0 51 2/34 11 87
MAIL qualitaet@obst-stauder.at
WEB www.obst-stauder.at

Verführerisch frisches Obst und Gemüse gibt es im Familienbetrieb Stauder bereits seit 1924. Die Palette an gesundem Genuss reicht dabei von regionalen und saisonalen Spezialitäten aus der Genussregion Nordtiroler Gemüse bis hin zu exotischen Früchten und Kräutern. Besonders bemerkenswert ist auch das große Angebot an Nüssen wie Para, Macademia, Cashew etc., die auf Wunsch auch frisch gerieben werden. Olivenöl aus Umbrien mit höchstem Reinheitswert, Kürbiskernöl aus der Steiermark oder Bio-Eier von bäuerlichen Betrieben aus der Region werden ebenso angeboten wie zahlreiche Produkte aus den Genussregionen. Für den süß-fruchtigen Gusto bieten sich die rund 20 verschiedenen Sorten an Schokofrüchten wie Grappa-Traube, Apfelringe oder Haselnüsse an. Tipp: Trüffel werden auf Anfrage gern bestellt.
!

MPREIS

6020 Innsbruck, Erzherzog-Eugen-Straße 41
TEL 0 51 2/57 47 22
WEB www.mpreis.at
FILIALEN 6020 Innsbruck, Innrain 17–19
Amraser-See-Straße 56

MPreis steht für modern, aufgeschlossen und starke Vernetzung in der Region. In ansprechendem Ambiente genießt man beim Einkauf beste Qualität und ein breites Angebot an Tiroler Spezialitäten, zum Beispiel Tiroler Qualitätsfleisch Jungrind „Jahrling" und Bio-Kalbl. Das Angebot an Frischfleisch wurde auch in diesem Jahr wieder erweitert. Obst und Gemüse sind eine Oase des guten Geschmacks und der Frische. Die Feinkost bietet heimische wie internationale Gustostückerln, allein über 120 Käsesorten überzeugen. Das Weinangebot ist groß, übersichtlich und mit profundem Wissen um die erlesenen Tropfen sortiert. Ein breites Angebot an Bioprodukten von regionalen Bauern rundet das Sortiment ab. MPreis bietet exklusiv die Tiroler Marke „Bio vom Berg". Kein stressiger Einkauf, sondern Genuss ist hier gefragt, und den kann man auch bei Kaffee, Snacks und Imbissen im niveauvoll gestalteten Bistro Baguette haben und dabei gemütlich entspannen. Die Bedienung ist, wie bei MPreis gewohnt, freundlich und kompetent.

MPreis Maria-Theresienstrasse

Niederwieser Obst und Gemüse

Sankt Urban Weinhandlung

MPREIS

6020 Innsbruck, Maria-Theresienstrasse 35
TEL 05 03 21/81 13
MAIL 8113@mpreis.at
WEB www.mpreis.at
FILIALEN 6020 Innsbruck, Erzherzog-Eugen-Straße 41, Innrain 17–19, Amraser-See-Straße 56

MPreis steht für modern, aufgeschlossen und starke Vernetzung in der Region. In ansprechendem Ambiente genießt man beim Einkauf beste Qualität und ein breites Angebot an Tiroler Spezialitäten, zum Beispiel Tiroler Qualitätsfleisch Jungrind „Jahrling" und Bio-Kalbl. Das Angebot an Frischfleisch wurde auch in diesem Jahr wieder erweitert. Obst und Gemüse sind eine Oase des guten Geschmacks und der Frische. Die Feinkost bietet heimische wie internationale Gustostückerln, allein über 120 Käsesorten überzeugen. Das Weinangebot ist groß, übersichtlich und mit profundem Wissen um die erlesenen Tropfen sortiert. Ein breites Angebot an Bioprodukten von regionalen Bauern rundet das Sortiment ab. MPreis bietet darüber hinaus exklusiv die Tiroler Marke „Bio vom Berg". Kein stressiger Einkauf, sondern Genuss ist hier gefragt. Den kann man übrigens auch in der integrierten Feinkost-Bar „Deliris" haben, in der Spezialitäten aus Österreich, Italien und Spanien (wie Schinken vom Iberico-Schwein) angeboten werden, und in der man auch einen kleinen Imbiss mit entsprechender Weinbegleitung genießen kann. Die Bedienung ist, wie bei MPreis gewohnt, bestens geschult, freundlich und kompetent.

BIO !

NIEDERWIESER OBST UND GEMÜSE

6020 Innsbruck, Museumsstraße 19
TEL 0 51 2/58 84 06
MAIL patricia@niederwieser.biz

Eine unglaubliche Auswahl an heimischen, aber auch exotischen Früchten überzeugt einfach. Das ganze Jahr über gibt es frisches Obst und Gemüse in großer Vielfalt, frische Trüffeln sind täglich von November bis Jänner erhältlich. Aus den Genussregionen gibt es Nordtiroler Gemüse, Stainzer Zwetschke, Oberinntaler Erdäpfel oder Marchfelder Spargel. Großes Augenmerk wird auf die enge Zusammenarbeit mit den heimischen Bauern gelegt. Selbst gekochte Spezialitäten wie Polenta, Spargelrisotto oder Gemüselasagne machen Appetit auf mehr, feine Öle laden zum Mitnehmen ein – und man erhält auch immer den passenden Weintipp!

BIO

SANKT URBAN GOTTARDI WEINHANDLUNG

6020 Innsbruck, Heiliggeiststraße 10
TEL 0 51 2/58 44 93
MAIL weinhandlung@gottardi.at
WEB www.sankt-urban.at

Im wunderschönen Ambiente der gediegenen alten Mauern wird eine genussvolle Auswahl an über 300 erlesenen heimischen sowie internationalen Weinen geboten. Die Weine werden direkt beim Erzeuger eingekauft: Bordeaux Weine, Barolo, Barbaresco, Süßweine vom Weingut Kracher sowie Blauburgunder aus dem eigenen Weingut in Südtirol. Daneben gibt es noch ein kleines, aber feines Angebot an Sherry, Portwein und Grappa. Nicht zuletzt die kompetente und freundliche Beratung macht diese Weinhandlung zu einem echten Genussgeschäft. Tipp: Jeden Tag wird hier ein anderer Wein verkostet!

SCHOKOLADENHAUS DOROTHEA DALER

6020 Innsbruck, Anichstraße 9

Das Schokoladenhaus mag auf den ersten Blick unscheinbar wirken, besticht aber durch eine nette Atmosphäre und natürlich durch die Vielzahl an süßen Verführungen, die zum Teil offen und nach Gewicht verkauft werden. Schokoladen aus aller Welt und in allen denkbaren Geschmacksrichtungen bzw. Füllungen, aber auch Schokoladebruch, Manner Stollwerk und Wiener Zuckerln – stilgerecht präsentiert in alten Holzstellagen – führen Naschkatzen in Versuchung. Natürlich gibt es hier auch die Tiroler Edle, eine handgefertigte Schokolade aus Landeck. Die Milch dafür liefert das Tiroler Grauvieh, eine über 3.000 Jahre alte, originäre Rinderrasse. Gefüllt oder pur ist die Edle immer ein Genuss.

S'Speckladele Signor

Spar-Supermarkt Gumppstraße

S'SPECKLADELE SIGNOR

6020 Innsbruck, Stiftgasse 4
TEL 0 51 2/58 88 16
Hinter dem ästhetischen Anspruch einer alten Rauchkuchl verbirgt sich ein unvergleichliches Einkaufserlebnis. Seit über 60 Jahren werden hier Speck-, Wurst- und Wildwaren auf nur zirka vier Quadrameter Verkaufsfläche angeboten. Erzeugt werden die Produkte ausschließlich von ausgesuchten Bauern, die auf Qualität und nachhaltige Wirtschaftsweise Wert legen. Neben Selchfleischwaren gibt es unter anderem Bauernwürste, Aufstriche und Speck, auch Bio-Eier kann man hier kaufen. Der Duft nach geselchtem Fleisch mitten in der Stadt ist einmalig.

SPAR-SUPERMARKT

6020 Innsbruck, Gumppstraße 25
TEL 0 51 2/34 26 75
WEB www.spar.at
Der rundum modernisierte und barrierefrei gestaltete Spar-Supermarkt im denkmalgeschützten Haus in der Innsbrucker Gumppstraße ist ein wahrer Genussmarkt im Stadtzentrum. Licht und luftig präsentiert sich das Geschäft, auf 600 Quadratmetern findet man ein feines Frische-Sortiment von allerbester Qualität. 25 MitarbeiterInnen beraten die Kunden über die Produkte aus aller Herren Länder, besonders im Mittelpunkt stehen aber regionale Spezialitäten. Dazu zählen unter anderem die Frischfleischprodukte wie das Tiroler Berglamm, Tiroler Kalbl und heimisches Tiroler Gemüse aus der Genussregion. Überzeugen Sie sich von der hohen Qualität der heimischen Produkte, die dieser Spar-Supermarkt zu bieten hat.

SÜSSWAREN RAJSIGL

6020 Innsbruck, Maria-Theresien-Straße 18
TEL 0 51 2/58 74 87
MAIL r.rajsigl@inode.at
Ein kleiner, süßer Laden im wahrsten Sinne des Wortes, mit einer riesigen Auswahl an außergewöhnlichen Verführungen für Naschkatzen. Mehr als 200 Schokoladesorten, internationale sowie handgeschöpfte heimische Köstlichkeiten lassen die Herzen und natürlich die Gaumen von süßen Genießern höher schlagen. Neben einem umfangreichen Angebot an erlesenen offenen Pralinen gibt es auch heimische Produkte von Wenschitz und Bachhalm, handgefertigte Schokoladen von Pichler aus Sillian, die Tiroler Edle aus Landeck, Produkte von Berger aus Lofer sowie verschiedenste Sorten der begehrten Zotter-Schokoladen. Das freundliche Personal ist überaus aufmerksam und berät mit viel Fachwissen.

VALIER KONDITOREI

6020 Innsbruck, Maximilianstraße 27
TEL 0 51 2/58 61 80
Die Konditorei gilt als eine der schönsten in Innsbruck und überzeugt seit jeher mit einzigartigen Backwaren und einem herrlichen Sortiment an hausgemachten Torten, Kuchen und Panettone sowie Pralinen – natürlich auch hausgemachten. Die Bedienung ist freundlich und kompetent und verführt mit viel Charme und Fachwissen zum einen oder anderen süßen Stück. Der perfekte Platz für Naschkatzen und ein Muss für alle Gault Millaus!

ISCHGL

BÄCKEREI KONDITOREI KURZ

6561 Ischgl, Dorfstraße 53
TEL 0 54 44/52 11
WEB www.baeckerei-kurz.at
Kurz bäckt seit über 100 Jahren Brot und Gebäck im Paznaun. Die Tradition des Brotbackens unter Verwendung von besten Zutaten in höchster Qualität – auch aus den Genussregionen – wird hier nach wie vor gelebt, und das schmeckt man auch. Spezialitäten wie das Walnussschrotbrot, das Ischgler Kornbrot oder das Kraftbrot muss man einfach probiert haben. Auch das besondere Bio-Angebot überzeugt den Gaumen. Vervollständigt wird die Genusspalette mit einer kleinen Auswahl an Marmeladen und Honig. Bis heute ist die Bäckerei Kurz ein Familienbetrieb geblieben, sehr freundlich und kompetent wird hier mit viel Liebe zum Handwerk gearbeitet.
!

Plangger Delikatessen

Der Bäcker Ruetz

PLANGGER DELIKATESSEN

6561 Ischgl, Dorstrasse 79a
TEL 0 54 44/201 42
WEB www.plangger.net

Plangger steht seit Generationen für Genuss und herausragende Qualität. Innovationen von heimischen Käseproduzenten wie Aschenputtel (mit Asche und Rotwein), Champagner- oder Safran-Edelschimmelkäse sind ebenso zu finden wie Wildschwein-, Steinbock- oder Rehschinken, Salami von Mufflon oder Gämse. Dazu sollte man den fantastischen Feigen- oder Bärlauchsenf probieren. Aus den Genussregionen findet man Paznauner Almkäse, Bregenzerwälder Alp- und Bergkäse, Steirisches Kürbiskernöl oder Käferbohnen. Zu den hochwertigen Teigwaren gibt es feine Trüffel- und Steinpilzsaucen. Eine riesige Auswahl an tollen Ölen und ausgefallenen Essigsorten verführt ebenso zum Genuss wie Trüffel oder Kaviar. Das erlesene Sortiment an heimischen und internationalen Weinen weiß zu überzeugen, auch Wodka mit 700 Swarovski-Kristallen oder Mineralwasser aus aller Welt kann man hier finden. Für Naschkatzen gibt es natürlich handgeschöpfte Schokoladen und feinste Marmeladen. Ein wahres Gourmetparadies, freundlich und kompetent geführt von einem Genuss-Papst!

KEMATEN

DER BÄCKER RUETZ

6175 Kematen, Sportplatzweg 2
TEL 0 52 32/22 08 48
MAIL baecker@ruetz.at
WEB www.der-baecker-ruetz.at

Das neue Ruetz-Backhaus in Kematen ist ein beliebter Treffpunkt für alle Liebhaber und Genießer der Tiroler Brotkultur. Vom reichhaltigen Frühstücksangebot über Bio-Brot Spezialitäten bis zu innovativen Snacks und gefüllten Weckerln hat das Haus viel an Genuss zu bieten. Der gemütlich moderne Sitzbereich und der große Gastgarten mit dem neuen Holzbackofen laden zu genussvollen Ruhepausen ein. Von sechs Uhr früh bis acht Uhr abends werden die Gäste hier verwöhnt.

KOLSASS

MILCHSTERN KÄSEREI STÖCKL

6114 Kolsass, Florian-Waldauf-Strasse 1
TEL 0 52 24/674 06
MAIL info@milchstern.at
WEB www.milchstern.at

Hier wird noch von Hand gekäst, und das Angebot an heimischen Spezialitäten ist überwältigend: vom Rotholzer Ziegenkäse, Karwendelgold, Blauhudler Ziege und Korbkäse mit Knoblauch über den Räßkäse bis hin zum Gebirgsschratt und dem Roten Korbkäse finden Sie hier Käseköstlichkeiten in Topqualität und Frische. Der Bio-Brie wurde mehrfach ausgezeichnet. Offenes Joghurt und hervorragender Topfen sowie Feigen und Senfsauce sind das i-Tüpfelchen an Käsegenuss. Eine kleine, feine Auswahl an selbst gebrannten Schnäpsen sowie Likören, die süße Prügeltorte und die Tiroler Schokoladespezialitäten vom Grauvieh, Gewürze und Kräuter runden das Sortiment ab.

KÖSSEN

CAFÉ KONDITOREI CENTRAL

6345 Kössen, Dorf 9
TEL 0 53 75/62 27

Im Herzen von Kössen wird man besonders süß verführt:

Kaiserwinkl Sennstube

Pretzner's Brotgenuss

Das hervorragende Sortiment an Torten und Kuchen der Café Konditorei schmeckt köstlich und ist natürlich hausgemacht. Klassiker sind die Haustorte und die Mandelbögen. Die Schokolade ist handgeschöpft, das hausgemachte Eis schmeckt einfach nach mehr, und ein besonderes Schmankerl sind die ebenfalls hausgemachten Marmeladen. Die Bedienung ist sehr freundlich und zuvorkommend, die Dekoration zaubert mit alten Kaffeemühlen, Bildern und Uhren einen Hauch von Nostalgie. Einkaufen und Gustieren ist hier ein wahrer und besonders süßer Genuss.

KAISERWINKL SENNSTUBE

6345 Kössen, Mühlbachweg 3
TEL 0 53 75/53 31
MAIL koessen@pinzgau-milch.at

Auf der Suche nach Tiroler Käsegenüssen – und mehr – werden Sie in diesem schönen und sehenswerten Geschäft sicher fündig. Silofreier Genussregion-Heumilchkäse wie der Kaiserwinkl-Bergkäse, -Sennkäse, -Gouda und -Bärlauchkäse stammen aus eigener Erzeugung. Darüber hinaus werden Spezialitäten aus umliegenden Sennereien angeboten wie Weinbergkäse, Bergkäsesülzchen oder Pecorino, um nur einige zu nennen. Dann gibt's aber noch andere Köstlichkeiten zu entdecken, wie Speck und Wurst aus der Region, erlesene Weine und Edelbrände in kleiner Auswahl, Marmeladen und Biobergkräuterprodukte, frisches Brot und Gebäck und süße Snacks für den kleinen Hunger. Im Angebot findet sich aber auch Genuss für die Haut, nämlich Molke-Kosmetik.

BIO !

METZGEREI GRÜNDLER

6345 Kössen, Alleestraße 84
TEL 0 53 75/62 19
MAIL metz.gruendler@aon.at

Hausgemacht! Hier weiß man noch, was in der Wurst steckt, und ist stolz darauf. Die Zutaten stammen von regionalen bäuerlichen Betrieben, für die die artgerechte Haltung und Fütterung der Tiere ganz natürlich ist. Das Angebot an Fleisch lässt keine Wünsche offen. Neben dem Standardsortiment findet man aber auch Feinheiten vom Lamm oder Wild, Leber, Zunge, Beuschel oder auch Kalbsbries, darüber hinaus auch selbst gemachte Aufstriche und Convenience-Produkte wie Press-Knödel, Leber- oder Speckknödel. In der Imbiss-Ecke kann man den kleinen Hunger auch gleich mit einer Schweins- oder Kalbshaxe, einem Schweinsbraten, Leberkäse oder einem Rollbraten stillen. Auch die kleine Auswahl an Käse kann mit Spezialitäten wie Kaiserwinkl Heumilchkäse aus der Genussregion überzeugen.

PRETZNER'S BROTGENUSS

6345 Kössen, Dorf 36
TEL 0 53 75/26 76
MAIL baeckerei@pretzner.de
WEB www.pretzner.de

Hausgemachtes, herrlich duftendes und knuspriges Brot, frei von chemischen Zusatzstoffen, das findet man in dieser Bäckerei. Die Auswahl reicht von Dinkel-, Buttermilch- und Rüblibrot bis zum Kössner Sennlaib, dem Bayrischen Landbrot, dem Gewürzlaib und vielen biodynamischen Demeter-Brotsorten. Neu im Angebot ist das Pain Paillasse, ein außen besonders knuspriges und innen saftiges Weizenbrot. Aber auch für den fruchtigen Aufstrich wird mit hausgemachten Marmeladen selbst gesorgt. Für den raschen Energieschub gibt's Coffee to go, den kleinen Hunger vertreibt eine feine Imbisspalette. Die besonders freundliche Beratung und Bedienung rundet den positiven Gesamteindruck des Geschäfts perfekt ab.

BIO !

KRAMSACH

DER BÄCKER RUETZ

6233 Kramsach, Hauptstraße 15
TEL 0 53 37/664 29

Der Bäcker Ruetz in Kramsach ist ein nette kleine Bäckerei, in der der Genusssuchende mit Frische und Qualität überrascht und verführt wird. Man findet eine große Auswahl an frischem, herrlich duftenden Brot und Gebäck wie dem Tiroler Bio-Roggenbrot, dem Bio-Sonnenherz, dem Ruetz-Sportbrot, resche Vinschgerln sowie verschiedene saisonale Blechkuchen. Einfach sündhaft gut sind die Krapfen mit Vanille- oder Eier-

Prügeltorten Mader

Brennerei Kronthaler

likörfüllung. Die breite Palette an Kleingebäcken wird stündlich frisch gebacken.

KONDITOREI FREUDENSCHUSS

6233 Kramsach, Zentrum 38
TEL 0 53 37/623 34
WEB www.freudenschuss.at

Freudenschuss ist seit 1964 der traditionelle Treffpunkt für süße Feinschmecker. In heimeliger Atmosphäre kann man süße Torten, Kuchen oder handgeschöpfte Schokoladen genießen. Eine Spezialität des Hauses, die man unbedingt kosten muss, ist die Tiroler Prügeltorte. Besonders viel Kreativität und Geschmack beweist die Konditorei in Sachen Schokolade: Es werden nicht nur Tafeln, sondern auch viele Figuren aus dem zarten Schmelz angeboten. Die feinsten Pralinen aus Bitter- oder Vollmilchschokolade sind natürlich handgemacht.

PRÜGELTORTEN MADER

6233 Kramsach, Winkl 63
TEL 0 53 37/649 77
WEB www.pruegeltorten.at

Die Tiroler Prügeltorte ist eine besondere Spezialität, die nach bewährter Rezeptur im Hause Mader hergestellt und auch perfekt präsentiert wird. Die ursprüngliche Backtradition wurde hier nach altem Vorbild übernommen, wie eh und je werden in Handarbeit und unter Drehen Schicht für Schicht die Zutaten aufgebracht und über offenem Feuer in zweistündiger Backzeit goldbraun gebacken. Die Prügeltorte enthält keinerlei Konservierungsstoffe und bleibt kühl und trocken gelagert über mehrere Wochen frisch.

KUFSTEIN

1. VOLLWERTBÄCKEREI HEIDI HAUBER

6330 Kufstein, Arkadenplatz 1
TEL 0 53 72/621 68
WEB www.vollwertbaeckerei-hauber.com

Ausschließlich Getreide aus biologischem Anbau wird für das täglich frisch gebackene, reine Vollwertbrot der Familie Hauber verwendet. Für Allergiker gibt es eine eigene Palette an Broten. Ein gesunder Genuss sind die Vollwertkuchen und Dinkeltorten sowie das Nuss-Nougatgebäck, die auf Bestellung backofenfrisch gekauft werden können. Süß verführt wird man mit handgeschöpfter Schokolade. Im Imbissbereich kann man Kamut-Toast, frisch gepresste Säfte sowie Kaffee und Kuchen genießen. Die Beratung und Bedienung sind kompetent und freundlich!

BISCHOFER KÄSESPEZIALGESCHÄFT

6330 Kufstein, Oberer Stadtplatz 16
TEL 0 53 72/627 33

Für Käseliebhaber ist ein Besuch in diesem Familienbetrieb „Pflicht". Ein junges Team ist hier am Werk, bedient zuvorkommend und kompetent, und macht den Einkauf zum Genuss. Die Käseköstlichkeiten aus der eigenen Käserei sind der Stolz des Hauses, aber auch Spezialitäten aus Italien und Frankreich sowie verschiedene prämierte österreichische Sorten – darunter Produkte aus den Genussregionen wie Kaiserwinkl Heumilchkäse – oder ein 36 Monate gereifter Emmentaler werden angeboten. Biotopfen, Milch und Butter vom eigenen Hof muss man probiert haben. Verschiedene Specksorten, feinste Schinken, Roggen- und Bauernbrot finden sich ebenso im Sortiment wie hausgemachte Obstsäfte, verschiedenste Essige und Öle, Oliven oder Biowein aus dem Burgenland und die Kufsteiner Granggl Schokolade.

!

BRENNEREI KRONTHALER

6330 Kufstein, Kaiserbergstraße 16
TEL 0 53 72/627 11
MAIL brennerei.kronthaler@kufnet.at

Sollten Sie gerade auf der Suche nach "Hochgeistigem" sein: In der Brennerei Kronthaler in Kufstein werden rund 50 verschiedene Edelbrände, exquisite Schnäpse und feine Liköre hergestellt. Zusätzlich gibt es eine große Auswahl an internationalen Bränden, und die freundliche und kompetente Beratung ist eine große Hilfe, um den richtigen Tropfen zu finden. Darüber hinaus bietet die Brennerei rund 60 internationale Weinsorten an, aber auch Zubehör für den Weinfreund.

Café Konditorei Brunner

Der Bäcker Ruetz Kufstein

Reinhard Geiger Fleisch- und Wurstwaren

CAFÉ KONDITOREI BRUNNER

6330 Kufstein, Oberer Stadtplatz 16
TEL 0 53 72/645 07
MAIL info@tirolconfiserie.at
WEB www.tiroconfiserie.at

Mitten im Zentrum von Kufstein befindet sich die Konditorei Brunner. Die Spezialität des Hauses sind „Süße Tiroler Knödel", also Haselnusskrokantkugeln in Vollmilchschokolade, die inzwischen ebenso wie die Andreas Hofer Gulden (edle Zartbitterschokolade gefüllt mit hochfeiner Honigtrüffelcreme) und die Original Kufsteiner Taler unter der Dachmarke „Tirol Sweets" und mit dem Tirol-Logo ausgezeichnet, international vermarktet werden. Weitere Köstlichkeiten des Hauses sind feiner Früchtelebkuchen, hausgemachter Haselnussbruch oder die Tiroler Zelten. Süße Verführung ist hier ein Versprechen.

!

DER BÄCKER RUETZ

6330 Kufstein, Inntalcenter
TEL 0 53 72/651 10
WEB www.ruetz.at

Nicht nur mit nationalen und internationalen, sondern vor allem auch mit typisch Tiroler Spezialitäten aus Natursauerteig und in Bio-Qualität – wie der Tiroler Bio-Wurz'l oder dem Holzofenbrot – werden Genießer beim Bäcker Ruetz verwöhnt. Die gesamte Palette an Brot und Gebäck verführt mit Frische und herrlichem Duft. Unbedingt probieren sollte man auch die verschiedenen süßen Verführungen. Die Bedienung ist freundlich und um jeden Kunden bemüht. Alles in allem ein echtes Genussgeschäft!

BIO !

REINHARD GEIGER FLEISCH-UND WURSTWAREN

6330 Kufstein, Inntalcenter
TEL 0 53 72/65 1 01
MAIL geiger.reinhard@kufnet.at

Der Verkaufsschlager in diesem Geschäft ist der Hausschinken, verrät der Chef, der auf sein Genussversprechen zu Recht stolz ist. Nicht zuletzt aber das große Angebot an bestem Fleisch, ausschließlich aus der Region, macht das Geschäft zu einem echten Tipp für Genießer. Die Auswahl bei Wurst und Schinken ist sehr gut, überzeugend ist auch das Mittagsangebot mit drei täglich frisch gekochten Menüs (wie Schnitzel, Schweinsbraten oder gegrillten Ripperln), die natürlich auch mit nach Hause genommen werden können.

TROGER-HÖRTNAGL

6330 Kufstein, Kaiserbergstraße 1
TEL 0 53 72/908 35
WEB www.hoertnagl.at

Der Name Hörtnagl steht für Qualität, Herkunft und Geschmack. Feinschmecker schätzen besonders die große Auswahl an exquisiten Geschmackserlebnissen. In Kufstein verwöhnt Troger-Hörtnagl mit typisch Tiroler Produkten wie der Edelweissen mit Bergschnittlauch oder dem gebratenen Frühstücksspeck, aber auch mit feinen Pasteten, aromatischem Speck vom Hofschwein, Landjägerwürsten, Kaminwurzen und vielem mehr. Frischfleisch wird vom Tiroler Grauvieh, vom Almochsen sowie vom Almschwein angeboten oder auch als Convenience-Produkt vorbereitet. Gusto holen kann man sich im Imbissbereich bei Canapés mit Roastbeef, Prosciutto, Schweineripperln, Hendl und Stelzn. Die Spezialitäten kann man mit dem neuen Partyservice aber auch zu Hause genießen. Die Bedienung ist freundlich, kompetent und zuvorkommend.

KUNDL

METZGEREI WOPFNER

6250 Kundl, Dr.-Bachmann-Straße 35
TEL 0 53 38/72 56
MAIL wopfner@kundl.at

Innovativ und geschmackvoll – so kann man die hausgemachten Wurstspezialitäten von Wopfner beschreiben. Das kleine, nette Geschäft hat sich vor allem auf hausgemachte Schmankerln spezialisiert und bietet hier eine große Auswahl: hochwertige Wurst- und Schinkenprodukte, feine Spezialitäten zum Grillen und Kochen sowie frische Blut- und Leberwurst. Regionale Spezialität sind die Kundlerwurst sowie der nach Überlieferung geräucherte Speck. Das Rindfleisch kommt

Spar-Supermarkt Landeck

Fleischerei Ortner

von bäuerlichen Betrieben aus der Region und wird selbst geschlachtet. Von der hervorragenden Qualität kann man sich auch vor Ort überzeugen: Von Montag bis Freitag werden verschiedene Mittagsmenüs serviert.

LANDECK

KONDITOREI HAAG – HANSJÖRG HAAG

6500 Landeck, Maisengasse 19
TEL 0 54 42/623 28
MAIL haag@tiroleredle.at
WEB www.tiroleredle.at

Süße Verführungskunst auf besonders charmante Art. Den cremigen, knusprigen, flaumigen Köstlichkeiten der Konditorei Haag kann man nicht widerstehen. Die hausgemachte Schokolade aus frischer Biomilch und schmilzt auf der Zunge und wird auch im ausgesuchten Handel verkauft. Die "Tiroler Edle" wird mit feinsten Zutaten aus der Region gefüllt, unter anderem mit verschiedenen Edelbränden, Honig oder Stanzer Zwetschke aus der Genussregion. Besonders empfehlenswert sind auch die Trinkschokoladen. Das Pralinensortiment lässt keine Wünsche offen, selbst für ausgefallene Geschmäcker gibt es genussvolle Verführungen, z.B. gefüllt mit Paznauner Almkäse. Das Auge isst mit, deshalb legt man auf liebevolle Dekoration besonderen Wert. Und nicht zuletzt macht die freundliche Bedienung den Besuch hier zu einem Erlebnis.

SPAR-SUPERMARKT

6500 Landeck, Malserstraße 31
TEL 0 54 42/628 05
WEB www.spar.at

Rund 7.000 Artikel umfasst das Sortiment des 2008 modernisierten und 500 m² großen Spar-Supermarktes im Herzen von Landeck. Zu den Besonderheiten des Geschäfts zählt das große Angebot an Brot und Gebäck von ansässigen Landecker Bäckereien. Eine eigene Backstation garantiert zusätzlich stündlich frisch gebackene Brot- und Backwaren. An der Bedienungstheke gibt es Frischfleisch zu kaufen, das über das AMG-Gütesiegel mit 100%iger österreichischer Herkunftsgarantie verfügt. Das Sortiment im Markt ist abgestimmt auf die Bedürfnisse der Bewohner und der Schüler im Stadtzentrum. Die Nahversorgung ist mit frischen Produkten, dem hohen Anspruch an Qualität und Regionalität und einem top-modernen Geschäft mitten in Landeck gewährleistet.
!

LIENZ

FEINKOST ZUEGG

9900 Lienz, Rechter Iselweg 8
TEL 0 48 52/66 99 30
MAIL feinkost@zuegg.at

Dieser Feinkostmarkt erfüllt kulinarische Träume: Bei Wurst, Schinken und Pasteten, italienischer Salami, Trüffelnudeln, sauer eingelegtem Gemüse, verschiedenen Schafkäsesorten von regionalen Lieferanten oder Mozzarella, hat man hier die Qual der Wahl. Besonderheiten findet man auch im Gemüseregal wie den grünen Spargel aus Osttirol oder Süß- und Trüffelkartoffeln. Das Weinregal verführt mit erlesenen Tropfen aus aller Welt, zahlreiche edle Spirituosen werden ebenso angeboten wie eine breite Palette an Bio- und Fair-Trade-Produkten. Unter dem Motto: „Vielfalt und Flair aus Fluss und Meer" finden Sie aber auch eine große Auswahl an Süß- und Salzwasserfischen, Filets, Schalen- und Krustentieren, Räucherfischspezialitäten, Fischmarinaden, Terrinen und Aufstriche.
!

METZGEREI ORTNER ANDREAS KG

9900 Lienz, Hauptplatz 15
TEL 0 48 52/729 25

Versteckt in der Einkaufspassage liegt dieses Fleischerfachgeschäft, das seinen kulinarischen Schwerpunkt auf Speck legt: Dieser wird in wirklich großer Vielfalt von mild bis würzig angeboten. An der Feinkosttheke findet man eine gute Auswahl an Wurst und Schinken – Spezialitäten aus eigener Produktion – Köstlichkeiten aus der Genussregion wie das Villgrater Frischlamm, und auch Convenience-Produkte wie Speck-, Kaspress- und Spinatknödel versprechen dem Gaumen wahre Freuden. Eine Überraschung ist das Fischangebot mit Steinbeißer, Wels und Zander oder Thunfisch – ein echter Genuss.

Edelbrennerei Kostenzer

Alois Kröll Fleischhauer

MATREI IN OSTTIROL

FLEISCHEREI MÜHLSTÄTTER

9971 Matrei in Osttirol
TEL 0 48 75/64 64
MAIL office@henkele.at
WEB www.henkele.at
Hausgemachte Osttiroler Spezialitäten wie Schlick- und Käsekrapfen und landesgemäß verschiedene Knödel sind neben dem Henkele das Aushängeschild dieses Fleischerfachgeschäfts. Das Henkele ist eine luftgetrocknete, geräucherte Spezialität von Rind, Hirsch, Lamm und Wildschwein sowie Gams, die in der über 1.000 Meter hoch gelegenen Naturselch entsteht. Aber auch für die beste Fleischqualität bei Rind, Schwein und Kalb, die Wildspezialitäten von Wildschwein, Hirsch, Gams und Reh sowie das Tauernlamm aus der Genussregion ist Mühlstätter bekannt. Zum Genuss verführt darüber hinaus die feine Auswahl an edlen heimischen Spirituosen. Freitag gibt's frischen Fisch, und natürlich berät der Chef selbst kompetent, freundlich und hat den einen oder anderen Zubereitungstipp parat.

MAURACH

EDELBRENNEREI KOSTENZER FRANZ

6212 Maurach, Maurach 220
TEL 0 52 43/57 95
MAIL info@schnaps-achensee.at
WEB www.schnaps-achensee.at
GENUSS REGION ÖSTERREICH Insgesamt mehr als 60 verschiedene Edelbrände werden in der 2008 als "Brenner des Jahres" ausgezeichneten und absolut sehenswerten Edeldestillerie Kostenzer angeboten, darunter klassische Obstler ebenso wie Bananen-, Mandarinen-Ingwer- oder Hafer-Anis-Brand, verschiedene Whisky oder auch der Rum Goldreserve, ein fassgelagerter Rum mit 44% Vol., der „vorzüglich mit der kräftig-würzigen Kuba-Zigarre" harmoniert. Seit Kurzem gibt es auch mit den Edelbränden gefüllte Schokoladen und Pralinen oder feines Kürbiskernöl aus der Genussregion Steirisches Kürbiskernöl. Und natürlich kann man die hervorragenden Produkte hier nicht nur kaufen, sondern bei bester Beratung auch verkosten.

SPAR BUCHAUER

6212 Maurach 87
TEL 0 52 43/51 20
MAIL j.buchauer@tirol.acom
GENUSS REGION ÖSTERREICH Genussvoller Einkauf ist hier garantiert: In allen Warengruppen wird auf Qualität und Geschmack besonderer Wert gelegt. Regionalität steht dabei im Fokus: Backwaren werden von der Wildschönauer Backstube geliefert, bei Spirituosen hat man mit den Bränden der Brennerei Kostenzer ein besonderes Aushängeschild für Tirol, auch die Weinabteilung ist hervorragend sortiert. Obst und Gemüse – unter anderem aus der Genussregion Nordtiroler Gemüse – sind frisch und verlocken zu einem Vitaminstoß. Wie üblich bei Spar, gibt es auch die klassische Palette an Bio-Produkten. Kompetente Beratung und freundliche Bedienung runden den durchweg guten Gesamteindruck ab!
BIO !

MAYRHOFEN

FLEISCHHAUEREI ALOIS KRÖLL

6290 Mayrhofen, Scheulingerstraße 382
TEL 0 52 85/623 64
WEB www.kroell.at
Ein Geschäft für Genießer, in dem auch immer wieder neue und innovative Köstlichkeiten angeboten werden. Die Palette umfasst neben den klassischen Fleischereiprodukten auch heimisches Lamm, Hirsch, Reh oder Gams in bester Qualität. Die Spezialität des Hauses ist der bekannte Schlegeis-Speck, der drei Monate in einer Berghütte auf 1.800 Meter reift. 90 Prozent der angebotenen Wurst- und Schinkenprodukte stammen aus der hauseigenen Schlachtung und eigener Produktion. Frische Wachteleier gibt es ebenso wie Frischfisch (Forellen und Saiblinge) oder eine gute Auswahl an Basissaucen und Fonds, Pesto, Kürbiskern- oder sizilianisches Olivenöl, Spezialessige und Gewürze. Für den schnellen Hunger oder auch zum Mitnehmen gibt's Gulasch, Kasknödel, Kohlrouladen mit Schafkäse, Beuschel, Kalbskopf, Holzknechtkrapfen oder eine vegetarische Lasagne, ebenfalls selbst gemacht. Die freundliche und kompetente Beratung rundet das tolle Angebot perfekt ab.
BIO

Trofana Tyrol

Spar Supermarkt Mair

SENNEREI ZILLERTAL

6290 Mayrhofen, Hollenzen 116
TEL 0 52 85/627 13
WEB www.sennerei-zillertal.at

Spitzenqualität aus eigener Produktion, so lautet das Motto in der Sennerei Zillertal. Käseköstlichkeiten wie der Zillertaler Heumilchkäse aus der Genussregion, Zillertaler Graukäse, Berg-, Alm- und Ziegenkäse und die Besonderheiten der Milchpalette wie Bio-Ziegenmilch, Buttermilch und Schlagrahm werden aus gentechnik- und silofreier Heumilch veredelt. Die Milch wird täglich von den Almen auf über 1.000 m Seehöhe sowie von den Zillertaler Bergbauernhöfen abgeholt und sofort melkfrisch verarbeitet. Neben feinstem Käse wird vom außerordentlich freundlichen Personal aber auch frisches Brot, Speck, Kaminwurzen und traditionelle Handwerkskunst von Bauern aus der Region angeboten. Und wer wissen möchte, wie die Löcher in den Käse kommen, der erfährt das live in der ersten Erlebnis-Sennerei.

MILS

TROFANA TYROL

6493 Mils, An der Au 1
TEL 0 54 18/601
MAIL info@trofanatyrol.at
WEB www.trofanatyrol.at

Rasten und genießen. In dieser erlebenswerten Raststation an der Autobahn ist man nicht nur auf der Durchreise gut aufgehoben. Genuss wird hier mit Tiroler Spezialitäten gleichgesetzt. Eine große Auswahl an Speck, aber auch Wurst und Käse (ca. 20 Sorten aus Vorarlberg und Tirol), frischem Bauernbrot, Spirituosen und Schnaps von regionalen Anbietern verlockt zum Einkauf. Speck und Käse reifen in den beiden Schaukellern bis zur Geschmacksvollendung. Erst dann werden sie zum Verkauf angeboten. Als echte Tiroler Spezialität darf natürlich die Prügeltorte nicht fehlen. Die Beratung ist freundlich und kompetent und lädt zum Wiedereinkehren ein.
!

MÜNSTER

SPAR SUPERMARKT MAIR KG

6232 Münster, Am Kirchplatz
TEL 0 53 37/82 77
WEB www.sparmair.at

GENUSS REGION ÖSTERREICH Das umfangreiche Angebot in allen Warengruppen wird von geschulten Verkäufern freundlich und hilfsbereit offeriert. Man findet regionale und ausländische Käse wie Rotholzer, Zillertaler Schmugglerkäse, Käse von der Sennerei Reith im Alpbachtal und viele Graukäsesorten sowie feine Fleisch- und Wurstprodukte, Weine und Spirituosen, frisches Brot vom Bäcker in der Umgebung und eine wunderbar frische Obst-und Gemüse-Abteilung. Regionalität und Bio werden hier besonders groß geschrieben. Regelmäßig laden die Bauern selbst im Geschäft zum Gustieren ein, das Bio-Angebot zieht sich durch praktisch alle Warengruppen. Jede Woche ab Mittwoch gibt es fangfrischen Fisch. Als ausgezeichneter Genusspartner finden sich natürlich auch eine Reihe von Produkten der Genussregionen, darunter Zillertaler Heumilchkäse oder Nordtiroler Gemüse, Osttiroler Berglamm oder die Stanzer Zwetschke. Einkaufen ist hier wirklich ein Genuss! Tipp: Kochkurse mit Tiroler Produkten.
!

NIEDERNDORF

BAUERNLADEN SEBASTIAN GASSER

6342 Niederndorf, Dorf 61
TEL 0 53 73/614 06

Wer regionale Köstlichkeiten sucht, wird hier mit Sicherheit fündig: die Auswahl reicht von hervorragendem Almkäse und Kaiserwinkl Heumilchkäse über frische Milch und Kartoffel bis zu saftigen Äpfeln und Tiroler Bauernspeck aus dem eigenen Zucht- und Mastbetrieb. Eier, Dinkel, Weizen, Roggen, Gerste und Hafer werden ebenso angeboten wie Apfelsaft, feine Schnäpse wie der Wildschönauer Krautinger Schnaps, Sirupe oder luftgetrocknete, hausgemachte Eiernudeln. Vervollständigt wird das Sortiment mit Marmeladen und Kräutertees. Ein Muss für Genießer: der hausgemachte Holunderlikör und das sehr gute und knusprige Hausbrot.
!

Sennereigenossenschaft Hatzenstädt

Gutleben Hofschank

Eurospar – Müller & Schennach

NIEDERNDORFERBERG

SENNEREIGENOSSENSCHAFT HATZENSTÄDT

6346 Niederndorferberg, Grenzing 22
TEL 0 53 73/617 13
MAIL bio@hatzenstaedt.at
WEB www.hatzenstaedt.at

Seit mehr als 60 Jahren wird in der Sennerei Hatzenstädt gekäst – bis heute hat sich nicht viel verändert. Für die Produktion werden nach wie vor ausschließlich reines Quellwasser, naturbelassene Biomilch, Naturlab, Salz und sonst nichts verwendet. Ein Genuss sind der Hatzenstädter Emmentaler, der Bergkäs, der Almbauernkäse und der Kaiserwinkl Heumilchkäse. Hatzenstädter Biobutter und Butterschmalz gehören ebenso zu den Köstlichkeiten wie frischer Topfen und Biowein aus Südtirol und Niederösterreich, Edelbrände sowie Marmeladen und Kräutertees aus der Region. Das Personal überzeugt mit Fachkenntnis und hervorragender Beratung.

RANGGEN

GUTLEBEN HOFSCHANK

6179 Ranggen, Itzlranggen 21
TEL 0 52 32/817 87
MAIL gutleben.hofschank@aon.at

Gustieren in der heimeligen Stube und genießen auf der schönen Terrasse mit herrlichem Ausblick. In besonderer Atmosphäre lernt man hier die Produkte des Bauern kennen. Hausgemachter Speck, Kaminwurzen, Verhackertes, ein kleines Käseangebot aus einem Vorarlberger Bio-Betrieb sowie verschiedene Schnäpse wie Apfel, Zwetschke und Apfel- oder Holundersaft und Most verführen ebenso zum Kauf wie das natürlich ebenfalls selbst gebackene Bauernbrot. Obst und Gemüse kommen aus dem eigenen Garten. Achten Sie jedoch auf die Öffnungszeiten: April, Mai und Juni sowie September, Oktober und November, jeweils Freitag von 16.00 – 22.00 Uhr und Sonntag von 13.00 – 18.00 Uhr.

WÖLFL'S BAUERNLADEN

6175 Ranggen, Unterdorf 16
TEL 0 52 32/811 18
MAIL wolfgang.gratl@aon.at

In dem geschmackvollen kleinen Laden werden nur hausgemachte Produkte verkauft: Speck, Würste, Knödel, Bauernbrot und Torten. Im Reigen der Jahreszeiten steht das Gemüseangebot. Milchprodukte wie Buttermilch und Butter sowie süße Verführungen runden das Sortiment perfekt ab. Vorsicht, Öffnungszeit beachten: freitags von 16.00 Uhr bis 18.30 Uhr.

!

REUTTE

BÄCKEREI HOLZMAYR

6600 Reutte, Obermarkt 53
TEL 0 56 72/661 99
MAIL m.holzmayr@tele2.at

Hinter der neuen Fassade gilt es, alte Backtradition im Reigen der Jahreszeiten zu entdecken. Brot und Gebäck werden nach eigenen Rezepturen hergestellt, das Korn selbst gemahlen, und die Natur gibt die Zutaten vielfach biologisch vor. Der Kreativität des Bäckers sind dabei keine Grenzen gesetzt. Nachhaltiges Wirtschaften ist ihm ein besonderes Anliegen und er wurde auch ausgezeichnet. Wer biologischen Genuss sucht, muss in diese Bäckerei kommen. Die herrlichen hausgemachten Kuchen kann man gern in der kleinen Kaffeesitzecke in der Bäckerei genießen. Die Liebe zum Handwerk spürt man mit jedem Stück. Eine echte Genussbäckerei!

!

EUROSPAR – MÜLLER & SCHENNACH

6600 Reutte, Mühler Straße 20
TEL 0 56 72/627 72
MAIL eurospar.reutte@aon.at
WEB www.spar.at

Riesige Auswahl, Frische, Geschmack pur. Regionalität wird in vielen Warengruppen umgesetzt. Nicht nur im Feinkostbereich besticht die große Auswahl: Fleisch und Wurstwaren von heimischen Metzgern, Käse von regionalen Molkereien sowie ein großes Biosortiment machen Lust auf Genuss. Die Brotabteilung duftet durch den ganzen Markt und verheißt Genussvolles. Einiges

Konditorei Valier

Mairs Beerengarten

zu bieten hat auch die Weinecke mit rund 200 erlesenen Sorten, und donnerstags kommen Fischliebhaber voll auf ihre Kosten: Eine frische Auswahl an Fischen aus Aquakulturen kann man mit gutem Gewissen kaufen. Darüber hinaus punktet der Eurospar trotz seiner Größe mit individueller Beratung und einem sehr persönlichen Charakter!

KNITTEL BÄCKEREI KONDITOREI

6600 Reutte, Obermarkt 29
TEL 0 56 72/625 07

Der Weg zur geschmackvollen Vielfalt an Brot und ofenfrischem Gebäck sowie zu Torten und Kuchen führt über einige Stiegen. Die kleine Mühe lohnt sich aber. Torten, Kuchen und Gebäck sind verführerisch. Im Ofen im Geschäft wird nach Sauerteigführung und Belebung durch Granderwasser Brot frisch gebacken, selbst bei Spezialbroten wird man fündig. Sämtliche Leckereien können sofort vor Ort verkostet werden, das Café lädt aber mit seinem gemütlichen Ambiente auch zum Genuss der herrlichen Süßspeisen und geschmackvollen Kaffeespezialitäten ein.

KONDITOREI VALIER

6600 Reutte, Untermarkt 5
TEL 0 56 72/624 62
MAIL cafe@valier.at

Echtes Wiener Kaffeehaus mit Stil und Charme in Tirol. Man versteht hier etwas von Kaffee, Torten und süßen Verführungen. Figuren aus Schokoguss – Spezialwünsche werden auf Bestellung gerne erfüllt – hausgemachte Diabetikerware, handgemachte Pralinen und Petit Fours. In diesem Familienbetrieb berät und verführt der Chef auch persönlich zu der einen oder anderen süßen Köstlichkeit. Geschenkverpackungen der besonderen Art!

RIETZ

MAIRS BEERENGARTEN

6421 Rietz, Bichl 2
TEL 0 52 62/653 17
MAIL stefan@mairs-beerengarten.at
WEB www.mairs-beerengarten.at

GENUSS REGION ÖSTERREICH Frische Beeren, geerntet aus eigenen Obstgärten in der Genussregion Oberländer Apfel sowie handwerkliche und sorgfältige Verarbeitung in überschaubaren Einheiten – das ist das Genusskonzept. Ziel war es immer, die Natürlichkeit der Früchte auch in den Produkten weiterleben zu lassen. Und das ist den Mairs gelungen – sowohl bei der Herstellung von Edelbränden, Schaumweinen, Sirupen, Tees mit dem Geschmack von Himbeere oder Holunder und Marmeladen (insgesamt 25 Sorten, darunter Waldbeere, Zwetschke, Quitte, Johannisbeere oder Bergkiwi) sowie Gelees und Chutneys als auch bei Schokoladen, Pralinen und Trüffeln. Die Beratung ist freundlich und voll fruchtiger Leidenschaft.

Spar-Supermarkt Stefan Rauch

Reformhaus Martin

RUM

METZGEREI BRINDLINGER

6063 Rum, Langer Graben 16
TEL 0 51 2/20 46 94
WEB www.metzgerei-brindlinger.at
Ein kleiner Familienbetrieb mit großer Auswahl: Rumer Bauern-, Nuss-, Wacholder- und Fricandeauschinken sind ebenso gefragt wie das gefüllte Spanferkel, zubereitet zum Selbstgrillen oder fix und fertig mit Beilagen vom Meister selbst geliefert und portioniert. Das Fleisch – Kalb und Lamm vom Biobauern, Kitz von heimischen Jägern sowie Grauviehalmochs – stammt aus eigener Schlachtung und hat Topqualität. Einige der 20 mit der Goldmarke ausgezeichneten Produkte sind Kaminwurzen, Polnische, Krakauer und Frankfurter. Käsespezialitäten wie der Weichkäse aus Kolsass und der Lechtaler Naturkäse runden das Angebot ab. Qualität setzt sich einfach durch, das zeigt der Familienbetrieb Brindlinger auf sehr genussvolle Art und Weise.
BIO !

SCHLITTERS

SPAR-SUPERMARKT STEFAN RAUCH

6262 Schlitters, Schlitters Nr. 58g
TEL 0 52 88/72 949
MAIL stefan.rauch@sparmarkt.at
Stefan Rauch`s Leben ist der Einzelhandel, und mit der Übernahme des Spar-Marktes in Schlitters verwirklichte er sich seinen Traum von der Selbstständigkeit. Besonders großen Wert legt er auf Frische, Qualität, Regionalität und besten Service. Frisches Brot und Gebäck wird von Bäckereien in der Umgebung geliefert, an der Feinkosttheke findet man Zillertaler Speck- und Wurstspezialitäten in großer Auswahl ebenso wie feinen Grau- und Bergkäse; aus den Genussregionen verführen Zillertaler und Alpbachtaler Heumilchkäse. Wildfleischspezialitäten gibt's auf Vorbestellung. Für die schnelle Küche werden hausgemachte Tiroler Knödel oder Kaspressknödel angeboten. Bio-Produkte finden sich in praktisch allen Warengruppen, auch die Obst- und Gemüseabteilung glänzt mit großer Auswahl und toller Präsentation. Einkaufen in genussvoller Atmosphäre ist hier garantiert.

SCHWAZ

FEINKOST PEDEVILLA

6130 Schwaz, Innsbrucker Straße 20
TEL 0 52 42/62 3 38
Ein Nahversorger, wie man ihn sich wünscht: Die Beratung ist herzlich und kompetent, man kennt die Kundenwünsche und hilft gern bei der Auswahl, fast alle Produkte können auch verkostet werden. Die Feinkosttheke wird besonders liebevoll betreut. Es gibt hausgemachte Käseaufstriche, pikant eingelegtes Gemüse und ein großes Sortiment an Käse und Wurst, das selbstverständlich nicht vom Stapel kommt, sondern immer frisch aufgeschnitten wird. Spezialitäten wie Sulz, Blut- und Leberwürste sind besonders beliebt. Die Frische-Insel im Geschäft ist die Obst- und Gemüse-Abteilung mit einer Vielzahl an Bio-Produkten. Viel Wert wird auch auf frische Kräuter gelegt, die es hier das ganze Jahr über gibt. Auch Tees, Kräuter und Gewürze gibt es biologisch, zahlreiche Produkte aus den Genussregionen fehlen ebensowenig wie Marmeladen oder hausgemachte Sugos.
BIO

REFORMHAUS MARTIN

6130 Schwaz, Innsbrucker Straße 2
TEL 0 52 42/624 03
WEB www.reformhaus-martin.at
Gutes und Gesundes für Genießer findet man bei bester Beratung im Reformhaus Martin in Schwaz. Das Sortiment besteht aus Vollwertkost und vegetarischen Spezialitäten, aber auch aus zahlreichen Diätprodukten. Eine große Auswahl an Bioprodukten in allen Warengruppen lässt keine Wünsche offen, egal ob bei Nudeln, Gewürzen, Wein, Tee und Säften aus biologischem Anbau, Bier oder sogar Kosmetik – hier findet man alles, was 100 Prozent biologisch ist. Man kann sich aber auch durch das breite Sortiment an Vollkornbroten, Vollkorngebäck oder Dinkelleckereien kosten, und auch Spezialgebäck bei Weizenunverträglichkeit findet man hier.
BIO !

Sennerei Gschäft'l

Sebastian Danzl's Sennerei

Eurospar Albrecht Olympiastraße

SCHOKOLADEN BOUTIQUE FREUDENSCHUSS

6130 Schwaz, Wopfnerstraße 1
TEL 0 53 37/649 09

In dem kleinen, reizenden Schokoladen wird man herzlich, freundlich und kompetent „verführt". Die große Auswahl an handgeschöpften Schokoladen mit einem Kakaoanteil von mindestens 70 Prozent, saisonal sogar bis 95 Prozent, überzeugt den Gaumen ebenso wie die hausgemachten Pralinen und Trinkschokoladen. Aber auch Diabetiker kommen bei der Vollmilchschokolade auf die süße Seite. Entweder man tut sich hier selbst Gutes oder man findet ein Geschenk, das man auch gleich verpacken lassen kann. In jedem Fall aber gibt man der süßen Verführung nach.

SENNEREI GSCHÄFT'L

6130 Schwaz, Franz-Josef-Straße 25
TEL 0 52 42/662 26

Ein echter Insidertipp in Sachen Käse. In diesem kleinen Fachgeschäft in Schwaz wird noch Wert auf ein regionales, genussvolles Angebot an Käsesorten gelegt: Spezialitäten sind Zillertaler Zwergerlkas und Heumilchkäse aus der Genussregion, würziger Schaf- und Ziegenkäse wie Zillertaler Edelziege oder Ziegencamembert, Bio-Rohmilch-Camembert und selbst gemachte Aufstriche. Butter, Milch von der Edelziege und Joghurt kann man hier ebenso kaufen wie ausgefallene Senfsorten wie Orangen-, Feigen- oder Honigsenf, die in jedem Fall für Überraschung am Gaumen sorgen. Die Beratung ist freundlich und kompetent. Im kleinen Imbissbereich kann man sich auch ein wenig durch das köstliche Angebot probieren. Und auf Bestellung gibt es die köstliche Graukäsetorte oder kalte Platten.

BIO

SCHWENDT

SEBASTIAN DANZL'S SENNEREI

6345 Schwendt, Dorfstraße 25
TEL 0 53 75/68 18
WEB www.sennerei-danzl.at

Die kleine Dorfsennerei legt Wert auf traditionelle und naturnahe Erzeugung, natürlich biologisch. Hier werden Käsespezialitäten aus reiner Heu- und Biomilch aus der eigenen Käserei angeboten. Biobergkäse, -schnittlauchkäse und -bierkäse, Kaiserwinkl Heumilchkäse aus der Genussregion, Kümmelkäse, Tilsiter mit einem ganz speziellen Eigengeschmack sowie Biofasslbutter sind die Gaumenfreuden, die hier verführerisch präsentiert werden. Reife Leistung: Der Tiroler Bergkäse reift entweder 3 bis 4 Monate für einen mild-aromatischen, oder 6 bis 8 Monate für einen vollmundigen Geschmack. Käseeinkauf voll Genuss ist hier garantiert, aber auch Wurst und Speck oder Schnäpse von heimischen bäuerlichen Betrieben kann man hier kaufen.

BIO !

SEEFELD

EUROSPAR ALBRECHT

6100 Seefeld, Olympiastrasse 882
TEL 0 52 12/22 291
WEB www.spar.at

Auf über 1.000 m² Verkaufsfläche bietet Kaufmann Albrecht seinen Kunden im neu errichteten und sehenswerten Eurospar-Markt ein riesiges Sortiment bei bester Beratung. An der Backstation wird stündlich ofenwarmes und knuspriges Brot und Gebäck großer Auswahl geboten, Salat und Gemüse werden saisonal erntefrisch von Bauern aus dem Inntal geliefert und hervorragend präsentiert. Speck und Wurstwaren kommen von den Tiroler Traditionsbetrieben Hörtnagl und Handl, auch die Auswahl an frischem Fleisch weiß zu überzeugen. Wie bei Spar üblich, gibt es ein breites Bio-Sortiment in allen Warengruppen sowie eine überzeugende Auswahl an Weinen und Spirituosen aus dem In- und Ausland. Ebenfalls erwähnenswert: Der Markt hat auch an Sonn- und Feiertagen geöffnet.

BIO !

Plangger Delikatessen Seefeld

Speck-Alm Handl-Tyrol

Plangger Delikatessen Serfaus

PLANGGER DELIKATESSEN

6100 Seefeld, Klosterstrasse 43
TEL 06 50/200 75 00
WEB www.plangger.net

Das erst im Winter 2010/11 eröffnete Delikatessengeschäft bietet in vielen Sortimenten wahre Geschmackserlebnisse, besonders Augenmerk aber verdient die außergewöhnliche Palette an Speck- und Schinkenspezialitäten. Hier werden zahlreiche nationale und internationale Raritäten angeboten wie Steinbock-, Gams-, Lamm- oder Straussschinken, aber auch Trüffel- oder Wildschweinsalami. Daneben gibt es einen 150-jährigen Balsamico, weltbestes Olivenöl aus Sizilien, Zirbenessig aus dem Mölltal, eingelegte schwarze Nüsse oder schwarzes Gold (Spezialsenf aus Lustenau) und jiddische Zwiebelkonfitüre. Aus den Genussregionen werden Paznauner Almkäse oder Stainzer Zwetschke angeboten. Die Köstlichkeiten können im Imbissbereich gleich degustiert werden, die passenden Weine finden sich hier ebenso wie edle Destillate für den Abschluss.

SPAR ALBRECHT

6100 Seefeld, Innsbruckerstrasse 24
TEL 0 52 12/22 29 0
WEB www.albrecht-betriebe.at

Ein moderner Supermarkt mit dem besonderen Charme eines Nahversorgers. Die Auswahl an Käse (rd. 90 Sorten), Wurst und Brot – vieles in Bioqualität – steht einem Delikatessenladen in keinem Punkt nach und ist ausgesprochen geschmackvoll, die fachliche Beratung kompetent. Ein Feinkostvorgeschmack: Ländle Weinkäse, Steinpilzbrie, Stubaitaler Ziegenkäse, Zillertaler Bergkäse und Leutschacher Zelten, auch Produkte aus den Genussregionen fehlen nicht. Das perfekt präsentierte Nordtiroler Gemüse verführt knackig und frisch. Die Bedienung ist durchwegs freundlich und kompetent. Die Weinabteilung hält viele erlesene Tropfen bereit und auch für den Genießer von Süßem ist das Angebot verlockend.

SPECK-ALM

6100 Seefeld, Seefeld 4
TEL 0 52 12/22 61

Das kleine Fachgeschäft ist spezialisiert auf geräucherten Speck aus eigener Produktion, den man gleich vor Ort verkosten kann und muss! Die Auswahl an Speckspezialitäten und Würsten, Bauernbraten, Rohschinken und Kaminwurzen – auch mit Paprika – ist hervorragend. Regionale Käsesorten wie Zillertaler Bergkäse oder der Zwergerlkäse sind eine geschmackvolle Ergänzung. Originelle Geschenke rund um den Speck sind ein tolles Präsent zum Mitnehmen. Eine kleine Auswahl an Schnäpsen wie Birne, Apfel oder Marille aus der Region sowie Schüttel- und Bauernbrot runden das Sortiment ab.

SERFAUS

PLANGGER DELIKATESSEN

6534 Serfaus, Dorfbahnstraße 47
TEL 0 54 76/200 18
WEB www.plangger.net

Plangger steht seit Generationen für Genuss, Qualität und ein herausragendes Angebot. Innovationen von heimischen Käseproduzenten wie Aschenputtel (mit Asche und Rotwein), Champagner- oder Safran-Edelschimmelkäse sind ebenso ein Geschmackserlebnis wie der Almkäse in Wiesenkräutern, der vom Bauern ums Eck geliefert wird. Zum Genuss verführen darüber hinaus

Arlberger Dorfbäckerei

Speck-Stube

Spar-Markt Alois Hofer

Wildschwein-, Steinbock- oder Rehschinken, Salami vom Mufflon oder von der Gämse. Zu den hochwertigen Teigwaren gibt es feine Trüffel- und Steinpilzsaucen, Antipasti und Pesto in höchster Vielfalt und Qualität, und viele tolle Öle und ausgefallene Essigsorten wie einen 100 Jahre alten Balsamico. Ein erlesenes Sortiment an heimischen und internationalen Weinen überrascht ebenso wie der Wodka mit 700 Swarovski-Kristallen oder die Mineralwasser aus aller Welt. Für Süße gibt es handgeschöpfte Schokoladen, ein riesiges Pralinensortiment und feinste Marmeladen. Ein wahres Gourmetparadies, freundlich und kompetent!

SISTRANS

LANDMETZGEREI PIEGGER KG

6073 Sistrans, Kirchgasse 77
TEL 0 51 2/37 72 38
WEB www.piegger.at
FILIALEN 6071 Aldrans, Dorf 5, 6072 Lans (im MPreis)

„Für die Region – von der Region" lautet das Motto dieses Familienbetriebs. Fleisch gibt es hier in feinster Qualität von heimischen Produzenten, auch Spezialitäten aus den Genussregionen wie Nordtiroler Grauvieh Almochs kann man finden. Auf eine schonende Schlachtung im eigenen Betrieb wird ganz besonderer Wert gelegt. Wurst, Schinken und Speck kommen aus der eigenen Produktion und werden verführerisch präsentiert, auch das Käseangebot und der frische Fisch machen Lust auf mehr. Das Personal ist freundlich, berät gern und schafft es charmant, auf die verschiedenen Spezialitäten Gusto zu machen. „Bio" wird in dieser Landmetzgerei ebenfalls großgeschrieben und zieht sich durch das ganze Sortiment, das sehr liebevoll präsentiert wird. Ein Betrieb, in dem Freundlichkeit und Fachkenntnis selbstverständlich sind – hier einzukaufen ist ein Genuss!

ST. ANTON

ARLBERGER DORFBÄCKEREI

6580 St. Anton, Dorfstraße 31
TEL 0 54 46/38 64
WEB www.dorfbaeckerei.at

In der Arlberger Dorfbäckerei duftet es herrlich nach frischem Brot und Gebäck. Backen ist hier noch Tradition und echtes Handwerk. Einfache, pure Rezepturen und lange Teigreifezeiten sorgen für den ausgeprägten Brotgeschmack. Mit dem Gebäck „vom Arlberg" trägt der Bäcker Ruetz das regionale Erbe ins ganze Land. Spezialitäten wie Dinkel-Walnuß-Brot, der Arlberger Spitz und die Arlberg Vintschgerln verführen hier ebenso zum Genuss wie Bio-Ruetzl oder Bio-Wurzel. Für Naschkatzen gibts auch Muffins, die je nach Saison mit Apfel, Marille oder Heidelbeere verfeinert werden. Eine kleine, besondere Bäckerei mit geschmackvoller und sehr freundlicher Atmosphäre.

SPECK-STUBE

6580 St. Anton, Dorfstrasse 27
TEL 0 54 46/21 17
WEB www.handltyrol.at

Ob geräuchert oder luftgetrocknet: Speck ist nicht gleich Speck. Das lernt man in diesem kleinen Geschäft, das schon von außen zum Eintreten einlädt und zum deftigen Genuss verführt. Die Auswahl an Speck- und Wurstspezialitäten ist riesig und lässt praktisch keine Wünsche offen, auch Rohwürste finden sich im Angebot. Speziell geräucherte Specksorten gibt es auch zu verkosten. Ein kleines Angebot an Tiroler Bergkäsesorten, delikaten Brotvariationen und Tiroler Schnäpsen rundet das Sortiment ab. Das Personal berät freundlich, mit viel Charme und Fachwissen.

ST. JOHANN

SPARMARKT ALOIS HOFER

6380 St. Johann, Bozner Straße 2
TEL 0 53 52/650 10
MAIL alois.hofer@sparmarkt.at
WEB www.alois-hofer.at

Alois Hofer ist Kaufmann und Nahversorger von ganzem Herzen, Regionalität wird bei ihm groß geschrieben. So bietet die Feinkostabteilung Biokäsesorten der Sennerei Danzl aus der Genussregion Kaiserwinkl Heumilchkäse: vom Bioschnittlauchkäse bis zum Bergkäse ein echter Genuss. An der Fleischtheke wird großer Wert auf Qua-

Feindestillerie Christoph Kössler

Vinothek Nagele

lität und Nachhaltigkeit gelegt, es finden sich Spezialitäten wie Fleisch vom Limosin-Rind von der Jodl-Reisenbergalm oder feinstes Kalbsfleisch. Das frische und knusprige Brot wird von zwei eingesessenen Bäckereien aus der Region geliefert, die auf chemische Hilfsmittel und Fertigmischungen vollständig verzichten und die Rohstoffe für die Herstellung ausschließlich aus Österreich beziehen. Und auch beim Fisch wird auf Frische und Herkunft geachtet: Die Saiblinge, Forellen und Lachsforellen kommen innerhalb von nur einer Stunde aus dem Wasser des Naturteichs in die Frischetheke. Das Einkaufen ist hier ein echter Genuss!

STANZ

FEINDESTILLERIE CHRISTOPH KÖSSLER

6500 Stanz, Stanz 57
TEL 0 54 42/612 00
MAIL koessler@edelbraendetirol.at
WEB www.edelbraendetirol.at

Im Geburtshaus des bedeutenden Barockbaumeisters Jakob Prandtauer kreiert Christoph Kössler in seiner Feindestillerie vielfach ausgezeichnete Qualitätsbrände, die zu den besten der Welt zählen. Über 40 verschiedene Edelbrände und 10 naturbelassene Fruchtliköre und Whisky können hier in heimeliger Atmosphäre verkostet werden. Das Sortiment an Edeldestillaten wird immer größer, aus der Genussregion findet man auch die Stanzer Zwetschke. In der Schaudestillerie kann man dem Brenner darüber hinaus auch bei der Arbeit zusehen. Eine strenge Obstselektion, die Gärung in Edelstahltanks, modernste Destillationstechnik sowie die Lagerung in Glasballons sind das Geheimnis für die mit Gold prämierten Edeldestillate. Tipp: „Parfum de Vie" ist die Bezeichnung für edle Destillate mit einem Alkoholgehalt von 71 Vol.%, die mit einem Zerstäuber geschmackliche Harmonie auf Speisen zaubern.

STEINACH AM BRENNER

VINOTHEK NAGELE

6150 Steinach am Brenner, Brennerstraße 74
TEL 0 52 72/202 94
MAIL c.wessiack@vinothek-nagele.at
WEB www.vinothek-nagele.at

In freundlichem und gediegenem Ambiente trinkt man gemütlich ein gutes Glas Wein oder einen köstlichen Kaffee. Man informiert sich über das große Angebot an Weinen mit Schwerpunkt Österreich und lässt sich dann die erlesenen Tropfen von noch unbekannten Winzern zeigen. Aber auch das Angebot an Edelbränden von Erber, Gölles, Hämmerle sowie Liköre und internationale Spirituosen wie Oval Vodka, feinen Lebensmitteln und Süßigkeiten ist verlockend. Diverse Accessoires und unzählige Geschenkideen rund um das Thema „Essen, Trinken & Wohnen" runden das Angebot ab. Ein Besuch in der Vinothek Nagele ist wirklich ein genussvolles Erlebnis.

TARRENZ

DER WÖRLE – FRISCH & FREUNDLICH

6464 Tarrenz, Hauptstraße 15
TEL 0 54 12/662 36
WEB www.der-woerle.com

Vorbildlicher Nahversorger: Das kleine Geschäft bietet alles für den täglichen Genuss und darüber hinaus herrliche Brotsorten von einheimischen Bäckern sowie eine Feinkostabteilung, die mit viel Liebe absolut genüsslich sortiert ist. Von den rund 60 Käsesorten im Angebot stammen fast alle aus der Region. Neben der Herkunft wird hier „Bio" großgeschrieben, das Sortiment regelmäßig, aber behutsam erweitert, unter anderem finden sich hausgemachte Nudel oder verführerische Marmeladen. Und auch die kleine, feine Vinothek mit der Atmosphäre eines Weinkellers ist nicht nur für Weinkenner ein echtes Genusserlebnis.

Spar-Supermarkt Uderns

TELFS

EUROSPAR

6410 Telfs, Weissenbachgasse 9
TEL 05262/677 49
Ein Supermarkt, der für seine Kunden keine Wünsche offen lässt. Im Feinkostbereich überzeugt ein großes Sortiment an Käse sowie Wurst- und Schinkenspezialitäten. Rund 160 verschiedene Käsesorten, darunter viele heimische wie Zillertaler Heumilchkäse aus der Genussregion, aber auch französische und italienische Spezialitäten machen aus der Käseabteilung etwas Besonderes. Obst und Gemüse sind geschmackvoll präsentiert, auch hier gibt es Schmankerln aus den Genussregionen wie Nordtiroler Gemüse oder Oberländer Äpfel. Die Weinauswahl ist überragend, die Sortierung perfekt – einfach einkaufen mit Genuss.
BIO !

THIERSEE

DER DORFMETZGER SPECK-FLEISCH-WURST-SELCHWAREN PFLUGER

6335 Thiersee
TEL 0 53 76/52 36
MAIL metzgerei@pfluger.at
WEB www.pfluger.at
Der Dorfmetzger Pfluger ist seit über 70 Jahren der Spezialist für Speck- und Wurstwaren der Region. Alle Rohstoffe für die Genussprodukte stammen ausschließlich aus Tiroler bzw. österreichischen Qualitätsbetrieben. Regionalität, Qualität und Nachhaltigkeit – dafür steht der Tiroler Traditionsbetrieb im Familienbesitz. Die Spezialitäten des Hauses – die übrigens alle aus eigener Produktion stammen – sind Karreespeck, Schinken- und Schopfspeck, Thierseer Bröckerl sowie Knoblauch-, Kräuter und Chilispeck. Als Kunde wird man freundlich und kompetent durch das Sortiment geführt. Verkostungen sind natürlich erwünscht!

TULFES

TUXERBAUER

6075 Tulfes, Schmalzgasse 6
TEL 0 66 4/543 30 60
MAIL info@tuxerbauer.at
Das schöne, rustikale Geschäftslokal in Tulfes mit echten Brennkesseln bietet eine große Auswahl an selbst gebrannten und mehrfach ausgezeichneten Schnäpsen. Weitere Gaumenfreuden aus der Region: Tiroler Käse, Bauernspeck, Kaminwurzen und Würste aus eigener Produktion, Verhackert, Sulz, Biofleisch von Rind, Kalb und Schwein sowie selbst Erlegtes wie Hirsch, Reh und Gams. Und dann noch selbst gebackenes Bauernbrot, Apfel-, Walnuss- und Kürbisbrot, verschiedene Kuchen je nach Saison, selbst gemachte Marmeladen und Knödel in unterschiedlichsten Varianten. Und das Obst kommt auch aus dem eigenen Garten.
BIO !

UDERNS

SPAR-SUPERMARKT UDERNS

6271 Uderns, Dorfstrasse 81
TEL 052 88/660 01
MAIL sparmartinek@a1.net
In diesem Supermarkt findet der Genießer alles, was das Herz begehrt. Die Feinkostabteilung bietet ein reichhaltiges Käsesortiment mit zahlreichen Spezialitäten aus den Genussregionen wie Zillertaler Heumilchkäse oder Kaiserwinkl-Heumilchkäse. Auch hausgemachte Knödel werden angeboten, bei Wurst und Schinken hat man die Qual der Wahl, die Bedienung hilft jedoch freundlich und kompetent, das Richtige zu finden. Fleisch, Obst und Gemüse bestechen durch Qualität und eine große Auswahl, Brot und Gebäck gibt's stündlich frisch. Einmal wöchentlich findet auch ein großer Fischmarkt statt. Erlesene Weine in einer gut sortierten Abteilung sowie hausgemachte Edelbrände von Bauern aus der Region runden das umfangreiche Genussangebot ab.
S BIO !

Culinaria Vomp

Der Bäcker Ruetz Drive-In Vomp

Prem Metzgerei

VÖLS

METZGEREI SINGER

6176 Völs, Bahnhofstrasse 3
TEL 05 12/30 34 19
MAIL karl.singer@gmx.at

Klein, aber fein, so präsentiert sich die Metzgerei Singer ihren Kunden. Das Fleisch stammt aus eigener Landwirtschaft sowie von bäuerlichen (Bio-) Betrieben aus der Region, auf artgerechte Haltung wird dabei höchster Wert gelegt. Singer ist einer der wenigen Betriebe, die noch selber schlachten, damit kann jedes Stück Fleisch garantiert bis zum Bauernhof zurückverfolgt werden. Die gesamte Palette an angebotenen Würsten und Wurstwaren wird perfekt präsentiert und ist bei Singer hausgemacht, auch Milzschnitten, Leberknödel und vieles mehr kommt aus der eigenen Herstellung. Eine gemütliche Imbissecke lädt dazu ein, die Köstlichkeiten gleich vor Ort zu probieren.

VOMP

CULINARIA

6134 Vomp, Fiecht Au 50
TEL 0 52 42/632 30
MAIL info@neururer.cc
WEB www.neururer.cc

Auf der Suche nach erlesenen Tropfen sowie edlen Bränden werden Sie in diesem Geschäft fündig. Die Vinothek bietet ca. 400 verschiedene Weine aus aller Welt mit dem Schwerpunkt Österreich und Italien. Außerdem wird eine große Auswahl an Edelbränden, Whisky und Grappa angeboten. Für die süße Verführung gibt es Schokoladen von Freudenschuss, und das pikante Zusatzangebot offeriert Speckspezialitäten aus Südtirol, Salami aus der Toskana, aber auch Essig, Öl, auserlesene Teigwaren von Morelli aus Pisa, Sugo, Pesto und Co. sowie Eingelegtes wie Tomaten und Oliven. In gemütlicher Atmosphäre können die Köstlichkeiten gerne verkostet werden.

!

DER BÄCKER RUETZ DRIVE-IN

6134 Vomp, Industriestraße 6
TEL 0 52 42/732 71

„Drive-in" und genieße: Für besonders Eilige, die es nicht erwarten können, das frisch gebackene Plundergebäck und die köstlichen Kuchen zu probieren. Die Bedienung ist sehr freundlich und die Atmosphäre in der Bäckerei gemütlich. Das Warenangebot ändert sich laufend und ist auch an saisonale Gegebenheiten angepasst. Snacks wie Schnitzelsemmel, Thunfischsalat, Dinkel-Vollkornfladen, Bio-Dreisaatweckerl zum Mitnehmen oder vor Ort Verspeisen sind ein echter Genuss.

PREM METZGEREI

6134 Vomp, Dorf 64
TEL 0 52 42/623 20
WEB www.metzgerei-prem.at

Die Metzgerei ist bekannt für Qualität und meisterliches Handwerk und wurde bereits mehrfach ausgezeichnet. Alle Wurst- und Selchwaren, außer Salami, werden bei Bedarf täglich frisch hergestellt. Die komplette Palette an Genussprodukten wird perfekt und ansprechend präsentiert, die Beratung ist kompetent. Wenn man mehr über die Produktion wissen möchte, muss man sich allerdings Zeit nehmen, denn gern wird hier detailliert über die Tradition des Fleischerhandwerks erzählt. Selbstverständlich gibt es auch Tipps für die Zubereitung. In der gepflegten Gaststube kann man sich von der Qualität gleich vor Ort überzeugen, die Imbisspalette ist umfangreich und reicht vom Frühstück bis zum Abendessen. Sollte man die Spezialitäten lieber zu Hause und gleich fertig genießen, dann kann man auch den Partyservice in Anspruch nehmen. Ein ausgezeichneter Familienbetrieb mit Geschmack und Tradition.

WALCHSEE

BÄCKEREI KONDITOREI LODER

6344 Walchsee, Hausbergstraße 6
TEL 0 53 74/59 07
WEB www.semmelurlaub.at

In der Bäckerei Loder legt man großen Wert auf Genuss und Qualität und auch darauf, die Kunden freundlich

Café Konditorei Praschberger

Käserei Plangger

und kompetent zu beraten. Zum Genuss verführt wird man in der einladenden Bäckerei mit appetitlich präsentierten Krapfen aus frischem Germteig oder mit knusprigem, duftendem Brot aus natürlichem Sauerteig, mit Kürbiskernbrot oder Soja-Nussbrot, aber auch mit frischem Gebäck wie Roggenlaibchen. Selbstverständlich wird Brot auch in Bio-Qualität angeboten. Unser Tipp sind die Dinkelblattl mit Kümmel und Sesam und die große Auswahl an regionalen Bauernbroten. In der neuen Kaffee-Ecke können die Spezialitäten auch gleich vor Ort genossen werden.

BIOKÄSEREI WALCHSEE

6344 Walchsee, Alleestrasse 9
TEL 0 53 74/52 96
MAIL info@biokaeserei-walchsee.at

In der kleinen Sennerei werden mit viel Liebe und Geduld in Handarbeit feinste Käsespezialitäten hergestellt: Walchseer Bergkäse, Kaiserwinkl Heumilchkäse oder Emmentaler sind nur einige der Gustostückerln aus dem Genussregions-Angebot. Weiters werden Butter, Topfen, Buttermilch und Biovollmilch angeboten. Vervollständigt wird das Sortiment mit einer feinen Auswahl an sonstigen Bioprodukten wie Reis, Getreide, Saft, Tee, Nudeln, Kaminwurzen, Speck und Jausenwurst von heimischen Bauern sowie einigen süßen Verführungen.

!

CAFÉ KONDITOREI PRASCHBERGER

6344 Walchsee, Dorfplatz 4
TEL 0 53 74/52 51
MAIL info@ilgerhof.com
WEB www.ilgerhof.com

Wenn Sie Lust auf eine süße Verführung haben, sollten Sie die Konditorei Praschberger unbedingt besuchen. Hell und freundlich lädt sie ein, hier süße Stunden zu verbringen. Die Auswahl an himmlischen Torten und Kuchen dürfte eine der größten im Tiroler Unterland sein, stellt Naschkatzen und solche, die es noch werden wollen, damit jedoch vor die Qual der Wahl. In jedem Fall sollte man sich aber nicht nur durch das cremige Tortenangebot kosten, sondern auch das hervorragende Eis aus eigener Produktion probieren, das aus frischer Milch in vielen Geschmacksvarianten zubereitet wird.

!

KÄSEREI PLANGGER

6344 Walchsee, Durchholzen 22
TEL 0 53 74/56 17
MAIL bio@kaeserei.at
WEB www.kaeserei.at

In dieser kleinen Käserei jubelt der Gaumen jedes Biokäseliebhabers: Regionale Käsespezialitäten wie Biosennkäse, Räßkäse, Rahmkäse, Rohmilch-Emmentaler und Bergkäse, Hirtenkäse oder Tilsiter – rund 100 Sorten ausschließlich Heumilchkäse (natürlich auch aus der Genussregion) werden hier angeboten. Die Käserei wird als Familienbetrieb geführt. Die langjährige Erfahrung in der Herstellung von Biokäse macht sich natürlich in der hervorragenden Produktqualität bemerkbar. Wer auch biologische Säfte und Tees sowie frische Buttermilch, Gewürze oder Natursalze schätzt, ist hier an der richtigen Adresse. Freundlich, kompetent und mit viel Liebe zu den Lebensmitteln machen einem die Mitarbeiter hier Lust auf Käse und mehr.

!

WATTENS

MPREIS

6112 Wattens, Bahnhofstraße 23
TEL 0 52 24/56 508
WEB www.mpreis.at

MPreis steht für modern, aufgeschlossen und starke Vernetzung in der Region. In ansprechendem Ambiente genießt man beim Einkauf beste Qualität und ein breites Angebot an Tiroler Spezialitäten, zum Beispiel Tiroler Qualitätsfleisch Jungrind „Jahrling“ und Bio-Kalbl. Obst und Gemüse sind eine Oase des guten Geschmacks und der Frische. Die Feinkost bietet heimische wie internationale Gustostückerln. Das Weinangebot ist groß, übersichtlich und mit profundem Wissen um die erlesenen Tropfen sortiert. Ein breites Angebot an Bioprodukten von regionalen Bauern rundet das Sortiment ab. MPreis bietet exklusiv die Tiroler Marke „Bio vom Berg“, für die über 600 Biobauern aus Tirol im Einsatz sind. Kein stressiger Einkauf, sondern Genuss

Berg-Bauer

ist hier angesagt, und den kann man auch bei Kaffee, Snacks und Imbissen im niveauvoll gestalteten Bistro Baguette haben und dabei gemütlich entspannen. Die Bedienung ist freundlich und kompetent.

WEERBERG

LIEB THOMAS GRAUKÄSEERZEUGUNG

6133 Weerberg, Waldeben 1
TEL 0 52 24/682 44
MAIL lieb@graukaese.at
WEB www.graukaese.at

Der Graukäse – eine echte Tiroler Spezialität – ist ein Sauermilchkäse, der aus magerer Kuhmilch hergestellt wird. Seit vier Generationen wird bei Lieb Graukäse hergestellt. Angeboten wird er in Laib-, Brot- und Stangenform. Seine dünne Rinde hat kleine Risse und ist mit einem blaugrauen bis grüngrauen Schimmel überzogen. Der gelbweiße marmorierte Teig ist trocken bis speckig. Graukäse schmeckt säuerlich und wird mit zunehmender Reife schärfer. Als Käsekenner muss man bei Lieb gewesen sein.

WILDSCHÖNAU

SPAR-STADLER

6311 Wildschönau, Kirchen 481
TEL 0 53 39/24 25
MAIL spar.stadler@aon.at
WEB www.spar-stadler.at

Ein Familienbetrieb-Supermarkt der Extraklasse. Regionalität wird hier großgeschrieben: Spezialitäten aus dem Hochtal Wildschönau wie der Krautinger aus der Genussregion und Wildschönauer Almkäse sind geschmackvolle Beispiele. Neben dem großen Angebot in allen Warengruppen gibt es auch Party- und Plattenservice sowie natürlich Hauszustellung als angenehme Dienstleistung der rührigen Kaufmannsfamilie. Freitag und Samstag bereichert frischer Fisch das Angebot, auch Spezialitäten-Kochkurse mit Ernährungsberatung bis hin zu Haubenkoch-Vorträgen werden angeboten. Die Beratung ist freundlich und kompetent, das Einkaufen ein wahrer Genuss!

!

WÖRGL

BÄCKEREI MITTERER

6300 Wörgl, Innsbrucker Straße 1
TEL 0 53 32/722 41
MAIL hannes.mitterer@chello.at

Schon beim Betreten des mittlerweile in fünfter Generation geführten Familienbetriebes fällt Naschkatzen die verlockende Auswahl an exquisiten, handgemachten Pralinen ins Auge. In Versuchung führen aber auch feinste handgeschöpfte Schokoladen, Tiroler Zelten oder die sehenswerten Marzipankunstwerke. Bei Brot und Gebäck fällt die Auswahl zwischen 50 verschiedenen Spezialitäten, darunter ein würziges, knuspriges und köstlich duftendes Holzofenbrot, schwer. Für Frühaufsteher gibt's ein mehr als reichhaltiges Frühstücksangebot, das Personal glänzt mit überragender Warenkenntnis und Freundlichkeit. Und sollte man am Wochenende Lust auf die eine oder andere Spezialität haben: Diese Bäckerei hat auch am Sonntag geöffnet!

BERG BAUER

6300 Wörgl, Bahnhofstraße 28
TEL 0 53 32/720 04
MAIL info@bergbauer.at
WEB www.bergbauer.at

„Gutes vom Bergbauernhof", so lautet das Motto beim Berg-Bauer. Die Rohstoffe werden ausschließlich von Höfen bezogen, die von der EU als Bergbauernhöfe anerkannt werden und naturnahe Landwirtschaft betreiben. In kleinen Sennereien, Almbetrieben und Metzgereien werden traditionelle Produkte in höchster Qualität hergestellt. Von diversen Käsesorten wie Winterzauber mit Zimt bis hin zu Spezialitäten aus Frankreich und der Schweiz und aus den Genussregionen gibt's Kaiserwinkl Heumilchkäse. Speck und Wurst werden noch nach alten Rezepten hergestellt, an der heißen Theke werden Fleischkäse, Krustenbraten, Wildleberkäse, Pressknödel und Schnitzel, Zillertaler Krapfen, Kiachl und andere Tiroler Spezialitäten angeboten. Edelbrände und Spirituosen, feine hausgemachte Marmeladen, Chutneys und ebenfalls hausgemachte Teigwaren vervollständigen die umfangreiche Genusspalette. Qualität ist hier wirklich oberstes Gebot.

!

Brugger Fleisch- und Wurstspezialitäten

Landmetzgerei Graus

BRUGGER FLEISCH- UND WURSTSPEZIALITÄTEN

6300 Wörgl, Bahnhofstraße 42
TEL 0 53 32/730 92

Das helle und freundliche Geschäft verspricht einen genussvollen Einkauf. Die Qualität der Produkte ist wirklich ausgezeichnet. Die Auswahl weiß nicht nur mit feinen Speck- und Schinkenspezialitäten zu überzeugen, auch das Personal berät freundlich und kompetent. Im Convenience-Bereich setzt man auf Deftig-Traditionelles wie Ofenleber, Milzschnitten, Salonbeuschel und gepressten Kalbskopf. Das Fleisch wird zum Teil von Bauern aus der Region angeliefert; neben der klassischen Angebotspalette gibt es laufend herrliche Wildspezialitäten. Sehr gut ist auch die Auswahl an der heißen Theke: Vom Backhendl über Schweinshaxe bis zu frisch gegrillten Ripperln wird alles geboten, und es gibt ein täglich wechselndes Mittagsangebot.

LANDMETZGEREI GRAUS

6300 Wörgl, Salzburger Straße 16
TEL 0 53 32/739 21

Genießer kommen hier voll auf ihre Rechnung: Das Sortiment an Schinken- und Wurstspezialitäten stammt aus eigener Produktion mit einem klaren Schwerpunkt auf Spezialitäten aus der Region. Bei Rind und Schwein wird das Frischfleisch überwiegend von bäuerlichen Betrieben aus der Umgebung bezogen. Für den kleinen Hunger gibt es ein breites Angebot an ausgezeichneten Imbissen. Das Personal berät freundlich und kompetent und hilft gern bei der Speisenzusammenstellung oder auch mit Rezepten. Seit Kurzem wird auch ein Partyservice angeboten.

METZGEREI SCHLÖGL

6300 Wörgl, Innsbrucker Straße 2
TEL 0 53 32/72 3 30

Der Familienbetrieb mit eigener Schlachterei – der übrigens auch Mitglied bei den Bonus-Fleischern ist – ist in der ganzen Region für die große Auswahl und die hervorragende Qualität bekannt. Hier wird noch besonderes Augenmerk auf Regionalität, traditionelle Herstellung und das Wissen um die Zutaten gelegt, und so schmecken die ausschließlich selbst hergestellten Spezialitäten wie Knacker, Boxerl, Speck und Schinken besonders gut. Angeboten wird unter anderem auch Wildschönauer Lammfleisch, auf Vorbestellung können Spezialitäten vom Wild gekauft werden. Der neu angebotene Partyservice ermöglicht, die Vielfalt an Schmankerln auch zu Hause perfekt zubereitet zu genießen. Die freundlichen und kompetenten Mitarbeiter geben gerne Tipps und helfen mit Rezepten aus.

Bauernmarkt Hall

Wiltener Bauernmarkt

ELBIGENALP LECHTAL

NATURA BAUERNMARKT
WO Grünau 2
WANN Jeden Samstag Ab-Hof-Verkauf

HAIMING

HAIMINGER MARKTTAGE
WO Ötztalerstraße 35
WANN Jährlich am 2. und 3. Samstag im Oktober

HALL

BAUERNMARKT
WO Oberer Stadtplatz
WANN Samstag 9.00 bis 13.00 Uhr

HALLER FREITAG MARKT
WO Oberer Stadtplatz
WANN Von Mai bis Oktober immer am 2. Freitag des jeweiligen Monats

RADIESCHENFEST IN HALL
WO Haller Altstadt
WANN Jährlich in der letzten Aprilwoche; das nächste findet am 11. Mai 2012 von 9.30 bis 14.00 Uhr statt

INNSBRUCK

BAUERNMARKT
WO Beim Sillpark
WANN Letztes Wochenende im Monat, Donnerstag 8.00 bis 20.00 Uhr, Freitag 8.00 bis 19.00 Uhr, Samstag 8.00 bis 17.00 Uhr, im November geschlossen

BAUERNMARKT HÖTTING WEST
WO Viktor-Franz-Hess-Straße vor dem Kolpinghaus
WANN Samstag 7.30 bis 11.30 Uhr

BAUERNMARKT
WO Sparkassenplatz
WANN Freitag 9.00 bis 14.00 Uhr

BAUERNMARKT ST. NIKOLAUS
WO Brennerplatzl
WANN Samstag 8.00 bis 11.00 Uhr

WILTENER BAUERNMARKT
WO Wiltener Platz
WANN Samstag 8.00 bis 12.30 Uhr

BAUERNMARKT
WO Einkaufszentrum DEZ
WANN Ganzjährig Freitag 12.00 bis 18.00 Uhr

TELFS

TELFER MARKTL
WO Untermarkt 5+7
WANN Samstag 8.00 bis 12.00 Uhr

BEWERTEN SIE IHR GENUSS GESCHÄFT

Die besten Geschäfte für Genuss- und Lebensmittel auch auf: www.genuss-guide.net

Fotocredit: APA/OTS

VOR ARL BERG

REGIONAL GENIESSEN HAT ZUKUNFT

GENUSS REGION ÖSTERREICH
Vorarlberg

VORARLBERGER GENUSS REGIONEN

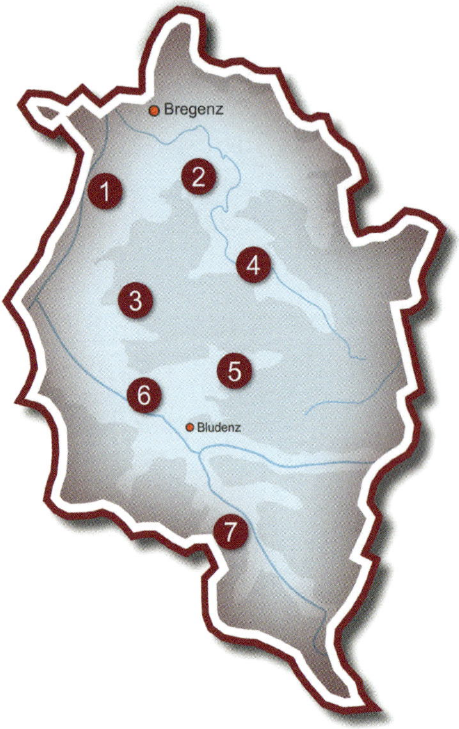

1 Ländle Apfel
2 Bregenzerwälder Alp- und Bergkäse
3 Ländle Kalb
4 Ländle Alpschwein
5 Großwalsertaler Bergkäse
6 Jagdberger Heumilchkäse
7 Montafoner Sura Kees

www.genuss.tv

DIE 15 BESTEN GENUSS-LÄDEN VORARLBERGS

DIE BESTEN

ALAN'S NUDELWERKSTATT	6900 Bregenz	Seite 333
EDWIN BERCHTOLD	6867 Schwarzenberg	Seit 339
SENNEREI DOREN	6933 Doren	Seite 331
FREDI'S KÄSLÄDELE	6900 Bregenz	Seite 330
FRANZ KLOPFER	6923 Lauterach	Seite 336
LÄNDLE METZGEREI DÜR	6914 Hohenweiler	Seite 335
LANGENEGGER DORFSENNEREI	6941 Langenegg	Seite 336
METZLER KÄSE-MOLKE GMBH	6863 Egg	Seite 333
NATUR & KOST	6800 Feldkirch	Seite 333
ADEG RIEDMANN	6844 Altach	Seite 329
METZGEREI RIMMELE	6900 Bregenz	Seite 331
METZGEREI SCHATZ	6845 Hohenems	Seite 335
ADEG THALER	6900 Bregenz	Seite 336
KÄSLADEN MARIA VÖGEL	6867 Schwarzenberg	Seite 339
VOM FASS – KUSTER BERNHARD	6900 Bregenz	Seite 331

Adeg Riedmann

Meusburger Annemarie und Jakob

ALTACH

ADEG RIEDMANN

6844 Altach, Achstraße 9–11
TEL 0 55 76/724 81
WEB www.riedmann.co.at

In diesem hervorragend sortierten Adeg wird der Einkauf zum Genusserlebnis. An der Käsetheke findet man neben einer exquisiten Auswahl an Bergkäse und Spezialitäten von Schaf oder Ziege aus der Region auch viele ausgezeichnete "Käsekaiser" sowie eine breite Palette an internationalen Feinheiten. Beim Obst werden heimische und südländische Köstlichkeiten frisch und perfekt präsentiert, im Feinkostbereich sind Auswahl und Qualität kaum zu übertreffen. Fisch gibt es hier übrigens täglich frisch, das Biosortiment wurde nochmals erweitert. Das Personal berät charmant und kompetent. Frische, Qualität und Regionalität – auch mit zahlreichen hochwertigen Produkten aus den Genussregionen – kann man hier erleben und auch schmecken.

!

ANDELSBUCH

DAS BREGENZERWÄLDER KÄSEHAUS

6866 Andelsbuch, Hof 144
TEL 0 55 12/263 46
MAIL info@kaesehaus.com
WEB www.kaesehaus.com

Die gesamten Köstlichkeiten des Bregenzerwaldes findet der Feinschmecker im sehr einladenden Bregenzerwälder Käsehaus. An der Käsetheke werden fast 60 (!) der feinsten Sorten aus dem Bregenzerwald perfekt präsentiert (darunter zahlreiche Produkte aus der Genussregion Bregenzerwälder Alp- und Bergkäse), das Sortiment bei Speck und Wurst ist riesig und enthält auch regionale Feinheiten wie Hirschspeck. Daneben gibt es eine große Auswahl an Produkten aus der Region wie Marmelade, Honig, Joghurt und Molkeprodukte, verschiedene Brot- und Gebäcksorten und bei den Süßwaren Früchtebrot, das man in jedem Fall probieren muss. Schmankerln rund um den Käse werden täglich als Imbiss frisch serviert, und zur Verdauungsförderung steht eine feine Palette an Hochprozentigem zur Auswahl. Das Personal berät äußerst kompetent und freundlich.

!

BEZAU

SENNEREI BEZAU

6870 Bezau, Oberdorf
TEL 0 55 14/26 32
MAIL sennerei.obere@aon.at

Die an der Käsestraße Bregenzerwald gelegene und optisch ein wenig an eine Alm erinnernde Dorfsennerei verführt vor allem mit der großen Auswahl an selbst erzeugten und mehrfach prämierten Bergkäsesorten, mit vielen Feinheiten aus der Genussregion Bregenzerwälder Alp- und Bergkäse sowie mit vielen köstlichen Biokäsespezialitäten. Der sehr engagierte Käser berät gerne und mit viel Fachwissen; die Auswahl zwischen lange gereiftem oder noch ganz jungem Bergkäse wird einem trotzdem schwerfallen. In der Dorfsennerei werden darüber hinaus auch Molkeprodukte, regionale Weine und Brände sowie Honig, Tee und Marmelade angeboten.

!

BIZAU

BROGER FLEISCHWAREN

6874 Bizau, Unterdorf 395
TEL 0 55 14/301 01
MAIL h.broger@broger.co.at

Mit einem klaren Bekenntnis zu Qualität und Regionalität wird im modernen Metzgereibetrieb der Familie Broger eine breite Palette an hochwertigen, innovativen und vielfach prämierten Wurst-, Speck- und Schinkenspezialitäten angeboten. Die herrliche Auswahl reicht vom Rauchsaft-, Wälder- und Pfefferschinken über Förster-Knebel und Bauernspeck bis hin zum Chili-Leberkäse und zur Kalbsbratwurst. Feinste Bregenzerwälder Fleischwaren laden zum Genuss ein, die freundliche und kompetente Bedienung hilft auch gerne mit Informationen zu den einzelnen Produkten.

MEUSBURGER ANNEMARIE UND JAKOB

6874 Bizau, Hilkat 142
TEL 0 55 14/21 47
MAIL info@hilkater.at
WEB www.hilkater.at

Fini´s Naturladen

Alan´s Nudelwerkstatt

Fredi´s Käslädele

Klein und urig bietet dieser Hofladen Biogenuss. Die Auswahl der traditionell und handwerklich erzeugten Hilkater-Biokäsespezialitäten ist groß und reicht von Bauern-, Pfeffer-, Kräuter-, Räß-, Berg-, Wildkräuter- und Kanisfluhkäse bis zu Raclette, Weinkäse, Magdalenar und Rochus. Neben Kaminwurzen von hofeigenen Rindern rundet eine Vielzahl an hausgemachten Produkten wie Obst- und Kräuterbrände, verschiedene Essige, Liköre, Butter, Butterschmalz, Kräutersalz oder Tees mit Zutaten aus dem eigenen Kräutergarten das Angebot ab. Die Beratung ist freundlich und kompetent.
!

BLUDENZ

FINI'S NATURLADEN

6700 Bludenz, Wichnerstraße 36
TEL 0 55 52/312 36
WEB www.finisnaturladen.at

Sehr originelles und unbedingt sehenswertes Biofachgeschäft, in dem ausschließlich Bioprodukte in bester Qualität angeboten werden. Die Auswahl wurde abermals erweitert, an der Käsetheke findet man eine kleine Palette an feinen regionalen Genüssen. Obst und Gemüse (natürlich aus kontrolliert biologischem Anbau) sind knackig und frisch, für den Weinliebhaber gibt es eine feine Auswahl an besten Bio-Weinen. Brot und Gebäck sind frisch und knusprig, Getreide kann man hier ebenso kaufen wie Tees oder Gewürze, und auch eine breite Palette an Hildegardprodukten wird geboten. Das Personal ist überaus freundlich und berät gern und kompetent in allen Warengruppen.
!

BREGENZ

ADEG AKTIV MARKT THALER

6900 Bregenz, Schendlingerstraße 32a
TEL 0 55 74/727 37

Ein Supermarkt für diejenigen, die echten Genuss suchen. Die riesige Auswahl und ansprechende Präsentation an der Käsetheke überzeugen, das Angebot an Wurst- und Schinkenspezialitäten ist hervorragend, Brot und Gebäck sind frisch und duften verführerisch. Zum Probieren laden auch die zahlreichen Produkte aus den österreichischen Genussregionen ein, die sich durch fast alle Warengruppen ziehen. Die Weinpalette ist mehr als umfangreich, das Personal ist freundlich, kompetent und hilfsbereit und steht den Kunden stets mit Rat und Tat zur Seite.
!

ALAN'S NUDELWERKSTATT

6900 Bregenz, Deuringstraße 2
TEL 0 55 74/529 29

In einzigartigem Ambiente präsentiert sich der Ein-Mann-Betrieb, in dem alle angebotenen Teigwaren hausgemacht sind. Hier findet der Nudelliebhaber bei toller und freundlicher Beratung wirklich alles, was das Herz begehrt, von Spinat- über Randig- bis zu Tomatennudeln, auch in Bio-Variationen. Durch die Innovationen von Alan wächst das Genusssortiment von Jahr zu Jahr, die köstlichen Produkte können natürlich auch gleich vor Ort verkostet werden. Neben den Nudelspezialitäten werden verschiedene Öle, Essige, Pestos und Panetone angeboten. Und wer Lust hat, der kann dem Chef bei der Zubereitung der Spezialitäten auch zur Hand gehen.
!

CAFÉ GÖTZE CONDITOREI

6900 Bregenz, Kaiserstraße 9
TEL 0 55 74/445 23

Im kleinen und traditionsreichen Kaffee mit eigener Confiserie wird die österreichische Kaffeehaus- und Konditorkultur mittlerweile in vierter Generation hochgehalten. Schon von außen lädt das wunderbar dekorierte Schaufenster zum Genuss, drinnen gibt's eine riesige Auswahl an feinsten, hausgemachten Spezialitäten wie Trüffelkonfekt, Grillage-Haustorte, kleine süße Petit Fours, Florentiner und auch Käse-Pralinees. Nicht zuletzt auch wegen der sehr freundlichen und zuvorkommenden Bedienung ein Geheimtipp für die süße Verführung zwischendurch…

FREDI'S KÄSLÄDELE

6900 Bregenz, Deuringstr. 9
TEL 0 55 74/439 16
WEB www.kaesefredi.eu

Vom Fass – Kuster Bernhard

Fredi's Käslädele bietet wahrhaft feinsten Käsegenuss. Aus über 100 Käsespezialitäten kann man wählen, die Palette reicht von exquisiten Köstlichkeiten aus der Region – darunter Feinheiten aus den Genussregionen wie Alpkäse, Heumilchkäse oder Walsertaler Bergkäse – bis zu Käse aus ganz Europa. Ein kleines Sortiment an Biokäse wird ebenfalls angeboten, aber auch hervorragende Weine aus Österreich sowie regionale Edelbrände (Zauser) finden sich im Geschäft. Vervollständigt wird das Angebot mit Edel-Essigen, Gewürzen und Ölen, sehr empfehlenswert sind die hausgemachten Marmeladen und Chutneys, die Schokolade vom Schloss-Café Gsiberg, Wild und Schinken von Broger oder die Spezialitäten der Genussregion Ländle Kalb. Die Bedienung berät freundlich und äußerst kompetent.

!

METZGEREI RIMMELE

6900 Bregenz, Rathausstraße 31
TEL 0 55 74/429 56
MAIL metzgerei.rimmele@vol.at

Von dem jungen und sehr engagierten Team wird in der kleinen, feinen Metzgerei neben einem Topsortiment an hausgemachten Wurst- und Fleischspezialitäten (aus eigener Schlachtung und natürlich aus der Region, teilweise aus der Genussregion Ländle Kalb und in Bioqualität) präsentiert, darunter feines Bündnerfleisch, aromatischer Karree- oder Schopfspeck, aber auch Parma- oder Serranoschinken. Eine ausgewählte Palette an Käseköstlichkeiten – darunter der Genussregion-Ländle-Bergkäse – wird ebenfalls angeboten. Für den kleinen Hunger gibt es wunderbare Imbisse, die entweder direkt vor Ort genossen oder auch mit nach Hause genommen werden können.

!

VOM FASS – KUSTER BERNHARD

6900 Bregenz, Rathausstraße 21
TEL 0 55 74/540 31
MAIL info@weintip.at
WEB www.weintip.at

Essig, Öl, Wein und Spirituosen von herausragender Qualität (und teilweise aus den Genussregionen) findet man bei äußerst kompetenter und freundlicher Beratung in Bregenz – und in der Filiale in Dornbirn – im „Vom Fass". Angeboten werden unter anderem Olivenölspezialitäten aus der Toskana oder aus Sizilien, aus Griechenland oder aus Spanien (übrigens auch in Bioqualität). Zum Genuss verführen aber auch feine Nuss- und Samenöle aller Art, Kräuter und Würzöle, die nach Trüffel, Steinpilzen, Zitrone oder Chili – eben einfach nach mehr schmecken. Essigliebhaber werden hier ebenso fündig wie eingeschworene Whiskytrinker (14 verschiedene Sorten) und Freunde von heimischen Obstbränden (rund 30 verschiedene Sorten), und für Sommeliers gibt es eine feine Auswahl an Weinen aus der Region.

DOREN

SENNEREI DOREN

6933 Doren, Huban 139
TEL 0 55 16/20 01

Im kleinen, sehr heimeligen Sennereiladen kommen Käseliebhaber mit Sicherheit auf ihre Rechnung. Zahlreiche – teilweise prämierte – Käsespezialitäten stehen zur Wahl, darunter feiner Bergkäse im 6-Kilo-Laib oder fettarmer Tilsiter, einige Bio-Käse und natürlich auch Feinheiten aus der Genussregion Bregenzerwälder Alp- und Bergkäse, im Sommer auch

Kaffeebohne

Moses – Harald Moosbrugger

Montafoner Sauerkäse. Der Meisterkäser, der übrigens sehr freundlich und kompetent Auskunft zu den verschiedenen Produkten gibt, bietet dem Genusssuchenden aber auch hervorragendes selbstgemachtes Joghurt, Marmelade aus bäuerlicher Herstellung oder edle Spirituosen aus der Region.

DORNBIRN

KAFFEEBOHNE

6850 Dornbirn, Marktstraße 41
TEL 0 55 72/39 48 58
MAIL info@kaffeebohne.co.at
WEB www.kaffeebohne.co.at

In der kleinen, sehr heimeligen und herrlich duftenden Kaffeerösterei in der Dornbirner Innenstadt wird einem Kaffeegenuss in Reinkultur geboten. Auf einer eigenen Röstmaschine werden ständig hochwertige, sortenreine und fair gehandelte Kaffees frisch geröstet. Man kann die besten Kaffeesorten der Welt genießen, wie zum Beispiel Äthiopien Sidamo oder Jamaica Blue Mountain. Neben der großen Auswahl an sortenreinen Spitzenkaffees werden aber auch Kaffee- und Espressomischungen angeboten. Und als süße Begleitung zum Kaffee gibt es verlockende Schokolade von Zotter oder Dolfin. Das Personal berät gerne und sehr freundlich.

!

MOSES – HARALD MOOSBRUGGER

6850 Dornbirn, Marktstraße 14
TEL 0 55 72/351 14
MAIL hm@moses-kost-bar.com
WEB www.moses-kost-bar.com

Im sehr einladenden, gemütlichen und heimeligen Geschäft im traditionsreichen Haus bedient Sie mit viel Charme und Fachwissen der erste Tee-Sommelier Vorarlbergs und bietet eine breite Palette an feinsten Produkten: exklusiven Tee in seiner ganzen Vielfalt (insgesamt werden inzwischen über 250 verschiedene Teesorten angeboten), eine tolle Auswahl an Bioweinen in bester Qualität, aber auch eine breite Palette an edlen und hochprozentigen Verführungen (wie zum Beispiel 30-jährige Whiskyraritäten). Zum süßen Abschluss gibt es handgemachte Subirer-Schokoladen. Das sehr freundliche und kompetente Personal rundet den sehr positiven Eindruck ab.

!

VOM FASS

6850 Dornbirn, Riedgasse 1
TEL 0 55 72/22 8 97

Essig, Öl, Wein und Spirituosen von herausragender Qualität findet man in Bregenz im „Vom Fass“. Angeboten werden unter anderem Olivenölspezialitäten aus der Toskana oder aus Sizilien, aus Griechenland oder aus Spanien (übrigens auch in Bioqualität). Darüber hinaus findet man feine Nussöle, Samenöle aller Art, Kräuter und Würzöle, die nach Trüffel, Steinpilzen, Zitrone oder Chili – eben einfach nach mehr schmecken. Essigliebhaber werden hier ebenso fündig wie eingeschworene Whiskytrinker (14 verschiedene Sorten) und Freunde von heimischen Obstbränden (rund 30 verschiedene Sorten), und für Sommeliers gibt es eine feine Auswahl an Weinen aus der Region.

EGG

GEBRÜDER BENTELE – „GSIBERGER“

6863 Egg, Heckisau 77
TEL 0 55 12/44 02
MAIL info@gsiberger.at
WEB www.gsiberger.at

Im sehr einladenden und gemütlichen Shop der Gebrüder Bentele finden Genießer Erlesenes aus dem Bregenzerwald. Bei Wurst und Schinken wird eine feine Auswahl an Bregenzerwälder Schinken-, Speck- und Wildspezialitäten angeboten Beim Käse reicht die Palette an aromatischen Feinheiten aus der Käsestraße Bregenzerwald und den Genussregionen vom Heumilchkäse und Bregenzerwälder Hochalpkäse bis zum Bregenzerwälder Camembert. Angeboten wird aber auch eine Vielzahl an hervorragenden Edelbränden und Likören wie z.B. Honig-, Brombeer- oder Heidelbeerlikör, Gsiberger Edelpralinen mit regionalen Füllungen, aber auch verschiedene Marmeladen sowie Honig aus der eigenen Imkerei, Molkedrinks oder Molkepflegeprodukte.

!

Metzler Käse-Mmolke GmbH

Natur & Kost

METZLER KÄSE-MOLKE GMBH

6863 Egg, Bruggan 1025
TEL 0 55 12/30 44
MAIL metzler@molkeprodukte.com
WEB www.molkeprodukte.com

GENUSS REGION ÖSTERREICH Der Familienbetrieb setzt auf Architektur und Genuss: Seit über 20 Jahren wird hier aus Kuh- und Ziegenmilch eine Frischkäsedelikatesse, der Wälderkäsle, hergestellt. Aus der bei der Käseproduktion anfallenden Molke werden hochwertige, innovative und mittlerweile europaweit bekannte Produkte hergestellt, wie Molke-Drinks oder zahlreiche Pflegeprodukte vom Kurbad bis zur Pflegedusche. Selbstverständlich findet man im Angebot auch Spezialitäten aus den Genussregionen, wie Bregenzerwälder Alp- und Bergkäse oder Heumilchkäse. Käse in allen Variationen kann man hier aber nicht nur kaufen, sondern auch selbst herstellen, und für Gruppen bis 12 Personen gibt es Führungen durch die Käseproduktion mit anschließender Verkostung.

!

EICHENBERG

BERGSENNEREI LUTZENREUTE

6911 Eichenberg
TEL 0 55 73/833 80

In dieser kleinen und mit viel Liebe und Einsatz geführten Bergsennerei wird seit über 100 Jahren gekäst. Die Auswahl an hochqualitativen und mehrfach prämierten Käsespezialitäten ist groß, darüber hinaus findet man hier auch einen der besten Bergkäse Europas. Und die Begeisterung, mit der hier gekäst wird, die sieht man auch dem Verkäufer an, wenn er seine Kunden berät und vom „Bergkäse in Vollendung" spricht.

FELDKIRCH

GOURMET SCHNELL

6800 Feldkirch, Kaiserstraße 5
TEL 0 55 22/733 24
MAIL gourmet@schnell.cc

Wer Genuss sucht, der findet ihn hier garantiert: Das Geschäft bietet eine riesige Auswahl an exklusiven regionalen sowie internationalen Spezialitäten, auch Angebote aus den Genussregionen fehlen nicht. Im gesamten Feinkostbereich bleiben praktisch keine Wünsche offen. An der Käsetheke werden bis zu 70 verschiedene Sorten angeboten; beim täglich frisch gelieferten Fisch kann aus einer Palette von Seeteufel bis Lachs und von Forelle bis Seezunge gewählt werden. Darüber hinaus gibt es ausgesuchte Weine aus dem In- und Ausland, und auch ein kleines, aber feines Angebot an süßen Versuchungen fehlt nicht. Die Bedienung berät freundlich und kompetent, und auf Bestellung werden gerne auch Sonderwünsche erfüllt.

BIO !

LÄNDLE METZGEREI SCHÖCH METZGEREIBETRIEBE

6800 Feldkirch, S.-Kneipp-Straße 2
TEL 0 55 22/721 84
MAIL dietmar.schoech@aon.at
WEB www.metzgerei-schoech.at

Eine klassische, feine Metzgerei, in der eine große Palette an sehr appetitlich präsentierten Fleisch- und Wurstspezialitäten angeboten wird. Die riesige Auswahl reicht von selbst gemachten Wurst- und Schinkendelikatessen bis zu frisch geräuchertem Speck. Viele Produkte – darunter auch hausgemachte Nudeln oder Knödel – werden auch in Bioqualität angeboten. Das frische Fleisch kommt aus der eigenen Schlachterei, Köstlichkeiten vom Wild werden ebenfalls angeboten. Da man ausschließlich von regionalen Bauernbetrieben zukauft, weiß man auch über die Herkunft der Tiere Bescheid. Das Personal zeichnet sich durch Freundlichkeit und Kompetenz aus, und daneben berät der Chef persönlich.

BIO

NATUR & KOST

6800 Feldkirch, Johannitergasse 6
TEL 0 55 22/784 80
MAIL naturkost@vup.at

Für Biogenießer ein echter Geheimtipp mit mittlerweile über 7.000 Bioprodukten: Auf zwei Etagen findet man hier praktisch alles, was das Herz begehrt – und das ausschließlich in Bioqualität. Es gibt ein mehr als umfangreiches Angebot an feinsten Käsespezialitäten

Vorarlberg Milch

Fleisch Spar-Markt

(wie Weinkäse) und frischem, duftendem Brot und Gebäck (darunter Demeter- und Vollkorn-Dinkel-Brot). Das Bio-Gemüse kommt aus der Region, die Palette an Bioweinen aus Österreich weiß zu überzeugen. Neben Bio-Essigen und -ölen findet man hier aber auch feinste Marmeladen, Kaffee und Tee. Die Chefin bedient persönlich, nimmt sich Zeit für jeden Kunden und informiert gern und sehr kompetent über die Produkte. Dies ist nach wie vor ein Geschäft mit absoluter Wohlfühlgarantie!

VORARLBERG MILCH

6800 Feldkirch, Noflerstraße 62
TEL 0 55 22/72 13 00
WEB www.vmilch.at

Mehr als 70 toll präsentierte Käsesorten lassen im „Ländele" der Vorarlberg Milch in Feldkirch das Herz eines jeden Käseliebhabers höher schlagen: Die Auswahl reicht vom klassischen Bergkäse über Raclette und Montforter bis zu St. Severin, Affineur, Dachsteiner, Wein- und Bio-Heumilchkäse. Sämtliche Käsefeinheiten können gerne im Geschäft verkostet werden, die Devise lautet „zuerst probieren, dann kaufen". Natürlich werden auch Bioprodukte wie Bio-Joghurt oder Bio-Milch angeboten; darüber hinaus führen Nudel, Honig oder Kürbiskernöl sowie verschiedene Produkte aus den Genussregionen in Versuchung. Das Personal berät aufmerksam, freundlich und kompetent. Einkaufen wird hier zum echten Genuss.

GÖTZIS

FLEISCH SPAR-MARKT

6840 Götzis, Am Junker-Jonas-Platz 7
TEL 0 55 23/623 92
MAIL franz-josef.fleisch@aon.at

Ein Spar-Markt der Sonderklasse, mit einem umfangreichen Lebensmittel-Vollsortiment. An der Käsetheke findet man eine reiche Auswahl an Käsesorten aus Österreich (darunter auch Produkte der Genussregionen, wie den Großwalsertaler Bergkäse), aber auch aus Italien und Frankreich. Die Beratung durch die dipl. Käsesommeliers Lisi und Evelyn ist hervorragend. Für Biogenießer gibt es ein umfangreiches Sortiment an in- und ausländischen Spezialitäten, saisonal auch Bioobst und -gemüse aus der Region „Am Kumma". Die Genussregionen sind auch beim Obst vertreten, unter anderem mit dem Ländle Apfel. Whisky ist hier Chefsache – mittlerweile werden über 100 Whisky-Feinheiten aus den traditionellen Gebieten in Schottland und Irland angeboten. Das Personal ist überaus hilfsbereit und freundlich.

HITTISAU

SENNEREI HITTISAU

6952 Hittisau, Platz 190
TEL 0 55 13/27 86
MAIL sennerei@hittisau.at

Vom Rohmilch-Bergkäse über Emmentaler und Emmentaler Sauerkäse, Heumilchkäse, Bregenzerwälder Alp- und Bergkäse aus der Genussregion bis zum Backsteinkäse findet man in der Sennerei Hittisau alles, was das Herz und der Gaumen begehren. Und man darf kosten! Darüber hinaus werden hier aber auch Produkte der Hittisauer Bauern verkauft, wie Marmelade, die – nach eigenen Angaben – beste hausgemachte Butter, feiner Honig oder Edelbrände. Das Personal überzeugt mit Fachwissen und Freundlichkeit. Einfach Genuss pur.

HÖCHST

ADEG KONSUMVEREIN HÖCHST

6973 Höchst, Landstr. 50
TEL 0 55 78/752 01
MAIL office@konsum-hoechst.at
WEB www.adeg.at

Ein Adeg, der vor allem mit Frische, Regionalität und Auswahl punktet. Obst und Gemüse überzeugen mit Frische und Präsentation, in der prämierten Fleischabteilung werden ausschließlich von Vorarlberger Betrieben angelieferte Rinds-, Kalbs- und Lammspezialitäten angeboten, und auch die Auswahl im Feinkostbereich lässt keine Wünsche offen. Frisches und ofenwarmes Brot und Gebäck kommt aus der eigenen Bäckerei, und in der umfangreichen Weinabteilung berät der Chef

Fenkart Schokoladengenuss

Metzgerei Schatz

Ländle Metzgerei Dür

gerne persönlich und kompetent. Ein reichhaltiges Biosortiment rundet das Angebot ab.

HOHENEMS

FENKART SCHOKOLADENGENUSS

6845 Hohenems, Schlossplatz 10
TEL 0 55 76/723 56
MAIL info@schokoladengenuss.at
WEB www.schokoladengenuss.at

Kaffee und Schokolade in Top-Qualität und in gemütlicher Atmosphäre bietet das Schlosskaffe in Hohenems. Mit der Produktion von handgearbeiteten Schokoladen hat Chocolatier Gunther Fenkart sein Hobby zum Beruf gemacht. Das riesige Sortiment reicht von gefüllten Schokoladen über Grand-Cru- und Trinkschokoladen bis zu verführerischen Pralinen. Ein Geheimtipp sind die Sonderanfertigungen des leidenschaftlichen Handwerkers, bei denen auf Wunsch aus eigenem Wein oder Schnaps maßgeschneiderte Spezialitäten entstehen. Die Schauproduktion ist für Naschkatzen und Schokoladenliebhaber immer einen Besuch wert!

METZGEREI SCHATZ

6845 Hohenems, Kaiser-Franz-Josef-Straße 10
TEL 0 55 76/722 46
MAIL rainer@metzgerei-schatz.at
WEB www.metzgerei-schatz.at

Eine sehr empfehlenswerte Metzgerei, die mit einer großen Auswahl an Wurst- und Schinkenspezialitäten aus eigener Produktion und mit vielen Innovationen überzeugt. Auch die riesige Palette an hochwertigem Frischfleisch aus der hauseigenen Schlachtung (darunter viele Bioprodukte, auch Schmankerln vom Lamm und Wild kann man hier finden) wird Genießern gefallen. Hausgemachte Delikatessen wie feine Pasteten, würziges Pesto, Öle oder exklusive Senfvarianten machen Lust auf Genuss; die kleine, aber feine Käseauswahl weiß zu überzeugen, und das Personal berät freundlich und mit viel Kompetenz.

HOHENWEILER

LÄNDLE METZGEREI DÜR

6914 Hohenweiler, Leutenhofen 21
TEL 0 55 73/822 26

GENUSS REGION ÖSTERREICH So stellt man sich den klassischen Nahversorger gleich ums Eck vor: Einkaufen mit Herz und Genuss, bei bester Qualität und Beratung. Die feine Palette an Käsespezialitäten zeichnet sich durch beste Frische und Hochwertigkeit aus. Als Metzgerei gibt es natürlich auch Wurst und Schinken in großer Auswahl (übrigens auch gluten- und allergenfrei), ebenso wie feinstes Frischfleisch, übrigens auch in Bio-Qualität. Überhaupt mangelt es nicht an Bioprodukten, Feinheiten aus den Genussregionen (wie z.B. aus der Genussregion Ländle Kalb) fehlen ebenso wenig wie frisches Brot und Gebäck. Daneben werden auch zahlreiche Produkte für den täglichen Bedarf angeboten. Die Chefin berät freundlich und kompetent.

HÖRBRANZ

ADEG MARKT ZUBCIC

6912 Hörbranz, Lindauerstr. 75
TEL 0 55 73/82 211

GENUSS REGION ÖSTERREICH Sehr einladender Frischemarkt, der sich nicht nur durch eine gut sortierte und sehr ansprechende Obst- und Gemüseabteilung auszeichnet, sondern auch durch die umfangreiche Palette an frischem, knusprigem Brot und Gebäck. Das Angebot an der Feinkosttheke ist hervorragend, vor allem die Auswahl bei Wurst und Schinken weiß zu punkten. Delikatessen aus den Genussregionen wie Ländle Apfel, Bregenzerwälder Alp- und Bergkäse, Sauer- oder Heumilchkäse finden sich ebenfalls im Angebot. Im Bio-Bereich gibt es das Adeg-Standardprogramm, das Personal bedient überaus freundlich und zuvorkommend.

DER BIO BÄCKER GUNZ

6912 Hörbranz, Lindauer Straße 59
TEL 0 55 73/822 39

Schon beim Betreten der hellen und freundlichen Bäckerei und Konditorei duftet es herrlich nach frisch

Franz Klopfer

Bregenzerwälder Käsekeller

Lustenauer Senf

gebackenem Brot und Gebäck. Bio wird hier großgeschrieben, ausschließlich hochwertige Rohstoffe aus der Region werden frisch vermahlen und zu Spezialitäten wie Vollwert-Dinkelbrot, Roggenwecken, Haferbrot oder auch Früchtebrot verbacken. Zum Genuss vor Ort verführen auch die sehr ansprechend präsentierten Torten und Kuchen, wie die hervorragenden Bio-Dinkel-Linzeraugen. Pralinen aus Schafmilch werden ebenfalls angeboten, die köstlichen Dinkelkrapfen sind in jedem Fall eine Sünde wert. Die Bedienung ist freundlich und charmant.

BIO !

LANGENEGG

LANGENEGGER DORFSENNEREI

6941 Langenegg, Langenegg 116
TEL 0 55 13/61 90
MAIL sennerei.langenegg@aon.at

GENUSS REGION ÖSTERREICH Eines der schönsten Käsegeschäfte im Ländle. Die Palette der angebotenen Käsegenüsse reicht von Emmentaler, Sonnenkäse, Bergkäse, Dorfkäse, Räßkäse und verschiedenen Weichkäsesorten bis hin zu Bachsteinkäse, Ziegenkäse oder Sauerkäse aus eigener Erzeugung. Selbstverständlich findet man hier – übrigens bei bester Beratung – auch das gesamte Angebot an Käsefeinheiten aus der Genussregion Bregenzerwälder Alp- und Bergkäse. Spezielle Öle, Honig und Marmelade aus der Region sowie eine kleine Auswahl an Wein und Spirituosen runden das Sortiment ab. Alle Spezialitäten kann man übrigens auch per Post bestellen (Mindestbestellmenge: 1 kg).

LAUTERACH

FRANZ KLOPFER

6923 Lauterach, Alte Landstraße 12
TEL 0 55 74/712 66
MAIL christof.klopfer@vol.at
WEB www.laendle.at

Das Fleischerfachgeschäft überzeugt nicht nur mit einer riesigen Auswahl an selbst hergestellten Produkten, sondern auch mit toller Präsentation, absoluter Frische an der Wurst- und Schinken-Theke sowie mit einem kleinen, aber feinen Käseangebot. Sollten Sie hier der kleine (oder große) Hunger packen, ist das kein Problem – Sie suchen sich ein Stück Fleisch aus, und sofort wird es in der Küche frisch zubereitet. Das Imbiss-Angebot wurde abermals geschmackvoll erweitert, das Personal berät freundlich und mit großem Fachwissen.

!

LINGENAU

BREGENZERWÄLDER KÄSEKELLER

6951 Lingenau, Zeihenbühl 423
TEL 0 55 13/428 70
MAIL gf@kaesekeller.at
WEB www.kaesekeller.at

GENUSS REGION ÖSTERREICH Nicht nur der vielen exklusiven Käsefeinheiten wegen ist ein Besuch im Bregenzerwälder Käsekeller empfehlenswert: Wo sonst kann man direkt vom Besucherraum in den Reifungskeller mit 32.600 Laiben Bergkäse blicken. Zur Auswahl stehen sämtliche Käsegenüsse aus dem Bregenzerwald, darunter auch die Leitprodukte der Region, die bekannten Alp- und Bergkäse aus der Genussregion Bregenzerwälder Alp- und Bergkäse (bis zu zwei Jahre gereift). Auch eine kleine Palette an Bioprodukten verführt zum Degustieren. Das feine Käsesortiment wird mit einem ausgesuchten Angebot an Wurstwaren aus der Region und verschiedenen Molkeprodukten vervollständigt.

!

LUSTENAU

LUSTENAUER SENF

6890 Lustenau, Rheinstr. 15
TEL 0 55 77/820 77
MAIL herbert.b@lustenauer-senf.com
WEB www.lustenauer-senf.com

Der vor mittlerweile fast 100 Jahren gegründete Familienbetrieb ist weit über die Grenzen Vorarlbergs hinaus für seine Senfspezialitäten bekannt. Neben dem Lustenauer Senf werden hier Chili-, Bärlauch- oder Dörrpflaumensenf angeboten, auch der klassische Feigensenf darf natürlich nicht fehlen. Dass man offen ist für Innovationen, das beweist das Schwarze Gold, ein Senf mit Aktivkohle und eingedicktem Apfelsaft oder die Zotter-Schokolade mit Senf. Das Personal ist sehr hilfsbereit, berät mit Herz und viel Begeisterung, und

Meztgerei Walser

Irmtraud Eckl Nah&Frisch

auch der Chef persönlich steht für Auskünfte gern zur Verfügung.

!

METZGEREI HERMANN BÖSCH
6890 Lustenau, Maria-Theresien-Straße 78
TEL 0 55 77/821 46
MAIL baerenmetzg@aon.at
Fleischerhandwerk und beste Qualität bereits in der sechsten Generation: Die Auswahl bei den hausgemachten Wurst- und Schinkenspezialitäten ist groß. Das Fleisch in bester Qualität wird schon aus Tradition ausschließlich bei heimischen Bauern gekauft. Und sollte einen der kleine Hunger quälen, so kann man hier auch aus einer kleinen, aber feinen Palette an fertigen Gerichten wählen. Ein kleines Angebot an Essig, Öl und Marmelade rundet das Angebot geschmackvoll ab.

!

MEININGEN

METZGEREI WALSER
6812 Meiningen, Schweizerstraße 50
TEL 0 55 22/713 44-0
WEB www.walser-metzgerei.at
GENUSS REGION ÖSTERREICH In der Metzgerei Walser sind das Fleischerfachgeschäft und der Nahversorger geschmackvoll kombiniert. Zum Genuss verführen nicht nur über 200 verschiedene, hausgemachte Wurst-, Schinken- und Speckspezialitäten (darunter fast 30 Sorten an Bio-Schmankerln), auch das Käseangebot birgt viele regionale Spezialitäten. Das Fleisch in bester Qualität stammt aus der eigenen Schlachterei, aus den Genussregionen finden sich Ländle Kalb, Alpschwein oder aromatischer Walsertaler Bergkäse. Die Auswahl an kochfertigen Menüs zum Mitnehmen reicht von der Suppeneinlage bis hin zum Rossgulasch; die Bedienung überzeugt mit erstklassigem Fachwissen, ist freundlich und kompetent. Einkaufsgenuss ist hier und auch in den Filialen in Tosters, Sulz, Dornbirn und Nenzing garantiert.

BIO !

MÖGGERS

GESCHWISTER BANTEL
6900 Möggers, Rucksteig 66
TEL 0 55 73/822 33
MAIL walter.bantel@bantel.at
Sie sind Käser aus Leidenschaft und können auf über 100 Jahre Erfahrung und viele Rezepte zurückgreifen. Die Produktpalette umfasst ein breites Angebot an feinen Weichkäsen wie Trüffel-Camembert oder Back-Camembert, die auch in Bioqualität angeboten werden. Die Milch für den köstlichen Camembert stammt übrigens ausschließlich von Kühen, die auf den saftigen Wiesen am Pfänderhang oberhalb von Bregenz weiden. Die Feinkäserei ist nur am Freitagnachmittag geöffnet, die angebotenen Spezialitäten sollte man sich jedoch auf keinen Fall entgehen lassen.

BIO

RAGGAL

IRMTRAUD ECKL NAH&FRISCH
6741 Raggal, Marul 17
TEL 0 55 53/354-0
WEB www.nahundfrisch.at
Dass auch auf fast 900 Meter Seehöhe Genuss geboten werden kann, beweist dieser kleine, feine und sehr einladende Nahversorger. An der Käsetheke findet man neben zahlreichen regionalen Spezialitäten aus dem Biosphärenpark Großwalsertal, wie dem empfehlenswerten Bergkäse aus der Biosennerei Marul, auch Dachsteiner oder Weinkäse, und auch bei der breiten Palette an Wurst und Schinken wird der Genießer sicher fündig. Das Biosortiment ist umfangreich und reicht von verschiedenen Kräutern über Spezialöle und Salben bis hin zu Tees. Der Chef und das sehr nette und hilfsbereite Personal bedienen sehr zuvorkommend und nehmen sich viel Zeit für die Kunden.

SATTEINS

LÄNDLE METZG GEROLD HOSP
6822 Satteins, Rankweiler Straße 1
TEL 0 55 24/28 91
Die kleine, familiäre und nicht nur bei den Einheimischen sehr beliebte Meister-Metzgerei im Walgau

Sennerei Schnepfau

Sennerei Schnifis

Bergkäserei Schoppernau

bietet dem Genusssuchenden eine hervorragende und umfangreiche Auswahl an regionalen Fleischspezialitäten, auch in Bio-Qualität. Die Palette an verführerischen Wurst- und Schinkenfeinheiten ist riesig, an der Fleischtheke gibt es viele Produkte für zu Hause auch in einer halbfertigen oder vorgekochten Variante. Den kleinen Hunger kann man aber auch direkt an der Imbisstheke stillen. Die Bedienung ist sehr freundlich und kompetent, und man nimmt sich Zeit für jeden Kunden.

SCHLINS

METZGEREI ARTHUR EGGER

6824 Schlins, Walgaustr. 23
TEL 0 55 24/25 88

Eine echte kleine Genussfleischerei, in der man eine riesige Auswahl an vielfach prämierten und sehr ansprechend präsentierten Schinken- und Wurstspezialitäten in allen Variationen findet. Das Fleisch in bester Frische und Qualität stammt ausschließlich von Betrieben aus der Region, aus der Genussregion gibt es das Ländle Kalb, die Palette an Biogenüssen weiß ebenfalls zu überzeugen. Und auch an die schnelle Küche für zu Hause wurde gedacht: Es gibt eine feine Auswahl an Convenience-Produkten. Die Beratung ist sehr gut und freundlich, und man nimmt sich Zeit für jede Kundenfrage und gibt gerne Tipps für die Zubereitung.

SCHNEPFAU

SENNEREI SCHNEPFAU

6882 Schnepfau, Kirchdorf 123
TEL 0 55 18/28 20
WEB www.sennerei-schnepfau.at

GENUSS REGION ÖSTERREICH Der typische kleine und sehr einladende Bergkäsebetrieb befindet sich inmitten einer herrlichen Natur- und Bergwelt im Ortszentrum von Schnepfau. Im Sortiment der Sennerei befinden sich selbst hergestellte und prämierte Produkte wie Milch, Rahm, Butter und Bergkäse (dieser wird nach alter Tradition noch unter Verwendung von natürlichem Lab hergestellt) aus der Genussregion Bregenzerwälder Alp- und Bergkäse. Das Personal erklärt gerne und charmant die Besonderheiten der ebenfalls angebotenen Spezialitäten aus der Region wie Emmentaler, Tilsiter, Camembert, Ziegenkäse, Weinkäse, Bierkäse, Räßkäse oder Raclette. Den Besuch in der Sennerei kann man auf Wunsch auch mit einer Sennereiführung verbinden.

SCHNIFIS

SENNEREI SCHNIFIS

6822 Schnifis, Jagdbergstraße 84
TEL 0 55 24/25 88
WEB www.sennerei-schnifis.at

GENUSS REGION ÖSTERREICH Bereits seit 1906 gibt's die Sennerei Schnifis, und die im Lauf der Zeit gesammelte Erfahrung kann man in den hervorragenden und vielfach prämierten Köstlichkeiten der Sennerei spüren. Im sehenswerten Sennereigeschäft („Üs'rem Lada") werden ausschließlich Käsespezialitäten aus eigener Produktion – wie der echte Schnifner Bergkäse, der echte Schnifner Laurentius oder Jagdberger Heumilchkäse aus der gleichnamigen Genussregion – sowie Vorarlberger Naturprodukte zum Kauf angeboten. „Üs're Stuba" lädt zum Verkosten der verführerischen Käsespezialitäten ein. Daneben werden aber auch täglich frisch erzeugte Sennereibutter, Schnifner Topfen, eigene Joghurts oder Heumilch verkauft. Das Personal ist freundlich und berät gerne.
!

SCHOPPERNAU

BERGKÄSEREI SCHOPPERNAU

6886 Schoppernau, Unterdorf 248
TEL 055 15/301 51
WEB www.bergkaeserei.at

GENUSS REGION ÖSTERREICH In der neu erbauten Schau- und Erlebniskäserei im malerischen Dorf Schoppernau findet man neben den zahlreichen selbst hergestellten Käsespezialitäten und frischer Käsereibutter auch Weinkäse oder Camembert in Bioqualität. Das Vorzeigeprodukt ist der Wäldergold, ein Bergkäse, der in drei Reifegraden zum Kauf angeboten wird. Viele der angebotenen Spezialitäten kommen aus der Genussregion Bregenzerwälder Alp- und Bergkäse, das sehr freundliche und hilfsbereite Personal bietet darüber hinaus aber auch Speck und Wurstköstlichkeiten sowie Topfen, Marmeladen und

Café Konditorei Frederick

Käsladen Maria Vögel

Schnäpse aus der Region zum Genießen an. Interessierte haben hier darüber hinaus die Möglichkeit, dem Käser im Rahmen einer Führung über die Schulter zu schauen.

!

SCHRUNS

CAFÉ KONDITOREI FREDERICK

6780 Schruns

TEL 0 55 56/73 55 77

In dieser Café-Konditorei am Kirchplatz wird die österreichische Kaffeehaustradition hochgehalten, und feinster Genuss ist damit garantiert. Verwöhnt wird man nicht nur mit einer großen Auswahl an verführerischen, hausgemachten Mehlspeisen und köstlichen, edlen Pralinen, sondern auch mit verführerischem Eis aus eigener Erzeugung. Bekannt ist das Haus aber auch für die mehr als 20 Sorten hausgemachter Marmeladen (je nach Saison in Kombination mit Exotischem von Hemingway-Kirsche über Erdbeer-Banane, Preiselbeer-Birne bis Tarocca-Orange). Vervollständigt wird das umfangreiche Angebot mit Bio-Produkten aus der Region, wie Obst (auch aus der Genussregion Ländle Apfel), Rahm, Butter oder Eier.

BIO !

OSWIN KIEBER DIREKT VOM LANDBAUER

6780 Schruns, Dorfstraße 6

TEL 0 55 56/765 53

Kleines, aber sehr feines Geschäft, in dem ausschließlich Spezialitäten aus eigener Produktion und aus der Region angeboten werden. An der hervorragend sortierten Käsetheke findet man beste Wein-, Heumilch- oder Bergkäse; Bio-Sauerkäse wird in allen Reifegraden angeboten. Bei Wurst und Schinken verführen geräucherte Spezialitäten auch in Bio-Qualität zum Genuss, überhaupt weiß das Biosortiment – unter anderem auch mit Bio-Gemüse aus der Region – zu überzeugen. Spezialitäten wie Kürbiskernöle oder Antipasti und im Spirituosenbereich Edelbrände von regionalen Bauern und aus der eigenen Brennerei vervollständigen die feine Produktpalette. Der Chef, ein echtes montafoner Original, berät charmant und kompetent.

BIO !

SCHWARZENBERG

FEINKÄSEREI EDWIN BERCHTOLD

6867 Schwarzenberg, Hof 466

TEL 0 55 12/41 39

Die private Feinkäserei erlaubt genussvolle Einblicke in die Welt der Käseproduktion. Der Schwerpunkt des kleinen Weichkäsebetriebes liegt auf hochwertigen Spezialitäten wie dem feinem Camembert in Sternform (Natur oder Nuss) mit Edelschimmel oder dem Münsterkäse. Als besondere Spezialität wird hier aber auch Ziegenmilch aus der unmittelbaren Umgebung zu edlem Camembert-Brie und vorzüglichem Ziegentopfen verarbeitet. Verkauft wird die umfangreiche Palette an sehr empfehlenswerten Käsefeinheiten auf dem Bregenzer und Dornbirner Bauernmarkt sowie im Käsladen von Maria Vögel.

KÄSLADEN MARIA VÖGEL

6867 Schwarzenberg, Hof 18

TEL 0 55 12/29 60

Der kleine und alteingesessene Käsladen von Maria Vögel ist für Käsegenießer mittlerweile so etwas wie eine Legende geworden. Hier werden seit Jahren mit viel Charme und Kompetenz die Käsespezialitä-

Sennerei Boden-Sonntag Egen

ten der Feinkäserei Berchtold sowie Käsefeinheiten aus der Genussregion Bregenzerwälder Alp- und Bergkäse und von Sennereien aus der Umgebung angeboten, seit Kurzem kann man den Köstlichkeiten im Käsekeller auch vom Geschäft aus beim Reifen zusehen. Natürlich kann man die verschiedenen Käse im Käsekeller auch verkosten, und den passenden Wein wird man hier ebenfalls finden. Viele regionale Spezialitäten – darunter zahlreiche Produkte aus den Genussregionen oder hervorragende hausgemachte Marmeladen – runden das genussvolle Sortiment ab.
!

SONNTAG-BODEN

SENNEREI BODEN-SONNTAG EGEN

6731 Sonntag-Boden, Boden 34
TEL 0 55 54/200 10
MAIL office@hauswalserstolz.at
WEB www.hauswalserstolz.at

Die komplett neu errichtete und im Biosphärenpark Großwalsertal gelegene Sennerei ist einmalig und das ideale Ziel für den echten Käseliebhaber. Die breite Palette an Köstlichkeiten weiß auch anspruchsvolle Genießer zu überzeugen, die Auswahl reicht vom eigenen Großwalsertaler Bergkäse (aus der gleichnamigen Genussregion, auch in Bio-Qualität) über Dachsteiner und Weinkäse bis zu Sennerei-Butter und Topfen. Daneben werden aber auch regionale Wurst- und Schinkenspezialitäten wie Schafsalami oder die Walser Sennenwurst angeboten. Eine sehr gepflegte Auswahl an regionalen Spirituosen sowie ein kleines, aber feines Biosortiment rundet das Angebot ab. Interessierte können hier übrigens auch dem Senner zur Hand gehen und auf Wunsch ihren eigenen Käse produzieren.
BIO !

WEILER

METZGEREI MANGOLD

6833 Weiler, Treiet 7
TEL 0 55 23/624 42
MAIL metzgerei.mangold@aon.at

Dass die umfangreiche Palette an Fleisch- und Wurstwaren im Hause Mangold mit langjähriger Erfahrung und viel Liebe hergestellt wird, das sieht und schmeckt man. Das Frischfleisch in bester Qualität stammt aus der hauseigenen Schlachtung, auch das Ländle Kalb aus der Genussregion findet sich im Angebot; Geflügel und Käse werden ausschließlich von regionalen Partnern bezogen. Suppenliebhaber werden die verschiedenen hausgemachten Suppeneinlagen zu schätzen wissen. Und wer sich den Weg zum Metzger sparen möchte, der bestellt die ganzen Köstlichkeiten einfach zu sich nach Hause. Der Partyservice der Metzgerei macht es möglich.
!

WOLFURT

SCHWANENBÄCKEREI FITZ

6922 Wolfurt, Bregenzerstr. 1
TEL 0 55 74/76 315
MAIL schwanenbaeckerei.fitz@vol.at

Im traditionellen Handwerksbetrieb in Wolfurt verführen über 150 nach althergebrachten Rezepten hergestellte und sehr ansprechend präsentierte Köstlichkeiten zum Genuss. Neben frischem, knusprigem und herrlich duftendem Brot und Gebäck gibt es eine riesige Auswahl an Torten und süßen Backwaren, die das Herz von Naschkatzen höher schlagen lässt. Den kleinen Hunger zwischendurch stillen frische Salate und gefüllte Brötchen, zum Mitnehmen gibt es auch Marmelade und Aufstriche. Das Personal bedient aufmerksam und freundlich.
!

Bauernmarkt Bregenz

ALBERSCHWENDE

BAUERNMARKT
WO Dorfplatz
WANN März, Mai, Juni, September, Oktober Fr. bzw. Sa. 8.00 bis 12.00 Uhr

BREGENZ

BAUERNMARKT
WO Fussgängerzone , Kaiserstraße
WANN Fr. 8.00 bis 12.30 Uhr

DAMÜLS

BAUERNMARKT
WO Tourismusbüro
WANN Fr. ab 14.00 Uhr

DORNBIRN

BAUERNMARKT
WO Marktplatz
WANN Mi. und Sa. 8.00 bis 12.00 Uhr

FELDKIRCH

BAUERNMARKT
WO Marktgasse
WANN Anf. März – Anf. Dez. jeder 1. + 3. Sa. vormittags

FUSSACH

BAUERNMARKT
WO Schulplatz
WANN 1. Fr. im Monat / Apr.–Sept. 14.00 bis 17.00 Uhr

GÖFIS

BAUERNMARKT
WO Dorfplatz
WANN Sa. bzw. Di. im April, September vormittags

GÖTZIS

BAUERNMARKT
WO Pfarrkirche St. Ullrich
WANN Mitte März bis Ende Dezember jeden Sa. 8.00 bis 12.00 Uhr

HARD

BAUERNMARKT
WO beim Rathaus
WANN Mi. 7.00 bis 12.00 Uhr

HOHENEMS

BAUERNMARKT
WO Schlossplatz
WANN Do. 7.00 bis 12.00 Uhr

LECH

BAUERNMARKT
WO Rüfiplatz
WANN Juli und August Do. 14.00 bis 18.00 Uhr

LUDESCH BAUERNMARKT
WO Beim „Buralädle"
WANN im September So. 10.00 bis 16.00 Uhr

LUSTENAU

BAUERNMARKT
WO am Blauen Platz
WANN Do. und Sa. 8.00 bis 12.00 Uhr

MELLAU

BAUERNMARKT
WO Schulplatz
WANN Mitte Juli bis Anfang September jeweils 2. und 4. Di. im Monat und Sa. im September ab 19.30 Uhr

Bauernmarkt Rankweil

NENZING

BAUERNMARKT
WO Rathausplatz
WANN Sa. bis Mitte September 8.30 bis 12.30 Uhr

RANKWEIL

BAUERNMARKT
WO Marktplatz
WANN April bis Dezember Mi. 8.00 bis 12.00 Uhr, Fr. 15.00 bis 19.00 Uhr

SULZBERG

BAUERNMARKT
WO Dorfplatz
WANN Sa. bei guter Witterung vor- und nachmittags

THÜRINGEN

BAUERNMARKT
WO Dorfplatz
WANN Mitte März und Mitte Oktober Sa. 9.00 bis 13.00 Uhr

TSCHAGGUNS

BAUERNMARKT
WO Dorfzentrum
WANN Ab Anfang April Fr. 14.30 bis 17.00 Uhr

WOLFURT

BAUERNMARKT
WO Marktplatz
WANN Fr. 14.00 bis 17.00 Uhr

WIEN

REGIONAL GENIESSEN HAT ZUKUNFT

GENUSS REGION ÖSTERREICH
Wien

WIENER GENUSS REGIONEN

1 Wiener Gemüse

DIE 15 BESTEN GENUSS-LÄDEN WIENS

DIE BESTEN

Gerstner K&K Hofzuckerbäcker

Babette's

1. BEZIRK

A. GERSTNER K&K HOFZUCKERBÄCKER

1010 Wien, Kärntner Straße 13–15
TEL 01/512 49 63
MAIL konditorei@gerstner.at
WEB www.gerstner.at

Lassen Sie sich durch imperiale Genüsse verführen. Die Hofzuckerbäckerei Gerstner besticht durch die gediegene, in der Tradition des Alt-Wiener Kaffeehauses stehende Atmosphäre, in der man gern aus dem reichhaltigen Angebot an Torten, Kuchen, Mehlspeisen oder Konfekt wählt. Beste Qualität, liebevoll in Handarbeit erzeugt, wird hier verführerisch präsentiert oder verpackt. Die Haustorte ist besonders empfehlenswert, ebenso wie die köstlichen Konfektvarianten, neu im Programm sind Cupcakes. Darüber hinaus wird die typische Kaffeehausküche mit Suppen und warmen Speisen geboten. Gern übernimmt man auch Catering und, als Spezialist für Hochzeitstorten, Sonderanfertigungen. Ein Teil des Sortiments kann auch online bestellt werden.

ALPE ADRIA WEINHANDLUNG AM HOF

1010 Wien, Am Hof 11
TEL 01/535 16 55-0
MAIL info@weinamhof.at
WEB www.weinamhof.at

In dieser sehr gut sortierten Vinothek können Sie aus über 2.000 Weinen von Spitzenwinzern aus Italien und Österreich wählen; viele Weine können glasweise verkostet werden. Abgerundet wird das Sortiment durch ein kleines, aber feines Angebot an Champagner, tollen Grappas und Edelbränden von Valentin Latschen. Plus Olivenöle, original italienische Verace-Pasta, leckere Antipasti und Chutneys. Besonders interessant für alle Weinliebhaber: Die „Best of"-Sets verschiedener Paradewinzer, Infos über Weinbauregionen oder Rebsorten, der Wein-Clubraum mit Loungecharakter für 2 bis 20 Personen und der Sommelier zum Mieten. Nicht zu vergessen der Winzer-Small-Talk an jedem Donnerstag von 16.00 bis 20.00 Uhr, Themenschwerpunktverkostungen und Wein-Käse-Workshops. Ausgesprochen freundliches Personal, das auch durch umfangreiches Fachwissen glänzt.

☺ !

BABETTE'S

1010 Wien, Am Hof 13
TEL 01/533 66 85
MAIL amhof@babettes.at
WEB www.babettes.at

Über 2.500 Kochbücher für alle kulinarischen Gesinnungen, Düfte aus der reichhaltigen Gewürz- und Kräutertheke, Kostproben aus der Testküche: Bei Babette's finden Genießer die ganze Welt der kulinarischen Vielfalt in Büchern. Neben Klassikern und Standardwerken findet man auch die aktuellsten Neuerscheinungen des deutschsprachigen Kochbuchmarktes sowie eine beeindruckende Auswahl an fremdsprachigen Kochbüchern. Man liebt hier aber auch die Gewürze, es wird gemischt, gemahlen, ausprobiert. Neben Chili- und ausgefallenen Pfeffersorten, edler Vanille, duftenden Blüten und Kräutern findet man hier die besten Gewürze aus aller Welt, die ausschließlich von zertifizierten Lieferanten bezogen werden. Kochkurse für Neueinsteiger als auch arrivierte Hobbyköche werden ebenso angeboten.

☺ !

BILLA CORSO IM HERRNHUTER HAUS

1010 Wien, Neuer Markt 17
TEL 01/513 04 81-0

Der neue Flagship-Store von Billa! Der Billa Corso im Herrnhuter Haus setzt Maßstäbe und bietet auf drei Ebenen eine 1.000 Quadratmeter große Filiale, die den Schwerpunkt auf Frische und ausgefallene Spezialitäten setzt. Im Feinkostbereich findet man unter anderem 8 verschiedene Prosciuttos, Jamon Iberico vom schwarzen iberischen Schwein, aber auch Trüffel- oder Wildschweinsalami. Marmeladen gibt es hier von Lisl Wagner-Bacher, Zweigelt- oder Welschriesling-Senf vom Weingut Polz, Teespezialitäten von Demmer, das Sortiment an Weinen und Champagnern ist sehenswert. Aber auch bei den Spirituosen gibt's eine riesige Auswahl, für Antialkoholiker werden Spezialwasser aus Frankreich, Spanien, England oder America (Letzteres zum Beispiel mit Swarovski-Kristallen) angeboten. Der neue Billa Corso ist ein Luxustempel, der genussvolle Lebensmittel zu leistbaren Preisen anbietet. Auch die freundliche und kompetente Bedienung ist hier gewährleistet, die 85 Mitarbeiter wurden dafür in Sprach- und Benimmkurse geschickt. Im Erdgeschoß führt Attila Do-

City Confiserie

Confiserie Altmann & Kühne

gudan einen Gastronomiebereich, der sowohl zum Genießen vor Ort einlädt, als auch die Möglichkeit bietet, hochwertiges „Fastfood" mit nach Hause oder ins Büro mitzunehmen.

!

CIAO TOSCANA

1010 Wien, Marc-Aurel-Str. 2
TEL 01/533 28 56
MAIL ciao@citybueroshop.at
WEB www.ciao-toscana.com

Obwohl das Geschäft in einen Büroshop integriert ist, fühlt man sich hier fast wie in Italien. Das liegt zum einen wohl an der tollen Auswahl original italienischer Köstlichkeiten, zum anderen aber auch an der freundlichen und herzlichen Chefin, die nicht nur italienisches Lebensgefühl in das Geschäft zaubert, sondern auch mit zahlreichen Zubereitungstipps aushelfen kann. Die Angebotspalette reicht vom erstklassigen Nudelangebot in vielen Sorten über Risotto-Halbfertiggerichte, eingelegtem Gemüse, frischem Prosciutto und Parmesan bis zu Pesto, edlem Olivenöl und Balsamico. Nicht zu vergessen saisonale Angebote wie Panettone und Pandoro zu Weihnachten oder die traditionelle Colomba zu Ostern. Und naturalmente die große Auswahl an Weinen und Grappas. Wenn Sie nicht so viel Zeit haben, genießen Sie einfach einen typisch italienischen Espresso im Stehcafé.

!

CITY CONFISERIE

1010 Wien, Bognergasse 5
TEL 01/535 79 69

Auch wenn das Geschäft den klassischen 50er-Jahre Charme hat, besticht es doch mit einem außerordentlichen Sortiment an Pralinen, Dragees und Konfekt. Die gesamte Ware wird hier offen angeboten, einen besonderen Schwerpunkt bilden saisonale Angebote wie Süßes für Ostern oder Weihnachten. Herausragend aber sind die vielen köstlichen Marzipanspezialitäten. Es gibt ständig Innovationen, und falls Ihr Herz für Marzipan schlagen sollte, dann führt hier sowieso kein Weg vorbei. Sehr freundliche Bedienung durch die Chefin!

CONFISERIE ALTMANN & KÜHNE

1010 Wien, Graben 30
TEL 01/533 09 27
MAIL altmann.kuehne@inode.at
WEB www.altmann-kuehne.at

Eine Confiserie mit dem Flair der guten, alten Kaiserzeit. Das sehr charmante, kleine Traditionsgeschäft bietet eine große Auswahl an süßen Kreationen. Besonders beliebt ist es wegen der nach echten Originalrezepten handgefertigten Bonbons und des Liliputkonfekts von Altmann & Kühne. Allen Nichtwienern sei der Online-Shop mit weltweitem Versandservice empfohlen.

CONFISERIE BERGER

1010 Wien, Wollzeile 22
TEL 01/513 70 62
MAIL beatrixfuerhapter@gmx.at
WEB www.confiserie-berger.at

In der Wollzeile 22 findet man Schokoladengenuss ohne Grenzen! Das Geheimnis liegt in besten Zutaten, viel handwerklicher Kunstfertigkeit, Kreativität und Leidenschaft. Perfekt präsentiert und außerordentlich freundlich angeboten werden feinste Schokoladen und edles Konfekt, aber auch köstliche Sonderanfertigungen. Im Sortiment findet sich auch die Bio-Schokolade „Berglegenden", bei der sowohl die Schokolade als auch die Ingredienzen wie Kräuter oder Heublumen aus biologischer Landwirtschaft stammen. Überragend ist auch das Angebot an Pralinen und Trüffel; Naschkatzen, die das Besondere suchen, werden hier sicher fündig.

BIO

DEMMERS TEEHAUS

1010 Wien, Mölker Bastei 5
TEL 01/533 59 95
MAIL office@demmer.at
WEB www.demmer.at

Ein wunderbares Geschäft für alle Teefreunde. Schon beim Betreten des Lokals betört der Duft. Präsentiert werden alle möglichen Teespezialitäten und Zubehör, exotische Tees gibt es in Geschenkverpackungen, auch Besonderheiten werden angeboten. Der Schwerpunkt liegt auf japanischem Tee, aber natürlich werden auch

Dungl Zentrum

Eibensteiner

Haas & Haas Porta Dextra

Kräutertees, Schwarztees und Früchtetees angeboten sowie ein umfangreiches Programm an Bio-Tee. In der vielseitigen Produktpalette finden sich aber auch Trinkschokoladen, Edelschokoladen von Zotter, Kandiszucker und Teebonbons, Kekse, Marzipan, Pralinen, Marmeladen, Honige und Gewürze. In der Teestube im Obergeschoß sind auch süße und pikante Snacks erhältlich. Das Personal rundet mit der freundlichen und kompetenten Beratung den sehr guten Gesamteindruck des Geschäfts perfekt ab.

DUNGL ZENTRUM

1010 Wien, Schottengasse 9
TEL 01/535 48 99
MAIL w.reception@dunglwien.at
WEB www.dunglwien.at

Bioküche kann man in den beiden SB-Restaurants in der Schottengasse 9 und in der Lerchenfelder Strasse 99 den ganzen Tag über genießen, dabei ermöglicht das SB-System die freie Wahl der Menüzusammenstellung. Die Portionen werden hier gewogen, man kann sich die Menüs also nach dem eigenen Appetit zusammenstellen. Natürlich können die Gerichte auch in praktischen Boxen mit nach Hause genommen werden. Das speziell auf die Bedürfnisse von Menschen mit Laktose- und/oder Fruktose-Intoleranz abgestimmte D2-Feinkostsortiment umfasst ca. 100 Produkte und reicht vom Apfel-Karotten Chutney bis zum Zucchini-Risotto.

EIBENSTEINER CONFISERIE

1010 Wien, Friedrichstraße 8
TEL 01/587 28 67
MAIL office@confiserie-eibensteiner.at
WEB www.confiserie-eibensteiner.at

Es ist beeindruckend: Hier wird alles offen präsentiert, vom Haselnussbruch bis zur feinen Praline. Handgemachte Schokoladen oder das Weinbrotgelee verführen Naschkatzen zum Genuss. Bekannt ist Eibensteiner aber vor allem für die frischen Maroni sowie für das Liliputkonfekt – Miniaturpralinen in kleinen Hutschachteln, Koffern oder Kommoden. Die Auswahl ist überragend, alle Produkte werden handgefertigt, als Fülle werden hochwertige, ebenfalls hausgemachte Nougat- oder Haselnussmassen verwendet. Bemerkenswert ist auch das große Angebot an Saisonware – darunter zum Beispiel die Eismaroni oder Herbsttörtchen – das jedes Jahr überarbeitet wird, sowie die herzlich-engagierte Beratung.

FEINKOST BÖHLE

1010 Wien, Wollzeile 30
TEL 01/512 31 55
MAIL w.ruff@boehle.at
WEB www.boehle.at

Das Herzstück des bereits seit 1939 bestehenden Traditionsgeschäfts ist die Feinkosttheke mit ihrer exzellenten Auswahl. Im Angebot finden sich feinste Wurst- und Käsesorten, Delikatessen aus den Genussregionen wie Steirischer Vulkanland Schinken oder vom Pannonischen Mangalitzaschwein sind vertreten. Zum Genuss verführen aber auch spanischer Iberico Rohschinken, Spanferkelschinken, auf der Zunge zergehender Lardo, Lachs, Gänseleber, Wachteleier, Austern, Kaviar, hausgemachte Terrinen, Pasteten, diverse Sulze, hausgemachte Salate (Fleisch,- Fisch,- vegetarische und Natursalate), frisches Brot und Gebäck sowie gefülltes Jourgebäck. Freuen Sie sich auf kreative, der Saison entsprechende warme Tagesgerichte zum Mitnehmen, oder Sie verspeisen sie gleich im Bistro. In der Vinothek finden Sie rund 1.000 verschiedene österreichische und internationale Feinheiten, darunter Jahrgangsweine ab 1795, und auch die Auswahl an Bier (mit Spezialitäten aus Ägypten, Korea, Nepal oder Sri Lanka) und Spirituosen aus aller Welt kann sich sehen lassen.

HAAS & HAAS PORTA DEXTRA

1010 Wien, Ertlgasse 4
TEL 01/533 35 34
MAIL porta.dextra@haas-haas.at
WEB www-haas-haas.at

Das „Haas&Haas Porta Dextra" befindet sich nur wenige Meter vom Stephansplatz entfernt in einem Haus, das an der Stelle der Porta Dextra des Römischen Lagers Vindobona errichtet wurde. Im drei Stockwerke

Haas&Haas

K.u.K. Hofzuckerbäcker Demel

Klimon Feinkost zum Rathaus

tiefen und sehenswerten Keller, der liebevoll restauriert wurde, wird eine riesige Auswahl an kulinarischen Schätzen kleiner und kleinster Produzenten angeboten, wie Wollschweinschmalz mit Zitronengras, feine Pasta, Kamptaler Thymianöl, Bio-Essige und Brände, Birnensenf mit Dörrbirnen, Erdäpfel-Mohn-Konfitüre, schwarze Nüsse und Nusspesto, Erdbeer-Maroni-Konfitüre, Schokolade mit Marillen-Marzipan oder auch Marillenkerne in Schokolade. Aus den Genussregionen gibt's unter anderem Waldviertler Mohn oder Weinviertler Getreide. Die Vielfalt an herausragenden Genussprodukten ist überragend, das Personal ist aufmerksam, berät freundlich und kompetent.

HAAS&HAAS

1010 Wien, Stephansplatz 4
TEL 01/512 97 70
MAIL info@haas-haas.at
WEB www.haas-haas.at

Das Geschäft ist ein echtes Erlebnis für Teeliebhaber, die hier auf höchstem Niveau verwöhnt werden. Beeindruckend ist aber nicht nur die große Auswahl hochwertiger Teespezialitäten (wie Snow Bamboo, Sencha Hiki, Darjeeling Rose Arya Bio, Nepal Himalayan Imperial Black Jun Chiyabari oder King of Jasmin), sondern auch die umfangreiche Palette an allem, was zum Teetrinken dazugehört, wie hausgemachtes Konfekt aus der eigenen Patisserie oder Schokofrüchte. Aber auch herrliche Trinkschokoladen, Kaffee, Honig und Konfitüren werden angeboten. Aus den Genussregionen sind die Wachauer Marille, der Waldviertler Mohn oder die Pielachtaler Dirndl vertreten. Unüberbietbar reichhaltiges Angebot an süßen Geschenkideen, besonders zu Weihnachten und zu Ostern. Im Gastgarten können Sie – bis 11.30h – ein breit gefächertes Angebot an Frühstücksvariationen genießen, und am Nachmittag eine hervorragende Auswahl an Afternoon-Teas. Besonders empfehlenswert, auch wegen des freundlichen Personals.

HEISSENBERGER

1010 Wien, Kohlmarkt 11
TEL 01/532 14 20
MAIL office@heissenberger.com
WEB www.heissenberger.com

Ein Muss für alle Kaffee- und Teeliebhaber. Zum Genuss verführen nicht nur mehr als 50 verschiedene Kaffeesorten (darunter Bio-Kaffee in Premiumqualität aus Ecuador oder Bolivien), die von Heissenberger selbst in zwei Kaffeeröstereien in Graz und Wien geröstet werden, sondern auch mehr als 400 verschiedene Teesorten, darunter zahlreiche in Bio-Qualität. Wer nicht in der Cafébar verkosten will, kann im Online-Shop von Heissenberger für zu Hause bestellen.

K.U.K. HOFZUCKERBÄCKER DEMEL

1010 Wien, Kohlmarkt 14
TEL 01/535 17 17 0
01/535 17 17 26
MAIL wien@demel.com
WEB www.demel.com

Der Demel ist wohl eine der schönsten Konditoreien Wiens, das Flair der Kaiserzeit wirkt hier nach wie vor. Auf mehreren Etagen fertigen die Zuckerbäcker in präziser Handarbeit wie schon vor zweihundert Jahren die typischen Demel-Spezialitäten wie Cremeschnitten, feines Teegebäck oder hausgemachtes Konfekt. Alle Produkte werden aus ausgewählten und natürlichen Zutaten hergestellt, in der Schaubäckerei kann man bei der Herstellung der süßen Verführungen zusehen. Das alte Geschäftslokal ist ein Juwel und bietet den richtigen Rahmen für die Köstlichkeiten. Eine täglich wechselnde Speisekarte mit warmen und kalten Schmankerln lockt auch Geschäftsleute an, die Speisen gibt es auch zum Mitnehmen. Viele der süßen Verführungen kann man sich übrigens auch online nach Hause bestellen.

KLIMON HELMUT FEINKOST ZUM RATHAUS

1010 Wien, Grillparzerstr. 5
TEL 01/405 73 07
MAIL feinkostklimon@gmx.at

Le Cru

Meinl am Graben

Angeblich gibt es hier die besten Sandwiches der Stadt. Helmut Klimon ist aber auch der Spezialist für Canapés, belegte Brötchen und kleine Desserts. Wer nach speziellen Wurstsorten sucht, ist hier in der Grillparzerstraße genau richtig! Der Beinschinken und das hausgemachte Roastbeef mit Senfkruste sind allseits bekannt. Darüber hinaus findet man Feinkostsalate, Aufstriche und warme Schmankerln wie Leberkäse und Schnitzerl, dazu Wein, Sekt und Champagner. Der Chef berät hier persönlich, charmant und mit viel Fachwissen.
!

KURKONDITOREI OBERLAA

1010 Wien, Neuer Markt 16
TEL 01/513 29 36-0
MAIL stadthaus@oberlaa-wien.at
WEB www.oberlaa-wien.at

Naschkatzen wird hier Patisserie und Confiserie in höchster Qualität geboten. Zum Genuss verführen etwa 150 verschiedenen Köstlichkeiten (darunter auch saisonale Spezialitäten), die Cocktail-Desserts oder die liebevoll in Handarbeit gefertigten und verpackten Konfekte sind auch nette Mitbringsel. Darüber hinaus gibt es kleine Imbisse, Tagesgerichte und verschiedene Menüs, und Catering auf höchstem Niveau wird ebenfalls geboten – von Sandwiches über Fingerfood bis zum Damhirschfilet ist alles zu haben.

LE CRU

1010 Wien, Petersplatz 8
TEL 01/533 47 91 22
MAIL office@lecru.at
WEB www.lecru.at

Das Le Cru liegt im Herzen der Wiener Innenstadt und ist die einzige exklusiv auf Champagner spezialisierte Fachhandlung Mitteleuropas. Das Sortiment umfasst rund 150 verschiedene Champagner, wobei der Fokus des Sortiments auf hochklassigen Champagnern von kleinen Produzenten liegt. Eine Auswahl an feinen Champagner-Häusern – zumeist im Jahrgangs- und Prestige-Bereich – rundet das Angebot ab. Es besteht die Möglichkeit, Champagner aus einer wöchentlich wechselnden Karte zu verkosten. Zugleich ist das Le Cru aber auch ein Ort des Austauschs und der Vermittlung – regelmäßig werden Fachverkostungen und Champagner-Seminare angeboten.
!

LESCHANZ WIENER SCHOKOLADEKÖNIG

1010 Wien, Freisingergasse 1
TEL 01/533 32 19
MAIL office@leschanz.at
WEB www.leschanz.at

Im liebevoll adaptierten, seit 1844 nahezu unverändert erhaltenen Geschäft der „Wiener Schokoladen Manufaktur" kann man sich gelebtes Wiener Handwerk auf der Zunge zergehen lassen. Die exquisiten klassischen Torten, das Konfekt und die Pralinen sind ausnahmslos handgefertigt und werden zudem äußerst geschmackvoll und dekorativ präsentiert. Saisonale Specials wie heiße Schokolade oder Maroniherzen im Winter oder Schokobirnen mit frischen Früchten im Frühjahr werden ebenso angeboten wie exzellente Schokoladen mit Blattgold. Die süße Ware kann auch online geordert werden, das Personal berät charmant und freundlich.

MEINL AM GRABEN

1010 Wien, Am Graben 19
TEL 01/532 33 34
WEB www.meinlamgraben.at

Meinl am Graben ist DER Wiener Feinschmeckertempel – es gibt einfach nichts, was es hier nicht gibt. Genuss aus aller Herren Länder wird auf drei Ebenen geboten: Im Erdgeschoß kann man gleich beim Eingang Snacks genießen oder ein Glas Champagner trinken. Die Obst- und Gemüse-Abteilung ist eine der schönsten Wiens, alles ist frisch und knackig, die Qualität ausgezeichnet. Gleich daneben lagert eine große Auswahl an Wein, im unteren Stockwerk gibt es dazu eine Weinbar – natürlich mit erstklassiger Beratung. Die Warengruppen Essige, Öle, Süßwaren, Getränke lassen absolut keinen Wunsch offen. Und auch im zweiten Stock tut sich eine herrliche Genusswelt auf: Die riesige Auswahl an Spezialitäten an der Wurst- und Käsetheke spricht für sich, auch frischen Fisch gibts in großer Auswahl und in bester Qualität. Selbstverständlich wird auch ein

WIENER WUNDER

WIEN IST DIE EINZIGE GROSSSTADT DER WELT MIT BEDEUTENDEM WEINBAU INNERHALB DER „CITY LIMITS“

Wien ist die einzige Großstadt der Welt mit bedeutendem Weinbau innerhalb der „city limits“. Wurde der Wiener Wein aber früher vor allem als „resches Tröpferl“ beim Heurigen geschätzt, so ist er heute auch als Qualitätswein in aller Munde.

Der Wiener Weinbau erlebte in den vergangenen Jahren einen richtiggehenden Höhenflug: Zahlreiche Initiativen und das Engagement vor allem der jungen Winzer verpassten dem urbanen Rebensaft ein kräftiges Facelifting. Doch keine Angst: Die sprichwörtliche Gemütlichkeit ist den traditionellen Wiener Heurigen dabei keineswegs abhanden gekommen. Aber neben dem „Vierterl“ in weiß oder rot trinkt man jetzt auch glasweise ausgezeichnete Bouteillenweine vom Riesling über den Weißburgunder bis zum Zweigelt.

Die Stadt als Weinregion

Dabei hat Wien einen ganz besonderen Status, denn die Hauptstadt ist gleichzeitig eine eigene Weinbauregion. Rund 700 Hektar Weingärten befinden sich innerhalb der Stadtgrenzen – das ist weltweit einzigartig! Sie prägen das Stadtbild, stellen einen wesentlichen ökologischen Faktor dar und sind ein beliebtes Naherholungsgebiet für die Wiener und ihre Gäste. Aber vor allem bilden sie die Grundlage für den Wiener Weinbau. Wien ist vor allem ein Weißweingebiet, wobei Sorten wie Riesling, Weißburgunder, Grüner Veltliner, Sauvignon blanc oder Gelber Muskateller ausgesprochen fruchtige und elegante Weine bringen. Zunehmend werden von den Wiener Winzern jedoch auch Rotweine – allen voran Zweigelt und St. Laurent aber auch trendige internationale Sorten wie Merlot, Cabernet Sauvignon und Syrah – gekeltert. Geprägt wird der Wiener Wein sowohl von pannonischen Klimaeinflüssen, denen er die Reife verdankt, als auch von kühlen Winden aus dem Norden, die ihm Frische und Fruchtigkeit verleihen. Ein perfektes Zusammenspiel der Kräfte aus dem fruchtig-elegante Weine entstehen, die viel Trinkspaß bereiten und

WEINGUT DER STADT WIEN
19., Grinzing, Am Cobenzl 96 **TEL** 01/320 58 05 **MAIL** w@m49.magwien.gv.at **WEB** www.weingutcobenzl.at

sich perfekt als Speisenbegleiter zur Heurigenjause oder zur Wiener Küche eignen.

Vom Heurigen zur Vinothek

Getrunken wird der Wiener Wein nach wie vor zu einem guten Teil beim Heurigen, als „Gemischter Satz“ aus mehreren Rebsorten. Es handelt sich dabei um die Wiener Variante der „Cuvée“, wobei hier die Rebstöcke nebeneinander im selben Weingarten stehen. Daneben kommt aber den sortenreinen, hochwertigen Bouteillenweinen, die den Wiener Wein inzwischen auch über die Stadt- und Landesgrenzen hinaus zu einem Begriff gemacht haben, eine wachsende Bedeutung zu. Doch auch in Wien selbst entdecken immer mehr Gastronomen und Vinothekare die Vorzüge des Weines, der praktisch vor ihrer Haustüre wächst – denn die Qualität stimmt und der Slogan „Wein aus Wien“ ist zudem ein gutes Verkaufsargument. Das umso mehr, als die Wiener Weine in jüngster Zeit bei nationalen Verkostungen immer öfter auf dem Stockerl stehen und somit beweisen: Wiener Wein ist spitze!

Junger Wein für junge Wiener

Getragen wird der Aufschwung des Wiener Weines vor allem von den jungen Winzern der Stadt die – gut ausgebildet und oft bereits international erfahren – mit einem ganz neuen Qualitätsdenken an die Weinproduktion herangehen. Diese „Verjüngungskur“ kommt auch in einer neuen Marke zum Ausdruck, die mit großem Erfolg lanciert wurde: dem „Jungen Wiener“. Bereits ab Anfang September werden die Trauben für diesen ersten Vorboten des kommenden Jahrgangs gelesen und Ende Oktober ist es dann soweit: Der fruchtig-frische, trendige Jungwein wird erstmals der Öffentlichkeit präsentiert. Der Junge Wiener steht für jugendlichen Charme und unkompliziertes Trinkvergnügen und erweist sich besonders beim jungen Publikum und in der Szenegastronomie als Renner.

Der Wiener Heurige ist nicht von gestern

Draußen hängt der Föhrenbuschen und neben der Tür das Schild mit der Aufschrift „Ausg'steckt“ – Sie stehen vor einem echten Wiener Heurigen und das bedeutet, dass ausschließlich Eigenbauwein aus Wiener Weinrieden ausgeschenkt wird. Eine Tradition, die auf eine Verordnung des damaligen Kaisers Josef II. aus dem Jahr 1784 zurückgeht, der den Winzern erlaubte, Wein aus eigener Erzeugung auszuschenken. Doch das Wort „Heuriger“ hat noch eine zweite Bedeutung: Es steht für den Wein vom aktuellen Jahrgang, der pünktlich zu Martini (11. November) zum „Altwein“ wird. Die ungezwungene Atmosphäre, die Gärten am Rande der Stadt, der gute Wein und die feinen Schmankerln machen den Heurigen zu einem beliebten Ausflugsziel für ein bunt gemischtes Publikum – von der Jungfamilie bis zum Rentner, vom Studenten bis zum Generaldirektor.

Weingut der Stadt Wien

Der Status als Weinstadt wird nicht zuletzt dadurch unterstrichen, dass die Stadt Wien bereits seit dem Jahr 1905 ein eigenes Weingut besitzt. Im modern ausgestatteten Keller hoch über Wien am Cobenzl verarbeitet Betriebsleiter Thomas Podsednik den Ertrag von beachtlichen 32 Hektar Rebflächen zu qualitativ hochwertigen – und bereits vielfach prämierten – Weinen mit regionstypischem Charakter.

Olivarium

breites Angebot an Meinl-Kaffee sowie Tee und Pralinen in allen Varianten geboten. Perfekt abgerundet wird das Einkaufserlebnis durch die gut ausgebildeten und zuvorkommenden Mitarbeiter. Hier ist der Kunde noch König!

!

OLIVARIUM – DIE WELT DER OLIVE

1010 Wien, Freyung 2 / Herrengasse 14 (Passage im Palais Ferstel)
TEL 01/252 35 35
Mail info@olivarium.com
WEB www.olivarium.com

In dem sehr einladenden Geschäft in der Passage des Palais Ferstl findet der Genießer nicht nur alles rund um die Olive, sondern auch alles, was man aus Oliven und Olivenbäumen machen kann. Dazu gehört natürlich ein breites Angebot an sortenreinen Oliven und exquisiten Olivenölen aus Spanien, Portugal, Italien oder Frankreich, darunter auch zahlreiche Produkte aus Bioanbau. Verschiedene Pestovariationen oder Olivenmarmelade kann man ebenso finden wie Kosmetikartikel (z.B. Massageöle auf Bio-Olivenöl-Basis) oder Seifen, Schmuck, Löffel oder Schüsseln aus Olivenholz werden ebenso angeboten wie Tischwäsche. Umfangreich ist auch die Auswahl an Essigen, unter anderem mit Fruchtfleisch von Birne, Tomate oder Marille. Die umfassende und freundliche Beratung lässt keine Fragen offen.

!

RADATZ

1010 Wien, Schottengasse 30
TEL 01/533 81 63
WEB www.radatz.at
FILIALE Wipplinger Straße 3, 1010 Wien

In der stark frequentierten Radatz-Filiale findet man immer Köstliches, auch Vegetarier kommen hier auf ihre Kosten. Das Geschäft bietet eine feine Auswahl an Käse (darunter Spezialitäten aus Österreich, Frankreich oder Italien), dazu natürlich eine hervorragende Palette an feinsten Wurst- und Schinkenspezialitäten sowie Biofleisch vom Rind. Für die schnelle Küche gibt es vorgewürzte Fleischspezialitäten sowie viele Halbfertiggerichte und Feinkostsalate, Pesto und Pasta runden das Angebot ab. Ihr Menü des Tages können Sie übrigens im Internet auswählen und vorbestellen.

!

SACHER CONFISERIE

1010 Wien, Philharmonikerstraße 4 / Eingang Kärntner Straße
TEL 01/514 56-0
MAIL wien@sacher.com
WEB www.sacher.com

Hier verführen neben der weltberühmten Spezialität des Hauses – der Original Sacher-Torte, verpackt in Holzkistchen – weitere exquisite Sacher-Produkte wie Würfel, Punschdessert, Schnitten und Ecken (als Begleitung sei der hauseigenen Espresso empfohlen), aber auch kleine, leichte Snacks aus der Sacher-Küche zum Genuss. Die sehr netten Damen vom Personal bedienen freundlich und kompetent und geben gerne Auskunft zu den einzelnen Genussprodukten. Komplettiert wird das Angebot mit einer feinen Auswahl an österreichischen Weinen. Täglich geöffnet von 9.00 bis 1.00 Uhr. Fast alle Produkte können auch im Online-Shop bestellt werden.

!

Wagner Feinkost

Wein & Co

WAGNER FEINKOST

1010 Wien, Johannesgasse 29
TEL 01/512 42 01
MAIL feinkost.wagner@utanet.at
WEB www.feinkost-wagner.at

Das Feinkostgeschäft präsentiert sich nach dem Umbau neu und modern, bleibt jedoch seiner gewohnten Qualität treu. Zum Genuss verführen hier nicht nur feinste Käse-, Wurst- und Schinkenspezialitäten (darunter z.B. Vulkano-Schinken oder italienische Salami), sondern auch das Imbissangebot für den kleinen Hunger zwischendurch mit verschiedenen Tramezzini, kalten und warmen Speisen. Die Auswahl an Brot und Gebäck überzeugt mit Frische und Geschmack, das Weinregal mit exquisiten heimischen oder mediterranen Tropfen. Weiters findet man edle Brände, Whiskey, Grappa, eingelegtes Gemüse in allen Varianten, Spezial-Essige und -Öle sowie feinste Schokoladen, und auch viele Spezialitäten aus den Genussregionen werden angeboten. Einkaufen und genießen!

!

WALDLAND

1010 Wien, Petersplatz 11
TEL 01/533 41 56
WEB www.waldland.at

Waldland bringt die Köstlichkeiten des Waldviertels direkt nach Wien: Die Genusspalette reicht von hervorragendem Schaf- und Ziegenkäse über Wildschweinwurst, Kaninchenschinken und Entenleberkäse bis zu Frischfleisch von Ente, Flugente, Lamm, Geflügel oder Kaninchen. Im Herbst – zu Martini – gibt es natürlich auch Feines von der Gans, wie z.B. Schinken von der Waldviertler Weidegans. Waldviertler Karpfen (aus der Genussregion) und Forellen werden sowohl frisch als auch geräuchert angeboten. Für die rasche Küche finden sich Fleisch- oder Grammelknödel, darüber hinaus aber auch verschiedene Öle, Teigwaren, Kräuter oder Tee. Unser Tipp sind die Mohnmehlspeisen aus der Genussregion Waldviertler Mohn, die – ebenso wie die zwei täglich angebotenen Menüs – natürlich auch an den gemütlichen Bistrotischen genossen werden können. Sehr freundliche Bedienung.

BIO !

WEIN & CO

1010 Wien, Jasomirgottstraße 3–5
TEL 01/535 09 16
MAIL jas@weinco.at
WEB www.weinco.at

Im Schatten des Stephansdoms befindet sich der haubengekrönte Flagship Store von Wein & Co. Moderne Architektur und coole Musik bilden in der Bar den Hintergrund für zeitgemäßes, lockeres Genießen von bis zu 100 offenen Weinen aus aller Welt. Wenn man dazu Lust hat, kann man das soeben Verkostete im Shop gleich einkaufen: täglich – auch sonntags – und das bis Mitternacht! Das Angebot umfasst mittlerweile mehr als 2.500 Weine aus Österreich und der ganzen Welt, dazu Weinaccessoires und Weinbücher, auch Wein-Events finden hier statt. Die Feinkostpalette reicht von Teigwaren aus Italien über Trüffel und verschiedene Öle bis zu Kaffee und Schokoladen. Als Business Lunch wird ein zweigängiges Mittagsmenü angeboten. Und selbstverständlich gibt es auch einen Online-Shop, über den man sich all die feinen Dinge auch nach Hause schicken lassen kann.

!

WIENER SPEZIALITÄTEN BÄCKEREI GRIMM

1010 Wien, Kurrentgasse 10
TEL 01/533 13 84-0
WEB www.grimm.at
FILIALEN 1020 Wien, Untere Augartenstrasse 39
1040 Wien, Wiedner Hauptstrasse 82
1020 Wien, Hollandstrasse 1

Über einen Mangel an Tradition kann man sich hier nicht beklagen, die Bäckerei Grimm in der Wiener Innenstadt gibt es bereits seit 1536. Heute führte Andreas Maderna das Unternehmen. In der Innenstadt ist die Bäckerei die einzige, in der tatsächlich noch Brot, Gebäck und viele andere Köstlichkeiten erzeugt werden. Die Auswahl ist hervorragend, vom Sauerteigbrot, Bio-Buchweizenbrot oder Wachauerbrot über Mohn- und Nussbeugl bis zu Florentiner, Linzeraugen oder Schokoladetorte reicht die Palette, saisonales wie Festtagsstollen, Kletzenbrot oder Osterpinze werden ebenso angeboten. Zusätzlich kann man hier aber auch glutenfreie Erzeugnisse für die Diätrichtungen eiweißarm, hefefrei, weizenfrei,

Xocolat

Zum Schwarzen Kameel

Feinkost Karin Höttinger

salzfrei, eifrei, zuckerfrei und jodfrei erhalten. Außerdem werden diätgerechte Backwaren für Menschen, die an Diabetes, Neurodermitis oder Candida leiden, hergestellt.

XOCOLAT

1010 Wien, Freyung 2 (im Palais Ferstl)
TEL 01/535 43 63
MAIL xocolat@xocolat.at
WEB www.xocolat.at
FILIALE Xocolat Manufaktur, Servitengtasse 5, 1090 Wien

Das kleine Reich der schokoladigen Sinnesfreuden wurde vergrößert. Konfekt, Truffes und feinste Tafelschokoladen, gefüllte und gewürzte Schokoladekompositionen, verlockende Köstlichkeiten mit Nougat, Marzipan und Nüssen sowie Couverturen, Kakaos und Trinkschokoladen machen hier den süßen Gaumen glücklich. Eintreten, eintauchen und – wenn es beliebt – ein kleines oder größeres Stück vom kulinarischen Glück einkaufen. Spezialitäten wie rosa Pfefferkörner in Schokolade, kandierte Flieder-, Rosen- und Minzeblätter verführen ebenfalls zum Genuss; die unglaubliche Kreativität bei Schokopralinen, aber auch bei den Bio- und laktosefreien Schokoladen überrascht immer wieder aufs Neue. Viele Geschenkideen, sehr nette Beratung. Neu: „Chocolat-Lovers-Club" auch in Baden, Theresiengasse 1.

!

ZANONI & ZANONI

1010 Wien, Lugeck 7
TEL 01/512 79 79
MAIL office@zanoni.co.at
WEB www.zanoni.co.at

„Z & Z" ist eine Eissalon-Klasse für sich, denn die vielen hervorragenden Eiskreationen kann man hier nicht nur im Sommer, sondern auch im Winter genießen. Die italienischen Spezialitäten Profiteroles oder Tiramisu sind ebenso verführerisch wie die Torten, Eistorten und Strudel. Nicht zu vergessen das vielfältige Angebot an Snacks wie Tramezzini, Bruschetta oder Piadina. Für einen Eissalon ziemlich ungewöhnlich: „Z & Z" ist an 365 Tagen im Jahr von 7.00 bis 24.00 Uhr geöffnet, auch die Bedienung überzeugt mit südländischem Charme. Seit kurzem gibt es auch eine neue Filiale in der Fußgängerzone in Mödling, Elisabethstrasse 6.

ZUM SCHWARZEN KAMEEL

1010 Wien, Bognergasse 5
TEL 01/533 81 25
MAIL info@kameel.at
WEB www.kameel.at

GENUSS REGION ÖSTERREICH Gastlichkeit auf höchstem Niveau, und das seit 1618. Hier ergänzen einander Feinkostabteilung, Bar und Restaurant auf geradezu gefährlich appetitanregende Weise. Neben unzähligen feinen Delikatessen darf selbstverständlich herrlicher Beinschinken nicht fehlen, Käse aus aller Welt ist nicht nur gut sortiert, sondern wird auch sehr ansprechend präsentiert. Aus der Genussregion kommen der Marchfeldspargel, das Wiener Gemüse oder die Waldviertler Erdäpfel. Weine und Spirituosen, Pasta, feinste Trüffel und Schokolade sowie geschmackvolle Essig- und Ölsorten runden das Angebot ab. Und: Im Restaurant und an der Bar kann man zu jeder Tageszeit eine herrliche Auswahl an Köstlichkeiten genießen.

2. BEZIRK

FEINKOST KARIN HÖTTINGER

1020 Wien, Karmelitermarkt 44
TEL 01/212 95 24

Nicht zuletzt mit der hervorragenden, abermals erweiterten und zum Genuss verführenden Käseauswahl weiß dieses Geschäft zu gefallen. Der Anteil an italienischen und französischen Spezialitäten wächst von Jahr zu Jahr, die Kunden schätzen das qualitativ hochwertige und ausgewählte Sortiment für gehobene Ansprüche ebenso wie die überaus freundliche und kompetente Bedienung. Genuss verspricht die feine Palette an Wurstdelikatessen (mit vielen italienischen Feinheiten, darunter hervorragender Beinschinken) und die ausgesuchte Auswahl an Weinen, auch hausgemachte Teigwaren wie Gnocchi mit Trüffel- oder Ricottafüllung finden sich im umfangreichen Angebot. Für spezielle Anlässe gibt es den hauseigenen Partyservice.

!

Ideenbäckerei Geier

Kaas am Markt

Spezerei

IDEENBÄCKEREI GEIER

1020 Wien, Taborstraße 33
TEL 01/219 55 39
WEB www.geier.at

In dieser Filiale der Ideenbäckerei Geier wird Regionalität großgeschrieben. Die besten Rohstoffe aus der Region werden hier von Meisterhand schonend zu feinen Backwaren verarbeitet. Das breite und sehr abwechslungsreiche Sortiment mach Freude bei jedem Einkauf. Neben frischem, knusprigem Brot und Gebäck werden Konditorwaren angeboten, auf Bestellung gibt es auch Torten. Der nette Kaffeehausbereich lädt zum Verweilen und Genießen der hochwertigen Produkte ein, das Personal bedient freundlich und zuvorkommend.

KAAS AM MARKT

1020 Wien, Karmelitermarkt 33–36
TEL 0699/18 14 06 01
MAIL office@kaasammarkt.at
WEB www.kaasammarkt.at

Das Käsejuwel am Karmelitermarkt: Kaas am Markt bietet feinste Käse und Lebensmittel direkt von kleinen österreichischen Bauern und Produzenten. Neben einer geschmackvollen Käseauswahl wird der Gaumen auch zu feinsten Wurstwaren wie Schinken vom Turopoljeoder Mangalitzaschwein, Bio-Beinschinken oder luftgetrocknetem heimischen Prosciutto verführt. Fleisch vom Angus-Rind, Ziege oder Schaf gibt es auf Bestellung. Selbst gemachte Säfte, Pasta, Sugo, Essige, Marmeladen, aber auch Waldviertler Whisky oder Spezialitäten wie Wiener Weinbergschnecken sind zu finden. Vieles kann gleich vor Ort im Imbiss verkostet werden. Eine geschmackvolle Genuss-Bereicherung am Karmelitermarkt mit dynamischem und freundlichem Personal.

BIO !

RADATZ

1020 Wien, Im Werd 1 / Karmelitermarkt
TEL 01/214 57 83
WEB www.radatz.at

So sieht ein moderner Fleischhauer aus: Im frisch umgebauten Geschäft wird ein umfangreiches Genusssortiment in den Bereichen Fleisch sowie Wurst und Schinken auf ansprechende und informative Art präsentiert. Die Palette an Käsespezialitäten wird immer umfangreicher, es finden sich Spezialitäten wie Pecorino in Chianti-Trester, Brillat-Savarin oder Ziegenfrischkäse mit Marille oder Preiselbeeren. Angeboten werden aber auch verschiedene Halb- und Fertiggerichte. Jeden Freitag gibt es frisches Alpenlachsfilet, im nunmehr vergrößerten Imbissbereich gibt es wechselnde Tagesgerichte, und auch die Weinpalette wurde abermals erweitert. Produkte von Staud's, Zotter und Spirituosenspezialitäten runden das Sortiment des kulinarischen Gesamtanbieters ab.

!

SCHNEIDER GEFLÜGELHANDEL & WILD

1020 Wien, Karmelitermarkt 5
TEL 01/214 66 75

Ein Spezialist für Wild und Geflügel mit einem überdurchschnittlich breitem Sortiment und zahlreichen Zusatzangeboten. Hier findet man alles vom Geflügel (darunter auch Enten und italienische Maishühner), aber auch Feines vom Kaninchen oder vom Wildschwein. Das Weinsortiment wurde bereinigt, es findet sich eine kleine, ausgesuchte Palette an Spezialitäten. An der warmen Theke kann man sich bei gekochten, gebratenen und gebackenen Geflügelspeisen stärken.

SPEZEREI

1020 Wien, Karmeliterplatz 2
TEL 01/218 47 18
MAIL office@spezerei.at
WEB www.spezerei.at

Feine Delikatessen und über 350 Sorten Weine aus aller Welt sind hier im Programm und prägen das Sortiment. Die Spezerei ist aber nicht nur Wein- oder Tapasbar, sondern zugleich auch Osteria und natürlich österreichischer Feinkostladen. Ganz gleich, ob Sie einen Wachauer Riesling, einen Grand Cru aus dem Bordeaux oder einen Shiraz aus Australien suchen, hier werden sie sicher fündig. Außergewöhnliches gibt es aber nicht nur zum Genuss an der Theke, sondern auch zum Mitnehmen: italienische, spanische und französische Spezialitäten im Bereich Käse, Feines bei Wurst und

Wulfisch

Accademia del Caffè

Schinken, edle Gewürze und Konfitüren oder exklusive Spezialessige und Öle.

WALDVIERTLER NATURKOST

1020 Wien, Karmelitermarkt / Stand 45
TEL 01/214 37 96

Eine Biospezialitäten vom Bauernhof findet man an diesem urigen Stand am Karmelitermarkt. Verführerisches hat das Geschäft nicht nur im Bereich Biokäse mit verschiedenen Genüssen von Schaf, Ziege oder Kuh zu bieten, sondern auch bei Biowurst (Beinschinken oder Trockenwürste), bei frischem Biobrot und Gebäck (Landbrot, Vollkornprodukte) und, je nach Jahreszeit, auch bei geräuchertem Fisch. Der Stand hat nur freitags und samstags bis Mittag geöffnet und führt zusätzlich Bio-Bier, EZA-Kaffee, Marmeladen, Kräutertees und diverse süße Strudel.

WULFISCH

1020 Wien, Haidgasse 5
TEL 01/946 18 75
MAIL hunger@wulfisch.at
WEB www.wulfisch.at

Typisch norddeutsches Zeugs – Fischbrötchen, Wraps, Salate, Jever, Astra und vieles mehr findet man im Wulfisch. Unter dem Motto „Ein Stück Hamburg in Wien" kann man im sehenswerten Geschäft nordisches Flair erleben. In der feinen Auswahl an Spezialitäten finden sich unter anderem Lachs, Matjes oder frische Büsumer Nordseekrabben. Bei den natürlich selbst gemachten Salaten gibt es feine und immer frische Krabben- und Flusskrebsvarianten. Alle Spezialitäten kann man vor Ort genießen oder selbstverständlich auch mit nach Hause nehmen. Der Chef und Namensgeber Stephan Wulf steht selbst hinter der Theke, und während er die Brötchen und Wraps herrichtet, erzählt er gerne von seiner Heimat an der Alster, aber auch von der mirakulösen Anti-Kater-Wirkung von Matjes.

3. BEZIRK

ACCADEMIA DEL CAFFÈ

1030 Wien, Schimmelgasse 12/2
TEL 01/714 18 79
WEB www.ae-caffe.com

In diesem Paradies für Kaffeeliebhaber wird Kaffeegenuss gelebt, es gibt ausschließlich Kaffee und Kaffeezubehör. Kunden können eigene Mischungen zusammenstellen, rösten und in schicke Geschenkboxen verpacken lassen, auch für die Gastronomie werden eigene Mischungen und Spezialröstungen angeboten. Eine eigens entwickelte Degustierzone bietet unter fachkundiger Führung die volle Bandbreite an Sinneserfahrungen, die Kaffee bieten kann: Von der Auswahl des Rohstoffs, den Feinheiten des Röstungsprozesses bis zur fachmännischen Zubereitung und Verkostung unterschiedlicher Mischungen kann der Interessierte den gesamten Entstehungsprozess eines Qualitätskaffees miterleben. Natürlich kann man hier aber auch edle Kaffeemaschinen oder feines Kaffeegeschirr erstehen.

ARRIGO – FEINE KOST-VINOTHEK

1030 Wien, Rochusmarkt 33
TEL 01/710 78 80
MAIL arrigo@chello.at

Der beliebte und gemütliche Feinkost-Hot-Spot am Rochusmarkt. Käse, Wurst (mit Lardo oder Trüffelsalami) und Schinken, vorwiegend italienischer Provenienz, sind in feiner Auswahl und bester Qualität erhältlich. Dazu gibt es hausgemachte Pasta, ein großes Weinangebot (auch offen), frische Säfte, Tees, Essige, Öle und natürlich auch Süßes, beispielsweise Trüffelschokolade. Das Personal berät freundlich und kompetent. Diverse italienische Schmankerln – viele davon Direktimporte – und gefüllte Weckerln sowie belgische Schokolade und Kaffee der Accademia del Caffè bereichern geschmackvoll das Angebot, und im Sommer lockt der Schanigarten.

Burgenland Vinothek

BIOMARKT MARAN

1030 Wien, Landstraßer Hauptstraße 37
TEL 01/710 98 84 28
MAIL office@biomarkt.co.at
WEB www.biomarkt.co.at

Qualität, Genuss, Regionalität wird hier geschmackvoll gelebt – und das biologisch. Ein Biosupermarkt der Sonderklasse. Neben der frischen Auswahl an Obst und Gemüse (auch ausgefallene Sorten werden geboten) überzeugt ganz besonders der Feinkostbereich mit einer umfangreichen Auswahl an Käse, Wurst, Schinken und Frischfleisch (darunter auch Bio-Lammfleisch, Enten- und Gänsefleisch). Aber auch das Angebot an Brot und Gebäck, Torten und Kuchen sowie Wein kann sich sehen lassen, kompetente Beratung inklusive. Zahlreiche Fair-Trade Produkte werden ebenfalls angeboten, es gibt Tees und Kräuter von Sonnentor, darüber hinaus auch zahlreiche saisonal wechselnde Angebote.

BIO !

BURGENLAND VINOTHEK

1030 Wien, Baumannstraße 3
TEL 01/718 25 73
MAIL office@burgenland-vinothek.at
WEB www.burgenland-vinothek.at

Weine von Topwinzern aus dem ganzen Burgenland zu Ab-Hof-Preisen. Das umfangreiche Angebot wird nach Winzern und Anbaugebieten räumlich getrennt präsentiert und ist sehr übersichtlich geordnet. Von edlen Weißweinen über exquisite Rotweine bis zu den weltbesten Süßweinen. Und auch Liebhaber von feinen Edelbränden werden hier fündig. Der urige Uhudler sowie verschiedene Accessoires, Geschenkideen, Gläser und Karaffen, Fink-Schokoladen und Sauergemüse, Spezialöle (wie Walnuss-, Haselnuss- oder Marillenkernöle) und -essige, feine Fruchtsäfte und pannonischer Safran runden das Sortiment ab. Verkostungen! Di. bis Fr. 13.00 bis 18.30 Uhr, Sa. 10.00 bis 15.00 Uhr.

☺ !

DEMMERS TEEHAUS MICHAELA DENK

1030 Wien, Landstraßer Hauptstraße 31
TEL 01/712 67 76
MAIL teehaus@aon.at
WEB www.demmer.at

Kleines, sehr feines Geschäft, in dem Teeliebhabern die ganze Welt des Tees geboten wird. Ansprechend präsentiert werden alle möglichen Teespezialitäten und Zubehör, exotische Tees gibt es in Geschenkverpackungen, auch Besonderheiten wie die Teerose – Tee in Form einer Rose, die ins heiße Wasser gehängt wird – werden angeboten. In der umfangreichen Produktpalette finden sich aber auch Trinkschokoladen, Edelschokoladen von Zotter, Marzipan, Pralinen, Marmeladen, Honige und Gewürze. Das Personal rundet mit der freundlichen und kompetenten Beratung den sehr guten Gesamteindruck des Geschäfts perfekt ab.

☺ !

DÜRDANE KG

1030 Wien, Invalidenstrasse 13
TEL 0699/11 96 40 86

Hier kommt es auf die Größe an! Die Besonderheit des Geschäfts sind nämlich überdimensionale Wurstwaren in hervorragender Qualität: Riesenfrankfurter und -klobasse, Burenwurst als Meterware, alle angebotenen Produkte stammen aus Österreich. Lamm- und Ziegenfleisch gibt es ebenso wie ein feines Kalbs-, Rinds- und Geflügelsortiment. Angeboten werden Hüft- und T-Bone-Steaks ebenso wie Innereien und Kuttelflecken. Abgerundet wird das

Feinkost Wolfgang Gromes

Programm mit verschiedenen türkischen Käsesorten (darunter auch Schaf- und Ziegenkäse), Teigwaren, Gewürzen und Oliven. Kompetente und freundliche Beratung.
!

EISZEIT KONTRINER & ZURAKOWSKI

1030 Wien, Landstrasser Hauptstrasse 2c
TEL 0650/406 42 68
Das Paradies für Naschkatzen, denn süßer als hier geht's wirklich nicht. Die Palette an süßen Verführungen reicht von edler belgischer und holländischer Schokolade über Spezialbonbonnieren und Waffeln bis hin zu Maronisüßigkeiten. Der Schwerpunkt liegt aber auf den ausgefallenen Eiskreationen des Hauses, die noch nach alter Tradition und mit viel Handwerksanteil aus natürlichen Rohstoffen selbst hergestellt werden. Nusskrokanteis gibt es ebenso wie Schokoladeeis aus Kakaobohnen. Im Sommer kann man die kühlen Versuchungen übrigens auch im Schanigarten genießen.
!

FEINKOST WOLFGANG GROMES

1030 Wien, Fasangasse 18
TEL 01/799 37 15
MAIL feinkost.gromes@aon.at
Ein wahrer Feinkosttempel, der eine große Auswahl an Genussprodukten auf kleinstem Raum bietet. Die Auswahl an Spezialitäten aus den Genussregionen ist überragend und reicht vom Bregenzerwälder Alp- und Bergkäse über Waldviertler Erdäpfel bis zu Marchfeldspargel, Wiener Gemüse und Kittseer Marille. Bei Wurst und Schinken findet man besten Beinschinken, feines Roastbeef, Wacholderspeck, Tiroler Schinkenspeck oder auch das Osttiroler Henkele, aber auch Frankfurter und Teewürstchen. An der Käsetheke gibt es eine feine Auswahl an Spezialitäten mit Paznauner Almkäse oder Almkönig, plus ein umfangreiches Angebot an selbst gemachten Aufstrichen und Salaten. Lockeres und luftiges Vollkornbrot kommt aus Osttirol, Donnerstags gibt es auf Vorbestellung auch Frischfleisch und Fisch, und Liebhaber von Spirituosen finden ein hervorragendes Angebot an exquisiten Bränden. Für Süße gibt es handgeschöpfte Schokoladen von Pichler aus Osttirol.
!

FERNBEDIENUNG

1030 Wien, Landstraßer Hauptstraße 2
TEL 01/712 12 44
MAIL fernbedienungwien3@aon.at
WEB www.fernbedienung.at
Als Spezialist für Delikatessen bietet die Fernbedienung ein ausgesuchtes Sortiment für italienischen Essgenuss und Lebensstil: Von ausgesuchten Wurst- (wie Prosciutto oder Bresaola), Fleisch- und Käsesorten (darunter Pecorino oder Gorgonzola ebenso wie Münster oder Epoisses), ganzen Rohschinken über verführerische Antipasti, eine breite Auswahl an Teigwaren, Essigen und Ölen, Espresso und Grappa bis hin zu Cantucci und Tiramisu finden Sie hier alles, was der Gaumen begehrt. Wer die Fernbedienung besucht, sollte aber unbedingt auch das traumhafte Imbissangebot nutzen. Bei Carpaccio vom Bresaola mit Parmigiano, beim Meeresfrüchtesalat aus Ligurien oder beim Büffelmozzarella mit Rucola kommt man ins Schwärmen. Bistro-Atmosphäre mit Mittagsmenü. Catering bis 300 Personen.
!

FLEISCHEREI WILHELM BAIDINGER

1030 Wien, Baumgasse 16
TEL 01/713 11 90
Es lebe der gute alte Familienbetrieb, wo Qualität, Freundlichkeit und kompetente Beratung noch großgeschrieben werden. Die vielen Stammkunden schätzen die selbst gemachten Spezialitäten wie köstliches Bratenfett, hausgemachte Blutwurst, Selch- und Kräuterspeck, Gemüse- und Fleischsulz, aber auch die zahlreichen Schinkenspezialitäten. Pferdewurst und -fleisch wird hier ebenso angeboten wie Kalbinnenfleisch oder frisches Biolamm. Für den süßen Abschluss gibts hausgemachte Mehlspeisen wie Topfen- und Apfelstrudel, aber auch Torten und Brötchen.

FLEISCHHAUEREI STANZL

1030 Wien, Erdbergstrasse 83
TEL 01/713 31 30
Traditionsunternehmen, das für die hohe Qualität seiner Fleisch- und Wurstwaren aus eigener Herstellung

Fleischwaren Berger

Onkel Sam's Obst und Gemüseladen

bekannt ist. Beim Frischfleisch – das ausschließlich von ausgewählten Betrieben bezogen wird und teilweise auch in Bio-Qualität verfügbar ist – findet man eine hochwertige Auswahl vom Rind, Schwein, Lamm, Wild (übrigens aus eigener Jagd) und Geflügel. An der Wursttheke verführen zahlreiche nationale und internationale Spezialitäten zum Genuss, auch Wildschweinprodukte wie Wildschweinspeck oder -schinken kann man hier finden. Eine feine Auswahl an Weinen aus den heimischen Weinbauregionen wird ebenfalls angeboten. Im Imbissbereich gibts täglich frisch zubereitete, warme Speisen, der hauseigene Partyservice bringt die Spezialitäten auf Bestellung auch nach Hause.

FLEISCHWAREN BERGER

1030 Wien, Rennweg 56
TEL 01/798 11 08
WEB www.berger-schinken.at

Der Name Berger steht für Qualität und Regionalität bei Fleisch, Wurst und Schinkenspezialitäten. Die Tiere werden ohne gentechnisch veränderten Sojaschrot gefüttert, alle hausgemachten Fertigprodukte ohne Konservierungsmittel zubereitet. Im großzügig angelegten Geschäft findet man eine einmalige Auswahl an feinsten Wurst- und Fleischgenüssen, darunter allein mehr als 25 Schinkenspezialitäten wie Bärlauch-, Käsegratin-, Senf-, Kren- oder Beinschinken, saisonal auch Spargelschinken; Biofleisch ist seit vielen Jahren in den Vitrinen zu finden. Neben täglich frisch zubereiteten Menüs findet sich in den heißen Theken Stelzen, Knödel oder Gulasch, auch Salate und Aufstriche werden angeboten. Für die schnelle Küche zu Hause gibt es tiefgekühlte pikante oder süße Knödel.

KÄSELAND MARINA POPPENBERGER

1030 Wien, Rochusmarkt / Stand 5
TEL 01/713 24 10

Rund 250 Sorten feinste Käse – auch von Ziege und Schaf – machen hier die Auswahl schwer. Frankreich und Italien dominieren das reichhaltige Sortiment, doch auch Österreich (mit zahlreichen Produkten aus den Genussregionen wie Bregenzerwälder Alp- und Bergkäse) und die Schweiz sind im Käsefachgeschäft am Rochusmarkt stark vertreten. Die Auswahl reicht von Rohmilch- und Heumilchkäse über Ziegen- und Schafkäse, Weinkäse, Parmesan, Holzerkäse bis zu Camembert und Gouda, auch Bio-Käse sind vertreten. Daneben gibt es auch Wurstwaren wie Serranoschinken, Hirschschinken, Trüffel- und Wildschweinsalami, Bresaola, Putencabanossi und ein kleines Sortiment an Antipasti, Ölen, Oliven, hausgemachten Aufstrichen, Pasteten, Marmeladen und Schüttelbrot. Die Chefin besticht durch Freundlichkeit und außergewöhnliche Käsefachkenntnisse.

!

ONKEL SAM'S OBST UND GEMÜSELADEN

1030 Wien, Rochusmarkt, Stand 38
TEL 01/713 50 61

Frisches und perfekt präsentiertes Obst und Gemüse in 1a-Qualität, das findet man an Onkel Sam's Stand am Rochusmarkt. Die Genussregionen sind mit Wiener Gemüse, Marchfeldspargel oder Steirischem Kürbiskernöl vertreten, Erdäpfel und Karotten gibt es auch in Bio-Qualität. In der breiten Sortimentspalette finden sich aber auch Wachauer Marillen, Nüsse, Eier, frische Kräuter sowie zahlreiche exotische Früchte. Und auch Schwammerlliebhaber werden hier auf ihre Kosten kommen: Pilze gibt es am Stand das ganze Jahr, auf Wunsch werden auch exotische Pilze bestellt.

PETRA LORENZ OBST & GEMÜSE

1030 Wien, Rochusmarkt / Stand 30 – 32 Landstraßer Hauptstraße / Salmgasse
TEL 01/713 50 58

Wer auf der Suche nach einem frischen Vitaminkick ist, der wird hier köstlich bedient. In dem kleinen, aber feinen Obst- und Gemüsegeschäft wird eine wunderbare Auswahl an saisonalem, heimischen Obst und Gemüse, vor allem aus den Genussregionen geboten. Vom saftigen steirischen Apfel bis hin zum knackigen Wiener Gemüse findet man alles in bester Qualität und Frische. Die Chefin berät freundlich und mit viel Fachwissen.

Sonnentor Ruth Dobretsberger

Vidoni

REFORMHAUS VÖLKL

1030 Wien, Landstraßer Hauptstraße 23
TEL 01/714 84 19
MAIL gertraud.voelkl@gmx.net

In diesem sehr gut sortierten Biosupermarkt finden Sie praktisch alles für den Genuss und die gesunde Ernährung: täglich frisches und knuspriges Brot und Gebäck, darunter 15 Vollkornbrote, feine Konditoreiware, Tofuprodukte, Mohn aus dem Waldviertel, frische Säfte, Tees, Kräuter, Vegetarisches und Veganes. Angeboten werden aber auch 40 verschiedene Fleischersatzprodukte, und für Liebhaber von süßem gibt es verschiedene Torten und Kuchen. Außergewöhnlich ist der rund 2.000 Produkte starke Antipasti-Bereich sowie das umfangreiche glutenfreie Sortiment. Das Personal berät freundlich und kompetent, und sollten Sie während des Einkaufs Hunger bekommen: Es gibt auch einen vegetarischen Mittagstisch...

BIO ☺ !

SONNENTOR RUTH DOBRETSBERGER

1030 Wien, Landstraßer Hauptstraße 24
TEL 01/715 49 28
MAIL wien-landstrasse@sonnentor-shop.at
WEB www.sonnentor.com

Sehr helles, freundliches und einladendes Geschäft, in dem es verführerisch nach Tee, Gewürzen und Kräutern duftet. Insgesamt über 600 verschiedene Artikel werden außergewöhnlich ansprechend präsentiert und nach Themen geordnet angeboten. Es gibt hervorragenden Tee ebenso wie Kaffee und Kakao, feine Säfte, Gewürze und Kräuter aus allen Teilen der Welt, und alles natürlich in bester Bio-Qualität. Daneben findet man aber auch süße Mehlspeisen wie Florentiner oder Mohnzelten, Schokolade und edles Teeporzellan.

BIO ☺ !

TEA & COFFEE LOUNGE

1030 Wien, Landstraßer Hauptstr. 97-101, EKZ-Galleria
TEL 01/712 04 49

Nach dem Motto: „aus Alt mach Neu" wurde mit dem Galleria-Umbau aus dem ehemaligen „Cafe beim Springbrunnen", das sich seit der Galleria-Eröffnung 1990 hier befunden hat, die „Tea & Coffee Lounge". Im liebevoll renovierten und sehr gemütlichen Geschäft können Genießer jetzt mehr als 60 Teespezialitäten, aber auch zahlreiche Kaffeesorten, edle Portweine sowie eine feine Auswahl an heimischen und portugiesischen Weinen und vieles mehr verkosten, und natürlich auch kaufen. Die Chefin ist hier persönlich im Geschäft und berät freundlich und mit viel Fachwissen.

☺ !

VIDONI

1030 Wien, Invalidenstrasse 13
TEL 01/710 10 48

Sehr empfehlenswertes Feinkostgeschäft mit einem klaren Schwerpunkt auf feinem Käse. Angeboten werden rund 70 verschiedene Sorten, darunter Feinheiten aus Friaul, Venetien oder Holland, aber auch aus den Genussregionen. Teilweise werden die Käse nachgereift. Daneben gibt es zahlreiche verführerische Pasteten, ein hervorragendes Schinkensortiment mit Prager-, Sauna-, Kaiser- oder Kürbiskernschinken, Schwarzwälder Schinkenspeck, Prosciutto, hausgemachte Aufstriche, Pasta, Oliven oder eingelegtes Gemüse. Ein Tipp ist das Geschäft aber vor allem auch für Kaffeegenießer, denn ein breites Angebot an Kaffee aus aller Welt wird ebenfalls geboten. Der Chef berät gerne, freundlich und mit viel Sachwissen und Begeisterung.

☺ !

4. BEZIRK

ARAXI

1040 Wien, Naschmarkt / Stand 441–443
TEL 01/585 28 89

Gewürze wie aus 1001 Nacht. 400 Sorten Gewürze aus aller Welt verströmen einen unglaublichen Duft. Die riesige Auswahl an Trockenfrüchten, Nüssen sowie verführerischen orientalischen Süßspeisen macht Lust auf Exotisches.

☺ !

BIO WELT

1040 Wien, Naschmarkt / Stand 364-373
TEL 01/585 81 95
MAIL office@bio-welt.at
WEB www.bio-welt.at

Cosmas Archontikis

Délices du Midi Christine Martin

Donatella

Biowelt steht für gesunde Ernährung, für hochwertige Naturprodukte und eine außergewöhnliche Beratungskompetenz. Vollwertige Brote und Backwaren, eine große Auswahl an taufrischen Salaten, knackigen Gemüsesorten und sonnengereifte Früchten, aber auch an saftigen Fleischwaren, herzhaften Würsten und köstlichen Käsespezialitäten, frisch von der Bedienungstheke. Dazu ausgesuchte Weine für jeden Geschmack und in jeder Preisklasse sowie Tee, Spezialöle und Essige. Und alles in Bioqualität, versteht sich. Auch gluten- und laktosefreie Produkte werden angeboten.

BIO !

BIO-VOLLWERTBÄCKEREI GRADWOHL

1040 Wien, Naschmarkt / Stand 239
TEL 01/586 01 56
WEB www.biovollwert-gradwohl.at

Vollkornliebhaber wissen: Das Brot vom Gradwohl bleibt tagelang frisch. Neben Liebe und Leidenschaft für die Backwaren und begnadeten, geschickten Händen ist der größte Schatz der Familie Gradwohl das wertvolle Wissen über jedes einzelne Korn. In der Bäckerei von Gradwohl finden Sie eine Riesenauswahl an Vollkornbroten und -mehlspeisen, dazu noch Produkte für Allergiker und warme, pikante Snacks in Vollkornhülle und -fülle. So saftig und gut kann Vollkorn schmecken. Das Personal berät freundlich und mit Fachwissen.

BIO

COSMAS ARCHONTIKIS

1040 Wien, Naschmarkt / Stand 295
TEL 01/586 02 97

Griechische Köstlichkeiten und mehr aus dem Mittelmeerraum. Die Spezialität dieses Marktstandes ist Käse, vorwiegend vom Schaf und von der Ziege – rund 75 Sorten aus aller Welt – aber auch spanische Chorizo, italienische Trüffelsalami und Wein. Außergewöhnlich große Auswahl an Oliven, Gewürzen, Ölen und griechischen Spezialitäten wie Ouzo, Metaxa, Halva und Fladenbrot. Auch griechischer Thymian-Honig wird angeboten. Die Chefin steht hier noch selbst im Geschäft, Fragen zu den griechischen Spezialitäten werden hier gerne und freundlichst aus erster Hand beantwortet.

!

DANIELS FLEISCH- UND WILDSPEZIALITÄTEN

1040 Wien, Naschmarkt 50
TEL 01/586 13 61

Das wunderbar präsentierte große Frischfleisch- und das solide Wurstangebot wird je nach Saison mit regionalen Schmankerln wie Maibock, Milchlamm, Kitz und Co. ergänzt. Das Personal berät sehr kompetent und empfiehlt einem gerne den zu Wurst und Fleisch passenden Wein, der dann auch gleich hier erstanden werden kann.

DÉLICES DU MIDI CHRISTINE MARTIN

1040 Wien, Margaretenstrasse 47/IV
TEL 01/585 13 16
MAIL office@delices-du-midi.at
WEB www.delices-du-midi.at

Kleines, feines Geschäft mit sehr gemütlichem Ambiente, das sich vor allem dem Genuss aus dem Mittelmeerraum verschrieben hat. Die angebotenen Delikatessen werden zumeist bei kleinen, unabhängigen Herstellern bezogen, die naturnahe und nachhaltige Landwirtschaft betreiben und deren Spezialitäten höchsten Qualitätsansprüchen genügen. Dass die angebotenen Lebensmittel ohne chemische Konservierungs- oder sonstige Zusatzstoffe hergestellt sind, versteht sich dabei von selbst. Die Produktpalette reicht von edlen Weinen und Champagner über Cidre aus der Normandie, exquisiten Spirituosen, Meeresfrüchten, Olivenöle und Essige bis hin zu verschiedenen südfranzösischen Delikatessen wie Bouillabaisse, Quiche oder Crêpes, die auch vor Ort genossen werden können. Edelschokoladen und feine Konfitüren finden sich ebenso im Programm wie außergewöhnliche Essige und Öle. Die Chefin berät persönlich und begeistert mit Charme und Fachwissen.

!

DONATELLA KG

1040 Wien, Pressegasse 14–16
TEL 01/581 02 31
MAIL donatellafood@hotmail.com
WEB www.donatellafood.eu

Sehenswertes Geschäft, in dem zahlreiche außerge-

Gegenbauer

Hella Gruber Feinfischspezialitäten

Il Buon Gusto

wöhnliche Delikatessen angeboten werden, die man sonst nur in Italien bekommt. Die Auswahl reicht von Antipasti, Bruschette, Panini, Käse, Wurst und Fischspezialitäten über verschiedene Nudelsorten und gegrilltes Gemüse bis zu Oliven und Olivenöl, frisch gemahlenem, auf Eichenholz geröstetem Kaffee und hervorragenden Weinen aus Italien. Einmal im Monat wird darüber hinaus die Gelegenheit geboten, besondere Spezialitäten bei Verkostungen zu probieren. Dazu gibt es eine perfekte Beratung mit italienischem Charme.

!

GEGENBAUER

1040 Wien, Naschmarkt / Stand 111–114
TEL 01/581 24 43
MAIL sales@gegenbauer.at
WEB www.gegenbauer.at

Der Spezialist für Essig und Öl am Naschmarkt. Das saure Gold von Erwin Gegenbauer gilt in Fachkreisen als der Rolls Royce unter den Essigen. In der Wiener Essig Brauerei werden mehr als 70 Sorten aus Zutaten wie Tomaten, Spargel, Melonen, Feigen, Bier oder auch Dirndln, unter viel Aufwand und aus allerbesten Genussprodukten schonend hergestellt. Die Essige sind allesamt reine Naturprodukte, sie werden weder pasteurisiert noch filtriert. In der Wiener Öl Mühle widmet sich Gegenbauer darüber hinaus verstärkt der Produktion von hochwertigen Fruchtkernölen, die sich perfekt zum Finalisieren von fertigen Speisen eignen. Am Stand am Naschmarkt können natürlich alle Produkte vor dem Kauf verkostet werden.

!

GRAND WHISKY

1040 Wien, Schleifmühlgasse 15
TEL 01/587 70 36
MAIL office@grandwhisky.at
WEB www.grandwhisky.at

Wenn die Qualität stimmt, gibt es ja bekanntlich nur zwei Sorten von Whisky: einen, der schmeckt, und einen, der nicht schmeckt. Im Grand Whisky gibt es von der ersten Sorte gleich 200 Varianten. Dazu noch eine reiche Auswahl an Rum- und Ginspezialitäten, zahlreiche französische Champagner, herrliche Cognac und verführerische Obstbrände aus dem Mühlviertel sowie edle Pralinen aus Frankreich und Schokoladen aus aller Welt. Fachliche und freundliche Beratung, periodische Verkostungen (Termine auf der Homepage). Tipp: Whisky aus Japan!

!

HELLA GRUBER FEINFISCHSPEZIALITÄTEN

1040 Wien, Naschmarkt / Stand 31–36
TEL 01/586 32 73
MAIL office@fisch-gruber.at
WEB www.fisch-gruber.at, www.steinbutt.at

Seit 1876 in Familienbesitz, und damit das älteste Unternehmen am Naschmarkt. Auch in der 5. Generation bürgt der Stand für höchste Qualität und beste Auswahl, egal ob bei Lebendfisch (da gibt es das größte Sortiment in Wien), lebenden Schalen- und Krustentieren wie Hummer und Langusten oder auserlesenen Delikatessen wie echter iranischer Kaviar oder Räucherfisch. Ergänzt wird das Sortiment mit zahlreichen Delikatessen. Das Personal bietet ein tolles Service und eine perfekte Beratung, auch was die Zubereitung der einzelnen Spezialitäten betrifft. Zusätzlich gibt es hier einen besonderen Service: die Entgrätungsmaschine. Plus Online-Shop mit Frischegarantie.

IL BUON GUSTO

1040 Wien, Naschmarkt / Stand 613
TEL 0676/848 86 02 00
MAIL ilbuongusto@yahoo.at

Vergrößert bietet das Geschäft jetzt noch mehr Platz für alle, die italienische Spezialitäten und den italienischen Lebensstil lieben. Tolles Käse- (ca. 30 Sorten), Salami und Wurstsortiment, großteils selbst importiert. Besonderheiten: Capra alpina (Ziegenbergkäse), Burrata, Salsiccia fresca und Lardo (Speck). Neu im Sortiment sind spezielle Nudelsorten, dazu gibt es passende Weine aus Italien, Frankreich und Spanien. Plus sieben Sorten Grappa sowie ausgezeichnete Essige und edelste Olivenöle. Bioziegenfrischkäse gibt es zweimal wöchentlich frisch vom Bauern, samstags auch eine

Kräuterhaus

Käseland, Naschmarkt

Kravitz Obst & Gemüse

große Auswahl an verschiedenen Brotspezialitäten wie Olivenbrot und Ciabatta.

KAFFEERÖSTEREI ALT WIEN

1040 Wien, Schleifmühlgasse 23
TEL 01/505 08 00
MAIL office@altwien.at
WEB www.altwien.at

Betritt man die Kaffeerösterei wenige Schritte vom Naschmarkt entfernt, wird man sofort von faszinierenden Düften in den Bann gezogen. Mit verschiedenen sortenreinen Lagenkaffees und unterschiedlichen Mischungen verwöhnt die Kaffeerösterei Alt Wien die Gaumen von Kaffeegenießern. Täglich wird hier frisch geröstet, an der Bar kann das Ergebnis verkostet werden. Das klassische Sortiment wird durch Biokaffee und Fair-Trade Produkte erweitert. Weiters gibt es Tees, Schokolade und Honig. Gute Beratung über Sortenvielfalt und Röstungsarten.

KÄSEHÜTTE

1040 Wien, Naschmarkt / Stand 509
TEL 01/585 50 34

Ein Paradies für Käseliebhaber. Riesenauswahl an internationalen Käsesorten – insgesamt 300 Spezialitäten aus 12 Ländern, darunter Camembert mit Whisky oder Calvados, 15 Sorten Edelschimmelkäse oder sardische Schafkäse mit Kräutern, aber auch Heimisches wie Alp-, Heublumen-, Sauer-, Pinzgauer Bierkäse, Walserstolz und Käsekaiser wie Vorarlberger Weichkäse oder Steirischen Kürbiskäse, natürlich auch Käse aus den Genussregionen. Wenn man bei Käse kompetent beraten werden will, so ist dieses Geschäft ein Muss. Dazu gibt es feine Konfitüren und Senfsorten passend zum Käse, Trüffelpasta, herrliche Gänseleberpastete, Wurstwaren und Weine aus Italien, Spanien und Frankreich, Spirituosen, exklusives Olivenöl mit Trüffel... Man ist hier ständig auf der Suche nach Neuem und Ausgefallenem, die Verkäufer sind motiviert und beraten gerne und mit viel Fachwissen.

KÄSELAND

1040 Wien, Naschmarkt / Stand 172–174
TEL 01/587 29 58
MAIL team@k www.kaeseland.com

Das Käseland – laut Eigendefinition das zehnte Bundesland Österreichs – bietet rund 300 Sorten Käse aus 16 Ländern. Das Motto lautet hier: Zuerst kosten, dann kaufen. Die Beratung ist überaus freundlich, kompetent und geduldig, wenn es darum geht, den Geschmack des Kunden zu treffen. Wer einen speziellen Käse sucht, findet ihn hier sicher. Und noch dazu in jedem Reifegrad, in jeder Form. Ein wahres Paradies für Käseliebhaber!

KRÄUTERHAUS

1040 Wien, Naschmarkt /Stand 24–27
TEL 01/585 36 68

Einkaufen mit allen Sinnen bietet dieses Geschäft am Naschmarkt. Eine vergleichbare Gewürzvielfalt gibt es sonst nirgendwo, angeboten werden hier nicht nur einzelne Gewürze, sondern auch Gewürzboxen mit fertigen Mischungen für bestimmte Gerichte. Nicht zuletzt die ausführliche Beratung durch den Chef macht dieses Geschäft zu etwas ganz Besonderem, er verrät gerne seine Kräuterlieblinge und gibt auch Tipps für den richtigen Umgang mit den Kräutern in der Küche.

KRAVITZ OBST & GEMÜSE

1040 Wien, Naschmarkt / Stand 297–300
TEL 01/586 33 98

Geschmackvoll bestückter Obst- und Gemüse-Stand. Nicht nur exotische Früchte wie die toll präsentierten Babykiwi oder Dragonfruit verführen hier in großer Auswahl (insgesamt über 300 Sorten) zum Genuss, es gibt auch Trockenfrüchte in großer Vielfalt. Bio-Obst und -Gemüse variieren saisonal. Aus den Genussregionen gibt es Spezialitäten wie Wiener Gemüse, Marchfeldspargel, Marchfeld Gemüse oder Wiesener Ananas Erdbeeren. Vitamine kann man hier aber auch in Form von frisch gepressten und herrlich schmeckenden Säften zu sich nehmen. 16 verschiedene Salatsorten gibt es hier ebenso wie z.B. 12 verschiedene Zwiebelsorten. Den kleinen Hunger kann man mit – auch vegetarischen –

Kurkonditorei Oberlaa am Naschmarkt

Martina Himmelsbach Obst und Gemüse

Imbissen stillen. Darüber hinaus gibt es jeden Tag drei unterschiedliche Menüs, auch zum Mitnehmen.

KURKONDITOREI OBERLAA

1040 Wien, Naschmarkt 175
TEL 01/587 46 33-0
WEB www.oberlaa-wien.at
Patisserie und Confiserie von höchster Qualität. Neben den etwa 150 süßen Ganzjahres- und Saisonköstlichkeiten werden in angenehmer Kaffeehausatmosphäre verführerische Köstlichkeiten und kleine Snacks wie Toast, Suppen und Schinkenkipferl geboten. Gute Auswahl an leckeren Torten, feinen Mehlspeisen, verschiedenen Pralinen und Trüffelkonfekt. Sehr schöne und gediegene Kaffeehaus-Atmosphäre. Die Mehlspeisen gibt es auch zum Mitnehmen.

LEO STRMISKA OBST- & GEMÜSEKONSERVEN

1040 Wien, Naschmarkt / Stand 248
TEL 01/562 97 83
Ein Klassiker der Naschmarktszene: der „Sauerkraut-Leo" – wer kennt ihn nicht? Es ist der Naschmarktstand, der Sauerkraut und Gurkerln in allen Variationen bietet. Alle angebotenen Produkte werden ausschließlich selbst gemacht und in Fässer eingelegt. Neu im Angebot sind Salzkapern und Artischocken aus Sizilien.
!

M. & GEORGIOS DIS GES.M.B.H

1040 Wien, Naschmarkt / Stand 661
TEL 01/586 29 89
MAIL g.dis@gmx.at
Wenn Sie ausgezeichnete italienische Spezialitäten suchen, dann werden Sie in diesem – übrigens vor Kurzem um einen Imbissbereich erweiterten – Geschäft mit Sicherheit fündig. Vom feinsten Oliven- und Rosmarinbrot über hervorragende Käse- und Wurstspezialitäten (allein 7 Sorten Prosciutto) bis zu österreichischen und italienischen Weinen, Grappas und Likören reicht die Genusspalette. Besonders erwähnenswert ist das Angebot an wunderbar frischer Pasta, die reichhaltige Antipasti-Auswahl und die Olivenvielfalt. Die Bedienung gefällt mit italienischem Charme, Temperament und viel Kompetenz und gibt auch gerne Tipps für die Zubereitung.
!

MARTINA HIMMELSBACH OBST- UND GEMÜSESPEZIALITÄTEN

1040 Wien, Naschmarkt / Stand 40–45
TEL 01/581 45 65
GENUSS REGION ÖSTERREICH Die richtige Adresse für Obst- und Gemüsefans. Offeriert wird hier aber nicht nur knackiges und frisches Obst und Gemüse, sondern auch eine Vielzahl an Trockenfrüchten, Nüssen und Ölen. Das Geschäft überzeugt dabei nicht nur mit der großen Vielfalt an Produkten, sondern auch mit der perfekten Präsentation. Zahlreiche exotische Früchte wie Sharons kann man hier finden, saisonal gibt's auch österreichische Bioware sowie „Vitamine" aus den Genussregionen, darunter Wiener Gemüse, Marchfeldspargel oder Wiesener Ananas Erdbeeren. Die perfekte Beratung gibt es hier freundlich und gratis dazu.

NINO CRUPI

1040 Wien, Margaretenstraße 3
TEL 0650/858 38 50
Orangen heißen hier „Tarocco" und kommen direkt aus dem Orangenhain von Nino Crupi am Fuße des Ätna in Sizilien. Im kleinen Laden in Wien bietet Nino bei bester Beratung viele Produkte aus eigenem Anbau bzw. aus eigener Produktion sowie einige Spezialitäten wie Pecorino fresco mit Pistazien oder Rucola, herrlichen Pecorino Parmigiano Reggiano (30 Monate und länger gereift) oder diverse Wurst- und Schinkenspezialitäten wie Parmaschinken (mind. 18 Monate gereift). Wunderbare hausgemachte Antipasti, Honig, Kapern und Mandelsüßspeisen verführen zum Genuss. Grünes Olivenöl aus eigener Produktion wird hier frisch abgefüllt. Neu und eine Sünde Wert: Chocolata di Monica.
!

Noy – Armenische und Russische Spezialitäten

Opocensky & Opocensky

Original Karlsbader Oblaten

NOY - ARMENISCHE U. RUSSISCHE SPEZIALITÄTEN

1040 Wien, Favoritenstraße 17
TEL 0676/950 92 29
MAIL mchitarian@gmx.at
WEB www.noy-ararat.at

In diesem kleinen Geschäft werden Sie in die Welt der armenischen, moldawischen und georgischen Spezialitäten verführt. Neben Wein werden geräucherter Fisch, Heringe, Makrelen, Süßwasserkrebse, Weinbrände (Ararat) und Krim-Sekt, aber auch Vodka in verschiedenen Sorten und Stärken sowie russische Torten und Süßgebäck geboten. Konfitüren und Sauergemüse kann man hier ebenso finden wie Pilze und frische Kirschen. Die Bedienung ist freundlich und zuvorkommend.

!

OBSTECK

1040 Wien, Naschmarkt Stand 147–164
TEL 01/586 01 00
MAIL office@obsteck.at
WEB www.obsteck.at

Große und vielfältige Auswahl an teilweise auch exotischem Obst und Gemüse. Täglich frisch gepresste Säfte und auch Trockenfrüchte. Obstkörbe und Obstkisterln auf Bestellung (Gratis-Zustellung!). Aus den Genussregionen gibt es Wiener Gemüse, Tiroler und oststeirische Äpfel, Marchfelder Spargel, Waldviertler Erdäpfel, Retzer-Land-Kürbis.

OPOCENSKY & OPOCENSKY

1040 Wien, Favoritenstraße 25
TEL 01/505 08 52
MAIL edelgreisslerei@opocensky.at
WEB www.opocensky.at

GENUSS REGION ÖSTERREICH Die Bezeichnung „Edelgreißler" ist eine Untertreibung und wird der Größe des Geschäfts nicht gerecht. Hier gibt es einfach alles, was besonders ist und schmeckt. Hervorzuheben sind die reichhaltige Käsevitrine (Monte da Vinha – eine Weichkäsespezialität aus Schafsmilch mit geschmeidigem Teig und fruchtigem, leicht säuerlichem Geschmack, Trüffelbrie, Nusskäse, A Carsica-Ziegenkäse) und die vielen feinen Wurstwaren (Prosciutto, handgeschnittener Beinschinken, Rohschinken aus Österreich und Italien, frisches Roastbeef), heimisches Bio-Fleisch, frisches Bio-Brot, erlesenes Obst und Gemüse (unter anderem auch Marillen aus der Genussregion Wachauer Marille) und frische Fische. Weiters edle Weine und Fruchtsäfte, Antipasti, Teigwaren, hochwertige Essige und Öle. Nicht zuletzt bietet das „O & O" auch ein sehr schönes Ambiente, um einen edlen Snack zu genießen und ein tolle Beratung. Dienstags bis freitags wird auch frisch gekocht!

BIO !

ORIGINAL KARLSBADER OBLATEN

1040 Wien, Rechte Wienzeile 25–27
TEL 01/586 67 84
MAIL office@karlsbader-oblaten.at
WEB www.karlsbader-oblaten.at

Die Original Karlsbader Oblaten werden hier seit 1912 mit viel Liebe und Sorgfalt händisch gefertigt und in alle Welt exportiert. Ohne Füllung, mit Schokolade- oder Haselnussfüllung sowie Käsefeingebäck. Jedes einzelne Stück erhält durch die händische Fertigung einen eigenen, unverwechselbaren Charakter. Man merkt die bei der Herstellung aufgewendete Liebe und Sorgfalt, wie sie bei industrieller Fertigung eben nicht erreicht werden kann. Neu im Sortiment: Schokoladentörtchen aus Oblaten sowie Oblaten mit grünem Tee und Spirituosen aus Vorarlberg.

PERLAGE – CHAMPAGNER & CO

1040 Wien, Schleifmühlgasse 1
TEL 01/585 67 73

Mehr als nur prickelnd – ein erlesenes Fachgeschäft: Champagner, Cremant und Prosecco. Es gibt außerhalb der Champagne kein zweites Fachgeschäft mit einer derartig großartigen Auswahl an Winzerchampagnern – selbst Paris hat nichts Vergleichbares! Auch ein feines Angebot an österreichischen Fruchtbränden wird angeboten, es gibt regelmäßige Verkostungen, auch als Location für kleinere Veranstaltungen ist das Lokal geeignet. Kleines Buffet mit interessanten kleinen Köstlichkeiten auf Vorbestellung.

Radatz am Naschmarkt

Sektcomptoir Szigeti

PÖHL AM NASCHMARKT

1040 Wien, Naschmarkt / Stand 167
TEL 01/586 04 04
WEB www.poehlamnaschmarkt.at

Genuss, Genuss, Genuss!!!! Ein Treffpunkt für Feinspitze. Der Schwerpunkt liegt auf Käse – speziell die französischen Spezialitäten wie Epoisses oder der cremige Pardoux chèvre – hier kann man sich den Reifegrad nach Belieben wünschen. Neu im Sortiment: Rocchetta a tre latti, Pouligny St. Pierre, Roccolo-Kuhrohmilchkäse aus dem Val Taleggio, Pecorino fresco verde ... Es gibt speziell für Pöhl gereifte Prosciutti aus dem Jahr 2005, Salami wie Strolghino di culatello oder al tartufo, Lardo, und Pancetta. Abgerundet wird das Sortiment mit Olivenölen, Aceti, handgeschnittenem Beinschinken aus dem Steirischen Vulkanland, Trüffelschinken, Prosciutto Cotto, Grappa und Wein. Besonders verlockend sind die bereits vorgefertigten Pastagerichte. Tolle Atmosphäre, kulinarisch bleiben fast keine Wünsche offen, und jeder wird hier wie ein Stammkunde behandelt.

RADATZ

1040 Wien, Naschmarkt / Stand 201
TEL 01/586 52 72
WEB www.radatz.at

Eine reiche Auswahl an in- und ausländischen Wurstspezialitäten, Käse, Wein und Gebäck bietet der Radatz am Naschmarkt. Frischfleisch in hervorragender Qualität und großer Vielfalt – vom Schneeberg-Beef bis zum argentinischen Steak – und mit vielen Bio-Schmankerln. Traumhaft präsentiertes Roastbeef. Dazu das komplette Staud's-Sortiment.

BIO

RAFAEL'S VINOTHEK

1040 Wien, Naschmarkt / Stand 121
TEL 0676/847 85 72 02

Hier setzt man auf die Entdeckerfreude der Weinfreunde und bringt Weine, die schon Geheimtipps sind oder es noch werden können. Das Sortiment umfasst insgesamt rund 450 österreichische Weine, darunter natürlich Topwinzer wie Hillinger, ganz besondere Spezialitäten wie die koscheren Weine vom Hafner oder auch Bio-Weine. Jeder Tropfen kann glasweise verkostet werden, einmal im Monat gibt es eine Verkostung von Weinen, die Kartonweise angeboten werden. Weinartikel wie Gläser finden sich hier ebenso wie z.B. Gelees von Erdbeere und Kirsche oder eine schöne Auswahl von edlen Champagnern, spritzigen Prosecci und bekannten Sektmarken. Und auch wer ungewöhnlicherweise einen besonderen Wodka sucht, wird hier fündig werden. Das bunte Treiben im Geschäft kann man übrigens auch vom netten Schanigarten aus verfolgen.

BIO

SEKTCOMPTOIR SZIGETI

1040 Wien, Schleifmühlgasse 19 und 23
TEL 0664/432 53 88
MAIL office@sektcomptoir.at
WEB www.sektcomptoir.at

Hier können Sie in familiärer Atmosphäre ein Gläschen der edlen Sekt- und Frizzante-Produkte der Sektkellerei Szigeti aus Gols im Burgenland genießen, sich von ausgefallenen Sekt-Ideen überraschen lassen und natürlich zu Ab-Hof-Preisen erstehen. Neu im Programm: Schokoladegenüsse aus aller Welt.

!

UMAR FISCHHANDLUNG

1040 Wien, Naschmarkt / Stand 38–39
TEL 01/585 21 77
MAIL www.umarfisch.at
WEB office@umarfisch.at

Die Brüder Erkan und Gökhan Umar lieben Fisch, das merkt man am erstklassigen Angebot im Shop und im Restaurant. Dreimal pro Woche (Montag, Mittwoch, Freitag) wird frische Ware geliefert, aus Holland, Frankreich, Italien, Griechenland, Dubai, dem Oman und auch aus Indien. Die Spezialitäten sind meist innerhalb von 24 Stunden im Geschäft. Freundlichkeit und Beratung werden hier wirklich großgeschrieben, auch mit Zubereitungstipps hilft man gerne aus. Neben dem Geschäft gibt es im Restaurant mittags drei Menüs zur Wahl.

Urbanek

Chocolaterie Patisserie Fruth

URBANEK

1040 Wien, Naschmarkt / Stand 46
TEL 01/587 20 80

Es ist ein wahres Wunder, wie viele köstliche Spezialitäten man auf engstem Raum unterbringen kann. Ausgesuchte Käse- und Wurstspezialitäten aus aller Welt wie etwa österreichischer Büffelmozzarella aus dem Waldviertel, Bregenzerwälder Alp- und Bergkäse aus der Genussregion, Mangalitza-Beinschinken, Kitzbühler Bauernspeck, Pata Negra, Ausseer Hirschschinken, geräucherte Gänsebrust, nicht zu vergessen das täglich frisch gebratene Roastbeef (das es auch in Bio-Qualität gibt, wie auch Schinken aus San Daniele). Dazu eine kleine, fein abgestimmte Auswahl an passenden Weinen, alles garniert mit einer sehr netten und kompetenten Beratung.

5. BEZIRK

BIO5

1050 Wien, Im Margaretenhof (Margaretenstraße / Ecke Pilgramgasse)
TEL 01/798 94 92
WEB www.bio5.at

Zurück zur Natur geht man in diesem Feinkostladen, und das zu 100 Prozent biologisch. Neben einem kleinen Käseangebot (Schweizer Appenzeller, Tiroler Bergkäse) findet man auch im Wurstbereich Spezialitäten wie Wildschweinschinken, Beinschinken oder Prosciutto Crudo. Brot und Gebäck stammen von regionalen Biobäckern. Das Weinsortiment ist übersichtlich. Ein genussvoller Einkauf in angenehmer Atmosphäre ist hier garantiert, das sehr kompetente und freundliche Personal macht den Einkauf angenehm stressfrei.

BOTTELINI GETRÄNKESHOP

1050 Wien, Pilgramgasse 16
MAIL office@bottelini.com
WEB www.bottelini.com

Schenken Sie Genuss: In diesem Geschäft gibt es Geschenke fix fertig und geschmackvoll und auch im Internet zu bestellen. Unter dem Motto „Einfach fein" dreht sich hier alles um Produkte mit klarer Herkunft und einer spannenden Geschichte aus Österreich und den mediterranen Regionen. Zum Genuss verführt aber auch eine feine Auswahl an Snacks und Schokoladen. Backwaren und Sandwiches werden frisch zubereitet.
!

CHOCOLATERIE PATISSERIE ED. A. FRUTH

1050 Wien, Wiedner Hauptstrasse 114
TEL 0676/952 28 80
WEB www.fruth.at

Kunstwerke aus Schokolade stellt Chocolatier und Patissier Eduard A. Fruth in seinem Geschäft in der Wiedner Hauptstrasse her, und diese Adresse ist ein Muss für alle, die Schokolade lieben. Das verführerische Angebot wird hinreißend präsentiert, die Auswahl reicht von Desserts wie dem Klassiker Mousse au chocolat, Eclairs mit Vanillecreme oder Mürbteigschüsserl mit einer Canache und Obst über Trüffeln und verschiedene Schokolade-Variationen wie Trinkschokolade in den Geschmacksvariationen Cognac, Chili oder Maroni bis hin zu Keksen, Kuchen und Torten.

CULINARIUM MARGARETEN

1050 Wien, Margaretenstraße 83
TEL 01/544 42 23

Ein Feinkostladen, wie man ihn sucht. Käse steht hier geschmackvoll im Mittelpunkt: Biobergkäse aus Tirol, Haselnuss-Brie, Dachsteiner, Österkron, geräucherter Schafkäse, Scamorza und vieles mehr. Das Wurstsortiment ist umfangreich mit Hirsch-, Schwarzwälder-, Maroni- oder Kürbisschinken, auch Lamm-Kräuterschinken findet sich im Angebot. Frischfleisch, feinstes Brot und Gebäck und perfekte Bedienung machen den Einkauf zum Genuss.

G & G / GENFREI & GESUND

1050 Wien, Pilgramgasse 5
TEL 01/547 15 53

Wer Biowaren in bester Qualität und Frische sucht, der findet in dem kleinen, etwas versteckten Geschäft alles, was das Herz begehrt. Ein ausgesuchtes Angebot an Käsespezialitäten, frischem Obst und Gemüse, knusp-

Schuberts Köstlichkeiten

Thum Schinkenspezialitäten

rigem Brot und Gebäck, aber auch Gewürze und Milchprodukte, Spezialöle, Essige und vieles mehr. Fleisch und Fisch gibt es auf Vorbestellung, die wirklich tolle und freundliche Beratung immer.
BIO ☺ !

PUB KLEMO WEINBAR & MAGAZIN

1050 Wien, Margaretenstrasse 80
TEL 0699/11 09 13 32
WEB www.pubklemo.at

Will man eine gepflegte und gereifte Flasche Wein genießen, empfiehlt sich das Pub Klemo auf der Margaretenstrasse. Die Weinkarte liest sich wie das „Who is Who" der nationalen und internationalen Weinwelt, viele Weine gibt es auch in verschiedenen Jahrgängen. Wachauer Spitzenrieslinge aller bekannten Häuser zurück bis 1990, daneben eine riesige Auswahl an Weinen aus dem Piemont. Aus der Toskana findet man alles, was Rang und Namen hat, angeboten werden aber auch deutsche und elsässische Rieslinge, eine gigantische Auswahl an Burgundern, Rhône und Bordeaux. Am besten, man wirft vor Ort einen Blick auf die großartige Auswahl dieser Weinbar der besonderen Art.
☺ !

SCHUBERTS KÖSTLICHKEITEN

1050 Wien, Franzensgasse 23
TEL 01/587 38 38-0
MAIL info@schuberts.at
WEB www.schuberts.at

Handgerührt! Die Waldviertler Manufaktur Schubert macht aus ausgesuchtem Obst wahre Delikatessen: angeboten werden 36 Marmeladesorten, 6 Chutneysorten, ausgefallene Fruchtmischungen u.v.m. Bei so netter Beratung werden sogar bisherige Marmelademuffel zu Marmeladefans. Eigener Webshop.
☺ !

THUM SCHINKENSPEZIALITÄTEN

1050 Wien, Margaretenstraße 126
TEL 01/544 25 41
MAIL thum@chello.at
WEB www.thum-schinken.at

GENUSS REGION ÖSTERREICH Seit fast 150 Jahren steht Thum weit über die Wiener Grenzen hinaus für traditionell österreichische Schinkenspezialitäten. Die Produkte werden auch heute noch traditionell von Hand verarbeitet. Die Auswahl reicht von herausragenden Rinder-, Honig- und Landschinken über Trüffel, Kräuter- und Cranberryschinken bis zu edlem Wild-Rohschinken vom Hirsch oder Wilschwein. Fast alle Spezialitäten gibt es auch in Bio-Qualität; allen gemeinsam ist, dass sie ohne künstliche Konservierungsstoffe und Geschmacksverstärker hergestellt werden. Im engagierten Familienbetrieb werden aber auch regelmäßig Innovationen vorgestellt, wie z.B. Mangalitza- oder Turopolje-Schwein (aus der Genussregion Pannonisches Mangalitzaschwein), Apfel-Honig- und Steinpilzschinken. Vervollständigt wird die Genusspalette mit Pasti, verschiedenen Ölen oder Natursalzen. Ein echtes Schinkenparadies!
☺ !

VINOTHEK LA CAVE

1050 Wien, Bacherplatz 12
TEL 01/544 73 83
WEB www.lacave.at

Catherine Sajus und Michael Klonfar sind die Spezialisten, wenn es um Weine aus Frankreich geht. Vor mittlerweile mehr als 20 Jahren begannen sie, französische Weine und Spezialitäten zu importieren. In ihrer Vinothek La Cave am Bacherplatz bieten sie heute bei hervorragender Beratung nicht nur eine riesige Auswahl an Top-Weinen aus praktisch allen Anbaugebieten Frankreichs (von Beaujolais und Bordeaux über Languedoc und Loire bis zur Champagne), sondern auch Spezialitäten wie Hirsch- oder Fasanpastete, Wildschweinterrinen, Entenconfit, französische Wildschwein- oder Kräutersalami oder hervorragende Fischsuppen. Für den süßen Abschluss gibt's Schokoladentrüffel mit Ingwer oder Chili.
☺ !

ZUR HELENE ZINIEL

1050 Wien, Kettenbrückengasse 7
TEL 0664/464 07 09

Neues, sehr nettes und einladendes Geschäft, in dem die Produkte von 9 regionalen, bäuerlichen Anbietern

Riccardo Piccini

Artee

wie auf einem kleinen Marktplatz angeboten werden. Saisonales Obst und Gemüse gibt's in einer hervorragenden Auswahl und Qualität, darüber hinaus wird auch frische Pasta (darunter Chili-, Basilikum-, Dinkel- und Vollkornnudeln, auch ohne Eier) sowie eine feine Palette an Weinen und Spirituosen geboten. Bei Brot und Gebäck gibt´s Spezialitäten wie Walnussbrot mit roten Walnüssen oder den Urlaib mit ganzen Nüssen. Die Chefin steht zu 100% hinter den Genussprodukten und berät ihre Kunden gerne und sehr freundlich. Öffnungszeiten: im Sommer Dienstag bis Sonntag ab 14.00 Uhr, im Winter Dienstag, Donnerstag und Freitag.

!

6. BEZIRK

BIO-VOLLWERTBÄCKEREI GRADWOHL

1060 Wien, Mariahilfer Straße 23
TEL 01/585 68 99
MAIL office@gradwohl.info
WEB www.biovollwert-gradwohl.at

So saftig und gut muss Vollkorn schmecken. Neben Liebe und Leidenschaft für die Backwaren ist der größte Schatz der Familie Gradwohl das wertvolle Wissen über jedes einzelne Korn. In der Bäckerei finden Sie eine Riesenauswahl an immer frischen Vollkornbroten und -mehlspeisen, dazu noch Produkte für Allergiker und warme, pikante Snacks in Vollkornhülle und -fülle. Das freundliche Personal berät und bedient gerne und mit viel Fachwissen.

BIO

FLEISCHEREI CLAUDIA RINGL

1060 Wien, Gumpendorfer Strasse 105
TEL 01/596 32 78
WEB www.fleischerei-ringl.at

Monika und Claudia Ringl führen den kleinen Familienbetrieb, in dem man sich sofort wohl und in die gute alte Zeit zurückversetzt fühlt, seit 2009 in dritter Generation. Wie damals setzt man auch heute auf höchste Qualität und Genuss ohne jede Zusatzstoffe. Das Frischfleisch wird ausschließlich von kleinstrukturierten Bauernhöfen aus dem Waldviertel bezogen, das Rindfleisch lässt man noch vier Wochen am Knochen reifen, damit wird es mürbe und für jeden Rindfleischliebhaber zu einem außergewöhnlicher Genuss. Angeboten wird aber auch frisches Lamm-, Schweine- und Kalbfleisch sowie eine große Auswahl an frischen Innereien wie Beuschel, Zunge, Herz, Leber, Milz oder Bries. Alle verführerisch präsentierten Wurst-, Schinken- und Selchfleischspezialitäten werden im Haus nach traditionellen Rezepten hergestellt. Und auch die Freundlichkeit und Top-Beratung durch die beiden Damen macht den Besuch hier zu einem echten Genuss.

RICCARDO PICCINI

1060 Wien, Linke Wienzeile 4
TEL 01/586 33 23
MAIL office@piccini.at
WEB www.piccini.at

Italienisches Lebensgefühl. Seit 1856 ist Piccini der Importeur italienischer Genüsse in Wien. Die Kunden schätzen den gediegenen Imbissbereich und besorgen nebenbei das eine oder andere Schmankerl für den italienischen Genussabend zu Hause. Die Auswahl ist riesig: rund 80 Sorten italienischer Käse, 40 Sorten Wurstwaren und Schinken, darunter natürlich Prosciutto aus San Daniele und feiner Kochschinken, Pasta, Olivenöl, Balsamico, ausgesuchte, hervorragende Weine aus Italien sowie bester Grappa. Kurzum: Alles, was das italophile Genießerherz begehrt!

!

7. BEZIRK

ARTEE

1070 Wien, Siebensterngasse 4
TEL 01/524 01 66
MAIL artee@gmx.at
WEB www.artee.at

Im Artee pflegt man die Philosophie des chinesischen Teeweges und ist dabei auch bemüht, den Ablauf und die Utensilien so umfassend wie möglich zu erklären. Im Geschäft werden daher auch nicht nur eine Vielzahl von feinsten Grün-, Weiß-, Kräuter-, Früchte- und Schwarzteespezialitäten angeboten, sondern auch Teegeschirr und Schulungen in der Kunst der Teezubereitung sowie Informationen über das Jahrtausende alte Trinkritual. Darüber hinaus gibt es hier aber auch die

Bio-Vollwertbäckerei Gradwohl

Grand Cru

einzige Grünteeschokolade in Europa und feines Grünteegebäck. Geöffnet ab 11 Uhr vormittags.

☺ !

BIOMARKT MARAN

1070 Wien, Kaiserstraße 57–59
TEL 01/526 58 86-18
MAIL maran@maran.co.at
WEB www.biomarkt.co.at

Biologisch einkaufen vom Feinsten, eine Auswahl von über 6.500 Bioprodukten verlockt zum Genuss. Hier gibt es höchste Qualität im Bereich Käse (speziell ein großes Angebot an Käse aus Österreich), Wurst, Fleisch (Vollsortiment von Sonnberg-Fleisch), eine riesige und übersichtlich arrangierte Auswahl an Obst und Gemüse, eine breite Palette an exklusiven Weinen, eine freundliche und sehr fachkundige Beratung. In einem Satz: alles unter einem Dach, sowohl bei Lebensmitteln als auch bei Gebrauchsartikeln.

BIO ☺ !

BIO-VOLLWERTBÄCKEREI GRADWOHL

1070 Wien, Zieglergasse 1
TEL 01/522 38 14
WEB www.biovollwert-gradwohl.at

So saftig und gut kann Vollkorn schmecken. Neben Liebe und Leidenschaft für die Backwaren ist der größte Schatz der Familie Gradwohl das wertvolle Wissen über jedes einzelne Korn. In der Bäckerei finden Sie eine Riesenauswahl an immer frischen Vollkornbroten und -mehlspeisen, dazu noch Produkte für Allergiker wie glutenfreie Backwaren und warme, pikante Snacks in Vollkornhülle und -fülle.

BIO ☺

DESTILLE.AT

1070 Wien, Neubaugasse 51
TEL 01/293 19 51
MAIL office@destille.at
WEB www.destille.at

Feinste Spirituosen, von Gin über Rum und Grappa bis zu Likören, Bränden und Whisky findet man im Destille, die Auswahl ist ebenso hochwertig wie umfangreich. Weine werden ebenfalls angeboten, die Beratung ist freundlich und professionell. Essige und Öle werden frisch abgefüllt, eine feine Auswahl an besonderen Köstlichkeiten aus Österreich und Spanien rund um Pasta und Gewürze, Saucen, eingelegtes Gemüse, Marmeladen und Süßes lässt keine Wünsche offen. Auch mit Tipps und Rezepten für den kulinarischen Genuss wird man hier bestens bedient.

☺ !

FIRMANN'S BAUERNKÖRBERL

1070 Wien, Westbahnstraße 2
TEL 01/522 92 99
MAIL firmanns.bauernkoerberl@utanet.at

Alles Käse! Das kleine Geschäft bietet ein großes Sortiment an Biokäsesorten von Schaf, Ziege und Kuh, frisches Bio-Obst und Gemüse, feine Schinkenspezialitäten wie Bio-Honigkrusten- und Bio-Salzburger-Bauernschinken, Rindersaftschinken, Biobauernbrot, Biofleisch, Sojaprodukte, Spezialteigwaren, Getreide, Mehl, Hülsenfrüchte, Konfitüren und Honig, Bio-Säfte und Most, Tee und Kaffee, Knabbereien und Trockenfrüchte. Tipp: mittags eine Suppe, gekocht nach der „5-Elemente-Küche", zum Mitnehmen.

BIO ☺ !

GRAND CRU

1070 Wien, Kaiserstrasse 67
TEL 01/524 13 10
MAIL office@grandcru.at
WEB www.grandcru.at

Im sehr schönen Feinkostladen „Grand Cru" werden Liebhaber von Süßem mit Sicherheit auf ihre Kosten kommen: Das Angebot umfasst nicht nur 350 (!) verschiedene und verführerisch präsentierte Schokoladen, sondern auch eine hervorragende Auswahl an edlen Kaffees, die von Bohnen aus Guatemala über Kaffee aus Hawai bis hin zu den Hawelka-Sorten Josefine und Leopold reicht. Feinen Tee gibt's aber ebenso wie Gewürze, Pasta, Essige und Öle, Marmeladen oder Senf. Feinschmecker zum Genuss verführen wird aber auch die feine Palette an Champagnern, die hier angeboten werden.

☺ !

Il Bio

Johann Suppan Obst & Gemüse

Kulinarium 7

IL BIO
1070 Wien, Burggasse 50
TEL 0676/413 97 48
MAIL office@ilbio.at
WEB www.ilbio.at
Im neuen und absolut sehenswerten Il Bio in der Burggasse gibt's nicht nur italienisches Flair, sondern auch vorwiegend friulanische Küche mit dem Schwerpunkt Triest sowie traditionelle italienische Gerichte. Der Alimentari-Bereich umfasst Olivenöle, Essige, Pastaspezialitäten aus dem Friaul und der Gegend um Neapel, Weine von ausgesuchten Winzern aus dem Collio und dem Karst ebenso wie Mostarda und Eingelegtes und Eingekochtes aus eigener Produktion. In der Vitrine gibt es frische Pasta, Käse aus vielen Regionen Italiens, hausgemachte Antipasti, mariniertes Gemüse, Prosciutto, Salami und Lardo sowie Kuchen und Desserts auch zum Mitnehmen. Zu Mittag gibt's neben den Standardgerichten sowohl ein Tagesgericht als auch ein 3-gängiges Menü, das gerne auch als „Take away" verpackt wird.
BIO !

JOHANN SUPPAN OBST & GEMÜSE
1070 Wien, Burggasse 81
TEL 01/522 88 48
GENUSS REGION ÖSTERREICH Ein kleines und sehr gemütliches Spezialitätengeschäft. Absolute Frische und bester Geschmack sind das oberste Gebot, die Palette reicht von knackigem Obst und Gemüse (darunter viele Feinheiten aus der Genussregion Wiener Gemüse) in allen Variationen über eine große Auswahl an frischen Kräutern und Trockenfrüchten bis zu Bauernsauerkraut, Salzgurkerln, feinen Essigen und Ölen. Zusätzlich werden Schmankerln wie eingelegtes Gemüse von Stekovic angeboten. Das Personal berät sehr zuvorkommend und fachkundig.
BIO !

KULINARIUM 7
1070 Wien, Sigmundgasse 1/1
TEL 01/522 33 77
MAIL info@kulinarium7.at
WEB www.kulinarium7.at
Cool gestylte Innenarchitektur, hervorragendes Essen, edle Weine und Spirituosen, so präsentiert sich das Kulinarium 7 seinen Kunden. Das Lokal ist Alimentari und Vinothek in einem. Das herrliche Angebot an Käse, Spezialessigen und Edelölen sowie die erweiterte Auswahl an in- und ausländischen Spitzenweinen und Spirituosen gibt es als Sit-in oder Take-away. Fachkundiges Personal, das sehr freundlich berät und bedient. Geöffnet Di.–Sa. 17.00 bis 24.00 Uhr.
!

MARE & MONTI
1070 Wien, Neustiftgasse 48
TEL 01/942 64 16
MAIL info@maremonti.at
WEB www.maremonti.at
Frische heißt das Zauberwort bei Fisch, und nachdem man bei Mare & Monti nur beste Qualität anbieten will, lässt man sich den Fisch auch 3x wöchentlich liefern. Die Auswahl an fangfrischem Fisch und Meerestieren ist groß, je nach Saison gibt es Angebote aus dem Mittelmeerraum, dem Pazifik, der Nordsee oder auch aus heimischen Gebirgsgewässern. Daneben werden aber auch italienische Spezialitäten wie Käse, Teigwaren, Wurstspezialitäten (darunter exklusive Prosciutti aus Kalabrien), feine Öle, Essige und Gewürze sowie ausgewählte Weine und hochwertige Spirituosen angeboten. Obst gibt es hier auch in Bio-Qualität, und ein herrliches Antipasti-Programm verführt zum Genuss vor Ort.
BIO !

NATURKOST SANKT JOSEF
1070 Wien, Zollergasse 26
TEL 01/526 68 18
MAIL st.josef.natur@aon.at
Der sehr gut sortierte Bioladen ist eines der Pioniergeschäfte der Bioszene. Obst und Gemüse überzeugen mit bester Qualität, Frische und großer Auswahl, das ausgesuchte Angebot an Käsespezialitäten, frischem Brot und Gebäck sowie Konditorwaren führt auch Bio-Neulinge in Versuchung. Dazu gibt es Spezialessige und -öle, Marmeladen, Kaffee und einen abwechslungsreichen, veganen Mittagstisch mit Salatbar. Die Mitarbei-

ter kennen sich bei den zahlreichen Produkten aus und sind genauso freundlich und kompetent wie ihr Chef Othmar Holzinger.
!

NATURKOST SPITTELBERG

1070 Wien, Spittelberggasse 24
TEL 01/523 61 92
WEB www.naturkost-spittelberg.at
Das kleine Lebensmittelgeschäft liegt voll auf der Biolinie! Herrlich frisches Obst und Gemüse in großer Vielfalt, darunter auch Bio-Sauerkraut, köstliche Schaf- und Ziegenkäsespezialitäten, feiner Ricotta al Forno und eine riesige Auswahl an Milchprodukten. Hühner-, Rind-, Lamm-, Kalb-, Schwein- und Putenfleisch gibt es hier ebenso wie frischen und abgepackten Fisch. Im Sortiment finden sich aber auch Bauernbrot, Süßes, Mehlspeisen, Kaffee, Tee, Schokoladen, Gewürze, Raritäten und Fair-Trade Produkte. Und saisonal kann man sich selbst oder seine Lieben auch mit handgemachten Marzipan-Ostereiern mit wild gesammelten Blütenblättern verwöhnen!
!

RADATZ

1070 Wien, Neubaugasse 7
TEL 01/523 33 13
WEB www.radatz.at
Hell und freundlich ist die Filiale von Radatz in der Neubaugasse und lädt mit einem besonders appetitlich präsentierten Sortiment zum Genuss. Auswählen kann man aus einer Vielzahl von Wurst-, Schinken- und Fleischspezialitäten (z.B. Schneebergbeef, frisches Lammfleisch, Rauch-, Kren-, Preiselbeer- oder Lachsschinken, auch in Bio-Qualität) und aus einem kleinen, aber feinen Angebot an Käse; auch frischer Alpenlachs vom Schneeberg wird angeboten. Dazu gibt es eine feine Auswahl an österreichischen Weinen. Im Imbissbereich gibt's bis zu sechs Menüs pro Tag, darunter auch fleischlose Gerichte. Das Personal bedient freundlich und nimmt sich Zeit für jeden Kunden.

REFORMHAUS BUCHMÜLLER

1070 Wien, Neubaugasse 17–19
TEL 01/523 72 97
MAIL office@reformhaus-buchmueller.at
WEB www.reformhaus-buchmueller.at
Ein herrliches Sortiment aus dem Natur- und Biobereich erwartet den Kunden in diesem Reformhaus. Nicht nur frisches Brot und Gebäck verführt zum Genuss, sondern auch über 150 Teesorten, zahlreiche Essige, Öle, Marmeladen und Kaffes sowie ein umfangreiches, liebevoll und professionell betreutes Biosortiment. Bei den Mittagmenüs werden auch glutenfreie Varianten sowie Menüs für Diabetiker und Allergiker angeboten. Es gibt auch tolle Imbisse sowie Take-away-Schmankerln.
!

VOLLKORNBÄCKEREI KORNRADL

1070 Wien, Lerchenfelder Straße 13 (im Durchhaus)
TEL 01/924 64 44
Eine „urige" Bäckerei, in der das Brot noch wirklich von Hand gemacht wird. Wer vormittags beim Brotbacken zuschauen oder mitmachen will, ist herzlich willkommen. Gerne wird hier auch das eigene Wunsch-Brot gebacken. In der Mini-Bäckerei verführt ständig frisch gebackenes und herrlich duftendes Brot und Gebäck zum Genuss.Für Naschkatzen gibt es u.a. Buchteln, gefüllte Plunder, Nussstrudel oder Dinkel-Apfelstrudel. Vervollständigt wird die Angebotspalette mit Marmeladen, Säften, Schokoladen, Tee, Kaffee und verschiedenen Milchprodukten, vieles davon auch in Bio-Qualität erhältlich.

WALD & WIESE

1070 Wien, Neubaugasse 26
TEL 01/907 81 07
WEB www.waldundwiese.at
Die süße Verführung. Honig- und Trüffelspezialitäten sind der Schwerpunkt des Geschäfts. Hier gibt es alles rund um die Biene bis hin zu Kosmetik und Nahrungsergänzung, sogar eine Honigbar mit offenem, frischem Honig – darunter z.B. Himalaya-Gebirgshonig – und Honigwein werden geboten. Trüffel gibt es hier frisch oder veredelt, aus Istrien unter anderem von Giancarlo

Ideenbäckerei Geier

Radatz Josefstädter Straße

Zigante, dem König der Trüffelhändler. Butter, Öle, Pasteten, Käse und raffinierte Gourmetaufstriche mit den besten Trüffelknollen aus den Wäldern um Motuvun verzaubern die Gaumen. Zum Abschluss gibt es herrliche Honig-Schokoladen.

!

8. BEZIRK

BIO FEINKOSTLADEN FRANZ KASCHIK

1080 Wien, Lange Gasse 43
TEL 01/409 33 73

Alles – und das in Bio-Qualität – das ist die Devise im Bio-Feinkostladen. Zum Genuss verführt ein herrliches Angebot an Obst und Gemüse, feine Käse, eine große Auswahl an Wurst und Schinken, Milchprodukte, Marmelade, Mehl und Gewürze. Brot gibt es unter anderem als Dinkelbrot, Vollkornbrot, Steirerbrot oder Würzlaib, beim Gebäck findet man auch ausgefallene Spezialitäten wie Vegiburger. Der vegetarische Mittagstisch kann auch mit einer Pizza aufwarten, als Begleitung gibt es leckere Bio-Säfte.

BIO-VOLLWERTBÄCKEREI GRADWOHL

1080 Wien, Josefstädter Straße 60
TEL 01/408 22 50
WEB www.gradwohl.at

Hier wirft sich das Brot bzw. das Mehl in Schale. Selbst Stammkunden finden hier immer wieder neue und innovative Produkte: Gebäck, Kaffee, Tee, Kekse und Torten in ausgezeichneter Qualität. Spezialitäten wie Brot ohne Hefe, Dinkelbaguette oder Bauernbrotstange lassen Brotliebhaber jubeln. Die Biovollkornbäckerei Gradwohl ist neben Biovollkornbackwaren aber auch auf Nahrungsmittelunverträglichkeiten bei Back- und Teigwaren spezialisiert.

IDEENBÄCKEREI GEIER

1080 Wien, Lerchenfelder Straße 108
TEL 01/406 40 89
MAIL baeckerei@geier.at
WEB www.geier.at

Seit 1902 gibt es in der Ideenbäckerei Geier von einer riesigen Auswahl an klassischen Brotsorten bis hin zum Feingebäck alles, was das Herz begehrt. Auch Feines für Naschkatzen wie hausgemachte Torten und Schnitten (saisonal auch herrliche Fruchtschnitten), verführerische Kuchen, duftende Mehlspeisen, Plunder, Gugelhupf und Rouladen. Das Personal berät freundlich und nimmt sich für jeden Kunden Zeit.

RADATZ

1080 Wien, Josefstädter Straße 65
TEL 01/409 22 43
WEB www.radatz.at

Die beliebte und stark frequentierte Filiale von Radatz auf der Josefstädter Straße bietet besondere Spezialitäten bei Schinken (Vulcano-Rohschinken, Pistazien- oder Bärlauchschinken), Wurst (toskanische Wildschweinsalami) und Käse, aber auch frisches Bio-Brot und -Gebäck, heimische Weine, Sekt, Convenience-Produkte, Pasteten, Aufstriche und Salate. Lamm, Kitz, Strauß und Kängurufilets bekommt man auf Bestellung, frischen Fisch gibt es von Mittwoch bis Freitag. Der Imbissbereich lädt mit sehr angenehmer Atmosphäre zum Genuss der vielen Spezialitäten ein. Das Personal bedient freundlich und mit viel Kompetenz.

!

SPAR GOURMET

1080 Wien, Josefstädter Straße 13
TEL 01/409 85 88
WEB www.spar.at

Dieser Spar-Gourmet präsentiert sich modern, neu, genussvoll. Das große Käseangebot mit vielfältig bestückter Selbstbedienungsvitrine bietet vor allem eine große Auswahl an heimischen Käsesorten. Vier verschiedene Bäcker liefern Vollkornbrot und Weckerln, das Bio-Sortiment ist – wie bei Spar üblich – umfangreich und zieht sich durch fast alle Warengruppen. Das Weinsortiment wurde abermals ausgebaut und zur besseren Orientierung steht ein „Wein-Computer" bereit. Die Fleisch- und Wurst-Theke überzeugt mit Auswahl und Qualität, es gibt ca. 20 verschiedene Speck- und Schinkenspezialitäten, die sehr ansprechend präsentiert wer-

Feinkost Schober

Feines bei Ungar

den, und auch das Personal gefällt mit Freundlichkeit und Hilfsbereitschaft.
!

VERDE 1080

1080 Wien, Josefstädter Straße 27
TEL 01/405 13 29
Genussvoll einkaufen in angenehmer Atmosphäre. Hier wird „Bio" großgeschrieben. Die herrliche Palette an frischem Obst und Salat wird auch anspruchsvolle Genießer überzeugen. Darüber hinaus gibt es Convenience-Produkte, ein großes Saucenangebot, belgische Schokolade, Kaffee, Tee, Süßwaren, Senf, Trockenfrüchte, Säfte, Kräuter und Gewürzmischungen. Catering wird ebenfalls angeboten, als Mittagsmenü gibt's spezielle Gerichte, etwa Lammeintopf. Auch die hervorragenden Suppen wie Curry-Huhn verführen zum Probieren. Sehr persönliche Beratung, gute Atmosphäre.
BIO !

VINOE

1080 Wien, Piaristengasse 35
TEL 01/402 48 89
MAIL vinoe@aon.at
WEB www.vinoe.at
Hier versteht man sich als die Vinothek für niederösterreichische Weine. Neben bekannten Namen werden hier auch viele junge, aufstrebende Winzer präsentiert. Derzeit finden sich ca. 350 Weine von über einhundert verschiedenen Winzern im Programm. Eine wechselnde Auswahl an Weiß- und Rotweinen steht bei bester Beratung immer zur Verkostung bereit. Neben Weinen werden aber auch Winzersekte, Fruchtsäfte, Edelbrände, Marmeladen, Bio-Honig, Kürbiskerne, Kürbiskernöl, Rapsöl, handgeschöpfte Schokoladen sowie Weinaccessoires angeboten. Im Zeitraum September bis Juni gibt es Verkostungen zu verschiedenen Themen bzw. präsentieren Betriebe ihre Weine.
BIO !

9. BEZIRK

MONIKA ADAM LEBENS-MITTEL

1090 Wien, Porzellangasse 50
TEL 01/319 57 92
In dem kleinen Laden mit familiärer Atmosphäre werden ausschließlich Qualitätsprodukte geführt: nicht nur frisches Obst und Gemüse jeder Art, Sauerkraut und Salzgurkerln vom Fass, sondern auch Biofleisch und Biofisch sowie Biokäsespezialitäten. Dazu Sonnentor-Tee, EZA-Kaffee, Büffelmozzarella und ein kleines Sortiment von Biobrot direkt vom Bauern sowie Kasses Brot und Gebäck, das ausschließlich mit naturbelassenen Zutaten zubereitet wird – ohne E-Zusatzstoffe und mit minimalem Hefeeinsatz – dafür mit den zwanzig verschiedenen, über Jahre selbst kultivierten Sauerteigen und mit ungefilterter Salzsole statt raffiniertem Salz.

FEINES BEI UNGAR

1090 Wien, Porzellangasse 32
TEL 01/315 25 43
In diesem bekannten Feinkost- und Spezialitätengeschäft mit italienischen Flair wird nur das verkauft, was Herrn Ungar auch selbst schmeckt. Bei der Wurst findet man eine Vielzahl an Genuss versprechenden italienischen und heimischen Spezialitäten wie Trüffelsalami, handgeschnittener Beinschinken, Hirschrohschinken oder Wildschweinsalami. Die Käsetheke bietet 50 verschiedene Sorten aus der Schweiz, Frankreich, Italien und Österreich, beim Gebäck gibt's knuspriges Waldviertler Dampfbrot ebenso wie Brot von Grimm. Die Qual der Wahl hat man auch bei den über 100 verschiedenen Weinen aus Österreich und Italien, das Angebot an ausgewählten Destillaten überzeugt ebenfalls. Darüber hinaus werden edle Olivenöle, Aufstriche, Pasteten, Natursäfte, Schokoladen oder Kaffee angeboten. Herr Ungar gibt gern Auskunft über die Herkunft der einzelnen Produkte. Donnerstags gibt's übrigens frische, handgemachte Teigwaren aus dem Piemont.
BIO !

La Pasteria

Mayerhofer's Wein&Essbar

FEINKOST SCHOBER

1090 Wien, Währinger Straße 3
TEL 01/406 12 61
MAIL office@feinkost-schober.at
WEB www.feinkost-schober.at

Im Laufe der Jahre wurde aus der ursprünglichen Qualitätsfleischerei eine Edelgreißlerei der besonderen Art: Angeboten werden nicht nur Wurst- und Schinkenspezialitäten wie Cacciatore Salami, luftgetrockneter Rinderschinken oder edler handgeschnittener Beinschinken, sondern auch zahlreiche Feinkostprodukte und Köstlichkeiten. Die Palette reicht von Esterhazy-Weinen über Szigeti Sekt, Quitten- und Beerenauslesegelees, Rosenblüternsirup, Kürbiskernöl und -brand bis zu täglich frisch zubereiteten Schmankerln wie karamellisierten Schinkenfleckerln oder Kalbsgulasch. Frisches Gemüse gibt es hier ebenso wie knackige Salate, Sülzchen, Pasteten und Aufstriche, hausgemachtes Gebäck, herrlich duftende Mehlspeisen, aber auch Schokoladen und Trüffelkonfekt. Den Durst kann man mit Steinbier – das zu Vollmond gebraut wird – löschen. Diese Edelgreißlerei ist ein Feinkostgeschäft der Sonderklasse, die Chefitäten kümmern sich persönlich und liebevoll um jeden Kunden und bieten ausgezeichnete Qualität.

BIO !

LA PASTERIA

1090 Wien, Servitengasse 10
TEL 01/310 27 36
MAIL markus.billig@la-pasteria.at
WEB www.la-pasteria.at

Seit vielen Jahren ist La Pasteria bekannt für die Produktion von täglich frischen Teigwaren. Auf Vorbestellung werden hier gerne auch Spezialwünsche erfüllt. Die schöne italienische Wurst- und Käse-Theke offeriert bei bester Beratung eine reichhaltige Salami- und Schinkenauswahl, darunter Spezialitäten wie Lardo, Trüffel- oder Wildschweinsalami sowie eine breite Palette an verführerischen, hausgemachte Teigwaren. Bekannt ist das Geschäft auch für den „besten" Panettone in Wien. Das ausgewählte Sortiment an Ölen und Essigen überzeugt mit bis zu 25 Jahre altem Edel-Balsamico. Kleines, aber exquisites Sortiment an italienischen Weinen und Antipasti. Neu im Angebot: fertiges Risotto mit Steinpilzen oder Trüffeln,

!

MAYERHOFER'S WEIN&ESSBAR

1090 Wien, Liechtensteinstraße 27
TEL 01/310 87 32
WEB www.wurst1.com

Für hochwertige Qualität und besten Geschmack hat diese Fleischerei schon viele Goldmedaillen gewonnen, Gaumengenuss ist hier also garantiert. Das Wurst- und Fleischsortiment ist vielfältig und enthält neben italienischem Lardo auch Leber-, Blut-, Extra- oder Weißwürste. Verführerisch präsentiert werden auch das Roastbeef, der hausgemachte, von Hand geschnittene Beinschinken oder das Vitello Tonnato. Man bekommt hier aber auch hochwertige italienische Pasta, belgische Schokoladen oder selbst gemachte Marmeladen. Für den kleinen und großen Hunger gibt es täglich frisch zubereitete Menüs, die auch als Take-Away zu haben sind. Die Vinothek bietet eine große Auswahl an vorwiegend österreichischen Weinen. Qualität wohin man schaut, und auch das freundliche Personal hilft gern und freundlich mit Küchengeheimnissen aus. Tipp: Sonntag ist von 11 bis 17 Uhr geöffnet!

!

MONIKA ADAM OBST UND GEMÜSE

1090 Wien, Porzellangasse 50
TEL 01/319 57 92

Das kleine und sehr einladende Geschäft führt nicht nur heimisches, frisches und knackiges Obst und Gemüse, sondern auch zahlreiche Exoten. Spezialitäten vom Mangalitzaschwein findet man hier ebenso wie Lardo oder Gewürzspeck. Schmalz mit Blüten-, Curcuma- oder Currygeschmack verfeinert das Sortiment. An der Käsetheke findet man Bio-Käse von der Edelziege oder auch Büffelmozzarella, bei Brot und Gebäck Vollkornsauerteigbrote von Waldviertler Bio-Bauern. Zum Genuss verführen aber auch hausgemachte Marmeladen und Mehlspeisen, Biosäfte, Dinkel- oder Haferwhisky aus dem Waldviertel, edle Destillate, darunter Nuss- oder Himbeerlikör. Donnerstags ist Frischfischtag, man kann wählen zwischen Forellen, Saiblingen und Lachs.

BIO !

Tastea

NATUR & REFORM

1090 Wien, Währinger Straße 57
TEL 01/406 26 30
MAIL office@natur-reform.com
WEB www.natur-reform.com
Im alteingesessenen Reformgeschäft wird eine große Auswahl an Drogerie- und Bioprodukten geboten: An der kleinen Käsetheke verspricht eine feine Auswahl an heimischen Sorten wie Salzburger Bauern-, Rauchkuchlkäse und Fastenkäse, aber auch Vorarlberger Bergkäse sowie Schaf- und Ziegenkäse Genuss, tierisches und pflanzliches Lab wird ebenfalls angeboten. Dazu gibt es passend Bioweine von Allacher oder Bio-Bier von Hirter, Bio-Vollkornbrote, kaltgepresste Öle und frisch gepresste Bio-Obst- und Gemüsesäfte. Naschkatzen werden vor allem die hausgemachten Mehlspeisen wie die Apfeltascherln lieben, aber auch Zotter-Schokolade oder Energiekugeln aus Trockenfrüchten finden sich im Sortiment. Vervollständigt wird die breite Angebotspalette mit einem umfangreichen Teesortiment, Fair-Trade-Kaffee, Bio-Gewürze, Naturkosmetik oder auch Bio-Waschmitteln.
BIO !

REFORMHAUS REGENBOGEN

1090 Wien, Garnisongasse 12
TEL 01/408 65 85
WEB www.regenbogenreform.at
Hier gibt es nicht nur täglich frisch zubereitete Vollwertkost, vegane, glutenfreie und ayurvedische Speisen, sondern auch ein reichhaltiges Salatbuffet. Für Genuss sorgt aber auch das Angebot an Bio-Produkten, das von Lebensmitteln, Tees und Gewürzen bis zu Spezialitäten wie Lotoswurzeln, Flohsamenschalen, Gerstenpulver, Meeresalgen, Pfeilwurzelmehl oder Himalaya Ursalz reicht. Bioschokoladen, Säfte aller Art und hausgemachte Mehlspeisen werden ebenso angeboten. Qualität und Frische haben hier Priorität, und egal ob beim Flanieren durch das Geschäft oder beim Verkosten der Speisen: Ein Geschmacks- und Wohlfühlerlebnis höchster Güte ist garantiert.
BIO !

TASTEA

1090 Wien, Spitalgasse 13
TEL 01/890 01 35
MAIL office@tastea.at
WEB www.tastea.at
Wohlfühlgeschäft mit kompetent-engagierter Beratung: Bei Tastea gibt es offene Schwarz-, Grün-, Gelb- und Weißtees, Oolong, Rooibos, Früchte- und Gewürztees, Maté, Bio-Kräutertees von Sonnentor und der Bergkräutergenossenschaft Hirschbach, St. Georgener Bio-Bergkräuter, Tees aus fairem Handel, Yogi- und Ayurvedatees, Kindertees, aber auch Kannen, Tassen, Becher, Literatur, sowie Grünteeschnitten, Trinkschokoladen, Ingwerzuckerl oder Gewürze. Ein sehr breite Sortiment macht Lust auf mehr und weckt die Neugierde darauf, etwas Neues auszuprobieren. Gegen eine geringe Pauschale kann jeder Tee verkostet werden!
BIO !

10.BEZIRK

BILLA

1100 Wien, Himberger Straße 24–26
TEL 01/689 58 65
WEB www.billa.at
Schon beim Eingang duftet es nach Brot und Gebäck. Ein Brunnen vermittelt in der Obst- und Gemüse-Abteilung Frische. Erwähnenswert sind auch die Wurst- und Schinken-Abteilung bezüglich Sauberkeit und Angebot und die besonderen Essige und Öle. Es gibt täglich ein Mittagsmenü.

KURKONDITOREI OBERLAA AM KURPARK

1100 Wien, Kurbadstraße 12
TEL 01/689 25 89 - 0
MAIL kurpark@oberlaa-wien.at
WEB www.oberlaa-wien.at
Im neuen Lokal wird Naschkatzen eine unglaubliche Auswahl verschiedener handgemachter Pralinen geboten, die Variationen reichen von Champagner-Trüffel über Blätterkrokant und Schichtnougat bis zu Pistazie und Jamaica. Chocarome, eine Variation aus Edelbitterschokolade und Fruchtaromen sowie Diabetikersorten wurden durch viele neue Kreationen erweitert. In gediegener Atmosphäre kann man hier aber auch köstliche

Feigenhof

Basic Austria Bio für Alle

Torten, herrliche traditionelle Kuchen und Plundergebäck vor Ort genießen oder mitnehmen. Da fällt die Wahl wirklich schwer.

VINO DEL COLLIO
1100 Wien, Gudrunstraße 143
TEL 0699/17 07 07 30
MAIL karin@vinodelcollio.at
WEB www.vinodelcollio.at
Wein, Pasta und italienische Lebenskultur. In ansprechender und gemütlicher Atmosphäre kann man in diesem Geschäft aus einem großen Sortiment an seltenen und außergewöhnlichen Produkten wählen: Weine aus dem Friaul, der Toskana aber auch aus Spanien und Portugal, feine Schokoladen von Venchi, Panettone, handgemachtes Sugo und Pesto, Honiggrappa. Das Personal glänzt hier durch außergewöhnliches Fachwissen und großen Einsatz.

11.BEZIRK

BIO FEIGENHOF
1110 Wien, Am Himmelreich 325
TEL 06 64/422 44 80
MAIL bio@feigenhof.at
WEB www.feigenhof.at
GENUSS REGION ÖSTERREICH Nahe dem Schloss Neugebäude, am Himmelreich in Simmering, befindet sich der Bio-Feigenhof, der nicht nur 25 verschiedene Feigen-Sorten bietet, sondern – als Mitglied der Genussregion Wiener Gemüse – natürlich auch frisches Bio-Gemüse in allen Variationen (darunter viele Raritäten und alte Sorten, vor allem bei Paradeiser, Kürbis, Chili und Kartoffeln) nach Saison, 200 verschiedene Kräuter-Sorten (von Azteken-Süßkraut bis zur Zitronenverbene), chinesisches Gemüse oder auch frisch geschnittene Salate. Eine tolle Auswahl an feinen Feigen-Marmeladen gibt's hier ebenso wie edle Kräuterliköre. Immer samstags von April bis Dezember von 10.00 bis 17.00 Uhr können Besucher frisch Geschnittenes ab Hof kaufen.
BIO !

DIWAN BACKSHOP
1110 Wien, Braunhubergasse 2
TEL 0699/19 41 99 94
MAIL nacidemir81@hotmail.com
Türkische Bäckerei mit exzellentem Angebot an türkischem und österreichischem Brot und Gebäck, orientalischen Süßspeisen wie Baklawa, Halva etc. Im gut einsehbaren, gepflegten Backraum werden Topfen- und Apfelstrudel sowie Golatschen, Krapfen etc. frisch zubereitet. Kleines Angebot herkömmlicher türkischer Lebensmittel, eingelegtes Sauergemüse, Öle und Essige. Imbiss: 6.00 bis 24.00 Uhr.
!

12.BEZIRK

BASIC AUSTRIA BIO FÜR ALLE GMBH
1120 Wien, Schönbrunner Straße 222–228
TEL 01/817 11 00-0
MAIL info@basicbio.at
WEB www.basicbio.at
Dass Bio höchster Genuss ist, wird in diesem Supermarkt eindrucksvoll bewiesen. Eine geradezu vorbildliche Obst- und Gemüse-Abteilung mit Topangeboten, und das hervorragende und umfassende Käse-, Wurst- und Frischfleischsortiment verführen zum Genuss. Ein Bioeinkaufsparadies der Extraklasse, mit fachkundiger Beratung und Präsentation. Überhaupt ist die Auswahl an Bioprodukten in allen Warengruppen vorbildlich. Am Eingang gibt es darüber hinaus eine eigene Backstation, die ständig für ofenfrisches, herrlich duftendes Brot und Gebäck sorgt. Auch edle Bioweine werden hier angeboten.
BIO !

FRISCHEPARADIES AUSTRIA
1120 Wien, Sagedergasse 18-22
TEL 01/803 01 70
Das Erste, das einem beim Betreten des Geschäfts auffällt, ist die mit 21 Meter längste Frischfischtheke Europas. Die Auswahl überzeugt mit zahlreichen Süß- und Salzwasserfischen sowie hervorragenden Meeresfrüchten, die alle täglich frisch angeliefert werden. Das Frischeangebot besteht aber nicht nur aus Fisch, sondern auch Fleisch, Geflügel oder Käsespezialitäten

Frische Paradies

1130 Wein – Hietzinger Vinothek

stehen zur Auswahl, ebenso wie nationale und internationale Weine, Champagner oder Obst und Gemüse, darunter viele Exoten, und für den süßen Abschluss feine Schokoladen. Dass auch die österreichischen Genussregionen stark vertreten sind, versteht sich von selbst. Man sollte also Zeit mitbringen, wenn man das Angebot in seiner ganzen Vielfalt erleben möchte – und falls Sie sich weiterbilden wollen: Auch Kochkurse werden angeboten.
BIO !

GREISSLEREI FUCHSENFELD M. WEINZETTL

1120 Wien, Längenfeldgasse 68
TEL 01/813 41 35
Filialbetrieb von Feinkost Posch mit gleichem Sortiment. Eine Greißlerei wie aus dem Bilderbuch und deshalb absolut sehenswert. Aufgrund des geringen Platzangebots gibt es in allen Bereichen ein auf das Wesentliche beschränktes, aber dafür handverlesenes und genussversprechendes Angebot. Darunter finden sich viele Bioprodukte, die von der Eigentümerfamilie persönlich ausgesucht werden. Auch selbst gemachte Salate, Marmelade oder Kuchen werden angeboten. Übersichtlich sortiert, mit kompetenter und sehr herzlicher Beratung.
BIO !

GROSS WURST- UND SELCHWAREN

1120 Wien, Meidlinger Hauptstraße 46 / Pohlgasse 2–6
TEL 01/812 17 08
WEB www.gross-wurst.at
Bereits 1926 eröffnete das erste Gross-Geschäft. Aus Tradition, Erfahrung und mit viel Qualitätsbewusstsein produziert man auch heute Wurstsorten wie mexikanische Chiliwurst, griechische Gyrosta oder Olivia. Neben dem klassischen Fleischangebot finden Sie hier aber auch fünf verschiedene Sorten Leberkäse, köstliche Schinken, Geselchtes, Schnittwurst, ein reiches Putensortiment, Hartwürste wie Salami Veneta und Käse. Dazu feine Brotaufstriche und Salate, Getränke, Brot und Gebäck.
!

13.BEZIRK

1130 WEIN – IHRE HIETZINGER VINOTHEK

1130 Wien, Lainzer Strasse 1, Eingang Altgasse
TEL 0699/18 00 00 02
MAIL sponer@1130wein.at
WEB www.1130wein.at
Ein erlesenes österreichisches und internationales Sortiment erwartet den Genießer in dieser Vinothek, darunter viele Weine zu Ab-Hof-Preisen. Im Programm vertreten sind praktisch alle nennenswerten Weinbaugebiete der Welt, aber auch viele Neuentdeckungen. Daneben findet man 15 verschiedene Sorten an Olivenölen, aber auch Schaumwein, Essig, Kürbiskernöl und Kürbiskernprodukte, Nudeln, Salz aus dem Auseer Land, Wenger Senf oder Edelbrände. Selbstverständlich werden auch Weinverkostungen und Weinseminare durchgeführt. Der Chef berät hier selbst, sehr freundlich und mit viel Erf±±ahrung und Fachwissen.
!

BIOMARKET - DER BIO-SUPERMARKT

1130 Wien, Fasangartengasse 20–24
MAIL officewien13@biomarket.at
WEB www.biomarket.at
Das reichhaltige Sortiment (rund 7.000 Produkte) und die großzügige Präsentation sind beeindruckend. Alle Waren sind zu 100 Prozent Bioprodukte, der Schwer-

Paul Rumpel

Feinschmeckerstadl

punkt liegt dabei auf Genuss aus österreichischer Herkunft. Die Genussregionen sind unter anderem mit Jauntaler Salami, Grazer Krauthäuptel oder Oststeirischem Apfel geschmackvoll vertreten. Auch die Käsetheke weiß mit zahlreichen Spezialitäten wie dem Großwalsertaler Bergkäse zu gefallen. Obst und Gemüse gefallen mit Frische und bester Präsentation, Brot und Gebäck gibt es frisch und knusprig, die Auswahl an Bio-Weinen und Spirituosen ist hervorragend. Was nicht aus Österreich kommt, ist nach dem Herkunftsland beschildert. Und bei Fragen zu den einzelnen Produkten hilft das Personal hier wirklich freundlich und kompetent weiter.
!

GOOD MOOD FOOD
1130 Wien, Hietzinger Hauptstraße 22
TEL 01/876 17 17
MAIL bestellung@goodmoodfood.at
WEB www.goodmoodfood.at
Leichte und frische Küche, vorwiegend vegetarisch. Suppen, Salate, Pasta, Polenta, Antipasti, Reisrollen. Die Gerichte werden auf farbenfrohem, handbemaltem Geschirr serviert. Bei Obst und Gemüse überzeugt ein kleines saisonales Angebot, bei Wein die Auswahl an spanischen und italienischen Tropfen. Frische Fruchtsäfte mit viel Geschmack!

ÖKOLOGIA
1130 Wien, Hietzinger Hauptstraße 52
TEL 01/879 31 85
Ein kleines, sympathisches Biogeschäft, von der Inhaberin persönlich geführt. Besonders erwähnenswert ist die große Auswahl an Obst und Gemüse aus dem Wein- und Waldviertel, Edelbrände, Speck vom Bauern, fruchtige und gemüsige Säfte, Marmeladen sowie Reformwaren für jeden Geschmack.

PAUL RUMPEL
1130 Wien, Hietzinger Hauptstraße 13
TEL 01/877 52 40
Das exquisite Lebensmittelgeschäft hält ein außergewöhnlich gutes und genussversprechendes Angebot bereit und setzt dabei stark auf die Herkunft aus den heimischen Genussregionen: frisches und appetitlich präsentiertes Obst und Gemüse, gemischte Salate, eine wunderbare Palette an Feinkost, darunter exquisite Trüffelkäse und feine Schinken. Auch das Frischfleisch- und das Frischfischangebot (mit Neusiedlersee Zander oder Wildkarpfen) besticht ebenso wie die Hausmannskost mit Schinkenfleckerln oder Aufläufen aus eigener Produktion. Daneben werden aber auch feines Sauerteigbrot- und gebäck, edle Weine aus aller Welt, verführerische Süßigkeiten und Schokoladen sowie süße Trüffel angeboten. Für spezielle Anlässe gibt es tolle Geschenkkörbe.
!

14. BEZIRK

FEINKOST-SPEZIALITÄTEN ASCHAUER
1140 Wien, Linzer Straße 254
TEL 01/911 35 24
GENUSS REGION ÖSTERREICH In diesem Vorzeige-Feinkostgeschäft findet man eine große Auswahl an hochwertigen und bestens präsentierten Geheimtipps und Köstlichkeiten. Eine reichhaltige Käseauswahl (mit Feinheiten wie Calvados Brie, Ziegenhanf-, Trüffel-, Uhudlerkäse, italienischen Büffelkäse oder Büffelcamembert aus dem Kamptal, auch zahlreiche Biokäse finden sich) und Wurstspezialitäten wie Hirschrohschinken, Trüffel-, Wildschwein- oder Straussensalami, Gewürz- und Schinkenspeck, Beinschinken vom Mangalitza-Schwein oder auch hervorragende Trüffelmortadella machen Lust auf Geschmack. Aus den Genussregionen findet man Mostviertler Schofkas, Wiener Gemüse oder Traisentaler Fruchtsäfte. Obst und Gemüse gibt es frisch und in Bio-Qualität, die feine Palette an Weinen aus der Wachau von Knoll, Jamek und Jurtschitsch überzeugt. Man merkt der Familie und dem Personal an, dass hier mit Freude und viel Leidenschaft gearbeitet wird. Ein Cateringservice wird ebenfalls angeboten.
!

FEINSCHMECKERSTADL
1140 Wien, Hütteldorfer Straße 106
TEL 01/786 33 76
Ein Greißler, wie man ihn sich wünscht: freundlich und

Fleischerei-Imbiss-Geflügel Huber

immer mit einem offenen Ohr für alle Kundenwünsche. Das Angebot an Verführungen aus den Genussregionen ist groß. Zillertaler Heumilchkäse findet sich ebenso wie Weinviertler Erdäpfel, Waldviertler Mohn oder Wiener Gemüse. Das Käsesortiment ist perfekt sortiert, praktisch alle gängigen heimischen Sorten werden angeboten. An der Wursttheke finden sich zahlreiche Spezialitäten wie Putensalami, Beinschinken oder Hirschrohschinken. Das Imbissangebot wurde erweitert, zum Genuss verführen mittlerweile schon 50 verschiedene Sorten an hausgemachten Sandwiches und Brötchen, viele Aufstriche, Salate, frisches Brot und Gebäck sowie eine kleine Auswahl ausgesuchter Weine und Spirituosen. Dazu noch Antipasti und Marmeladen, Essige und Öle, Tee und – für den raschen Energieschub – Coffee to go. Kronsteiner ist zudem der Caterer im 14. Bezirk.
!

FLEISCHEREI-IMBISS-GEFLÜGEL HUBER

1140 Wien, Linzer Straße 412
TEL 01/416 53 49
Die Fleischerei Huber ist ein Familienbetrieb im besten Sinne des Wortes und überzeugt Genießer nicht nur mit einer sehr guten Auswahl an geschmackvollen Spezialitäten, sondern auch mit der fachmännischen Beratung. Viele der angebotenen Produkte, darunter Selchspeck, Selchripperl, Kümmelbraten, Blut- und Bratwürste, Grammeln, Knödel und Gulasch sind hausgemacht. Regionale Spezialitäten findet man ebenso wie frisches Fleisch vom Wild oder Lamm, aber auch von Enten und Gänsen aus dem Waldviertel. Eine kleine Palette an Weinen aus Carnuntum sowie eine Auswahl an Käsespezialitäten vervollständigt das Angebot. Für die schnelle Küche gibt es unter anderem Speck- oder Wurstknödel.

15.BEZIRK

FLEISCHEREI STIERSCHNEIDER

1150 Wien, Märzstraße 9
TEL 01/985 83 03
FILIALE Meiselmarkt, Stand B4
Sympathischer Fleischhauer mit einer hervorragenden Auswahl an Wurst- und Fleischspezialitäten in bester Qualität. Die Wursttheke zeichnet sich durch eine sehr ansprechende Präsentation aus – natürlich ist die gesamte Palette an Wurstwaren hausgemacht. Appetit machen hier auch Wurzelspeck, Selchspeck oder der aromatische Kümmelbraten. Das frische Fleisch kommt unter anderem von Kalbinnen aus der buckligen Welt oder vom Mangalitza-Schwein, auch Wild wird angeboten, Gänse und Enten gibt es auf Bestellung. Stierschneider ist aber vor allem auch bekannt für die große Auswahl an hervorragenden Steaks – ausschließlich aus Nieder- und Oberösterreich – sowie für seine „Fledermäuse", ein echter Geheimtipp für den Grill!

GALILEO

1150 Wien, Meiselmarkt B5
TEL 0676/451 63 46
Wer italienische Feinkost sucht, wird hier geschmackvoll fündig! Ein schöner Stand mit einem exzellenten Käse- und Wurstangebot und sehr freundlicher Bedienung. Rund 100 Käsesorten, vom feinen piemontesischen Weichkäse bis zu sizilianischen Spezialitäten. Eine gute Auswahl an italienischen Spezialitäten gibt es auch bei Weinen und Spirituosen, Teigwaren, Essig und Öl sowie Antipasti.

KARL'S FISCHSPEZIALITÄTEN

1150 Wien, Meiselmarkt D1
TEL 01/985 39 16
Ein kleiner, geschmackvoller und feiner Fischstand mit einer großen Auswahl an frischem Fisch, Muscheln, Austern und Garnelen und mit einem sehr einladenden Restaurant. In der Genusspalette finden sich geräucherte Forellen, Aale oder Lachs, aber auch Fisch- und Heringsalate. Was es nicht gibt, kann auf Wunsch gern besorgt werden. Im Restaurant kocht der Chef persönlich. Wer nicht so viel Zeit hat, dem sei der kleine, aber feine Imbiss empfohlen. Natürlich darf der Karpfen aus dem Waldviertel als Genussregionsbeitrag hier nicht fehlen!

Confiserie Zum süßen Eck

LEOPOLD GUMPRECHT PFERDEFLEISCHEREI

1150 Wien, Meiselmarkt C3
TEL 01/982 72 46
MAIL gumprecht@wiener-maerkte.at
WEB www.gumprecht.at

„Qualität aus Tradition" ist in diesem Familienbetrieb eine Selbstverständlichkeit und gleichzeitig ein Versprechen für die Zukunft! Mehr als 30 verschiedene Pferdewurstsorten (Meterwurst), Bratwürste sowie eine kleine Auswahl an qualitativ hochwertigem Pferdefleisch (Pferdegulasch) gibt es hier zu erstehen. Pferdeleberkäse darf natürlich nicht fehlen, Stutenmilch auch nicht!

SCHAULOW FISCH

1150 Wien, Meiselmarkt, Stand J3
TEL 01/982 20 43

Sehr einladendes Fischgeschäft mit viel Platz, um sich vor Ort selbst einen Eindruck von der sehr guten Qualität der angebotenen Produkte zu verschaffen. Das Sortiment umfasst rund 20 Arten von Fisch aus See und Meer, viele davon werden sowohl frisch als auch geräuchert angeboten. Natürlich gibt es auch Waldviertler Karpfen aus der Genussregion. Alle Fischspezialitäten können im angeschlossenen Lokalbereich auch frisch zubereitet genossen werden. Darüber hinaus gibt es Austern, Seafood-Spieße oder 10 verschiedene Heringsalate – alles frisch und köstlich. Das Personal berät kompetent und freundlich.

16. BEZIRK

BIOMARKT MARAN

1160 Wien, Ottakringer Straße 186
TEL 01/481 88 80-15
MAIL office@biomarkt.co.at
WEB www.biomarkt.co.at

Sehr empfehlenswert für alle, die Bio-Qualität genießen, aber trotzdem preisbewusst einkaufen wollen. In den wichtigsten Warengruppen (von Brot und Gebäck über Joghurt, Milch, Sojadrinks, Käse, Nudeln, Reis, Öl, Müsli bis hin zu Kaffee, Tee oder Schokolade) gibt es nicht nur eine hervorragende Auswahl in bester Qualität, sondern jeweils auch ein besonders preisgünstiges Produkt. Überzeugend ist hier auch das umfangreiche Angebot an Bio-Weinen und Spirituosen. Das äußerst freundliche und hilfsbereite Personal rundet den sehr guten Gesamteindruck ab.

BIO !

CAFÉ KONDITOREI PUTZ

1160 Wien, Thaliastraße 84 und Brunnengasse 49
TEL 01/408 26 40

Seit über 40 Jahren bietet die Top-Konditorei Torten in überdurchschnittlicher Qualität. Auf Wunsch werden auch Sonderanfertigungen für besondere Anlässe hergestellt. Im Angebot finden sich aber nicht nur sehr gute Mehlspeisen (wie die Spezialität des Hauses, die hervorragenden Marillenknödel), sondern auch pikantes für den kleinen Hunger zwischendurch wie Suppen. Weiters wird auch eine kleine, feine Palette an Wein und Spirituosen angeboten. Das Personal berät charmant und freundlich.

CONFISERIE ZUM SÜSSEN ECK

1160 Wien, Maroltingergasse 59
TEL 01/493 92 15
WEB www.suesseseck.at

Schon die Fassade macht klar, dass dieses Geschäft alles andere als gewöhnlich ist. Naschkatzen werden hier mit Sicherheit fündig: Die Auswahl reicht von Wildkakaoschokoladen und italienischen Festtagsmandeln über Fruchtsaucen, nostalgischen Klappbüchern, Chili-Habanero-Zuckerln bis zu echt französischen Mini-Ganache-Konfekt und italienischen Cocktailpralinen, flüssig gefüllt mit Zuckerkruste, einzeln, bunt, stanniolert in den Sorten Ananas-Punch, Mojito, Caribbean Sun oder Wodka-Apfel/Caramel. In der breiten Palette finden sich aber auch Diabetikerwaren sowie Produkte für Allergiker. Ein wahres Paradies für Liebhaber von Süßem.

BIO

Fleischerei Klaghofer

Fleischerei Sterkl

Käseparadies

FLEISCHEREI GISSINGER

1160 Wien, Ottakringer Straße 140
TEL 01/486 24 73
MAIL office@gissinger.at
WEB www.gissinger.at
Im Herzen Ottakrings legt man noch Wert auf einen echten Fleischhauer mit Berufsethos. Das Unternehmen konzentriert sich vorwiegend auf die Erzeugung von Spezialitäten für Feinkost und Gastronomie. Vor allem Produkte wie Beinschinken, Schinken, Presswurst und Wurst sind sehr zu empfehlen. Sehr ansprechend sind auch die Zusatzprodukte wie hausgemachte Knödel, Suppeneinlagen, Gulasch, Beuschel. Geöffnet Mi–Fr 7.00h bis 12.00 Uhr.

FLEISCHEREI KLAGHOFER

1160 Wien, Rankgasse 25
TEL 01/493 91 84
MAIL fleisch.klaghofer@aon.at
Eine Fleischerei wie aus dem Genuss-Lehrbuch. Das Fleisch wird direkt vom Bauern bezogen, hohe Qualität und Herkunft sind damit garantiert. Das Angebot an verführerischen Wurst- und Schinkenspezialitäten ist hervorragend und enthält Feinheiten wie Rindersaftschinken, Haselnuss-, Pfeffer- und Kartäuserschinken, geräucherten Wienerwaldschinken, aber auch Blut- und Leberwurst. Die Frischfleischpalette überzeugt mit Spezialitäten wie etwa dem Grammelrindfleisch, auch täglich frische Grammel werden angeboten. Eine Überraschung hält auch das umfangreich bestückte Brotregal bereit. Alles in allem ein echtes Genussgeschäft mit freundlicher Bedienung.

FLEISCHEREI STERKL

1160 Wien, Brunnengasse 62
TEL 01/406 47 15
MAIL karl.sterkl@hotmail.com
Die alteingesessene Fleischerei hat zu Recht einen hohen Stammkundenanteil. Mit großer Auswahl und erstklassiger Ware setzt Sterkl seit mittlerweile 80 Jahren Maßstäbe. Die traditionelle Hausmannskost wird von den Kunden sehr geschätzt, dafür muss man sich dann auch mal ein wenig anstellen: Beuschel, Nierndl, Knödel aller Art… einfach köstlich.

GUMPRECHT – DIE PFERDEFLEISCHEREI

1160 Wien, Wilheminenstraße 81
TEL 01/489 40 01
Stark frequentiertes Geschäft mit einer großen Auswahl an feinen Pferdefleischspezialitäten, wie Pferdelungenbraten, 4 verschiedene Pferdeleberkäse, aber auch Stutenmilch. Die Qualität der Produkte weiß zu überzeugen, die Präsentation macht Lust auf mehr. Das Personal berät gerne und kann darüber hinaus auch mit Zubereitungstipps helfen. Neben den feinen Imbissen überrascht aber auch das Angebot am süßen Sektor.

KÄSEPARADIES

1160 Wien, Brunnenmarkt / Stand 184
TEL 0699/10 63 23 80
Der Name des Geschäfts sagt eigentlich schon alles – Käseliebhaber sind hier wirklich im Paradies. Angeboten werden über 250 verschiedene Spezialitäten, die Auswahl reicht von Schafmilchfrischkäse bis zum Schnittkäse mit Kürbiskernen. Die Produkte werden sehr ansprechend präsentiert, und selbstverständlich kann man die Käse hier auch verkosten. Das Personal berät gerne und mit viel Fachwissen.

MICHAEL CERVENKA FISCHFEINKOST

1160 Wien, Thaliastraße 84
TEL 01/461 75 34
Hier liegt das Hauptaugenmerk auf österreichischer Qualität: In dem kleinen Geschäft, das bereits in 5. Generation als Familienbetrieb geführt wird und anlässlich des 99. Geburtstages umgebaut wurde, werden ausschließlich heimische Fische in hervorragender Auswahl angeboten. Die Palette umfasst über 40 verschiedene Sorten und reicht vom Waldviertler Karpfen über den Alpenlachs bis zu Forellen aus dem Salzkammergut. Als köstliche Imbisse gibt es Fischsalate, Frischfisch und Matjes, auch in kleinen Portionen. Das Personal berät freundlich und mit viel Fachwissen und macht das Einkaufen zum Genuss.

Michael Cervenka Fischfeinkost

STAUD'S PAVILLON AM BRUNNENMARKT

1160 Wien, Hubergasse 3
TEL 01/406 88 05-0
MAIL office@stauds.com
WEB www.stauds.com

Staud's ist Synonym für handwerklich verarbeitet Marmeladen, Kompotte und Gemüsekonserven, das Geschäft am Brunnenmarkt – vormals Yppenmarkt – ist die „Schmuckkassette" für die Produkte von Staud's. Angeboten wird nicht nur eine sensationelle Auswahl an vielfach prämierten Marmeladen und frisch gepressten Säften aus eigener Erzeugung, sondern auch ein kleines, feines Sortiment an Wein. Besonders freundliche und charmante Bedienung, oft auch durch Hans Staud persönlich. Wochentags von 8.00 bis 12.30 Uhr geöffnet, freitags zusätzlich von 15.30 bis 18.00 Uhr.

!

17. BEZIRK

FLEISCHEREI LEHNER

1170 Wien, Hernalser Hauptstrasse 163
TEL 01/486 23 05
MAIL office@fleischerei-lehner.at
WEB www.fleischerei-lehner.at

Der seit 1950 bestehende Familienbetrieb in Wien-Hernals ist weit über die Bezirksgrenzen hinaus bekannt für die einzigartigen Wurst- und Selchwaren, die hier nach traditionellen Rezepturen hergestellt werden. Die Herkunft des Frischfleisches wird im Laden ausgezeichnet, es gibt fein marmoriertes Rindfleisch ebenso wie Schweinefleisch von kleinen bäuerlichen Betrieben im Weinviertel. Bei Wurst und Schinken findet man eine große Auswahl an Spezialitäten wie Bein-, Land- oder Pressschinken, aber auch hervorragende Blutwurst oder feine Sulzen. Für die schnelle Küche gibt's Grammel-, Wurst-, Kartoffel- und Semmelknödel, freitags auch frischen Fisch. Das Personal berät freundlich und gibt auch gerne Zubereitungstipps.

HANAUER DEKORTORTEN-KONDITOREI

1170 Wien, Hernalser Hauptstraße 73–75
TEL 01/489 89 41
MAIL dekor@torten.at
WEB www.tafelschokolade.at

Ein kleines, sehr feines Geschäft mit typisch Wiener Kaffehausatmosphäre. Das Tortenangebot ist gewaltig, auch Bio-Torten finden sich im Angebot, überhaupt werden die süßen Verführungen hier perfekt präsentiert, und gemütliche Sofas laden Naschkatzen nicht nur zum Gustieren, sondern auch zum Kosten der zahlreichen Spezialitäten ein. Genusstipp: biologische, handgeschöpfte Wiener Tafelschokolade und hausgemachte Marmelade in großer Auswahl und Vielfalt. Für Kalorienbewusste bietet Hanauer einen feinen Müslikuchen.

BIO !

HÜBLER KAFFEE-KONDITOREI

1170 Wien, Lorenz-Bayer-Platz 19
TEL 01/486 46 40
WEB www.huebler-wien.info

Die Konditorei Hübler präsentiert sich seit 50 Jahren als „süßester Treffpunkt" von Hernals. Eleganz und Geschmack sind das Markenzeichen des Hauses. In den Vitrinen locken nach alter Wiener Kaffeehaustradition unzählige Köstlichkeiten wie Torten und delikates Plundergebäck in höchster Qualität zu moderaten Preisen. Highlight im Sommer: der lauschige Schanigarten.

NATUR & REFORM HANDELSGMBH

1170 Wien, Hernalser Hauptstraße 86
TEL 01/481 88 53
WEB www.natur-reform.com

Natur & Reform ist seit über 20 Jahren der Spezialist für Naturkost, Naturkosmetik, Nahrungsergänzungsmittel und Reformwaren, man findet hier wirklich alles, was in einen Biosupermarkt gehört. Tolle Frischware bei Obst und Gemüse, knuspriges, frisches Brot und Gebäck in großer Vielfalt, eine überragende Feinkostabteilung mit zahlreichen Spezialitäten aus Österreich, aber auch viele Feinheiten von Sonnentor oder Zotter, bei Kaffee und Tee viele Fair-Trade-Versuchungen. Insgesamt werden rund 6.000 ausgesuchte Produkte präsentiert, genussvoller Einkauf ist hier also garantiert.

BIO !

Confiserie Eibensteiner

Der Bauer

Johannes Berger Genusswerk

18. BEZIRK

CONFISERIE EIBENSTEINER

1180 Wien, Währinger Straße 135
TEL 01/405 03 66
WEB www.confiserie-eibensteiner.at

Ein Geschäft dieser Art nochmals zu finden, ist nicht einfach, denn Eibensteiner ist nicht nur optisch ein Schmuckkästchen. Angebote werden Pralinen und Süßigkeiten von höchster Qualität und Innovation: Walnuss-Konfekt, die bekannte Orangette, die aus frischen Orangenschalen hergestellt wird, Frühlings- und Herbstkonfekt, Pfefferkonfekt für den Herrn, Schokobruch, die bekannten Maroni zu Ostern und nicht zu vergessen das berühmte Liliput®-Konfekt. Natürlich kann man die süßen Verführungen hier auch in liebevoll gestalteter, bunter Geschenkverpackung mitnehmen.

DER BAUER

1180 Wien, Kutschkergasse 33
TEL 01/403 41 57
MAIL biohof-bauer@aon.at

Der kleine, feine Laden ist ein Musterbeispiel dafür, wie man bäuerliche Genussprodukte erfolgreich vermarktet. Fast die Hälfte der angebotenen Spezialitäten kommt aus der eigenen Produktion, der Rest von bäuerlichen Betrieben aus dem Wein- und Waldviertel. Im Sortiment finden sich hervorragende Käse- und Milchprodukte (natürlich auch in Bio-Qualität), eine große Auswahl an regionalem Obst und Gemüse, frischem Fisch, aber auch Fleisch vom Rind, Lamm, Kalb, Huhn, der Weidegans und der Pute. Bioweine, Fruchtsäfte und Schnäpse aus Österreich werden ebenso angeboten wie knuspriges Bauernbrot und verführerische Mehlspeisen. Und wer dann auch noch seinem Hund etwas Gutes tun will, der bekommt hier Bio-Leckerlis für den treuen Begleiter.

BIO !

IRENE PÖHL KÄSESPEZIALITÄTEN

1180 Wien, Kutschkergasse 31
TEL 01/402 98 74
MAIL office@kaesestand.at
WEB www.kaesestand.at

Der Marktstand von Irene Pöhl ist an Köstlichkeiten kaum zu überbieten – und das seit mittlerweile mehr als 30 Jahren. Von Pikantem wie Pesto, Chutney & Co über Süßem wie Marmelade bis zu Süffigem wie Saft und Sturm wird hier wirklich alles an Hochwertigem geboten. Man findet Ziegenkäse von Roswitha Tscheliesnig, Schafkäse der Familie Nuart und Butter und Käse von Strasser. Eine Besonderheit ist die Belper Knolle (Schweiz), ein getrockneter Kuhmilchkäse mit Pfeffer, der wie eine Trüffel aussieht und verwendet wird. Bei der Wurst finden Sie Produkte vom Sonnenschwein und Mangalitza-Grammelschmalz ebenso wie Bio-Beinschinken von Thum oder Arlberger Schinkenspeck. Vor Ort kann man sich an kleinen Tischen durch das Sortiment kosten, für Frühaufsteher gibt's auch ein kleines Marktfrühstück. Slow-Food vom Feinsten!

BIO !

JOHANNES BERGER GENUSSWERK

1180 Wien, Währinger Straße 141
TEL 01/405 93 14
MAIL delikatessen@genusswerk.at
WEB www.genusswerk.at

GENUSS REGION ÖSTERREICH Zu Gunsten des Caterings wurde das Geschäft zuletzt etwas verkleinert, was der Qualität der Produkte allerdings keinen Abbruch tut. Nach wie vor wird hier mit viel Leidenschaft, Enthusiasmus und Know-how eine sehr gute Auswahl an Feinkost angeboten. Wurst- und Käsespezialitäten aus Italien geben dabei den Ton an: Schinkenspeck, Pancetta, Prosciutto, Coppa, Mailänder Speck, aber auch eine kleine, feine Palette an Käse sowie einige Spezialitäten aus den Genussregionen wie das Weinviertler Schwein oder Marchfeldspargel. Antipasti, verführerische Fischpasteten, Räucherfisch aus der Steiermark, Spezialöle, Pasta, Wein und Sekt runden das Programm ab. An den Stehtischen werden täglich von 11.30 bis 15.00 Uhr hervorragende Gerichte kredenzt. Die Bedienung ist besonders hilfsbereit.

!

Maggies Genussgalerie

Vinophilia & Cetera

MAGGIES GENUSSGALERIE

1180 Wien, Gertrudplatz 3
TEL 01/409 09 93
MAIL maggies@genussgalerie.at
WEB www.genussgalerie.at

Kreativität und Geschmack wird hier auf verschiedene Arten präsentiert. Es gibt erlesene Produkte wie feinen Senf, Pestos, Gelees, Marmeladen, Sirupe, Eingelegtes, aber auch Honig oder Pralinen. Einer der Schwerpunkte liegt auf dem herausragenden Sortiment Gewürze und Salze, Kaffee gibt es aus Italien und Lateinamerika. In dem künstlerisch gestalteten Geschäft, das nicht nur der Kulinarik, sondern auch der Kunst gewidmet ist, wird eine besondere Auswahl an österreichischen Weinen sowie handverlesenen Teesorten präsentiert. Das charmante und sehr kompetente Personal unterstreicht die Genusskompetenz.

!

NATURKOST BRUNNADER

1180 Wien, Kutschkergasse 29
TEL 01/402 43 68
MAIL naturkost@brunnader.at
WEB www.brunnader.at

Hier wird genussvoll vorgeführt, was man auf kleinem Raum unterbringen kann. Das Motto lautet „bio everywhere". Bei Käse stehen an der Spitze Scamorza, Scamorzini, Walser Stolz, Tiroler Emmentaler, Roquefort Bio, Heumilch Biobergkäse und Basilikumgouda, aber auch Schaf- und Ziegengouda, vieles davon aus den Genussregionen. Die Brotsorten bieten ebenfalls große Vielfalt: Bauernbrot, Essenerbrot, Kamutbrot, Olivenciabatta, Dinkelciabatta. Für den kleinen Hunger gibt es feine Dinkelpizza und zum süßen Abschluss hausgemachte Mehlspeisen und Säfte. Zum Genuss verführen darüber hinaus hunderte herrlich duftende Gewürze, Tee, Kräuter, Nudeln, frisches Obst und Gemüse, Öle, Marmeladen und Fair-Trade Schokoladen. Der Seniorchef berät freundlich und eloquent.

BIO !

TRÜNKEL

1180 Wien, Gersthof am Platzl, Top 2
TEL 01/4793434
MAIL office@truenkel.at
WEB www.truenkel.at

Trünkel produziert seit 106 Jahren vielfach preisgekrönte Fleisch- und Wurstspezialitäten wie Aufschnitt, Brat- und Grillwürste, Würstel, Leberkäse, Streichwürste und Pasteten, Schinken sowie Geselchtes und Gebratenes. Fleisch erstklassiger Herkunft und Qualität, beste hausgemachte Aufstriche, frisches Gebäck und Imbisse runden das Angebot ab. Trünkel's Sacherwürstel, Pasteten u.v.m. wurden bereits mehrfach mit der Goldmedaille der DLG ausgezeichnet.

!

VINOPHILIA & CETERA

1180 Wien, Währinger Straße 145
TEL 01/470 01 11
MAIL vinophilia@aon.at
WEB www.vinophilia.at

GENUSS REGION ÖSTERREICH In der Vinothek finden Sie neben rund 500 edlen Weinen aus aller Welt, aber mit Schwerpunkt Österreich, auch eine große Auswahl an Delikatessen wie Pesto, Chutney, Pasta, alle Arten von Ölen und Essigen, darunter natürlich auch edles Öl aus der Genussregion Steirisches Kürbiskernöl, Meersalz, Oliven, eingelegte Steinpilze, Venusmuscheln, Sardinenfilets, Bruschetta, geröstete Zucchini, Sole-Eier, Kapern, feinste Marmeladen und Schokoladen, süße und salzige Knabbereien. Sommelier Peter Schenter berät freundlich und kompe-

Bio-Vollwertbäckerei Gradwohl

tent bei der Auswahl. Besonders hervorzuheben ist auch die große Palette an Grappe, der bekannte Aceto Balsamico Pecoraro und die verschiedenen, feinsten Öle. Ein weiterer Schwerpunkt liegt auf Schokoladen: Berger und Blanxart führen hier die Besonderheiten an. Auch nette Accessoires für Tisch und Tafel finden sich neuerdings im Sortiment.

19. BEZIRK

ALIMENTARI GIAN CARLO

1190 Wien, Billrothstraße 41
TEL 01/369 52 20

Die Feinkosttheke bei Alimentari Gian Carlo überwältigt Feinschmecker mit direkt aus Italien importiertem Genuss: Stracchino, Val Talleggio, Käse aus den Abruzzen, Friaul, Kalabrien, alleine 20 Sorten Pecorino, hervorragender Büffelmozzarella, Proscuitto San Daniele, Bresaola, Parmaschinken, verschiedene Hartwürste. Aus Italien stammen auch die herrlichen Öle, Balsamico, Pasta und Süßigkeiten. Der Imbiss ist unschlagbar: Durch die kleinen hausgemachten Gerichte wie Antipasti, und natürlich die frische Pasta, hat es sich als Treffpunkt für Genießer etabliert! La vita è bella e buona!

BERNHART & STIX BAUERNLADEN

1190 Wien, Döblinger Hauptstraße 62
TEL 01/367 58 33

Der Wein- und Waldviertler Bauernladen bietet eine Reihe von Biolebensmitteln und Feinkost von bäuerlichen Betrieben aus der Region. Besonders empfehlenswert ist nicht nur das Angebot aus den Genussregionen mit Waldviertler Erdäpfel, Waldviertler Mohn, Mostviertler Schofkas oder Mostviertler Birnmost. Das Feinkostangebot ist insgesamt gut. Es gibt eine gut sortierte Palette an Käsespezialitäten, frisches Fleisch vom Lamm, der Pute oder der Ente, Schinkenspezialitäten aus Vorarlberg, natürlich knackiges Obst und Gemüse, fast alles auch in Bio-Qualität. Der Bauernladen führt als einziger Dinkel-Weißmehl-Weckerl. Das kommt daher, dass die Mitarbeiter im Geschäft Berater bei F.-X-Mayr-Kuren sind und mit Dr. Rauch zusammenarbeiten. Ein Geschäft, in das man als Genießer nicht nur wegen des guten Sortiments, sondern auch wegen des freundlichen Personals gerne wieder kommt.

BIOLADEN BABIC

1190 Wien, Sonnbergplatz 3
TEL 01/368 71 75

Suchen Sie etwas biologisches? Dann sind Sie hier richtig, denn bis hin zu den Kosmetika wird hier alles ausnahmslos in Bio-Qualität angeboten. Die Auswahl reicht von frischem Obst und Gemüse über Prosciutto, Salami und Putenschinken bis zur Käsevielfalt aus Österreich, Holland, Deutschland und Italien. Zahlreiche Molkereiprodukte finden sich ebenso im Programm wie Mehlspeisen, Nudeln, Gewürze oder Marmeladen. Das Personal berät freundlich und kompetent.

BIO-VOLLWERTBÄCKEREI GRADWOHL

1190 Wien, Döblinger Hauptstraße 46
TEL 01/367 20 27
MAIL office@gradwohl.info
WEB www.gradwohl.info

Im netten kleinen „Döblinger Vollkornstüberl" ist es gemütlich-rustikal – und es duftet auch – wie in einer Backstube. Vollkornliebhaber wissen: Das Brot von Gradwohl bleibt tagelang frisch. Neben Liebe und Leidenschaft für die Backwaren und begnadeten, geschickten Händen, ist der größte Schatz der Familie Gradwohl das wertvolle Wissen über jedes einzelne Korn. In der Bäckerei finden Sie eine Riesenauswahl an Vollkornbroten und -mehlspeisen, dazu noch Produkte für Allergiker und warme, pikante Snacks in Vollkornhülle und -fülle. Die Beratung ist herzlich, für das Frühstück, den kleinen Snack zwischendurch oder für die Mittagspause gibt es auch zwei Tischchen.

DÖBLINGER SCHOKOTHEK

1190 Wien, Döblinger Hauptstraße 66
TEL 01/368 49 88
WEB www.doeblingerschokothek.at

Seit Jahren schon ist das kleine Geschäft ein Garant für

Patzak & Thum - Feinkost und Wein

Sonnberg Biofleisch

süße Köstlichkeiten, aber auch für Tee in bester Qualität (angeboten werden über 100 Sorten Ronnefeldt-Tee). Naschkatzen werden mit einer großen Auswahl an Pralinen, Nougat, Fruchtigummis, Schokoladen und Bonbons in Versuchung geführt – schon die Präsentation der süßen Verführungen macht Lust auf Genuss, denn die süße Ware wird zum Großteil offen angeboten. Besondere Marken: Zotter, Hofbauer, Lindt, Marquis de Sevigné. Eine wirklich sehr empfehlenswerte Adresse für alle Liebhaber von Süßem und von feinen Tees.
!

PATZAK & THUM FEINKOST UND WEIN

1190 Wien, Nussdorfer Platz 3
TEL 01/370 11 78
MAIL info@feinkost-patzak.at
WEB www.feinkost-patzak.at

Tradition trifft Tradition. Rudolf Thum übernahm im August 2011 das traditionsreiche Geschäft mit seinem Namen. Das Weinregal bietet vom Klassiker bis zum Geheimtipp eine breite Auswahl an hervorragenden Weinen. In der Feinkostvitrine liegen sorgfältig ausgewählte Köstlichkeiten. Qualität und kontrollierte Herkunft sind hier wichtigste Kriterien – sowohl bei den kulinarischen Schätzen als auch bei den Grundnahrungsmitteln. Gerade beim Käse ist man Top: Burrata, Büffelmozzarella, Roquefort, Vacherin Mont D'Or, Ziegenbergkäse, auch bei den Schinken- und Wurstspezialitäten überzeugt die Auswahl mit handgeschnittenem Beinschinken, Roastbeef, Bresaola oder Steirischen Speckspezialitäten. Hier ist Genuss garantiert, auch wegen des überaus freundlichen Personals.
!

GEORG GUTFLEISCH WILD-GEFLÜGEL-FISCH

1190 Wien, Sonnbergplatz / Stand 18–19
TEL 01/328 83 00, 0664/280 96 20

Ein Marktstand mit besonderem Augenmerk auf heimische Qualität. Neben frischem Fisch wie Wildsaibling, Zander, Wels, Forelle, Lachs und Kabeljau wird feinster Kaviar angeboten und man wird mit hausgemachten Fischsalaten, Mayonnaisesalat sowie Kartoffelsalat verführt. In der großen Palette an Genussprodukten finden sich aber auch zu Geflügel (Sulmtaler Hühner, Weidegänse Stadt Haag) oder Spezialitäten vom Wild. Besonderer Leckerbissen des Hauses ist die selbst geräucherte Gänseleber. Ein Geschäft dieser Art findet man im ganzen Bezirk nicht nochmals, das Personal berät herzlich und kompetent.
BIO

SONNBERG BIOFLEISCH

1190 Wien, Sonnbergplatz 2
TEL 01/368 98 28
MAIL sonnberg@biofleisch.biz
WEB www.biofleisch.biz

Sonnberg Biofleisch ist eine Direktvermarktungsinitiative von zirka 60 Biobauern aus Ober- und Niederösterreich und bereits seit Jahren bekannt für beste Qualität. Herkunft und artgerechte Tierhaltung sind oberste Produktionsrichtline. Angeboten wird erstklassiges österreichisches Qualitätsfleisch aus biologischer Landwirtschaft vom Kalb, Schwein, Lamm, und Geflügel, aber auch ein feines Schinkensortiment, mit Preiselbeer-, Rindersaft- oder Landschinken. Convenience-Produkte finden sich ebenso im Programm wie Biokäse, Gewürze und Biohonig. Freundliche und kompetente Beratung.
BIO !

Fleischerei Rongits

Fleischerei-Buffett Erwin Fellner

SPAR GOURMET

1190 Wien, Krottenbachstraße 114
TEL 01/328 65 22
WEB www.spar.at

Eines der besten und schönsten Spar-Gourmet-Geschäfte Wiens. Der Schwerpunkt heißt hier „Frische". Die Obst- und Gemüse-Abteilung verführt mit einer riesigen Auswahl und mit bester Qualität zum Stehenbleiben. Käse, Wurst und Schinken (mit allein 7 verschiedenen Prosciutto- und 17 weiteren Schinkenspezialitäten) sowie Frischfleisch werden sauber und in großer Vielfalt präsentiert. Auch Frischfisch findet sich in kleiner, feiner Auswahl. Knuspriges Brot und Gebäck sowie eine sehr gute Weinauswahl und das komplette Spar-Biosortiment in allen Warengruppen runden das Angebot ab. Das Personal ist freundlich und berät gerne.

BIO !

20.BEZIRK

FLEISCHEREI RONGITS

1200 Wien, Allerheiligenplatz 2
TEL 01/330 93 98
WEB www.fleischerei-rongits.at

Seit 20 Jahren bürgt diese Fleischerei für Qualität mit Herkunft, denn das Fleisch stammt ausnahmslos von heimischen Tieren. Im Genießerparadies weiters zu finden: Käse, Fleisch, Wurst und Schinken (wie Krusten-, Bein- und Rindersaftschinken), Obst und Gemüse, Wein. Und Feines von Schubert und Schenkel, Pastasortiment von Bischof, verschiedene Saucen und Öle und als Abschluss feine Schokoladen. Das Personal berät freundlich und unaufdringlich. Das Imbissangebot wurde wieder geschmackvoll erweitert, die Menüauswahl gibt es nach wie vor im Internet.

!

FLEISCHEREI-BUFFET ERWIN FELLNER

1200 Wien, Klosterneuburger Straße 29
TEL 01/332 56 59-0
WEB www.fleisch-buffet.at

GENUSS REGION ÖSTERREICH

Seit über 75 Jahren ist die Fleischerei Fellner ein Fachgeschäft mit Familientradition. Es wird ausschließlich Qualitätsfleisch aus artgerechter Tierhaltung von ausgewählten kleinbäuerlichen Höfen der Region angeboten. Die Qualitätswurstwaren werden wir in der guten alten Zeit nach traditionellen Rezepturen zubereitet. Auch die verwendeten Gewürze enthalten weder Zusätze noch Streckmittel. Spezialitäten sind Maroni-Leberkäse sowie Würste wie „Kraftlackl" oder die pikanten „Bissigen Wiener", beim Schinken gibt's die Auswahl aus Bein-, Brat-, Sauna-, Toast- und Pressschinken. Aus den Genussregionen findet sich unter anderem das Weinviertler Schwein.

ZUCKERLTANTE

1200 Wien, Klosterneuburger Straße 30–32
TEL 01/330 31 21
MAIL m.gyoergy@gmx.at

Willkommen in der zartrosa gefärbten Welt der süßen Genüsse. Hier finden Sie eine besonders verlockende Auswahl handgemachter Trüffel und Pralinen nebst Veilchenkonfekt, das aus echten kandierten Veilchen besteht. Tortendekor für alle Anlässe und natürlich saisonale Spezialitäten wie Nougateier oder Maroniherzen. Besonders kinderfreundlich. Das süße Angebot für Diabetiker wurde wieder erweitert. Neu ist das Angebot an laktosefreien Trüffeln und Bio-Schokoladen.

BIO

Franz Artner Fleisch Wurst Feinkost

21.BEZIRK

DROPSBOUTIQUE HERTA KRÜGEL

1210 Wien, Am Spitz 1
TEL 01/270 52 67
Das kleine, liebenswerte Wohlfühlgeschäft überzeugt durch ausgesuchte Ware in Spitzenqualität. Die frischen Maroniherzen schmecken hier besonders gut, aber auch die Pralinen aus rein österreichischer Meisterhand – in den Sorten Apricot, Truffee, Tiramisu, Eierlikör, Whisky, Armagnac, Champagner und Amaretto, um nur einige zu nennen – sind mehr als empfehlenswert. Das Personal nimmt sich für die Kunden Zeit und berät freundlich und kompetent. Naschkatzen und Liebhaber von Süßem werden sich hier wie im Paradies fühlen.

FLEISCHEREI ANDREAS TRAXLER

1210 Wien, Floridsdorfer Markt / Stand 68
TEL 01/270 98 71
Die umfangreiche Auswahl an frischem Fleisch, feiner Wurst und aromatischem Schinken (ganze Stücke, nicht „gepresst") zeichnet dieses Geschäft aus. Verführerische Delikatessen gibt es auch vom Lamm oder Wild, darüber hinaus werden italienische Wurstspezialitäten angeboten. Wacholderstelzen, Spanferkel und Innereien sind absolut frisch. Bestellungen werden gern entgegengenommen, auf Wunsch erfolgt auch die Zubereitung im Haus.

FRANZ ARTNER FLEISCH WURST FEINKOST

1210 Wien, Hossplatz 13
TEL 01/278 77 38
Der Familienbetrieb Artner steht für beste Qualität beim Einkauf und bei der Verarbeitung der angebotenen Fleisch- und Wurstwaren. Die Genusspalette reicht bei Wurst von feinem Roh- und Beinschinken über italienischen Prosciutto bis zum Karreespeck, Fleischspezialitäten gibt's sowohl vom Schwein als auch vom Jungrind, Lamm oder Geflügel. Auch im Bereich Catering weiß das Unternehmen zu überzeugen. Das Angebot reicht vom klassischen Fingerfood bis zum vollständigen Menü. Das Personal berät gerne und mit viel Kompetenz.

PFERDEFLEISCHER SCHULLER RUDOLF

1210 Wien, Schwaigergasse 31
TEL 01/271 15 51
Hier erhalten Sie Frischfleisch und küchenfertige Produkte in bester Qualität und in vielen verschiedenen Variationen ausschließlich aus Pferdefleisch: unter anderem feinen Leberkäse, Pasteten, Würste, Knoblauch- oder Pfefferspeck. Frisch zubereitete Speisen aus Pferdefleisch, unter anderem faschierte Laibchen oder Pferdegulasch können Sie im Imbissbereich genießen.

22.BEZIRK

RUDOLF SCHÜLLER – PFERDEFLEISCH-SPEZIALITÄTEN

1220 Wien, Schiffmühlenstraße 68
TEL 01/263 68 42
Pferdefleisch gehört zu den ältesten Nahrungsmitteln der Menschheit und ist auch heute noch – nicht nur wegen des niedrigen Fettgehaltes – eine Spezialität. In der Schüller-Filiale wird nicht nur klassischer Pferdeleberkäse in der traditionellen und einer scharfen Geschmacksrichtung angeboten, sondern auch Burenwurst oder Sur- und Schopfbraten vom Pferd. Ein Leckerbissen ist das Pferdefleischgulasch in Dosen. Der Imbiss bietet drei heiße Leberkäsesorten, auch zum Mitnehmen im Alugeschirr.

STIFT SCHOTTEN – SCHOTTENOBST

1220 Wien, Breitenleer Straße 247
TEL 01/734 44 45
WEB www.schottenobst.at
Die Geschichte der Landwirtschaftsbetriebe des Stift Schotten reicht bis ins Jahr 1200 zurück, und das erntefrische Obst aus den Klostergärten ist noch heute ein köstlich-knackiger Genuss. Ein kleiner Vorgeschmack: Hier findet man Apfelsorten wie Early Golden, Roter Amadeus, Gala, Rubens, Pinova, Rubinette, Jonagold,

Café Konditorei Hirsch

Kondotorei Bimashofer

Braeburn, Stayman Winesap oder Granny Smith. Angeboten werden aber auch Kirschen, Zwetschken oder Erdbeeren. Neu im Programm ist die hervorragende Palette an Bio-Rindfleisch. Most und diverse Schnäpse in reinster Bioqualität ergänzen das Sortiment.

23.BEZIRK

CAFÉ KONDITOREI HIRSCH

1230 Wien, Breitenfurterstrasse 360
TEL 01/869 23 97
MAIL konditorei.hirsch@aon.at

Eine freundliche Kaffeekonditorei mit charmanter Bedienung und einem tollen Sortiment an süßen Verführungen. Die hervorragenden hausgemachten Mehlspeisen und Torten gibt's entweder stückweise zum Genießen oder natürlich auch für jeden Anlass auf Vorbestellung. Auch die Pralinen sind frisch und hausgemacht, ebenso die Eisknödel, das Konfekt und die feinen Marmeladen. Im Imbiss bekommen Sie Tagesteller, im Sommer lockt der Schanigarten mit 45 Sitzplätzen.
!

DER MANN

1230 Wien, Perchtoldsdorfer Straße 23
TEL 01/865 18 14
WEB www.dermann.at

Der Mann arbeitet nach der Devise „Beste Produkte aus besten Rohstoffen". Für die Backwerke werden nur frische, hochwertige Zutaten verwendet. In der „Mann-City" ist diese Filiale ein Highlight. Das angeschlossene Kaffeehaus bietet rund 50 Gästen Platz, diese werden dann auch mit dem Angebot aus dem Shop verwöhnt: täglich mehrmals frisches Brot und Gebäck, natürlich auch in Bio-Qualität, verführerische Krapfen, Snacks, Torten und viele gute Mehlspeisen in der bewährten Mann-Qualität.
!

KONDITOREI BIMASHOFER

1230 Wien, Perchtoldsdorferstrasse 7
TEL 01/869 25 57
MAIL bernd@bimashofer.at
WEB www.bimashofer.at

Für Naschkatzen wird der Besuch hier zu einem echten Genuss, sie finden in der mehrfach ausgezeichneten Konditorei eine wunderbare Auswahl an süßen Köstlichkeiten. Von täglich frischen Torten und Schokoladen über Pralinen bis hin zum Eis wird alles selbst erzeugt. Laktosefreie Kuchen werden ebenso angeboten wie Schokoladen für Diabetiker. 30 Plätze im Café, für die Kleinsten gibt es einen Kinderspielplatz. Das Personal ist freundlich und nett nimmt sich für jeden Kunden Zeit und berät gerne.
!

Naschmarkt, Wien, 4. Bezirk

Schwendermarkt, Wien, 15. Bezirk

Geöffnet Mo.–Fr. 6.00 bis 19.30, Sa. 6.00 bis 17.00 Uhr, gastronomische Einrichtungen zumindest bis 22.00 Uhr.

2. BEZIRK

KARMELITERMARKT
WO Im Werd, Krummbaum-, Leopolds-, Haidgasse

VOLKERTMARKT
WO Volkertplatz

VORGARTENMARKT
WO Wohlmutstraße / Ennsgasse

3. BEZIRK

LANDSTRASSER MARKT
WO Invalidenstraße 2

ROCHUSMARKT
WO Landstraßer Hauptstraße / Salmgasse

4. BEZIRK

NASCHMARKT
WO Wienzeile zw. Getreidemarkt und Kettenbrücke

10. BEZIRK

VIKTOR-ADLER-MARKT
WO Favoritenstraße / Viktor-Adler-Platz

11. BEZIRK

SIMMERINGER MARKT
WO Geiselbergstraße / Lorystraße

12. BEZIRK

MEIDLINGER MARKT
WO Niederhofstraße/Rosaliagasse/Reschgasse/Ignazgasse

15. BEZIRK

MEISELMARKT
WO Hütteldorfer Straße / Ecke Johnstraße

SCHWENDERMARKT
WO Schwendergasse / Dadlergasse

16. BEZIRK

BRUNNENMARKT
WO Brunnengasse von Thaliastraße bis Yppenplatz

YPPENMARKT
WO Yppenplatz / Brunnengasse

18. BEZIRK

GERSTHOFER MARKT
WO Gersthofer Straße / Gentzgasse

JOHANN-NEPOMUK-VOGL-MARKT
WO Johann-Nepomuk-Vogl-Platz / Kreuzgasse

KUTSCHKERMARKT
WO Kutschkergasse / Gertrudplatz

19. BEZIRK

NUSSDORFER MARKT
WO Heiligenstädter Straße / Sickenberggasse

SONNBERGMARKT
WO Sonnbergplatz / Obkirchergasse

20. BEZIRK

HANNOVERMARKT
WO Hannovergasse / Othmargasse

21. BEZIRK

FLORIDSDORFER MARKT
WO Brünner Straße / Pitkagasse

22. BEZIRK

GENOCHMARKT
WO Genochplatz

TIROL

VORARLBERG

WIEN

GENUSS GUIDE 2012

MEDIENINHABER	medianet Verlag AG, 1110 Wien, Geiselbergstraße 15/1/4 Tel.: +43/1/919 20-0, Fax: +43/1/919 20-2231, www.medianet.at, www.genuss-guide.net
HERAUSGEBER	Willy Lehmann, Fritz Stifsohn
REDAKTION	Andrea Knura
REDAKTIONELLE KOORDINATION	Marion Kaiser
RECHERCHE UND TESTS	Fritz Stifsohn mit Team
DATENAUFBEREITUNG UND ONLINEREDAKTION	Sonja Wacker, Bakk.
GRAFISCHES KONZEPT	Herbert Winkler
GRAFIK	Alexandra Denk
BILDBEARBEITUNG	Bernsteiner & Partner Ges.m.b.H., Hietzinger Kai 131 A, 1130 Wien
COVERFOTO	AMA
VORSTAND	Markus Bauer
PROJEKTLEITUNG	Günter Konecny, Michael Stein
ANZEIGENVERKAUF	Thomas Parger
DRUCK	Druckerei Berger, Wiener Straße 80, 3580 Horn
VERTRIEB	Medien-Logistik, IZ-NÖ Süd, Straße 1, Objekt 34, 2355 Wr. Neudorf
BESTELL-HOTLINE	www.medianet.at oder Tel.: +43/1/919 20-2115 oder Fax: +43/1/919 20-2231
FOTOS	Beboy/Fotolia (S. 57), CandyBox Images/Fotolia (S. 69), Sebastian Duda/Fotolia (S. 59), fred-redhat/Fotolia (S. 61), GRM/Krug (S. 8, 29), Handl Tyrol (S. 37), Andrea Knura (S. 9, 33, 41, 43, 47, 49, 51, 53), Okea/Fotolia (S. 65), Stadtgemeinde Salzburg (S. 236), sxc.hu (S. 91, 207, 322); Archiv, beigestellt
ISBN	978-3-902843-06-7
VERKAUFSPREIS	14,90 Euro

Im Auftrag der GRM GenussRegionen Marketing GmbH GenussRegionen Marketing